© René Mattes

Lorraine

Cofondateurs : Philippe GLOAGUEN et Michel DUVAL

Directeur de collection et auteur
Philippe GLOAGUEN

Rédacteurs en chef adjoints
Amanda KERAVEL
et Benoît LUCCHINI

Directrice de la coordination
Florence CHARMETANT

Directrice administrative
Bénédicte GLOAGUEN

Directeur du développement
Gavin's CLEMENTE-RUIZ

Conseiller à la rédaction
Pierre JOSSE

Responsable voyages
Carole BORDES

Direction éditoriale
Élise ERNEST

Rédaction
Isabelle AL SUBAIHI
Emmanuelle BAUQUIS
Mathilde de BOISGROLLIER
Thierry BROUARD
Marie BURIN des ROZIERS
Diane CAPRON
Véronique de CHARDON
Laura CHARLIER
Fiona DEBRABANDER
Anne-Caroline DUMAS
Éléonore FRIESS
Géraldine LEMAUF-BEAUVOIS
Olivier PAGE
Alain PALLIER
Anne POINSOT
André PONCELET

2020/21

hachette

TABLE DES MATIÈRES

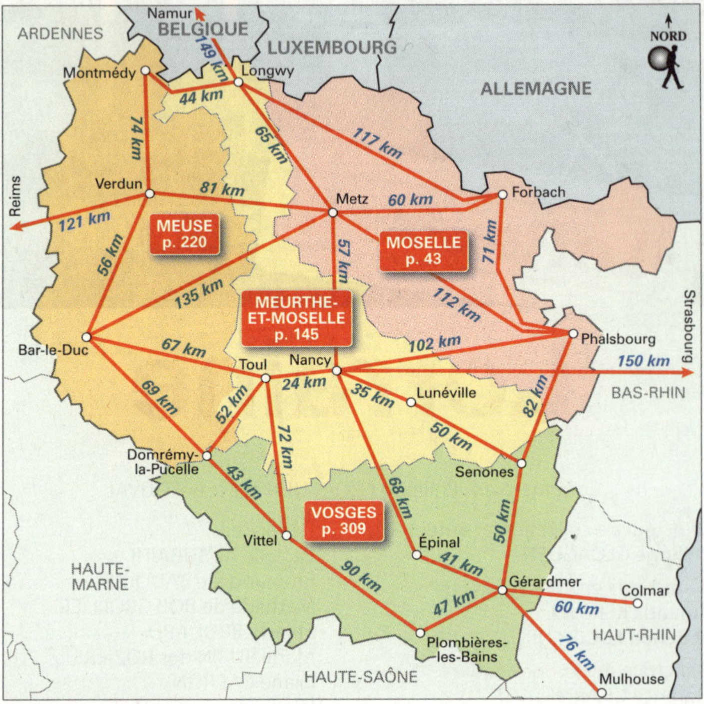

PRÉAMBULE

COMMENT Y ALLER ?

BON À SAVOIR AVANT LE DÉPART

Recommandation à ceux qui souhaitent profiter des réductions et avantages proposés dans *Le Routard* par les hôteliers et les restaurateurs.

À l'hôtel, pensez à les demander au moment de la réservation ou, si vous n'avez pas réservé, **à l'arrivée.** Ils ne sont valables que pour les réservations en direct et ne sont pas cumulables avec d'autres offres promotionnelles (notamment sur internet). Au restaurant, parlez-en **au moment** de la commande et surtout **avant** que l'addition ne soit établie. Poser votre *Routard* sur la table ne suffit pas : le personnel de salle n'est pas toujours au courant et une fois le ticket de caisse imprimé, il est souvent difficile de modifier le total. En cas de doute, montrez la notice relative à l'établissement dans *Le Routard* de l'année et, bien sûr, ne manquez pas de nous faire part de toute difficulté rencontrée.

☎ **112 :** c'est le numéro d'urgence commun à la France et à tous les pays de l'UE, à composer en cas d'accident, agression ou détresse. Il permet de se faire localiser et aider en français, tout en améliorant les délais d'intervention des services de secours.

Pictogrammes du Routard

Établissements

- Hôtel, auberge, chambre d'hôtes
- Camping
- Restaurant
- Terrasse
- Pizzeria
- Boulangerie, sandwicherie
- Pâtisserie
- Glacier
- Café, salon de thé
- Café, bar
- Bar musical
- Club, boîte de nuit
- Salle de spectacle
- Boutique, magasin, marché

Infos pratiques

- Office de tourisme
- Poste
- Accès Internet
- Hôpital, urgences
- Adapté aux personnes handicapées

Sites

- Présente un intérêt touristique
- Point de vue
- Plage
- Spot de surf
- Site de plongée
- Recommandé pour les enfants
- Inscrit au Patrimoine mondial de l'Unesco

Transports

- Aéroport
- Gare ferroviaire
- Gare routière, arrêt de bus
- Station de métro
- Station de tramway
- Parking
- Taxi
- Taxi collectif
- Bateau
- Bateau fluvial
- Piste cyclable, parcours à vélo

Madeleines de Commercy

La place Stanislas, Nancy

LA RÉDACTION DU ROUTARD

(sans oublier nos 50 enquêteurs, aussi sur le terrain)

Jean-Sébastien, Olivier, Mathilde, Thierry, Alain, Gavin's, Éléonore, Anne-Caroline, André, Laura, Florence, Véronique, Isabelle, Géraldine, Fiona, Amanda, Benoît, Emmanuelle, Bénédicte, Philippe, Carole, Diane, Anne, Marie.

La saga du *Routard* : en 1971, deux étudiants, Philippe et Michel, avaient une furieuse envie de découvrir le monde. De retour du Népal germe l'idée d'un guide différent qui regrouperait tuyaux malins et itinéraires sympas, destiné aux jeunes fauchés en quête de liberté. 1973. Après 19 refus d'éditeurs et la faillite de leur première maison d'édition, l'aventure commence vraiment avec Hachette. Aujourd'hui, le *Routard*, c'est plus d'une cinquantaine d'enquêteurs impliqués et sincères. Ils parcourent le monde toute l'année dans l'anonymat et s'acharnent à restituer leurs coups de cœur avec passion.

Merci à tous les Routards qui partagent nos convictions : liberté et indépendance d'esprit ; découverte et partage ; sincérité, tolérance et respect des autres.

NOS SPÉCIALISTES LORRAINE

Amanda, Mathilde et Marie : quand l'une arpente les routes bretonnes en quête de la meilleure pâte à crêpes, l'autre explore le bocage normand à coups de gorgées de cidre, pendant que la troisième chausse ses skis pour dégoter le meilleur refuge alpin. La curiosité, l'enthousiasme et la gourmandise sont leur meilleur sonar, que complètent deux décennies d'expérience à user leurs semelles sur les routes de l'Hexagone. Un trio complice et indépendant qui essaie, entre deux voyages, de garder la ligne.

François Chauvin : pour avoir, depuis tout môme, usé ses godasses au long des sentiers, de son massif du Jura natal à de lointains ailleurs, il se sent chez lui partout où la terre n'est pas plate. Mais se laisse également facilement emporter par les vibrations urbaines. D'ailleurs, ses études de journalisme, c'était d'abord pour écrire sur le rock.

Dimitri Lefèvre : après avoir travaillé sur de nombreux films, il a rejoint le *Routard* il y a 9 ans. Pour lui, recommander une adresse c'est faire un casting pointu, visiter un lieu c'est faire des repérages pour écrire le scénario de la Palme d'or du film de vacances. Mais au final, les pépites découvertes et les bons conseils aux lecteurs, ce n'est pas du cinéma !

UN GRAND MERCI À NOS AMI(E)S SUR PLACE

Pour cette nouvelle édition, nous remercions particulièrement…

… pour la Moselle

- **Clémence Daviron** et toute la sympathique équipe de Moselle Attractivité ;
- **Valentine Vernier** et l'équipe d'accueil de l'office de tourisme – Agence Inspire Metz ;
- **Véronique Doh** à la Grand Place – musée du Cristal de Saint-Louis-lès-Bitche ;
- **Xavier Bouvet**, directeur et Carol Faigel-Ottavino de l'office de tourisme de Metz ;
- Les équipes des offices de tourisme de Sarreguemines, Bitche et Sarrebourg.

… pour la Meurthe-et-Moselle

- **Véronique Facq,** directrice du Comité départemental du tourisme ;
- **Thibault Valois,** directeur de Nancy Sud Lorraine, et Virginie Contal ;
- **Hervé Divet-Porterat,** directeur de l'office de tourisme de Nancy et son équipe ;
- **Christian Manfredi,** président de l'office de tourisme de Longwy ;
- Les offices de tourisme du Pays du Lunévillois, de Terres de Lorraine, de Pont-à-Mousson, du Bassin de Pompey, du Longuyonnais et la Maison intercommunale des loisirs et du tourisme Orne Lorraine à Briey.

… pour la Meuse

- **Christel Rigolot** de Meuse-Tourisme pour ses précieux conseils ;
- Les équipes des offices de tourisme de Verdun, Vaucouleurs, Meuse Grand Sud à Bar-le-Duc, Saint-Mihiel, Clermont-en-Argonne, Val Dunois à Doulcon et du pays de Montmédy.

… pour les Vosges

- **Svetlana Panicova-L'Hôte** et **Catherine Voirin,** au conseil départemental des Vosges ;
- **Aurélie Cuny, Christine Lorimy** et **Pacôme Vexlard** à la cité de l'Image à Épinal ;
- l'équipe de la Maison de la musique mécanique et l'Espace dentelle à Mirecourt ;
- **Laurence Maillot** et l'équipe des sites de Grand et Domrémy-la-Pucelle ;
- les offices de tourisme de Charmes, Épinal, Senones, Neufchâteau, Contrexéville et Vittel ;
- **Jean-Luc Géhin,** de l'office de tourisme de Gérardmer, et l'équipe de l'office de tourisme de Plombières-les-Bains.

Et bien sûr, l'ensemble des offices de tourisme qui nous apportent leur soutien année après année. Impossible de tous les citer, mais qu'ils soient vivement remerciés !

Le *Routard* est imprimé sur un papier issu de forêts gérées.

I.S.B.N. 978-2-01-706849-5

NORD
LUXEMBOURG
Luxembourg
Avioth
Montmédy
Stenay
Marville
Longwy
Longuyon
Rodemack
ARDENNES
(08)
Audun-le-Roman
Thionville
Hayange
Vouziers
Dun
Damvillers
Amnéville-les-Thermes
Briey
Varennes-en-Argonne
Vacherauville
Étain
Vauquois
Verdun
Jarny
METZ
Clermont-en-Argonne
Chambley-Bussières
Ste-Menehould
Gorze
Dieue-sur-Meuse
Hattonchâtel
Vigneulles-lès-Hattonchâtel
Beaulieu-en-Argonne
ligne TGV
Pont-à-Mousson
Saint-Mihiel
MEUSE (55)
p. 220
MARNE
(51)
PNR Lorraine
zone ouest
Revigny-sur-Ornain
BAR-LE-DUC
Liverdun
Commercy
Lucey
Toul
NANCY
Void-Vacon
Ligny-en-Barrois
Saint-Dizier
Vaucouleurs
Houdelaincourt
Colombey-les-Belles
Autreville
Gondrecourt-le-Château
Haroué
Domrémy-la-Pucelle
Saxon-Sion
Vaudémont
Grand
Neufchâteau
Châtenois
Mirecourt
Vittel
Contrexéville
Ville-sur-Illon
HAUTE-MARNE
(52)
Darney
Chaumont
Châtillon-sur-Saône
HAUTE-SAÔNE
(70)
20 km

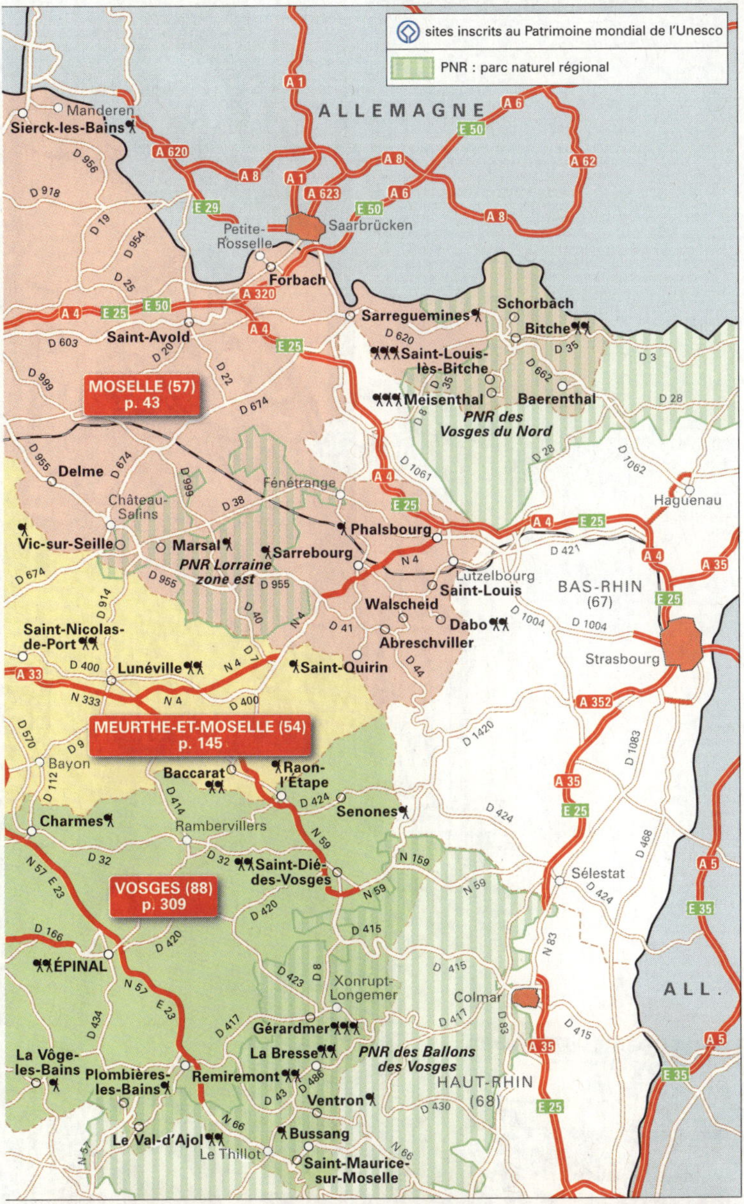

sites inscrits au Patrimoine mondial de l'Unesco
PNR : parc naturel régional
ALLEMAGNE
Manderen
Sierck-les-Bains
A 1
A 6
E 50
A 620
A 8
A 62
A 623
E 29
Petite-Rosselle
Saarbrücken
Forbach
A 320
A 4
E 25
Saint-Avold
Sarreguemines
Schorbach
Bitche
Saint-Louis-lès-Bitche
Meisenthal
Baerenthal
PNR des Vosges du Nord
MOSELLE (57)
p. 43
Delme
Château-Salins
Fénétrange
Phalsbourg
Haguenau
Vic-sur-Seille
Marsal
Sarrebourg
PNR Lorraine zone est
Lutzelbourg
Saint-Louis
BAS-RHIN
(67)
Walscheid
Dabo
Abreschviller
Strasbourg
Saint-Nicolas-de-Port
Lunéville
Saint-Quirin
A 33
A 35
A 352
MEURTHE-ET-MOSELLE (54)
p. 145
Bayon
Baccarat
Raon-l'Étape
Senones
Charmes
Rambervillers
Saint-Dié-des-Vosges
Sélestat
A 5
E 35
VOSGES (88)
p. 309
ÉPINAL
Xonrupt-Longemer
Colmar
ALL.
Gérardmer
La Bresse
PNR des Ballons des Vosges
La Vôge-les-Bains
Plombières-les-Bains
Remiremont
HAUT-RHIN
(68)
Ventron
Bussang
Le Val-d'Ajol
Le Thillot
Saint-Maurice-sur-Moselle

LA LORRAINE

La cathédrale Saint-Étienne, Metz

D'abord, on ne passe surtout pas par la Lorraine avec de gros sabots. On laisse à la frontière idées préconçues, préjugés et clichés. Pour commencer, les Lorrains sont un peu plus français que les autres. La guerre leur a fait payer cher leur nationalité. Plus cher que les autres. Certes, moins « tchatche », strass et paillettes que le Midi, moins baignée par l'océan que la Bretagne et l'Aquitaine, mais qui donc peut revendiquer aujourd'hui d'être autant le centre de l'Europe ? La Lorraine est la seule région française à partager ses frontières avec trois pays européens (l'Allemagne, la Belgique et le Luxembourg). On comprend mieux ainsi sa vocation européenne (cela dit, on le savait bien depuis Charlemagne et Robert Schuman). À propos, qui appelle-t-on lorsque la France est dans la panade ? Jeanne d'Arc, la bonne Lorraine. Allez, qui d'autre ? De Gaulle et son emblématique croix de Lorraine. Qui est le vrai poumon vert du pays ? La Lorraine avec 218 500 ha de surface boisée (soit 1/5e des forêts françaises).

Et que dire de toutes ces villes à forte personnalité : Nancy, sa célèbre place Stanislas et son patrimoine Art nouveau unique ; Metz, qu'on croit grise mais qui affiche un festival permanent de teintes jaunes, ocre, mordorées et un délicieux centre piéton d'où émergent une merveilleuse cathédrale et le centre Pompidou-Metz ; Bar-le-Duc, aux vieux quartiers pleins de charme abritant les expertes épépineuses de groseilles, ville fière également d'être le point de départ de la Voie sacrée menant à l'héroïque Verdun et aux souvenirs douloureux des poilus. Enfin, comme cette province est vraiment très sage, allez dans les Vosges voir Épinal. Elle y a reçu une belle image.

Outre sa nature superbe, on apprécie aussi son patrimoine culturel généreux, fort de contrastes et de ses différences. Encore plus riche, entre France et Allemagne, des deux cultures qui le façonnèrent.

Loin des foules, on vient aussi en Lorraine pour cette autre dualité : Lorraine du Nord industrielle, fière de ses mines et des hommes qui y travaillèrent, et Lorraine du Sud, la rurale, la bucolique.

Lorraine, marche de la France, cœur de l'Europe, Lorraine qui aimerait tant que ses atouts et qualités soient mieux connus !

NOS COUPS DE CŒUR

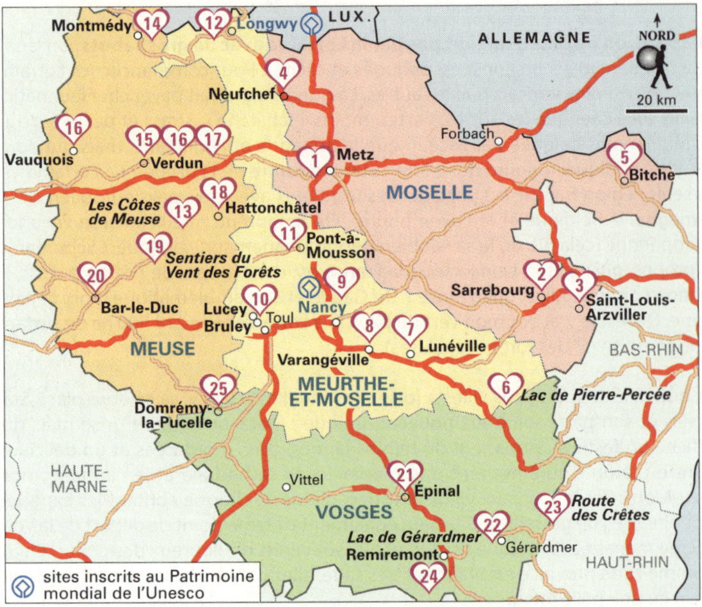

(1) **Arriver en train à Metz pour admirer la plus fascinante gare de France, un chef-d'œuvre d'architecture impériale allemande, puis visiter, à côté, l'annexe du musée Pompidou, à l'allure résolument contemporaine.** *p. 68, 69*

2 **Méditer devant le vitrail de Chagall qui magnifie la chapelle des Cordeliers de Sarrebourg.**
Haut de 12 m, le plus imposant réalisé par l'immense artiste. *p. 125*

3 **Admirer l'insolite plan incliné de Saint-Louis-Arzviller, un colossal ascenseur à bateaux. Une prouesse technique hors du commun qu'on ne retrouve qu'en 3 exemplaires dans le monde.**
Ici, le voyant rouge « surcharge » de l'ascenseur ne s'allume qu'au-delà de 350 tonnes… *p. 130*

4 **Visiter l'écomusée des Mines de fer de Neufchef, un condensé de l'héroïque saga du fer en Lorraine. Visite émouvante de l'une des plus importantes mines, généralement assurée par d'anciens mineurs.** *p. 87*

5 **Partir à l'assaut de la forteresse de Bitche, l'une des plus impressionnantes et captivantes que l'on connaisse.**
Chef-d'œuvre de l'architecture militaire, la forteresse n'est définitivement abandonnée par l'armée qu'en 2004… pour le bonheur des touristes ! *p. 112*

6 **Se croire au Canada sur les rives boisées du lac de Pierre-Percée.** *p. 187*

© Thierry Grun/Age fotostock

7 **Retrouver les fastes d'une grande cour des Lumières au château de Lunéville. Depuis son incendie en 2003, ce joyau du patrimoine se refait patiemment une beauté. Une merveille !** *p. 181*

© Lourdel Lionel/hemis.fr

(8) **Plonger dans l'incroyable labyrinthe de sel gemme de Varangéville, dernière mine en activité en France. Un incroyable réseau, à 160 m sous terre, vous attend.** *p. 178*

(9) **Faire un tour sur la place Stanislas à Nancy, à la nuit tombée, lorsqu'elle se mue en un véritable décor de théâtre.**
La place voulue par le roi Stanislas en 1751 est un joyau d'équilibre et d'esthétisme. Dans un de ses palais est logée la magnifique collection du musée des Beaux-Arts de Nancy. *p. 163*
Bon à savoir : *spectacle son et lumière projeté ts les soirs de mi-juin à mi-sept. Gratuit. Rens auprès de l'office de tourisme.*

10 **Goûter un gris de Toul chez un producteur de Lucey ou de Bruley.**
Un rosé aux arômes de fruits rouges, régulièrement récompensé dans les concours. *p. 201*

© Jean-Pierre de Mann/Robertharding/Age fotostock

11 **Au musée Au Fil du Papier de Pont-à-Mousson, découvrir que le papier mâché, ou « carton laqué », n'est pas seulement une activité pour classes maternelles.**
Une étonnante collection de mobilier et objets décoratifs de la fin du XIXe s à la Première Guerre mondiale, bien présentée. Comme quoi on n'a rien inventé avec le mobilier en carton aujourd'hui dans l'air du temps. *p. 207*

© René Mattes

12 **Se promener dans la place forte de Longwy, l'une des 9 du genre créées ex nihilo par Vauban, pour compléter la « ceinture de fer ».**
Preuve de son génie, bien que peu épargnée par les guerres, la cité a gardé la moitié de ses remparts. *p. 215*

13 **Rouler au printemps le long des côtes de Meuse, quand les mirabelliers sont en fleur.**
Cultivés sur environ 1 000 hectares en Lorraine, les mirabelliers donnent entre 50 et 100 kg de fruits chacun à la fin de l'été. *p. 290*

14 **Imiter Arletty, à la nuit tombée, au cœur de Montmédy : « Atmosphère, atmosphère… »**

La citadelle de Montmédy, fortifiée par Charles Quint, deviendra française sous Louis XIV par le traité des Pyrénées (1659). Vauban y apportera quelques remaniements. Beaucoup de charme, et les résidences d'artistes y apportent un supplément d'âme. *p. 278*

15 **Déguster les dragées de Verdun, les meilleures du monde, et visiter la maison Braquier.**

On croque un peu dans le soleil de Sicile, d'où proviennent les délicieuses amandes utilisées. *p. 246*

16 Découvrir les hauts lieux de la guerre 1914-1918 autour de Verdun et cheminer dans les souterrains de la butte de Vauquois, afin d'être pacifiste à jamais.

Le dernier soldat survivant de la Première Guerre mondiale s'est éteint en 2011. Aux nouvelles générations de transmettre le flambeau de l'Histoire. *p. 249, 269, 270*

17 Méditer sur la paix, les libertés et les Droits de l'homme dans le Centre mondial qui y est dédié et dans son jardin, à Verdun. *p. 247*

18 **Boire un verre au bistrot-brocante d'Hattonchâtel... La Meuse donne soif !** *p. 293*

19 **Marcher sur les sentiers artistiques du Vent des Forêts, musée en plein air dédié au *land art* et à la paix en Europe, et dormir dans une cabane sylvestre.**

Sept circuits s'offrent à vous pour découvrir le travail des artistes qui se sont succédé depuis le début de l'aventure, en 1997 ; certaines œuvres ont disparu, absorbées par la forêt… *p. 300*

Salut pour tous, encore des agapes à moratoire orphique, Théodore Fivel/VdF, 2012 © marine_calamai

20 Goûter à la confiture de groseilles, épépinées à la plume d'oie, à Bar-le-Duc.

Le « caviar de Bar-le-Duc » existe grâce au patient travail des épépineuses, qui manipulent 3 à 5 kg de fruits par jour. *p. 224, 232*

21 Tout découvrir des fameuses images d'Épinal à la Cité de l'Image (d'Épinal, bien sûr !).

La visite commence avec le musée de l'Image qui abrite le plus important fonds européen d'images françaises comme étrangères, du XVIIe s à nos jours : quelque 110 000 images, feuilles et bois gravés sont exposés par roulement. Passage ensuite, tablette numérique en main, par l'Imagerie d'Épinal, où les machines tournent toujours et depuis 1796. L'occasion de découvrir les imagiers au travail et, dans la jolie boutique, toute la production d'images d'aujourd'hui signées d'artistes contemporains ou d'auteurs de B.D. *p. 320*

22 **S'offrir une tranquille balade familiale en faisant, à pied, le tour du lac de Gérardmer.**

L'endroit se prête particulièrement bien aux petites randonnées : d'ailleurs, le 1er office de tourisme de France créé ici en 1875 s'appelait à l'origine « Comité des Promenades ». On peut, par exemple, grimper jusqu'à l'observatoire de la Tête de Merelle pour avoir le plus beau panorama qui soit sur le lac, et comprendre pourquoi Abel Hugo (le frère de Victor !) l'avait surnommé la « perle des Vosges ». Ou, quelques pas plus loin, aller voir la Bourrique (c'est une rivière !) dégringoler en une gentille cascade. *p. 342*

© Jürgen Feuerer/Age fotostock

23 **Suivre la superbe route des Crêtes au milieu des hautes chaumes, ces pans de montagne déboisés il y a bien longtemps pour permettre le pâturage de vaches dont le lait sert à fabriquer le fameux munster.**
À mi-chemin, grimper jusqu'au sommet du Hohneck, pour la vue évidemment : ce ballon vosgien (point culminant de Lorraine avec ses 1 363 m d'altitude) offre un panorama franchement époustouflant jusqu'aux Alpes si le soleil a décidé d'être de la partie. Et comme tout ce grand air ouvre forcément l'appétit, s'attabler autour d'un solide repas marcaire dans une des nombreuses fermes-auberges qui jalonnent le parcours. *p. 348, 349*

© Le Chemineau, Jules Adler © Adagp, Paris, 2019 © Kevin O'Hara/Age fotostock

24 **Sillonner le centre ancien de Remiremont : une fort jolie balade urbaine.** Son histoire – elle a très longtemps abrité un puissant chapitre de bénédictines, toutes issues de la plus grande noblesse – a laissé à la petite ville un très joli patrimoine : de l'église abbatiale (dont la crypte du XIe s est un des plus anciens édifices religieux de la région) et du quartier canonial qui l'entoure aux élégantes arcades de la rue Charles-de-Gaulle. Et 2 amateurs d'art locaux du XIXe s, Charles de Bruyères et Charles Friry, ont légué à la ville des collections qui font tout l'intérêt des 2 musées municipaux. *p. 372*

25 **Découvrir qui était vraiment Jeanne d'Arc à Domrémy-la-Pucelle.** Le village natal d'un des personnages les plus connus de l'histoire de France a, curieusement, traversé les siècles sans franchement changer de physionomie. Pas de magasins de souvenirs à foison, mais des moutons comme ceux que gardaient la jeune bergère qui paissent tranquillement sur les rives de la Meuse. Le rez-de-chaussée de la maison familiale est resté tel qu'au XVe s, dans l'église voisine, les fonts baptismaux qui ont servi au baptême de la sainte locale sont toujours là et le centre d'interprétation offre une passionnante visite à la découverte des différents « visages de Jehanne ». *p. 402*

ITINÉRAIRES CONSEILLÉS

Les essentiels

Presque impossible d'abord de ne pas remettre la Lorraine à sa place… Stanislas. Aménagée au cœur de **Nancy (1)** en 1751, cette place Stanislas est, clairement, l'une des plus belles d'Europe, d'ailleurs classée au Patrimoine mondial de l'Unesco. Mais l'ensemble de la ville mérite la visite, du musée des Beaux-Arts à des quartiers encore riches de maisons Art nouveau.

Des places, **Metz (2)** en compte quelques-unes de bien jolies aussi. Sur l'une se dresse la cathédrale Saint-Étienne qu'on va classer, sans trop hésiter, parmi les 5 plus belles de France. Et puisqu'on en est aux classements, la gare de Metz est sûrement, elle aussi, une des plus belles d'Europe. Enfin, passage obligé pour les amateurs d'art contemporain au Centre Pompidou-Metz. Ceux qui préfèrent le *land art* sillonneront **les sentiers du Vent des Forêts (3)** où ils pourront même dormir dans d'étonnantes cabanes.

L'industrieuse Lorraine a conservé nombre de ses savoir-faire dans de **passionnants musées** comme **l'écomusée des mines de fer** à **Neufchef (4), le musée du**

textile des Vosges à **Ventron (5)** ou **la Cité de l'Image** qui, à **Épinal (6),** regroupe musée et fabrique d'images toujours en activité. On découvrira également la faïence à **Sarreguemines (7)** avec, notamment, le site du moulin de la Blies ou les émaux de **Longwy (8)** en visitant le château de l'Aigle.

Les guerres ont malheureusement également marqué cette région dans la chair des hommes et de la terre : **Verdun (9)** et ses environs s'en souviennent comme **la citadelle de Bitche (10)** et de nombreux **ouvrages de la ligne Maginot** dont celui du Hackenberg à **Veckring (11).**

Changeons radicalement d'ambiance en plongeant dans un des nombreux **lacs** des Vosges comme celui de **Gérardmer (12)** avant de suivre la spectaculaire **route des Crêtes (13).** Pour faire vraiment le plein de panoramas, **grimper sur le Ballon d'Alsace (14)** qui, comme son nom ne l'indique pas, est pour partie en Lorraine.

Après ce plein de nature, **quelques balades urbaines** : à **Pont-à-Mousson (15)** qui doit ses maisons à arcades à une université connue dans toute l'Europe au XVIIe s. Mêmes arcades à **Remiremont (16)** où c'est un chapitre de chanoinesses issues de la plus grande noblesse qui a laissé un joli patrimoine architectural à la ville. À **Plombières-les-Bains (17),** c'est Napoléon III qui a imprimé sa marque et, pour rester dans les villes d'eaux – nombreuses en Lorraine –, Vittel devrait enthousiasmer les amateurs d'architecture fin XIXe s-début XXe s. Et **Bar-le-Duc (18)** propose un centre-ville Renaissance de toute beauté.

Envie de nature

Si certains persistent à l'imaginer plus qu'industrialisée, la Lorraine s'avère très nature. La région abrite pas moins de **3 parcs naturels régionaux** : celui de Lorraine, une partie du parc des Vosges du Nord (classé réserve mondiale de Biosphère par l'Unesco) et des ballons des Vosges. Tout un monde en vert et bleu.

En bleu d'abord avec de **très nombreux lacs et autres plans d'eau.** En plaine, le **lac de Madine (1)** est le plus grand de Lorraine. Et s'il est artificiel, cela ne l'empêche pas d'accueillir une faune aussi riche que sa flore. Comme le **lac de Pierre-Percée (2)** où, ici ou là, on se croirait au Canada. Mêmes richesses naturelles pour le **domaine de Lindre (3),** étang d'origine médiévale devenu un site ornithologique d'intérêt national, ou **les étangs de Lachaussée (4)** dont l'un est classé réserve naturelle régionale. N'oublions évidemment pas **le lac de Gérardmer (5), « la Perle des Vosges »,** un lac 100 % naturel, tout comme ses nombreux voisins des Hautes-Vosges. Les rivières sont également nombreuses en Lorraine qui s'offrent ici ou là quelques fantaisies, dégringolant en **cascades** comme à **Tendon (6).**

Et la Lorraine se colore partout de vert : c'est même **une des régions les plus boisées de France,** à commencer par la forêt qui couvre le **massif des Vosges,** comme au **Donon (7).** À **Verdun (8),** une forêt de 10 000 ha a masqué les plaies de la Première Guerre mondiale. **Les Côtes de Meuse (9)** offrent avec leurs **vergers** (mirabelle de rigueur !) la vision d'une nature jardinée.

D'ailleurs puisqu'on parle de jardins, ils sont nombreux en Lorraine, des **jardins fruitiers de Laquenexy (10)** à ceux de **Berchigranges (11)** ou de **l'abbaye d'Autrey (12).** Une nature à découvrir à pied le long de multiples **sentiers de randonnées** ou **à vélo** : la Lorraine est riche en véloroutes dont par exemple **l'itinéraire Charles-le-Téméraire** qui la traverse sur 250 km et, plus courte mais très bucolique, la boucle de la Moselle.

Pas de vacances sans Histoire

On s'offre d'abord une **balade autour du Camp de la Bure (1)** pour rencontrer quelques-uns des 1ers habitants de Lorraine : le site a été occupé dès le Néolithique. Au **parc archéologique européen de Bliesbruck-Reinheim (2),** à cheval entre Lorraine et Allemagne, c'est avec une princesse du IVe s av. J.-C. qu'on a rendez-vous. **Les Romains ont laissé,** eux, **un important sanctuaire** (avec un des plus grands amphithéâtres de l'époque) à **Grand (3).** Impossible ensuite de ne pas partir **sur les traces de Jeanne d'Arc,** de **Domrémy (4)** où l'on visite sa maison natale et un intéressant centre d'interprétation, à **Vaucouleurs (5)** où a démarré sa « chevauchée ».

Difficile également de ne pas aller se pencher, à la **médiathèque de Saint-Dié-des-Vosges (6),** sur le 1er document (1507) à cartographier et à donner un nom à rien de moins que… l'Amérique.

Les châteaux ne manquent pas dans la région. **Le château des Ducs de Lorraine** à **Sierck-les-Bains (7)** a conservé sa fière allure de l'époque médiévale comme son proche voisin, **le château de Malbrouck (8)** à Manderen. **Le somptueux château**

d'Haroué (9) est habité par la même famille depuis 8 générations. Il est du XVIIIe s comme le **château des Lumières** à **Lunéville (10)** construit pour le duc Léopold ou le **château Stanislas** à **Commercy (11).**

Le patrimoine religieux est lui aussi des plus riche : avec les **cathédrales Saint-Étienne de Metz (12),** et de **Toul (13)** (le cloître est superbe !), **la basilique de Saint-Nicolas-de-Port (14)** ou **les abbayes de « la croix de Lorraine » : Senones** et **Moyenmoutier (15).**

Région frontière, la Lorraine a subi de nombreux conflits. À **Gravelotte (16),** un **musée évoque la guerre de 1870** et l'annexion par l'Allemagne d'une partie de la Moselle. Quelques ouvrages défensifs du système Séré de Rivières édifiés après 1870 se visitent, comme les **forts de Villey-le-Sec (17), la forêt défensive à Villey-Saint-Etienne (18)** ou de **Bourlémont (19)** et la **citadelle de Montmédy (20)** que Vauban, déjà, avait fortifiée.

La Première Guerre mondiale est sûrement celle qui a, ici, laissé le plus de traces : à **Verdun (21)** bien sûr, en **Argonne (22),** sur **la butte de Vauquois (23), les collines des Éparges (24)** ou **de la Fontenelle (25).** On découvre encore de nombreux **ouvrages de la ligne Maginot** construite à la suite de ce conflit, comme celui du **Hackenberg, à Veckring (26).**

Et pour se souvenir de la raison pour laquelle cette époque guerrière est aujourd'hui terminée, on rendra visite au **« père de l'Europe », Robert Schuman,** dans sa **maison-musée de Scy-Chazelles (27).**

Avec des enfants

Commençons par dire bonjour aux sympathiques bestioles (éléphants, otaries, jaguars, bisons…) du **zoo d'Amnéville-les-Thermes (1)** qui accueille pas moins de 2 000 animaux de 360 espèces différentes. Amnéville où l'on a aussi rendez-vous avec les murènes, barracudas et hippocampes de l'aquarium. Quelques créatures marines également au **musée-aquarium de Nancy (2)** qui abrite aussi quelques vitrines d'animaux naturalisés. Ce genre de vitrines, **le musée Pierre-Noël** à **Saint-Dié-des-Vosges (3)** en compte également beaucoup, tout comme le **musée Faune Lorraine** à **Xonrupt-Longemer (4).** Les animaux sont en revanche bien vivants et représentatifs de la faune européenne (loups, aigles, etc.) dans les enclos du **parc animalier de Sainte-Croix** à **Rhodes (5).**

Plutôt manèges qu'animaux ? Direction les **parcs d'attraction Walygator** à **Maizières-les-Metz (6)** ou **Fraispertuis-City** à **Jeanménil (7).** Toujours pour les amateurs de sensations fortes mais en pleine nature, c'est notamment à **La Bresse (8)** que ça se passe, entre les **vertigineuses descentes de Schlitte Moutain** ou les **multiples activités de Bol d'Air.** Un site où on peut également dormir dans des hébergements insolites (maison de Hobbit, de trappeur…) que les enfants devraient adorer. Tout comme l'avion ou le chariot western de **la Ferme Aventure de la Chapelle-aux-Bois (9)** qui, entre autres attractions, propose un surprenant parcours pieds-nus. **Le fort de Bourlémont (10)** se visite, lui, d'énigme en énigme.

Pour une séquence nostalgie, visite du **musée Petitcollin à Étain (11),** et de l'usine où se fabriquent encore les dernières poupées made in France. Sans oublier **l'Imagerie d'Épinal (12),** évidemment.

Et pour la récompense finale, une visite s'impose dans une de ces **confiseries** encore très artisanales dont les Vosges ont le secret comme celle des Hautes-Vosges à **Plainfaing (13).**

Le carreau du Parc Explor Wendel, Petite-Rosselle

Interview #experienceroutard

Par la rédaction du *Routard*

Pourquoi aimer particulièrement cette destination ?

Parce que même si les Images d'Épinal ont été inventées en Lorraine, il faut oublier les clichés encore trop nombreux sur cette région. Ses villes, d'abord, méritent franchement qu'on s'y balade : des maisons sur arcades de Pont-à-Mousson et Remiremont au quartier Renaissance de Bar-le-Duc, de Nancy (la place Stanislas une des plus belles du monde, sans discuter !) à Metz (et sa gare, la plus belle de France !). Les cités ouvrières comme les vestiges du passé minier et sidérurgique – souvent joliment mis en scène – valent également une visite. Et de vignes en vergers, de forêts en pâturages autour des ballons des Vosges, c'est une région très nature, qui ne compte pas moins de 3 parcs naturels régionaux. Enfin bref, il faut passer par la Lorraine (sans, forcément, ses sabots !...).

Une expérience à partager ?

Une nuit au fond des bois dans une des *maisons sylvestres* imaginées par la designer Matali Crasset. Plus que des « cabanes dans les arbres », des expériences – justement ! – à vivre, des œuvres d'art à habiter. On observe les étoiles, on s'endort bercé par les bruits de la forêt, on se réveille au chant des oiseaux avant d'aller se balader le long d'un des 4 sentiers qui sillonnent le *Vent des forêts,* étonnant espace d'art contemporain rural, riche d'une bonne centaine d'œuvres exposées à ciel ouvert.

La spécialité locale à goûter absolument ?

Tous les plats traditionnels des montagnards réunis dans ce qu'on appelle le « repas marcaire », à partager dans une ferme ou une auberge du massif des Vosges : épaisse soupe ou tourte, *tofailles* (fondantes pommes de terre, cuites lentement dans du beurre avec oignons et lard), *géromé* (la version lorraine du *munster),* fromage blanc ou tarte aux myrtilles pour terminer. Et un petit verre de mirabelle de Lorraine pour faire passer tout ça ! De quoi prendre quelques forces pour partir randonner entre crêtes et vallées.

Un souvenir à rapporter chez soi ?

La Lorraine, c'est le palais de dame tartine ! Un paradis pour les fans de pâtisseries et autres confiseries (on en est !) avec les madeleines de Commercy et de Liverdun, les dragées de Verdun, les macarons de Boulay, la confiture de groseilles – épépinées à la plume d'oie ! – de Bar-le-Duc, les bergamotes, craquelines et autres visitandines de Nancy, sans oublier, évidemment, les célèbres bonbons des Vosges et tout ce qu'il est possible de concocter avec la mirabelle, « fruit d'or de la Lorraine » !

COMMENT Y ALLER ?

PAR LA ROUTE

Le covoiturage

Le principe est simple, économique et écologique. Il s'agit de mettre en relation un chauffeur et des passagers afin de partager le trajet et les frais, que ce soit de manière régulière ou de manière exceptionnelle (pour les vacances, par exemple). Les conducteurs sont invités à proposer leurs places libres sur *BlaBlaCar :* • *blablacar.fr* • L'inscription est gratuite.

Tarifs autoroutiers

Pour connaître le tarif des principaux tronçons autoroutiers, consulter le site • *autoroutes.fr* •

EN TRAIN

Au départ de Paris-gare de l'Est

➢ ***TGV Est européen*** direct pour ***Metz*** (1h25 de trajet), ***Nancy*** (1h30), ***Bar-le-Duc*** (1h45), ***Commercy*** (2h10) et ***Épinal*** (2h15).
➢ ***Forbach, Lunéville, Remiremont, Thionville, Sarrebourg, Saint-Dié-des-Vosges*** sont également reliées à Paris avec le TGV Est européen.
➢ ***Paris-Verdun :*** pas de train direct, changement à Nancy, Metz-Ville ou à la gare Meuse-TGV. Compter 1h45 à 3h de trajet.

Au départ de la région parisienne et de la province

➢ Les gares nouvelles – ***Lorraine-TGV*** (située à une trentaine de kilomètres de Metz et Nancy) et ***Meuse-TGV*** (située à une trentaine de kilomètres de Verdun et Bar-le-Duc) – permettent des liaisons avec la région parisienne : ***aéroport Roissy-Charles-de-Gaulle*** (1h10), ***Marne-la-Vallée-Chessy*** (1h15 de Lorraine-TGV et 1h de Meuse-TGV) et ***Massy*** (1h45 de Lorraine-TGV et 1h35 de Meuse-TGV).
Ces liaisons TGV avec la région parisienne se prolongent vers ***Lille, Nantes*** (via Le Mans et Angers), ***Rennes*** (via Laval) et ***Bordeaux*** (via Saint-Pierre-des-Corps – Tours, le ***Futuroscope*** de Poitiers et d'Angoulême depuis Lorraine-TGV).
➢ Depuis ***Strasbourg,*** nombreuses liaisons quotidiennes pour Nancy (env 1h15 de trajet) et Metz (compter 1h30).
➢ Depuis ***Marseille,*** 2 TGV directs/j. pour Nancy et Metz.
➢ Depuis ***Lyon,*** 3 TGV directs/j. pour Nancy et Metz.

Pour voyager au meilleur prix

La SNCF propose des services et tarifs adaptés à chacun de vos voyages.
➢ ***Prem's :*** des petits prix disponibles toute l'année. Billets échangeables et remboursables (offres soumises à conditions). Impossible de poser des options de réservation sur ces billets : il faut les payer immédiatement.
➢ ***Les cartes de réduction***
Pour ceux qui voyagent régulièrement, profitez de 30 % de réductions avec les cartes *Avantage Famille, Jeune, Week-end* ou *Senior* + (49 €, valables 1 an).

Renseignements et réservations

– ***Internet :*** • *oui.sncf* •
– ***Téléphone :*** ☎ *36-35 (0,40 € TTC/mn).*

– Également dans les gares, les boutiques SNCF et les agences de voyages agréées.

▲ ***Trainline.fr :*** une façon simple et rapide d'acheter vos billets de train sur le Web, mobile et tablette. Réservez vos billets pour voyager en France et dans plus de 45 pays européens. Consultez les tarifs et les horaires dans une interface claire et sans publicité. Trainline compare les prix de plusieurs transporteurs européens pour vous garantir le meilleur tarif. Réservations et paiements sur ● *trainline.fr* ● et sur mobiles avec l'application Trainline pour iPhone et Android.

▲ **OUI.SNCF**
Acteur majeur du tourisme en Europe, expert de la distribution du train et de la destination France, OUI.sncf propose les offres de 15 transporteurs train tels que TGV INOUI, OUIGO, Intercités, Eurostar, Thalys, TGV Lyria ; 3 compagnies de bus, 400 compagnies aériennes ; 500 000 offres d'hôtels référencés et des services exclusifs (relation clients disponible tlj 24h/24, Alerte Petits Prix, OUIbot, etc.).

Comment circuler dans la région Lorraine ?

Le TER en Lorraine, c'est jusqu'à 650 trains quotidiens et 160 gares desservies ! N'hésitez pas à choisir ce mode de transport pour sillonner la région à la découverte des principaux sites touristiques (Nancy, Metz, Epinal, Lunéville...). Ils sont nombreux à être accessibles en train ou en car. Et pour voyager à petits prix, profitez de nos offres régionales :
– La carte Primo destinée aux moins de 26 ans : elle permet, pour 20 € seulement, de bénéficier pendant un an, de réductions de 50 % en semaine et de 70 % les week-ends et jours fériés sur tout le réseau TER de Grand Est.
– La carte Presto : destinée aux personnes ayant 26 ans ou plus, elle permet, pour 30 € par an, de profiter de 30 % de réduction en semaine et de 70 % de réduction les week-ends et jours fériés. De plus, emmenez jusqu'à 3 personnes avec vous le week-end et faites-leur bénéficier des mêmes réductions !
– Le tarif Mini-Groupe : voyagez à 2, 3, 4 ou même 5 personnes et bénéficiez d'une réduction de 50 % sur vos trajets sur tout le périmètre Grand Est. Valables les samedis, les dimanches et les jours fériés, ces billets sont utilisables pour un trajet simple ou aller/retour.
Pour vous renseigner :
– les sites ● grandest.ter.sncf.com ● et ● oui.sncf ●
– l'application l'Assistant SNCF ;
– le service de relations clients Contact TER Grand Est au ☎ 0 805-415-415 (service et appel gratuits).

EN AVION

✈ ***Aéroport Lorraine airport :*** *route de Vigny, 57420* ***Goin*** *; sur la D 910 à hauteur de Pont-à-Mousson, entre Metz et Nancy. ☎ 03-87-56-70-00. ● metz-nancy-lorraine.aeroport.fr ●*
➢ Navettes pour les gares de Metz (45 mn de trajet) et de Nancy (50 mn de trajet) en fonction des horaires de vols réguliers ; les places dans certaines navettes doivent être réservées. Horaires sur le site internet. Compter 8 € le trajet (réduc). Vols réguliers directs pour Ajaccio, Bastia, Calvi, Figari, Lyon, Marseille, Nice et Toulouse.

EN BUS

Le réseau de bus longue distance s'étant intensifié ces dernières années, le plus pratique est de consulter le comparateur de billets d'autocars ● *comparabus.com* ● qui regroupe et comparer les prix des différentes compagnies présentes en France : Blablabus (anciennement Ouibus), Eurolines/Isilines, Flixbus. De nombreuses villes sont desservies à travers tout l'Hexagone avec régulièrement de nouvelles dessertes. À vous de voir en temps réel les liaisons existantes. Un lien vers les compagnies permet d'acheter ses billets en direct.

BON À SAVOIR AVANT LE DÉPART

ABC de la Lorraine

- ***Superficie :*** 23 547 km².
- ***Population :*** 2 361 200 hab.
- ***Densité :*** 100 hab./km².
- ***Chefs-lieux de départements :*** Metz (également préfecture régionale), Nancy, Épinal et Bar-le-Duc.
- ***Principaux secteurs d'activités :*** sidérurgie, construction automobile, travail des métaux, industrie agroalimentaire, industrie du bois.
- ***Signes particuliers :*** seule région française partageant sa frontière avec 3 pays européens (Belgique, Allemagne, Luxembourg) ; le logo de la région a été créé par l'artiste lorrain Charlélie Couture en 1999.

AVANT LE DÉPART

Adresse et info utiles

ℹ ***Tourisme Lorraine :*** *abbaye des Prémontrés, BP 97, 54704* ***Pont-à-Mousson*** *Cedex.* ☎ *03-83-80-01-80.* • *tourisme-lorraine.fr* • *Lun-ven 9h-12h, 14h-17h.* Propose un large éventail de brochures thématiques (carte touristique, forfaits...) permettant de préparer son séjour en Lorraine. Documentation téléchargeable sur le site internet.

– ***Pass Lorraine :*** • *passlorraine.com* • Ce passeport touristique gratuit (à retirer dans les offices de tourisme ou à commander sur Internet) offre des bons de réduction pour de nombreux sites de la région.

Carte d'adhésion internationale aux auberges de jeunesse (carte FUAJ)

Cette carte vous ouvre les portes des 4 000 auberges de jeunesse du réseau *HI-Hostelling International* en France et dans le monde. Vous pouvez ainsi parcourir 90 pays à des prix avantageux et bénéficier de tarifs préférentiels avec les partenaires des auberges de jeunesse *HI*. Il n'y a pas de limite d'âge pour séjourner en auberge de jeunesse. Il faut simplement être adhérent.

Renseignements et inscriptions

– ***En France :*** • *hifrance.org* •
– ***En Belgique :*** • *lesaubergesdejeunesse.be* •
– ***En Suisse :*** • *youthhostel.ch* •
– ***Au Canada :*** • *hihostels.ca* •

Si vous prévoyez un séjour itinérant, vous pouvez réserver plusieurs auberges en une seule fois en France et dans le monde : • *hihostels.com* •

Carte internationale d'étudiant (carte ISIC)

Elle prouve le statut d'étudiant dans le monde entier et permet de bénéficier de tous les avantages, services et réductions dans les domaines

du transport, de l'hébergement, de la culture, des loisirs, du shopping...
La carte ISIC permet aussi d'accéder à des avantages exclusifs (billets d'avion spécial étudiants, hôtels et auberges de jeunesse, assurances, cartes SIM internationales, locations de voitures...).

Renseignements et inscriptions
– ***En France :*** • isic.fr • 13 € pour 1 année scolaire.
– ***En Belgique :*** • isic.be •
– ***En Suisse :*** • isic.ch •
– ***Au Canada :*** • isiccanada.com •

BUDGET

Nous vous indiquons ci-dessous l'échelle des tarifs auxquels nous nous référons dans ce guide, ainsi que pour l'ensemble de nos guides France.

Recommandation à ceux qui souhaitent profiter des réductions et avantages proposés dans le *Routard* par les hôteliers et les restaurateurs.

À l'hôtel, pensez à les demander **au moment de la réservation** ou, si vous n'avez pas réservé, **à l'arrivée.** Ils ne sont valables que pour les réservations en direct et ne sont pas cumulables avec d'autres offres promotionnelles (notamment sur Internet). Au restaurant, parlez-en **au moment** de la commande et surtout **avant** que l'addition ne soit établie. Poser votre *Routard* sur la table ne suffit pas : le personnel de salle n'est pas toujours au courant et une fois le ticket de caisse imprimé, il est souvent difficile de modifier le total. En cas de doute, montrez la notice relative à l'établissement dans le *Routard* de l'année, bien sûr, et ne manquez pas de nous faire part de toute difficulté rencontrée.

Hébergement

D'une manière générale, nous indiquons des fourchettes de prix allant de la chambre double la moins chère en basse saison à la plus chère en haute saison. Ce qui implique parfois d'importantes fourchettes de prix, pas toujours en adéquation avec la rubrique dans laquelle l'établissement est cité. Le classement retenu est donc celui du prix de la majorité des chambres et de leur rapport qualité-prix.
À noter que lorsque les lieux d'hébergement sont équipés d'un accès Internet et/ou wifi, nous le mentionnons, sans autre précision.
– Les tarifs des ***campings*** sont calculés sur la base d'un emplacement pour 2 avec voiture et tente en haute saison. Ils sont classés en tête de rubrique « Où dormir ? ».
– ***Les auberges de jeunesse*** pratiquent en règle générale des tarifs « Bon marché » pour une nuitée en dortoir (avec ou sans les draps). Le tarif indiqué est celui du lit en dortoir et/ou parfois de la chambre double, quand il y en a.
– ***En chambres d'hôtes,*** les prix sont donnés sur la base d'une chambre double. Ils incluent le petit déjeuner. Les cartes de paiement sont rarement acceptées. Dans le cas contraire, nous indiquons « petit déj en sus » et « CB acceptées ».
– Concernant les ***hôtels,*** la base reste celle d'une nuit en chambre double (sans petit déjeuner). Le prix du petit déjeuner n'est mentionné qu'à titre exceptionnel (qualité des produits servis, buffet remarquable, ou au contraire tarif élevé par rapport au prix de la chambre).
– ***Bon marché :*** jusqu'à 50 €.
– ***Prix moyens :*** de 50 à 80 €.

- ***Chic :*** de 80 à 120 €.
- ***Plus chic :*** de 120 à 150 €.
- ***Beaucoup plus chic :*** au-delà de 150 €.

- ***Logis*** est la 1re chaîne de restaurateurs-hôteliers indépendants en Europe avec 2 200 établissements répartis dans 8 pays. Fort de ses 70 années d'expérience, le réseau offre l'assurance d'un accueil personnalisé et chaleureux, d'un hébergement de qualité ainsi que d'une restauration faite maison mettant à l'honneur produits locaux et de saison. Engagés sur les territoires, tous les Logis sont impliqués dans une démarche d'économie locale, privilégiant les circuits courts et les produits régionaux. Plus d'infos sur ● *logishotels.com* ●.
- ***The Originals, Human Hotels & Resorts*** est un mouvement collectif de 600 hôteliers indépendants qui partagent une vision commune : celle d'une hôtellerie plus authentique et plus humaine. Au travers de 6 catégories, de l'hôtel de luxe à l'économique, les hôteliers The Originals, Human Hotels & Resorts ont tous quelque chose d'unique à partager, vous faire découvrir ou expérimenter : une recette, un moment de vie, une passion, une histoire. Une diversité d'expériences pour profiter du meilleur de la vie locale dans 12 pays en Europe et dans le monde. ● *theoriginalshotels.com* ●.

Restos

Au restaurant, notre critère de classement est le prix du 1er menu servi le soir (hors boissons). Les notions de « Prix moyens » ou « Plus chic » n'engagent donc que les prix. Autrement dit, certains restos chics proposant parfois d'intéressantes formules, notamment au déjeuner, pourront malgré tout être classés dans la rubrique « Plus chic ».
- ***Très bon marché :*** moins de 15 €.
- ***Bon marché :*** de 15 à 25 €.
- ***Prix moyens :*** de 25 à 35 €.
- ***Chic :*** de 35 à 50 €.
- ***Plus chic :*** plus de 50 €.

LIVRES DE ROUTE

Historiquement, le grand écrivain lorrain est ***Maurice Barrès*** (1862-1923), qu'il ne faudrait pas réduire au rôle de patriote revanchard de la période 1870-1914. Ce chantre de l'individualisme, né à Charmes (Vosges), maintint toujours le contact avec sa région natale. Il l'a célébrée en particulier dans 2 romans : *Colette Baudoche* (1909), ou l'impossible amour entre une Messine au cœur français et un Prussien ; et *La Colline inspirée* (1913), histoire de l'abbé Léopold Baillard qui fit de la colline de Sion (dans le sud de la Meurthe-et-Moselle) un lieu de pèlerinage.
La Lorraine a vu passer bien des armées, a subi bien des batailles, dont celle de Verdun, la plus sanglante de la Première Guerre mondiale. Il faut lire *Ceux de 14*, de ***Maurice Genevoix,*** et s'attarder sur la quatrième partie intitulée « Les Éparges ». Puis aller sur le site du même nom, à une quinzaine de kilomètres au sud-est de Verdun, afin de percevoir toute l'absurdité de la guerre : on réalise, en ce lieu bouleversé par les cratères de mines et les trous d'obus, que des dizaines de milliers d'hommes sont morts pour une colline de rien du tout, même pas escarpée !
La guerre des tranchées exprimée du point de vue allemand est relatée dans le célèbre et poignant récit du jeune Ernst Jünger, *Orages d'acier* (éd. Livre de Poche, coll. Biblio), qui finira la guerre comme lieutenant d'une troupe d'assaut.
Lorsqu'elle n'est pas champ de bataille, la Meuse est un département paisible, vert et vallonné. Pour le découvrir dans sa ruralité, rien ne vaut les romans d'***Henriette Bernier,*** une Meusienne qui a bourlingué de par le monde avant de retourner dans son terroir vivre le reste de sa vie : *L'Enfant de l'autre* et *L'Or blanc des pâturages*

(éd. Presses de la Cité). La Meuse a aussi inspiré ***Philippe Claudel*** (*Meuse l'oubli*, éd. Gallimard, coll. Folio), mais là, c'est plutôt le fleuve, dans la partie belge de son cours.
Pour les Vosges, le mieux est de faire confiance à ***Pierre Pelot.*** L'ermite de Saint-Maurice-sur-Moselle, artiste puissant et fécond, a écrit quelque 180 livres en tout genre. Le plus vosgien est sans doute son roman *Méchamment dimanche* (éd. Héloïse d'Ormesson), nourri de ses souvenirs d'enfance.
La Lorraine, terre d'enfances heureuses et mouvementées. Pelot n'est pas le seul à en avoir été marqué. Avant lui, le Lunévillois ***Jean Lhote*** (1930-1985), qui fut gagman pour Jacques Tati, a raconté des souvenirs remontant aux années 1930, dans *La Communale*. On peut considérer le Pays-Haut comme un cas à part. Terre rouge et tourmentée, ce plateau qui va de la vallée de la Fensch jusqu'au Luxembourg fut le « Texas lorrain », du temps de la sidérurgie triomphante. Le paysage, les us et coutumes, le patrimoine y ont été façonnés par la tradition industrielle et ouvrière.
Cette Lorraine ouvrière, ce « monde du Picon et des pavillons, des gagne-petit, des hommes crevés au turbin et des amoureuses fanées à 25 ans », ***Nicolas Mathieu*** la décrit superbement, avec une douloureuse tendresse, dans *Leurs enfants après eux*, prix Goncourt 2018, comme dans son 1er roman, un polar remarquable (et remarqué) : *Aux Animaux la Guerre*.
Les B.D. de ***Baru*** *(Quéquette blues, La Piscine de Micheville...)* portent également un regard à la fois tendre et ironique sur la vie quotidienne dans le bassin de Villerupt.
Pour aller plus loin, on peut consulter les sites internet d'éditeurs régionaux, ***Les Éditions du Quotidien*** (*● lelivrechezvous.fr ●*).

PERSONNES HANDICAPÉES

La marque Tourisme et Handicap

Créée par le secrétariat d'État à la consommation et au tourisme en partenariat avec les professionnels du tourisme et les associations représentant les personnes handicapées, elle permet d'identifier les lieux de vacances (hôtels, campings, sites naturels, etc.), de loisirs ou de culture (musées, monuments, etc.) mais aussi des offices de tourisme accessibles aux personnes en situation de handicap. Cette accessibilité, visualisée par un pictogramme correspondant aux quatre types de handicap (moteur, visuel, auditif et mental), garantit accueil, accessibilité et confort et une utilisation des services proposés avec un maximum d'autonomie dans un environnement sécurisant.

Pour connaître la liste des sites labellisés par départements *● tourisme-handicaps.org ●*

Par ailleurs, dans notre guide, nous indiquons par le logo ♿ les établissements qui possèdent un accès ou des chambres pouvant accueillir des personnes handicapées. Certaines adresses sont parfaitement équipées selon les critères les plus modernes. D'autres, plus simples, plus anciennes aussi, sans répondre aux normes les plus récentes, favorisent l'accueil des personnes handicapées en facilitant l'accès à leur établissement, tant sur le plan matériel que sur le plan humain. Évidemment, les handicaps étant très divers, des lieux accessibles à certaines personnes ne le seront pas pour d'autres. Appelez donc auparavant pour savoir si l'équipement de l'hôtel ou du resto est compatible avec votre niveau de mobilité. Malgré les combats menés par les nombreuses associations, l'intégration des personnes handicapées à la vie de tous les jours est encore balbutiante en France. Il tient à chacun de nous de faire changer les choses. Une prise de conscience est nécessaire, nous sommes tous concernés.

SITES INTERNET

- ***routard.com*** • Le site de voyage nº 1, avec plus de 800 000 membres et plusieurs millions d'internautes chaque mois. Pour s'inspirer et s'organiser, près de 300 guides destinations actualisés, avec les infos pratiques, les incontournables et les dernières actus, ainsi que les reportages terrain et idées week-end de la rédaction. Partagez vos expériences avec la communauté de voyageurs : forums de discussion avec avis et bons plans, carnets de route et photos de voyage. Enfin, vous trouverez tout pour vos vols, hébergements, voitures et activités, sans oublier notre sélection de bons plans, pour réserver votre voyage au meilleur prix.
- ***tourisme-lorraine.fr*** • Le site officiel du comité régional de tourisme pour tout savoir sur la région : villes, montagne, mémoire, Art nouveau... Repérez les adresses insolites !
- ***mirabelles-de-lorraine.fr*** • Tout, vous saurez tout sur la mirabelle, ce fruit typique de la Lorraine : de la cueillette aux différentes préparations, avec des recettes adaptées à chaque moment de la journée.
- ***metiersdart-lorraine.org*** • Pour en savoir plus sur l'artisanat lorrain : les métiers du bois et de l'ameublement, de la facture instrumentale, du textile, du verre, du cristal...
- ***republicain-lorrain.fr*** • Le site du plus important quotidien régional en Lorraine. Il propose les nouvelles du jour, des rubriques diverses (télé, magazine, voyages, etc.), des petites annonces...
- ***lorrainedesjardins.com*** • Le site de la jeune association *Lorraine des Jardins,* avec présentation de parcs et jardins de toutes sortes (botaniques, pittoresques, contemporains, remarquables...) à travers la région, informations touristiques et agenda des événements et expositions.
- ***visiorando.com*** • À la recherche d'une idée de rando ? Hop, on tape le numéro du département (voire plus précisément le nom d'un bourg ou d'une ville), éventuellement la durée et le niveau de difficulté souhaités, et, magique, les suggestions apparaissent ! D'emblée sont alors précisées clairement d'autres infos (dénivelés, coordonnées GPS du point de départ, en boucle ou pas). Un site collaboratif qui permet de consulter/imprimer le descriptif de la balade bien sûr, mais aussi l'extrait de carte IGN au 1/25 000 concerné. Le tout complété par les avis des randonneurs.
- ***lorraineaucoeur.com*** • Un site qui regroupe loisirs et passions en Lorraine, avec des idées sorties et des bons plans restos, hôtels, etc.

LA MOSELLE

• Carte *p. 44-45*

ABC de la Moselle

- ***Superficie :*** 6 216 km².
- ***Population :*** 1 045 200 hab.
- ***Densité :*** 168 hab./km².
- ***Préfecture :*** Metz.
- ***Sous-préfectures :*** Thionville, Forbach-Boulay, Sarrebourg-Château-Salins et Sarreguemines.
- ***Point culminant :*** mont Grossmann (986 m).
- ***Économie :*** aciers fins, rails du TGV, automobile, technologies de pointe, cristalleries, bois.
- ***Signes particuliers :*** le seul département français partageant une frontière avec 2 autres pays de l'Union européenne (Allemagne et Luxembourg) ; 2e en nombre d'orgues d'église.

Pas simple de présenter un département finalement peu connu, sinon au travers de quelques clichés, parfois bien lourds, du genre usines et noirs terrils partout, Metz ville de garnison, et puis, ils n'ont pas les mêmes lois que nous, c'est quoi ce clergé rémunéré par l'État, et puis...
Alors, qu'en est-il exactement ? La Moselle séduit d'abord par son nom à consonance féminine, évoquant déjà une certaine douceur. Ensuite, l'histoire, pour peu qu'on s'y intéresse, apporte son lot de surprises. Tenez, c'est tout bête, mais sans saint Arnoult, évêque de Metz et ancêtre direct de Charlemagne, quid de l'un des plus célèbres empires du monde et de la chanson de France Gall ? Et qui sait aussi que ce sont les moines de Metz qui inventèrent le plain-chant qui devait s'exporter dans le monde entier sous le nom de chant grégorien ?

DEHORS LA GRISAILLE !

Moselle département industriel, Metz ville grise et triste ? Continuons à faire la peau aux clichés. Pourquoi donc appellerait-on ***Metz*** la « ***ville lumière*** » et sa superbe cathédrale la « Lanterne du Bon Dieu » ? Cathédrale que justement la lumière illumine sublimement à travers ***la plus grande surface de vitraux de France*** (oui monsieur, avant Chartres !). À propos de vitraux, pensez-vous que Chagall, fou de lumière et à l'œuvre si mystique, serait venu à Sarrebourg peindre le plus extraordinaire vitrail de son existence s'il n'y avait pas trouvé la lumière dont il avait besoin ? Et que dire d'un Georges de La Tour, le célèbre peintre, enfant du pays, qui inventa le choc « lumière ténèbres » le plus célèbre de France ? Et puisqu'on évoque la lumière, parlons de la pierre de Jaumont qui prend des teintes d'incendie au soleil couchant et que les Allemands tentèrent de liquider pour lui substituer leur granit et leur grès aux tonalités moins chaleureuses...
Parlons de la lumière sur les ***étangs du centre*** qui attirent depuis la nuit des temps tous les oiseaux d'Europe, d'autant plus lorsqu'elle est filtrée par de

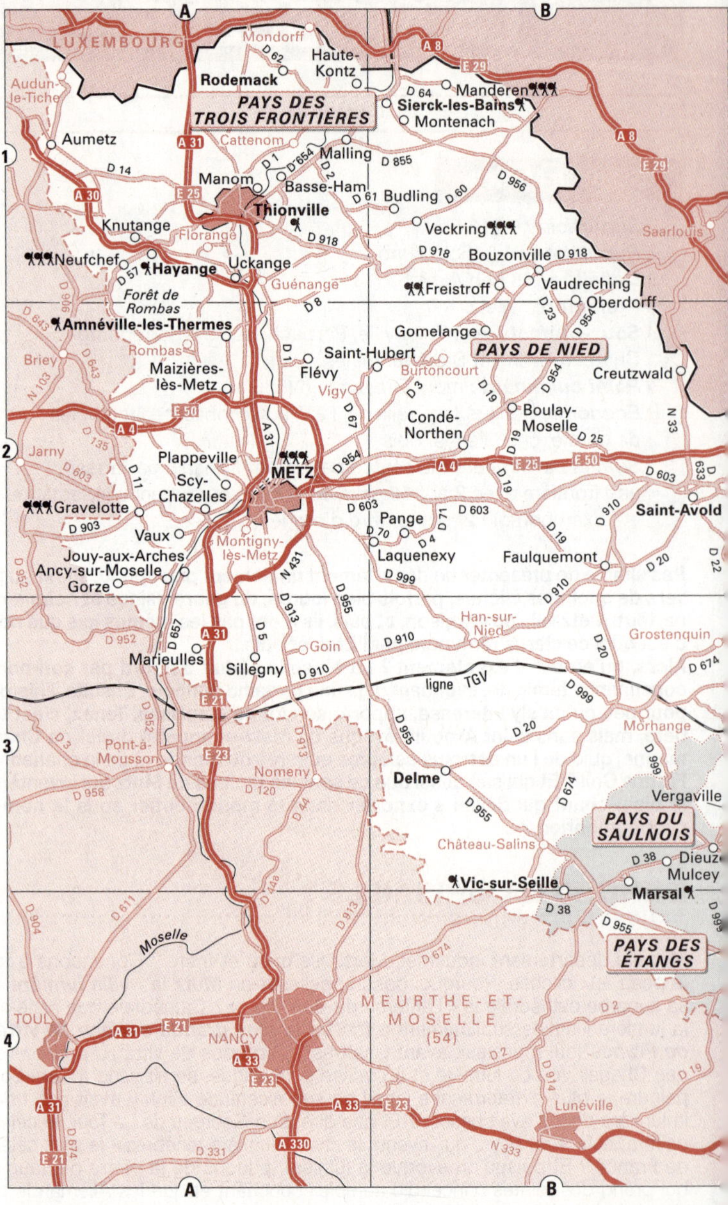
LUXEMBOURG
PAYS DES TROIS FRONTIÈRES
PAYS DE NIED
PAYS DU SAULNOIS
PAYS DES ÉTANGS
MEURTHE-ET-MOSELLE (54)
Mondorff
Haute-Kontz
Rodemack
Manderen
Sierck-les-Bains
Montenach
Audun-le-Tiche
Aumetz
Cattenom
Malling
Manom
Basse-Ham
Budling
Thionville
Veckring
Knutange
Florange
Neufchef
Hayange
Uckange
Guénange
Bouzonville
Vaudreching
Freistroff
Oberdorff
Forêt de Rombas
Amnéville-les-Thermes
Gomelange
Saint-Hubert
Rombas
Briey
Maizières-lès-Metz
Flévy
Burtoncourt
Vigy
Creutzwald
Saarlouis
Condé-Northen
Boulay-Moselle
Jarny
Plappeville
METZ
Scy-Chazelles
Gravelotte
Vaux
Pange
Saint-Avold
Jouy-aux-Arches
Ancy-sur-Moselle
Montigny-lès-Metz
Laquenexy
Faulquemont
Gorze
Han-sur-Nied
Grostenquin
Marieulles
Goin
Sillegny
ligne TGV
Morhange
Pont-à-Mousson
Nomeny
Delme
Vergaville
Château-Salins
Dieuze
Mulcey
Vic-sur-Seille
Marsal
Moselle
TOUL
NANCY
Lunéville

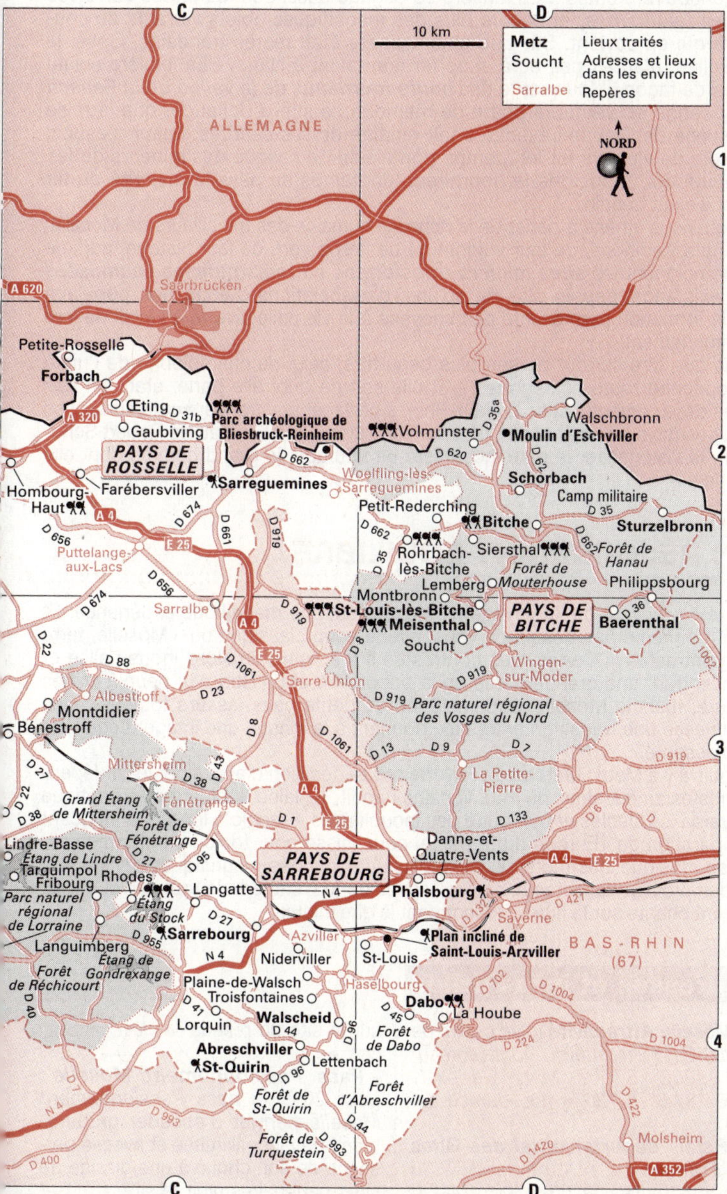
10 km
Metz Lieux traités
Soucht Adresses et lieux dans les environs
Sarralbe Repères
NORD
ALLEMAGNE
Saarbrücken
A 620
Petite-Rosselle
Forbach
Œting
D 31b
A 320
Gaubiving
Parc archéologique de Bliesbruck-Reinheim
Volmunster
Walschbronn
Moulin d'Eschviller
PAYS DE ROSSELLE
Hombourg-Haut
Farébersviller
Sarreguemines
D 662
Woelfling-lès-Sarreguemines
D 620
Schorbach
Camp militaire
D 35
Sturzelbronn
Petit-Rederching
Bitche
Rohrbach-lès-Bitche
Siersthal
Forêt de Hanau
Forêt de Mouterhouse
Lemberg
Philippsbourg
Montbronn
Puttelange-aux-Lacs
D 656
D 674
D 661
D 919
A 4
E 25
Sarralbe
St-Louis-lès-Bitche
Meisenthal
Soucht
PAYS DE BITCHE
D 36
Baerenthal
D 1062
D 22
D 88
D 1061
Sarre-Union
Wingen-sur-Moder
Albestroff
D 23
D 8
Parc naturel régional des Vosges du Nord
Montdidier
Bénestroff
D 13
D 9
D 7
D 919
Mittersheim
D 43
La Petite-Pierre
D 27
D 38
Grand Étang de Mittersheim
Fénétrange
D 1
D 133
D 6
Forêt de Fénétrange
Lindre-Basse
Étang de Lindre
D 95
PAYS DE SARREBOURG
Danne-et-Quatre-Vents
Tarquimpol
Fribourg
Rhodes
Langatte
N 4
Phalsbourg
D 421
Parc naturel régional de Lorraine
Étang du Stock
D 132
Saverne
Sarrebourg
Azviller
Plan incliné de Saint-Louis-Arzviller
BAS-RHIN (67)
Languimberg
Étang de Gondrexange
Niderviller
St-Louis
D 955
Forêt de Réchicourt
Plaine-de-Walsch
Haselbourg
D 702
D 1004
Troisfontaines
Dabo
La Hoube
D 40
D 41
Lorquin
Walscheid
D 45
D 44
D 96
Forêt de Dabo
D 224
Abreschviller
St-Quirin
Lettenbach
Forêt de St-Quirin
Forêt d'Abreschviller
D 422
D 993
Forêt de Turquestein
Molsheim
D 400
D 1420
A 352
C
D
1
2
3
4

LA MOSELLE

romantiques brumes... La lumière se dégage aussi des fours, des ***verreries*** et des ***faïenceries,*** et encore plus des magnifiques objets vibrants de couleurs qui en sortent. Sûr que si la Moselle était restée française, Gallé, le Mosellan, n'aurait pas eu à exporter son talent à Nancy ! La lumière éclate aussi de façon éblouissante des ***hauts fourneaux de la vallée de la Fensch*** avec, érigé en véritable phare de mémoire, le site d'Uckange, que la mise en scène de Claude Lévêque a fait renaître de ses cendres. Lueur d'espoir, lumière de vie, elle fut longtemps frontale sur le casque des mineurs de fer, mineurs qui, rappelons-le, fournirent longtemps au pays la majorité du fer dont il avait besoin...

Ce qui nous amène à parler de la richesse humaine des travailleurs de Moselle, de leurs traditions, de leur volonté de ne rien perdre de leur histoire, comme en témoignent les ***sites miniers transformés en remarquables écomusées*** et l'existence, depuis plus de 50 ans, d'associations d'éducation populaire et de formation permanente des citoyens à la vie collective et à l'éveil de leur environnement.

Mais que dire surtout de son plus beau titre, celui de championne de l'unité européenne toutes catégories ? Et elle sait de quoi elle parle, étant un des rares départements, avec le Haut-Rhin, à partager une frontière commune avec 2 autres pays (et un 3e n'est guère loin) et, surtout... le berceau de Robert Schuman, le visionnaire, le père incontesté de l'Europe, le grand homme dont elle est fière.

UN RÉJOUISSANT ÉQUILIBRE

On le dit avec force, le voyage en Moselle est une magnifique expérience. Et l'on n'a même pas besoin de vous faire le coup classique du « Moselle, terre de contrastes ». Certes, des contrastes il y a, entre un Nord industrialisé et concentrant une grande partie de la population et un Sud peu peuplé et très nature, mais la Moselle, accumulation de petits pays, assure toujours avec souplesse une transition entre eux, donnant à la longue une image d'équilibre réjouissante.

Et puis il y a Metz ; Metz où La Fayette prit sa décision d'aller aider les indépendantistes américains ; où Paul Verlaine naquit, Verlaine dont la magie poétique traversa les siècles et qui, outre ces inoubliables « sanglots longs » annonçant la libération de l'Europe du nazisme, nous laisse pour toujours cette merveilleuse musique des mots : « ... Metz aux campagnes magnifiques, rivière aux ondes prolifiques, coteaux boisés, vignes de feu, cathédrale tout en volute, où le vent chante sur la flûte... » Comment le dire mieux ?

Adresses et infos utiles

ℹ ***Moselle Attractivité*** *(plan centre de Metz, C1)* **:** *2-4, rue du Pont-Moreau, BP 80002, 57003 Metz Cedex 1.* ☎ *03-87-37-57-80.* • *mosl-attractivite.fr* •

■ ***Relais départemental des Gîtes de France :*** *14, pl. du Palais, 57630 Vic-sur-Seille.* ☎ *03-87-05-74-24.* • *gites57.com* •

■ ***Clévacances Moselle :*** ce label propose une gamme diversifiée d'hébergements. Brochure gratuite disponible sur le site du réseau • *clevacances.com* •

– ***Pass Passionnément Moselle :*** pour 20 €, le *pass Passionnément Moselle* permet d'accéder gratuitement, de façon illimitée et avec la personne de son choix, à une dizaine de sites partenaires (voir le site • *mosellepassion.fr* •). Très intéressant. *Pass* disponible à chaque billetterie concernée.

METZ ET SA RÉGION

METZ

(57000) 119 850 hab. *Carte Moselle, A2*

• Plan centre *p. 48-49* • Zoom *p. 51*

Tout d'abord, on dit « mess », tradition venue en réaction aux tentatives de germanisation de la ville entre 1870 et 1914 et entre 1940 et 1945, afin de se démarquer de la prononciation allemande. Vous allez ensuite oublier dès votre arrivée quelques idées reçues (si vous en aviez...) sur Metz : ville de garnison, industrielle, et l'on en passe. 1re surprise : espaces verts, bras multiples de la rivière et plans d'eau composent un superbe écrin en vert et bleu à la ville. 2e surprise : la cité est parée de couleurs douces et chaudes, jaune de la pierre de Jaumont comme rose du grès des Vosges. Et depuis bien longtemps, les murs ont été ravalés, évacuant la crasse des usines sidérurgiques des alentours, aujourd'hui démantelées. Quant aux uniformes (la ville a longtemps été celle qui a abrité la plus grande concentration de militaires de toute l'Europe), ils se font infiniment plus discrets qu'à l'époque où Français et Allemands ne songeaient qu'à en découdre. Ajoutez à cela un vaste secteur piéton commerçant et animé, de nombreux bâtiments médiévaux et autres hôtels particuliers, l'une des plus belles cathédrales de France, la plus belle gare que l'on connaisse (à égalité avec celle de Limoges !)... Quant à la 1re antenne du centre Georges-Pompidou en région, inaugurée en 2010, rien que son architecture tout en harmonie a propulsé Metz dans le XXIe s !
En prime, dans cette ville à taille humaine, l'essentiel peut être facilement découvert à pied. Et Metz est un grand jardin avec 470 ha d'espaces verts et une trentaine de kilomètres de balades et sentiers le long de la Moselle et de la Seille. Alors, paré pour un trek à la fois urbain et bucolique ?

UN PEU D'HISTOIRE

Les Romains ont-ils eux aussi été attirés par le climat ou bien par l'importance stratégique de cet important carrefour fluvial et terrestre, entre Rhin et Rhône ? En tout cas, vers 51 av. J.-C., ils construisent ici une ville qui prend le nom de *Divodurum* (colline des dieux) et se développe considérablement (l'amphithéâtre pouvait accueillir 25 000 spectateurs, ce qui en faisait l'un des plus grands de l'Empire romain !). Aux Ier et IIe s, c'est l'apogée économique de la ville, qui exporte, entre autres, sel, pierre, céramique et vin. Elle devient évêché sous la férule de saint Clément. La légende du Graoully, chère aux Messins, raconte que l'évêque a délivré la ville d'un horrible dragon en lui passant son étole autour du cou pour le conduire dans la Seille où il s'est noyé. Pour le 400e anniversaire de l'arrivée des Romains, en 451, Attila, fidèle à sa réputation, met fin à cette prospère existence en incendiant la ville.

Metz capitale à 2 reprises

La ville se relève de ses cendres et devient assez attirante pour que, à la mort de Clovis en 511, son fils aîné en fasse la capitale de l'Austrasie, cette fraction du

Où dormir ?

- **10** Camping municipal de Metz Plage (B1)
- **11** Hôtel le Mondon (B3)
- **12** Auberge de jeunesse Metz-Plage (hors plan par B1)
- **13** Hôtel Moderne (B3)
- **17** Ibis Styles Metz (C3)
- **20** Chambres d'hôtes Péniche Alclair (A3)

Où manger ?

- **32** Le Local (B3)
- **34** La Fabrique (B1)
- **35** À Table (C-D2)
- **37** Maison Dufossé-La Brasserie (B2)
- **40** La Popote (hors plan par B3)
- **41** Chez Moi (C2)

Où boire un thé ou un café ? Où grignoter ? Où manger de bonnes pâtisseries ?

- **50** Fox (B3)

Où boire un verre ? Où écouter de la musique ?

- **61** Les Frigos Ardents (D2)
- **67** Le Troubadour (B1)

Achats

- **82** Chocolatier Lemoy (C3)

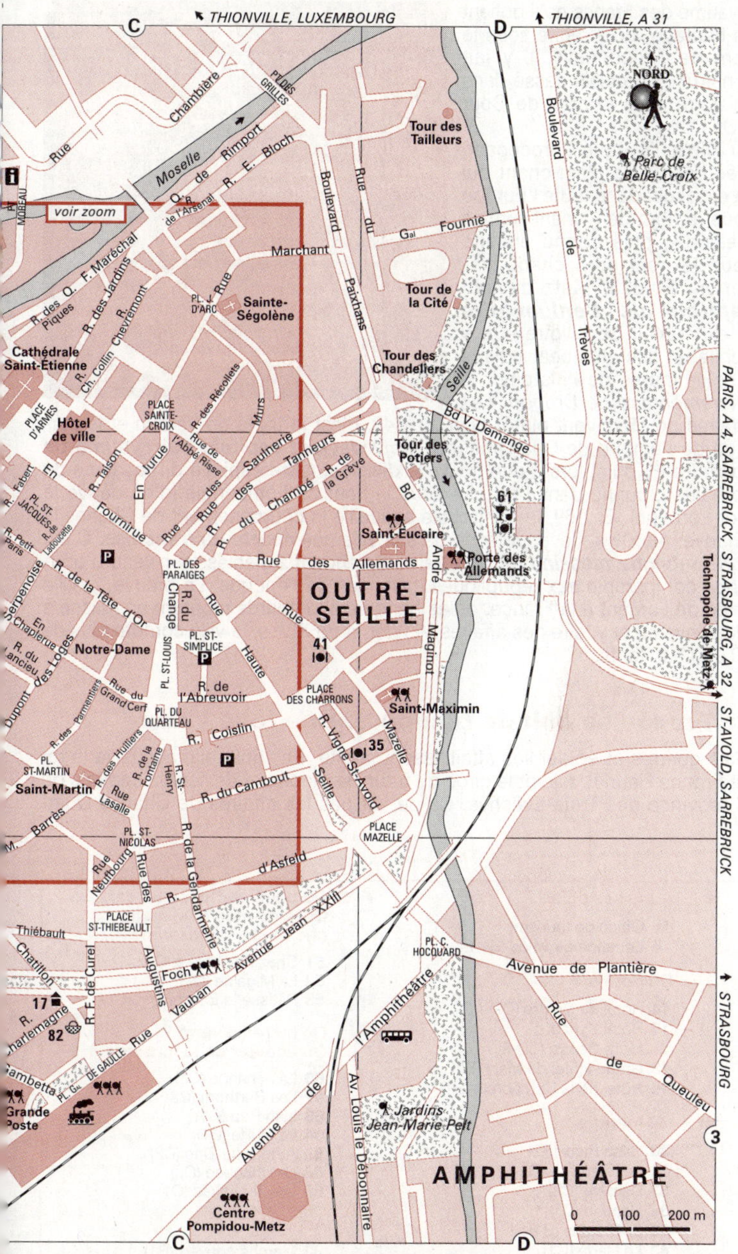

METZ – Plan centre

royaume des Francs qu'il obtient en héritage, où il règne sous le nom de Théodéric Ier. Il y fait construire un palais passé dans l'histoire sous le nom de Cour d'Or.

Au VIIIe s, l'évêque Chrodegang crée l'école de plain-chant qui va essaimer dans toute l'Europe sous le nom de « chant romain messin », plus connu ensuite sous le nom de... chant grégorien. En 835, Metz devient ***capitale de l'enluminure*** et du travail de l'ivoire. On y publie un des plus beaux livres d'enluminures de l'histoire : le *Sacramentaire de Drogon.* Les affaires de Metz vont plutôt bien. En ***843,*** c'est le traité de Verdun et le partage de l'empire de Charlemagne. ***Metz devient capitale du royaume de Lothaire Ier,*** puis, lors d'une nouvelle division, reste capitale du royaume de Lothaire II, connu dans l'histoire sous le nom de Lotharingie (d'où dérive le mot Lorraine). En 869, la cathédrale accueille le couronnement de Charles le Chauve. Au XIIe s, l'évêque accorde à la ville une ***charte de franchise.*** C'est la ***République messine*** qui va atteindre pendant 2 siècles un niveau d'opulence comparable aux républiques italiennes de l'époque. La preuve, la ville prête de l'argent à la France, et les banquiers lombards montent en masse à Metz investir et y faire des affaires. Au début du XIVe s, la ville compte plus de 30 000 habitants.

LE PÈRE, LE FILS ET LE SAINT-ESPRIT

Au VIIe s, le 29e évêque de Metz, un certain saint Arnould, à l'origine de la dynastie des Carolingiens, était l'arrière-arrière-arrière-grand-père de... Charlemagne. Un homme d'Église qui a une descendance ? Précisons qu'Arnould était déjà marié et père de 2 enfants quand le pape Clotaire II le nomma évêque. Mais sa situation maritale n'étant guère compatible avec sa nouvelle fonction, il ne trouva pas d'autre solution que de faire entrer sa femme au couvent ! Ben voyons !

La France se doit de récupérer une telle ville !

Mais guerres et épidémies affaiblissent la cité. En 1552, elle accueille le roi de France Henri II, rejoint le giron du futur Hexagone et devient la capitale de la province des Trois-Évêchés. Ça ne fait pas les affaires de Charles Quint

Adresses utiles

- Office de tourisme
- **4** Location de vélos (B1-2)

Où dormir ?

- **14** Hôtel du Centre (C2)
- **15** Hôtel Kyriad Metz-Centre (C2-3)
- **18** Grand Hôtel de Metz (B2)
- **19** Hôtel de la Cathédrale (B1)

Où manger ?

- **30** Casa Ricci (B2)
- **31** Le Bistrot de G. (B1)
- **33** Derrière (C2)
- **36** Cantino (C1)
- **38** El Théatris (B1)
- **43** Le Carré (C1)
- **44** La Cave des Trappistes (B1-2)
- **48** Café Rubis (C2)

Où boire un thé ou un café ? Où grignoter ? Où manger une bonne pâtisserie ?

- **51** Chez Franceska (C2)
- **52** La Migaine (C2)
- **53** Pâtisserie Bourguignon (C2)

Où boire un verre ? Où écouter de la musique ?

- **60** La Jehanne (C1)
- **62** Les Berthom (B2)
- **63** Irish Pub (C1)
- **64** La Quille (B1)
- **65** Autour du Zinc (C2)
- **66** La Chaouée (C2)
- **68** Les Trinitaires (C1)

Achats

- **80** Marché couvert (B1)
- **81** Éric Humbert (C2)
- **83** Chocolatier Fresson (C2)

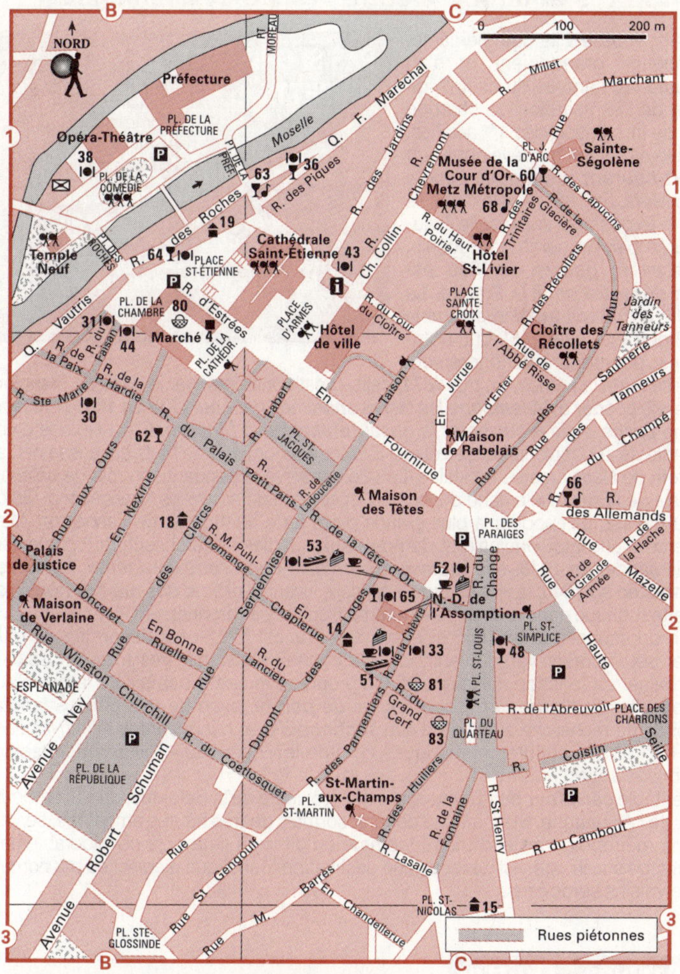

METZ – Zoom

qui assiège la ville, défendue par le duc de Guise (avec 10 fois moins de soldats). Metz résiste héroïquement plusieurs mois, et l'empereur finit par battre en retraite. ***En 1648, par le traité de Westphalie, Metz rejoint définitivement la France,*** qui lui assigne comme tâche naturelle de défendre les frontières. Sous le règne de Louis XV, la ville retrouve son dynamisme économique et son opulence. Son gouverneur, le duc de Belle-Isle, remodèle la ville, la dotant d'un nouvel urbanisme et de prestigieux édifices. Avec le Messin Pilâtre de Rozier, le 1er homme à voler en montgolfière, elle s'envoie même en l'air.

Un XIXe s et un XXe s entre France et Allemagne

Metz, grosse ville commerçante, bénéficie grandement, on s'en doute, de l'arrivée du chemin de fer, de l'exploitation du charbon et de la création des 1res aciéries. Elle voit même se développer ***un fort courant artistique : l'école de Metz.*** En 1861, la ville organise une Exposition universelle inaugurée par l'impératrice Eugénie. Hélas, ***la guerre de 1870 est un désastre pour la France. La ville est livrée aux Prussiens*** le 23 octobre avec 180 000 hommes, provoquant l'effondrement militaire de la France. En mai ***1871,*** celle-ci est contrainte, par le traité de Francfort, de ***rétrocéder à l'Allemagne les terres annexées par Louis XIV en 1681 : l'Alsace, une partie de la Meurthe et la quasi-totalité de la Moselle.*** C'est l'exode d'une partie de la population et des élites. L'essor économique de Metz est cassé net, au profit de Nancy restée française. La ville conserve cependant son rôle de défense, mais de l'Empire allemand désormais, et se dote de nouvelles fortifications. On dit qu'elle est, à l'époque, la plus grande place forte au monde. De l'annexion, Metz hérite d'une gare originale et de nouveaux quartiers à l'architecture typiquement allemande. ***En 1918, elle redevient française dans l'enthousiasme.*** À nouveau ***annexée en 1940,*** la ville et toute la Moselle vivent ***le drame des malgré-nous*** (voir cette rubrique dans le chapitre « Hommes, culture, environnement »).

Fin du cauchemar en 1945 et retour à la France. Metz peut désormais se tourner sereinement vers l'avenir. La ville connaît alors une très forte croissance urbaine. La fonction militaire s'efface progressivement pour laisser la place aux nouvelles ***industries et technologies de pointe,*** avec de très pointus laboratoires de recherche au sein de son ***Technopôle,*** et d'innovantes initiatives liées à l'art et aux cultures numériques comme le « tiers-lieu » *Bliiida* ou le festival *Constellations*.

Véritable ***carrefour de l'Europe,*** avec la proximité de la Belgique, du Luxembourg et de l'Allemagne, Metz affiche donc désormais de très hautes ambitions, se veut une métropole « art and tech » (comme on dit ici). Elle a déjà considérablement changé son image, est devenue une destination touristique plébiscitée par nombre de voisins européens.

PAS SI GRISANTE, LA VIE DE GRISETTE

À la soi-disant Belle Époque, les ouvrières ou employées célibataires n'avaient pas les moyens de vivre avec leurs maigres salaires. Il leur fallait être mariées ou accepter quelques passes. Sans avoir le choix. Habillées de gris (d'où leur surnom), ces grisettes hantaient les villes de garnison, notamment en Lorraine.

Arriver – Quitter

✈ ***Aéroport de Metz-Nancy Lorraine :*** *route de Vigny, 57420* ***Goin.*** *☎ 03-87-56-70-00. • metz-nancy-lorraine.aeroport.fr • Vols réguliers directs pour Lyon, Marseille, Nice, Toulouse. Navette aéroport-gare de Metz : ☎ 03-87-50-02-02. Compter 8 €.*

Gare SNCF *(plan centre C3)* ***:*** *13, pl. du Général-de-Gaulle.* **Paris** est relié à Metz en 82 mn, comme on se plait à le dire ici (voir au début du guide « Comment y aller ? »).

Gare routière *(plan centre D3)* ***:*** *1, av. Louis-le-Débonnaire. ☎ 03-87-63-65-65.* Bus pour Thionville, Saint-Avold et plus de 500 communes desservies dans toute la Moselle, à travers le réseau *TIM (☎ 03-87-74-82-08).*

■ ***Courriers Mosellans :*** *☎ 03-87-34-60-00.*

■ ***Transdev Grand Est :*** *☎ 03-87-75-26-62.*

LA MOSELLE

Adresses et infos utiles

ℹ **Office de tourisme** *(zoom C1) : 2, pl. d'Armes.* ☎ *03-87-39-00-00.* • *tourisme-metz.com* • *Avr-sept et marché de Noël, lun-sam 9h-19h, dim 10h-16h ; oct-mars, lun-sam 10h-18h, dim 11h-15h.* Joliment niché dans l'ancien corps de garde du XVIIIe s de la place d'Armes. Visite guidée ou individuelle audioguidée de la ville (8 € dans chaque cas). Propose également un *city pass* intéressant (13,50 €).

■ **Taxis :** ☎ *03-87-56-91-92.* • *taxi metz.fr* •

■ **Location de voitures :** *plusieurs loueurs à la gare SNCF, dont* **Hertz,** ☎ *03-87-66-63-33 ;* • *hertz.fr* • **Europcar,** ☎ *03-87-62-26-12 ;* • *europcar.fr* • **Avis,** ☎ *03-87-50-60-30 ;* • *avis.fr* • *Les agences sont fermées sam ap-m et dim.*

Transports locaux

– ***La voiture :*** un seul mot d'ordre, laissez-la tomber ! La ville se visite facilement à pied et aucun des parkings périphériques n'est vraiment loin du centre historique. Pratiques, les parkings souterrains de la cathédrale ou du centre Saint-Jacques. Liste des parkings sur • *metz.fr/pages/mobilite/stationnement/parcs_automobiles.php* •

– ***Le vélo :*** *à louer 2 € la ½ j., 3 €/j. ou 8 €/sem à* **Vélomet',** *près de la cathédrale, rue d'Estrées (zoom B1-2,* **4***).* ☎ *03-87-74-50-43.* • *lemet.fr* • *Tte l'année, mar-sam 8h30 (10h sam)-18h30 ; fermé le w-e hors saison ; 2 autres antennes : pl. de la République ; et à la gare, derrière les arrêts de bus.* Caution de 150 € demandée, ainsi qu'une pièce d'identité (16 ans minimum).

– ***Le minibus :*** la ligne ***Artéo*** traverse le centre-ville, fort pratique. Liaison du lundi au samedi, toutes les 10 mn, du centre Pompidou au théâtre, via la cathédrale.

– ***Le MET'*** *(transports en commun de la région messine)* **:** • *lemet.fr* • Une trentaine de lignes relie les 40 communes de Metz Métropole.

– ***Le petit train touristique :*** *départ pl. d'Armes, face à l'office de tourisme. Avr-oct, env ttes les heures 10h30-17h (18h juil-août).* Pour une balade audioguidée de 45 mn.

Où dormir ?

Camping et auberge de jeunesse

⛺ ***Camping municipal de Metz Plage*** *(plan centre B1,* **10***)* **:** *allée de Metz-Plage.* ☎ *03-87-68-26-48.* • *campingmetz@mairie-metz.fr* • *mairie-metz.fr* • ♿ *Ouv de mi-avr à fin sept. Forfait pour 2 env 14,50 €.* Bien placé, à quelques minutes à pied du centre, il s'étend sur une des rives de la Moselle. Très agréable en été mais peu ombragé. Dès 2 nuitées, l'entrée à la piscine municipale (juste à côté) est offerte.

🏠 ***Auberge de jeunesse Metz-Plage*** *(hors plan centre par B1,* **12***)* **:** *1, allée de Metz-Plage.* ☎ *03-87-30-44-02.* • *contact@ajmetz.fr* • *ajmetz.fr* • *Depuis la gare, bus no 3, arrêt Pontifroy. Accueil tlj 7h30-10h, 17h-22h. Fermé fêtes de fin d'année. Nuitée env 20 €/pers en dortoir ou 23 € en chambre individuelle, avec petit déj et draps.* Dans le quartier de Pontifroy, un peu excentrée mais pas encore trop loin. Structure moderne, classique et fonctionnelle offrant tout le confort nécessaire. Dortoirs de 6 personnes. Cuisine à disposition. Grande salle de détente, avec TV et baby-foot. Agréable terrasse en bordure de la Moselle.

Prix moyens

🏠 ***Hôtel Moderne*** *(plan centre B3,* **13***)* **:** *1, rue La Fayette.* ☎ *03-87-66-57-33.* • *contact@hotel-moderne-metz.com* • *hotel-moderne-metz.com* • *Doubles 72-80 €. Parking privé payant. Réduc de 10 % sur le prix de la chambre sur présentation de ce guide.* Un 2-étoiles,

LA MOSELLE

juste en face de la gare, bien pratique si vous arrivez en train. L'enseigne pourrait prêter à sourire si cet hôtel ne faisait pas beaucoup d'efforts pour, justement, se moderniser. S'il reste, ici ou là, encore un peu de moquette, la déco, contemporaine, est plaisante dès la salle du petit déj. Chambres plutôt confortables (avec petit balcon pour certaines), pas toutes immenses, plus calmes évidemment sur l'arrière. Accueil sympathique.

Chambres d'hôtes Péniche Alclair *(plan centre A3,* ***20****) : allée Saint-Symphorien. 06-10-45-02-16. • penichemetz@gmail.com • chambrespenichemetz.com • À 15 mn à pied env du centre et de la gare. Doubles 85-100 €. Réduc de 10 % sur le prix de la chambre (oct-avr) sur présentation de ce guide.* 2 chambres aménagées dans une péniche des années 1940, amarrée au long du bucolique canal de Jouy. Elles portent le nom des anciens mariniers : « Alphonse » est contemporaine, « Claire » joue la carte de la campagne anglaise. Une 3e chambre, plus spacieuse, est installée juste à côté dans une pénichette construite pour l'occasion. Honorable confort, accueil sympathique et jolie terrasse pour prendre le soleil ou savourer un plantureux petit déj.

Hôtel du Centre *(zoom C2,* ***14****) : 14, rue Dupont-des-Loges. ☎ 03-87-36-06-93. • contact@hotelducentremetz.com • hotelducentremetz.com • Double 69 €. Parking (voitures et vélos) payant.* Pour les amoureux du vieux Metz, un petit hôtel confortable, très agréable et idéalement situé dans une rue piétonne. Un grand coup de jeune dans des chambres qui gardent un charmant petit cachet ancien (poutres au dernier étage). D'ailleurs, même s'il n'y a pas d'ascenseur, le remarquable escalier en colimaçon vaut la peine. Accueil tout sourire.

Hôtel Kyriad Metz-Centre *(zoom C2-3,* ***15****) : 8, rue du Père-Potot. ☎ 03-87-36-55-56. • kyriad.metz@orange.fr • kyriad-metz-centre.fr • ♿ Doubles 69-92 €. Garage payant (sur résa).* Bien placé en centre-ville et proche de la gare, un hôtel de chaîne à l'architecture récente qui détonne quelque peu dans le tissu ancien. Mais les chambres côté impair donnent sur le cloître d'une ancienne abbaye. Très convenables pour le prix, ces chambres, dans le genre contemporain fonctionnel (petites salles de bains cela dit). Excellent accueil.

Hôtel Le Mondon *(plan centre B3,* ***11****) : 8, av. Foch. ☎ 03-87-74-40-75. • contact@lemondon.fr • hotel-le-mondon-metz.fr • Doubles 65-75 €.* Un bel immeuble ancien, comme il y en a pléthore autour de cette place emblématique de la ville nouvelle. Chambres, en revanche, dans le genre contemporain fonctionnel, d'un honorable confort (pas de clim toutefois). Jolie vue sur la place sur l'avant (mais il faut parfois aimer le bruit de la circulation...). Accueil pro et chaleureux.

De chic à plus chic

Hôtel de la Cathédrale *(zoom B1,* ***19****) : 25, pl. de la Chambre. ☎ 03-87-75-00-02. • hotelcathedrale-metz.fr • Résa conseillée. Doubles 75-120 €.* Superbement restauré et décoré par la chaleureuse propriétaire, cet ancien relais de poste du XVIIe s qui reçut Mme de Staël et Chateaubriand est la belle adresse de la ville : poutres d'époque, ferronnerie, vitraux et escaliers séculaires. Chambres pleines de charme, lumineuses, douillettes et au confort raffiné (parquet en chêne, mobilier ancien patiné). Toutes différentes, avec vue sur la cathédrale pour les plus belles, pourtant un soupçon moins calmes mais sans excès. Une dizaine de chambres supplémentaires tout aussi séduisantes dans une annexe juste à côté.

Grand Hôtel de Metz *(zoom B2,* ***18****) : 3, rue des Clercs. ☎ 03-87-36-16-33. • grandhoteldemetz@yahoo.fr • hotel-metz.com • Doubles 75-125 €. Parking payant.* Très central mais tranquille, dans une rue piétonne et dans une belle demeure du XVIIIe s. Un grand hôtel effectivement, avec des couloirs presque interminables qui desservent une soixantaine de chambres, très classiques, dans plusieurs gammes de confort donc de prix. Accueil pro.

Ibis Styles Metz *(plan centre C3,* ***17****) : 23, av. Foch. ☎ 03-87-66-81-11.*

• *h6854@accor.com • ibisstyles.com • Doubles 85-115 € petit déj compris.* Entre gare et centre-ville, à un angle de la plus belle avenue de Metz, un hôtel de chaîne installé dans les murs de l'historique *Hôtel Royal* (1905). Bonnes prestations dans l'ensemble : chambres contemporaines et confortables, parties communes avec du... style (évidemment) dont un salon cosy et un espace sympa destiné aux enfants.

Où manger ?

De très bon marché à bon marché

Casa Ricci *(zoom B2, **30**) : 16, rue Sainte-Marie. 06-15-94-87-08. Tlj sauf dim-lun 8h-16h (resto 11h-14h30). Formules 9,50-10,90 €.* Chaleureuse petite trattoria à la jolie déco dans l'air du temps (meubles dépareillés autour d'une cheminée d'époque) et à la bonne cuisine italienne à prix tout doux. Pour les formules : des pâtes du jour à accompagner d'une sauce maison (il y a le choix !) et d'une des « spécialités » de la *casa* (bruschetta, poulet à la milanaise, polpettine...). Petite terrasse. Vente à emporter si – ce qui peut arriver – vous n'y trouviez pas de place.

La Fabrique *(plan centre B1, **34**) : 11, rue du Pont-des-Morts. ☎ 09-52-70-45-20. • lafabrique.metz1@gmail.com • Tlj. Sandwich env 5 € ; formules env 8-15,50 €.* Derrière ses airs de néo-bistrot (plats à l'ardoise, nappes à carreaux rouge et blanc, petit coin salon-bibliothèque), un resto-snack de cuisine kurde. En sandwichs (à emporter également) ou sur assiette : *kumru, massi, kofte...* C'est frais (préparé dans une cuisine ouverte) et bon. Accueil adorable. Petite terrasse sur la rue piétonne.

Sans oublier nos adresses de la rubrique « Où boire un thé ou un café ? Où grignoter ? Où manger une bonne pâtisserie ? » et les bars à vins *La Quille* et *Autour du Zinc* dans « Où boire un verre ? ».

Prix moyens

Le Bistrot de G. *(zoom B1, **31**) : 9, rue du Faisan. ☎ 03-87-37-06-44. • kapok57245@gmail.com • Tlj sauf dim-lun. Formule déj sem 17 € ; autre menu 27 €. Résa impérative. Café offert sur présentation de ce guide.* Ce bistrot chaleureux est presque toujours plein comme un œuf, melting-pot animé d'habitués de longue date, d'employés du quartier, d'étudiants et de touristes. Normal : accueil naturellement sympathique (et débordant d'humour) du patron, joli cadre entre bistrot et brasserie. Et bonne cuisine de tradition et de saison (qui n'oublie pas son terroir). Petite terrasse, côté rue piétonne. Une de nos cantines préférées à Metz.

Chez Moi *(plan centre C2, **41**) : 22, pl. des Charrons. ☎ 03-87-74-39-79. • antoine.mocellin@outlook.com • Tlj sauf dim-lun. Menu 33 €. Café offert sur présentation de ce guide.* Dans ce vieux quartier de Metz où le temps semble s'être arrêté, un petit resto, lui, bien dans l'air du temps. Dans une salle à la sobre déco contemporaine ou en terrasse sur une agréable placette, belle cuisine de saison sans esbroufe, riche et variée, signée d'un jeune chef qui s'est formé dans de grandes tables du coin ou de beaucoup plus loin. Accueil aux petits soins ; on s'y sent ... chez soi.

Le Carré *(zoom C1, **43**) : 1, rue des Jardins. ☎ 03-87-17-34-66. • lecarre.metz@gmail.com • Tlj sauf dim-lun. Carte env 30 €.* Un peu cachée à l'arrière de la cathédrale, une petite adresse pimpante derrière sa vitrine de bois à l'ancienne. À l'ardoise, une poignée de plats de saison, simplement inventifs et savoureux, servis avec le sourire. Petite terrasse (mais la rue est plutôt passante).

La Cave des Trappistes *(zoom B1-2, **44**) : 20, pl. de la Chambre. ☎ 03-87-36-71-17. Tlj sauf dim et j. fériés ; resto seulement le midi, planches de charcuterie le soir. Carte 25-30 €.* Cuisine du jour simple aux portions copieuses sur une terrasse très prisée en été, au pied du marché

LA MOSELLE

couvert. Belles salades de saison, viandes tendres et tartes maison sont servies dans la joie et la bonne humeur, accompagnées d'un verre de vin ou d'une bière. Ambiance détendue, qui donne le ton de la ville.

La Popote *(hors plan centre par B3, **40**) : 30, rue Clovis. ☎ 03-87-55-98-99. • lapopote.metz@gmail.com • Un peu excentré, mais à 10 mn à pied seulement de la gare. Tlj sauf dim-lun. Menu 25 € ; carte 30-35 €.* Chaleureux cadre de bistrot, un peu rétro, avec casiers à bouteilles et nappes à carreaux. Ici, la viande est reine avec, à la courte carte, planche de cochonnailles, os à moelle, jambonneau cuit au foin, tête ou rognons de veau, tartares et autres burgers... C'est joliment cuisiné, dans la tradition, et les portions sont généreuses. Petite terrasse, l'été. Belle carte des vins et bons conseils. Une valeur sûre depuis plus de 20 ans.

Café Rubis *(zoom C2, **48**) : 25, pl. Saint-Louis. ☎ 03-87-17-31-17. • cafe.lerubis.metz@gmail.com • ♿ Tlj sauf dim. Formule en sem env 12,50 € ; carte 25-30 €.* Salle de bistrot d'autrefois (joli carrelage ancien, devanture de bois) revue et corrigée, terrasse sous les arcades : cette petite brasserie un peu branchée sait nous prendre par les sentiments. Au déjeuner, étudiants et employés du coin se mélangent sans façon, pour apprécier une cuisine de marché simple et bonne. Le soir, petite carte (salades, burgers), atmosphère plus festive et bons cocktails.

De prix moyens à chic

Le Local *(plan centre B3, **32**) : 26, rue Pasteur. ☎ 03-87-63-93-06. • lelocalcharlesetquentin@gmail.com • Tlj sauf mar et midi des mer, sam et dim. Formules déj sem 17,50-21 € ; carte 35-40 €.* « Local », au sens de locavore. C'est le parti pris du duo de copains d'enfance à l'origine de ce petit resto. De bons produits d'ici (bio, souvent) donc, soigneusement choisis et travaillés avec du talent et de l'idée. Il n'y a que la carte des vins qui s'échappe de Lorraine et la déco, au goût du jour, à lorgner vers la Scandinavie. Mais les murs sont en pierre... locale ! Succès mérité, réservez...

Maison Duffosé – La Brasserie *(plan centre B2, **37**) : 5, av. Ney. ☎ 03-87-17-17-17. • contact@maison-duffose.com • Tlj midi et soir. Menu 33 € ; carte env 40 €. Apéritif maison offert sur présentation de ce guide.* C'est l'adresse bis d'une table prestigieuse de la ville. Cette brasserie n'a, elle, pas la tête dans les étoiles, mais elle ne démérite pas pour autant : cadre contemporain et un brin branché, cuisine dans l'air du temps, savoureuse, inventive juste ce qu'il faut ; et surtout à prix raisonnable.

À Table *(plan centre C-D2, **35**) : 20, rue Vigne-Saint-Avold. ☎ 03-87-66-73-53. • atablemetz@hotmail.com • ♿ Tlj sauf dim-lun. Formules et menus 18-22 € (déj sem) et 25-31 € ; le soir, autres formules 30-35 € et menu 43 €.* Un peu cachée dans une petite rue du quartier d'Outre-Seille, la table d'un très jeune chef mais déjà passé par quelques grandes maisons. Toute petite salle au cadre d'une extrême simplicité pour des plats beaucoup plus élaborés, franchement inventifs même. Accueil et service avenant, de bon conseil. Profitez-en avant que ce jeune talent ne joue dans la cour des grands !

Cantino *(zoom C1, **36**) : 8, rue des Piques. ☎ 03-87-36-19-01. Tlj sauf mar, mer midi et dim. Carte 35-40 €.* Dans une petite rue calme à quelques encablures de la cathédrale, ce bar à vins sur 3 étages a dans sa cave une des meilleures sélections de la ville ! Mais Tino n'est pas seulement sommelier, il propose également une très bonne cuisine de marché à base de produits de saison, sélectionnés avec soin. Que l'on s'installe au comptoir face au chef, en terrasse ou dans l'une des petites salles, l'ambiance est chaleureuse et l'accueil des plus enthousiasmant.

El Théatris *(zoom B1, **38**) : 2, pl. de la Comédie. ☎ 03-87-56-02-02. • eltheatris@hotmail.fr • ♿ Tlj sauf dim soir. Formule 22,50 € ; menus 29,50 et 47 € ; carte env 50 €.* Cadre historique : un élégant pavillon du XVIIIe s où logeaient les hauts gradés de la garnison. Il y a même quelques tables dans un petit salon dont Lafayette se servait comme bureau. Colonnes et miroirs font bon ménage avec une déco plutôt contemporaine et la terrasse sur une des plus jolies places de la ville est avec vue : sur l'opéra-théâtre voisin, le temple neuf, la cathédrale.... Cuisine très classique, bien amenée, plutôt généreuse. Mais l'addition peut vite grimper...

De chic à plus chic

Derrière *(zoom C2,* ***33****) : 17, rue de la Chèvre. ☎ 03-87-66-23-63. • infos@restaurant-derriere.com • Tlj sauf dim et midi des lun et mer. Formule déj sem env 25 € ; menu 65 ; carte 45-50 €.* Un gastro à la mode d'aujourd'hui créé par un jeune couple formé chez les bons de Lorraine ou d'ailleurs. Cuisine de saison, produits choisis (poissons de ligne bretons, viande charolaise), belles idées.

Où manger dans les environs ?

La Vigne d'Adam : *50, rue du Général-de-Gaulle, 57050* ***Plappeville.*** *☎ 03-87-30-36-68. • contact@lavignedadam.com • À env 6 km au nord-ouest de Metz. Tlj sauf dim-lun. Menus bistrot 28-36 €, puis menu de saison 69 €.* Après avoir écumé les meilleures maisons du Luxembourg et de Belgique, le chef est revenu dans son village natal pour ouvrir ce chaleureux restaurant-cave à vins. Décor jouant sur le contemporain, l'ambiance zen, les matières douces. Cuisine de marché (donc de saison), à base de très beaux produits dont le chef sait tirer toute la quintessence.

Où prendre un thé ou un café ? Où grignoter ? Où manger une bonne pâtisserie ?

Fox *(plan centre B3,* ***50****) : 6, rue Gambetta. 📱 06-49-21-00-01. Tlj 6h30 (9h dim)-20h30.* Le coffee-shop à la mode de la ville. Salle cosy à la déco vintage comme il se doit, terrasse sous les arcades. Mamans avec bambins, jeunes gens modernes (donc tatoués), élus locaux : le Tout Metz y passe pour le petit déjeuner, un déjeuner léger (sandwichs, bagels, salades et soupes), un quatre-heures gourmand, voire l'apéro (à partir de 17h). Certes un peu « the place to be » mais l'endroit est accueillant et, dans le verre, la tasse ou l'assiette, tout est bon.

Chez Franceska *(zoom C2,* ***51****) : 25, rue de la Chèvre. ☎ 03-87-20-94-61. Tlj 8h-20h (11h-18h dim). Formule déj env 13 €.* Un minuscule endroit à la déco un peu désuète, mais c'est fait exprès, comme la vaisselle dépareillée. Petit bout de terrasse sur la rue piétonne. Belle carte de thés et originaux jus frais pressés. Côté sucré, des classiques d'un peu partout (Franceska est italo-malaise, née à Singapour !) ou de très créatives pâtisseries. Côté salé, c'est créatif aussi : sandwichs, tartines ou petits plats au déjeuner.

La Migaine *(zoom C2,* ***52****) : 1-3, pl. Saint-Louis. ☎ 03-87-75-56-67. Tlj sauf dim 8h30 (11h30 lun)-18h. Plats salés env 8-14 €.* Un salon de thé-tarterie à la déco très basique dont la carte privilégie les valeurs sûres : viennoiseries, tarte au citron meringuée... Le midi, en terrasse sous les arcades, on peut s'offrir une belle part de quiche (lorraine !), de tarte ou de tourte, ou une salade fraîche. Simple, bon, et à prix raisonnable.

Pâtisserie Bourguignon *(zoom C2,* ***53****) : 31, rue de la Tête-d'Or. ☎ 03-87-75-23-52. Mar-sam 9h15-19h, dim 9h-12h30. Formule déj mar-sam (plat, dessert et café) 15 €.* Pâtissier-chocolatier installé ici depuis 1961. Une institution locale qui propose, outre les gourmandises sucrées (dont beaucoup de créations maison), un salon de thé très prisé pour sa formule du midi ou ses sandwichs. Glaces maison également.

Où boire un verre ? Où écouter de la musique ?

Inconditionnels d'un verre en terrasse ? Direction les grands cafés traditionnels de la ***place Saint-Jacques*** ou ceux de la ***place de la Chambre,*** à la clientèle plus mélangée. En été, ça bruisse comme places en Midi. Autre passage obligé (plus jeune, plus étudiant), la ***place Saint-Louis*** pour, en même temps, déguster à petites lampées ce merveilleux décor de théâtre.

La Jehanne *(zoom C1,* ***60****) : pl. Jeanne-d'Arc. 06-50-89-62-14. Tlj sauf dim, jusqu'à minuit (2h le w-e).* Au sommet de cette colline de Sainte-Croix aux allures de village, à l'ombre de la néogothique Sainte-Ségolène. Un café abrité dans une ravissante demeure médiévale et qui offre l'une des plus agréables terrasses de Metz. Quelques concerts à l'occasion.

Les Frigos Ardents *(plan centre D2,* ***61****) : promenade Louis-Auguste-Adrian. • contact@petitelune.earth • frigosardents.com • Ouv avr-sept, tlj 12h-minuit (1h sam-dim).* Autour d'anciens entrepôts frigorifiques de l'armée, dans un coin de verdure où l'on oublie complètement que la ville n'est qu'à 2 mn, une guinguette un brin alternative : bières, sodas et jus de fruits choisis, *food court* solidaire, immense terrasse à la cool dans une prairie qui borde la Seille, ateliers créatifs, cours de yoga, etc. Et une scène pour de réguliers spectacles : concerts, théâtre...

Les Berthom *(zoom B2,* ***62****) : 24, En-Nexirue. ☎ 03-87-75-25-52. Tlj 17h-1h (2h ven-sam et minuit dim-lun).* Dans un super décor évoquant un village et ses rues, l'occasion de tester une bonne cinquantaine de bières en bouteilles ou au fût, dont les meilleures trappistes et productions d'abbayes.

Irish Pub *(zoom C1,* ***63****) : 3, pl. de la Chambre. 06-63-76-22-92. Tlj jusqu'à 2-3h du mat.* Un pub à l'irlandaise comme on les aime, où de bonnes bières belges ou allemandes se partagent les becs avec une stout, crémeuse et tirée parfaitement. Joli choix de whiskies également. Clientèle bien mélangée qui fait les bons bars. Concerts de temps à autre.

La Quille *(zoom B1,* ***64****) : 27, pl. de la Chambre. ☎ 03-87-66-76-57. • contact@laquille-metz.com • Tlj 18h-2h.* C'est le bar à vins en vue où déguster une super quille et être vu... mais l'accueil est sympa, et côté quilles, la maison assure ! La sélection est précise et de grande qualité. Au verre, c'est plus réduit, mais il y en a pour tous les goûts. Idéal pour l'apéro, surtout en terrasse face à la cathédrale, avec une solide assiette de charcuteries, de fromages... ou énormes mixtes !

Autour du Zinc *(zoom C2,* ***65****) : 4, rue Dupont-des-Loges. ☎ 03-87-74-11-76. Tlj sauf dim-lun et midi des j. fériés 12h-minuit. Assiettes et tartines 7-10 €.* Un bar à vins (courte mais pertinente sélection) également conseillé en cas de p'tite faim le soir ! Belles tartines chaudes ou froides à grignoter sur les hauts tabourets autour du comptoir ou en terrasse dans cette rue piétonne où l'on a renoncé à compter les pizzerias ! Sinon, assortiment de fromages, charcuteries et salades composées.

Pour les bars à concerts, Metz offre également le choix. Dans le genre, on a bien aimé les caveaux du bar associatif ***La Chaouée*** *(1, rue du Champé ; zoom C2,* ***66****)* et du ***Troubadour*** *(32, rue du Pont-des-Morts ; plan centre B1,* ***67****)*, qui offre également un joli choix d'absinthes !

Les Trinitaires *(zoom C1,* ***68****) : 12, rue des Trinitaires. ☎ 03-87-20-03-03. • cite-musicale-metz.fr •* Comme beaucoup d'autres villes en France, Metz s'est dotée d'une salle consacrée aux « musiques actuelles ». Mais celle-ci est carrément installée dans un ancien couvent avec cloître, chapelle et caveau aux origines gallo-romaines ! Belle programmation entre jazz, rock et électro.

Achats

Au marché couvert *(zoom B1,* ***80****) : pl. de la Cathédrale (dans l'ancien palais épiscopal). Tlj sauf dim-lun 7h-19h.* Quelques boutiques de bons produits :

– ***Chez Mauricette :*** *☎ 03-87-36-37-69. • contact@chezmauricette.com •* Pour faire le plein de bons produits du terroir. Mauricette sélectionne avec rigueur les meilleurs producteurs de la région, dans quasi tous les domaines : cochonnailles, salaisons (ah, le jambon fumé à la sciure de hêtre !), fromages AOP, fromage blanc fermier à l'ancienne, vins (bons petits crus de Moselle), avec de sympathiques incursions en Italie et en Espagne. Petit coin resto *(carte env 25 €).*

– ***Maison Nicolas :*** *☎ 03-87-36-07-95.* La plus importante boucherie d'Europe, et l'une des plus réputées (les files d'attente en témoignent) pour la viande, le gibier et les charcuteries. On y travaille en famille depuis 1976.

Ailleurs dans Metz

Éric Humbert *(zoom C2,* ***81****)* ***:*** *8, rue du Grand-Cerf. ☎ 03-87-75-09-38. Tlj sauf dim 8h15 (7h30 ven-sam)-12h40, 14h45-19h (18h30 sam).* Un célèbre artisan boucher-charcutier-traiteur connu et reconnu pour ses produits au top et ses préparations savoureuses. Ne pas manquer notamment de goûter au fameux *fuseau lorrain.*

Chocolatier Lemoy *(plan centre C3,* ***82****)* ***:*** *5, rue François-de-Curel. ☎ 03-87-66-30-17. Mar-sam 9h (8h sam)-19h, dim 8h-13h.* Proche de la gare, voici l'un des meilleurs pâtissiers-chocolatiers de la ville.

Chocolatier Fresson *(zoom C2,* ***83****)* ***:*** *17, rue du Grand-Cerf. ☎ 03-87-36-28-17. Mar-sam 9h-19h, dim 9h-13h.* Un grand du chocolat, de grand-père en petit-fils depuis 1922 (élu Meilleur ouvrier de France en pâtisserie en 2004). Créateur du Paris-Metz. Un antre de gourmandises chocolatées et de gâteaux.

À voir

Autour de la cathédrale

Une bonne partie du centre-ville, qui s'étend entre la place Saint-Louis, la cathédrale et la place de la République. Plan en damier, secteur totalement piéton et commerçant, livré à la jeunesse, aux badauds et aux touristes. Quelques rues incontournables, ***En-Nexirue, des Clercs, Serpenoise, Dupont-des-Loges, de la Tête-d'Or...***

La cathédrale Saint-Étienne *(zoom B-C1)* ***:*** *☎ 03-87-75-54-61. • cathedrale-metz.fr • Tlj 8h-19h (18h en hiver).*

L'extérieur

À notre avis, dans le quinté des plus belles cathédrales de France, encore plus belle au crépuscule, quand elle prend de magnifiques teintes or. Mais un peu d'histoire d'abord : construction en 1041 d'une 1re cathédrale romane, *Notre-Dame-la-Ronde,* remplacée par une nouvelle, plus prestigieuse, de style gothique, au XIIIe s. La construction s'étalera sur 3 siècles et les bâtisseurs utilisent la belle pierre jaune de Jaumont. À celles et ceux qui s'interrogeraient sur l'étrangeté du plan (oui, bien étrange ces tours qui se baladent sur la nef !), la réponse est simple : la cathédrale gothique a tout simplement absorbé la romane qui lui était perpendiculaire. C'est pourquoi les tours ont été rejetées au 1er tiers, là où s'élevait la façade de la cathédrale romane. La plus haute tour (90 m), appelée *tour de la Mutte,* abrite une cloche de 11 t, celle du Chapitre mesure 60 m. La façade principale et son portail, dite *façade du Christ,* a été reconstruite en néogothique en 1903, pendant la période allemande. Le portail est illustré sur le thème du Jugement dernier. Sur un contrefort, à droite, éternel clin d'œil des tailleurs de pierre et sculpteurs d'église, le prophète Daniel apparaît sous les traits de Guillaume II. Mais, dans le détail, ce portail ne possède pas la légèreté et la grâce du vrai gothique. C'est pourquoi on lui préfère celui de la place

Saint-Étienne (du XIIIe s), près de la tour du Chapitre. Abondance de draperies sculptées, de vies des saints et de bestiaires fantastiques.

À l'intérieur : les vitraux

Après être entré par le portail de la Vierge, à l'angle des places d'Armes et de la cathédrale, ce qui frappe d'abord, c'est le sentiment d'élévation : on se sent littéralement aspiré vers le ciel dans l'une des plus hautes nefs de France (avec Beauvais et Amiens). Quelle clarté également ! C'est qu'avec 6 500 m^2 de verrières – la plus grande superficie de vitraux en Europe –, la cathédrale mérite son surnom de « Lanterne du Bon Dieu ». On notera les piliers ronds qui appartiennent à la 1re cathédrale, Notre-Dame-la... Ronde ! Pour les amoureux de petits vitraux insolites, repérez celui situé tout au fond, à gauche dans la nef : une rosace représentant le Couronnement de la Vierge ; du XIIIe s, elle n'a jamais été restaurée mais ses bleus et ses rouges sont éclatants. Dans la chapelle du Saint-Sacrement (la 2e à droite), ancienne chapelle funéraire des évêques, lumineux vitraux d'inspiration cubiste de Jacques Villon (1958). La nuit, la chapelle est brillamment éclairée de l'intérieur, ce qui permet d'admirer l'œuvre de Villon depuis la place d'Armes... insolite retournement ! Dans les fenêtres hautes, les vitraux modernes sont de Pierre Gaudin (1954). Maintenant que vous avez du recul, regardez le fond de la cathédrale (la façade occidentale). Avant le XVIIIe s, il n'y avait dans la partie basse ni grand portail ni fenêtres aveugles. À leur place, il y avait le début des grands vitraux de Herman de Munster (1384), sacrifiés, sous Louis XV, pour la construction du grand portail. Le maître du vitrail voulait montrer une progression : en bas, les prophètes, puis les saints et les apôtres. Enfin, ce qui reste est bien quand même. Tout en haut (à vos jumelles), dans l'ultime lancette, une *Crucifixion du Christ.*

Repartons de l'avant et admirons les verrières des 2 transepts. Avec 424 m^2, ce sont les plus grandes de l'époque. Allez, une devinette : lesquelles sont les plus anciennes ? Celles de gauche, de style gothique flamboyant, œuvre de Théobald de Lixheim (1504). Pourtant, celles de droite, signées Valentin Bousch, se révèlent presque de la même époque (1521). 17 ans d'écart, ce n'est rien, et pourtant, entre-temps s'est déroulée la grande révolution artistique de la Renaissance ! Dans la verrière gothique, c'est très sculpté et maniéré, scènes foisonnantes, presque illisibles (reproduction de la forêt de pinacles de la cathédrale)... Dans la verrière Renaissance à droite, au contraire, scènes plus lisibles, personnages en mouvement, plus réalistes, et force détails dans des vêtements qui « bougent ».

Dans le chœur, nous découvrons à nouveau Valentin Bousch en ses œuvres. Vitrail du centre, *Lapidation de saint Étienne.* À gauche du chœur, trône épiscopal taillé dans une colonne romaine. Stalles néogothiques du XIXe s. En haut de la nef à droite, remarquez cet adorable petit orgue Renaissance (1539), accroché à la paroi comme un nid d'hirondelle (position très rare pour un orgue).

Retour sur les côtés du transept gauche et le début du déambulatoire pour mieux admirer les vitraux de Chagall. Dans la grande verrière aux tons jaunes (le jaune fait office d'or ; et l'or est la couleur figurant le paradis), on peut détailler, de gauche à droite : la *Création d'Adam et Ève,* puis les mêmes au Paradis (dans une bulle en haut, comme des amoureux de Peynet), puis le *Péché originel* (Ève croque la pomme, Adam gît renversé) et la *fuite du Paradis* (chassés de la lumière vers l'ombre). Dans le déambulatoire, au début, dernière œuvre de Chagall (le sacrifice d'Abraham, le combat de Jacob avec l'ange, le songe de Jacob, le Buisson ardent, etc.), puis majoritairement des vitraux du XIXe s.

La crypte et le trésor

Lun-sam 9h30-12h30, 13h30-18h ; dim 14h-18h. Entrée : 4 € ; réduc ; avec audioguide (qui englobe la visite de la cathédrale) : 7 € ; réduc.

Sous les belles voûtes (romanes pour une des salles) de la crypte, des maquettes des grandes cathédrales françaises, une évocation de la légende du fameux Graoully (pendu au plafond !) et quelques sculptures, dont une mise au tombeau du XVe s.
Le trésor, installé dans l'ancienne sacristie, toute en boiserie du XVIIIe s, recèle, outre la classique et luxueuse orfèvrerie religieuse, quelques pièces très anciennes comme l'anneau d'or de saint Arnould.

La place d'Armes *(zoom C1-2)* **:** l'une des grandes places créées au XVIIIe s par l'architecte Blondel sous les ordres du gouverneur de Belle-Isle. Elle symbolise les 4 pouvoirs : d'un côté, la cathédrale, pour le religieux. De l'autre, l'hôtel de ville, symbole du pouvoir local, sobre et élégant édifice de style classique toscan. Enfin, fermant un des petits côtés, l'ancien parlement, symbolisant le pouvoir civil et judiciaire central. Au fond de la place, l'ancien corps de garde (fort belle bâtisse, avec trophées ornant le fronton) incarne lui le pouvoir militaire.

La place de la Cathédrale *(zoom B1-2)* **:** également œuvre de Blondel. On retrouve l'une des façades de l'ancien parlement, aujourd'hui transformé en immeuble d'habitations. En face, l'ancien palais épiscopal qui ne fut jamais achevé pour cause de Révolution française.

La maison des Têtes *(zoom C2)* **:** *51, En-Fournirue.* Un peu noyée dans la ville moderne, la demeure d'un riche orfèvre : structure gothique (tour, toiture basse en retrait, hautes ouvertures) qui aurait hérité d'un décor Renaissance (bandeau de pierre torsadé, bustes, etc.). Parmi les têtes, on peut reconnaître, à droite, un Turc (ou un Barbaresque), et à gauche, un Grec. Au centre, peut-être l'orfèvre en vêtements très Renaissance, encadré de 2 femmes.

L'église Notre-Dame-de-l'Assomption *(zoom C2)* **:** *21, rue de la Chèvre.* Construite par les jésuites au XVIIe s : architecture typique de cet ordre, avec une imposante façade sur 2 étages. C'est dans le décor baroque de cette église qu'en 1744, Louis XV, tombé gravement malade à Metz, vint remercier le Bon Dieu de l'avoir guéri. Il y gagna, grâce aux Messins, le surnom de Bien-Aimé. Quant à Paris, il y gagna le Panthéon, élevé en Action de grâce à la suite de cette guérison (merci qui ?). Verlaine y a été baptisé le 18 avril 1844.

LA MAIN DE DIEU ?

De passage à Metz en 1744, Louis XV (accompagné de ses maîtresses...) tombe gravement malade. L'aumônier du roi, profitant de la peur de mourir du souverain, négocie son absolution contre le renvoi de ses maîtresses, et l'exigence d'une confession publique. Le roi s'exécute, et son acte de pénitence est même lu en chaire dans les églises de France ! Mais sitôt la santé recouvrée, le roi s'empresse de congédier son aumônier et de rappeler sa maîtresse favorite. Non mais !

La place Saint-Louis *(zoom C2)* **:** ravissante place, dont on peut se demander par quel miracle elle a traversé les siècles sans dommage. Aménagée aux XIIIe et XIVe s, elle suit le tracé des anciens remparts romains. À l'époque, elle s'appelait *place du Change,* car on se trouvait au cœur du quartier commerçant et plus particulièrement de celui des banquiers juifs et lombards qui tenaient boutique sous les arcades. Hautes façades à l'italienne reposant sur des arcades de toutes les formes, de toutes les tailles.

L'église Saint-Martin-aux-Champs *(zoom C2)* **:** *rue Lasalle.* Du XIIIe s, elle possède en soubassement une portion du mur romain (qu'on peut apercevoir de chaque côté du portail). Narthex roman très bas surmonté d'une tribune ouverte sur la nef. Beaux vitraux des XVe et XVIe s.

Le quartier des Îles

Charmant quartier bâti sur plusieurs petites îles et bordé par la Seille et des bras de la Moselle. Délicieuse balade par les petits ponts les enjambant, avec vue sur les rangs de demeures anciennes se mirant dans l'eau.

La place de la Comédie *(zoom B1)* **:** le fleuron du quartier des Îles. L'aménagement de cette élégante place sur l'île du Petit-Saulcy a été décidé par le gouverneur de Belle-Isle (le bien nommé). En 1731, l'architecte Oger se charge de la construction sur cette place d'un nouveau *théâtre*. La 1re représentation est donnée en 1752 et des comédiens y jouent toujours, ce qui en fait, aujourd'hui le plus ancien théâtre de France encore en activité. Sur sa gauche, le *pavillon Saint-Marcel,* qui servait de logement aux officiers supérieurs et qui accueille aujourd'hui un resto (voir « Où manger ? »). Sur sa droite, le *pavillon des Douanes,* résidence des sous-officiers. À droite du pavillon des Douanes s'élève la *préfecture,* ancien hôtel de l'Intendance des Trois-Évêchés (1738). Le tout dans un style toscan classique d'une certaine sobriété, donnant une impression de force et d'élégance tout à la fois. Monumentale fontaine datant de Napoléon III. Agréable jardin éphémère, l'été.

Le temple Neuf *(zoom B1)* **:** sur la gauche du théâtre, sur un îlot, s'élève ce curieux sanctuaire de style néo roman rhénan. Deux clochers en façade et une tour-lanterne à la croisée du transept. Il a été construit par les Allemands en 1901 en pierre grise, pour rompre avec la traditionnelle pierre de Jaumont et le style gothique, décidément trop français. Seule tentative de pénétration architecturale allemande en centre-ville, ce temple arracha, à l'époque, de nombreux cris d'indignation. C'est aujourd'hui, de jour comme de nuit, lorsque le temple est illuminé, incontestablement l'une des plus séduisantes cartes postales de la ville.

La tour du temple de Garnison *(plan centre B1)* **:** *rue Belle-Isle.* C'est le seul vestige de l'édifice construit en 1875 par les Allemands et qui brûla en 1946. Flèche particulièrement élancée qui, avec 91 m, dépasse de 1 m la tour de la Mutte de la cathédrale. À noter l'emploi du style gothique, car l'occupant n'en était pas encore à la période de germanisation architecturale forcenée (à l'aide du style roman rhénan) qui allait sévir vers la fin du XIXe s.

L'église Saint-Vincent *(plan centre B1)* **:** *rue Saint-Vincent.* Église d'une abbaye fondée en 968 et lieu de pèlerinage en l'honneur des reliques de sainte Lucie. Façade de style baroque tardif (1786), avec sa superposition des 3 ordres (dorique, ionique et corinthien). Le *lycée Fabert,* installé dans les bâtiments de l'abbaye, fut l'un des 1ers créés en France (1804).

Le quartier de Sainte-Croix

C'est le cœur de la ville, la colline historique où a débuté, il y a 3 000 ans, la grande saga de Metz. On y a découvert quelques urnes funéraires des temps préhistoriques. Puis il y eut probablement un temple romain au sommet, consacré à Jupiter, plus sûrement, de grands thermes à flanc de colline (visibles au musée de la Cour d'Or). Une colline à vocation religieuse en tout cas, puisqu'elle se couvre d'églises et de monastères jusqu'à la Révolution. Une agréable balade dans un lacis de rues tortueuses bordées de vénérables demeures.

Le musée de la Cour d'Or *(zoom C1)* **:** *2, rue du Haut-Poirier. ☎ 03-87-20-13-20. • musees.metzmetropole.fr • ♿ (partiel). Tlj sauf mar et j. fériés 9h-12h30, 13h45-17h. Entrée : 5 € ; réduc ; gratuit moins de 18 ans et pour ts le 1er dim du mois. Compter min 2h de visite.*

Ne cherchez pas de cour d'or. Le nom de ce musée fondé en 1839 fait juste référence au nom du palais des rois mérovingiens d'Austrasie, autrefois installé ici mais qui a bel et bien disparu. En revanche, l'entrée se fait par la chapelle (1675) de l'ancien couvent des Petits-Carmes, où l'ancienne bibliothèque qu'elle a accueillie au XIXe s vient d'être superbement rénovée : un vrai décor de cinéma ! On découvrira bien d'autres décors d'époque au cours de la visite, qui font, outre ses riches collections, tout l'intérêt de ce musée.

Collections archéologiques

Rien de moins que les plus importantes (pour la période gallo-romaine) de tout l'est de la France. Et une partie est exposée au sein même des anciens thermes gallo-romains du IIe s, découverts lors de travaux d'extension du musée dans les années 1930. On déambule parmi les vestiges de ces thermes, jalonnés de vitrines qui évoquent tout naturellement l'hygiène et la beauté. Quelques marches pour gagner d'autres sections qui s'intéressent aux rites funéraires (belle collection de stèles, sarcophages, etc.), à la vie quotidienne dans les *villae* (superbe mosaïque, bijoux, fibules...). Quelques pièces immanquables comme cette énorme *colonne de Merten* du Ier s ou le retable de Mithra incroyablement sculpté. Enfin, les dernières salles s'intéressent aux origines du christianisme à Metz et aux différents métiers à l'époque gallo-romaine.

Collections médiévales

Prolongement naturel du parcours archéologique, elles évoquent la vie quotidienne, le contexte social, culturel et architectural dans l'ancien évêché de Metz jusqu'à l'intégration de la Moselle au royaume de France en 1648. Balade à travers les salles d'art roman et d'art gothique. D'une mezzanine, on peut admirer le *chancel* autrefois installé dans l'église Saint-Pierre-aux-Nonnains, le plus important de France concernant la période carolingienne. En bas de l'escalier, on peut voir de près cette balustrade de pierre sculptée qui séparait les célébrants des fidèles ; ses panneaux, tous différents, expriment des tendances artistiques venant de toutes les grandes civilisations connues à l'époque (copte, syrienne, romaine, germanique, byzantine, etc.). L'un des panneaux montre une *Eucharistie,* une scène très rare à l'époque. Dans la *salle de l'An Mil,* on retrouve plusieurs pièces du trésor de l'ancienne abbaye de Saint-Arnould. Beaux vestiges du jubé de style gothique flamboyant de l'*église des Grands-Carmes* démolie à la Révolution. Dans la salle suivante, originaux de la *maison des Têtes* d'En-Fournirue. Puis arrivée spectaculaire dans le *grenier de Chèvremont,* bâtiment de 1457, exceptionnel témoignage de l'architecture civile médiévale. Ancien grenier à blé aux élégantes salles à arcades. Au rez-de-chaussée, très intéressante expo de statues religieuses et de vestiges lapidaires régionaux. Là encore, le cadre est en adéquation totale avec les œuvres. Puis accès aux salles présentant les décors des demeures médiévales. Notamment, des plafonds peints de toute beauté. Ceux du XIIIe s montrent, dans des médaillons, toute une série de monstres, personnages hybrides mi-bêtes, mi-humains. Un grand escalier du XVIIe s mène ensuite à la salle dite du « Républicain lorrain » où l'on découvre un époustouflant plafond au décor polychrome et aux motifs héraldiques.

Collections de peintures

Après une intéressante section consacrée à la communauté juive de Metz, découverte des riches collections d'œuvres du XVe au XXe s. Beaux primitifs religieux et toiles d'artistes de la Renaissance. En particulier, admirez un superbe retable du XVe s (Allemagne du Sud). Quasiment toutes les écoles européennes sont représentées (française, hollandaise, flamande, italienne...). Et l'on découvre les toiles délicates de Jean-Baptiste Le Prince, qui peint dans la veine de Boucher. Nombreuses œuvres également de l'École de Metz, ainsi que des Corot, Delacroix, et surtout un magnifique Gustave Moreau : *L'Égalité devant la Mort.* Enfin, représentant la période contemporaine, quelques Dufy, Dubuffet, Soulages, Alechinsky...

👁👁 ***L'église Sainte-Ségolène*** *(zoom C1) : 14, rue des Capucins.* Face à une charmante place. Ses origines remontent au Xe s mais de cette époque ne subsiste que la crypte. Le succès de la religion à la fin du XIXe s entraîna l'agrandissement de l'église. Elle hérita alors d'une si somptueuse façade néogothique qu'on croirait qu'elle est vraie ! À l'intérieur, dans la dernière chapelle à droite, une *Crucifixion* de l'an 1160, le plus vieux vitrail de Lorraine.

👁👁 ***L'hôtel Saint-Livier – FRAC Lorraine*** *(zoom C1) : 1 bis, rue des Trinitaires. ☎ 03-87-74-20-02. ● frac-lorraine.org ● ♿ Mar-ven 14h-18h, w-e 11h-19h. GRATUIT.* Ses 1ers murs, érigés au XIIe s, en font la plus ancienne maison de Metz. Bel exemple de demeure patricienne, représentative du style italien en vogue du XIIIe au XVIe s, au temps de la République messine. On croise d'ailleurs ce genre de bâtiments en Lombardie comme en Toscane : à la fois château avec un mur-écran crénelé dominé par une tour et résidence un brin luxueuse. Beau porche rajouté au XVIIe s. Cette élégante bâtisse accueille aujourd'hui les expositions temporaires du Fonds régional d'art contemporain.
En face, à l'angle de la rue Haut-Poirier, s'élève l'***église du couvent des Trinitaires.*** Façade de style Régence (1720) agrémentée d'un décor floral et de pilastres. L'intérieur est également devenu un espace d'exposition et accueille des concerts (voir la rubrique « Où boire un verre ? Où écouter de la musique ? »).

👁👁 ***La place Sainte-Croix*** *(zoom C1) :* on adore cette petite place arborée concentrant tout le charme des hauts de Sainte-Croix. On y découvre une jolie fontaine et quelques nobles maisons d'inspiration italienne, comme l'*hôtel de la Bulette* avec ses 2 tourelles sur les côtés. Aux n°s 8, notez les étroites baies aux tympans trilobés et les linteaux de style flamboyant.

👁👁 ***Le cloître des Récollets*** *(zoom C1-2) : à l'angle de la rue de l'Abbé-Risse et de la rue des Récollets.* Deux colonnes provenant de l'amphithéâtre romain encadrent le porche d'entrée. Superbe cloître du XIVe s sur 3 côtés. Le jardin est une oasis de calme, et l'ombre fraîche qu'il prodigue est tout à fait délicieuse. Sinon, dans le secteur, ne pas rater la belle ***maison des Lombards,*** sise au 1, rue de l'Abbé-Risse. Possibilité d'observer une fascinante progression des styles : outre la large baie, on découvre des minifenêtres trilobées du XIIIe s, d'autres à meneaux du XVIe s et de grandes baies typiques du XVIIe s.

👁 ***La maison de Rabelais*** *(zoom C2) : à l'angle de En-Jurue et de la rue d'Enfer.* Rabelais a séjourné de 1540 à 1547 dans cette maison dont ne subsiste qu'un portail. C'est une chapelle, en fait, déménagée ici au XVe s sous la tour carrée de l'hôtel Saint-Genest, demeure patricienne du XIe s. La cour-jardin sert aujourd'hui de terrasse à la pizzeria voisine...

RABELAIS À L'ORDRE

Mais que faisait donc Rabelais à Metz ? En réalité, notre héros, embauché par la ville comme médecin, ne fut à cette occasion guère praticien (encore moins rabelaisien) mais plutôt espion. En effet, il aurait été agent du roi Henri II. Son ordre de mission ? Préparer la mainmise de la France sur la province (ce qui fut effectivement fait en 1552).

👁 ***La rue Taison*** *(zoom C1-2) :* c'est l'un des 2 *cardo* (axes principaux), avec En-Fournirue, de la ville romaine. C'était, au Moyen Âge, une des rues commerçantes ; elle l'est toujours, bordée encore de vénérables demeures et pittoresques boutiques (au n° 10, belle devanture de boucherie en céramique classée).

Le quartier d'Outre-Seille

Il tient son nom du bras de la Seille, comblé en 1905, dont les rues des Tanneurs et Haute-Seille suivent fidèlement le contour. Un quartier qui a conservé une grande partie de son caractère médiéval, même s'il propose moins de prestigieuses demeures que la colline Sainte-Croix. Une ambiance avec beaucoup d'artisans d'art encore (ébénistes, relieurs...), des brocanteurs, et des boucheries halal, des coiffeurs africains...

L'église Saint-Eucaire *(plan centre D2)* **:** *rue des Allemands.* Le massif clocher roman, le plus ancien de Metz, date du XIIe s. Nef et chœur sont, eux, gothiques et des XIVe-XVe s. Notez sur le côté cet ancien porche gothique flamboyant, très finement sculpté, transformé en fenêtre. Saint-Eucaire possède des reliques de saint Blaise rapportées des croisades. C'est le duc de Guise qui les offrit en 1552 à l'église.

PAS D'ARÊTES DANS LES RELIQUES

Depuis des siècles et des siècles, chaque 3 février, une foule de pèlerins emplit l'église Saint-Eucaire pour toucher les reliques de saint Blaise, et surtout faire bénir de petites brioches, avant de les manger. Saint Blaise est en effet réputé pour guérir (ou prévenir) les maux de gorge pour avoir, parait-il, libéré un jeune garçon d'une mauvaise arête de poisson.

La porte des Allemands *(plan centre D2)* **:** *bd Maginot. Tlj sauf lun 14h-19h (17h oct-avr). Visite guidée dim à 15h. GRATUIT.* Enjambant la Seille, un superbe témoignage du Metz fortifié. Son nom ne date pas de l'occupation allemande mais de la présence à côté, au Moyen Âge, d'un ordre teutonique hospitalier. Double porte remarquablement conservée, en fait un vrai petit château fort, propre à nourrir délicieusement l'imaginaire. Deux tours en poivrière du XIIIe s et 2 autres du XVe s. Dans les salles du rez-de-chaussée, petite présentation du site et expos temporaires.

Les tours des corporations *(plan centre D1 et hors plan centre par D1)* **:** agréable balade au long de la Seille, balisée par quelques-unes des tours des remparts médiévaux. Chaque corporation devait défendre sa tour en cas d'attaque (tours des Potiers, Tailleurs, Chaudronniers...). Le confluent de la Moselle et de la Seille est dominé par la tour du... Diable.

Le parc de Belle-Croix *(plan centre D1)* **:** dominé par le *fort Bellecroix* (XVIIIe s), œuvre de Cormontaigne, épigone de Vauban. Le fort empêcha bien sûr toute extension de la ville vers l'est. Joli parc aux vastes espaces verts et sillonné d'agréables sentiers.

L'église Saint-Maximin *(plan centre D2)* **:** *rue de Mazelle. Tlj 9h-19h.* Église romane du XIIe s, mais il y aurait déjà eu, au Ve s, un petit sanctuaire ici, en bordure de la voie romaine menant à Strasbourg. À l'intérieur, nef et transept sont du meilleur gothique flamboyant (XVe s). Le transept droit est l'ancienne chapelle des Gournay, l'une des plus importantes familles patriciennes de Metz. Avec un peu d'imagination, on peut sans peine entendre Bossuet, alors simple prêtre de la paroisse, prononcer en 1658 l'oraison funèbre d'Henry de Gournay. Voir aussi le beau et lumineux vitrail de Jean Cocteau (1960). Ses doux tons bleus siéent fort bien à l'atmosphère intime de l'église.

Le quartier de l'Esplanade

Du palais de justice à la porte Serpenoise, vaste espace concentrant quelques monuments importants et emblématiques de la ville, des espaces verts (comme toujours à Metz) et quelques sculptures contemporaines (dont un *arc* de Vernet). Poètes, à vos plumes, ce fut le terrain de jeu de Paul Verlaine enfant.

La maison natale de Verlaine *(zoom B2)* **:** *2, rue Haute-Pierre. Mars-déc, visites commentées sur résa (au 06-34-52-22-34) tlj sauf lun à 15h15 et 16h30. Tarif : 7 € ; réduc.* Une exposition permanente est consacrée aux origines lorraines du grand poète, à sa jeunesse sous le Second Empire, à l'importance des journaux, de la censure et de son œuvre. Une exposition temporaire est également présentée chaque année.

Le palais de justice *(plan centre B2)* **:** dernière réalisation du XVIIIe s messin. Il devait démontrer le pouvoir de la monarchie et servir de modeste logement au gouverneur militaire de la province. Néanmoins, les travaux furent interrompus par la Révolution en 1790. Il changea alors de destination et devint palais de justice au début du XIXe s. Il a cependant conservé son décor symbolisant le pouvoir militaire. Hercule et Minerve encadrent le portail.

Le jardin Boufflers *(plan centre B2)* **:** sous de bien vieux chênes et tilleuls, une statue équestre rappelle le souvenir de La Fayette qui, en 1775, aimait flâner dans ce jardin public.

BOUFFLERS D'INSPIRATION !

En se baladant dans le jardin Boufflers, La Fayette eut comme une illumination : « La France se doit d'intervenir dans le combat des Américains contre l'Angleterre. » Aussitôt dit, aussitôt fait, La Fayette sauta dans la 1re diligence et se rendit à Versailles pour convaincre Louis XVI. On sait aujourd'hui avec quel succès !

Saint-Pierre-aux-Nonnains *(plan centre B2)* **:** *ouv pour des expos temporaires, en principe l'été seulement.* L'une des plus anciennes églises de France (et le plus vieil édifice religieux de Metz). Elle a, a priori, été construite au Ve s à partir des murs de la « salle de sport » de thermes romains de la fin du IVe s, reconnaissables à leur petit appareillage en pierre entrecoupé de chaînages en brique. Église d'abbaye reconstruite au Xe s (elle y gagna sa partie haute percée de fenêtres en plein cintre), puis au XVe s (décor gothique). Son chancel (balustrade sculptée de l'époque carolingienne) est exposé au musée de la Cour d'Or.

L'Arsenal *(plan centre B2)* **:** *av. Ney. ☎ 03-87-39-92-00. • arsenal-metz.fr • ♿ Galerie d'exposition et boutique ouv mar-ven 13h-19h, w-e 14h-19h.* Dans ce quartier à vocation militaire à l'époque, bâtiment en U qui fut construit en 1863 par Napoléon III. On peut observer son inévitable « N » impérial couronné sur la façade. Remarquablement détourné en centre culturel par l'architecte Ricardo Bofill en 1989. Salle d'expo temporaire à l'étage. De l'autre côté de l'avenue, immense ***caserne Ney*** (elle pouvait accueillir jusqu'à 2 000 soldats), du XIXe s également.

La chapelle des Templiers *(plan centre B2)* **:** *juste derrière l'Arsenal. Ouv en principe le w-e l'été.* Édifiée par les templiers (évidemment) en 1180. Leur croix au-dessus de la porte, bien que martelée à la Révolution, en témoigne. De petites proportions, atmosphère intime renforcée par la douce pénombre. Murs romans très épais et voûtes d'ogives gothiques. Abondance de fresques.

Le palais du Gouverneur *(plan centre B3)* **:** *av. Joffre.* Construit en 1902 dans le style néo-Renaissance. Un côté Walt Disney avec ses tourelles à clocheton, ses hautes toitures, sa vigne vierge, le tout au milieu d'un beau parc. On n'en verra que les extérieurs, le gouverneur militaire y vit toujours et ce n'est ouvert qu'à l'occasion des Journées du patrimoine.

Le plan d'eau *(plan centre A2)* **:** via le ***lac des Cygnes*** (cadre en été des *Fontaines dansantes,* beaux jeux d'eau illuminés), on gagne ce grand plan d'eau, à deux pas du centre (Metz, ville décidément pleine de surprises !). Quai des

Régates, on peut embarquer pour des petites croisières ou louer bateaux électriques, barques et embarcations à pédales (voir plus loin la rubrique « À faire »).

La porte Serpenoise *(plan centre B3)* **:** construite en 1851 à l'emplacement d'une ancienne porte de ville du XVIe s, sur l'axe de l'ancienne voie romaine, la *via Scarpone* (rue Taison, rue Serpenoise, avenue Robert-Schuman). Les échauguettes proviennent des anciens remparts démolis en 1902.

La nouvelle ville

Après l'annexion de la Moselle, l'Allemagne impériale décide de germaniser Metz. Problème, on ne peut pas toucher à la vieille ville française sans en liquider des pans entiers. On y place bien quelques sentinelles, comme le *temple Neuf* près de la cathédrale, mais ce n'est pas sérieux. Comme à Strasbourg, il est donc décidé de construire une ville nouvelle aux portes de l'ancienne, qui marquera à jamais la domination impériale allemande. L'empereur pense également, par la germanisation de l'architecture, créer une conscience allemande chez les Messins et ainsi favoriser leur intégration à l'Empire. On choisit donc le quartier de l'ancienne gare, faiblement urbanisé. En outre, la destruction des vieux remparts libère de nouveaux terrains. À l'instar d'autres villes européennes du passé (Noto en Sicile, Richelieu ou Charleville en France, Sabbioneta en Lombardie, Saint-Pétersbourg), cette ville sera entièrement conçue, pensée, conceptualisée avant d'être réalisée.
Les architectes vont évidemment en profiter pour construire une ville moderne, aérée, confortable, avec de nombreux équipements publics. En outre, pour qu'elle se différencie bien de la ville française, ils piochent dans le patrimoine architectural allemand, et plus particulièrement dans la période médiévale, et optent pour le néoroman rhénan bien assis, bien lourd, le seul capable d'en imposer architecturalement ! Les militaires, qui ont bien sûr leur mot à dire dans le projet, souhaitent une immense gare ayant des capacités de mobilisation rapide des troupes. Les différenciations architecturales ne se limiteront d'ailleurs pas au style et à l'esthétique, mais se manifesteront aussi dans la pierre. Exit la pierre de Jaumont, trop jaune et prenant des teintes or au soleil couchant. Vive le granit dur et foncé, le basalte noir, le grès rose un peu éteint... Soulignons quand même, pour ne pas apparaître trop négatif, le souci des architectes allemands d'assurer une transition harmonieuse entre cette ville nouvelle et le vieux Metz français (aux édifices bas et jolies façades XVIIIe s). Ainsi, dans l'approche de l'avenue Foch ont-ils joué progressivement sur les volumes des immeubles pour assurer cette transition. En revanche, cette volonté de domination architecturale passa mal au niveau des Messins, qui la refusèrent en bloc. La preuve en est d'ailleurs avenue Foch où, lorsque de riches Allemands faisaient construire en style Renaissance flamande ou en baroque germain, les riches Messins français répliquaient en favorisant ostensiblement le style Louis XV ou Louis XVI ! En conclusion, avec les ans, cet urbanisme lourd, solennel, grandiloquent, en renforçant l'éclectisme architectural de la ville, s'est révélé une vraie richesse, un plus d'une remarquable originalité qui n'a pas échappé au designer Philippe Starck, dont, devant la gare, les lampadaires en forme de pétales s'abaissent une fois la nuit tombée.

La gare *(plan centre C3)* **:** pour les Français (d'après plusieurs récents sondages) la plus belle gare de France. Pour nous, l'une des plus belles gares d'Europe. Elle est du reste inscrite au registre des Monuments historiques. Allons, osons la comparaison, c'est une minicathédrale qui aurait mis beaucoup moins de temps à être construite (3 ans, de 1905 à 1908, au lieu de 3 siècles). Le terrain étant sablonneux, on a commencé par planter des piliers en béton armé. Édifiée d'abord avec des considérations stratégiques, avant l'esthétique. Elle devait avant tout assurer le transport de 25 000 soldats en une journée (chevaux et canons compris). Son côté imposant, monumental et son riche décor devaient, bien sûr, témoigner de la toute-puissance de l'Empire allemand. Ledit « empire » étant d'ailleurs le thème principal de l'édifice. L'empereur d'Allemagne, conscient de la jeunesse de son régime (30 ans à peine) et voulant lui conférer une légitimité, puise donc dans la grandiose histoire du Saint Empire romain germanique. Il est à l'époque obsédé par la saga de Charlemagne et de Roland, par leur poids politique en Europe. Ainsi la gare symbolise-t-elle les 2 grands pouvoirs de l'Empire : le « pouvoir spirituel », avec la tour de l'Horloge conçue comme un clocher d'église jouxtant la nef, pardon, le bâtiment des départs (avec façade en pignon et hautes baies), et le « pouvoir temporel », symbolisé par la longue façade des arrivées et du buffet, vue, disons, comme un palais médiéval.

Tout le décor (bas-reliefs, vitraux, sculptures, statues) va dans le sens de l'exaltation de cette période exceptionnelle. Ainsi, à l'angle de la tour de l'Horloge, le preux Roland veille-t-il sur la bonne ville de Metz. Sur le fronton, l'aigle impérial avait été sculpté, avant d'être remplacé par le blason de la Lorraine ; on distingue encore la queue de l'aigle. Dans le grand salon, le vitrail, avec la figure de Charlemagne, illustre bien entendu la grandeur de l'Empire carolingien. D'autres décors évoquent les autres empires du Moyen-Orient ou d'Orient (notamment par le style romano-byzantin). Les sculptures en outre abordent d'autres thèmes que nous vous convions à traquer si vous en avez le désir et le temps (les moyens de transport de l'époque, le triomphe de l'industrialisation lorraine, l'union de l'Alsace et de la Lorraine, jusqu'aux services de la gare et tant d'autres).

GARE À METZ !

Un petit détail architectural insolite caractérise la gare de Metz : les quais, de chaque côté du train, ne sont pas à la même hauteur. Le quai le plus bas permettait à l'empereur Guillaume II de descendre directement du train sur son cheval. On sait que, handicapé d'un bras, il n'arrivait pas à se hisser seul sur son canasson. Aujourd'hui, à l'arrivée à Metz, le haut-parleur du train annonce toujours « Sortie quai haut »... même si peu de voyageurs viennent à cheval.

Enfin, à peine plus loin, à l'angle du passage couvert de l'Amphithéâtre, on s'attardera aussi sur le riche décor du château d'eau conçu à l'époque pour alimenter les locomotives à vapeur.

La Grande Poste *(plan centre C3)* **:** *rue Gambetta.* Face à la gare pour assurer, en cas de conflit, la rapidité de l'acheminement du courrier. Plus proche d'une forteresse d'ailleurs que d'une poste (ce qu'elle n'est d'ailleurs plus depuis 2019...). On se sent presque écrasé par cet imposant bâtiment en grès rose et de style néoroman, construit en 1908. Porche à voussures au fronton monumental, chapiteaux ornés, et un nombre plutôt impressionnant de fenêtres (les architectes de l'époque voulaient faire entrer air et lumière).

La place Mondon *(plan centre B3)* **:** place emblématique de la ville allemande, anciennement appelée *place Impériale* (avec une statue de l'empereur au milieu). Tout autour, les symboles du pouvoir impérial justement : la *Banque impériale* (la chambre de commerce), la *Maison des corporations,* de 1909 mais dans un beau style néo-Renaissance alsacienne. Il y a une caserne (actuel collège Barbot) dans le quartier mais manque curieusement une représentation du pouvoir religieux. Il semble qu'il y ait eu un projet d'église mais qui ne fut jamais réalisé (*because* guerre 1914-1918 ?). Immeubles vraiment impressionnants de puissance, certains assis sur d'énormes colonnes. Autour de la place rayonnent de luxueuses rues résidentielles (rue Gambetta, avenue Foch).

L'avenue Foch *(plan centre B-C3)* **:** construite pendant l'Annexion, sur le demi-cercle des anciens remparts dont seule a survécu la *tour Camoufle* (XVe s). Balade obligatoire le long de cette large avenue, pour profiter de son extraordinaire festival de styles architecturaux, de formes et de volumes. Télescopage du lourd néoroman et du *Jugendstil,* choc du néo-Renaissance italien et du néoclassique Louis XV (ça, c'était pour les réfractaires à l'architecture teutonne), mariage de raison entre le baroque et le néogothique, PACS entre le style Cabourg et l'Art nouveau... Plutôt villas cossues côté vieille ville et immeubles côté gare (pour en ajouter à la diversité).

★ *L'église Sainte-Thérèse* *(hors plan centre par B3)* **:** *pl. Philippe-de-Vigneulles.* On n'a pas tellement l'occasion de parler de l'architecture de béton armé des années 1950, tant elle est décriée. Là, soulignons l'originalité des lignes de cette église (1954) et la hardiesse de son clocher hyper effilé qui s'élève jusqu'à 70 m. Hélas, elle n'est pas en pierre de Jaumont, le béton commence sérieusement à se dégrader... Passera-t-elle le troisième millénaire ?

★★ *Le jardin botanique* *(hors plan centre par A3)* **:** *27 ter, rue de Pont-à-Mousson, sur la commune de* ***Montigny-lès-Metz.*** *Jardin tlj de 8h à la tombée de la nuit. Serres tlj 9h-16h (10h-12h le w-e). GRATUIT. Application smartphone ou tablette (5 €) disponible au centre d'accueil.* Plus de 4 ha, aménagés en 1866, dans le parc d'une ancienne « folie » du XVIIIe s. Possibilité de trouver de l'ombre sous une bonne centaine d'arbres exotiques, de humer les senteurs d'une belle roseraie, d'apprécier l'architecture des serres datant de l'Exposition universelle.

Le quartier de l'Amphithéâtre

Relié directement à la gare par la passerelle puis le parvis des Droits-de-l'Homme. Comme son nom l'indique, c'est ici qu'était installé l'amphithéâtre romain. Sur les friches de l'ancienne gare de marchandises, il connait une complète transformation urbaine depuis le début des années 2000 et l'installation du centre Pompidou-Metz : immense centre commercial *(Pulse),* palais omnisport *(Les Arènes),* centre des Congrès, immeubles de bureaux... et, comme on est à Metz, des jardins !

★★★ *Le centre Pompidou-Metz* *(plan centre C3)* **:** *1, parvis des Droits-de-l'Homme. ☎ 03-87-15-39-39. • centrepompidou-metz.fr • Tlj sauf mar 10h-18h (19h ven-dim avr-oct). Fermé 1er mai. Entrée : 7-12 € ; réduc ; gratuit moins de 26 ans et étudiants. Visites guidées sur résa sur le site (rubrique « billetterie »).*
L'ouverture, en 2010, du centre Pompidou-Metz, 1re décentralisation du centre Pompidou-Paris, a vraiment lancé le projet d'aménagement du quartier de l'Amphithéâtre.
Ce centre, que l'on doit à l'architecte japonais Shigeru Ban associé au Bordelais Jean de Gastines, abrite, outre la partie consacrée aux expositions de 5 000 m^2, un studio destiné au spectacle vivant, un auditorium, des espaces d'accueil, une librairie-boutique, ainsi qu'un restaurant, un café...
D'un point de vue architectural, l'idée fondamentale du bâtiment est d'être ouvert, gommant au maximum la délimitation physique entre l'intérieur et le vaste parvis qui se déroule à l'extérieur. L'édifice, résolument contemporain, est constitué d'une vaste structure calquée sur la forme de la France (un hexagone, faut-il le rappeler !), couvrant l'ensemble des espaces intérieurs et développée autour d'une flèche centrale culminant à 77 m (clin d'œil à l'année d'ouverture du centre Pompidou-Paris). Les architectes ont fait le choix, audacieux, d'une impressionnante charpente en bois de 650 t, toute en courbures, librement inspirée par le cannage d'un chapeau. Chapeau qui aurait reçu une sévère pluie de mousson si l'on en croit cette ondulante et immaculée couverture en fibre de verre recouverte de téflon ! Certains Messins y voient une maison de Schtroumpfs... S'il faut jouer au jeu des comparaisons, évoquons plutôt une tente de nomades du désert... Mais autonettoyante ! L'eau de pluie s'écoule dans les piliers et va arroser les jardins. Une étonnante réussite en tout cas, de jour et encore plus de nuit, quand cette membrane translucide s'illumine.

L'intérieur est tout aussi époustouflant : un vaste espace (osons parler de nef) où s'empilent les galeries, 3 énormes parallélépipèdes (1 000 m^2) de béton blanc posés en étoile, comme si un enfant avait joué au mikado avec ses briques de construction. À chaque extrémité, ces « boîtes » sont percées d'amples baies vitrées largement ouvertes sur la ville. L'une d'elles recèle le plus grand mur d'exposition d'Europe, pouvant recevoir des œuvres de taille importante qui ne peuvent être exposées dans d'autres musées. Pas de collection permanente, mais de prestigieuses expositions temporaires.

Les jardins Jean-Marie Pelt *(plan centre D3)* ***:*** *av. Louis-le-Débonnaire.* Fort plaisants jardins contemporains de 20 ha aménagés sur d'anciennes friches, sur les bords de la Seille, franchie par une futuriste passerelle. Ils ont pris le nom du célèbre botaniste et sont, comme l'était Jean-Marie Pelt, très écolo, avec, par exemple, une roselière pour le traitement des eaux usées du quartier. Cultures traditionnelles de la région (houblonnière, vignoble, verger de mirabelliers), une bonne vingtaine d'essences d'arbres, des jeux pour les enfants...

À faire

Le Solis *(centre A2)* ***:*** *quai des Régates. 07-71-75-72-94. • metz-bateau-solaire.com • Tlj sauf lun mat ; 6 départs/j. 11h-17h (sur résa seulement nov-avr). Circuit (50 mn) : 9 € ; réduc ; gratuit moins de 3 ans. Formules petit déj, pique-nique ou apéro (1h30) : 17 €.* Jolie balade sur la Moselle (et sous de nombreux ponts !) à bord d'un bateau solaire. Pour une vision différente de la ville.

La Flotille : *1, quai des Régates. ☎ 03-87-36-86-71. • bateaux-metz.com •* Location de petits bateaux électriques pour partir à la découverte de Metz via rivières et canaux. Embarcations à pédales et barques pour se balader sur le plan d'eau. Et un miniport pour les enfants.

Fêtes, foires et manifestations

– ***Marché aux puces :*** *plusieurs sam/an (voir dates sur • metz-expo.com •), 7h-12h, à la foire internationale de Metz-Grigy.*

– ***Pèlerinage de Saint-Blaise :*** *le 3 fév, à l'église Saint-Eucaire (plan centre D2).* Les fidèles achètent des petites brioches devant l'église, qu'ils font ensuite bénir. Un des plus anciens pèlerinages de Lorraine, toujours très fréquenté.

– ***Le Livre à Metz :*** *2-3 j. mi-avr. • lelivreametz.com •* Sous-titré « Littérature et Journalisme » ; avec plusieurs centaines d'auteurs invités. Dédicaces, rencontres, conférences...

– ***L'Art dans les Jardins :*** *de fin mai à mi-sept, à l'Arsenal, au jardin botanique et au cloître des Récollets.* Parcours artistique autour d'œuvres monumentales.

– ***Festival Passages :*** *1re quinzaine de mai. • festival-passages.org •* Un peu partout en ville, du théâtre surtout, mais aussi de la musique, du cirque... avec des artistes venus du monde entier.

– ***Constellations :*** *de fin juin à fin-août. • constellations-metz.fr •* Un festival gratuit autour des cultures numériques. Une cinquantaine d'œuvres et d'installations audiovisuelles disséminées à travers la ville, à découvrir au long de parcours thématiques.

– ***Hop Hop Hop :*** *4 j. mi-juil, autour de la pl. Saint-Louis.* Festival de spectacles de rue, gratuits (et souvent très drôles), avec une trentaine de compagnies et un vrai succès public depuis plus de 10 ans.

– ***Metz plage :*** *de fin juil à mi-août.* Une véritable plage de sable fin s'installe au bord du plan d'eau pour célébrer l'été. Un air de vacances avec parasols, transats, bassins, animations sportives...

– ***Fêtes de la Mirabelle :*** *10 j. fin août-début sept.* Animations folkloriques, corso fleuri, marché gourmand, concerts, et l'incontournable élection de la Reine de la Mirabelle. Feu d'artifice pour clore le tout.
– ***Les Montgolfiades :*** *5 j. fin août-début sept, au plan d'eau.* Le joli spectacle de dizaines de montgolfières pour se souvenir de Pilâtre de Rozier, un des 1ers aéronautes de l'histoire.
– ***Foire à la brocante :*** *le 2e dim de sept, dans le quartier d'Outre-Seille.*
– ***Noël de Moselle :*** *fin nov-fin déc, dans le centre, pl. Saint-Louis, pl. de l'Esplanade et pl. de la Gare.* Une centaine de chalets pour le marché de Noël, une belle balade au long du *sentier des Lanternes* et le traditionnel défilé de saint Nicolas, vénérable vieillard à barbe blanche accompagné du tristement célèbre Père Fouettard.

DANS LES ENVIRONS DE METZ

SCY-CHAZELLES (57160)

Cet ancien village de vignerons, accroché au mont Saint-Quentin, possède une touche de pittoresque et d'indolence qu'on a l'habitude de retrouver en Provence. Pas bien grand, avec ses étroites et pentues ruelles et ses lavoirs, il est l'occasion d'une agréable balade, avec en prime l'une des plus belles vues sur le plateau messin. Il offre également l'occasion de visiter la maison de Robert Schuman.

Où dormir ?

Chambres d'hôtes Saint-Quentin : *11, rue du Saint-Quentin. ☎ 03-87-60-09-62. • mathe.grethen@orange.fr • scy-chazelles.com • Dans le centre du vieux village. Double 75 €.* Cette petite maison de village cache bien son jeu ! Rien ne laisse deviner la taille du salon, tout en espace et hauteur avec sa galerie qui court à l'étage, ou le charme du jardin agrémenté d'un pressoir du XIXe s encore en service. Les chambres, quant à elles, sont simples, confortables et colorées de tableaux du proprio.

Où acheter du vin dans les environs ?

Château de Vaux : *4, pl. Saint-Rémi, 57130* ***Vaux.*** *☎ 03-87-60-20-64. • chateaudevaux.com • Au sud-ouest de Metz, après Scy-Chazelles en longeant la Moselle. Dégustation-vente au caveau lun, mar et jeu 13h30-17h30, ven-sam 14h30-18h, ou sur rdv.* Issue d'une agriculture biologique et biodynamique, la petite production de ce domaine emblématique est un incontournable dans le secteur. *Les Gryphées* sont remarquables pour leur intensité aromatique de fruits blancs et d'agrumes. Visite des chais joliment restaurés.

À voir

La maison de Robert Schuman : *8-12, rue Robert-Schuman. ☎ 03-87-35-01-40. • maison-robert-schuman.eu • De mi-juin à fin sept, tlj sauf lun 10h-13h, 14h-18h. De fév à mi-juin et de fin sept à mi-déc, tlj sauf lun 14h-18h. Entrée : 5 € ; réduc ; gratuit moins de 16 ans. Application smartphone ou tablette tactile incluse dans le prix d'entrée. Site Moselle Passion.* Robert Schuman, plusieurs fois ministre sous la IVe République, acheta cette grande propriété en 1926 et y vécut jusqu'à sa mort. Située sur le mont Saint-Quentin, elle domine la vallée de la Moselle et son vignoble. Restaurée et meublée avec soin, elle restitue au maximum l'atmosphère qui y régnait de son vivant : livres, autographes, souvenirs et hologrammes témoignent de façon à la fois éloquente et émouvante de la vie riche et bien remplie du « père de l'Europe ». Salle où découvrir justement, comme si l'on y assistait « pour de vrai », le discours du 9 mai 1950 qui annonce la création de la Communauté européenne du Charbon et de l'Acier (CECA). À côté de la demeure, le beau *Jardin des plantes de chez nous* est composé de variétés obtenues au début du XXe s par des pépiniéristes lorrains (jardin contemporain, jardin d'ombres et de lumières...). Également des expositions temporaires.

L'église Saint-Quentin : *face à la maison de Robert Schuman.* Monumentale église crénelée et fortifiée où repose le père de l'Europe.

L'église Saint-Rémy : *également face à la maison de Robert Schuman.* Intéressante pour son porche gothique du XVe s et son beau *vitrail de la Vierge* de la même époque. Noter la finesse des fûts de colonnes, qui les daterait du Xe s ?

GRAVELOTTE *(57130)*

À une dizaine de kilomètres à l'ouest de Metz par la D 603. Le voilà donc le village auquel on doit la célèbre expression. Le coin a été, entre les 16 et 18 août, le théâtre de plusieurs des plus meurtrières batailles de la guerre de 1870 : la bataille de Rezonville et celle de Saint-Privat-Gravelotte, donc. Ce fut d'ailleurs le début de la fin : vaincu, Bazaine se réfugia à Metz. La suite, on la connait : après quelques semaines de siège... la honteuse capitulation. C'est sur les lieux mêmes des combats que le *musée de la Guerre de 1870 et de l'Annexion* est érigé.

« IL PLEUT COMME À GRAVELOTTE ! »

C'est dans les ultimes batailles de la guerre de 1870 que se révéla incontestablement la supériorité matérielle et technologique de l'armée prussienne. La bataille décisive eut lieu à Gravelotte. Le déluge d'obus allemands fut tellement intense qu'il en resta côté français cette expression populaire : « Il pleut comme à Gravelotte ! »

À voir

Le musée de la Guerre de 1870 et de l'Annexion : *11, rue de Metz. ☎ 03-87-33-69-40. ● mosellepassion.fr ● ♿ Fév-déc, tlj sauf lun 10h-13h, 14h-18h. Entrée : 5 € ; réduc ; gratuit moins de 16 ans et pour ts le 1er dim du mois. Tablette tactile comprise. Site Moselle Passion.*
C'est une page méconnue de l'histoire de France, et plus largement de l'Europe. La défaite, suivie de l'annexion, a pourtant eu des conséquences considérables : l'intégration durable de l'Alsace-Lorraine à l'empire germanique qui marqua profondément les populations, et l'avènement du Reich, une nouvelle entité politique réunissant les États allemands sous la houlette de la Prusse.
D'emblée, le ton est donné. Depuis le parking, le sentier conduit les visiteurs à travers un cimetière militaire flanqué de la Halle du Souvenir, le principal monument commémoratif de la guerre de 1870. Puis on découvre le musée, un imposant bâtiment contemporain tout en lignes brisées, dont les parements de métal rappellent la couleur des armes.
L'exposition permanente est à la hauteur de l'enjeu. Portée par une scénographie sobre et digne, elle reprend pas à pas la chronologie des événements. Après une

introduction riche en symboles (comme le choix d'une cuirasse perforée, évocation de la violence des combats), on entre dans le vif du sujet avec un rappel du contexte politique et des enjeux. Les salles suivantes retracent les différents épisodes de la guerre, illustrés par des objets du quotidien (quignons de pain du blocus de Metz...), de nombreux uniformes, mais aussi par des articles de presse de l'époque, des vidéos et des espaces séparés dédiés aux peintures historiques. Vient alors la grande section consacrée à l'annexion de la Moselle. Évocation de l'exil pour ceux qui refusent la défaite, et de la germanisation pour ceux qui restent (à l'école, mais aussi à travers l'architecture, l'urbanisme...). La création d'une nouvelle frontière implique par ailleurs la construction d'une ceinture défensive. Partout, l'Allemagne impose une nouvelle vision, avec une volonté de modernité. On apprend à vivre ensemble... même si l'on note un peu partout la persistance d'un sentiment français. Ailleurs, en France, c'est l'esprit de revanche qui prévaut. Et qui conduira, en 1918, après la victoire, à l'expulsion manu militari d'une grande partie des populations allemandes installées depuis 48 ans ! Dure leçon de l'histoire, qui justifie à elle seule la visite de ce remarquable musée. Qu'on terminera en revivant quelques épisodes de la bataille avec « les Moissons de la rage », film projeté sous la reconstitution d'un bivouac de l'armée française.

NE TIREZ PAS SUR L'AMBULANCE

La Croix-Rouge fut fondée en 1864. Mais c'est pendant la guerre de 1870 que la Convention de Genève fut appliquée pour la 1re fois à l'occasion d'un conflit international.

LA MOSELLE

GORZE (57680)

À une vingtaine de kilomètres au sud-ouest de Metz. Ce bourg un peu assoupi dans une vallée verdoyante a fait parler de lui très tôt grâce à la qualité de ses eaux. Les Romains avaient même construit un aqueduc pour approvisionner la ville de Metz depuis la source des Bouillons (voir plus loin Jouy-aux-Arches). En 749, saint Chrodegang, évêque de Metz et conseiller du roi Pépin le Bref, fonde à Gorze une abbaye bénédictine qui devient rapidement très puissante. C'est dans cette abbaye qu'historiquement, a été créé l'art du plain-chant (appelé aussi chant messin), qui deviendra le chant grégorien.

Où acheter du vin dans les environs ?

Domaine Les Béliers : *3, pl. Foch, 57130* ***Ancy-sur-Moselle.*** *☎ 03-87-30-90-07. À env 5 km à l'est de Gorze.* Installée depuis plusieurs siècles sur les coteaux du val de Metz, la famille Maurice a relancé la viticulture à Ancy en 1983. Le domaine propose des vins de femme (une fois n'est pas coutume), bio et vinifiés avec amour et rigueur. Le pinot gris est harmonieux avec des notes fumées et miellées.

À voir

Le palais abbatial : *pl. du Château. Cour et jardins ouv tte l'année, tlj 9h-19h.* Remarquable endroit (c'est même le plus bel ensemble baroque de Lorraine) construit à la fin du XVIIe s, dont on regrettera juste qu'il semble un peu à l'abandon. Passé le portail se dévoile une construction en forme de U, avec toit à la Mansart et façades ornées de sculptures et mascarons. Belle cour d'honneur avec un double escalier aux rampes gardées par des sphinges, dont les bas-reliefs évoquent les protagonistes de la légende de la Toison d'or (Médée et Jason). Juste au-dessus, petit jardin à la française qui précède un ancien théâtre d'eau (elle ne coule plus, dommage...) : fontaines richement sculptées avec nymphes, divinités antiques, animaux...

L'église Saint-Étienne : ancienne collégiale de style roman à l'extérieur et gothique à l'intérieur, bel exemple de transition (ça en fait l'église gothique la plus ancienne de Lorraine). Noter les élégantes baies géminées du clocher. Au tympan du portail nord, un *Jugement dernier* réduit à sa plus simple expression : Dieu, un élu, un damné. Sur l'architrave, 2 anges sonnent de la trompe et des diablotins grimacent. À l'intérieur, 3 nefs aux harmonieuses proportions. Chapiteaux à « crochets », beau christ en bois du XVe s et riches boiseries du chœur en chêne sculpté datant de 1744.

Le musée de l'Histoire de la terre de Gorze : *22, rue de l'Église, jouxtant le petit office de tourisme. ☎ 03-87-52-04-57. • museegorze.fr • Avr-oct, tlj sauf lun 14h-17h (18h en été). Entrée : 2 € ; réduc.* Bâtiment du XVIIIe s, abritant un petit musée sur l'histoire de l'abbaye, de l'aqueduc et du chant grégorien.

JOUY-AUX-ARCHES *(57130)*

À 5 km au sud de Metz, par la D 657. On y admire les 17 arches de l'***aqueduc romain*** des Ier-IIe s apr. J.-C. Portion significative qui permet d'avoir une bonne idée de l'ouvrage. L'aqueduc au complet mesurait 22 km et amenait l'eau de Gorze aux thermes de Metz (voir aussi un autre tronçon de l'autre côté de la Moselle, sur la commune d'Ars-sur-Moselle). Vestiges également d'un château fort du XIIIe s.

SILLEGNY *(57420)*

À une douzaine de kilomètres au sud de Metz. Si le village fut aux 3/4 détruit en 1944, l'***église*** échappa miraculeusement aux bombes. Édifiée aux XIIIe et XIVe s. Vous ne pourrez manquer son clocher carré et ses meurtrières. À l'intérieur, c'est l'émerveillement devant cette architecture gothique flamboyante et les belles fresques du XVIe s à la détrempe (peinture à l'eau appliquée sans fixateur sur un mur frais). Elles présentent un arbre de Jessé, des scènes de la Bible, du Jugement dernier, de l'enfer, etc., comme une bande dessinée censée instruire et terroriser les fidèles tout à la fois. L'église est d'ailleurs surnommée la « chapelle Sixtine de Lorraine ». Le *Supplice de sainte Agathe,* à qui on arrache les seins, est particulièrement réaliste.

Où acheter de bonnes spécialités dans les environs ?

La Distillerie de Mélanie : *2, rue des Vignerons, 57420* ***Marieulles.*** *☎ 03-87-52-80-72. • distilleriemaucourt.fr • À env 7 km à l'ouest de Sillegny, dans le village de Vezon. Ouv tlj sur rdv.* Ça vaut la peine de faire le détour. D'abord, parce que Mélanie n'hésite pas à parler de son métier (l'exploitation de 12 ha de vergers et la distillation des fruits récoltés), ensuite, parce que ses eaux-de-vie sont délicates et parfumées ! Notamment la *Mirabelle Réserve,* qui exhale des arômes remarquables. Mais les gourmands ne feront pas l'impasse sur les bonbons à la mirabelle, ou sur les nectars. Délicieux.

Domaine Oury-Schreiber : *29, rue des Côtes, 57420* ***Marieulles.*** *☎ 03-87-52-09-02. Mar-jeu 17h30-19h,* *ven 15h-19h, sam 10h-12h, 15h-18h.* Une famille formée en Champagne et dans le Languedoc qui exploite à l'ancienne (vendanges à la main) un des plus grands vignobles de Moselle (8,5 ha). Vins bio en AOC, dont *Les Quatre Éléments* à l'assemblage typique de l'appellation, et pas mal de pétillants.

LAQUENEXY *(57530)*

Les Jardins fruitiers de Laquenexy : *4, rue Bourger-et-Perrin. ☎ 03-87-35-01-00. • jardinsfruitiersdelaquenexy.com • À 10 mn à l'est de Metz ; bien fléché. Avr-oct, mer-dim 10h-18h (19h le w-e). Entrée : 5 € ; réduc ; gratuit moins de 16 ans. Site Moselle Passion. Resto (plats en bocaux) sur place pour le déj.* Les Jardins fruitiers de Laquenexy sont un véritable parcours des sens dans lequel on pénètre en ouvrant grand les yeux et les narines. Après avoir traversé le belvédère et embrassé une vue panoramique du site, on papillonne gaiement dans un labyrinthe aux jolies mises en scène végétales, on longe un fin canal bordé de clématites, de perce-neige et de roses « Blanche de Castille » jusqu'à la volière aux perruches pour déboucher sous un tunnel de courges et de plantes grimpantes. Un potager, une allée de noisetiers et une clairière de nèfles vous conduisent ensuite au « jardin éphémère », façonné selon l'envie du moment. Le chemin traverse enfin un verger-prairie avant de rejoindre le « potager de l'épicurien », digne de ce nom. Fraîcheur garantie !

PANGE *(57530)*

À une douzaine de kilomètres à l'est de Metz. Connu pour son beau ***château*** du XVIIIe s, édifié sur les ruines d'un château médiéval. *☎ 03-87-64-04-41. • chateaudepange.fr • Ouv mai-oct, w-e et j. fériés seulement. Jardin ouv w-e 10h-12h, 14h-18h. Visite guidée du château à 14h45, 15h45 et 16h45. Entrée : 4 € (jardin seul) ou 7 € avec la visite guidée du château ; réduc ; gratuit moins de 12 ans.* Superbement situé en bord de Nied française, ancienne frontière entre le pays des Trois-Évêchés et le duché de Lorraine. Toujours habité par la famille d'origine. Majestueuse construction en pierre jaune de Jaumont. Façade de style classique d'une certaine sobriété. Son parc, conçu par Louis Benech, est une ravissante composition à la fois champêtre et contemporaine.

AMNÉVILLE-LES-THERMES

(57360) 10 450 hab. *Carte Moselle, A2*

On a du mal à imaginer qu'avant de devenir l'une des plus grandes stations thermales de Lorraine, cette terre était quasiment vierge de toute construction ! Il faut attendre le début des années 1970 pour qu'Amnéville prenne son envol, jouant habilement la carte du divertissement et de la détente en famille. En effet, forte de sa source Saint-Éloy, qui alimente le site d'une eau à 41 °C, riche en oligoéléments, calcium et magnésium, la ville bénéficie d'un atout majeur que de nombreux curistes ont déjà pu apprécier. Depuis, la cité est vraiment devenue celle des loisirs en se dotant d'un vaste complexe d'attractions.

Adresse utile

Office de tourisme : *à l'entrée du bois de Coulange, face au parking. ☎ 03-87-70-10-40. • amneville-tourisme.com • Ouv tte l'année, tlj.* Billetterie activités et spectacles. Autre point info face aux thermes de Saint-Éloy.

Où dormir ?

De bon marché à prix moyens

Hôtel Roi Soleil : *bois de Coulange. ☎ 03-87-40-15-15. • amneville-les-thermes@hotel-roi-soleil.com • hotel-roi-soleil.com • ♿ Double 58 €.* Proche du centre thermal, ce vaste hôtel moderne compense une architecture impersonnelle et un cadre sans âme (face au parking principal) par des chambres propres et confortables aux couleurs gaies et agréables. Fonctionnel et efficace (accessible si besoin 24h/24 via un automate). Bon rapport qualité-prix.

Hôtel La Maison d'Hôtes : *bois de Coulange. ☎ 03-87-40-11-20. • info@lamaisondhotes.fr • lamaisondhotes.fr • ♿ Double 78 €. Parking.* Ce grand chalet en bois propose des hébergements à l'image de ses propriétaires : chaleureux et généreux. Le couple Sassi a insufflé un esprit nature à la bâtisse, axé sur la tranquillité et l'espace. Ainsi, les chambres et les studios (avec coin cuisine) sont vastes, avec pour seul vis-à-vis les arbres, qu'on peut presque toucher de son balcon ! Calme absolu, bonne literie, déco apaisante : sans conteste la meilleure adresse du secteur.

Hôtel Saint-Éloy : *rue des Thermes, bois de Coulange. ☎ 03-87-70-32-62. • steloy@hotels-amneville.com • accueil-amneville.com • Doubles 80-85 €.* Une belle structure aérée et un environnement bucolique donnent à cet hôtel un joli cachet, teinté de chaudes boiseries et de clarté. Chambres classiques et confortables (salles de bains aux belles lignes épurées).

Hôtel Orion : *rue des Thermes, bois de Coulange. ☎ 03-87-70-20-20. • orion@hotels-amneville.com • accueil-amneville.com • Doubles 68-80 €.* Un cadre contemporain et une déco ici ou là un peu étonnante, à l'image des chambres façon graffitis !

Chic

Hôtel Diane : *bois de Coulange. ☎ 03-87-70-16-33. • diane@hotels-amneville.com • accueil-amneville.com • À côté de l'établissement thermal. Doubles env 91-150 €.* Ensemble réussi pour cet hôtel moderne, pourvu d'une cinquantaine de chambres agréables, entouré d'arbres et au cœur de toutes les activités du site. D'ailleurs, n'hésitez pas à demander une chambre avec balcon.

Où dormir dans les environs ?

Chambres d'hôtes Du Coq à l'Âne : *40, Grande-Rue, 57365* ***Flévy****. ☎ 03-87-58-16-86. • giteducoqalane@comcable.fr • gite-ducoqalane.com • ♿ À env 10 km à l'est d'Amnéville. Doubles 85-100 €. Réduc de 10 % sur le prix de la chambre sur présentation de ce guide.* Le proprio est sculpteur, et c'est peu dire qu'il a donné à ce vaste corps de ferme du XVIIIe s un écrin unique. Le salon commun et les chambres possèdent une atmosphère propre : lampes en pierre, tableaux, sculptures métalliques aux volutes improbables. Les tons sont doux, et le confort moderne se fond délicatement dans la vieille pierre et les objets chinés. Le petit déj, préparé avec les produits maison, se prend sur la grande table où les discussions vont bon train.

Où manger ? Où boire un verre ?

On trouve de tout à Amnéville : du snack, de l'établissement de chaîne, de la brasserie, du traditionnel. Rien d'inoubliable dans l'ensemble, cela dit.

À voir. À faire

Thermapolis : *av. de l'Europe. • thermapolis.com • Lun-mer 10h-22h, jeu 9h-22h, ven-sam 10h-minuit, dim 9h-20h. Entrée : 15,90 € pour 2h, 20 € pour 3h, plus formules d'abonnement. Enfants à partir de 4 ans.*
L'eau de la source Saint-Éloy est très riche en sel, en calcium et en magnésium, ce qui lui a valu l'agrément du ministère de la Santé pour traiter la rhumatologie et les voies respiratoires. Mais aux cures se sont greffées des envies de bien-être et de détente plus quotidiennes, auxquelles répond *Thermapolis*.
Large dôme de verre où sont organisés des bassins aux animations multiples : couchettes bouillonnantes, spas, geysers, buses de massage, ou encore cols de cygne (massage des cervicales) ; le tout dans une eau à 34 °C.
Une rivière lente vous permet d'accéder à des animations du même type mais en extérieur. Une petite plage y attend également vos serviettes quand le soleil fait son apparition. La seconde partie de *Thermapolis* est une succession de salles aux architectures rappelant les différentes civilisations friandes de thermes. On évolue paisiblement dans un décor égyptien où l'on s'étend sur des marbres chauds, on s'immerge dans les bains à différentes températures d'une envoûtante salle hypostyle, petit arrêt au hammam oriental dans l'intimité des moucharabiehs avant d'aller transpirer au sauna finlandais... Et une copie de la grotte de Sigiriya (au Sri Lanka) vous accueille pour un ultime jacuzzi. Le concept architectural s'inspirant du monde antique est réussi, et les nombreuses activités proposées s'inscrivent réellement dans une dynamique de santé et de bien-être. Zone fitness et cryothérapie également.

Villa Pompéi : *av. de l'Europe. • villapompei.com • Lun-jeu 10h-22h, ven-sam 9h (10h ven)-minuit, dim 9h-20h. Fermé 11-20 juin. Entrée : 24,90 € pour 2h, 32,20 € pour 3h, soins en sus.*
Une belle reproduction de temple romain, aux colonnades en pierre et statues en marbre de Carrare, qui se veut plus haut de gamme que sa grande consœur *Thermapolis.* Elle s'organise autour d'une « Agora thermale », qui s'avère un véritable parcours de remise en forme où sont proposés lits hydromassants, spas assis ou debout, musique zen subaquatique... tout en baignant dans la lumière naturelle filtrée par une grande verrière (qui s'ouvre quand la température extérieure s'y prête).
La plupart des activités sont similaires à celles de *Thermapolis,* y compris le bassin extérieur, mais le cadre est encore plus soigné avec fresques, patios aquatiques et fontaine illuminée. Mais la spécificité de *Villa Pompéi* réside dans son offre de thermalisme à la carte. On retrouve une palette très complète de soins personnalisés (réserver à l'avance) pour le visage, les mains, les pieds... ainsi qu'une équipe de masseurs kinésithérapeutes rien que pour vous !

L'aquarium : *☎ 03-87-70-36-61. • aquarium-amneville.com • Juil-août, tlj 9h30-19h ; fév-oct, lun-mar et jeu-ven 13h30-17h30, mer et sam-dim de 10h à la tombée de la nuit ; mars-juin et sept, lun-sam 10h-18h (19h sam). Entrée : 13,50 € ; 10,50 € moins de 12 ans.* Une quarantaine d'aquariums dans une ambiance de sous-marin où batifolent des milliers de poissons du monde entier. Également une cascade et une serre tropicale pour les poissons les plus exotiques (piranhas, poissons-crapauds, pieuvres, murènes), en plus du bassin aux requins et des raies géantes. Jardin de corail.

Le zoo : *03-87-70-25-60. • zoo-amneville.com • Avr-sept, tlj 9h30-19h30 (20h dim et j. fériés) ; oct-mars, tlj de 10h à la tombée de la nuit. Entrée : 37 € ; enfant : 31 € ; réduc ; gratuit moins de 3 ans.* Sur 17 ha, près de 2 000 animaux et 360 espèces. Un zoo en perpétuelle évolution, avec reconstitution assez réussie des milieux naturels. Une plaine africaine où se baladent girafes, zèbres, antilopes, rhinos et éléphants. Dans la jungle, au milieu d'une belle végétation, jaguars, loups, singes-écureuils, tapirs... Puis on découvre des gorilles, dans un beau décor tropical. Une section « Fort Cheyenne », animée par des loups géants, bisons, lynx, loutres, porcs-épics dans une atmosphère « hautes plaines indiennes ». Les enfants découvriront aussi la baie des otaries ainsi que le vivarium tropical avec moult reptiles, crocos, varans, pythons divers... Et puis encore les ours polaires, les tigres de Sibérie, les panthères noires, les hyènes, les orangs-outangs, etc. Sans oublier *Péruvia,* espace dédié à la faune sud-américaine avec ses fourmiliers géants, tamarins, ouistitis, et une colonie de manchots dans une installation grandiose avec tunnel de vision sous-marine. Le zoo propose des animations toutes les 30 mn, dont le fameux show *Tigerworld* qui met en scène 9 tigres, ainsi que des spectacles de fauconnerie à cheval et de rapaces en vol libre !

Snowhall : *rue des Terrasses-du-Soleil. 03-87-15-15-15. • snowhall-amneville.fr • Ouv tte l'année, tlj sauf lun. Horaires variables selon saison ; au min (en été) 10h-12h et 14h-18h ; consulter les horaires sur Internet. Entrée : à partir de 17 € pour 1h + carte d'accès à 4 € ; loc de skis et de chaussures 10 € ; réduc.* La plus grande piste de ski artificielle et couverte d'Europe. Un tunnel de 620 m de long sur 35 m de large avec une dénivelée de 90 m. Une piste de vraie poudreuse avec différents niveaux, du skieur débutant au confirmé... Et pas mal de projets autour du site qui vont voir le jour dans les années à venir.

Et puis encore, parcours dans les arbres, golf miniature, ranch avec promenades à poney (de 2 à 12 ans), embarcations à pédales sur le lac du bois de Coulange, piscine olympique, casino et discothèque pour les adultes, bowling, salle de spectacles, un parcours de golf de 70 ha... Ça serait étonnant que vous ne trouviez pas au moins un loisir correspondant à vos envies...

À faire dans les environs

Le parc d'attractions Walygator : *à* **Maizières-lès-Metz,** *au sud d'Amnéville. 03-87-30-70-07. • walygatorparc.com • Juil-août, tlj 10h30-18h30 ou 19h ; avr-juin et sept-oct, w-e et j. fériés 10h30-17h30, plus tlj pdt vac de Pâques. Fermé nov-mars. Entrée : 26 € ; 22 € moins de 11 ans ; gratuit moins de 4 ans.* Le grand parc de loisirs de Lorraine, proposant plus de 40 attractions, dont les montagnes russes les plus spectaculaires qui soient. Notamment l'*Anaconda* et *The Monster* (1,2 km de montées et descentes, des passages à 110 km/h et un nombre incroyable de vrilles et de virages), plus le *Waly'Coaster,* le *Caribbean Boat,* le *Dark Tower,* tous aussi ébouriffants les uns que les autres ! Attractions aquatiques pas mal non plus dans leur genre : entre autres, le toboggan, la rivière aux rapides, etc. Spectacles qui décoiffent, avec des nouveautés à chaque saison...

LE PAYS DES TROIS FRONTIÈRES

Aux confins du département, au carrefour de la France, de l'Allemagne et du Luxembourg, une région au riche patrimoine architectural (beaux châteaux), industriel (la mémoire des mines de fer et de la sidérurgie) et humain.

THIONVILLE

(57100) 41 400 hab. *Carte Moselle, A1*

• Plan *p. 81*

Ville préférée de Charlemagne, ville de passage, prise et reprise, au point de rencontre des 3 frontières, Thionville eut avant l'heure vocation de cité européenne. Longtemps petite capitale du fer, durement touchée par la fermeture des mines, Thionville tente depuis de prendre un nouveau virage économique. En attendant, elle possède un joli centre-ville et un arrière-décor où maisons de maître bordant des rues pavées offrent une plaisante escapade à l'orée des bois.

UN PEU D'HISTOIRE

La ville apparaît pour la 1re fois dans les écrits en 753 sous le nom de *Théodonis Villa* et doit son essor à Charlemagne qui aimait y résider et y chasser. C'est là qu'il ébaucha son testament politique (le fameux traité de Verdun qui, à la mort de son fils Louis le Pieux en 843, définit le partage de l'empire en 3 royaumes). Sa femme Hildegarde y mourut en 783. ***Du XIe au XVe s, Thionville est une possession des ducs de Luxembourg.*** Après, c'est la valse des proprios. D'abord les Bourguignons, puis les Habsbourg. Un temps française après la prise de la ville par le duc de Guise, avant de revenir dans le giron de l'Espagne au traité de Cateau-Cambrésis en 1559. Reprise par Condé en 1643, avant de revenir définitivement à la France par le traité des Pyrénées en 1659.

SACRÉ CHARLEMAGNE !

Avec sa barbe fleurie, il aimait bien l'école, mais il préférait les femmes puisqu'il eut 6 épouses et 5 maîtresses, dont sa sœur Ghisla. Au total, 17 enfants au compteur.

Fortifiée par Louis de Cormontaigne, le successeur de Vauban. Sûrement un bon, puisqu'en 1792 la ville résista 55 jours aux assauts des troupes prusso-autrichiennes. Cette mobilisation de l'armée ennemie contribua grandement à la victoire de Valmy. Les fortifications démontrèrent encore leur utilité lors des sièges de 1814 et 1815. À signaler que c'est le général Hugo (père de Victor) qui défendit héroïquement la ville à cette occasion. Cependant, les remparts ne résistèrent pas en 1870 face aux Prussiens et, après l'annexion de la ville par l'Allemagne, ils furent en grande partie démantelés. Thionville resta allemande de 1870 à 1918. ***L'exploitation des mines de fer*** et les industries qui en dépendent assurèrent longtemps la prospérité de la ville.

Adresses utiles

Office de tourisme *(zoom)* **:** *31, pl. Anne-Grommerch. ☎ 03-82-53-33-18. • thionvilletourisme.fr • Lun-ven 9h30-18h, sam 10h-17h ; plus en juil-août, dim 11h-15h.* Visites guidées. Vente de produits du terroir et produits « Boutique en Platt ».

Gare SNCF *(plan B2)* **:** sur la ligne TGV Paris-Luxembourg. Liaisons régionales avec Nancy, Bouzonville...

Gare routière *(plan A-B2)* **:** *pl. de la Liberté. ☎ 03-82-53-84-75.* Bus pour Metz, Luxembourg-Ville.

Où dormir ?

Camping

Camping touristique du parc **Napoléon** (plan B1-2, **11**) : *6, rue du Parc. ☎ 03-82-53-83-75. • camping.municipal@mairie-thionville.fr • thionville.fr • ♿ Ouv mai-sept. Forfait pour 2 env 14 €. CB refusées.* Proche du centre et en bord de Moselle (la rivière), ce qui permet pléthore d'activités : canoë, randonnée, pêche... Comme on s'en doute, attenant au verdoyant parc Napoléon, pourvu de nombreuses aires de jeux pour les enfants. Emplacements agréables, délimités par des haies. Bloc sanitaire propre.

Prix moyens

Hôtel des Oliviers (zoom, **12**) : *1, rue du Four-Banal. ☎ 03-82-53-70-27. • contact@hoteldesoliviers.com • hoteldesoliviers.com • Doubles 50-65 €. Parking vélos et motos.* Tranquille, au cœur du secteur piéton ; inaccessible donc en voiture (parkings publics République ou Turenne, juste à côté). Un sympathique et accueillant établissement familial aux chambres sobrement contemporaines, simplement confortables. Un vrai plus, la petite terrasse intérieure, presque cachée, pour prendre le petit déj une fois le soleil levé.

Hôtel du Parc (plan A2, **13**) : *10, pl. de la République. ☎ 03-82-82-80-80. • contact@hoteldu-parc.com • hoteldu-parc.com • Double 64 €.* Pas loin de la gare, et à deux pas de la vieille ville, une quarantaine de chambres à la déco contemporaine comme on en voit beaucoup, au confort simple, mais suffisant. Les plus agréables donnent sur la place verdoyante (voilà le parc !). Bar pour les clients de l'hôtel.

De chic à plus chic

Hôtel Kyriad Prestige (zoom, **14**) : *9, allée Raymond-Poincaré. ☎ 03-82-50-34-67. • thionville@kyriadprestige.fr • kyriad.com • ♿ Doubles env 65-95 €.* Moderne (bonnes infrastructures) et tout confort (belles chambres contemporaines, espace de remise en forme...), cet hôtel de chaîne est, dans sa catégorie, une bonne option, d'autant que l'accueil est pro et très disponible.

Où camper dans les environs ?

Camping du Port : *rue de la Loire, 57970* ***Basse-Ham****. ☎ 03-82-56-93-40. • campingduport@outlook.fr • nautic-ham.fr • ♿ À env 10 km au nord-est. Ouv mai-sept. Forfait pour 2 env 17 €.* Un camping pour campeurs (pas de locatif...) récemment aménagé à deux pas des rives de la Moselle et d'une base nautique (voile, aviron, jet ski). Véloroute (l'*Échappée bleue*) juste devant également. Les emplacements sont plutôt spacieux, le bloc sanitaire flambant neuf. Accueil amical.

Où manger ?

De bon marché à prix moyens

Les Sommeliers (plan B2, **21**) : *23-25, pl. de la République. ☎ 03-82-53-32-20. • restsommeliers@wanadoo.fr • Tlj sauf jeu soir, sam midi, dim et j. fériés. Congés : entre Noël et le Jour de l'an. Menu déj sem 18 € ; carte 35-40 €.* Espace un peu insolite (c'est une ancienne banque du début du XXe s) avec différentes salles, haut plafond et verrière. À l'ardoise, cuisine classique et plats de bistrot bien tournés qui plaisent beaucoup aux nombreux habitués. Bonne sélection de vins.

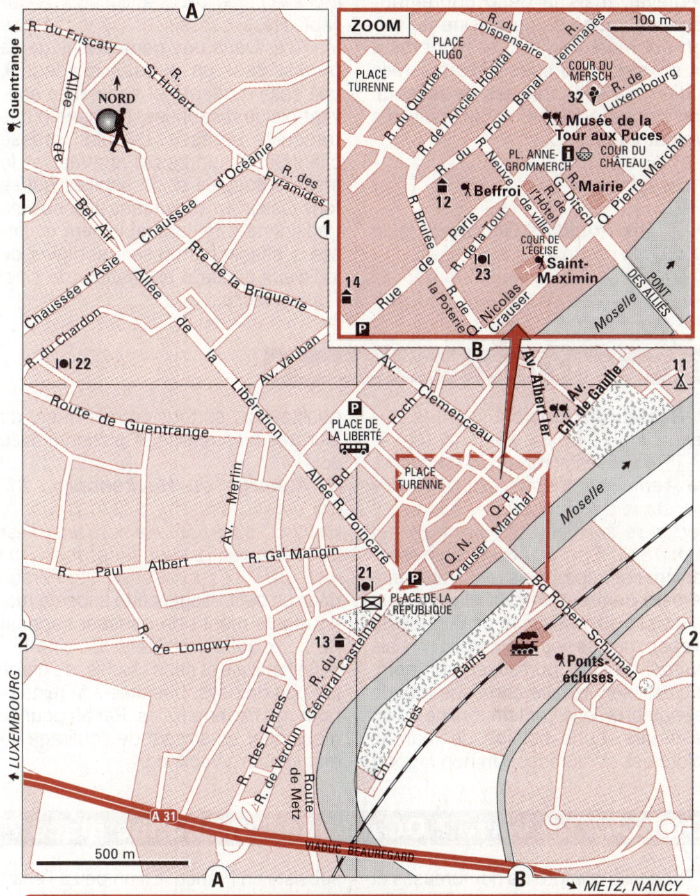

THIONVILLE

Où dormir ?	Où manger ?
11 Camping touristique du parc Napoléon (B1-2)	**21** Les Sommeliers (B2)
12 Hôtel des Oliviers (zoom)	**22** Aux Poulbots Gourmets (A1)
13 Hôtel du Parc (A2)	**23** Le P'tit Bistro d'Éthan (zoom)
14 Hôtel Kyriad Prestige (zoom)	**Où boire un verre ? Où manger une bonne glace ?**
	32 Glacerie italienne (zoom)

Le P'tit Bistro d'Éthan *(zoom,* ***23****) : 28, rue de la Tour. ☎ 03-82-53-94-97. • leptitbistrodethan57@orange.fr • Tlj sauf dim-lun. Congés : 2 sem fin août-déb sept et entre Noël et le Jour de l'an. Formules et menus 29-39 €. Café offert sur présentation de ce guide.* Le bâtiment est médiéval, mais la déco contemporaine, à l'image d'une cuisine de saison qui mêle tradition et modernité. On s'y régale de spécialités colorées et bien réalisées, pleines de saveurs. Une bonne adresse, à l'accueil très sympathique.

Plus chic

Aux Poulbots Gourmets *(plan A1,* ***22****) : 9, pl. aux Fleurs. ☎ 03-82-88-10-91. Tlj sauf lun, mar, sam midi et dim soir. Congés : 2 sem en janv, 1 sem après le 1er mai et 3 sem fin août-début sept. Résa conseillée le w-e. Menus 50-75 €.* Dans une demeure élégante perdue dans un quartier résidentiel, une salle moderne et lumineuse souvent pleine d'habitués, flanquée d'une tranquille terrasse. Le midi, grosse clientèle d'hommes d'affaires, et le soir, de couples et de familles qui se font plaisir en dégustant une cuisine traditionnelle remarquablement maîtrisée. L'affable patron sait prodiguer de judicieux conseils en matière de vins. Parking facile.

Où manger dans les environs ?

Restaurant Cosi : *4, pl. Auguste-Renoir, 57970* ***Basse-Ham.*** *☎ 03-82-82-75-83. • restaurantcosi57@orange.fr • À env 7 km au nord-est de Thionville, sur la D 654. Ouv ts les midis sauf mer, et le soir jeu-sam. Formule déj sem, 18,90 € ; menu 38 €.* L'environnement est improbable (dans un genre de petit centre commercial moderne, au niveau du rond-point de l'entrée du village), mais le lieu n'a rien d'un relais routier ! Le *Cosi* porte bien son nom, et c'est bien installé dans une grande salle de brasserie contemporaine qu'on se régale d'une cuisine de marché colorée et savoureuse. Un bon rapport qualité-prix, surtout pour le menu du jour très bien réalisé et présenté avec soin.

Auberge du Hackenberg : *21, rue du Hackenberg, 57970* ***Budling.*** *☎ 03-82-83-50-56. À env 18 km à l'est de Thionville. Tlj sauf lun et mer. Formule déj 12 € ; carte env 28 €.* Perdue dans un petit village, cette auberge rustique a le mérite de combler l'appétit de ceux qui s'y arrêtent. Cuisine lorraine familiale et sans chichis, du genre jambon de pays, bouchée à la reine et pommes de terre rôties. Parfait pour se requinquer en sortant de l'ouvrage du même nom à Veckring.

Où boire un verre ? Où manger une bonne glace ?

La ville compte de nombreuses et agréables ***terrasses*** où tout Thionville (ou presque) se retrouve dès les premiers beaux jours dans une ambiance très méditerranéenne : au centre-ville, rendez-vous autour de la *place Anne-Grommerch (zoom)* avec ses belles maisons à arcades, ou de la *place Claude-Arnoult (plan B2)* où trône le seul autel de la Patrie (1796) qui subsiste en France. Et, un peu à l'écart du centre, une ribambelle de bars-restos saisonniers sont installés sur les quais de la Moselle *(hors plan par B1).*

Glacerie italienne *(zoom,* ***32****) : à l'angle de la rue du Mersch et de la rue de Luxembourg. Tlj jusqu'à 19h.* Populaire marchand de glaces offrant une bonne sélection d'onctueux parfums.

À voir. À faire

Le centre-ville

Largement piéton, il conserve de nombreuses bâtisses médiévales, plus ou moins modifiées au fil des siècles, mais jamais totalement détruites. Au hasard des rues et des passages, on découvre également d'harmonieux ensembles de demeures XVIIIe s aux hautes toitures.

Le beffroi *(zoom)* **:** sous son immanquable clocher à bulbe, c'est une ancienne tour de guet qui a abrité l'hôtel de ville aux XVIe et XVIIe s.

Le musée de la Tour aux Puces *(zoom)* **:** *cour du Château. ☎ 03-82-82-25-52. • tourauxpuces.com • Tlj sauf lun 14h-18h. Fermé 1er janv, dim de Pâques, 1er nov, 24-26 et 31 déc. Entrée : 3,20 € ; gratuit moins de 26 ans et pour ts le 1er dim du mois.* Ce musée archéologique occupe l'ancien donjon du château des comtes de Luxembourg (XIe s), forteresse médiévale en partie détruite par des travaux ordonnés par Charles Quint en 1542. Construction insolite, à 14 côtés. Son drôle de nom vient en fait d'une mauvaise traduction du luxembourgeois *Peetz-Turm :* la tour au Puits. Elle a servi successivement de demeure au prévôt, de poudrière au XVIe s, de prison au XVIIIe s, de musée, enfin, depuis 1905. Intéressantes collections présentant les modes de vie des populations locales, de la préhistoire à la Renaissance : sépulture de l'homme de Montenach (1800 av. J.-C.), bijoux celtiques, magnifique ensemble de verrerie gallo-romaine, pierres tombales du couvent des Augustins (Moyen Âge).

L'église Saint-Maximin *(zoom)* **:** elle date de 1760. Imposante façade de style classique. À l'intérieur, superbe mobilier baroque dont un imposant maître-autel à baldaquin, et un orgue du XVIIIe s composé de quelque 3 500 tuyaux, 44 jeux et 3 claviers, provenant d'un monastère de la région.

Les avenues Albert-Ier et Charles-de-Gaulle *(plan B1-2)* **:** elles alignent une belle série d'immeubles et d'opulentes villas, reflets de la prospérité de la bourgeoisie allemande de l'époque de l'annexion (1870-1918). Style éclectique qui mélange allègrement néoroman, néogothique, néo-Renaissance, néotruc... Agréable parc Napoléon avec ses jardins à la française et sa roseraie, en bord de Moselle.

Un peu plus loin

Le groupe fortifié de Guentrange *(hors plan par A1)* **:** *route du Crève-Cœur, puis chemin du Fort. ☎ 03-82-88-12-15. • fort-guentrange.free.fr • À env 5 km au nord-ouest du centre (discrètement fléché). Visite mai-sept, mer et w-e à 15h. Entrée : 5 €. Température intérieure : 14 °C max...* Imposant ouvrage construit de 1899 à 1906 par les Allemands, dans le cadre du système de défense de la Moselle annexée. Le Kaiser Guillaume II en surveilla personnellement les travaux, avant que la France ne l'intègre à la ligne Maginot dans l'entre-deux-guerres. Conçu pour accueillir 2 000 soldats, il bénéficiait pour l'époque d'un confort et d'une technologie particulièrement avancés, à l'image du chauffage central, des énormes cuves servant à cuire les aliments des soldats, ou encore du four à pain, au plateau de cuisson monté sur rails ! Visite, par des bénévoles passionnés, des différents quartiers et de l'usine électrique qui comblera les amoureux d'architecture militaire. Et musée d'Histoire militaire dans les anciennes chambrées.

Les ponts-écluses *(plan B2)* **:** insolites ponts fortifiés à 6 arches, à l'élégante architecture. Construits en 1749 par Louis de Cormontaigne, élève de Vauban, ils avaient pour vocation première de permettre la circulation entre les 2 rives d'un canal. Leur second dessein était défensif, puisqu'ils assuraient la continuité entre les remparts, empêchant ainsi que l'ennemi ne pénètre cette trouée en se laissant porter par le courant.

DANS LES ENVIRONS DE THIONVILLE

Le château de la Grange et le jardin des Prairiales : *à* ***Manom.*** *☎ 03-82-53-85-03. • chateaudelagrange.com • À 3 km au nord de Thionville. Ouv fin avr-fin sept : juil-août, tlj 14h-18h ; le reste du temps, seulement w-e et j. fériés. Entrée jardin + château : 7,50 € ; gratuit moins de 12 ans. Visite libre. Visite guidée du château à 17h (durée : 1h).*

– *Le château :* construit au XVIIIe s sur les plans de Robert de Cotte, puis vendu à un parent du célèbre Nicolas Fouquet et aujourd'hui toujours dans la même famille. Au fil des pièces, on découvre un beau mobilier, notamment dans le salon Rouge : lit vénitien du XVIIIe s et table à gibier aux pieds en sabots d'animaux. Dans le salon Bleu au décor raffiné, portrait par Mme Vigée-Lebrun. Remarquables tapisseries des Flandres du XVIIe s évoquant la guerre de Troie. Dans la cuisine lorraine typique, un vaisselier avec de belles faïences et un grand four. La bibliothèque abrite de ravissantes céramiques et céladons de Chine et de Corée. Superbe rampe en fer forgé du grand escalier.

– *Le jardin des Prairiales :* conçu par l'architecte-paysagiste Franck Neau, il préserve l'esprit du jardin originel du XVIIIe s, tout en le dotant d'un écrin plus contemporain. Collection de buis (environ 150 espèces), qu'on découvre d'abord organisée en 3 chambres végétales, desservies par des allées de porcelaine aux carreaux rouge et bleu, qui ne sont pas sans rappeler la couleur des pièces du château. On se perdra avec légèreté au milieu des différentes familles d'herbacées avant de rejoindre les prairies jardinées, composées de graminées, de cosmos et de fragiles marguerites. De l'autre côté du château, le jardin des lys offre un élégant panaché de jaune, d'orange et de rouge. Et si vous vous demandez ce que peut bien être la bâtisse à l'architecture atypique qui accroche la vue plus haut dans les champs, sachez qu'il s'agit de la reproduction de la maison que possédait, en Algérie, un aïeul de la famille.

L'ouvrage du Hackenberg : *57920* ***Veckring.*** *☎ 03-82-82-30-08. • maginot-hackenberg.com • ♿ À env 20 km à l'est de Thionville ; bien fléché. Visites guidées seulement (2h30). D'avr à mi-nov, départs à 14h30 lun-ven ; ttes les 15 mn 14h-15h30 les w-e et j. fériés, plus sam matin à 9h30. De mi-nov à mars, mer et sam à 14h. Fermé dernière sem d'août et 1er nov. Tarif : 11 € ; réduc ; gratuit moins de 4 ans. Température de 12 °C à l'intérieur, prévoir une petite laine.*

C'est le « géant » de la ligne Maginot, ultramoderne pour l'époque, avec pas moins de 10 km de galeries et 17 blocs de combat entièrement électrifiés. Plus de 1 000 soldats et officiers pouvaient y vivre de façon totalement autonome. Époustouflante visite quand on réalise les moyens déployés et tout le travail qu'a nécessité une telle réalisation. La visite commence par les immenses magasins de stockage des munitions, les plus vastes de la ligne : on apprend ainsi des choses insolites sur les moyens d'éviter les dégâts des ondes de choc en cas d'explosion. Passé une colossale porte blindée, on pénètre dans la salle des machines et générateurs électriques (en état de marche), avant de découvrir les cuisines, les réserves, les systèmes d'aération, et la caserne qui abrite un musée : uniformes, armes de tous les camps, affiches, unes de journaux. Encore quelques reconstitutions soignées (les chambrées, le bloc opératoire, l'infirmerie), puis vient l'un des musts de la visite : la balade dans le train de munitions d'époque, pour rejoindre les blocs de combats. Démonstrations de la machinerie de la tourelle d'artillerie, toujours en état de marche, puis d'une batterie dotée d'un canon de flanquement.

Dehors, visite de la casemate B8 qui fut attaquée à tir tendu par les chars et canons américains en 1944 pour faire taire l'artillerie allemande. Des centaines d'obus furent tirés. La façade de béton semble bien entamée, mais elle ne l'est pas tant que ça si l'on mesure le déluge de feu qui s'abattit sur elle !

LA VALLÉE DE LA FENSCH

On la surnomme la vallée des « Anges ». Chantée par Bernard Lavilliers, cette vallée témoigne du riche passé industriel de la région. Elle fut le berceau de la sidérurgie lorraine et de la dynastie des Wendel depuis 1704. On y trouvait du fer, du bois, de l'eau, et le charbon n'était guère loin. Et autant que la matière, cette vallée raconte une belle aventure humaine, symbole d'un brassage des nationalités exemplaire.

HAYANGE

(57700) 15 950 hab. *Carte Moselle, A1*

En plus de serrer les rangs autour de ses derniers hauts fourneaux (avant un démantèlement annoncé...), la petite capitale de la vallée de la Fensch est un point de passage obligé pour comprendre la place importante qu'occupent l'extraction du fer et la fabrication de l'acier dans le cœur des Lorrains. Prenez donc le temps de vous y arrêter, de vous promener, par exemple, dans les anciennes cités ouvrières, pour comprendre comment était structurée la vie au début du XXe s.

LES HOMMES DU FER

Hayange existe au moins depuis l'époque mérovingienne. Des mines de fer déjà y sont exploitées. L'existence de forges est attestée ici dès le début du Moyen Âge. Mais c'est en 1704, quand un certain Jean-Martin de Wendel rachète une des forges d'Hayange, que la donne change vraiment pour la ville comme la vallée de la Fensch. Au fil des siècles, la famille de Wendel assoit son pouvoir sur la sidérurgie, et pas seulement en Lorraine : c'est au Creusot, en 1785, dans une fonderie créée par un Wendel, qu'on a utilisé du coke comme combustible pour la 1re fois, en France.

Du XIXe s au début du XXe s, la puissance économique – et politique... – de la famille de Wendel s'accroit encore : le château de Tournebride à Hayange en est un évident symbole. Elle atteint son apogée après la Première Guerre mondiale. Les de Wendel développent dans la vallée, un très classique paternalisme. On raconte ici que François de Wendel (1874-1949) connaissait quasiment le nom de tous ses ouvriers. La sidérurgie lorraine profite du plan Marshall, et, au lendemain de la Seconde Guerre mondiale, autour d'Hayange, une douzaine de hauts fourneaux illuminent l'horizon de leurs gueules rouges. Mais à la fin des années 1970, la famille de Wendel, poussée par la restructuration de la sidérurgie européenne, se voit contrainte de passer la main. La société Wendel et Cie devient Sacilor, puis Arcelor-Mittal, des noms qui, aujourd'hui, font les titres des journaux au rythme des restructurations et des conflits sociaux...

Adresse utile

ℹ ***Office de tourisme :*** *2, rue de l'Hôtel-de-Ville.* ☎ *03-82-86-65-30.* • *valdefensch-tourisme.com* • *Tlj sauf sam ap-m et dim.* Organise des visites guidées.

Où dormir ?

Où manger à Hayange et dans les environs ?

Hôtel Remotel : *75, rue de la République, 57700* ***Knutange.*** *☎ 03-82-85-19-23. • info@remotel.fr • remotel.fr • ♿ À 2 km au nord-ouest. Resto tlj sauf lun. Doubles 70-95 €. Menus 13 € (déj sem), puis 19-42 €.* Installé dans une grosse maison de maître (ancienne demeure de directeur d'usine), à côté d'un jardin public, un sympathique hôtel familial où l'on est accueilli chaleureusement. Chambres d'un honorable confort (certaines plus datées que d'autres), et cuisine de tradition, soignée comme on dit, dans une grande salle à manger à l'ancienne ou sur la petite terrasse. Bar avec billard, habitués qui jouent aux cartes et insolite collection de 6 000 mignonnettes (normal, le patron est buticulamicrophiliste).

Hôtel La Demeure de la Dame du Fer – Restaurant Le Château de Wendel : *19, rue de Wendel, à Hayange. ☎ 03-82-84-19-76 (hôtel) et 03-82-52-92-45 (resto). • ladamedufer@gmail.com • lechateaudewendel.com • Hôtel tlj sauf dim soir. Resto tlj sauf dim soir, lun, sam midi. Bar tlj sauf w-e 15h-22h. Double 90 € ; suite 130 €. Menus 28 € (déj sem)-78 €.* Rien de moins que le château de Tournebide, ancienne propriété de la famille de Wendel (dont on parle dans la rubrique « À voir »). Très grand genre, naturellement, au cœur des 4 ha de son parc où s'étale une superbe terrasse. Chambres avec de l'allure et du charme bien sûr (et à des prix finalement très raisonnables...). Salle à manger du même tonneau et, en cuisine, un chef, Meilleur ouvrier de France, qui sait tirer toute leur saveur de produits locaux bien choisis. Bar genre « lounge ».

À voir

L'église Saint-Martin : *av. du Maréchal-Foch.* Bien représentative de la puissance de la religion et des patrons au XIXe s. Édifiée en 1883, sur le modèle de l'église parisienne de la Trinité, dans un style Renaissance italienne. Imposant mobilier intérieur : la chaire, le buffet d'orgue, les bancs ciselés des fidèles, les impressionnants confessionnaux en bois sculpté... Intéressants vitraux réalisés par les ateliers Champigneulle de Bar-le-Duc. Noter surtout la 1re baie de la nef (à gauche en entrant). Représentant saint Éloi et saint Henri, elle fut offerte par les ouvriers des forges. De l'autre côté de la nef (à droite en entrant), baie de sainte Barbe et saint Théodore offerte par les mineurs de fer. Dans le vitrail du chœur, la *Charité de saint Martin* et, en médaillon, Henri et Robert de Wendel. De part et d'autre du chœur, 2 autres vitraux avec représentation de la famille de Wendel comme donateurs.

Le château de Wendel : *10, rue de... Wendel.* Construit à partir de 1720 par le 1er de Wendel. En partie démoli et reconstruit en 1935 dans le style XVIIIe s, puis à nouveau en partie rasé en 2008... Mais subsistent la superbe grille en fer forgé de l'entrée, le pigeonnier de 1767 et 2 ailes désormais reliées par un bâtiment contemporain de verre et d'acier qui abrite les services de la communauté d'agglomération.
À deux pas s'allonge l'immense bâtiment de l'ancien ***bureau central.*** Construit dans un style néoclassique dans les années 1920, il regroupait toute l'administration de l'entreprise sur 8 000 m². À l'abandon depuis les années 1980, protégé au titre des Monuments historiques, mais, sur les portes, des pancartes annoncent un « risque d'effondrement »...

Le château de Tournebride : *rue de Wendel (toujours !).* Il a été édifié en 1906 par Guy de Wendel. En 1918, on y fêta le retour de la Moselle à la France en présence de Georges Clemenceau, alors président du Conseil. Habité jusqu'en 1978 par Ségolène de Wendel, ultime représentante d'une famille qui régna sur Hayange pendant 274 ans. Il abrite désormais un hôtel-restaurant (voir « Où dormir ? Où manger... ? »).

La chapelle sépulcrale : *rue du Général-de-Gaulle.* Édifiée en 1853 en style néogothique et destinée à recevoir les défunts de la famille de Wendel. La dernière inhumation fut, en 1961, celle de Maurice, fils de Henri (celui qui domina une grande partie du XIXe s). La chapelle a depuis été déplacée du cimetière jusqu'à ce jardin public (et a été classée Monument historique).

La statue de Notre-Dame-de-Hayange : *accès fléché depuis le centre-ville.* 7 m de hauteur et un poids de 6 t. Cette vierge de fonte a été coulée dans les usines de Longwy-Rehon, inaugurée en 1904, et financée bien sûr en grande partie par la famille de Wendel. Elle est posée sur une colline à 307 m au-dessus de la ville et livre un saisissant panorama de la vallée, des usines et des hauts fourneaux.

La cité Bellevue : un exemple de cité-jardin, apparue en Angleterre, où l'accent est mis sur l'intégration dans le paysage. En effet, la cité ouvrière se posait en antithèse du quartier des grandes villes aux immeubles pleins à craquer et potentiellement générateurs d'émeutes. Mais la disposition des maisons est inversée par rapport à la cité Gargan (voir ci-dessous). Dans l'ensemble des cités du val de Fensch, une grande importance était attribuée au jardin. Ce dernier permettait aux ouvriers de cultiver un petit potager. La maison de Wendel organisait même des concours du plus beau jardin, distribuant aux locataires des brochures de conseils ! Vous l'aurez compris, la vie était très régentée, et il valait mieux respecter les règles.

La cité Gargan : la plus ancienne de la vallée. La structure de la cité rappelait la hiérarchie de l'usine ou de la mine. Ainsi, les logements réservés aux ouvriers se situaient en bas de la cité, surmontés par les maisons (jumelles ou individuelles) des contremaîtres ou porions, et enfin le « château » du directeur tout en haut. La cité a permis le doublement de la population hayangeoise en 20 ans, le nombre d'habitants passant de 2 093 en 1851 à 4 004 en 1871.

DANS LES ENVIRONS DE HAYANGE

L'écomusée des Mines de fer de Neufchef : *57700* ***Neufchef.*** *☎ 03-82-85-76-55. • musee-minesdefer-lorraine.com • À quelques km d'Hayange (suivre le fléchage). Tlj sauf lun 14h-18h ; départ dernière visite à 16h ; nov-fév, visite unique à 15h. Entrée : 8 € ; réduc ; gratuit moins de 6 ans.*
Remarquable écomusée sur l'histoire de l'extraction du fer de Lorraine, sur le site même d'une des mines les plus importantes, active jusqu'en 1997. La visite est principalement assurée par d'anciens mineurs (jusqu'à 30 ans de fond), ce qui donne aux explications, aux anecdotes et aux démonstrations, un côté vivant, passionné, porté par beaucoup d'affect et d'émotion.
Casque sur la tête, on s'enfonce dans les galeries pour une balade de 1h30, rythmée par la description du travail par métier, par poste, le tout restitué dans le contexte historique. Rien n'a bougé, tout est en l'état, dans les 12 °C et la lourde humidité régnante (ne pas oublier sa petite laine). Vous n'ignorerez plus rien de l'histoire de ces « gueules jaunes » qui sortirent 3 milliards de tonnes de minerai des entrailles de la Lorraine, plus rien des abominables conditions de travail au XIXe s, du labeur des enfants, de l'extraction au pic, du calvaire des chevaux au début (ils devenaient aveugles et poitrinaires), du maniement des explosifs, des problèmes de soutènement, de la révolution de l'air comprimé... Des technologies qui évoluent sans cesse, des machines qui réduisent la fatigue, mais qui

LA MOSELLE

augmentent aussi les rendements. Avec, à chaque fois, les engins in situ et toujours d'insolites commentaires. On ressort admiratif devant la richesse de tous ces métiers de la mine, de ces vies de mineurs...
Enfin, en complément indispensable à la visite, on découvre un excellent film d'archives, et surtout un musée de grande qualité. La 1re salle s'intéresse à la géologie du bassin et détaille la transformation du minerai (fascinante maquette d'un haut fourneau), tandis que la 2de est dédiée aux différents métiers de la mine. Collections rares de lampes de fond, maquettes de trains de mine et d'une cité minière, bureau de l'employé, etc. Pour terminer, évocation de la vie quotidienne et sociale des mineurs à travers la reconstitution de lieux emblématiques (la cuisine, le logement, le bistrot), des luttes sociales pour de meilleures conditions de travail et d'existence, et tant d'autres choses qu'on vous laisse découvrir.

L'écomusée des Mines de fer d'Aumetz : *25, rue Saint-Léger-de-Montbrillais, 57710* ***Aumetz.*** *☎ 03-82-85-76-55. • musee-minesdefer-lorraine.com • À env 17 km au nord-ouest d'Hayange. Mai-sept, tlj sauf lun et ven 14h-18h ; dernière visite à 16h30. Entrée, avec audioguide : 8 € ; réduc ; gratuit moins de 6 ans.*
C'est le complément indispensable à la visite de l'écomusée de Neufchef. On extrayait du fer dans la région depuis l'Antiquité. D'abord à ciel ouvert, puis à l'aide de puits. C'est Napoléon qui accorda le statut de mine à Aumetz, dont la production nourrissait, en 1804, 15 hauts fourneaux. Le musée se trouve sur le site de la mine de Bassompierre, qui ferma en 1983. L'extraction y commença en 1897 pendant la période allemande. Quand la mine cessa son activité, il restait pourtant encore 30 millions de tonnes exploitables, mais avec une faible teneur en fer de 32 %, elle ne pouvait plus rivaliser avec le minerai sud-africain. Aujourd'hui, Aumetz, sauvé du démantèlement par une poignée de passionnés et de bénévoles, présente toutes les installations en surface d'une mine à puits. En voici les points forts, que l'on découvre avec un audioguide après un film de présentation.
– *L'ancienne salle des compresseurs* abrite une chaîne de fabrication de la mèche lente (la dernière en Europe) et une chaîne de fabrication des cartouches à oxygène liquide. La mèche lente, plus connue sous le nom de cordon *Bickford,* servait à faire sauter l'explosif dans les veines du minerai (et servit à faire sauter les rails et autres objectifs pendant la Résistance !). Quant aux cartouches à oxygène liquide, introduites à partir de 1920, elles furent utilisées dans la mine quasiment jusqu'à la fin de l'exploitation. Les compresseurs qui alimentaient les outils et machines, toujours en état de fonctionnement, sont d'ailleurs régulièrement mis en route pour mettre les visiteurs dans l'ambiance. Gare aux décibels !
– *La machine d'extraction :* installée en 1965, elle permettait la remontée du minerai à raison de 550 t de l'heure. On peut voir aussi la cabine de pilotage des skips (cages) et son tableau de commande et de contrôle. Il y a toujours quelqu'un pour faire une petite démonstration du fonctionnement de la bête !
– *Le chevalement :* silhouette caractéristique des paysages miniers, c'est l'ultime et spectaculaire témoin des mines de fer. Celui-ci date de 1942, reconstruit par les Allemands en remplacement du chevalement détruit lors de la défaite de 1940 (pour qu'il ne tombe pas dans les mains du vainqueur). D'une hauteur de 34 m, il enjambe le puits (profond de 240 m, aujourd'hui comblé) qui assurait la navette des skips transportant le minerai et les ouvriers. En sous-sol, on accède d'ailleurs à la recette, l'espace où le personnel embarquait par groupes de 10 à 15 hommes dans les skips. Impressionnant (notamment grâce aux bruitages sonores).
– *La forge :* autant de lourd matériel soumis à de rudes efforts nécessitait beaucoup de réparations. Dans les mines, les forges assuraient un rôle très important dans la maintenance des machines.
– Enfin, possibilité de voir un V1, la sinistre bombe volante (capable d'emporter 600 kg d'explosifs) qui frappa l'Angleterre, à partir du Pas-de-Calais,

en 1944-1945. Il fut découvert dans une mine de la région. Certaines mines, comme celle de Thil, servirent d'ailleurs d'usines de montage des armes secrètes nazies. Près de 20 000 prisonniers des pays de l'Est travaillèrent dans leurs galeries souterraines (à l'abri des bombardements) dans des conditions épouvantables.

Le Parc du haut fourneau U4 : *57270* ***Uckange.*** *☎ 03-82-57-37-37. • hf-u4.com • À environ 10 km au sud-ouest d'Hayange par l'A 30, sortie Uckange. Avr-nov, tlj sauf lun et matin des mer-jeu et w-e 10h-18h30 (jusqu'à 19h de mi-juin à août). Dernière entrée 30 mn avt fermeture. Visite (audioguidée) : 3 € ; réduc ; gratuit moins de 16 ans. Visite guidée (gratuite) w-e et j. fériés à 14h15 et 16h30, plus mar à 15h en juil-août. Nocturne « Tous les soleils » de mi-juin à août, sam jusqu'à minuit.*

Ce gigantesque complexe sidérurgique était employé comme four à combustion interne, destiné à la fabrication de fonte à partir du minerai de fer, 24h/24. Spécialisé dans les fontes de moulage, il présente un équipement typique de la seconde période de l'industrialisation. On y expérimenta nombre de nouvelles techniques visant à optimiser le rendement, faisant du site d'Uckange le fleuron de l'innovation jusqu'à sa fermeture en 1991. En 2001, le bâtiment échappe à la démolition grâce à son inscription à l'inventaire des Monuments historiques. Après de nombreux travaux de mise en sécurité, U4 est rallumé en 2007 par Claude Lévêque, célèbre artiste plasticien, qui, en s'imprégnant du contexte urbain, du labeur quotidien des anciens ouvriers, offre une seconde vie au haut fourneau sous la forme d'une mise en lumière, « Tous les soleils ».

Il y a vraiment 2 angles de visite bien différents pour s'attaquer à U4. De jour, on se lance dans une approche technique et sociale du site, soit en profitant des commentaires de l'audioguide, soit en suivant d'anciens ouvriers sidérurgiques encore éprouvés d'avoir quitté leur patrie à eux. Ce moment passionnant permet une lecture simple et précise du processus de production de la fonte, en déambulant tout autour de « la bête ».

On passe d'abord à côté des entrepôts de stockage de matières premières, qui arrivaient directement par voie ferrée, et qu'on acheminait vers le haut fourneau à l'aide d'une benne Steller et d'un chevalement. On brûlait les matériaux dans la tour, garnie de 40 cm de briques réfractaires supportant jusqu'à 1 800 °C ! 3 produits étaient jetés dans le gueulard : le coke (charbon), le minerai de fer et les déchets ferreux. À savoir que 3 t de minerai, 1 t de coke et 4 t d'air étaient nécessaires à l'obtention d'une tonne de fonte, que l'on récupérait dans le creuset (base de l'édifice). Les résidus de fonte, appelés « laitiers », servaient à la construction des routes ou à la cimenterie. Le fondeur, pour sa part, ressemblait à un vrai robot futuriste avec tout son attirail de protection. C'est pour cela que, de l'Italien au Polonais, tout le monde avait la même tête ! Car pour comprendre l'impact social du haut fourneau, il faut se représenter la main-d'œuvre qui affluait, toujours plus nombreuse, des quatre coins de l'Europe pour y travailler. La solidarité n'en était que plus forte.

QUOI MA GUEULE ?

En pénétrant dans les entrailles du site du haut fourneau U4, on a l'étrange impression d'être dans un organisme humain que l'activité continue faisait respirer. D'ailleurs, l'origine du mot « gueulard », la partie du haut fourneau par laquelle s'engouffraient les matériaux avant transformation, vient de cette assimilation à un être vivant, auquel on donne à manger par la gueule.

De nuit, l'atmosphère du haut fourneau est tout autre. Autrefois condamnée, cette empreinte de la région a été ressuscitée avec authenticité et pudeur par Claude Lévêque, qui l'a érigée en véritable œuvre d'art. On est d'abord happé par la mise en relief de la structure, plantée là. Par la suite, on perçoit la subtilité des jeux de

lumière. On comprend ce rouge qui rappelle la fonte en fusion, à l'image de cette guirlande suspendue au milieu de l'ouvrage, assimilée à une coulée ; et le jaune, au sommet des cheminées et des différentes nacelles, représentant les flammes. La visite prend alors une dimension intime, et le minimalisme des tons de couleurs, transcendé par un silence de messe, renforce cette impression de faire corps, mieux, de voyager dans les entrailles de toute une époque.
En journée, on pourra également visiter le ***Jardin des Traces,*** aménagé au pied du haut fourneau, parc paysager de 4 ha. Il s'articule autour de 3 espaces : le jardin de l'alchimie, le jardin des sidérurgistes et le jardin des énergies.

RODEMACK (57570) 1 230 hab. *Carte Moselle, A1*

C'est l'un des 2 villages de Moselle classés parmi les fameux Plus Beaux Villages de France. Une petite cité charmante au rythme paisible qui contraste quelque peu avec l'histoire tumultueuse de la région. Du XIIe au XVIe s, le village appartint à la famille des seigneurs de Rodemack, puis, jusqu'à la Révolution, aux margraves de Bade. En 1815, le général Hugo (père de Victor) résista héroïquement aux 5 000 Prussiens qui assiégeaient cette « Petite Carcassonne de Lorraine ».

Adresse utile

Office de tourisme : *pl. des Baillis. ☎ 03-82-56-00-02. • tourisme-ccce.fr • Début mai-fin sept, tlj ; oct-avr, lun-ven.*

À voir. À faire

La citadelle de Rodemack : *☎ 03-82-56-00-02. Parc ouv 1er mai-30 sept, tlj 10h-17h30. GRATUIT.* À l'origine, un château médiéval (XIIe s), dont les défenses sont sérieusement renforcées aux XVe et XVIe s par les margraves de Bade. De ces époques subsistent quelques solides remparts, une porte cochère, flanquée de tours jumelles, un gros boulevard d'artillerie bordé de galeries voutées et un ancien corps de logis. AU XVIIIe s, cette citadelle est transformée en garnison pour l'armée française qui la... démolit, en grande partie, en 1821. En 1860, elle devient « la maison de campagne » d'une famille de maître de forges, qui y fait aménager un parc qui, seul, se visite aujourd'hui : les bâtiments encore existants font l'objet, depuis quelques années, d'un vaste programme de réhabilitation... À suivre.

Balade dans le village

Bien que les Prussiens aient demandé en 1821 à Louis XVIII de démanteler la citadelle et les remparts (construits à la fin du XVe s), il en reste des portions significatives (plus de 600 m). On y pénètre par la belle *porte de Sierck.* Arrivée à l'église Saint-Nicolas (de 1783). Large nef et vitraux du chœur. Place des Baillis (en face de l'office de tourisme), le « Petit Château » des margraves de Bade (1560), annexe du grand et résidence du bailli. Sur les linteaux des fenêtres donnant sur la place, leurs armoiries. Puis, par la rue Pavée, rejoignez la tour de la Prison. Un passage dans la muraille permet l'accès au croquignolet *jardin médiéval,* réplique de ceux qui existaient au Moyen Âge, avec leurs 4 espaces :

les plantes médicinales (ou jardin des simples), les plantes à condiments, les légumes et, enfin, les fleurs. Reprendre la rue du Four-Banal. Au bout, à gauche, belle demeure de 1771. Arrivée *place de la Fontaine* avec son lavoir communal joliment restauré. Devant trône un superbe *Bildstock* (minicalvaire) du XVIe s. C'est le plus ancien de la ville. Plus haut, la poste qui fut la demeure natale du général Simmer (dit le baron de Wagram), le seul, dit-on, qui eut son nom sur l'arc de triomphe de son vivant. Tout en haut du village, la chapelle Notre-Dame de 1658. Sur sa droite, autre fort beau *Bildstock* du XVIIe s. Sur le fût, les sculptures de saint Sébastien et de saint Roch qu'on invoquait contre les épidémies. Enfin, sur le chemin du retour, empruntez la *ruelle de la Forge* qui court au pied du château. Elle n'a quasiment pas été modifiée depuis les origines et vous plonge directement dans le Moyen Âge.

Manifestation

– ***Fête médiévale :*** *un w-e, fin juin.* Conteurs, troubadours, gentes dames et chevaliers en armes, nombreux étals où s'offrir une paire de poulaines ou un vieux grimoire... Très populaire, depuis plus de 40 ans.

SIERCK-LES-BAINS (57480) 1 750 hab. *Carte Moselle, B1*

À la frontière du Luxembourg, surmontée d'un des plus beaux châteaux de la région, une agréable petite cité, les pieds dans l'eau, dans une boucle de la Moselle qui se fait large ici. Beaucoup de demeures anciennes qui s'agrippent à la colline du château, reliées entre elles par d'étroites et pittoresques venelles, restées dans leur jus.

Adresse utile

Office de tourisme : *3, pl. Jean-de-Morbach. ☎ 03-82-83-74-14. • otsierck.com • Mai-sept, tlj 10h-12h, 13h-17h ; oct-avr, lun-ven 10h-12h, 14h-16h et sam (sauf janv-mars) 10h-13h.* Visites guidées de la ville sur résa. Boutique de produits du terroir.

Où dormir ? Où manger ?

Camping municipal des Tilleuls : *chemin des Tilleuls. ☎ 03-82-83-72-39. • camping@siercklesbains.fr • camping-siercklesbains.fr • À 500 m du centre-ville, de l'autre côté de la voie ferrée. Ouv de mai à mi-oct. Forfait pour 2 env 13 €. CB refusées.* Au calme en bordure de la Moselle, un petit camping simple et familial doté d'agréables emplacements semi-ombragés par des tilleuls (évidemment). Petite épicerie de dépannage.

La Vieille Porte : *8, pl. Jean-de-Morbach. ☎ 03-82-83-22-61. Tlj sauf mer et le soir lun, mar et jeu. Résa conseillée, surtout dim. Menus 16,50 € (déj sem) et 38-67,50 €. Café offert sur présentation de ce guide.* La vieille porte en question date de 1604, et l'agréable terrasse, à ses pieds, permet de constater combien elle est superbe. Comme l'est cette cuisine dans la tradition, très bien tournée, qui fait le bonheur des gens du coin et des touristes des 3 frontières. Petite salle élégante et service impeccable, sans chichis. En semaine, le menu du jour est une aubaine.

Auberge Saint-Vincent : *8, quai des Ducs-de-Lorraine. ☎ 03-82-83-71-06. • aubergesaintvincentsierck@gmail.com • Ouv le midi et sam soir (sauf lun). Formules et menu déj sem 11-17 € ; menus 25-40 €. Réduc de 5 % sur l'addition sur présentation de ce guide.* Dans un cadre fort classique, venez déguster une non moins classique, mais solide cuisine de terroir, réalisée avec un maximum de produits locaux. Grosses salades et portions généreuses. Un très grand choix, vraiment pour toutes les bourses, d'autant qu'on peut se contenter d'en-cas tout simples comme des tartines et des crêpes. Accueil très sympa et arrangeant.

Où dormir ? Où manger dans les environs ?

De bon marché à prix moyens

Hôtel-restaurant Au Val Sierckois : *3, pl. de la Mairie, 57480* ***Montenach.*** *☎ 03-82-83-85-20. • auvalsierckois@orange.fr • ♿ À 3,5 km au sud-est. Au centre du village. Resto tlj sauf lun soir et mar. Double 43 €. Formule déj sem 15,90 € ; menus 19,40-34,40 €.* Une sympathique auberge de village offrant 4 chambres toutes simples (avec douche sur le palier). Mais les habitués apprécient surtout la cuisine traditionnelle de la maison, sans chichis et copieuse.

Auberge de la Klauss : *1, route de Kirschnaumen, 57480* ***Montenach.*** *☎ 03-82-83-72-38. • la-klauss@wanadoo.fr • ♿ À env 3 km au sud-est ; sur la D 956. Tlj sauf lun. Menus 18-60 €.* Une véritable institution ! Dans sa ferme, le chef élève cochons, oies, canards, fait son propre foie gras, ses terrines, ses saucissons et n'a pas son pareil pour préparer le gibier venu des forêts proches. Du terroir de grande qualité, servi comme de juste dans une belle salle rustique, ou en terrasse. À deux pas, la cave avec de bons produits (foie gras, fuseau lorrain, vins mosellans) à emporter *(tlj sauf lun 10h-21h).*

Beaucoup plus chic

Hôtel Domaine de la Klauss – Restaurant Le K : *2, impasse du Klaussberg, 57480* ***Montenach.*** *☎ 03-82-83-19-75. • contact@domainedelaklauss.com • domainedelaklauss.com • ♿ À env 3 km au sud-est ; sur la D 956. Resto ouv le soir lun-sam. Doubles 130-145 €, suites 175-220 € selon confort et période. Menus 45-65 €.* Le *Domaine,* empire du luxe et de la volupté, version 4-étoiles. Avec sa tour tel le donjon d'un château fort, du haut de gamme à un prix certain. Alliance de pierres et de modernité pour un confort maximal dans les chambres (et les suites). Le spa de 800 m^2 offre l'excellence du bien-être. *Le K,* avec son chef qui a fréquenté des étoilés, complète l'offre de cet écrin...

Où acheter de bons produits dans les environs ?

Distillerie Liesen et Domaine du Stromberg : *21, Grande-Rue, Petite-Hettange, 57480* ***Malling.*** *☎ 03-82-50-10-15. À 6 km au sud-ouest de Sierck. Tlj sauf dim, lun mat et mar mat 9h30-12h, 14h-19h.* Depuis plus d'un siècle, la famille Leisen transforme en alcool tous les fruits qu'elle récolte. Depuis la renaissance du vignoble mosellan, elle a renoué avec passion avec la viticulture. Mention spéciale au pinot gris (3 étoiles) à la couleur or pâle, au nez puissant de poire et de coing confit, ainsi qu'à l'auxerrois pour sa fraîcheur minérale, sa superbe structure et son harmonie générale.

Le Mur du Cloître : *31, rue Principale, 57480* ***Haute-Kontz.*** *📱 06-08-09-83-49. À env 6 km à l'ouest de Sierck. Accueil sur résa.* Domaine viticole créé par Jean-Paul Paquet, complet autodidacte au départ, tombé amoureux de cette (très) jolie partie de la vallée de la Moselle. Avec son « conseiller », Gilles Didon, des acharnés du monocépage pour des vins qui nous ont bien plu (même hors AOC) !

À voir. À faire

Le château fort : ☎ *03-82-83-67-97.* ● *chateau-sierck.com* ● *Mai-sept, tlj 10h-19h (20h dim et j. fériés) ; hors saison, tlj 10h-16h (17h dim et j. fériés). Congés : déc-fév. Entrée : 5 € ; réduc. Pass avec le château de Malbrouck : 6 €. Nombreuses animations médiévales en saison et* escape game.
Il a fière allure, ce puissant château médiéval, l'un des rares de l'Est à avoir conservé quasiment toutes ses structures (casemates, bastions, souterrains), à part la résidence ducale démolie au XVIIe s. Édifié au XIe s sur l'emplacement d'un ancien fort gallo-romain, il verrouillait la route du Rhin par la vallée de la Moselle et n'a pas été épargné par la guerre : assiégé par le Grand Condé en 1643, pris en 1745 par Charles le Téméraire... À ses pieds, en 1705, le duc de Marlborough (le fameux « Malbrouck s'en va-t-en guerre ») dut battre en retraite devant le maréchal de Villars. Le château fut définitivement désaffecté en 1866.
La visite permet de pénétrer dans différentes tours et de se balader le long du chemin de ronde au gré de pittoresques volées de marches. Belles perspectives, ici ou là, sur la vallée de la Moselle. Aux $^{3}/_{4}$ du parcours, petite diversion par une rampe de liaison pour de mystérieux escaliers et couloirs souterrains, jusqu'à la « salle des tortures ». Les enfants adorent ! Sinon, hormis quelques armes disséminées ici ou là, ce château est superbement vide...

L'église de la Nativité : *rue de la Tour-de-l'Horloge (au centre).* La sacristie date du XIIIe s, le reste du XVe s. Voûte en berceau qui repose directement sur des murs sans contreforts (petit exploit). Les 6 colonnes sur les côtés (assez incongrues) ne servent à rien et furent rajoutées au XIXe s pour encadrer le nouveau chemin de croix. Originales cloches-bénitiers. En haut de la nef à droite, noter le beau portail du XVIIe s ainsi qu'un maître-autel du XVIIIe s de style baroque (provenant tous deux de la chartreuse de Rettel). Belle chaire à prêcher en bois sculpté de 1753.

DANS LES ENVIRONS DE SIERCK-LES-BAINS

Le château de Malbrouck : *à* **Manderen.** ☎ *03-87-35-03-87.* ● *chateau-malbrouck.com* ● *Mars-nov, mar-ven 10h-17h (18h juil-août), w-e et j. fériés (sauf 1er mai) 10h-18h. Entrée : 7 € ; gratuit moins de 16 ans. Pass avec le château de Sierck-les-Bains : 8 €. Site Moselle Passion.* Escape game. Isolé dans un bel environnement, un séduisant château du XVe s, superbement restauré. Comme Sierck, c'est un château de frontière dont s'empara le duc de Marlborough en 1705, au moment de la guerre de Succession d'Espagne. Il en fit son QG dans le but de s'emparer dans la foulée de celui de Sierck, mais échoua et fut contraint de fuir les troupes du maréchal Villars. D'où ce célèbre refrain se moquant de lui, « Malbrouk s'en va-t-en guerre... ». Les différentes salles accueillent désormais de passionnantes expositions temporaires autour de la bande dessinée, ainsi que quelques sections permanentes sur l'histoire mouvementée du château. Quant à l'ancienne cuisine... c'est un café !

LE PAYS DE NIED

Berceau de tradition, ce pays d'eau et de contrées mystérieuses sait raviver les coutumes d'antan à travers des villages aux vieilles demeures, de charmantes églises rurales et des chemins de croix à l'aura particulière. Ici, le patrimoine est vivant, et de nombreuses manifestations locales rythment

chaque année le quotidien d'un peuple chaleureux et pas morose ! Pour preuve, on y parle encore le *platt* (francique mosellan), qui remonte au IIIe s de notre ère !

BOUZONVILLE (57230)

Au cœur de cette gentille bourgade se dresse la belle ***abbatiale Sainte-Croix,*** fondée par les bénédictins en 1033. Une des rares églises gothiques de la région, et qui a frôlé la ruine totale à maintes reprises ! Plusieurs fois ravagée et pillée pendant les guerres du XVIIe s, la tourmente de la Révolution en fait un temple de la Raison, puis une grange à foin et une forge. Plus près de nous, les hostilités de la dernière guerre mondiale l'ont laissée sans toiture ni vitraux. Mais l'abbatiale a toujours ressuscité, et l'on peut y admirer un imposant chevet à 2 tourelles, lui donnant une allure fortifiée, et un clocher à bulbe. À l'intérieur, on remarque l'absence de transept : l'accès au chœur se fait directement par la nef centrale. En levant la tête, remarquez les clefs de voûte aux scènes finement taillées dans la pierre, représentant dans le chœur le Christ en croix entre le père abbé de Bouzonville et un moine, ou encore l'agneau pascal tenant l'étendard de la résurrection, dans la nef centrale. Enfin, ne passez pas à côté de l'orgue, construit par la manufacture Marc Garnier, en 1979, et les stalles en chêne sculpté du XVIe s.

Où manger dans les environs ?

Le Relais Campagnard : *33, rue Bernanos, 57320* ***Vaudreching.*** *☎ 03-87-78-35-93. À 1,5 km au sud-ouest de Bouzonville. Tlj sauf dim soir, lun soir, mer, sam midi et le soir des j. fériés. Planche campagnarde (sauf dim) 15,50 € ; menus 17,50 € (en sem), puis 27,50-35 €. Sept-mars, moules-frites et tartes flambées ts les soirs. Nombreuses soirées à thème tte l'année.* Le resto de village comme on les aime. Immense salle à manger à l'ancienne, pour profiter d'une bonne cuisine traditionnelle servie généreusement. Délicieuses spécialités, comme le croustillant de pied de porc aux morilles.

À voir dans les environs

La Maison lorraine : *8, pl. de la Fontaine, 57320* ***Oberdorff.*** *☎ 03-87-78-43-67. À 5,5 km au sud-est de Bouzonville. Mai-oct, dim et j. fériés 14h-18h, plus sam en juil-août ; le reste de l'année, sur rdv. Entrée : 4,50 € ; réduc ; gratuit moins de 10 ans.* Un séduisant petit musée des Arts et Traditions populaires né de la passion de Mme Stallknecht pour le patrimoine régional. Dans toutes les pièces du rez-de-chaussée d'une ancienne ferme du XVe s, typique de la région, ainsi que dans les dépendances, elle a exposé nombre d'objets domestiques, ustensiles divers, objets d'art (ravissantes peintures sous-verre) et une impressionnante collection de bénitiers et verres moulés. Superbes faïences de Lorraine et poupées de porcelaine également. Très pittoresque cuisine avec son pilier de pierre et son plafond voûté. Mais arrêtons-nous là pour ne pas priver cette conservatrice hors pair du plaisir de vous faire découvrir toutes les petites et grandes choses qu'elle a dénichées depuis tant d'années.

La Vieille maison 1710 : *10, rue de l'Église, 57220* ***Gomelange.*** *☎ 03-87-35-74-48. • vieillemaison.free.fr • À env 10 km au sud-ouest de Bouzonville. Ouv de mi-juin à fin sept, dim 14h-18h. Entrée : 3,50 € ; réduc ; gratuit moins de 12 ans.* Construite, comme son nom l'indique, en 1710, cette maison paysanne a été restaurée dans le respect des techniques de construction d'autrefois. On y pénètre par la porte d'origine, pour s'engouffrer dans un long couloir qui dessert toutes les

pièces. Véritable petit musée des us et coutumes du XVIIIe s : vous déambulerez ainsi dans la « pièce borgne », après vous être baissé devant la croix grecque, pour découvrir la cheminée et le four à pain, d'où l'on récupérait les cendres pour la lessive et l'engrais. Ensuite, place à « la belle pièce », que l'on octroyait au doyen de la maison. Superbes meubles d'époque, à l'image du vaisselier, du coffre-fort et de l'armoire lorraine, pour le beau linge. Nombre de petits trésors à découvrir également dans la « Kâma », la pièce à vivre, dont un prototype de Cocotte-Minute, un pétrin à pain et un moulin à graines de lin, plébiscitées pour faire des cataplasmes !
Les 2 dernières pièces, auxquelles on accède par l'escalier d'origine (bien raide), sont les chambres à coucher. Une pour les parents et les nourrissons, décorée d'une impressionnante collection de bouillottes, d'un rare moule à hostie et d'un petit autel qui servait de jouet pieux aux petits garçons ! En passant dans l'autre chambre, jetez un œil à la remise pour les aliments, qui se trouve ingénieusement dans la continuité de la cheminée, afin que ces derniers restent au sec. Fallait y penser... La chambre, quant à elle, était destinée aux enfants et accueille une collection de linges et de dentelles.

Le château Saint-Sixte : *57320* ***Freistroff.*** *☎ 03-87-57-96-66. 06-84-65-89-48. • chateausaintsixte.fr • À 6 km à l'ouest de Bouzonville. Avr-oct, visite libre mar, mer et jeu 14h-17h : 2,50 € ; visite guidée w-e et j. fériés, 15h-16h : 5 € ; réduc. « Domaine Irrésixtible » dim et j. fériés 10h-19h : 10 € à partir de 4 ans.*
La visite commence avec une balade en pleine nature, au long d'une passerelle en bois jalonnée de panneaux dans un entrelacs de bosquets et de points d'eau, avant d'apercevoir, du haut d'un belvédère au-dessus de la rivière, le château.
La façade paraît d'abord un peu fade, peu représentative de l'idée qu'on se fait d'une demeure Renaissance. Et pour cause, la bâtisse originelle était en fait une ferme, datant du XIIe s, sur laquelle se sont greffés par la suite des murs d'enceinte. Une ferme fortifiée... pourquoi ? Pour que les grands propriétaires messins puissent y abriter leurs richesses agricoles.
C'est donc en entrant dans la cour que ce château surprenant se révèle. Le plan ovale à 6 corps juxtaposés, couverts de hauts toits de tuiles en écailles et en ardoise, nous projette dans un autre monde, où damoiseaux et troubadours ne sont pas loin. Les 3 tourelles d'angle, dont une aux fenêtres rampantes (comme à Blois), abritent des escaliers qui desservaient les différents corps de logis aux pittoresques façades ornées de grès rose et de marbres gypseux. Le rez-de-chaussée, bien conservé, propose des salles fort intéressantes, comme l'écurie du XIIe s. Petit voyage à travers les époques : d'une cuisine médiévale dotée d'un joli four à pain, on passe à une salle à manger du XVe s habillée de poutres à solives et d'une cheminée, avant de déboucher sur une pièce du XVIIIe s où le seigneur rendait la justice.
La visite est dispensée par des passionnés, pas avares d'anecdotes. Et les enfants vont se régaler avec une chasse au trésor dans le château et le *domaine Irrésixtible* dans le parc avec minigolf, labyrinthe de maïs, course en sac ou sentier pieds nus !
– ***Le Festival des betteraves grimaçantes*** *(Rommelbootzen Naacht)* **:** *4 j. fin oct, 16h-20h30, au château Saint-Sixte. Payant. Résa indispensable.* Une tradition lorraine bien antérieure à Halloween ! Dans les salles et les granges, aménagées pour l'occasion en lieux de spectacles, se succèdent des troupes de théâtre et des conteurs en costume d'époque. Visite du château et balade dans le parc à la nuit tombée. De quoi se ménager quelques frayeurs !

BOULAY-MOSELLE (57220)

Gros bourg avec un peu de caractère. Dans les petites rues du centre, quelques maisons des XVIe et XVIIe s et Boulay conserve encore 2 tours, vestiges des remparts démolis au XVIIe s. On s'y arrêtera surtout pour l'***église-grange***

Saint-Étienne en grès rouge de 1782. Fonts baptismaux de 1518, « siège du bourreau », et un fort beau buffet d'orgue de 1725 provenant d'une abbaye et figurant parmi les plus belles pièces de Lorraine.

Où dormir ? Où manger dans les environs ?

Chambres d'hôtes Les Chambres de la Nied : *25, rue du Pont-de-Nied, Pontigny, 57220* ***Condé-Northen.*** *06-14-35-84-11. • s.michel195@aliceadsl.fr • À 7,5 km au sud-ouest de Boulay ; à la sortie du village, vers Metz. Doubles 63-89 €.* Grande maison de village soigneusement restaurée avec agréable salon et jardin à la disposition des hôtes (les proprios habitent à côté). À l'étage, une poignée de chambres thématiques, aux couleurs harmonieuses, de bon confort, avec terrasse pour certaines. Une adresse chaleureuse, très prisée dans ce secteur où elles n'abondent pas.

Hôtel La Grange de Condé : *41, rue des Deux-Nieds, 57220* ***Condé-Northen.*** *☎ 03-87-79-30-50. • lagrangedeconde@wanadoo.fr • lagrangedeconde.com • À 7 km au sud-ouest de Boulay ; dans le village. Double 135 € ; suites beaucoup plus chères... Formule déj sem 11,50 € ; menus 25-59 €.* Une adresse un brin chic, élégante et pleine de charme. L'ancienne grange familiale, rénovée et agrandie, rayonne de la chaleur de ses boiseries et de ses fresques murales. Chambres au calme feutré, spacieuses et tout confort. Côté resto, de belles spécialités du terroir bien réalisées et des viandes cuites à la broche. Prestigieuse carte des vins et noble cave à cigares bien fournie. Une sympathique séquence gastronomique qui, aux beaux jours, se déroule en terrasse. Piscine chauffée et spa. Accueil aux petits oignons.

Chambres d'hôtes Domaine de Godchure : *rue principale, 57640* ***Saint-Hubert.*** *☎ 03-87-77-03-96. • godchure@wanadoo.fr • godchure.com • À env 20 km à l'ouest de Boulay. Doubles et suites 100-135 €.* Au milieu des champs, dans une belle bâtisse de caractère tenue par un couple charmant, des chambres contemporaines à la décoration épurée qui jouent sur les tonalités parme, ivoire et chocolat en toute harmonie. Fleurs, bougies et joli mobilier sont savamment mis en scène pour des nuits paisibles aux rêves champêtres. Salle à manger conviviale où les gourmandises maison vous attendent pour le petit déj. Spa et sauna (en supplément).

Où acheter de bonnes spécialités ?

Macarons de Boulay : *13, rue de Saint-Avold. ☎ 03-87-79-11-22. • macaronsdeboulay.com • Lun 14h-19h ; mar-sam 8h30-12h15, 14h-19h ; dim 9h-12h.* Étape obligatoire pour tout gourmet qui se respecte ! Le général de Gaulle, le roi George VI ou l'empereur Guillaume II y ont d'ailleurs succombé... Véritable emblème de la ville depuis 1854, le macaron dressé à la cuillère en argent est un savant mélange d'amandes fraîches, de sucre et de blancs d'œufs qui, une fois en bouche, offre un moelleux sans pareil. Mais vous vous doutez bien qu'il y a un petit quelque chose en plus dans la recette, qui restera bien sûr secret. De surcroît, belle boutique à l'ancienne et excellent accueil.

LE PAYS DE ROSSELLE

C'est l'ancien bassin houiller, qui n'a aucunement l'intention de renier ou d'occulter son passé. Bien au contraire, il en est très fier. À juste titre, le charbon lorrain a participé à la grande aventure industrielle de la France et réchauffé bien des corps et des cœurs.

SAINT-AVOLD

(57502) 15 860 hab. *Carte Moselle, B2*

C'est un moine irlandais, Fridolin de son prénom, qui, en 509, trouve à son goût ce petit coin cerné de belles forêts. Il y installe un oratoire, suivi en 720 par la création d'une abbaye. En 765, Chrodegang, ministre de Charles Martel et Pépin le Bref, rapporte de Rome les reliques de saint Nabor (le nom de Saint-Avold en est une déformation) et la ville prend son envol. Quelques monuments témoignent encore de ce passé religieux dans cette petite ville pas désagréable, commerçante depuis le Moyen Âge et toujours industrielle (la pétrochimie a succédé au charbon).

Adresse utile

Office de tourisme : *28, rue des Américains. ☎ 03-87-91-30-19. • tourisme-saint-avold.fr • Lun-ven 9h30-12h, 13h30-18h ; sam (mai-sept) 10h-12h30, 13h30-17h.* Visites guidées de la ville, du cimetière américain et sorties pédestres (sur résa).

Où dormir ? Où manger ?

Camping

Le Felsberg : *rue en-Verrerie. ☎ 03-87-92-75-05. • cis.stavold@wanadoo.fr • camping.mairie-saint-avold.fr • À 2 km au nord du centre-ville ; bien fléché. Ouv tte l'année. Forfait pour 2 env 14 €. Loc de chambres 30-33 €/nuit, familiale 43 € ; chalets 3-6 pers 280 €/sem.* Tout petit camping posé sur la verdoyante colline du Felsberg. Bien ombragé donc et confortable. Des chalets en sous-bois également et des chambres dans le Centre international de séjour. Sanitaires modernes très propres. Barbecue. Bar et resto en saison. Coin tente équipé de tables de pique-nique. Pour s'occuper : tennis de table, volley, basket, pétanque, VTT (location sur place).

De bon marché à prix moyens

Hôtel de Paris : *45, rue Hirschauer. ☎ 03-87-92-19-52. • hoteldeparis57@wanadoo.fr • hotel-st-avold.fr • Resto tlj sauf soir w-e. Double 75 €. Menus 14,80 € (déj sem), puis 16 € (sauf dim) et 25-36 €.* De prime abord, l'hôtel classique de ville moyenne. Mais tous n'abritent pas également une grande boulangerie-pâtisserie-salon de thé ! Et tous ne sont pas installés dans l'ancienne résidence des comtes de Créhange au XVIe s. Comme ils étaient protestants et que c'était mal vu à l'époque, ils se firent construire, pour pratiquer, une petite chapelle cachée au fond de la cour intérieure. La cour comme la chapelle (dans le style gothique flamboyant) accueille depuis la salle du resto. Cuisine de tradition. Chambres modernes impeccables et fonctionnelles. Accueil très sympathique.

Il Barista Matto : *4, pl. de la Victoire. ☎ 03-87-90-09-47. Tlj sauf dim 8h (10h sam)-20h ; resto ouv au déj seulement. Carte env 25 €.* Cette pimpante brasserie italienne au cadre contemporain est l'adresse branchée de la ville. L'ambiance est conviviale, le service jeune et dynamique, et la cuisine toute simple mais fraîche et réjouissante. En terrasse sur la place, en salle à l'étage, ou perchés sur de hauts tabourets au comptoir, les habitués sont légion à faire un sort aux plats du jour (pas plus de 4 ou 5 à l'ardoise), du genre risotto, pâtes, salades composées, ou poisson du moment..

La Bâtisse : *1, passage des Poilus. ☎ 03-87-29-92-04. • labatisse@orange.fr • À peine à l'écart du centre.*

Tlj sauf mer, sam midi et dim soir. Formule et menu déj sem 13-15 € ; autres menus 27-43 €. Résa conseillée. Cette vieille bâtisse (facile !) du XIXe s abrite une agréable petite salle contemporaine et un chef qui travaille joliment une cuisine de tradition, au gré du marché. Excellent accueil, service charmant.

Chic

Chambres d'hôtes Le Domaine du Moulin : *13, rue de la Vallée, Dourd'hal. ☎ 03-87-92-55-15. • domaine.du.moulin@free.fr • domainedumoulin.net • À 3,5 km à l'ouest du centre-ville. Tte l'année. Double 120 €. Repas 20 €.* Dans un hameau, déjà à la campagne, et sur l'emplacement d'un ancien moulin. Difficile de deviner que cette maison d'hôtes est de construction récente. Faite à partir de matériaux récupérés dans des châteaux et des presbytères, elle propose des chambres confortables, au charme de l'ancien. Salle à manger rustico-chic pour une table gourmande à base de produits naturels. Piscine chauffée en saison et (en sus) sauna et spa dans d'originaux chalets de trappeurs finlandais dans le jardin.

Où dormir ? Où manger dans les environs ?

Hôtel Aster – Restaurant Au Creux des Bois : *2, impasse Beaurivage, 57150* ***Creutzwald.*** *☎ 03-87-93-06-94. • hotel-aster@orange.fr • hotel-aster.com • ♿ À env 12 km au nord de Saint-Avold. Resto tlj sauf w-e (sauf groupes). Doubles 77-90 €. Formule et menu 12-14 €.* Un hôtel de construction récente, à l'architecture qui n'est pas des plus emballante mais entouré par la forêt et à deux pas du joli petit lac de Creutzwald. Les chambres sont contemporaines, plaisantes et vraiment confortables. La cuisine est toute simple mais savoureuse. Et toute l'équipe est très accueillante. Salle fitness et sauna.

Maison Goujon : *3, pl. Monroe, 57380* ***Faulquemont.*** *☎ 03-87-82-20-22. À 15 km au sud-ouest de Saint-Avold. Au centre du bourg, vers l'église. Tlj sauf sam midi, dim soir et lun. Formule et menu déj sem 23-26 € ; autres menus 31-42 €.* Discrète adresse, sur une place du centre ancien du village. Jolie salle contemporaine pour une fraîche et vive cuisine, de tradition mais nourrie de quelques belles idées d'aujourd'hui. Service plein d'attentions.

À voir

L'abbatiale Saint-Nabor : *rue du Général-de-Gaulle. Tlj 7h30-18h (19h en été).* En grès rose et en forme d'église-halle. Totalement reconstruite au XVIIIe s. Élégants clochers à bulbe. À l'intérieur, beau buffet d'orgue, remarquable *Mise au tombeau* de 1500 avec des personnages habillés à la mode du XVIe s, retable de la Vierge du XVe s, vitraux d'Arthur Schouler (1969-1971), calvaire de 1624, stalles et *Crucifixion* du XIXe s, toile de Jean-André Rixens dans le chœur...

Le cimetière américain : *av. de Fayetteville ☎ 03-87-92-07-32. À env 2 km au nord du centre ; fléché. Tlj 9h-17h. Fermé 1er janv et 25 déc.* Avec 10 487 tombes de soldats tombés dans les batailles frontalières, c'est le plus grand cimetière américain de la Seconde Guerre mondiale en Europe. Impressionnants alignements de sépultures, chapelle mémorial, belvédère, mur des disparus.

Manifestation

– **Les Jardins d'Henriette :** *le dernier w-e d'août.* Moment de détente au milieu d'expositions de fleurs, de fruits, d'artisanat, d'animations musicales... Que du naturel !

DANS LES ENVIRONS DE SAINT-AVOLD

Hombourg-Haut *(57470) : à 7 km au nord-est.* Très joli village, encore fortifié, dominant la vallée de la Rosselle depuis son éperon rocheux. Bordée de maisons lorraines traditionnelles, la rue principale grimpe vers la *collégiale Saint-Étienne* de style gothique (XIIIe et XVe s). Dans le chœur, crucifix en pierre du XVe s. Derrière l'église, superbe vue sur la vallée depuis les ruines du château. On peut suivre ensuite le bucolique chemin du Pastorat, pour gagner en 15 mn (et quelques raides escaliers) la *chapelle Sainte-Catherine* du XIIIe s. Joli coin, jolie vue là encore.

FORBACH

(57600) 22 000 hab. *Carte Moselle, C2*

Capitale du bassin houiller au riche passé industriel, cette ville à échelle humaine et au centre-ville plutôt agréable se laisse découvrir sans complexe, balisée par les vestiges du château du Schlossberg, sa tour et son joli parc, et par de nombreux lieux de culte riches en histoires. D'ailleurs, en parlant de culte mais non religieux, sachez que la chanteuse Patricia Kaas est née ici.

Adresses et infos utiles

Office de tourisme : *château Barrabino, av. Saint-Rémy. ☎ 03-87-85-02-43. • paysdeforbach.com • Lun-ven 9h-18h, sam 9h-12h (plus 14h-17h avr-oct).* Dans un beau château du XVIIIe s. Organise toute l'année d'intéressantes visites commentées, comme le Forbach historique, et des circuits thématiques (le charbon et l'histoire, le charbon et l'acier, la route du feu, etc.). Expo temporaire dans l'arrière-salle. Location de vélos électriques. Annexes au **parc Explor Wendel** *(tlj sauf lun 9h30-12h, 13h30-18h)* et au **château du Schlossberg** *(voir plus loin).*

Gare SNCF : TGV pour Paris, et nombreuses liaisons TER pour **Metz** (50 mn) et **Sarrebruck** (9 mn).

Gare routière : *infos voyageurs au ☎ 03-87-84-74-74.* Bus *Les Courriers Mosellans* vers Metz, Sarreguemines, Saint-Avold, Freyming...

Forbus : *pl. Robert-Schuman. ☎ 03-87-84-74-74.* Bus urbains sur l'ensemble de l'agglomération, plus une ligne transfrontalière vers Sarrebruck et navette à la demande.

Où dormir ? Où manger ?

Très bon marché

Chalet Les Mélèzes : *rue Joseph-Ritter. ☎ 03-87-87-36-06. Tte l'année, sur résa seulement. Lit en dortoir 10 €/nuit ; draps 6 €. CB refusées. Réduc de 10 % sur le prix de la chambre sur présentation de ce guide.* Bienvenue chez « Les Amis de la nature » ! Cette sympathique association gère ce petit chalet tout simple construit par des mineurs dans les années 1950, sur les hauteurs de Forbach, d'un calme sans égal, au milieu de la forêt. Une vingtaine de places réparties en dortoirs de 10 lits et chambres pour 2 à 4 personnes à l'ambiance auberge de jeunesse. Cuisine équipée.

Prix moyens

Hôtel Le Pigeon Blanc : *42, rue Nationale. ☎ 03-87-85-23-05. 06-16-*

10-07-55. • hotel.pigeonblanc@free.fr • hotel-pigeonblanc.com • ♿ Tlj sauf dim exceptionnellement. Double 75 €. Parking. Tranquille petite résidence hôtelière (il y a des studios et apparts loués au mois) à l'ambiance plutôt zen. Un petit effort de déco dans des chambres confortables et bien tenues. Certaines sont plus spacieuses que les autres, mais toutes disposent d'un coin cuisine et d'un balcon sur la cour intérieure.

Au Vieux Strasbourg : *59, rue Poincaré. ☎ 03-87-13-17-98. • curvieuxstrasbourg@wanadoo.fr • Tlj sauf mar soir et mer. Formule et menus 12,80-15,50 € (déj sem), puis 20-25 €. Apéritif maison offert sur présentation de ce guide.* Une *winstub* à l'alsacienne comme on les aime, avec son décor chaleureux, ses nappes à carreaux, ses joyeuses familles, son service alerte et souriant. Plats traditionnels simples et convenables servis avec une réjouissante générosité : tartes flambées, choucroute... En prime, des prix fort raisonnables.

Le Schlossberg : *13, rue du Parc. ☎ 03-87-87-88-26. • contact@restaurantleschlossberg.com • Tlj sauf mer et dim soir. Menus 22 € (déj sem) puis 34-58 €.* La table recommandée par les locaux, joliment installée dans une aile du Burghof, ferme du XIXe s au pied de la colline du château. En cuisine, de beaux produits, bien travaillés, dans la tradition mais avec un ton plutôt moderne. Service qui arrive à se détendre. Petite terrasse avec vue sur l'inévitable tour du Schlossberg.

Où dormir ? Où manger dans les environs ?

Hôtel La Table Alsacienne : *9, av. Saint-Jean, 57450* ***Farébersviller.*** *☎ 03-87-89-12-01. • contact@latablealsacienne.com • latablealsacienne.com • À env 10 km au sud de Forbach. Resto tlj sauf lun, sam midi, et le soir des dim et j. fériés. Congés : 1 sem début mai, 3 sem en août. Double 84 €. Formules et menus 11,90-14,50 € (déj sem), puis 22,70-35,80 €. Réduc de 10 % sur le prix de la chambre et café offert au resto sur présentation de ce guide.* Dans la partie de Farébersviller qui ressemble encore à un village, une chaleureuse adresse, idéale pour rayonner dans le coin. Bonne cuisine traditionnelle et recettes de grand-mère que le chef concocte patiemment : bouchées à la reine, délicieuses et servies en format XXL, *flammekueches* cuites au feu de bois, baba au rhum géant. Côté vins, la sélection au verre est soignée. Le tout est servi dans une salle rustico-alsacienne conviviale. Rassasié, vous pourrez aller dormir dans l'une des 8 chambres très confortables, rénovées dans un style contemporain sobre et agréable (belles salles de bains, et même une balnéo pour la suite). Accueil éminemment sympathique.

Chambres d'hôtes Les Hirondelles : *6, rue de Forbach, 57600* ***Gaubiving.*** *☎ 03-87-87-79-23. • chambre.hote.hirondelles@orange.fr • gite-les-hirondelles.fr • ♿ À env 6 km au sud-est de Forbach. Double 68 €.* Dans une vieille ferme du XVIIe s, 5 chambres thématiques joliment restaurées avec des matériaux de récupération. Certaines ont une baignoire balnéo, d'autres une terrasse, toutes offrent de l'espace, du confort et du charme. Le petit déj est servi dans les anciennes écuries, face à la cheminée. Accueil chaleureux du couple de proprios, agriculteurs, qui habite la maison mitoyenne.

À l'Étang : *386, rue de Forbach, 57600* ***Œting.*** *☎ 03-87-87-33-85. • restaurant.aletang@orange.fr • ♿ À env 5 km au sud-est ; bien fléché dans le village. Tlj sauf mar soir, mer et dim soir. Menus 14 € (déj sem), puis 25-40 €. Café offert sur présentation de ce guide.* En contrebas d'un sympathique village, un agréable resto dans une imposante maison au décor rustique. Un peu loin de tout, fréquenté principalement par des habitués qui apprécient cette cuisine de tradition, travaillée avec sérieux. Terrasse ombragée et paisible près d'un étang (forcément !).

À voir

Le château et la tour du Schlossberg : *accès par la rue du Parc. ☎ 03-87-85-02-43 (office de tourisme). De mi-avr à mi-oct, mer, w-e et j. fériés 14h-18h (plus jeu-ven 15h-18h de mi-juin à mi-sept). Entrée : 3 € ; réduc ; gratuit moins de 6 ans.*
L'origine du château remonte au XIIIe s. Les propriétaires successifs s'efforcent de le renforcer et de l'agrandir, mais la guerre de Trente Ans est cruelle et dévaste une grosse partie de la place forte. Et Richelieu en rajoute une couche, en ordonnant sa démolition totale en 1634 ! Qu'à cela ne tienne, Gustave Adt se charge de lui rendre ses lettres de noblesse. L'industriel devient propriétaire de toute la colline et fait élever, en 1891, la tour octogonale de 27 m qui est désormais l'emblème de Forbach. On accède au parc du château via la ferme du château *(Burghof)*, créée à la demande de Gustav Adt en 1900, très néo-médiévale. Petite grimpette à travers le joli parc jusqu'aux ruines du donjon et la petite salle des chevaliers, qui abrite aujourd'hui une courte expo sur le château, la famille Adt, le passé industriel de Forbach, ainsi que quelques vitrines renfermant des objets découverts lors des fouilles.
Puis, après avoir gravi les 118 marches de la tour, on profite d'un panorama époustouflant sur tous les environs : vestiges de l'ère minière, dont les 2 chevalements du carreau Simon (l'un est le plus ancien du bassin houiller lorrain). Belle vue d'ensemble également de la cité du Wiesberg, réalisée par Émile Aillaud, élève de Le Corbusier. Cette cité en forme de fleur est la reproduction de celle de Nanterre, avec la même structure de bâtiments-pétales qui se déploient autour de l'église en son centre.

La chapelle Sainte-Croix : *10, chemin de la Chapelle-Sainte-Croix, à 2 km à l'est du centre ; accès à pied (5 mn) depuis le petit parking. Tlj 10h-19h.* L'architecture de cette chapelle accrochée au flanc de la colline du Kreuzberg interpelle : très « tour carrée », elle ne rappelle pas un édifice religieux mais plutôt un refuge, apte à la défense. On ignore encore aujourd'hui ses origines (hormis la légende de sa création). Dans la nef, admirable pilier central, d'où rayonne un réseau de 8 nervures supportant une voûte séculaire. Le chœur abrite la sépulture d'Alice de Werde, comtesse de Réchicourt au XIIIe s. La tombe fut découverte en 1978, contenant des ossements étrangers outre ceux d'une femme... Alice aurait-elle été enterrée avec ses défunts prétendants ? Enfin, prenez le temps de regarder les statues en bois du XVIIIe s, éparpillées un peu partout dans l'église. On les a retrouvées cachées dans le remplissage de l'ancienne porte d'entrée ; usage courant lors de la Révolution lorsque les révolutionnaires détruisaient tout signe de Dieu sur leur passage.
La chapelle abrite un ermitage toujours habité par des sœurs, qui se feront un plaisir de vous renseigner.

C'EST MALIN !

Selon la légende, la belle Alice de Werde était éprise de 2 hommes en même temps et ne parvenait pas à choisir. Les chevaliers jouèrent donc leur amour dans un duel qui fut fatal à tous les 2. Le cœur déchiré par les remords, la malheureuse s'enfuit de son palais et vint trouver refuge sur la colline... où elle fit construire la chapelle Sainte-Croix.

Fêtes

- **Les Estivales du Schloss :** *en juil-août.* Concerts et autres spectacles dans le parc du château du Schlossberg. Et fête des Métiers en juillet.
- **Grand défilé de Saint-Nicolas :** *le 2e dim de l'Avent, dans les rues de la ville.*

– ***La course des pères et mères Noël :*** *le 3e dim après la Saint-Nicolas.* Joyeuse (voire folle) ambiance en ville. Une course en costume de Père Noël ! Les habits sont prêtés par les organisateurs, et les enfants sont en elfes.

DANS LES ENVIRONS DE FORBACH

Le parc Explor Wendel : *rue du Lieutenant-Joseph-Nau, 57540* ***Petite-Rosselle.*** *☎ 03-87-87-08-54. • musee-les-mineurs.fr • À 8 km au nord-ouest de Forbach ; très bien fléché. Tlj sauf lun et certains j. fériés 9h-18h (dernière entrée 16h pour la mine, 17h pour. Le musée). Entrée : 8 € pour « Les Mineurs Wendel » ou « La Mine Wendel » et 12 € pour le combiné ; réduc ; gratuit moins de 6 ans. Durée de la visite : 3h pour l'ensemble du parcours (ou 1h30 pour la mine et 1h30-2h pour le musée) ; visite guidée possible à 11h, 14h, 16h. Cafétéria et espace pique-nique.*

C'est tout simplement le plus grand site minier de France, et le seul à être complet ! On y a exploité le charbon de 1856 à 1986, et, à sa plus florissante époque, le site employait quelque 5 000 mineurs.

– ***Le parcours extérieur :*** impossible de rester indifférent à la vision de cet ancien carreau de mine. Les nombreux bâtiments et chevalements, noyés dans une marée de rails, forment un impressionnant paysage, symbole de l'industrie lourde des XIXe et XXe s, immense et émouvant témoignage du travail des hommes. Le chevalement métallique du puits Vuillemin 2, qui se dresse fièrement à l'entrée du site, est le plus ancien (1889) du genre à exister encore dans le bassin houiller lorrain. Comme ce chevalement, beaucoup des anciennes structures sont encore debout et plusieurs ont été métamorphosées : l'ancien bâtiment des mineurs accueille aujourd'hui un musée, une salle de réception occupe le plus spectaculaire de ces anciens lavoirs où le charbon était plongé dans d'énormes baignoires avant d'être conduit en berline (en train) au haut fourneau. Puisque l'on parle de train, on découvre aujourd'hui ici, en surface, une impressionnante (elle est d'ailleurs unique en Europe) collection de locomotives et de wagons, qui circulaient auparavant sous terre.

– ***Le musée Les Mineurs Wendel :*** il a donc été aménagé dans ce qui fut le bâtiment des mineurs. On y trouvait l'emblématique salle des pendus, les bains-douches, le bureau des géomètres, l'infirmerie, les locaux syndicaux... Toutes ces salles, laissées dans leur état d'usage, abritent aujourd'hui des expositions sur l'origine du charbon et son exploitation en Lorraine, le quotidien du mineur, les métiers de la mine, les politiques sociales... Panneaux, films, objets, outils, et témoignages sonores enrichissent la visite.

– ***La mine Wendel :*** visite en compagnie d'un guide d'un fascinant complexe de galeries, longues de 1 km, reconstituées grandeur nature avec une extrême minutie et équipées d'engins authentiques. Un simulateur dépose d'abord le visiteur en 2 mn (temps réel qu'il faudrait pour descendre à 1 200 m) dans une « galerie au rocher » où l'on découvre comment les mineurs progressaient jusqu'à la veine de charbon. Quel boulot ! Et on se croirait, d'ailleurs, en pleine journée de travail grâce aux voix de mineurs qui résonnent à travers la galerie.

DE L'EAU DANS LE GAZ

Au cours de la visite de la mine, on découvre de curieux bacs suspendus... le meilleur moyen qu'on ait trouvé pour se protéger des coups de grisou. Les bacs contenaient de l'eau, tout simplement. Ils fondaient sous la chaleur de l'explosion et libéraient l'eau pour constituer un rideau défensif évitant aux mineurs de mourir étouffés par la poussière soulevée, et atténuant la flamme de l'explosion.

LA MOSELLE

La visite se poursuit ensuite de « chantier » en « chantier » (il y en a 5 au total) et l'on saisit toute la difficulté (et les prouesses techniques pour y remédier) de l'extraction du charbon.
– Chaque année, en août, l'association *Les Enfants du charbon* organise sur le site (et sous un nom différent) un grand ***spectacle*** autour de la mémoire des mines avec plus d'une centaine de comédiens, musiciens, pour beaucoup des bénévoles locaux. Renseignements sur • *lesenfantsducharbon.com* •

SARREGUEMINES (57200) 21 450 hab. *Carte Moselle, C2*

• Plan *p. 104-105*

Petite ville fort agréable, séparée de l'Allemagne par la rivière de la Blies et s'étendant joliment de part et d'autre de la Sarre, un autre dolent cours d'eau. Riche étape culturelle et artistique également, qui vous permettra de découvrir la grande tradition faïencière de la région. L'une de nos étapes favorites en Lorraine.

Adresse et infos utiles

Office de tourisme *(plan C3) : 8, rue Poincaré.* ☎ *03-87-98-80-81.* • *sarreguemines-tourisme.com* • *Lun-ven 9h30-18h ; sam 10h-17h ; dim 10h-12h30, plus (mai-sept) 13h30-17h. Fermé j. fériés.* Circuits pédestres et cyclables à Sarreguemines ou dans les environs. Livret-jeu (payant) pour les enfants. Boutique avec notamment toute une gamme de produits (tee-shirts, mugs...) autour du platt.

Gares routière et ferroviaire *(plan C3) : 7, pl. de la Gare.* Trains pour Metz et Strasbourg. Train-tram pour Sarrebruck (Allemagne). Bus pour Bitche, Sarrebourg...

Réseau urbain Cabus : ☎ *03-87-28-30-30.* • *agglo-sarreguemines.fr* •

Où dormir ?

De bon marché à prix moyens

Amadeus Hôtel *(plan C3,* ***11****) : 7, av. de la Gare.* ☎ *03-87-98-55-46.* • *amadeushotel@aol.com* • *amadeus-hotel.fr* • *Doubles 75-77 €.* À deux pas du chemin de fer, dans une imposante bâtisse d'autrefois, un petit hôtel familial aux chambres sobrement contemporaines, fonctionnelles et bien insonorisées. En prime, accueil pro et sympathique. Une bonne étape.

Chambres d'hôtes Majolique *(hors plan par D2,* ***13****) : 51, rue des Deux-Ponts, quartier de Neunkirch.* ☎ *03-87-95-14-54.* • *contact@majolique.fr* • *majolique.fr* • *Dans la continuité de la rue Foch, sur la gauche, avt de sortir de la ville. Double 70 €. Apéritif maison offert sur présentation de ce guide.* Dans une maison typiquement lorraine (et de 1870), on est accueilli avec beaucoup de gentillesse dans de belles chambres très cosy aux noms de services de faïences de Sarreguemines. Cachet indéniable et modernité s'accordent parfaitement, notamment dans les salles de bains. Pergola dans le jardin, où l'on peut prendre un petit déj copieux à base de produits maison.

Où dormir ?

- **11** Amadeus Hôtel (C3)
- **13** Chambres d'hôtes Majolique et chambres d'hôtes La Canadienne (hors plan par D2)
- **14** Chambres d'hôtes Les Chalands (A2)
- **24** Auberge Saint-Walfrid (A2)

Où manger ?

- **20** Le Terminus (C3)
- **21** La Brasserie du Casino (C3)
- **22** La Petite Auberge (B2)
- **23** Le Petit Thierry (A2)
- **24** Auberge Saint-Walfrid (A2)
- **26** La Charrue d'Or (C3)

Où boire un verre ? Où écouter de la musique ?

- **20** Le Terminus (C3)
- **31** Pub Le Boulevard (C3)

Où acheter de la faïence ?

- **50** Sarreguemines Faïences (C3)

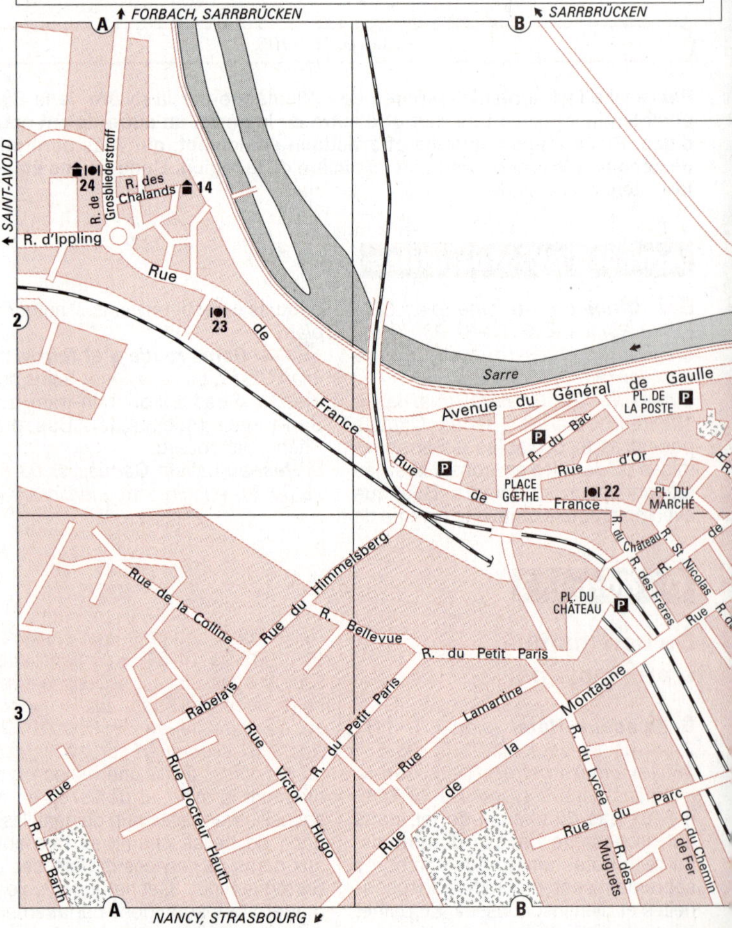

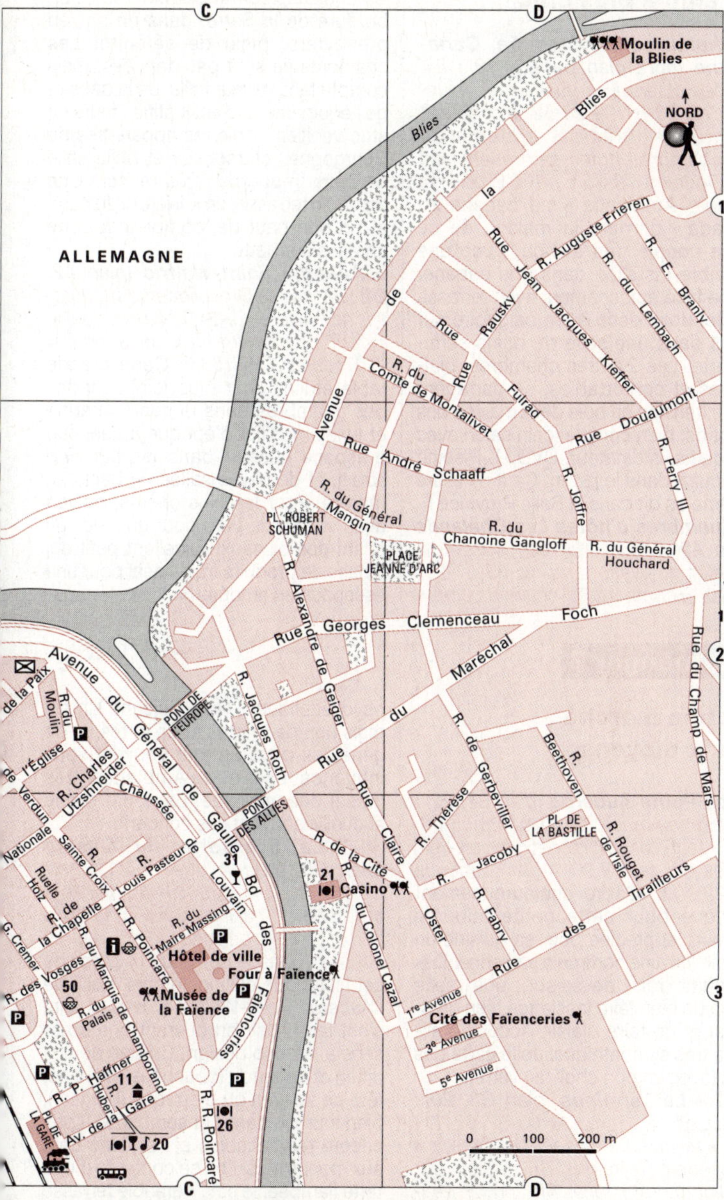

SARREGUEMINES

De chic à plus chic

Chambres d'hôtes La Canadienne *(hors plan par D2, **13**) : 84, rue de Folpersviller, quartier de Neunkirch. ☎ 03-87-09-28-52. • contact@chambres-hotes-sarreguemines.fr • chambres-hotes-sarreguemines.fr • Doubles 70-75 € ; 100 € pour la cabane.* Ambiance « ma cabane au Canada » derrière la maison de ce jeune couple très sympa. Avec une chambre installée dans une cabane, isolée face aux champs, avec terrasse privée. Jolie déco avec baignoire sur pieds dans une salle de bains semi-ouverte. Les 2 autres chambres, plaisantes et confortables, se partagent une extension en bois de la maison des proprios, bien conçue (coin salon avec bouquins, ordinateur, DVD...). Piscine et jacuzzi dans le jardin. Ça a d'l'allure comme on dit dans la Belle Province !

Chambres d'hôtes Les Chalands *(plan A2, **14**) : 8, rue des Chalands, quartier de Welferding. ☎ 03-87-26-34-10. • contact@les-chalands.com • les-chalands.com • Double 100 €.* En bordure de la Sarre, dans un ancien presbytère, plein de sérénité. Les chambres ne sont pas données, mais compte tenu de leur taille, de la déco et de l'équipement, c'est justifié : murs en stuc vénitien et pierres apparentes de Bourgogne, joli mobilier et belle salle de bains moderne. Très réussi ! Une agréable terrasse, un joli jardin de curé, et un bon petit déj complètent cette adresse douillette.

Auberge Saint-Walfrid *(plan A2, **24**) : 58, rue de Grosbliederstroff, quartier de Welferding. ☎ 03-87-98-43-75. • contact@stwalfrid.fr • stwalfrid.fr • ♿ Doubles 115-158 €.* Cette grande table étoilée (voir plus loin) propose des chambres dans le genre charme et luxe : mobilier d'époque, beaucoup d'espace (jusque dans les lits *king size* !), et de belles salles de bains en marbre. Pour les plus chères, balcon avec vue sur le parc pour un réveil au chant des oiseaux. Excellent petit déj à base de produits frais. Idéal pour une escapade en amoureux.

Où manger ?

De bon marché à prix moyens

La Petite Auberge *(plan B2, **22**) : 36, rue de France. ☎ 03-87-28-05-08. ♿ Tlj sauf mar soir, mer et dim soir. Formules déj sem 9,90-11,90 € ; menus 25-29,90 €.* Cadre chaleureusement rustique pour cette petite auberge toujours appréciée pour sa cuisine de terroir, lorraine comme alsacienne. Des produits frais, de saison, une réelle envie de bien faire (assiettes bien dressées) et de faire plaisir. Accueil d'ailleurs très sympathique. Jolie carte des vins (avec un bon choix au verre).

Le Terminus *(plan C3, **20**) : 7, av. de la Gare. ☎ 03-87-02-11-02. • terminus.brasserie@orange.fr • Facebook (Terminus Brasserie). Bar tlj sauf dim et j. fériés 9h-20h (2h ven-sam). Resto tlj pour le déj et les soirs de concert. Carte env 15 €.* Bon vieux bistrot à la déco juste un peu décalée : lustre à pendeloques, papier peint psychédélique... On y déjeune simple mais bon de tourtes et de tartes ou de généreux plats du jour souvent sous influence exotique. Ambiance très (très !) décontractée. La petite scène accueille souvent des concerts.

La Brasserie du Casino *(plan C3, **21**) : 4, rue du Colonel-Cazal. ☎ 03-87-09-59-78. • info@brasserie-du-casino.com • Tlj jusqu'à 22h. Formule déj sem 19 € ; menus 24-34 €.* Dans le somptueux décor de cet historique casino, le chef étoilé de l'*Auberge Saint-Walfrid* (voir plus loin) s'est fait plaisir en ouvrant une brasserie à la déco design. Cuisine de tradition et de terroir (bouchées à la reine, tête de veau...) ou d'époque (burgers), bien tournée dans l'ensemble, et à prix encore raisonnables si l'on s'en tient aux menus ou si l'on se contente d'une tarte flambée, le soir. Agréable terrasse face à la Sarre.

La Charrue d'Or *(plan C3, **26**) : 21, rue Poincaré. ☎ 03-87-98-14-55. • contact@lacharruedor.fr • Tlj sauf* *sam midi et dim. Congés : 1 sem en fév, 3 sem en juil. Menus 24-46 €. Café offert sur présentation de ce guide.* Une adresse élégante où les habitués réservent pour déguster une cuisine traditionnelle soignée. Des plats connus de tous que l'on redécouvre dans toute leur finesse, avec des touches d'originalité dans le dressage. Et plus on monte en prix, plus on monte en puissance avec des produits nobles. Le tout dans une ambiance détendue avec un service sans chichis.

De chic à plus chic

Le Petit Thierry *(plan A2,* ***23****) : 135, rue de France. ☎ 03-87-98-22-59. Tlj sauf mer soir et jeu. Menu-carte 26-39 €.* Le chef (Thierry de son prénom), qui est passé par de très grandes maisons, a tout simplement décidé de renoncer à son étoile ! Plus de chichis, juste une très bonne ambiance et une cuisine de marché savoureuse élaborée avec d'excellents produits du terroir. Une adresse conviviale, au décor contemporain agréable et joyeusement coloré.

Auberge Saint-Walfrid *(plan A2,* ***24****) : 58, rue de Grosbliederstroff. ☎ 03-87-98-43-75. • contact@stwalfrid.fr • Tlj sauf sam midi, dim et lun midi. Menus 42 € (en sem sauf ven soir), puis 88-128 €.* La table étoilée de la ville. Ici, on fait dans le cossu pour attirer les hommes d'affaires prospères d'outre-Rhin. Accueil stylé et cuisine raffinée, illustrée par de beaux menus élégants fleurant bon la tradition revisitée avec brio. Quant au cadre, derrière sa très contemporaine façade de métal rouillé, on jurerait un petit musée, avec de superbes pièces de Sarreguemines comme de la cristallerie de Saint-Louis.

Où boire un verre ?

Pub Le Boulevard *(plan C3,* ***31****) : 4, bd des Faïenceries. ☎ 03-87-95-37-48. Tlj jusqu'à 2h.* Face à la Sarre, un pub sympa où se retrouvent ceux qui ont envie d'en découdre avec la nuit. Vaste terrasse (mais côté boulevard).

Le Terminus *(plan C3,* ***20****) :* voir la rubrique « Où manger ? ».

Où acheter de la faïence ?

Sarreguemines Faïence *(plan C3,* ***50****) : 5, pl. Sibille. ☎ 03-87-98-68-51. • sarreguemines@terresdest.fr • Tlj sauf dim-lun 10h-12h, 13h-18h (17h30 janv-fév).* Grand choix de faïences de toutes sortes et styles, à prix d'usine, par exemple pour les faïences de second choix de la collection Obernai (un des grands succès de Sarreguemines depuis le début du XXe s, toujours fabriqué par la manufacture de Lunéville). Pour les amateurs, quelques tirages limités et des copies d'ancien.

On trouve également quelques faïences à vendre dans les musées.

À voir

Le moulin de la Blies – musée des Techniques faïencières et jardin des Faïenciers *(plan D1) : 125, av. de Blies. ☎ 03-87-98-28-87. • sarreguemines-museum.eu • (accès partiel au jardin). Ouv mar-dim et lun fériés : avr-oct 10h-18h ; nov-mars 10h-12h, 14h-18h. Entrée (billet couplé avec le musée de la Faïence) : 5 € ; réduc ; gratuit moins de 18 ans, étudiants jusqu'à 25 ans et pour ts le 1er dim du mois. Visites guidées sur résa par l'office de tourisme. Animations enfants certains w-e.*

Très intéressante présentation du processus de fabrication sur les lieux mêmes (un ancien moulin à cailloutage plein de charme) où la faïence de Sarreguemines s'élabora et gagna son immense notoriété.

– ***Le site :*** en préambule, on découvre dans l'ancienne maison du directeur une grande maquette du site et quelques panneaux et vitrines pour mieux comprendre son histoire, le quotidien des ouvriers... Puis, après un détour par le *potager du directeur* reconstitué, on arrive dans la cour pour observer les 4 fours en brique rouge qui servaient à la calcination des galets de silex, broyés ensuite avec des meules. On introduisait alors cette poudre dans la pâte à faïence pour augmenter blancheur et solidité.

– ***Le musée :*** installé dans l'ancien moulin sur la Blies. Remarquable muséographie. Sur le vaste espace de chacun des 2 étages, chaque étape de la fabrication de la faïence (du broyage des argiles à la cuisson en passant par les décors) est expliquée de manière aussi pédagogique que ludique : témoignages enregistrés d'anciens faïenciers, petits panneaux bien synthétiques, schémas techniques, photos anciennes... Et jolie mise en scène des ateliers tels qu'ils étaient du XIXe au XXe s.

– ***Le jardin des Faïenciers :*** ravissants jardins à thème aménagés sur les anciennes friches. L'occasion d'une agréable petite balade : pergola de glycines japonaises, labyrinthe des ruines, terrasse des pivoines, jardin des grands feuillages...

Le bâtiment d'accueil abrite une salle d'expo temporaire consacrée à la création contemporaine, une boutique (céramiques et ouvrages spécialisés) et un salon de thé avec terrasse ouverte sur le jardin.

Le musée de la Faïence *(plan C3)* **:** *17, rue Poincaré. ☎ 03-87-98-93-50. • sarreguemines-museum.com • Ouv mar-dim et lun fériés : avr-oct 10h-18h ; nov-mars 10h-12h, 14h-18h. Entrée (billet couplé avec le moulin de la Blies) : 5 € ; réduc ; gratuit moins de 18 ans, étudiants jusqu'à 25 ans et pour ts le 1er dim du mois.*

Musée installé dans l'ancienne demeure de Paul de Geiger, directeur de la manufacture de 1871 à 1913. Au rez-de-chaussée, le ton est donné par les superbes panneaux de céramique du XIXe s provenant d'un café de Versailles. Au 1er étage, on parcourt en quelques vitrines la grande (et la petite) histoire de la manufacture fondée à Sarreguemines en 1790, ses grandes heures (pendant la période de l'Annexion, elle employait jusqu'à 3 000 ouvriers), son déclin (à partir de 1982 on n'y fabrique plus que du carrelage), jusqu'à sa fermeture définitive en 2007...

On découvre ensuite de belles collections qui illustrent la créativité de cette manufacture. Notez l'éclectisme des modèles : Sarreguemines conçut une cinquantaine de formes différentes et plus de 600 décors ! Voir notamment la série spéciale Hansi (le célèbre illustrateur alsacien), et les fameuses assiettes décoratives noir et blanc (scènes de guerre ou de la vie populaire). Mais le passage obligé de cet étage, c'est le jardin d'hiver créé dans cette maison en 1882 : grande salle lumineuse au magnifique décor de céramique. Encadrant la porte d'entrée, 2 femmes symbolisent le feu et la terre. Certains panneaux avec des décors floraux semblent même annoncer l'Art nouveau. Monumentale fontaine en faïence et lustre en cristal de Saint-Louis. Enfin, dans la dernière salle, remarquable collection de poêles en faïence. Également d'intéressantes expos temporaires.

Le four à faïence *(plan C3)* **:** *juste à côté et ouvert aux mêmes horaires que le musée.* Ultime vestige des quelque 30 fours autrefois installés sur la rive gauche de la Sarre. Ce « four-bouteille » de 1860 fait 11 m de diamètre et 9 m de circonférence.

Le casino des faïenceries *(plan C3)* **:** posé en bord de Sarre, la carte postale de la ville avec, amarrés à ses pieds, péniches et autres bateaux de plaisance. Superbe bâtiment d'un réjouissant éclectisme, construit à partir de 1878 comme espace de distraction pour les ouvriers de la faïencerie. C'est d'ailleurs toujours une salle de spectacle. Ce casino accueille également une brasserie un brin chic (voir « Où manger ? »). Il faut prendre le temps d'en détailler tous les détails architecturaux notamment les superbes panneaux de faïence qui ornent l'extérieur.

La cité des Faïenceries *(plan D3)* **:** un quartier ouvrier typique de la fin du XIXe s. Demeures identiques divisées en 4 logements, toutes entourées d'un petit jardin.

LE PARC ARCHÉOLOGIQUE EUROPÉEN DE BLIESBRUCK-REINHEIM

Carte Moselle, C2

Remarquable site archéologique situé de part et d'autre de la frontière franco-allemande. Au cœur du parc, un bâtiment moderne accueille les visiteurs (boutique, expos). Chronologiquement, on peut, si l'on veut, commencer par le côté allemand. Il suffit de monter sur le plus haut tumulus pour s'imprégner du site, niché dans une courbe de la Blies et un paysage verdoyant et harmonieux, « inspiré » pourrions-nous même dire. Ce n'est pas un hasard, d'ailleurs, si ce site a été choisi par les Celtes pour honorer leurs morts, puis par les Gallo-Romains pour y construire une immense villa, dont on devine bien la forme en H.

UN PEU D'HISTOIRE

Tout commence en février 1954, lorsque, en Allemagne, les ouvriers d'une sablière tombent sur un manche de miroir en bronze. Les fouilles qui s'ensuivent permettent la mise au jour de la ***tombe d'une femme*** de haut rang social, probablement une ***princesse celtique, datant de 375 av. J.-C.*** La chambre funéraire de 3,50 m de large est recouverte d'un tumulus de terre de 23 m de diamètre. Les ossements ont disparu, mais pas les parures ni les offrandes funéraires. Des objets qui se révèlent d'une qualité tout à fait exceptionnelle et confirment le haut rang de cette femme. En particulier, un torque torsadé en or avec des personnages sur les embouts et un décor d'une finesse exquise. On retrouve les mêmes personnages sur le bracelet en or massif que cette femme portait à son poignet, personnages inspirés de l'art grec et étrusque, et évoquant la figure de Minerve. À côté, les archéologues dénichent également un service à boire, dont une superbe œnochoé (vase en bronze à couvercle orné d'un cheval), considéré aujourd'hui comme un des chefs-d'œuvre de l'art celtique.

Dans les années 1970, dans une sablière également, commencent à être dégagés les ***vestiges d'une ville gallo-romaine*** qui s'étendait sur 20 ha. Assurément, une vraie petite cité, très active entre les Ier et IVe s apr. J.-C., et un centre de production artisanale de haute qualité. Une ville qui périclita au moment des grandes invasions et fut probablement abandonnée vers 430 apr. J.-C.

En 1988, après la mise au jour, côté français, des vestiges de cette ville gallo-romaine, est créé le parc archéologique européen. Beau symbole de la collaboration totale et amicale entre les 2 pays.

À voir

Côté français, *situé au 1, rue Robert-Schuman, 57200* ***Bliesbruck*** *(bon fléchage). ☎ 03-87-35-02-20. • archeo57.com • ♿* ***Côté allemand,*** *Robert-Schuman Strasse, 2,* ***Reinheim.*** *Ouv 15 mars-31 oct, tlj 10h-18h. Entrée : 5 € (expos et animations sans supplément) ; réduc ; gratuit moins de 16 ans. Site Moselle Passion.*

LA MOSELLE

Côté allemand

La tombe princière : reconstitution géniale, l'illusion est totale... On y parvient en un harmonieux mouvement circulaire, illustré de panneaux explicatifs. Tombe fort bien mise en valeur dans une douce pénombre. Les bijoux et autres objets (qui sont des copies parfaites) ont été replacés exactement comme ils l'étaient à l'ouverture de la chambre funéraire. Notez le gros collier d'ambre. Dans une vitrine, le vase et le torque. Sur le bracelet, le corps d'une femme qui évoque la forme d'une abeille.

– ***La villa*** (centre d'un domaine agricole) s'étend sur plusieurs hectares. Elle comprenait une vaste résidence précédée d'une grande cour. Son architecture symétrique et les vestiges de ses immenses infrastructures révèlent un luxueux niveau de vie (bassin, colonnades, thermes privés, etc.). Ce qu'on découvre aujourd'hui permet déjà de s'en faire une bonne idée. Restitution de la tour-porche qui servait d'entrée à la cour de la villa de Reinheim et d'un des 12 bâtiments qui la bordaient.

Côté français

La ville gallo-romaine et ses dépendances : après une halte dans le bâtiment d'accueil pour admirer une exposition d'objets découverts pendant les fouilles, direction le site archéologique :

Les thermes

Protégés par une structure en verre et bois, ils sont parcourus par des passerelles aériennes qui permettent d'appréhender remarquablement le site. On distingue bien le vestiaire, les bains (froid, tiède et chaud), la palestre (salle de sports) et une galerie marchande. Quelques détails au passage :

À la sortie du frigidarium, à gauche, noter les traits marquant la dalle au sol. Ce sont les traces laissées au long des années par les sandales en bois des curistes. Remarquer les latrines fort bien conservées. Les eaux usées des bains finissaient là, et ainsi, contribuaient sans cesse à les laver.

Le quartier ouest

Les fouilles ont révélé d'intéressants vestiges de tout un quartier de commerçants et artisans. Leur restauration a permis d'observer un urbanisme très structuré, et on y découvre toutes les techniques de construction (pierre, torchis, brique et tuile). Plus de 15 boutiques ont été dégagées. Chacune d'elles, très complète, comprenait un logement, suivi d'une cour, d'un puits et des latrines. Certaines caves sont dans un état exceptionnel. Surtout la n° 8 (de la fin du Ier s), avec ses murs « jointoyés ». La n° 5, c'est la boulangerie et son four à pain. Noter, bien visible, le soupirail où l'on versait le grain. Puis viennent le bronzier (au n° 4), le forgeron (au n° 3)... Tout au bout, le jardin gallo-romain et la reconstitution d'une boulangerie antique et de ses fours. Moulin à bras et moulin de type « cage à écureuil ». Également un atelier de potier romain reconstitué qui effectue des copies de vases de l'époque.

Manifestation

– **Vita Romana :** *2-3 j. autour du 15 août.* Parmi toutes les manifestations organisées sur le site, c'est sans doute la plus emblématique. Chaque année différente, mais toujours impressionnante : on voit des courses de chars, des combats de gladiateurs, on peut s'y essayer à l'artisanat antique... ! Dans tous les cas, c'est très festif, et les figurants en costume s'en donnent à cœur joie.

LE PAYS DE BITCHE

Pays de larges forêts et d'étangs, une nature très préservée qui vaut à cette région d'appartenir au parc naturel régional des Vosges du Nord et d'être classée Réserve mondiale de la Biosphère par l'Unesco. D'ailleurs, pour découvrir de belles balades, vous pouvez vous référer aux topoguides édités par le Club Vosgien de Bitche (*● clubvosgienbitche.fr ●*). Ce petit pays a également, au long des siècles, représenté un vrai enjeu stratégique, comme en témoigne la formidable citadelle de Bitche.
Enfin, c'est le terroir des cristalleries et des verreries, car on y trouvait tous les ingrédients de grande qualité nécessaires à la fabrication du verre et du cristal : les hommes, le savoir-faire, le bois, l'eau, l'argile, le sable de grès rose...

BITCHE

(57230) 5 300 hab. *Carte Moselle, D2*

Au creux d'un écrin de forêts, refuges du pic noir et de la très, très discrète chouette de Tengmalm, une agréable petite cité, au pied d'un mont où une colossale citadelle semble occuper tout le paysage.

UN PEU D'HISTOIRE

Tour à tour possession des ducs de Lorraine, des Suédois pendant la guerre de Trente Ans (1633) et des Français (1679). Dès cette date, Vauban vient exercer ses talents ici. L'ancien château est rasé et remplacé par une forteresse bastionnée percée de multiples souterrains et chargée de verrouiller la route de Wissembourg. En 1697, par le traité de Ryswick, Bitche est cédée aux ducs de Lorraine. Grâce à Stanislas Leszczyński, ex-roi de Pologne, Bitche revient définitivement à la France.
La citadelle, chef-d'œuvre d'architecture militaire, se révèle vraiment inexpugnable. Par 2 fois, elle montre son efficacité. En 1793, Prussiens et Autrichiens ne réussissent pas à s'en emparer. Le 8 août 1870, le colonel Teyssier est sommé de se rendre par les Prussiens. Il ne cédera la citadelle que le... 27 mars 1871, plus d'un mois après la signature du traité de paix ! Et encore, sur ordre spécial du gouvernement. En 1918, la citadelle revient bien entendu à la France. Gravement endommagée par les bombardements alliés de 1944-1945, elle est définitivement abandonnée comme caserne. Depuis, elle a fait l'objet d'une restauration et d'une réhabilitation touristique majeure.

NON À CE NOM

La place de Bitche coulait une existence paisible dans le 16e arrondissement de Paris, près de l'avenue d'Iéna. Quand les Américains y installèrent leur représentation diplomatique, en 1881, on dut en changer le nom, bitch, *en anglais, signifiant « prostituée ». Depuis, l'endroit répond au nom de place des États-Unis. Mais Bitche, eut égard à sa résistance pendant la guerre de 1870, a toujours une place parisienne à son nom, dans le quartier plus modeste de la Villette.*

Adresse utile

ℹ *Office de tourisme :* *2, av. du Général-de-Gaulle. ☎ 03-87-06-16-16. ● tourisme-paysdebitche.fr ● Tlj 9h-12h, 13h30-17h30 ; plus, mai-oct,* *dim et j. fériés 10h30-15h30.* Une excellente initiative, le prêt de matériel pour les randonneurs (chaussures, vestes, sac à dos...). Location de vélos électriques *(mai-fin oct)*. Sorties-natures gratuites.

Où dormir ? Où manger ?

Bon marché

Chambres d'hôtes chez Annie Becker : *63, rue Saint-Sébastien. ☎ 03-87-96-04-83. • becker.annie@neuf.fr • Tte l'année. Double 48 €.* Dans un quartier résidentiel paisible, quasi à la campagne, une agréable maison récente offrant, de la terrasse du jardin, une belle vue sur la citadelle. À l'étage, des chambres spacieuses, simplement plaisantes, accessibles par une entrée indépendante. 2 d'entre elles partagent une salle de bains commune. Kitchenette à disposition sur le palier. Une bonne petite adresse familiale tenue par une dame charmante.

Prix moyens

Hôtel Le Relais des Châteaux Forts : *6, quai Branly. ☎ 03-87-96-14-14. • info@hoteldurelais-bitche.com • hotelldurelais-bitche.com • ♿ Resto tlj sauf sam midi. Double 78 €. Formule et menu déj sem 11,50-15 € ; menu 35 €.* À l'écart du centre, dans un environnement verdoyant, ample bâtiment contemporain façon grand chalet. Une trentaine de chambres thématiques confortables et colorées avec balcon pour celles à l'étage. N'hésitez pas à en demander une avec vue sur la citadelle, spectacle nocturne de toute beauté assuré. Au resto, à la déco très tendance comme le bar, petits plats régionaux simples et bons. Accueil dynamique et souriant.

La Tour des Saveurs : *3, rue de la Gare. ☎ 03-87-96-29-25. • contact@latourdessaveurs.com • Ouv le midi, tlj sauf dim. Formule et menu déj sem 14,50-17 € ; buffets 15-25 € ; menus 26-65 €.* La déco de la salle allie Belle Époque et modernisme sobre, en douces nuances. Un duo de jeunes chefs y propose de bons et généreux plats de terroir revisités avec des notes originales et créatives.

De chic à beaucoup plus chic

Hôtel-restaurant Le Strasbourg : *24, rue Teyssier. ☎ 03-87-96-00-44. • le-strasbourg@wanadoo.fr • le-strasbourg.fr • Tlj sauf dim soir, lun et mar midi. Congés : 3 sem en janv et 1 sem en oct (Toussaint). Doubles 92 € ; suites 122 €. Menus 42-82 €.* Les chambres, à thème, sont plaisantes et de bon confort (avec accès direct et gratuit depuis l'établissement au Jardin pour la Paix), mais c'est aussi et surtout la cuisine qui, ici, mérite pleinement l'arrêt. Le chef, un véritable autodidacte venu des toundras d'Allemagne de l'Est, a appris le métier patiemment dans les plus grands restos de l'Est (de la France...). Cuisine d'une fraîcheur et d'une inspiration sans pareille, à partir de produits soigneusement sélectionnés : poissons pêchés à côté, légumes du jardin... Évidemment, ce moment d'exception a un prix...

À voir

La citadelle : *☎ 03-87-96-18-82. • citadelle-bitche.com • ♿ Du 3e sam de mars au 3e dim d'oct, tlj 10h-17h (18h dim, j. fériés et tlj en juil-août). Fermeture de la caisse 1h avt. Entrée avec audioguide : 10 € ; réduc ; gratuit moins de 6 ans.* Composée d'un corps central encadré de bastions, casernements, fossés, glacis, caponnière (tunnel) et escarpes. La restauration a permis de dégager l'épaisse couche de terre qui recouvrait un certain nombre de bâtiments. La visite du site comprend un parcours classique dans la citadelle, ainsi qu'une animation de 1h dans les souterrains, *La Forteresse assiégée*.

La visite de la citadelle

– Entrée par un long et impressionnant *tunnel.* La dernière partie a été construite par les Allemands.

– Arrivée au *corps de garde* du XVIIIe s en grès rose. Élégant péristyle. Il était chargé de surveiller l'issue du grand tunnel. Il a été totalement dégagé de son matelas de terre et a retrouvé son toit de tuiles. Les 2 pièces voûtées du rez-de-chaussée servaient de logement à une trentaine d'hommes. C'est le point de départ de la visite *La Forteresse assiégée.*

– *L'arsenal* sur la place d'armes centrale a été reconstruit après 1870.

– *La chapelle de la garnison :* c'est le seul édifice datant de la fortification de Vauban. Architecture sobre et classique. La chapelle rappelle évidemment l'autorité absolue du roi et de l'Église sur les armées. En 1752, une citerne d'eau de 450 m³ a été creusée juste en dessous. À partir de 1870, elle a fait usage de temple protestant pour la garnison allemande, puis de salles d'état-major, enfin, ces 40 dernières années, de musée de la citadelle. Elle accueille aujourd'hui le plan-relief de Bitche au 1/600 qui date de 1794.

– *Le musée :* installé dans l'ancienne boulangerie, il est consacré à la guerre de 1870. Lieu de mémoire et de réflexion avec un intéressant parcours historique porté par une muséographie moderne. Au-delà des questions nationalistes et des enjeux politiques d'une guerre entre États, ce musée tente d'exposer les aspects humains du conflit. À la verticale, les portraits en pied des antagonistes. À l'horizontale, les armes, les uniformes, les objets et accessoires. L'ensemble amène à un début de compréhension des événements.

« La Forteresse assiégée »

Aménagé dans le formidable réseau souterrain de la citadelle, ce parcours cinématographique saisissant raconte un des plus stupéfiants faits d'armes de l'histoire de la citadelle : la résistance pendant 270 jours du commandant Teyssier et de ses hommes face à 7 000 Bavarois. C'est Gérard Mordillat qui a assuré la mise en scène du film. 40 acteurs, dont François Cluzet, et 900 figurants (bénévoles du pays de Bitche) y participèrent. Un vrai film donc, projeté par chapitre dans les différentes salles du parcours, rythmant ainsi la visite au fur et à mesure de la découverte des mystérieuses entrailles de la citadelle. Chaque salle souterraine, grâce à des décors particulièrement réussis, révèle un épisode de la résistance héroïque face aux Prussiens, et permet de se faire une idée de la complexité d'une place forte de cette envergure. Abris type casemate, hôpital, cuisine, boulangerie, étable... une véritable ville taillée dans la roche et à l'abri des bombes. Génial, mais pensez à la petite laine !

Le Jardin pour la Paix : *au pied de la citadelle.* *Dernier dim d'avr-1er dim d'oct, tlj sauf lun (hors juil-août) 11h-18h (19h dim, j. fériés et tlj juil-août). Entrée : 5 € ; réduc ; gratuit moins de 6 ans.* C'est un grand parc contemporain plein de charme et de surprises, présentant une douzaine de petits jardins éphémères à thème, toujours réalisés dans un esprit esthétique et ludique (avec une petite réflexion philosophique). Un jardin qui évolue donc sans cesse suivant les floraisons, l'imagination des artistes créateurs et des jardiniers de la ville, utilisant en plus des fleurs, plantes rustiques et graminées, le verre, le cristal, le fer forgé, le bois... À ne pas rater, vraiment ! Possibilité de prendre un en-cas à l'espace détente l'*Accueillet'.* Expos temporaires l'été, en contrebas, dans d'autres souterrains et l'ancienne chapelle de la citadelle.

Jardins en troc : dans le même esprit que le Jardin pour la Paix, on peut découvrir de-ci, de-là, en ville, d'autres jardins, créations tout aussi éphémères que surprenantes... Dépliant du parcours à retirer à l'office de tourisme.

DANS LES ENVIRONS DE BITCHE

L'ouvrage du Simserhof : *rue André-Maginot, Le Légeret, 57410* ***Siersthal.*** *☎ 03-87-96-39-40. • simserhof.fr • ♿ À 5 km à l'ouest de Bitche, par la D 35. 15 mars-15 nov, tlj sauf lun (hors juil-août et j. fériés) 10h-17h (18h juil-août). Résa vivement recommandée. Entrée : 12 € ; réduc ; gratuit moins de 6 ans. Visite d'env 3h. Vêtements chauds de rigueur (température de 10-12 °C à l'intérieur).*
Avec 8 blocs de combat, c'est l'un des plus importants ouvrages fortifiés de la ligne Maginot. Sa construction a demandé 9 années (de 1929 à 1938) et 118 millions de francs de l'époque (70 millions d'euros). Pendant la Seconde Guerre mondiale, les soldats postés ici ont fait preuve d'une résistance héroïque, assurant pendant plusieurs semaines la protection des petits forts des environs de Bitche. Avant de déposer les armes sur injonction de l'état-major français, le 30 juin 1940, soit 5 jours après le cessez-le-feu.
À l'intérieur, au long de 5 km de galeries, dont 1,7 km de voie ferrée, la visite associe efficacement authenticité des lieux et modernité du parcours scénographique. Sur écrans géants, un film d'archives relate les origines et le destin tragique de cette fortification. Tout au long du parcours-spectacle, des véhicules automatisés vous guident dans le magasin à munitions. Effets spéciaux saisissants, projections cinématographiques multiples restituent la vie dans le Simserhof et l'intensité des combats de 1940. On prolonge cette immersion par la visite guidée du casernement, véritable petite ville enfouie à 30 m sous terre. On y découvre des espaces remplis du souvenir des 876 hommes d'équipage : la caserne, l'usine électrique, le poste de commandement, les cuisines, l'infirmerie, les sanitaires, ainsi qu'une chambre de tir.

Le fort Casso : *57410* ***Rohrbach-lès-Bitche.*** *☎ 03-87-02-70-41. • fortcasso-maginot.com • ♿ (pour les ¾ de la visite). À env 15 km à l'ouest de Bitche. Ouv tte l'année sauf Noël-Jour de l'an. De mi-juin à fin août, visite lun-ven à 10h, 14h et 16h, sam à 15h, dim (jusqu'à mi-sept) à 15h et 16h ; de mi-mars à mi-juin et de sept à mi-nov, visite tlj à 15h ; le reste de l'année, visite dim à 15h (plus le 1er sam du mois). Entrée : 6 € ; réduc ; gratuit moins de 5 ans. Se munir d'un pull (13 °C en moyenne), et l'on signale qu'il y a quelques marches à monter. Compter 2h de visite.*
Un fort de la ligne Maginot moins imposant que ses grands aînés mosellans (Simserhof, Hackenberg), mais très complet et entretenu à la perfection par des passionnés. C'est simple, on a l'impression que les troupes viennent juste de s'absenter ! Composé de 3 blocs séparés par des galeries de 100 à 200 m, c'était le « gardien » du plateau de Rohrbach et il comprenait environ 200 hommes. Il fut construit dans le cadre du programme « Nouveau Front » en 1934. Quelques chiffres : 6 000 t de béton, 500 t d'acier et 8 pièces antichar.
La visite commence à l'extérieur par une présentation générale du contexte historique, le temps d'observer les équipements disposés autour de l'entrée (un half-track, un nid de mitrailleuse, une roulante, une cloche d'observation... et même une reconstitution fidèle d'une tranchée !). Puis on s'enfonce 25 m sous terre, pour découvrir une véritable petite ville souterraine restaurée dans l'état de 1939-1940. Comme son collègue du Simserhof, le fort possédait les moyens de tenir un siège de 2 mois et ne se rendit que sur ordre du gouvernement français. À l'intérieur, impressionnantes installations, dont l'usine électrique (qui fonctionne), la caserne, les dortoirs, les chambres des officiers (et celle du prêtre !), le poste de commandement, le central téléphonique, les cuisines et un efficace système de ventilation... Partout, de réjouissants petits détails comme les menus de 1940, des saucissons suspendus dans la chambre froide, les instruments d'époque dans l'infirmerie, et même le papier toilette au format réglementaire, restituent l'atmosphère du quotidien de la garnison.
Après une halte dans le musée (matériel exclusivement utilisé sur la ligne) et la cafétéria, direction les blocs de combat : impressionnantes tourelles en état de

fonctionnement. Enfin, retour à l'extérieur pour découvrir un monument en hommage aux morts des ouvrages, casemates et troupes d'intervalles du plateau de Rohrbach, ainsi qu'une table d'orientation pour bien comprendre la logique stratégique de la ligne.

Le Ranch des bisons : *ferme du grand Niedeck, Judenhof, 57410* ***Petit-Rederching.*** *06-72-79-50-16. • ranchdesbisons.com • À env 15 km à l'ouest de Bitche. Visite (compter 1h) sur résa, juin-août, w-e (tlj juil-août) à 14h et 17h. Entrée : 6 € ; réduc.* Safari en camion à la rencontre d'un troupeau de bisons d'élevage. Présentation de l'odyssée de cet animal mythique dont le cheptel français compte environ 1 500 têtes. Vente de produits à base de viande de bison : saucisson, terrine...

STURZELBRONN (57230) 180 hab. *Carte Moselle, D2*

Tout petit village typique au creux d'une mignonne vallée, paradis des randonneurs et des pêcheurs. Bernard de Clairvaux (fondateur de l'ordre cistercien) avait déjà craqué pour le lieu. Mais de la prestigieuse abbaye qu'il avait fondée ici en 1135, la Révolution n'a laissé que le souvenir...

Où camper ? Où manger ?

Camping du Muhlenbach : *10, route de la Muhlenbach. ☎ 03-87-06-20-15. • info@camping-muhlenbach.com • camping-muhlenbach.com • Fléché depuis la rue principale. Ouv avr-sept. Resto ouv juil-août. Forfait pour 2 env 18 €. Cabanes et tipis-huttes 30-40 €/nuit pour 2 pers. Cottages, mobile homes et roulottes (4-6 pers) 310-690 €/sem.* De petits airs de l'ouest du Canada ! Hauts conifères, baignade surveillée dans l'étang, plage sur une presqu'île, de la place entre chaque tente, bref, on respire dans ce camping très étendu ! Cottages qui se fondent dans la nature. Restaurant avec terrasse panoramique. Sentiers de randonnée balisés tout à côté.

Au Relais des Bois : *13, rue Principale. ☎ 03-87-06-20-30. • aurelaisdesbois@gmail.com • Tlj sauf lun-mar. Formule déj sem 13,50 € ; menus 20,50-33 €.* La bonne adresse de campagne, comme on se l'imagine. Salle très classique et terrasse dans le jardin. Madame au service, efficace et discrète. Monsieur en cuisine pour d'habiles et généreux plats de tradition et de terroir à base de produits d'ici, bien choisis : rognons de veau au porto, bouchées à la reine « façon grand-mère », blanquette, bonnes *flammekueches* croustillantes et bien garnies.

SCHORBACH (57230) 550 hab. *Carte Moselle, D2*

Gros village, lové dans une tranquille vallée. Avec une existence attestée dès 1220, c'est la plus ancienne paroisse de la région. Mais village martyr, Schorbach fut l'un de ceux qui souffrirent le plus de la dernière guerre : il servait régulièrement de cible pour les manœuvres d'artillerie allemande et dut être entièrement reconstruit. Est-il donc si étonnant d'y découvrir l'insolite calendrier universel de la Fraternité et de la Paix ?

À voir

L'église Saint-Rémi : ses origines remontent au XIIe s. Elle a été consacrée le 6 septembre 1143, comme il est inscrit sur le tympan scellé dans le mur. L'édifice actuel a été reconstruit en 1774, mais il subsiste la tour-clocher d'origine de style roman. Sous le porche, beau retable de pierre du XIVe s.

L'ossuaire : du XIIe s et de style roman, c'est l'un des très rares ossuaires subsistant de cette époque. Derrières des colonnes toutes différentes, un impressionnant amoncellement d'os, représentant toutes les tombes vidées jusqu'à la Révolution française pour cause d'exiguïté du cimetière.

Le centre d'Arts : ☎ *03-87-96-47-91 ou 03-72-29-31-02. • musee-arts-grossgarten • Avr-nov, tlj sauf lun-mar 14h-17h (14h30-17h30 juin-août). GRATUIT.* Très contemporain bâtiment de bois dont une aile abrite le *calendrier universel de la Fraternité et de la Paix,* œuvre franchement originale, réalisée par Joseph Kriegel, un peintre-sculpteur mosellan. Il y travailla 20 ans (de 1980 à 2000), sculptant dans le grès des Vosges 366 figures pour chaque jour de l'année. Une bien belle initiative, qui fait honneur à l'artiste et à la petite commune ayant accueilli son œuvre. À découvrir également, dans les autres salles et au long d'un petit sentier, les sculptures en bois de Joseph Pyrz, entre autres œuvres contemporaines. Expos temporaires.

SAINTS DES SAINTS

Joseph Kriegel déclara que ces « nouveaux saints » qu'il avait sculptés dans la roche des Vosges pour son calendrier universel représentaient à ses yeux toutes celles et tous ceux qui avaient contribué dans leur vie à l'édification d'un monde pacifique et généreux. Jésus, bien entendu, ainsi que Gandhi, Martin Luther King, Mandela, l'abbé Pierre... mais aussi Élan noir (un chef indien), une des « folles » de la place de Mai (en Argentine), le facteur Cheval, Hergé et bien d'autres, parfois même des anonymes.

DANS LES ENVIRONS DE SCHORBACH

Le moulin d'Eschviller : *57720* ***Volmunster.*** ☎ *03-87-96-76-40. • moulindeschviller.fr • Avr-fin oct, sur visite guidée seulement, tlj sauf lun (hors fériés) 14h30 (hors vac scol, w-e et j. fériés seulement). Boutique 14h-17h. Tarif : 5 € pour le moulin et la scierie ; 4 € pour le rucher ; réduc ; gratuit moins de 6 ans.* Un site très intéressant que ce superbe moulin du XIVe s. Acquis par le duc de Lorraine en 1562, détruit pendant la guerre de Trente Ans, reconstruit en 1688. Depuis 1862 dans la même famille. La roue à aubes et le système de broyage, qui datent du XVIIIe s, sont mis en marche à l'occasion de la visite. On vous explique tout sur l'histoire des moulins et des céréales, les 1ers moulins du Moyen Âge, le choix des farines en vieux français (la mouture pour le riche, celles pour le bourgeois et le pauvre), le travail du meunier. Expo d'outils, de photos, schémas divers.
- ***La scierie :*** visite assez spectaculaire. À l'étage inférieur, toutes les entrailles de la machinerie. À l'étage supérieur, expo de toutes les techniques de sciage. Le guide donne avec passion les explications pour chaque machine et les fait fonctionner. Vous saurez tout sur la « déligneuse » qui enlève les nœuds en bord de planche et les restes d'écorce. Dans une autre section, valorisation du bois, avec pour chaque partie d'un arbre, sa destination. D'autres explications, très claires, sur l'histoire des forêts et l'évolution des essences, sur le choix des arbres, l'abattage et le travail au sol, le débardage, le transport des grumes.

– ***Le rucher :*** espace d'interprétation sur le rôle des abeilles dans notre écosystème, leur mode de vie, la fabrication du miel et des autres produits de la ruche. Film, maquettes, observation du rucher.

La Table Paysanne : *2, rue de Hottviller, Weiskirch, 57720* ***Volmunster.*** *☎ 03-87-06-23-22. • table paysanne.weiskirch@gmail.com • Ouv ts les midis sauf lun, et le soir ven-dim. Menus 12 € (déj sem), puis 28-37 € ; flammekueches env 9,50 €.* Décor rustique traditionnel, avec toutes sortes d'outils accrochés aux murs d'une salle de bonne taille mais vite remplie par les habitués. Il faut dire qu'on s'y régale de petits plats de ménage comme on les aime : assiette de charcuterie de campagne, bonnes viandes en sauce...), à moins de préférer une *flammekueche.* Simple, bon et généreux. Grande terrasse avec jeux pour les enfants.

L'Argousier : *1, rue de Sarreguemines, 57720* ***Volmunster.*** *☎ 03-87-96-28-99. • largousier@orange.fr • Tlj sauf lun soir, mar et mer. Formule déj 28 € (sauf j. fériés) ; menus 38-60 €.* Le chef, qui a travaillé pour de grandes tables étoilées, est revenu dans son village natal pour proposer une excellente cuisine gastronomique qui allie saveurs du terroir et originalité. Et l'on vient aujourd'hui de loin pour cette table au cadre élégant et contemporain.

LA MOSELLE

BAERENTHAL

(57230) 790 hab. *Carte Moselle, D3*

Tout au fond du pays de Bitche. Dans une large et tranquille vallée, un gentil village au sein d'une généreuse nature, typique des Vosges du Nord. Grands plans d'eau où croît une riche flore (et où il est agréable de faire trempette !). La région est également populaire pour l'observation des oiseaux migrateurs au printemps et en automne. Belles balades alentour, notamment jusqu'aux ruines du *château de Falkenstein.* Les amateurs de sculpture religieuse s'arrêteront à la *chapelle de la Vierge Marie,* à Mouterhouse. On y trouve une Vierge du XVIIIe s abritant 14 personnages sous son manteau.

Adresse utile

Office de tourisme : *1, rue du Printemps-d'Alsace. ☎ 03-87-06-50-26. • tourisme-paysdebitche.fr • D'avr à mi-sept, tlj sauf dim 13h30-17h30, plus 9h-12h jeu-sam.*

Où dormir ? Où manger dans le coin ?

Campings

Camping municipal de Ramstein Plage : *rue du Ramstein à* ***Baerenthal.*** *☎ 03-87-06-50-73. • camping.ramstein@wanadoo.fr • À la sortie du village vers Mouterhouse. Ouv avr-sept. Forfait pour 2 env 18,50 €. Loc chalets rustiques (sanitaires et douches extérieurs en commun) 2-5 pers 120-370 €/sem. Avr-sept (sauf juil-août), 1re nuitée offerte pour 1 séjour de 5 nuitées sur présentation de ce guide.* Entouré par la forêt et isolé au bord d'un petit lac, un beau camping 3 étoiles confortable et bien équipé. Piscine, espace pique-nique avec barbecue, jeux pour enfants et brasserie sympa. Situé dans l'enceinte de la base de loisirs, il y a de quoi s'occuper (tennis, beach-volley, embarcations à pédales, pêche...). Animations pour enfants en saison.

Camping Hanau-Plage : *3, rue de l'Étang, 57230* ***Philippsbourg.*** *☎ 03-87-06-51-55. • camping.*

hanau@orange.fr • philippsbourg.fr • À env 9 km au nord-est de Baerenthal. Ouv avr-sept. Forfait pour 2 env 15 €. En pleine forêt, bordant le bel étang de Hanau, un vaste camping municipal sans bungalows, sans mobile homes, un retour à la nature. Calme, simple, bien entretenu, on pourra couler des jours heureux sur la plage (surveillée en été). Tennis, location de barques et d'embarcations à pédales, aire de jeux et location de vélos. Ne pas manquer de randonner sur le *sentier botanique de la Tourbière* ou sur l'un des 4 circuits passant par les ruines du *château de Walbeck* dominant l'étang.

Prix moyens

Hôtel Kirchberg : *8, impasse de la Forêt, à* ***Baerenthal.*** *☎ 03-87-98-97-70. • resid.hotel.kirchberg@wanadoo.fr • le-kirchberg.com • Doubles 68-75 €.* Petite résidence hôtelière, récente, aux airs de grand chalet. Les chambres sont fonctionnelles, pimpantes, et celles côté forêt bénéficient d'une vue privilégiée. On devine des lapins courant dans l'herbe ; silence juste troublé par le chant des oiseaux. Cerise sur le gâteau : la possibilité d'avoir accès à une kitchenette (en supplément) dans une dizaine de chambres. Très pratique. Petit bar. Accueil très cordial, pas avare d'excellentes infos sur la région.

Au Tilleul : *24, route de Niederbronn, 57230* ***Philippsbourg.*** *☎ 03-87-06-50-10. • au.tilleul.issler@wanadoo.fr • À 5 km au nord-est de Baerenthal, sur la D 36. Tlj sauf lun soir, mar soir et mer (plus soir jeu-ven hors saison). Fermé janv. Menu du jour (déj sem) 13,50 € ; autres menus 19 € (en sem)-47 €.* Le clocher à bulbe de l'église, la forêt tout autour et cette bonne table de tradition avec un chef qui mijote des plats de toujours qui mettent tous les palais d'accord. On commence à saliver dès la lecture de la carte : truite du vivier, gibier en saison, foie gras de canard... Mais on pense à garder une place pour le dessert. Déco à l'ancienne et un service un peu long mais précis.

MEISENTHAL

(57960) 720 hab. (les Val-Mésangeois) *Carte Moselle, D3*

À 13 km au sud-ouest de Bitche, entourée de vertes collines, apparaît l'ancienne petite capitale du verre. Le village s'est développé grâce à la présence sur place des matériaux nécessaires à la fabrication du verre, notamment le sable siliceux, la fougère (à partir de laquelle on fabrique de la potasse), l'eau et le bois en abondance dans la région.

UN PEU D'HISTOIRE

Les 1ers verriers, venus de Bohême, arrivent en Lorraine au XVe s. Jusqu'au début du XVIIe s, les verreries sont « nomades » : dès que les ressources en bois sont épuisées, elles partent s'installer ailleurs. Mais en 1629, à Soucht, s'établit la 1re verrerie stable, contrainte toutefois d'arrêter la production en 1700, faute de combustible. 2 ans plus tard, les verriers de Soucht s'installent à Meisenthal, au cœur d'une clairière de défrichement (avec beaucoup de bois à portée de main donc). Le village s'étend rapidement autour de cette verrerie qui demande de nombreux ouvriers et autres corps de métiers. ***La verrerie de Meinsenthal*** connaît assez rapidement un développement important. Elle fabrique essentiellement de la gobeleterie (verres à boire) et des verres de montre avant de s'enrichir de la production de verres de pendule, de lampes et de lustres. Parallèlement, dans la dernière partie du XIXe s, Meisenthal se lance dans la verrerie d'art et inscrit sa production dans le courant de l'Art nouveau.

C'est ici qu'***Émile Gallé*** fait son apprentissage de jeune verrier à partir de 1867. Parti à Nancy après l'annexion de la Moselle, devenu patron de sa propre entreprise, Gallé continuera cependant à faire fabriquer à Meisenthal une partie de sa production, en particulier la verrerie émaillée et gravée. L'atelier est alors dirigé par 2 peintres et graveurs sur verre renommés, Désiré Christian et Eugène Kremer. Mais avec l'ouverture en 1894 de son propre four à Nancy, Gallé cesse de donner du travail à Meisenthal. 2 ans après, Désiré Christian part créer son propre atelier de décor. La création artistique s'éteint progressivement et l'usine se cantonne alors à la gobeleterie classique.

Au plus fort de son activité, Meisenthal compta, entre les 2 guerres (en 1925), jusqu'à 650 ouvriers. Ne pouvant résister plus longtemps aux fabriques de verres totalement automatisées, l'usine ferme ses portes en 1969. Elle employait encore 220 personnes. Une belle aventure industrielle dont le village a su conserver la mémoire grâce au site verrier qui abrite un intéressant musée et le Centre international d'art verrier qui fabrique à nouveau des pièces, en collaboration avec de jeunes designers, et propose toujours, chaque mois de décembre, une très attendue (et gardée secrète jusqu'à sa mise en vente !) collection de boules de Noël.

DU VERRE DANS LA POMME

Autrefois, on attachait des fruits aux sapins de Noël, notamment des pommes. En 1858, après une très mauvaise récolte et la pénurie qui s'ensuivit, les verriers de Meisenthal imitèrent les fruits en fabriquant des sphères en verre argenté. La boule de Noël était née !

Où dormir ? Où manger ?

Auberge des Mésanges : *rue des Vergers. ☎ 03-87-96-92-28. • contact@aubergedesmesanges.fr • aubergedesmesanges.fr • Resto tlj sauf dim soir, lun et mar midi. Doubles 67-79 €. Formule et menu déj sem 12-13,50 € ; carte 25-35 € le soir.* Hôtel traditionnel au calme, offrant des chambres simples et classiques de bon confort. Bon resto avec un grand choix de spécialités régionales savoureuses (on n'est guère loin de l'Alsace), comme le *baeckeoffe* de poisson ou le pain d'épice glacé. Tarte flambée tous les soirs. Tenu par un couple sympathique, soucieux de satisfaire sa clientèle. Belle terrasse.

À voir. À faire

ATTENTION : le site verrier est en ***complet réaménagement*** (extension du musée, création d'un nouvel atelier pour le Centre international d'art verrier...) jusqu'en 2021. ***Il devrait toutefois rester accessible, mais renseignez-vous !*** *• site-verrier-meisenthal.fr •*

Le musée du Verre et du Cristal : *pl. Robert-Schuman. ☎ 03-87-96-91-51. • webmuseo.com • Ouv avr-oct (et pdt période de Noël), tlj sauf mar 14h-18h (17h à Noël). Visite guidée. Entrée : 6 € ; réduc. Gardez votre billet d'entrée, il vous permettra d'obtenir 1 € de réduc au musée de Saint-Louis « La Grande Place ».*

Le musée est installé dans les anciens bâtiments de la verrerie.

– ***Rez-de-chaussée :*** expo sur l'histoire de l'industrie du verre, dans une ambiance d'atelier, et sur les techniques de production de la matière. Les outils sont toujours en lien avec des pièces, qu'elles soient soufflées, gravées ou encore décorées. Chose rare, le visiteur peut amener à lui les objets, et même les toucher pour en déceler les moindres détails de fabrication. Zoom sur la composition du verre : sable siliceux, les fondants, soude ou sel de potassium pour favoriser la fusion dès 1 400 °C et d'autres éléments pour obtenir brillance et teintes diverses, le groisil (débris de verre)... Au milieu, reconstitution d'un four. Intéressante séquence sur la fabrication du « pot » (le creuset qui nécessitait 20 jours d'élaboration et 6 mois de séchage pour 4 à 5 mois de durée de travail). En complément, film de 20 mn sur la fabrication des verres et des vases.

– ***1er étage :*** sélection des plus belles pièces produites par la verrerie. On les découvre dans une bienheureuse pénombre, sous l'œil d'Émile Gallé peint par Victor Prouvé. Quelques explications techniques sur les émaux perlés, polychromes, translucides, le verre doublé, la marqueterie, la grisaille... Bien sûr, impossible de tout citer parmi les œuvres de Gallé, de Désiré Christian et de Burgun-Schwerer.

Le Centre international d'art verrier : *à côté du musée, dans un bâtiment industriel de 1859. ☎ 03-87-96-87-16. Mêmes horaires que le musée.* Galerie d'art verrier et présentation de la production actuelle. Boutique et vente aux particuliers. Du balcon, l'occasion d'observer les souffleurs de verre qui commentent leur travail.

Les maisons des maîtres verriers : le village en compte plusieurs, notamment aux nos 6 et 9, rue du Général-Frère, au no 4, rue de l'Ancienne-Paroisse, aux nos 2 et 4, place Robert-Schuman. Une des plus représentatives de la prospérité passée se situe rue d'Alsace. C'est celle de Martin Walter, construite en 1803. Haute demeure dont le mur-pignon est percé de nombreuses fenêtres. Architecture sobre mais imposante. Enfin, admirer, dans le hameau de *Schieresthal,* outre la belle vue sur la bourgade, le minichâteau néogothique du directeur de la cristallerie de Saint-Louis. Toute petite façade en grès rouge affublée de 2 grosses tourelles. Intéressante balade au cimetière également, pour observer les insolites tombes des directeurs et maîtres verriers.

SAINT-LOUIS-LÈS-BITCHE

(57620) 500 hab. *Carte Moselle, D3*

Arrivé au-dessus de ce village pelotonné dans sa vallée, on remarque d'emblée qu'il s'est constitué autour de sa cristallerie, une des plus célèbres de Lorraine (sinon de France...) en activité depuis plus de 4 siècles. Rien n'est venu modifier sa physionomie : l'usine et ses cheminées, entourées de rues ouvrières, longues successions de demeures identiques, l'opulente ancienne maison du directeur de la cristallerie, la massive église.

UN PEU D'HISTOIRE

La cristallerie est créée par privilège royal en 1767. Au début, elle ne produit que du verre à vitre, mais s'oriente en 1781 vers la fabrication de cristal aux fins de concurrencer la production anglaise (où le cristal a été inventé vers 1627, en introduisant un tiers de plomb dans la pâte de verre). ***À partir de 1825, la réputation de cette cristallerie dépasse les limites de la région*** et tous les efforts sont dirigés vers l'amélioration des techniques et la recherche esthétique et artistique. On ne va pas décrire toutes les innovations en termes de forme et de décor qui ont émergé de cette vallée, mais citons quand même quelques étapes importantes : en 1837 apparaissent les 1ers produits en couleur (cristal coloré dans la masse ou doublé, voire triplé à l'émail). Dans le cristal doublé, la couche supérieure est taillée afin de laisser apparaître la transparence du cristal. À la même époque se créent les 1res opalines et les pièces filigranées. Gros succès des célèbres presse-papiers en cristal avec décor hyper coloré (dit *millefiori*) qu'on allait retrouver sur tous les bureaux directoriaux du monde. En 1866, le charbon remplace définitivement le bois. Puis, dans la 2de moitié du XIXe s, invention de la technique de la gravure à l'acide. À la fin du XIXe s, c'est le tournant historique de l'Art nouveau, qui durera jusqu'en 1925. Plus de 2 000 ouvriers travaillent dans la vallée. Saint-Louis fournit également en services de table tous les grands du monde. En 1937, c'est du Saint-Louis qui orne les tables du paquebot *Normandie* pour sa 1re traversée de l'Atlantique. Depuis, le succès des services de table n'a jamais baissé, qu'il s'agisse de reproduction de modèles anciens (très prisés à l'étranger) ou de modèles contemporains.

Où dormir ? Où manger dans les environs ?

Chambres d'hôtes Le Havre Blanc : *43, rue de Bitche, 57415* ***Montbronn.*** *☎ 03-87-96-32-22. 06-77-50-72-25. • contact@havreblanc.fr • havreblanc.fr • À 4 km à l'ouest de Saint-Louis-lès-Bitche, dans la rue principale du village. Fermé dernière semaine d'août. Double 60 €. Réduc de 10 % sur le prix de la chambre sur présentation de ce guide.* Dans une grande et belle maison de ville, 2 chambres lumineuses et soignées, l'une d'inspiration asiatique, l'autre agrémentée de meubles de famille. De bons gros lits douillets et une agréable salle de bains à partager. Idéal pour une famille. Beau parc fleuri, bassin à carpes, sauna et hammam installés dans un petit chalet. Accueil doux et petit déj pantagruélique.

Les Laurentides : *la Finsterbach, 57620* ***Lemberg.*** *☎ 03-72-29-30-55. • restaurant@leslaurentides.fr • À env 3 km au nord de Saint-Louis-lès-Bitche ; sur la D 36, entre Enchenberg et Lemberg. Tlj sauf mar. Formule et menu déj sem 12,50-15 € ; menu 30 € (40 € le w-e).* Le cadre est insolite : un énorme chalet en gros rondins, dont la vaste salle ouvre sur une large terrasse en pleine campagne. Agréable donc, et en harmonie avec une cuisine fraîche et colorée, souvent d'inspiration méditerranéenne. Le midi, le rapport qualité-prix est imbattable !

À voir. À faire

La Grande Place, musée du Cristal Saint-Louis : *rue Coëtlosquet. ☎ 03-87-06-40-04. • lagrandeplace.fr • Tlj sauf mar 10h-18h. Entrée : 6 € ; réduc ; gratuit moins de 6 ans.*

– Le musée : l'immense savoir-faire séculaire des verriers et tailleurs de Saint-Louis est présenté dans un fascinant musée digne de la renommée de ses œuvres. Installée au sein même de la manufacture, autour de l'ancien four à pot, âme de la cristallerie, la structure présente une architecture audacieuse : sous un toit de tôles ondulées, 953 m de coursives de bois brut et de métal, bordées de vitrines. Vaste espace éclairé par un imposant lustre (de cristal, évidemment !). Sur les étagères reposent les trésors de la manufacture. La collection de plus de 2 000 pièces illustre successivement 20 thématiques et fait revivre plus de 4 siècles d'histoire de la plus ancienne cristallerie de France.

On traverse les époques en démarrant en 1767, année de la consécration de la verrerie créée en 1586 en *Verrerie royale Saint-Louis,* lorsque la gobeleterie en verre ordinaire représentait l'essentiel de la production. En progressant dans le musée, admiratif devant les nombreux vases et flacons à eau, on arrive vite à l'époque du cristal d'opale, célèbre pour ses déclinaisons de couleurs pastel obtenues par l'ajout de phosphate de chaux (os calcinés). Grand moment de la visite, après avoir goûté à la technique du décor filigrané, on se poste devant l'impressionnante

collection de presse-papiers, créés originellement à Murano. On reconnaît définitivement le génie de ces artisans en contemplant les torsades, cannes et rubans multicolores emprisonnés dans cette boule de cristal. Les œuvres se diversifient, à l'image des encriers, des bougeoirs et des baguiers, et de nouvelles époques se succèdent, mettant en scène les prestigieux services de verres et la collection de pièces Art nouveau, inspirées par Daum ou l'illustre Émile Gallé, maître de l'école de Nancy. La fin de la visite est ponctuée d'œuvres majestueuses et uniques, comme en témoigne le globe offert à Louis XVIII en 1818. Sur la coursive supérieure, des expositions temporaires en partenariat avec la Fondation d'entreprise Hermès.
– ***La manufacture :*** *visite sur résa (au ☎ 03-87-06-64-70), pour groupes seulement, mais il est toujours possible pour les individuels de s'ajouter à un groupe constitué ; lun et mer-ven (sauf de mi-juil à mi-août, fêtes de fin d'année et j. fériés). Forfait musée + manufacture : 18 €.* Casque sur les oreilles, on emprunte d'abord une passerelle qui surplombe un vaste atelier où l'on observe le ballet des cueilleurs et des verriers qui façonnent des objets à partir du cristal en fusion. Fascinant ! Puis la visite se poursuit parmi les tailleurs, graveurs et décorateurs qui apportent la touche finale. En passant par l'atelier presse-papiers, vous découvrez l'univers fascinant de ces objets si chers à Colette qui en fut une collectionneuse passionnée. On découvre ensuite les collections contemporaines qui écrivent aujourd'hui la créativité et l'innovation de Saint-Louis, portées par le regard de designers internes et externes. Enfin, découverte de la lustrerie. Tout au long de cette passionnante visite guidée, on est au plus près des gestes d'artisans, pour beaucoup nommés parmi les Meilleurs ouvriers de France. À ne pas manquer.

Le Comptoir de la Manufacture : *rue du Coëtlosquet, à l'entrée du site. Tlj sauf mar 10h-18h. Réduc de 5 % avec le ticket d'entrée au musée.* L'occasion d'acheter à bon prix du magnifique 2e choix (en réalité du 1er choix avec un défaut indiscernable, sauf par un expert !). Mais le cristal, surtout d'exception comme ici, reste un produit de luxe !

L'église Saint-Louis : perchée sur une colline (il fallait laisser de la place à l'usine...), monumentale et, l'on s'en doute largement financée par les patrons. Véritablement reflet de l'opulence de l'industrie du cristal fin XIXe-début XXe s. Construite en 1897, œuvre du fameux architecte alsacien Charles Winkler. Tout en brique rouge, dans un style néoroman pas léger léger. Toit en tuiles polychromes et imposant chevet surmonté d'un clocher octogonal.

LE PAYS DE SARREBOURG

On aborde une nouvelle facette de la Moselle. Le pays de Sarrebourg est un mélange de toutes les géographies, des monts des Vosges du Nord à la paisible région des 200 étangs. Un ensemble géographique truffé de châteaux et de jolies villes (à la Vauban ou bien médiévales brut de forme, au choix !). Avec, pour les hardis randonneurs, une forêt omniprésente...

SARREBOURG

(57400) 12 270 hab. *Carte Moselle, C4*

• Plan *p. 125*

Certes, Sarrebourg est une ville de garnison, et depuis 1878. Mais le moins que l'on puisse écrire, c'est que ça ne saute pas aux yeux ! Il suffit de

quelques pas pour découvrir une ville plutôt coquette, souriante, fleurie, bref, agréable à vivre et possédant des atouts culturels hors pair qui méritent déjà le détour. D'abord, comment ne pas mentionner le magnifique (et exceptionnel) vitrail de Chagall et le remarquable musée de la Ville ? Ensuite, le centre-ville est parsemé de sculptures contemporaines.
Enfin, aux portes de Sarrebourg, c'est dans l'ancien couvent Saint-Ulrich qu'une association a très longtemps assuré la promotion de la musique baroque, jusqu'à rénover des orgues en Amérique latine !

UN PEU D'HISTOIRE

Une 1re cité, fortifiée par les Romains, ne résiste pas aux invasions barbares. Les Francs, plus sympa que les Alamans, reconstruisent la ville qui prend le nom de *Saraburgum* (puis *Saraburg,* 1re mention au VIIIe s). À la fin du Xe s, Sarrebourg passe sous la tutelle des évêques de Metz et voit son rôle militaire confirmé. La ville connaît au Moyen Âge un important développement commercial et religieux. De cette époque (XIIIe s) datent le couvent des Cordeliers et une commanderie des Chevaliers teutoniques. La ville acquiert un grand renom commercial, s'enrichit et finit par battre monnaie. Elle y gagne le surnom de « Sarrebourg la marchande ». Ce n'est qu'en ***1661,*** après avoir beaucoup souffert de la guerre de Trente Ans, que ***Sarrebourg devient française.***
Elle renforce encore plus sa vocation commerçante et accueille avec joie le chemin de fer en 1852. L'annexion de la Moselle en 1871 accentue bien sûr la militarisation de la ville. En 1914, les combats y sont féroces.
Au XXe s, Sarrebourg connaît toujours un certain dynamisme économique, surtout sous la férule de l'ancien 1er ministre Pierre Messmer, qui dirigea la ville de 1971 à 1989.

MAUDITE JOURNÉE

Le 22 août 1914 restera le jour le plus meurtrier de l'histoire de France : 27 000 morts, l'équivalent de toute la guerre d'Algérie qui dura 6 ans. Une bonne partie des soldats périrent sur les hauteurs de Sarrebourg.

Adresse et infos utiles

Office de tourisme *(plan A2) : pl. des Cordeliers. ☎ 03-87-03-11-82. • tourisme-sarrebourg.fr • Lun-ven et sam ap-m 10h-12h, 14h-17h (plus mat sam et dim juil-août).*
Gare SNCF *(plan A1) : pl. de la gare.* Trains pour Metz, Nancy...
Gare routière *(plan A1) : à côté de la gare SNCF. • tim57.com •* Cars pour Phalsbourg, Abreschviller, Dabo et Walscheid.

Où dormir ?

De bon marché à prix moyens

Hôtel du Soleil Levant *(plan A2, **10**) : 6, rue des Halles. ☎ 03-87-03-21-71. • nguy.nie@gmail.com • hotel-restaurant-soleil-levant.fr • Juste derrière l'église. Doubles 63-68 €. Réduc de 10 % sur le prix de la chambre sur présentation de ce guide.* Bien situé, en plein centre mais au calme. Chambres sobres, toutes simples mais bien tenues, et belle familiale avec petit salon. Au rez-de-chaussée, resto chinois à la déco tout en dragons et bougies suspendues.

De prix moyens à chic

Hôtel Ibis Styles *(hors plan par A2, **11**)* **:** *15, chemin d'Imling, zone de loisirs. ☎ 03-87-03-55-55. • h9439@accor.com • ibisstyles.com • ♿ À 2 km du centre-ville. Doubles env 80-130 €, petit déj compris.* Un hôtel de chaîne, certes, mais installé au calme, quasiment à la campagne, dans un écrin de verdure. Chambres de style contemporain, pimpantes et colorées. Impeccable dans sa catégorie. Bon resto : *Les Cèdres* (voir « Où manger ? »).

Où dormir dans les environs ?

Le Couvent Saint-Ulrich : *Haut-Clocher, 57400 Sarrebourg. ☎ 03-87-03-19-33. • jo.lecouvent@gmail.com • couvent-saint-ulrich.com • ♿ À env 5 km au nord-ouest de Sarrebourg ; suivre les panneaux « Le Couvent ». Double 53 €.* Dormir dans un des bâtiments d'un couvent du XIXe s est déjà une expérience en soi. Et cet ancien couvent-là a l'âme musicale : autrefois « Centre international des chemins du baroque », il accueille toujours des musiciens en résidence ou en stage, qui viennent souvent d'Amérique latine. Avec un peu de chance, vous tomberez pile pendant une séance de répétition ! Les chambres sont réparties sur 3 étages et sont simplement confortables. Salle de détente avec un matériel hi-fi de qualité (forcément), et petit déj dans la salle de concert aux fresques colorées.

Où manger ?

De bon marché à prix moyens

L'Épicurien *(plan B1, **21**)* **:** *7, av. Gambetta. ☎ 03-55-16-54-67. • emilie.durand70@sfr.fr • Tlj sauf mer et soir des lun, mar et dim. Menu déj sem 15 € ; formules 24-26 € et menu 29 € ; carte env 45 €.* La bonne adresse, tenue par un jeune couple qui a fait ses classes et ses preuves dans quelques prestigieuses maisons. Et qui s'offre un retour à la simplicité dans cette petite salle sobrement contemporaine, prolongée sur l'arrière par une rigolote terrasse transpercée par un arbre. Accueil gentil et cuisine de tradition, juste rehaussée de quelques bonnes idées, fraîche et pleine de saveurs. Et à prix serrés (le menu du déjeuner ressemble vraiment à une affaire !).

Chez l'Ami Fritz *(plan B2, **20**)* **:** *76, Grand'Rue. ☎ 03-87-03-10-40. ♿ Tlj sauf mer, jeu soir et dim soir. Formule déj sem 13,50 € ; menus 25-33 €.* Cuisine de tradition et de terroir, pas mal tournée. Recettes alsaciennes typiques côtoient sans jalousie les spécialités lorraines. Le tout servi dans un cadre à l'ancienne avec vitraux et boiseries, ou en terrasse, côté rue.

Les Cèdres *(hors plan par A2, **11**)* **:** *15, chemin d'Imling. ☎ 03-87-07-52-07. • restaurantlescedres@gmail.com • ♿ À 2 km du centre-ville. Tlj sauf lun midi, sam midi et dim. Formule et menu déj sem 12,70-14,80 € ; menus 36-55 €.* C'est le restaurant de l'*Hôtel Ibis.* Mais rassurez-vous, la cuisine ne fait pas dans le standardisé ! Élégante, dans un registre traditionnel soigné, elle suit les saisons et régale les nombreux habitués dans une belle salle contemporaine, dont les larges baies vitrées ouvrent sur le jardin. Une bonne option, surtout le midi.

Où manger dans les environs ?

Auberge Saint-Ulrich : *4, annexe Saint-Ulrich, 57400* ***Haut-Clocher.*** *☎ 03-87-23-95-48. • auberge.st.ulrich@gmail.com • À 6,5 km au nord-ouest de Sarrebourg. Juste en contrebas du couvent Saint-Ulrich (voir « Où dormir dans les environs ? »). Tlj sauf dim soir, lun, mar soir*

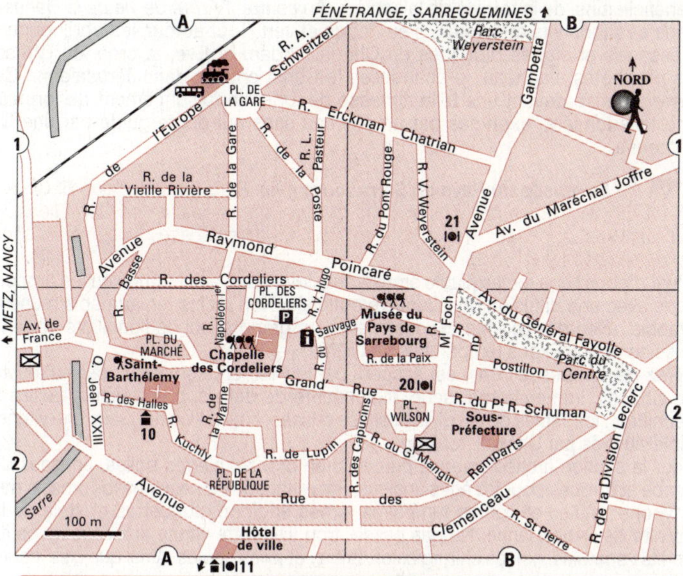

SARREBOURG

Où dormir ?
- **10** Hôtel du Soleil Levant (A2)
- **11** Hôtel Ibis Styles (hors plan par A2)

Où manger ?
- **11** Les Cèdres (hors plan par A2)
- **20** Chez l'Ami Fritz (B2)
- **21** L'Épicurien (B1)

et mer soir. Menus 13,90 € (déj sem) puis 25-55 €. Il y a tout à côté de cette auberge posée au milieu des champs, de quoi attacher et faire boire son cheval et une... borne pour recharger les voitures électriques. Assez symbolique, au final, de cette cuisine qui sans tracer un trait sur la tradition sait faire preuve d'une réjouissante créativité. Bonne table donc, avec des prix qui savent rester sages (le menu du déjeuner est une affaire), une plaisante salle contemporaine, une belle terrasse et un service diligent.

À voir. À faire

La chapelle des Cordeliers (plan A2) : *pl. des Cordeliers. ☎ 03-87-08-08-68. ♿ Avr-oct, tlj sauf mar et dim mat 10h-18h ; le reste de l'année, tlj sauf mar 14h-18h. Fermé certains j. fériés et 10-31 janv. Tarif groupé musée + chapelle (avec audioguide) : 6 € ; réduc ; gratuit moins de 18 ans et pour ts le 1er dim du mois.* La chapelle est le seul vestige du couvent des Cordeliers construit en 1265. Elle abrite l'une des plus fascinantes œuvres de Chagall. D'ailleurs, venez dès l'ouverture pour la détailler dans un bienheureux silence. Sur le thème de la paix, c'est le plus grand vitrail réalisé par le fabuleux artiste : haut de 12 m, large de 7,50 m, il pèse près d'une tonne. Commandé par Pierre Messmer (à l'époque maire de Sarrebourg), il nécessita 2 ans de travail à Charles Marq, le maître verrier (de 1974 à 1976). Il ferme totalement le chœur et bénéficie ainsi de la totalité de la lumière. Au centre, l'*Arbre de vie de la Genèse* dans des tons vifs et colorés, bleu, rouge et vert. Tout autour, les traditionnels messages et signes bibliques de Chagall, Adam et Ève, la croix du Christ, les prophètes, l'agneau, le chandelier, le Christ entrant dans Jérusalem... On reste tétanisé devant une telle richesse de tons, de foisonnement de formes, une telle lumière, exprimés par un pinceau sans nul doute guidé par une foi immense.

Le musée du Pays de Sarrebourg *(plan B2)* **:** *rue de la Paix. ☎ 03-87-08-08-68. Mêmes horaires et tarifs que pour la chapelle des Cordeliers ci-dessus. Quiz, coloriages et puzzles à la dispo des enfants, et espace enfants dans l'expo temporaire en cours.*
C'est d'abord une remarquable architecture intérieure, aux harmonieuses proportions avec une diffusion de la lumière optimale. Non moins remarquable muséographie, avec des œuvres exposées avec un grand souci de l'équilibre et de la mise en valeur. Expos temporaires régulières.
- ***Rez-de-chaussée :*** on y est accueilli par la *Paix,* un merveilleux chef-d'œuvre de Chagall. Immense tapisserie, foisonnante de détails, pas toujours faciles à déchiffrer : les Tables de la Loi, le sacrifice d'Isaac, l'œil de Caïn... Dans une vitrine, bible illustrée par Chagall, toujours.
Pour la section archéologique : bracelets en bronze, pierres polies, anneaux de jambe et torques pour les âges anciens. Provenant de hameaux gallo-romains des environs : stèles et coffres funéraires, urnes en verre, statuettes et stèle de la divinité de l'Abondance. Ne pas passer trop vite cette vitrine aux délicats petits objets : spatules, pinces chirurgicales, bijoux et jolies fibules. Ainsi que clés, cadenas, coupes et cruche en terre cuite...
- ***1er étage :*** belle porcelaine et faïences de Niderviller : bustes, biscuits (exquis Vigneron endormi) et autres stannifères (du XVIIIe s), assiettes, personnages. Intéressante salle de sculpture religieuse. Vestiges médiévaux découverts en centre-ville : couvercle de baquet du XIe s, cruches, « déesses mères » en terre blanche. Coffres funéraires et *Ange du Jugement dernier* baroque du XVIIIe s. Beau torse du Christ en croix en grès du XVIe s. Divers objets domestiques, verres irisés, moules pour bas-reliefs.

L'église Saint-Barthélemy *(plan A2)* **:** c'est l'ancienne collégiale Saint-Étienne du XIIIe s, époque dont elle a conservé la tour nord avec ses arcades et ses têtes sculptées. À l'intérieur, grille de communion de 1661. Les stalles du fond de chœur du XIVe s proviennent du couvent des Cordeliers. Les autres ont été sculptées par Dominique Labroise, renommé sculpteur local, en 1775. Il est également l'auteur des boiseries, du buffet d'orgue et du tabernacle. 4 vitraux historiés sortent du lot de la production (en général médiocre) du XIXe s. En particulier, le *Passage du pape Léon IX à Sarrebourg* (en l'an 1050, reconnaissable à sa tiare) et le *Martyre de saint Augustin Schoeffler* (au Tonkin en 1851). Dessin très élaboré, superbes couleurs, des vitraux de fort belle facture.

Le cimetière national des prisonniers : *rue de Verdun. À 2 km au nord-ouest du centre ; fléché.* La seule nécropole nationale des prisonniers de guerre de 1914-1918 décédés en captivité en Allemagne. Près de 14 000 tombes.

Manifestation

- ***Festival international de musique :*** *en juil.* Initié par la plus que dynamique association installée au couvent Saint-Ulrich (voir « Où dormir dans les environs ? »). Opéra, classique, baroque... Grands noms et jeunes talents.

PHALSBOURG

(57370) 5 000 hab. *Carte Moselle, D3*

Ancienne place forte qui eut longtemps un rôle historique important sur le plan militaire. Berceau de tellement de généraux et d'officiers de valeur pour l'armée de Napoléon que l'empereur l'avait surnommée « la Pépinière des Braves ». Miraculeusement préservée des bombardements de la dernière guerre, Phalsbourg offre aujourd'hui une très intéressante occasion de balade dans l'histoire et l'architecture militaire. Rappelons également (même si la ville s'en charge bien elle-même, de rues en monuments) que c'est à Phalsbourg qu'a débuté la collaboration d'un célèbre duo d'écrivains de la littérature française : Émile Erckmann et Alexandre Chatrian.

UN PEU D'HISTOIRE

Fondée en 1570 par George Jean de Veldenz, comte palatin, elle prend d'emblée le nom de *Pfalzburg* (la forteresse palatine). La ville est vendue en 1584 au duc Charles III de Lorraine avant de devenir française en 1661. Fortifiée par Vauban en 1679 pour défendre le passage du col de Saverne, la ville devient une citadelle hexagonale capable, selon l'architecte, « de donner asile aux débris d'une armée battue, assez forte pour arrêter les progrès d'une victorieuse. » En 1680, le ministre Louvois autorise l'installation de 2 familles juives dans la ville, qui seront à l'origine d'une communauté très dynamique (200 membres sur une population de 1 800 habitants) au XIXe s, comme en témoigne toujours l'imposante façade de la synagogue construite en 1857. Phalsbourg résiste à un siège de 4 mois pendant la guerre de 1870, qui lui vaudra l'obtention de la croix de la Légion d'honneur. Annexée une 1re fois de 1871 à 1918, puis durant la Seconde Guerre mondiale, la ville est libérée le 23 novembre 1944 par l'armée du général Leclerc.

UN PETIT TOUR ET PUIS S'EN VONT

Tous les enfants du pays, lors de la IIIe République, connaissaient Phalsbourg grâce au livre de référence des instituteurs de l'époque : Le Tour de la France par 2 enfants. *Il commençait ainsi : « Par un épais brouillard du mois de septembre, 2 enfants, 2 frères, sortaient de la ville de Phalsbourg en Lorraine... » Refusant l'annexion de 1870, ils partaient sur les routes...*

Adresse utile

Office de tourisme : *pl. d'Armes, à la mairie. ☎ 03-87-24-42-42. • phalsbourg.fr • Tlj sauf dim et j. fériés 8h30-12h, 14h-17h30 (10h-12h sam).* Doc à disposition dans le couloir de l'hôtel de ville. Propose des visites guidées de la ville et du musée (sur résa).

Où dormir ? Où manger ?

Hôtel Erckmann-Chatrian : *14, pl. d'Armes. ☎ 03-87-24-31-33. • contact@erckmann-chatrian.net • erckmann-chatrian.net • Tlj sauf dim soir, lun et mar midi. Doubles 66-83 €. Menus 15 € (déj sem), puis 24-46,50 €.* Une des institutions de la ville, un peu cossue, superbement située à un angle de la place d'Armes. Chambres contemporaines mais avec quelques détails (tapis, meubles anciens...) qui leur donnent du charme. Les plus grandes ont un petit salon et vue sur la place. Salle à manger dans un style régionaliste chic, avec boiseries, plafond à caissons et lustres à pendeloques pour une belle cuisine traditionnelle à base de jolis produits. Service dans la tradition, stylé (et en noir et blanc).

Gîtes du Château et du Château d'Eau : *face au château d'Einhartshausen, gérés par l'office de tourisme (voir plus haut). Résa obligatoire. 3 studios 100 €/nuit pour 2-4 pers (120 € pour le château d'eau) ; appart en duplex 120 € pour 6 pers. Prix dégressif au w-e et à la sem.* Dans une dépendance rénovée du château d'Einhartshausen, la municipalité a créé des gîtes modernes, très confortables, luxueux même. De grands volumes, des couleurs chocolat et beige très actuelles, avec salle de bains toute fraîche, cuisine bien équipée, TV grand écran, lecteur DVD... La familiale est en duplex. Beaucoup de calme et le parc du château à disposition. Mais si l'on cherche de l'insolite, on choisira sans hésiter le gîte... perché au sommet du château d'eau ! Il y a 53 marches, mais à l'arrivée le confort est au top, et la vue géniale depuis là-haut.

Où dormir ? Où manger dans les environs ?

Hôtel Notre-Dame de Bonne-Fontaine : *lieu-dit Bonne-Fontaine, 57370* ***Danne-et-Quatre-Vents.*** *☎ 03-87-24-34-33. • ndbonnefontaine@live.fr • hotel-restaurant-ndbonnefontaine.com • À env 5 km au nord-est de Phalsbourg ; à gauche au feu dans le village (fléché). Doubles 86-106 €. Formule et menu déj sem 12-16 € ; menus 22-59 €. Réduc du 10 % sur le prix de la chambre en jan-fév et nov sur présentation de ce guide.* Un bel et vaste bâtiment ancien sur lequel se sont greffées de plus contemporaines annexes, dans un joli coin, entre champs et forêt. Tenu par la sympathique famille Knopf depuis 3 générations. Ambiance grande famille, d'ailleurs. Chambres classiquement confortables, avec balcon pour beaucoup. Bonnes prestations : ascenseur, clim, petite piscine chauffée intérieure, sauna, hammam. Au resto, salle chaleureuse, agréable et vaste terrasse et bonne cuisine, entre tradition et spécialités régionales.

Où boire un verre ?

VinaRio : *20, pl. d'Armes. ☎ 03-55-16-52-37. • l.baldi@vinario.fr • Mar-sam 10h-14h, 17h-21h (voire plus tard).* Un bar à vins, prolongé d'une grande terrasse sur l'arrière, idéal pour une escale sur le pouce, à la découverte des beaux flacons d'ici et d'ailleurs (quelque 200 références). Planches de charcuterie, de fromage, et parfois de la mer (en été) pour accompagner la découverte des vins proposés par le patron, qui réserve l'accueil chaleureux d'un passionné. Bon choix de vins au verre, évidemment.

Le Cotylédon : *1, rue Foch. • lecotyledon.fr • Ouv mar, ven et sam 18h-22h. Participation libre pour les animations.* Dans ce café associatif, on boit bio (vins, bière, jus, tisanes...) et l'on vient découvrir l'animation qui y règne. Pas mal de concerts, mais aussi des lectures, représentations théâtrales, et régulièrement des ateliers divers et variés (apiculture, couture...) ; programmation sur le site ou sur Facebook. Coin bibliothèque.

À voir. À faire

La place d'Armes : avec les 2 portes de la ville, l'un des témoignages les plus visibles de l'architecture Vauban. Ensemble très harmonieux. Au centre trône la *statue du général Mouton,* né à 2 rues de cette place, l'un des plus célèbres officiers de l'armée napoléonienne (dont l'Empereur disait « mon Mouton est un lion »...). Sur un des côtés, l'*hôtel de ville,* ancien corps de garde de la forteresse qui abrite office de tourisme et musée Erckmann-Chatrian. Sur un autre côté s'élève l'*église catholique,* reconstruction néogothique du XIXe s, de l'ancienne église détruite par les bombardements du 14 août 1870. Ironie de l'histoire : lors de la consécration de la 1re église, en 1743, le curé s'appelait... Bataille !

Le musée Erckmann-Chatrian : *au 1er étage de l'hôtel de ville. ☎ 03-87-24-42-42 (office de tourisme). Lun-ven 10h-12h, 14h-17h. Entrée : 2 € ; réduc. Parcours enfant.* Inauguré en 1938, pour le centenaire de la mort du général Mouton, un petit musée à l'ancienne mode qu'on visite en faisant grincer ses vieux parquets de bois. Les plus grandes salles rendent hommage aux 30 généraux nés à Phalsbourg et évoquent le passé militaire de la ville : riche collection d'uniformes français et étrangers, armes de toutes natures, soldats de plomb, souvenirs et écrits divers. Une petite salle rappelle évidemment (mais rapidement) le souvenir d'Erckmann et Chatrian : quelques objets personnels, beaucoup d'exemplaires de leurs œuvres dans des traductions étrangères. Enfin, une courte section arts et traditions populaires expose costumes paysans, meubles anciens, vaisseliers, lits d'enfant, objets domestiques, rouets, etc.

Le monument à Erckmann et Chatrian : *rue Erckmann.* C'est une statue assez enlevée, représentant bien sûr les 2 écrivains, avec évocation de la patrie révolutionnaire en danger. Maurice Barrès en assura l'inauguration en 1922 (pour le 100e anniversaire de la naissance d'Erckmann). À un pas justement, au n° 20 rue Lobau, la ***maison natale d'Émile Erckmann***. À trois pas, rue du Collège, derrière la grille, le ***lycée Erckmann-Chatrian.*** C'est là, en 1832, alors que c'est encore un collège, qu'Émile entre à 10 ans comme interne. En 1847, il y rencontre Alexandre Chatrian, alors maître d'étude. Une des plus célèbres paires d'écrivains allait naître, bien avant Boileau-Narcejac...

La porte de France : *rue de France.* Ultime vestige de l'enceinte conçue par Vauban, avec la porte d'Allemagne. Une chance qu'au moment de la démolition des remparts après 1870, les Allemands aient songé à la conserver ! Décoration très militariste : les bas-reliefs racontent les victoires de Louis XIV. Au fronton, les armes du roi surmontées d'une couronne et entourées des canons et drapeaux pris à l'ennemi. Sculptures des pilastres assez fines, évoquant là aussi les prises de guerre.

La caserne Lobau : *rue du Commandant-Taillant.* Impressionnante ! Longue de 175 m, d'allure on ne peut plus austère, percée de petites fenêtres, elle révèle un bel appareillage de grès rose, reflet de la « qualité Vauban ». Fort belle toiture également, où pointent grosses cheminées et lucarnes en chien-assis. C'est ici que logeaient les régiments de cavalerie des 2 camps, au gré des annexions et des récupérations. Il subsiste encore tout du long les anneaux qui servaient à attacher les chevaux.

La porte d'Allemagne : *rue du Général-Hollender.* Une porte imposante, au décor un poil moins raffiné peut-être que la porte de France, mais avec une sacrée allure, quand même.

Le sentier botanique du Brunnenthal : *départ au niveau du Centre européen de rencontres, rue du Général-Rottenbourg.* Le chemin emmène d'abord jusqu'au vieux et romantique ***cimetière juif.*** Ouvert en 1796, celui-ci aligne ses vénérables stèles dans un grand champ gazonné. C'est de là qu'on découvre les 3 premiers arbres : le tilleul, le sapin pectiné et le charme, suivis plus haut du hêtre, du chêne sessile et de l'érable sycomore... Et ainsi de suite tout au long des 4 km d'un sentier circulaire, qu'on suit à un rythme tranquille. Idéal pour les familles. De temps à autre, de grands panneaux rappellent des points d'histoire, légendes, anecdotes... Au passage, quelques vieux lavoirs. Visites guidées possibles, se renseigner à l'office de tourisme.

Le sentier des 7 sculptures : *départ au niveau du cimetière des pères franciscains à Bonne-Fontaine (commune de Danne-et-Quatre-Vents).* Sentier circulaire de 4 km sur le thème de l'eau, jalonné par des blocs de grès sculpté représentant des fables de La Fontaine et des romans d'Erckmann-Chatrian.

Manifestations

– **Festival de Théâtre :** *pdt 10 j. fin juil-début août.* Représentations, dans tous les genres, de compagnies professionnelles dans divers endroits de la ville.
– **Fête régionale du Foie gras :** *les 2e et 3e w-e de déc, à la salle Vauban.* Fête gastronomique où le terroir régional, foie gras en tête de file, est à l'honneur.

LE PLAN INCLINÉ DE SAINT-LOUIS-ARZVILLER

Carte Moselle, D4

À quelques kilomètres au sud de Lutzelbourg s'élève ce curieux « plan incliné », dont il n'existe en Europe que 2 autres exemplaires (l'un en Russie et l'autre en Belgique). Littéralement, c'est un « ascenseur à bateaux » qui permet de monter ou descendre une péniche de 350 t en quelques minutes, sur une pente à 41 %. Jusque dans les années 1960, les péniches naviguant sur le canal de la Marne au Rhin devaient, pour franchir ce 1er contrefort des Vosges, affronter une dénivelée de 45 m s'étageant sur 4 km. Cela nécessitait le passage long et fastidieux de 17 écluses, ce qui prenait une bonne journée. Il est clair que ce fut longtemps un frein à l'économie fluviale. Les ingénieurs imaginèrent donc un système de poids et contrepoids pour faire grimper la pente aux péniches. Désormais, les opérations sont extrêmement rapides et nécessitent uniquement 2 techniciens pour effectuer les manœuvres. En moyenne, 10 000 bateaux de plaisance empruntent chaque année le célèbre ascenseur, en passe de devenir aussi... une des attractions majeures de Lorraine.

À voir. À faire

Le plan incliné : *☎ 03-87-25-30-69. • plan-incline.com • Horaires fluctuants : consulter le site. Visite de l'ouvrage et de la salle des machines (env 30 mn) : 4 € ; réduc. Gratuit pour le petit musée de la Batellerie. Des formules intéressantes sont proposées à heures fixes, intégrant visite, circuit en vedette et/ou train touristique. Tarifs : 8-12 € ; réduc. Compter 1h30-2h30.* Plusieurs options possibles, en combinant ou non le musée de la Batellerie (dans une ancienne péniche, photos de l'évolution du site, reconstitution d'une cabine, tracteur électrique sur rail et maquettes du plan incliné), la visite guidée de la salle des machines (poulies de 16 t et de 3,5 m de diamètre fonctionnant grâce à des moteurs électriques de 120 chevaux), la découverte de l'ancien canal de la Marne au Rhin à bord d'un train touristique, ou la balade en bateau (après l'ascenseur, belle promenade jusqu'à l'écluse 18, et retour). Dans tous les cas, ça vaut la peine d'aller sur le site, au moins pour jeter un coup d'œil aux titanesques infrastructures.

La cristallerie du plan incliné « Fusion Libre » : *Z.A. Hofmhul, 57820 Saint-Louis. ☎ 09-50-08-58-16. • fusionlibre.fr • À 2 km de Lutzelbourg sur la route du plan incliné. Ouv en principe mer-dim 14h-18h.* On assiste à la fabrication artisanale de pièces de cristal de couleur, du cueillage dans un four à 1 150 °C au soufflage à la bouche.

Cristal Lehrer : *au pied du plan incliné, 57820* ***Garrebourg.*** *☎ 03-87-07-45-96. • cristallehrer.com • Tlj 9h (10h dim-lun)-19h (18h sam et en basse saison).* Un grand magasin de vente où l'on peut voir (gratuitement et sans réservation) souffleurs et tailleurs de verre en activité. Très touristique.

Luge alpine : *☎ 03-87-03-74-87. • plan-incline.com/luge-alpine • Juil-août, tlj sauf lun 12h-18h ; mai-juin et sept, w-e 12h-17h30 ; avr et oct, w-e 13h-17h30. Tarif : compter 3,50 €/passage sur une luge à 2 places ; tarifs dégressifs selon nombre de passages. Les enfants de moins de 8 ans doivent être accompagnés ; déconseillé aux moins de 3 ans.* À 200 m du plan incliné, au milieu des arbres, une piste de luge alpine de 500 m de long, sur des rails élevés jusqu'à 10 m au-dessus du sol. Ébouriffant !

La vallée des Éclusiers : pas moins de 17 écluses existaient donc avant la construction du plan incliné. Si elles ne fonctionnent plus, elles existent toujours, et les typiques maisons éclusières aussi. Une jolie voie verte longe l'ancien chemin de halage du canal de la Marne au Rhin dans une verdoyante vallée, ponctuée de falaises de grès. 8,2 km à suivre à pied, à vélo, à rollers.

Pour une halte, sympathique lieu de vie ***Papar Hasard*** (à la fois bar à spectacles, crêperie bretonne, galerie d'art...), installé dans une ancienne maison éclusière *(écluse n° 2 ; ☎ 03-87-24-46-27 ; • paparhasard@gmail.com • ; ouv mer-dim pdt les vac scol, ven-dim hors vac ; fermé janv-fév).*

DABO (57850) 2 570 hab. *Carte Moselle, D4*

Joli village au pied d'un spectaculaire rocher de grès rose sculpté par l'érosion où, au XVIIIe s, s'est perchée une chapelle en remplacement de l'ancien château médiéval détruit sous l'ordre de Louis XIV. Très montagneux déjà, tout le coin se prête évidemment à la randonnée à travers des kilomètres de beaux sentiers, au milieu des myrtilles et framboises sauvages. Idem pour le VTT, dont Dabo se révèle l'un des spots les plus populaires de Lorraine.

Adresse utile

Office de tourisme : *10, pl. de l'Église. ☎ 03-87-07-47-51. • info@ot-dabo.fr • ot-dabo.fr • Tlj (sauf lun mat hors saison).*

Où dormir ? Où manger ?

Camping

Camping du Rocher : *D 45, carrefour du Rocher. ☎ 03-87-07-47-51 (office de tourisme). • info@ot-dabo.fr • ot-dabo.fr • Ouv mai-sept (tte l'année pour le chalet). Accueil à l'office de tourisme. Forfait pour 2 env 10 € ; 15 €/pers au chalet (chauffage en sus 10 €/chambre). CB refusées.* Au pied du rocher, comme son nom l'indique. Terrain semi-ombragé en lisière de forêt. Peu d'emplacements mais bien intégrés dans la nature. Également un chalet moderne et impeccable avec 6 chambres de 1 à 4 lits, cuisine équipée et draps fournis. Équipements basiques : sanitaires nickel, terrain de foot et jeux pour enfants.

De bon marché à prix moyens

Restaurant Zollstock : *11, route du Zollstock, 57850* **La Hoube.** *☎ 03-87-08-80-65. • restaurant.zollstock@yahoo.fr • Sur le bord de la D 45. Tlj sauf lun et jeu soir. Fermé de mi-déc à mi-janv. Résa conseillée le dim. Menus env 11 € (déj sem), puis 19-25 €. Apéritif maison offert sur présentation de ce guide.* Cela fait 3 générations que ce sympathique resto de campagne régale une ribambelle d'habitués dans une ambiance conviviale et familiale. Spécialités pleines de saveurs. En saison, cochonnailles, superbe gigot de chevreuil chasseur et jambon cru de pays, mignon de veau aux morilles, cuisses de grenouilles. Une adresse simple et sincère qu'on aime beaucoup, et des prix qu'on aime tout autant.

Où acheter de bons produits?

Miel Limon : *5, rue du Rott. ☎ 03-87-07-41-29. En montant vers le village, sur la gauche, c'est indiqué Tlj, l'ap-m.* Implanté dans la région depuis longtemps, la famille Limon propose du miel aux différents parfums : sapin, montagne, tilleul ou fleurs sont les fleurons de sa production. Également pain d'épice, bonbons, et même des savons au miel.

À voir. À faire

Le rocher : *accès en principe Pâques-Toussaint (ça dépend de la météo), tlj 10h-18h. Entrée : 2 € ; réduc.* Dégagé par l'érosion il y a 200 millions d'années, lieu de culte celtique, ce rocher de grès rose dresse sa drôle de silhouette au-dessus du village, à 664 m d'altitude. Du sommet se dévoile l'un des plus vastes panoramas de Moselle. On distingue presque pratiquement tous les sommets des Vosges (pas moins de 2 tables d'orientation pour s'y retrouver !). Tout autour, ce ne sont que superbes forêts, larges vallées, nature intacte. Si vous en voulez encore plus, grimpez les 62 marches jusqu'en haut du clocher de la chapelle néo-romane (1892).

Plusieurs ***circuits VTT*** autour de Dabo, dont celui de la *Zorn* avec de superbes panoramas. Ou le circuit du *Chat noir,* en forêt, mais avec, là encore, quelques chouettes points de vue.

Randonnées : une foule de possibilités. Parmi les classiques du coin, le *Spitzberg,* le *circuit du dieu Baldur,* ou les *maisons troglodytiques du Falkenfelsen.*

WALSCHEID

(57870) 1 600 hab. *Carte Moselle, C4*

Bourg encore bien authentique, niché au creux d'une large vallée verdoyante, habitée de longue date : le cimetière gallo-romain du hameau de Beimbach en est témoin. Tout autour, des kilomètres et des kilomètres de sentiers balisés pour découvrir de beaux rochers, la grotte Saint-Léon (la plus profonde du massif des Vosges), ou le *mont Grossmann* à 986 m, le point culminant de la Moselle, à la frontière de l'Alsace.

Adresse utile

Office de tourisme : *pl. du Général-de-Gaulle, au centre du village. ☎ 03-87-25-19-03. • walscheid.com • En saison, ouv l'ap-m mar-sam ; hors saison, jeu ap-m seulement.*

Où dormir ? Où manger dans les environs ?

Hôtel-restaurant L'Étable Gourmande : *3, Strossberg, 57870* ***Plaine-de-Walsch.*** *☎ 03-87-25-66-34. • etable-gourmande@orange.fr • letablegourmande.com • ♿ À 5 km au nord de Walscheid. Resto ouv le midi mer-ven, et ts les soirs sauf dim. Fermé 2 sem mi-août et fêtes de fin d'année. Doubles 73-91 €. Menu déj mer-ven 24 € ; autres menus 48-54 €. Café offert sur présentation de ce guide.* Une très belle adresse isolée en lisière de forêt. Avec, dans un chalet récent, d'agréables chambres avec balcon qui mixent discrètement tradition montagnarde (planches de bois aux murs) et déco d'aujourd'hui. Terrasse avec jacuzzi. De l'autre côté de la route, quelques chambres encore, spacieuses et élégantes, au-dessus du resto installé comme on pourrait s'en douter dans ce qui fut une étable. Ancien râtelier et murs de grès se mélangent là aussi sans heurts avec un décor joliment pensé, classe mais chaleureux. Généreuse, sincère et créative cuisine, beaux produits choisis avec passion, beaucoup de productions maison, du pain au foie gras. Présentation travaillée de surcroît, accueil et service adorable, une adresse qui a tout juste ! Y compris pour la carte des vins qui se hisse au niveau de la cuisine.

LA MOSELLE

Où acheter des produits de la région ?

Distillerie artisanale du Castor : *53, rue de la Vallée, 57870* ***Troisfontaines.*** *☎ 03-87-25-15-06. • distilleriecastor.fr • À env 6 km au nord-ouest de Walscheid. Tlj sauf dim 8h-12h, 14h-18h.* Julien Bertin, qui tient aujourd'hui les rênes de la maison familiale, sera enchanté de vous montrer le processus de réalisation de l'eau-de-vie et diverses liqueurs, au milieu de ses grands alambics. Avec plus de 40 sortes d'alcools différents (dont un whisky et un rhum), on en trouve pour tous les goûts. Également des confitures. Propose un gîte rural pour ceux qui abuseraient d'une dégustation de mirabelle vieillie en fût de chêne.

Cristallerie de Vallerysthal : *12, rue des Cristalleries, 57870* ***Troisfontaines.*** *☎ 03-87-25-62-04. • cristalleriedevallerysthal.fr • À env 4 km au nord-ouest de Walscheid. Tlj 10h-12h, 13h-18h (17h30 lun).* Magasin d'usine de cette cristallerie historique (elle a été fondée en 1707) qui revient de loin mais fonctionne toujours. On pourra d'ailleurs voir les ouvriers au travail depuis la boutique. Immense cette boutique donc évidemment, tous les produits vendus ne sont pas fabriqués sur place, mais cristaux, verres comme faïences sont Made in Lorraine...

ABRESCHVILLER

(57560) 1 460 hab. *Carte Moselle, C4*

Un bourg tout en longueur (6 km quand même !), porte d'entrée d'un magnifique massif forestier qui grimpe jusqu'au sommet du Donon. Ici, on a longtemps vécu de cette forêt : des bûcherons venaient y travailler de toute la région, et Abreschviller comptait une bonne quinzaine de scieries au XVIIIe s. Mais la dernière, devenue dans les années 1970 une des plus grandes de France, a cessé toute activité en 2012...

Adresse utile

Office de tourisme : *2, pl. Norbert-Prévot. ☎ 03-87-03-77-26. • abreschviller.fr • Mai-oct, tlj sauf lun ; nov-avr, lun-mar et jeu-ven.* Gère également les gîtes communaux.

Où dormir ? Où manger ?

Gîtes communaux : *11, rue du Moulin. ☎ 03-87-03-75-73. • gites@abreschviller.fr • Double 42 € (draps et ménage inclus).* Situé dans une grosse et belle maison ancienne et dans un environnement sympa, au bord d'une rivière. Environ 45 lits dans des chambres de 2 à 4 personnes. Cuisine équipée et salle commune pour fraterniser. Également, de l'autre côté de la rue, un petit **camping** *(ouv 15 avr-sept ; forfait pour 2 env 10 €)* tout simple (équipements basiques), mais agréable et verdoyant.

Hôtel Les Cigognes : *74, rue Jordy. ☎ 03-87-03-70-09. • info@les-cigognes.eu • les-cigognes.eu • Tlj sauf dim soir, lun et mar midi. Doubles 60-110 €. Formule déj sem 14,90 € ; menus 29-36 €.* Au cœur du village, bel établissement familial entièrement rénové dans un style cosy et moderne. Chambres douillettes, fraîches et lumineuses, de bonne taille et dotées de salles de bains très actuelles pour les plus chères. Piscine et sauna pour se détendre après une bonne rando. Cuisine traditionnelle soignée avec, pour les carnassiers, de bons rognons de veau en cocotte et un fameux gibier, servis dans une salle contemporaine. Beaucoup y viennent en famille pour une escapade gourmande. Accueil chaleureux.

Auberge de la Forêt : *276, rue des Verriers, Lettenbach. ☎ 03-87-03-71-78. • reservation@aubergedelaforet57.com • À 1,5 km du centre, direction Saint-Quirin. Formule et menu déj sem 14-17 € ; autre formule 28 € et menus 35-68 €.* La bonne adresse, un peu bourgeoise, tenue en famille depuis 3 générations. Et la dernière installée vient de lui donner un bienvenu petit coup de jeune. La salle, largement vitrée pour profiter du paysage (à l'orée d'une forêt, vous vous en doutiez) reste d'un cossu très conventionnel. Mais la cuisine, joliment maitrisée, est au goût du jour. Belle terrasse couverte dans un joli jardin.

Où manger dans les environs ?

Du Bout des Canards : *104, rue du Général-Leclerc, 57790* ***Lorquin.*** *☎ 03-87-24-90-09. • jacques-frederique@sfr.fr • Tlj sauf lun soir, mar et jeu soir. Menus 13 € (déj sem), puis 26-38 €.* Une adresse de village comme on les aime. Dans une salle conviviale, la souriante patronne sert aux habitués (et aux autres !) une bonne cuisine de terroir, simple et généreuse. Au menu, canard ou canard, notamment, en magret, en ballottine au foie gras... Vous aurez d'ailleurs remarqué que le canard est l'emblème de la maison et qu'il trône dans tous les coins.

À voir. À faire

Le chemin de fer touristique : *2, pl. Prévot. ☎ 03-87-03-71-45. • train-abreschviller.fr • Juil-août, 2-3 départs/j. lun-sam et 4 départs dim et j. fériés ; mai-juin et sept, 2 à 3 départs mer, dim et j. fériés, seulement un à 15h jeu et sam ; avr et oct, mer, dim et j. fériés à 15h. Résa conseillée en hte saison. Tarif A/R : 13-17 € selon train ; réduc.* Balade dans la vallée de la Sarre Rouge à bord d'un authentique petit train forestier – en activité depuis 1885 et tiré par une locomotive Jung de 1944 – ou d'une belle réplique du mythique *Orient-Express.* Compter 1h30 de balade (environ 12 km aller-retour). Visite à mi-parcours d'une ancienne scierie à haut-fer. Et l'été, on plonge en plein Far West avec l'attaque du train par bandits à cheval !

SAINT-QUIRIN

(57560) 770 hab. *Carte Moselle, C4*

D'après la légende, au XIe s, la mule qui transportait depuis Rome les reliques de saint Quirin aurait obstinément refusé d'aller plus loin que la colline qui porte aujourd'hui l'immanquable *chapelle haute.* Bon, pour les archéologues, les Romains occupaient déjà le coin. Qu'importe, les moines de l'abbaye de Marmoutier fondent ici un prieuré autour des reliques et d'une source dite miraculeuse qui avait la réputation de guérir les « écrouelles », c'est-à-dire les maladies de peau. Les pèlerins affluent, au fil des siècles. Et le village y gagne plusieurs édifices religieux (surnommés les « sept roses »), dont une superbe église au XVIIIe s, et un joli patrimoine qui vaut à Saint-Quirin d'être entré dans le club des Plus Beaux Villages de France.

LA MOSELLE

Adresse utile

i ***Bureau d'informations touristiques :*** *170, rue du Général-de-Gaulle. ☎ 03-87-08-08-56. • saint.quirin.free.fr • À côté de la mairie. Juil-août, tlj ; hors saison, mer-ven.* Propose un audioguide de balades thématiques racontées par les habitants.

Où dormir ? Où manger ?

Hostellerie du Prieuré : *163, rue du Général-de-Gaulle. ☎ 03-87-08-66-52. • priemeval57@gmail.com • prieuresaint-quirin.com • ♿ (resto). Resto tlj sauf mar soir, mer et sam midi. Fermé 1 sem fin août et vac Toussaint. Double 65 €. Menus 14,50 € (déj sem), puis 32-80 €. Café offert sur présentation de ce guide.* Cette solide bâtisse du XVIIIe s (non, ce n'est pas le prieuré !) abrite l'une des meilleures tables du secteur. Accueil nature, plein de gentillesse, de prévenance et d'humour. Salle à manger élégante ou tranquille petit bout de terrasse sur l'arrière. Cuisine aussi savoureuse que généreuse. Sincère aussi, à l'image de ce chef qui a fait le choix de beaux produits locaux : agneau fermier de juste à côté, poissons des rivières ou des étangs lorrains, ail des ours ou champignons des sous-bois... Desserts vraiment gourmands. Et carte des vins pleine de belles trouvailles. Pour dormir, une poignée de chambres classiques, tranquilles et fonctionnelles, dans une petite maison d'autrefois, juste à côté.

À voir. À faire

L'église du prieuré : *tlj 9h-12h, 14h-18h (17h en hiver).* Édifiée au XVIIIe s, elle présente une superbe architecture extérieure, avec ses 3 élégants clochers à bulbe. À l'intérieur, fort belle chaire abondamment sculptée. 2 petits autels encadrent le riche chœur baroque de 1744. Mobilier Louis XV, lustre en cristal de Saint-Louis et orgue de *Silberman,* un des plus grands facteurs d'orgues de l'époque (festival de musique baroque autour de l'orgue en juin). À droite de l'église, l'école avec son ravissant porche baroque (mais il est de 1910). Juste derrière l'église, le prieuré du XVIIIe s avec reconstitution d'un jardin de curé.

Randonnées : par sa position d'enclave au milieu de la forêt, Saint-Quirin est un lieu de prédilection pour les randonneurs, amateurs ou plus expérimentés. Les *5 circulaires de Saint-Quirin,* par exemple, sont des circuits balisés à découvrir dans les environs du village, chacun présentant un niveau de difficulté adaptable aux envies et possibilités physiques du moment ! Tout est détaillé dans des brochures (kilométrage, dénivelée, balisage du circuit, plan) qu'on peut trouver au bureau d'informations touristiques. Ce n'est pas un hasard si c'est ici que se tient le ***festival Rando-Moselle*** *(w-e de la Pentecôte ; rens : ☎ 03-87-08-08-56),* populaire rendez-vous de 2 jours, avec des randonnées guidées, animations, spectacles...

LE PAYS DES ÉTANGS

Ces étangs – on en compte au moins 200 – ont été creusés par les moines au Moyen Âge pour l'élevage des poissons. Parties prenantes du parc naturel régional de Lorraine, certains ont conservé leur vocation piscicole, d'autres ont été superbement reconvertis en bases de loisirs aquatiques. Mais tous ou presque restent un sanctuaire pour les oiseaux depuis le Moyen Âge. On en a dénombré pas moins de 270 espèces, dont les noms chantent aussi : la *foulque macroule* (un genre de poule d'eau), les *grèbes castagneux* (des bagarreurs ?), les *fuligules milouins,* les *butors étoilés* et différentes variantes de hérons. Nombreux rapaces, dont l'*aigle criard* (qui peut atteindre 1,50 m d'envergure), les *balbuzards, buses, éperviers, faucons, milans,* etc. Jusqu'au *pygargue à queue blanche* qui vient de Norvège, en septembre-octobre, se repaître de grasses foulques macroules et de bons poissons blancs... Dernière visiteuse, nouvelle et fringante : l'*aigrette blanche* qui nous vient d'Europe centrale. Quant aux animaux à poil et à fourrure, ils pullulent. Rongeurs multiples, putois, fouines et belettes, chats sauvages, rats musqués, sans oublier toutes les espèces amphibies : grenouilles, salamandres, tritons et couleuvres à collier.

– La région présente également une originale architecture à pans de bois et à toits très pentus : visiter la *maison du Clément* à **Bisping-Belles-Forêts** *(● maisondu clement.jimdo.com ●).*

– Pour les cyclistes, se procurer la brochure des circuits des Étangs (*Gondrexange, Stock* et *Lindre,* de 31 à 68 km). Bonne signalétique.

L'ÉTANG DU STOCK

Avec 720 ha de superficie, c'est le plus vaste plan d'eau navigable de Lorraine. Les contours très cisaillés ne permettent pas beaucoup d'installations sur ses rives, mais on trouve assez d'animations pour bien occuper sa journée : entre autres, une plage et un centre bien-être à Langatte, l'étonnant parc animalier de Sainte-Croix... À Rhodes, on s'étonnera de cette église qui, à force de travaux humains qui générèrent des montées d'eau, se retrouve au pied de l'étang.

Adresse utile

i *Syndicat d'initiative :* *rue de l'Étang, en bordure du lac, juste derrière l'église (entrée camping), 57810* ***Rhodes.*** *☎ 09-61-25-93-53. 📱 06-70-93-40-92. ♿ Ouv tlj en saison.*

Où dormir ? Où manger ?

Camping municipal de Rhodes : *au bord de l'étang. 📱 06-70-93-40-92. Compter env 13 € pour 2. Pod (2-4 pers) 60 €/nuit (tarif dégressif à partir de la 2e nuit).* Aux 30 emplacements de ce petit camping communal bien entretenu et surtout au sourire de l'accueil, s'ajoutent 3 « Pod », quasi les pieds dans l'eau ; des cabanes en bois, arrondies et bien équipées. Un kota grill commun aux 3 cabanes complète l'offre. Une alternative à prix abordable pour visiter le parc animalier de Sainte-Croix.

Camping La Tour du Stock : *étang du Stock, 57400* ***Langatte.*** *☎ 03-87-03-69-90. • rangate.tourisme@wanadoo.fr • langatte.com • Suivre les panneaux « Base de loisirs » depuis le village. Ouv tte l'année. Forfait pour 2 env 16 €. Loc chalets (2-8 pers) 340-930 €/sem. Tarif réduit au centre de bien-être sur présentation de ce guide.* Un vaste complexe comprenant des chalets de différentes catégories (du plus rustique au plus confortable) et des emplacements de camping bien organisés. Excellentes prestations : accès à l'étang avec toboggan aquatique (et plage !), location de vélos et de planches à voile... et même un centre de bien-être proposant massages, piscine, sauna et hammam, ainsi qu'un bowling ! Nombreuses animations en saison.

Chambres d'hôtes Domaine Les Bachats : *57810* ***Rhodes.*** *☎ 03-87-03-92-03. • jb.corsyn@wanadoo.fr • domainelesbachats.com • Bien fléché dans Rhodes. Doubles 75-90 € ; dégressif dès la 2e nuit.* Entre terre et eau, une adresse idéale pour se ressourcer. Cette vaste ferme du XIXe s toujours en activité a conservé tout son caractère dans un environnement naturel préservé. Entourées d'un parc boisé en bordure de l'étang du Stock, les immenses chambres sont un havre de paix. Elles ont toutes un cachet particulier et sont vraiment charmantes. Accueil chaleureux. Piscine chauffée.

Chez Michèle : *57, rue Principale, 57810* ***Languimberg.*** *☎ 03-87-03-92-25. • contact@chezmichele.fr • À env 3,5 km au sud-ouest de Rhodes. Tlj sauf mar-mer. Menus 30 € (sauf sam soir et dim), puis 45-110 €.* L'ancien bistrot du village est devenu une table gastronomique reconnue et étoilée, au cadre lumineux et élégant. Cuisine délicate empreinte de créativité et de légèreté. Le jeune chef prend un malin plaisir à jouer avec les produits locaux, les herbes du potager, l'ail des ours, les champignons. Braisés, confits, les anciens légumes se déclinent à toutes les sauces. Une belle adresse, à la fois fidèle à la tradition et largement ouverte sur aujourd'hui.

LA MOSELLE

À voir. À faire

Le parc animalier de Sainte-Croix : *57810* ***Rhodes*** *(accès par la D 955 et la D 27). ☎ 03-87-03-92-05. • parcsaintecroix.com • De début avr à mi-nov, tlj 10h-18h (19h juil-août, 17h30 début nov). Entrée : 26 € ; 18 € enfants 3-11 ans ; gratuit moins de 3 ans.*

Fascinant ! Car avec une superficie de 120 ha sillonnés par plus de 6 km de sentiers, ce parc permet aux 1 500 animaux d'évoluer dans un environnement spécialement reconstitué pour eux, à l'image des cerfs en semi-liberté. L'arrivée des gibbons en 2017 a marqué la volonté du parc de s'inscrire dans des programmes d'élevage et de permettre aux visiteurs d'appréhender les grandes problématiques environnementales actuelles.

On consulte en arrivant le large tableau qui indique les différents programmes de la journée, les départs du petit train-safari, les naissances... Intelligemment organisé, à travers de 4 sentiers de découverte, le parc offre une promenade au spectacle permanent et très instructif.

UNE MASCOTTE ENCOMBRANTE

Il faut savoir que si la présence du raton laveur s'est développée en Europe, c'est grâce aux soldats américains qui en avaient fait leur mascotte. Ils en possédaient plein lors du Débarquement ! Lorsqu'ils sont repartis, les soldats ont oublié d'emporter leurs porte-bonheur...

Impossible de vous détailler tout ce qu'il y a à voir ici sans y consacrer plusieurs pages de ce guide, mais quelques passages sont obligés comme la *Clairière des loups,* où, depuis un mirador, on guette avec excitation le moindre mouvement de cet animal sauvage et fascinant qui suscite encore bien des débats. Dernière zone à avoir été aménagée, le *Nouveau Monde* dévoile toute la faune du nord de l'Amérique : bisons, ours noirs, coyotes, ratons-laveurs et l'on en oublie. Les enfants devraient adorer l'étonnant espace *Logigrouille* qui présente toutes les petites créatures qui évoluent dans notre maison. Superbe mise en scène des différentes pièces d'un logement, comme la chambre à coucher où l'on écoute des infos sur les acariens par le tube d'un aspirateur, le grenier et la mythique chauve-souris...

Très apprécié des enfants également, *Le Voyage de Néo,* parcours qui sensibilise petits (et grands !) aux problèmes écologiques, au réchauffement climatique et aux menaces existantes pour les animaux. Très ludique, il propose 8 défis à relever pour sauver la planète, dont un labyrinthe, un parcours à effectuer pieds nus, une île pleine de lémuriens en goguette, ou encore un espace où l'on côtoie de très près quelques insectes à la mauvaise réputation. Il faut aussi passer par la *grande plaine des Cerfs* où, d'une longue passerelle, on peut voir évoluer en semi-liberté cerfs élaphes, daims, mouflons... Par la *Terre des ours* également, où l'on approche de près ces plantigrades, et par la *Ferme de Gérald* où l'on peut enfin toucher des animaux !

Le parc assure des animations quotidiennes, sorties nature mensuelles, et chaque occasion est bonne pour rassembler la foule autour d'un phénomène naturel : brame du cerf en octobre, Halloween (vacances d'automne), appel nocturne du loup avec « panier du Chaperon Rouge » pour pique-niquer en forêt, journées thématiques...

Restaurant avec vue et terrasse panoramique sur la plaine des cerfs.

Possibilité de dormir dans le parc, dans des ***logements insolites*** *(env 250 € pour 2 pers, en ½ pens, entrée du parc incluse)* : bivouac chic, safari lodge, cabane du trappeur, tanière des loups façon maison de Hobbit... Ici, l'hébergement fait dans l'insolite, mais haut de gamme ! Bon confort, et surtout une proximité rare avec les animaux. Le « hameau des loups » propose par exemple 5 hébergements face à une meute de loups gris. Le soir, dîner dans une cabane, en compagnie d'un guide qui répond à toutes les questions. Puis vient la nuit, pleine de mystères, de cris et feulements... Une expérience unique ! À réserver impérativement !

L'ÉTANG DE GONDREXANGE

Au sud de l'étang du Stock, ce coin vraiment sympa est le point de rencontre de l'étang et du canal de la Marne au Rhin. Depuis le XIVe s, il est riche en carpes, sandres, brochets, perches et autres poissons blancs. Outre les pêcheurs, nombreux estivants qui apprécient les baignades sur ses rives tranquilles. Super balades également dans la *forêt de Languimberg.* À 8 km, possibilité de visiter le beau *château de Réchicourt* *(ouv de mi-juil à mi-août, ts les ap-m).*

BATAVILLE

Le Tchèque Thomas Batá fut, avant-guerre, le plus grand fabricant de chaussures au monde. En 1931, il bâtit une « cité idéale » avec piscine, tennis, église... et tout le confort de l'époque à Bataville, au cœur du Pays des étangs. L'apogée arriva dans les années 1950. Et puis l'usine ferma en 2002 et fut délocalisée en Chine. Aujourd'hui, le site est en partie occupé par d'autres entreprises.

Où camper ?

⛺ ***Camping Les Mouettes :*** *4, rue de Diane-Capelle. ☎ 03-87-25-06-01. 📱 06-45-29-83-21. • otsi.gondrexange@wanadoo.fr • ♿ Ouv tte l'année. Forfait pour 2 env 17 €. 200 empl.* Ce vaste camping, aux emplacements spacieux et ombragés, propose pléthore d'activités nautiques. Plage surveillée en saison, tables de pique-nique, bar et resto à proximité.

L'ÉTANG DE LINDRE

En remontant vers Dieuze par la D 955, on peut rejoindre ***Tarquimpol,*** un gentil village qui occupe une petite presqu'île sur l'étang. Déjà, les Romains avaient apprécié le site : les musées de Metz et Sarrebourg en conservent des témoignages. L'étang, classé espace naturel sensible, est une vraie réserve ornithologique, et c'est ici, par exemple, que nidifient les seuls gobe-mouches à collier de France (tout mignons petits passereaux).
Au village de ***Lindre-Basse*** (que les cigognes semblent apprécier), départ du *chemin Rives en Rêves,* sentier d'interprétation sur la flore et la faune locales à l'aide de panneaux, et d'une maison des oiseaux posée sur la berge.

Adresse utile

ℹ ***Domaine départemental de Lindre :*** *67, rue Principale, 57260* ***Lindre-Basse.*** *☎ 03-87-35-02-80. • domainedelindre.com •* Visites guidées de l'étang, sur résa.

Où dormir ?

🏠 ***Chambres d'hôtes chez Dominique et Jean-Luc Broquard :*** *16, rue Principale, 57260* ***Lindre-Basse.*** *☎ 03-87-86-02-10. ♿ Double 64 €.* Dans cette ancienne ferme rénovée, 4 chambres simples, fraîches et spacieuses avec chacune sa couleur. Toutes sont confortables, offrent une literie moelleuse et des salles de bains modernes astucieusement agencées en soupente. On apprécie la proximité immédiate de l'étang de Lindre et l'accueil sympa et dynamique.

Où manger dans les environs ?

🍴 ***L'Auberge de Mulcey :*** *12, route de Nancy, 57260* ***Mulcey.*** *☎ 03-87-86-89-60. • b_brehat@orange.fr • ♿ Tlj sauf dim soir et lun. Fermé 1 sem en janv, avr et oct, et de fin juil à mi-août. Formule et menu déj sem 12-14 € ; menus 25-50 €.* Sur la route de Nancy, un resto-bar-tabac dans la tradition, où l'on s'arrête pour la généreuse cuisine du menu du midi, pris au coin du vieux comptoir. Et où l'on se dit qu'on va sûrement revenir, pour, dans une salle sobrement contemporaine, tenter les belles propositions de produits régionaux et de classiques revisités des autres menus. Joli choix de vins au verre. Et belle terrasse chauffée.

🍴 ***La Toque Blanche :*** *49, Grand-Rue, 57670* ***Bénestroff.*** *☎ 03-87-01-51-85. • la-toque-blanche@wanadoo.fr • ♿ Tlj sauf dim soir, lun et mar. Côté brasserie, menus 13,90 € (déj sem), puis 29 € ; côté resto, formule déj sem 19,50 €, puis menus 42-55 €.* Le chef s'est mis en tête de réveiller les papilles en alliant produits du terroir et saveurs du monde. Le mélange et la diversité, ajoutés à son talent, garantissent aux gourmands un beau voyage riche en sensations. En salle élégante ou au jardin contemporain, une équipe souriante assure un service sans faille.

Où acheter de bons produits de la région ?

Fromagerie de l'Abbaye : *clos de l'Abbaye, 57260* ***Vergaville.*** *☎ 03-87-86-97-96. Lun-ven 8h-12h, 13h45-16h30.* Le détour s'impose pour goûter aux excellents fromages de cette petite entreprise fondée par des immigrés italiens dans les années 1930 : tommes en tout genre, versions locales de la mozzarella (*Mossa* ou *Pizzalor*), *carrés du Père Antoine,* ou bien savoureux *verga.*

La Corbeille Lorraine : *15 bis, rue Principale, 57670* ***Montdidier.*** *☎ 03-87-01-45-86. • corbeille-lorraine.fr •* Atelier-boutique d'un grand fan de mirabelle, qu'il propose ici en confitures surtout, mais aussi au sirop, à l'alcool et en bonbons. Si vous n'aimez pas la mirabelle (ne le dites pas trop fort ici !) bien d'autres confitures et gelées (fraise, myrtille rhubarbe) attendent sur les rayons.

LE PAYS DU SAULNOIS

En Pays saulnois, on cultive les petites cités à taille humaine, le calme, la discrétion, les paysages verdoyants et ondoyants sans histoire... Encore que, en mai-juin, les collines prennent plutôt la couleur de l'or avec l'extension des cultures de colza, et que de l'histoire, la région en a à revendre. En tout cas, les Romains se plurent dans le coin puisqu'ils bâtirent 4 villes le long de la Seille, sur une dizaine de kilomètres, dont Vic-sur-Seille et Marsal. Attendez, attendez, le « Saulnois », « Château-Salins », « Salonnes », « Marsal », en fait, n'y avait-il pas un peu de sel dans le coin et ne fut-il pas à l'origine de bien des conflits et des fortunes ?

DES POULES ÉCOLO

Les communes du Saulnois offrent des poules qui réduisent les déchets organiques des familles. Omnivores, elles absorbent jusqu'à 150 kg de détritus par an ! Sans compter les œufs frais en prime.

MARSAL (57630) 270 hab. *Carte Moselle, B3*

Au cœur de la vallée marécageuse de la Seille, Marsal, aujourd'hui village assoupi, ne peut laisser deviner l'importance qu'il a eue pendant plusieurs siècles. En effet, Marsal a longtemps vécu au-dessus d'un énorme tas « d'or blanc » : un gisement de sel gemme vieux de 200 millions d'années. Comme il affleurait souvent sous la forme de sources et de « mares salées », celles-ci donnèrent naturellement son nom au village : Marsal.

UN VILLAGE QUI NE MANQUE PAS DE SEL

À Marsal, le sel a été exploité depuis la nuit des temps. Enfin, au moins depuis l'an 800 av. J.-C., date à laquelle on a commencé à découvrir l'exploitation du sel par la technique dite « du briquetage » qui consistait à faire chauffer la saumure dans des cuvettes, puis à la faire cuire au four dans des moules en argile. Après cuisson, les moules étaient brisés pour recueillir les pains de sel. Déjà, à l'époque du bronze, on commençait à produire des pains de sel de façon quasi industrielle. On a découvert ainsi d'énormes dépôts de moules

en terre cuite appelés « briquettes », qui se sont ensuite sédimentés et qui font aujourd'hui la joie des archéologues. Marsal a été construit sur un îlot de « briquetage » de 1 km de diamètre et de 4 millions de mètres cubes, le plus important d'Europe (la couche atteint parfois 10 m de hauteur). Les Romains abandonnèrent cette technique pour celle de la « poêle en fer » et continuèrent l'exploitation.
Au Moyen Âge, c'est le roi, puis les grandes abbayes lorraines qui assurent l'exploitation du sel. Celui-ci étant lourdement taxé, des fortunes commencent à se constituer. Outre le rôle stratégique et militaire de la ville (Vauban la fait fortifier), le sel est aussi à l'origine des nombreuses guerres et tensions qui animent la région et affectent Marsal durant plusieurs siècles. À la suite d'un long conflit à la fin du XVe s, les places salines sont partagées entre les évêques de Metz et les ducs de Lorraine. Et la saline royale de Marsal arrête définitivement son activité en 1699... Mais la mare salée est toujours là.

À voir. À faire

Le musée départemental du Sel : *porte de France. ☎ 03-87-35-01-50. Attention,* ***le musée est fermé pour travaux*** *; réouverture prévue courant 2020.* Installé dans les casernes qui bordent la très belle porte de France du XVIIe s, ce musée, à la toute nouvelle muséographie, reprend l'historique de l'exploitation du sel dans le secteur (évocation de l'évolution des techniques, reconstitution d'un ancien four d'évaporation du sel, exposition de nombreux objets découverts lors des fouilles...). On ne sera évidemment pas surpris par les riches collections de salières, de boîtes à sel et de cristaux de sel de toutes formes et couleurs.

UNE MANNE SUR LA SELLETTE

Le sel ne servait pas uniquement à saler et assurer la conservation des aliments, c'était aussi un très important produit d'échange, et les profits financiers étaient énormes (fiscalité, contrebande). Tellement énormes que Louis XIV fit fermer la célèbre saline de Marsal en 1699 et que Louis XV la combla pour contraindre les habitants à acheter le sel et payer ainsi la gabelle. Mauvais calculs, qui, ajoutés à d'autres petites mesquineries et vexations de ce type ont contribué à déclencher la Révolution française !

La collégiale Saint-Léger : superbe ! Témoin important du 1er art roman en Lorraine. Massif édifice à 3 nefs. Façade d'une exceptionnelle sobriété. À l'intérieur, colonnes à sobres chapiteaux à volutes. D'autres chapiteaux, plus ornementés, dans le chœur. Très belle chaire en chêne du XVIIe s. Et des gisants Renaissance qui ont échappé aux destructions de la Révolution.

VIC-SUR-SEILLE

(57630) 1 400 hab. *Carte Moselle, B3-4*

Importante ville romaine *(Vicus Bodiatus),* Vic se développa énormément grâce à l'exploitation du sel. En 1234, en conflit avec les bourgeois de Metz, les évêques choisissent la ville comme centre de leur pouvoir temporel. Menacés par les ducs de Lorraine, ils fortifient la ville et Vic devient réellement une capitale, attirant de nombreuses congrégations religieuses et de nombreux artistes rhénans. L'*Hôtel de la Monnaie,* l'une des plus belles demeures de Lorraine, en est, parmi d'autres bâtisses du joli patrimoine

de cette Petite Cité de Caractère, un vivant témoignage. Enfin, Vic est le lieu de naissance d'un des plus grands peintres français du XVIIe s : Georges de La Tour, champion du clair-obscur, dont Malraux disait : « Aucun peintre ne suggère ce vaste et mystérieux silence. La Tour est le seul interprète de la part sereine des ténèbres. »

MOBILISATION 2 ANS TROP TÔT

En 1912, le receveur des Postes d'Arracourt, près de Vic-sur-Seille, reçut un télégramme du préfet ordonnant un vaste exercice d'entraînement. Éméché, le préposé crut que la guerre était déclarée. Aussitôt les hommes furent tous mobilisés et rejoignirent leur casernement dans la nuit. Quand plus un homme ne fut dans la ville, on se rendit compte de la méprise.

Adresse utile

Office de tourisme : *hôtel de la Monnaie, pl. du Palais. ☎ 03-87-01-16-26. Avr-sept, tlj sauf lun ; oct-mars, mar-sam.*

Où acheter du vin de Moselle ?

Domaine Dietrich-Girardot : *32, rue Meynier. ☎ 03-87-01- 84-48. Tlj sauf dim 17h-19h (10h-12h sam) mais téléphoner avt.* Un tout petit domaine (5 ha seulement) pour des vins avec de la personnalité comme la *Réserve Saint-Christophe,* assemblage de pinot noir et de gamay, ou la *Réserve du Château,* un blanc typique de l'appellation. Propose (sur résa) des balades-dégustation dans les vignes.

À voir

Le musée départemental Georges-de-La-Tour : *pl. Jeanne-d'Arc. ☎ 03-87-78-05-30. Tlj sauf lun et 1er mai 9h30-12h30, 13h30-18h. Congés : nov-mars. Entrée : 5 € ; réduc ; gratuit moins de 16 ans.*
Remarquable muséographie et judicieuse répartition de la lumière se conjuguent ici merveilleusement. Musée qui, évidemment, consacre une bonne place à Georges de La Tour.

Sous-sol
Un espace récemment aménagé évoque la vie et l'œuvre du peintre à grand renfort de nouvelles technologies.

Rez-de-chaussée
Découverte virtuelle (entre 7 et 10 mn) de 3 à 5 des plus célèbres toiles du peintre. Dans une intime petite pièce, on coiffe un casque de réalité virtuelle pour une visite en immersion 3D de l'atelier de Georges de La Tour, en compagnie d'un de ses apprentis. Manette en main, on éclaire à la bougie les détails d'une de ses toiles, on broie les pigments du maître... Décoiffant (et pas seulement parce qu'on doit enfiler une charlotte avec le casque !).

1er étage : la peinture du XVIe au XVIIe s
Voici nos coups de cœur. 2 Charles Le Brun de jeunesse : les *Principes de physique* et, surtout, un *Christ en croix* où la lumière n'est distribuée que sur le corps de Jésus. Autoportrait avec sa mère de J. Stella. Et puis le chef-d'œuvre du musée, un Georges de La Tour : *Saint Jean-Baptiste dans le désert.* Disparu pendant près de 3 siècles, retrouvé dans une vente à Drouot et préempté par l'État au profit de la Moselle. Ici, La Tour surprend : pas de lumière projetée comme d'habitude sur une des parties du corps, mais une lumière beaucoup plus diffuse sur l'ensemble.

Tête de femme de La Tour également et un délicat *Portrait de jeune fille* attribué à Le Nain. Noter le beau travail et la technique sur la barbe du *Saint Mathias* (école française). Sans oublier le magnifique portait de *Virginia da Vezzo* attribué à Simon Vouet.

2e étage : la peinture du XVIIIe s
Le Sacrifice d'Iphigénie de Restout. Beaucoup de paysages. Un *Défilé en Italie* de Paul Delaroche, au coup de pinceau vigoureux. Curieusement, le *Talus au Soleil* annonce, lui, l'impressionnisme. Et puis la *Falaise de Varengeville* d'Eugène Isabey, *Rochers à Fontainebleau* de Corot et *Paysage nocturne* de Léon Bonnat, le grand peintre basque.

3e étage : le XIXe s
Études de Paul Baudry. Dans le *Portrait du Docteur Bouchard* de Bonnat, on croit bien discerner, dans l'exécution de la barbe et du visage, un coup de pinceau assez « pré-vangoghien » !

L'hôtel de la Monnaie : *pl. du Palais.* Impressionnante demeure Renaissance à l'histoire également chargée. Construite en 1456, elle a malheureusement subi en 1904 une outrageuse restauration. En effet, vitrine de l'art « allemand » dans une Moselle annexée, on en rajouta quelque peu pour être bien sûr que la maison serait la plus belle de toutes les demeures lorraines. Pour démontrer l'importance de cette entreprise de propagande, c'est l'empereur Guillaume II qui vint lui-même en 1910, après travaux, procéder à son inauguration. Bon, c'est beau quand même. La galerie sur consoles a été reconstituée, ainsi que le décor du rez-de-chaussée en façade, place du Palais. En revanche, la baie en anse de panier, les fenêtres à meneaux, la Vierge à l'Enfant dans sa niche d'angle sont d'origine. On peut en découvrir le rez-de-chaussée qui abrite l'office de tourisme.

Place du Palais toujours, l'ancien ***couvent des Carmes*** (1680) abrite la mairie. On distingue encore sur la façade le nom *Stadthaus* de la période allemande. À côté, façade de l'église bien équilibrée. Cadran solaire avec inscription latine : « Les heures passent lentement pour ceux qui sont dans la peine, rapidement pour ceux qui sont dans la joie. »

DELME

(57590) 915 hab. *Carte Moselle, B3*

Dernier bourg du Pays saulnois avant d'entrer en Pays messin et excellente étape gastronomique. Les Romains en avaient également fait leur 1er vrai relais (appelé joliment *Adduodecimum*) après Metz. Ils y établirent d'ailleurs leur 12e borne sur l'axe Metz-Strasbourg. Si l'on calcule bien, chaque borne étant à une lieue gauloise de la précédente (2 222 m), nous sommes donc, normalement, à 27 km de Metz.

Où dormir ? Où manger ?

Hôtel-restaurant À la 12 : *6, pl. de la République. ☎ 03-87-01-30-18. • info@ala12.fr • ala12.fr • Resto ouv tlj pour les résidents de l'hôtel, sinon fermé dim soir, lun et mar. Double 67 €. Menu déj sem au « réfectoire » 12 €. Au resto, formule et menu 28-35 € ; menu ven soir et w-e 62 €. Café offert au resto sur présentation de ce guide.* La bonne vieille adresse de famille, joliment réinventée par le fiston et sa compagne, qui ont tous deux passé pas mal de temps chez le grand Michel Bras à Laguiole. Pour le restaurant, ample salle au décor d'aujourd'hui, épurée mais chaleureuse, largement ouverte sur le jardin où le chef fait pousser fleurs et plantes aromatiques. Et où l'on peut prendre l'apéro si le soleil est d'accord ! Très belle cuisine fraîche et légère, d'instant et d'instinct, qui fait rimer région et saison. Conseils avisés pour découvrir les petites merveilles de la cave à vins qui habille un des murs de la salle. Prix justes (et quelle bonne idée d'avoir conservé le petit menu du déjeuner, côté « réfectoire » !). Ne reste plus qu'à attendre que les chambres (pour l'instant classiquement confortables) suivent le même chemin et l'on pourra mettre un 10 sur 10 à la 12 !

À voir

La synagogue de Delme, musée d'Art contemporain : *33, rue Poincaré. ☎ 03-87-01-43-42. • cac-synagoguedelme.org • En plein centre. Mer-sam 14h-18h, dim 11h-18h. GRATUIT.* Édifiée à la fin du XIXe s dans un style orientalisant, la synagogue fut partiellement détruite lors de la Seconde Guerre mondiale. Reconstruite après-guerre selon des lignes plus strictes, elle arbore néanmoins une entrée à arcades ornée de motifs réticulés, une coupole et des fenêtres aux vitraux géométriques. Fermée comme lieu de culte au début des années 1980, faute d'un nombre suffisant de pratiquants, elle reprend vie en 1993, lors du vernissage de la 1re exposition. Depuis, de nombreux artistes, comme Daniel Buren ou François Morellet, se sont succédé dans ce centre d'art pour le moins atypique.

LA MEURTHE-ET-MOSELLE

• Carte *p. 148-149*

ABC de la Meurthe-et-Moselle

- ***Superficie :*** 5 246 km².
- ***Population :*** 731 700 hab.
- ***Densité :*** 139 hab./km².
- ***Préfecture :*** Nancy.
- ***Sous-préfectures :*** Briey, Lunéville, Toul.
- ***Signe particulier :*** département créé non pas durant la Révolution, mais en 1871, à la suite de la guerre franco-allemande.

Voici un département qui dessine sur la carte de France une forme étrange, s'étirant vers le nord pour rejoindre le pays de Longwy, à la frontière luxembourgeoise. Cette silhouette aux allures de gitane, qui inspira un temps une campagne de communication, est le résultat de l'histoire : on rattacha les territoires non annexés par l'Allemagne en 1871 de la Moselle et de la Meurthe et rebaptisa alors le département. Cette douloureuse histoire qui, un temps, la façonna et traça sa frontière, fait aujourd'hui une de ses richesses. À la croisée de grands et petits pays fondateurs de l'Union européenne, la Meurthe-et-Moselle fut dès l'origine une région-clé de la CECA (Communauté européenne du Charbon et de l'Acier).

Frappée de plein fouet par les grandes crises industrielles qui se succèdent à partir des années 1970, la Meurthe-et-Moselle a dû réorienter ses activités. D'industrielle pure et dure, la voici désormais tertiaire, universitaire, écoresponsable, touristique. Certes, cette reconversion est encore en cours. Après la valorisation de joyaux historiques emblématiques comme le périmètre XVIIIe s nancéien, l'abbaye des Prémontrés à Pont-à-Mousson, le château de Lunéville, le fort Vauban de Toul et la création du parc naturel régional de Lorraine, c'est au tour de sites plus méconnus d'être l'objet d'attention. Anciennes mines de fer de Neuves-Maisons, fortifications Séré-de-Rivières, berges de l'Orne, Cité des paysages sur la colline de Sion, réserve naturelle de la Moselle sauvage... donnent désormais un aperçu de la richesse et de la diversité du territoire.

Chacun choisira de l'arpenter à pied (plus de 3 300 km de sentiers balisés), à vélo (voie verte du lac de Madines, boucle de la Moselle, Eurovélo l'Échappée bleue...), en voiture, ou même... en bateau, canoë ou aviron puisque, des lacs des Vosges aux nombreuses rivières qui irriguent le plateau lorrain, la Meurthe-et-Moselle est aussi bleue que verte !

Adresses utiles

ℹ ***Meurthe-et-Moselle Tourisme :*** *48, esplanade Jacques-Baudot, CO 900 19, 54035 Nancy Cedex.* ☎ *.03-83-94-56-84* • *tourisme-meurtheetmoselle.fr* • *Lun-ven 9h-12h30, 14h-17h.* Pour toutes infos par téléphone ou e-mail sur le département. « Fugues enchantées » déclinées sur 5 thématiques différentes : Art et patrimoine, Saveurs et spécialités, Événements et fêtes, Nature et détente, ainsi que Insolites !

■ ***Relais départemental des Gîtes de France :*** *34, rue Saint-Nicolas, 54000 Nancy.* ☎ *03-83-23-49-50 (accueil tél lun-ven 8h30-19h, sam 9h-18h).* • *gites54.com* •

NANCY (54000) 105 000 hab. *Carte Meurthe-et-Moselle, B3*

• Plan *p. 150-151*

Si son éblouissante place Stanislas, classée au Patrimoine mondial de l'Unesco, reste sa carte de visite, Nancy possède bien d'autres atouts dans son jeu. Et tout d'abord, les 2 autres places, de la Carrière et de l'Alliance, elles aussi sacralisées par l'Unesco. Pourtant, au-delà de ce périmètre sublimement baroque, on se balade avec plaisir dans la ville nouvelle comme dans la ville vieille où subsistent quelques souvenirs de l'époque de Charles le Téméraire. Bien sûr, autre fleuron et fierté nancéienne par excellence, l'Art nouveau a ici fait école... Les créations de la célèbre École de Nancy se découvrent sur quelques immeubles et villas disséminés dans les faubourgs.

Autre plaisir urbain qu'on ne boudera certainement pas, l'animation de son centre, de jour comme de nuit. C'est que les étudiants sont légion ! Conformément à sa vocation remontant à l'Ancien Régime, Nancy reste une grande ville universitaire, avec 47 000 étudiants, plusieurs grandes écoles réputées et, depuis 2017, un campus où apprentis ingénieurs, cadres commerciaux et artistes se côtoient. Et ici, le moindre rayon de soleil est prétexte à s'installer en terrasse et donne à ses rues et places un air quasi latin !

Symbole du renouveau urbain, mais aussi d'une nécessaire reconversion, les anciennes friches (tanneries, abattoirs, scieries, dépôts de bois...) qui jalonnaient les rives de la Meurthe vers le port de Sainte-Catherine ont laissé place à des quartiers mêlant appartements résidentiels, bureaux et services. Toujours dans cette dynamique, un éco quartier sort de terre : Nancy Grand Cœur, en plein centre-ville, sur l'emprise de la SNCF.

UN PEU D'HISTOIRE

Le nom de Nancy s'écrit pour la 1re fois en 1061. Un nom qui dériverait de *nant,* terme celte désignant un marais ; vraisemblable puisque la 1re ville est posée entre 2 marécages des bords de Meurthe. Ville est encore à l'époque un bien grand mot pour désigner ces quelques maisons et couvents qui se sont mis à l'abri du château fort de Gérard d'Alsace, le fondateur du duché de... Lorraine. Au XIVe s, une enceinte fortifiée se dresse autour de cet embryon de ville ; remparts dont ne subsiste aujourd'hui qu'une des 2 portes, celle de la Craffe.

Le duché de Lorraine gagne en puissance avec le mariage

LES BERGAMOTES DE NANCY

Ce fruit est issu d'un croisement entre l'orange amère et le citron vert. Il est cultivé essentiellement en Calabre. Pourquoi le bonbon est-il devenu une spécialité nancéienne ? Tout simplement parce que le roi René II, duc de Lorraine, se prétendait aussi roi de Naples.

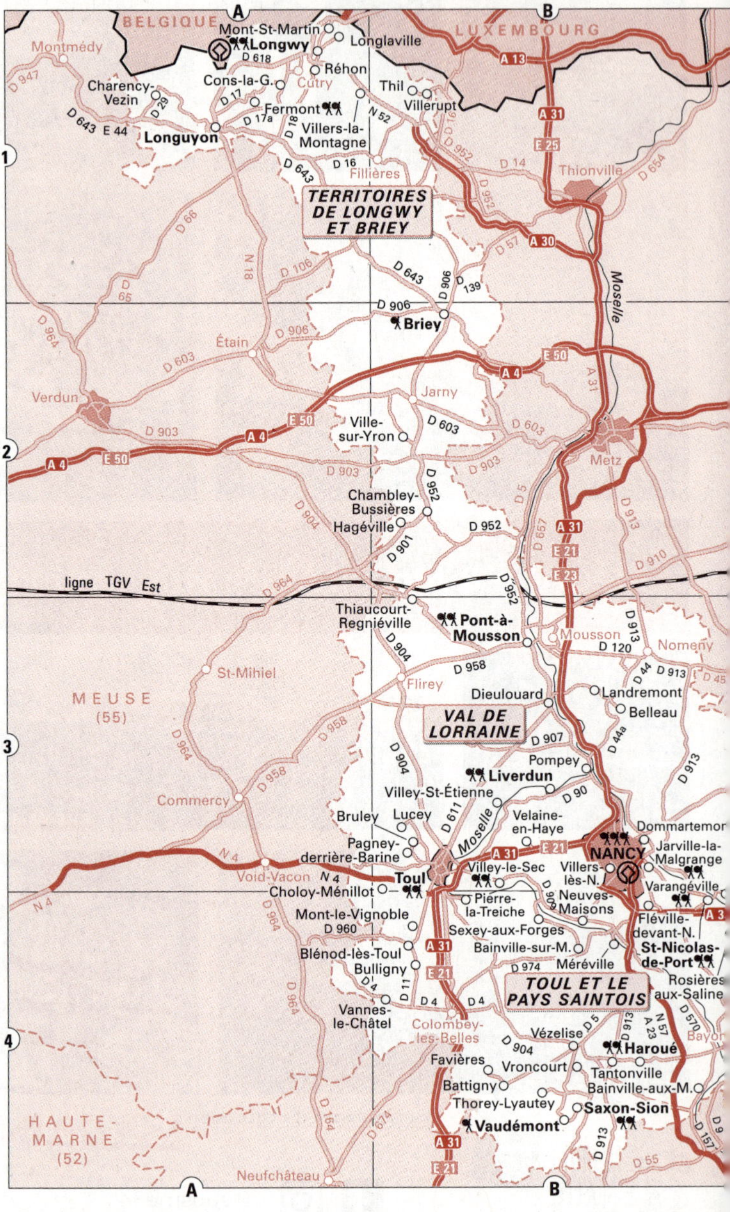
A
B
BELGIQUE
LUXEMBOURG
Mont-St-Martin
Longwy
Longlaville
Montmédy
Réhon
Cons-la-G.
Cutry
Thil
Villerupt
Charency-Vezin
Fermont
Villers-la-Montagne
Longuyon
Fillières
Thionville
TERRITOIRES DE LONGWY ET BRIEY
Moselle
Briey
Étain
Jarny
Verdun
Ville-sur-Yron
Metz
Chambley-Bussières
Hagéville
ligne TGV Est
Thiaucourt-Regniéville
Pont-à-Mousson
Mousson
Nomeny
St-Mihiel
Flirey
MEUSE
(55)
Dieulouard
Landremont
Belleau
VAL DE LORRAINE
Pompey
Liverdun
Commercy
Villey-St-Étienne
Bruley
Lucey
Velaine-en-Haye
Dommartemont
Pagney-derrière-Barine
NANCY
Jarville-la-Malgrange
Void-Vacon
Toul
Villey-le-Sec
Villers-lès-N.
Choloy-Ménillot
Pierre-la-Treiche
Neuves-Maisons
Varangéville
Mont-le-Vignoble
Sexey-aux-Forges
Fléville-devant-N.
Blénod-lès-Toul
Bainville-sur-M.
St-Nicolas-de-Port
Bulligny
Méréville
Rosières-aux-Salines
TOUL ET LE PAYS SAINTOIS
Vannes-le-Châtel
Colombey-les-Belles
Vézelise
Haroué
Favières
Vroncourt
Tantonville
Battigny
Bainville-aux-M.
Thorey-Lyautey
Saxon-Sion
Vaudémont
HAUTE-MARNE
(52)
Neufchâteau
Bayon
1
2
3
4
A 13
A 31
E 25
A 30
A 4
E 50
E 21
E 23
N 4
N 18
N 52
D 643
E 44
D 618
D 17
D 17a
D 18
D 29
D 16
D 947
D 952
D 14
D 654
D 66
D 106
D 906
D 139
D 57
D 65
D 964
D 603
D 903
D 904
D 5
D 657
D 913
D 910
D 901
D 958
D 120
D 44
D 45
D 907
D 44a
D 90
D 611
D 909
D 960
D 974
D 4
D 11
D 570
N 57
A 23
D 164
D 674
D 55
D 157

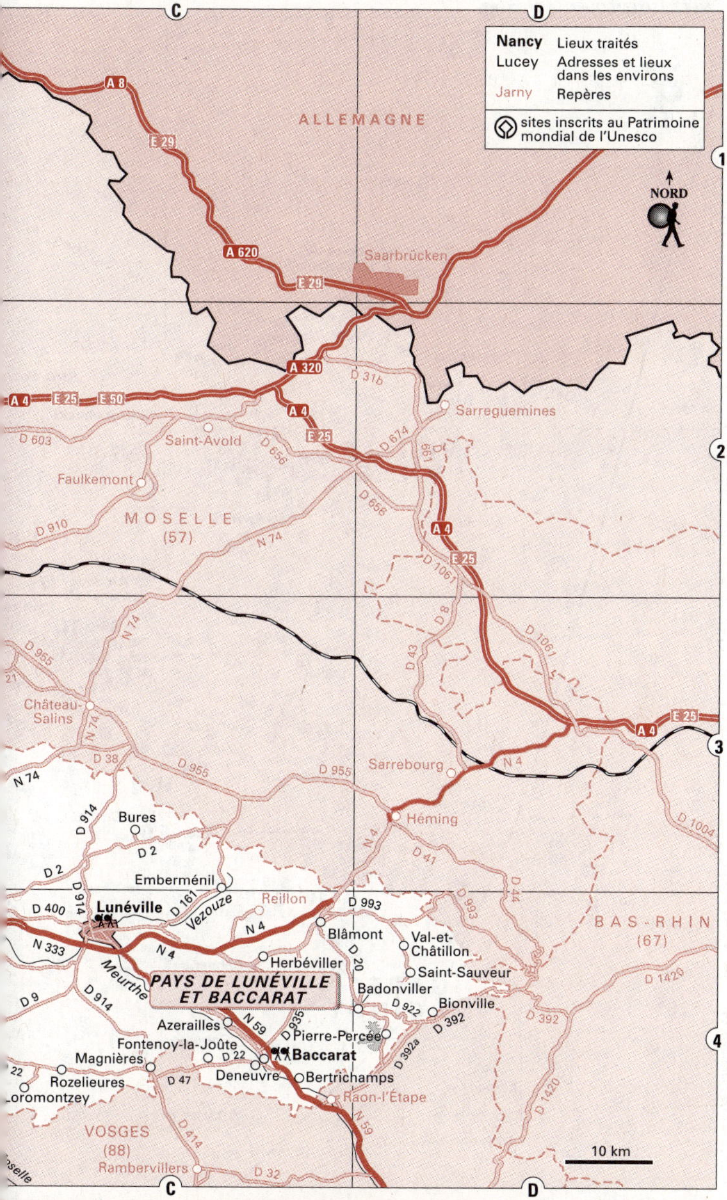

LA MEURTHE-ET-MOSELLE

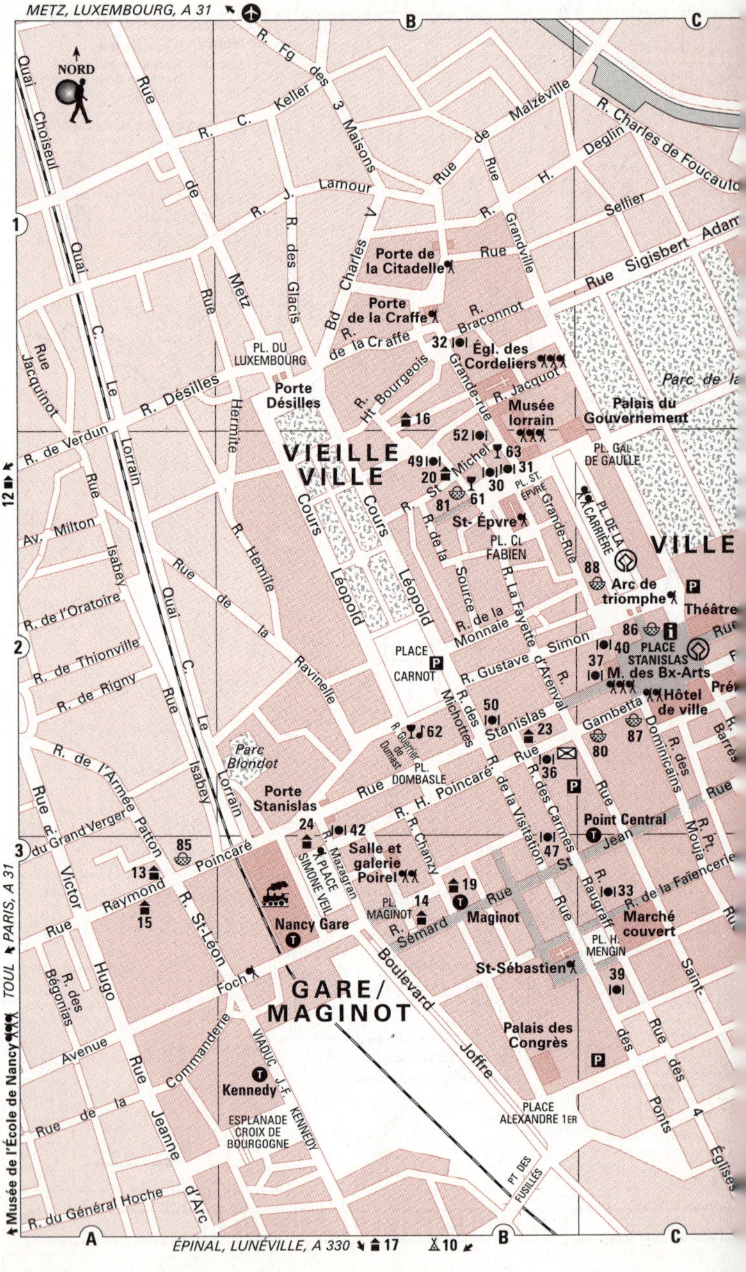

LA MEURTHE-ET-MOSELLE

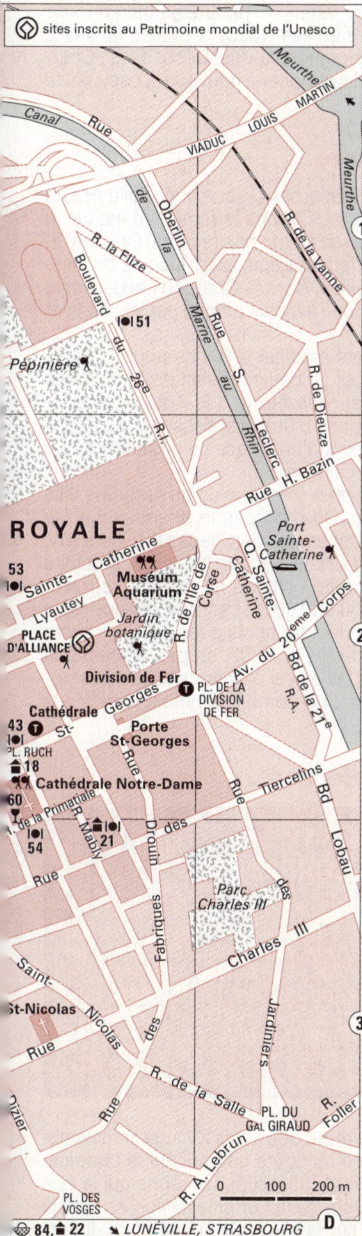

NANCY

Où dormir ?

- **10** Le Brabois (hors plan par B3)
- **12** Aparteo (hors plan par A2)
- **13** Ibis Styles (A3)
- **14** Cœur de City - Hôtel Nancy Stanislas (B3)
- **15** Hôtel Revotel (A3)
- **16** Hôtel de Guise (B1)
- **17** Hôtel La Résidence (hors plan par B3)
- **18** Hôtel des Prélats (C2)
- **19** Best Western Crystal (B3)
- **20** Hôtel d'Haussonville (B2)
- **21** Maison d'hôtes de Myon (C3)
- **22** La Villa 1901(hors plan par C3)
- **23** Hôtel Mercure Nancy Centre (B2)
- **24** Hôtel Mercure Nancy Gare (B3)

Où manger ?

- **30** Made In France (B2)
- **31** Aux Délices du Palais (B2)
- **32** L'Institut (B1)
- **33** Au Grand Sérieux (C3)
- **34** Restaurant du Port, chez Claude (hors plan par D2)
- **36** Le 27 (B2)
- **37** Les Tartes et les plats de Stanislas (C2)
- **39** Les Pissenlits (C3)
- **40** À la Table du Bon Roi Stanislas (C2)
- **42** Brasserie L'Excelsior (B2-3)
- **43** Brasserie Saint-Georges (C2)
- **46** Restaurant des Nouveaux Abattoirs (hors plan par D2)
- **47** Le Bouche à Oreille – La Cuisine au Fromage (B2-3)
- **49** La TOQ' (B2)
- **50** Cap Marine (B2)
- **51** Chez Vassili (C1)
- **52** Les Frères Marchand (B2)
- **53** La Maison dans le Parc (C2)
- **54** Les Petits Gobelins (C3)

Où boire un verre ? Où écouter de la musique ?

- **60** L'Échanson (C2-3)
- **61** Le Ch'timi (B2)
- **62** Pub Mac Carthy (B2)
- **63** Vindiou (B2)

Où acheter de bons produits ?

- **80** Maison des Sœurs Macarons (C2)
- **81** Pâtisserie Adam (B2)
- **83** Alain Batt (hors plan par D2)
- **84** Nathalie Lalonde (hors plan par C3)
- **85** Charcuterie Clément (A3)
- **86** Daum (C2)
- **87** Baccarat (C2)
- **88** L'Épicerie du Goût (C2)

d'Isabelle de Lorraine et de René II d'Anjou. Nancy, sa capitale, attire logiquement quelques convoitises. Charles le Téméraire, par exemple, rajouterait bien un « de Lorraine » à son titre de duc de Bourgogne. Il enlève Nancy à René II en 1475. L'année suivante, c'est au tour de René II de reprendre la ville. Début 1477, Charles le Téméraire a la mauvaise idée de vouloir s'approprier à nouveau la capitale de Lorraine. Ce sera la fin d'une dynastie.

La fin peu glorieuse du Téméraire

C'est la fameuse ***bataille de Nancy,*** immortalisée par Delacroix (la toile est un des passages obligés du musée des Beaux-Arts). Charles le Téméraire est tué le 5 janvier devant Nancy, par un soldat qui ne l'avait même pas reconnu (la honte !). Les Nancéiens, qui ont considérablement souffert du siège, allant jusqu'à brûler la charpente du palais ducal pour se chauffer, défilent dans la Grande-Rue devant le corps du dernier des ducs de Bourgogne, retrouvé à moitié mangé par les loups et identifié par son page italien.

Cette bataille va, en tout cas, considérablement modifier la donne pour le duché de Lorraine qui vivra ensuite au gré des alliances (et des mésalliances...) avec ses puissants voisins européens. René II et son successeur le duc Antoine reconstruisent un palais ducal au goût de l'époque (donc plutôt Renaissance). Les remparts se poussent pour permettre l'aménagement d'une place où organiser moult joutes et autres tournois (l'actuelle place de la Carrière).

À la fin du XVIe s, le duc Charles III crée de toutes pièces, plus au sud, une ville nouvelle 4 fois plus grande que la vieille ville. Un programme pharaonique qui s'étalera sur 3 décennies. Mauvais choix du successeur de Charles III (Charles IV, logique !) qui, en choisissant de jouer Gaston d'Orléans contre Louis XIII, précipite la ville dans la guerre de Trente Ans. Les ducs de Lorraine ne récupéreront leur capitale, envahie par les troupes françaises, qu'en 1697, et encore : Nancy reste sous protectorat français. Le duc Léopold parvient toutefois à redonner un lustre certain à la ville (qu'il quitte pourtant pour Lunéville en 1702, un peu fâché par la présence des troupes de Louis XIV...). Léopold fait élever à Nancy quelques somptueux monuments. Bourgeois et curés l'imitent : de nombreux hôtels particuliers sont édifiés, la primatiale sort de terre...

Le roi Stanislas tient bien en place

En 1737, Louis XV, pas franchement emballé par une alliance entre la Lorraine et les Habsbourg, oblige François III à échanger son duché contre la Toscane s'il veut épouser Marie-Thérèse, future impératrice d'Autriche. Pour le poste de ***duc de Lorraine,*** Louis XV pistonne son beau-père, ***Stanislas Leszczyński,*** qui vient de perdre son boulot de roi de Pologne. Un choix stratégique : Stanislas, qui, à 60 ans, est un vieillard pour l'époque, se voit confier un job en viager ! À sa mort, que Louis XV juge imminente, il est prévu par écrit que le royaume de France récupère en douceur la Lorraine. Seulement, Stanislas va régner près de 30 ans (1738-1766). Un règne qui le fera passer du rôle d'usurpateur à celui de bienfaiteur de la Lorraine (si l'on en croit la mention figurant sous la statue de Stanislas sur la place du même nom). Ce roi bon vivant qui aimait agapes et jolies femmes va imprimer sa marque à la Lorraine, dotant Nancy, mais aussi Commercy ou Lunéville, de monuments en nombre.

EN PASSANT PAR LA LORRAINE

L'arbre généalogique de la couronne française a plus d'une racine dans la région ! Eh oui, les 3 petits-fils de Marie Leszczyńska, fille de Stanislas de Lorraine et épouse de Louis XV, accéderont au trône de France et régneront sous les noms de Louis XVI, Louis XVIII et Charles X.

Ce monarque imprégné de l'esprit des Lumières instaure également en 1748 un enseignement gratuit qui perdurera jusqu'à la Révolution, fournit aux Lorrains des consultations médicales gratuites et fonde la prestigieuse société royale des Sciences et des Belles-Lettres.
La Révolution française bouleverse peu Nancy. Il en est autrement de la révolution industrielle. Avec la découverte d'importants gisements de charbon et les débuts de l'industrialisation, la ville se retrouve progressivement enveloppée par un bassin industriel qui se développe au fil de la Meurthe, de Pont-à-Mousson à Dombasle-sur-Meurthe. Mines, salines, cheminées d'usines...

Quand Nancy fait école

À quelque chose malheur est bon, dit un dicton. C'est le cas pour Nancy avec la guerre de 1870. L'Alsace et la Moselle rattachées à l'Allemagne, Nancy accueille, de 1871 à 1918, des exilés si nombreux qu'une quatrième ville vient se greffer aux 3 déjà existantes. C'est autour de la gare que se construisent ces nouveaux quartiers où apparaissent de superbes immeubles Art nouveau, ce courant artistique qui fait véritablement école ici. Ce nouveau Nancy s'étend considérablement : la ville passe de 40 000 habitants en 1850 à 103 000 en 1901, un nombre qui n'a, globalement, guère été dépassé depuis. C'est l'agglomération qui va se développer, pas la ville, « enfermée » par ses voisines.
En 1957 commence à se dresser au-dessus de la vieille cité ducale un nouveau quartier (encore un !), le Haut-du-Lièvre, avec une des – sinon la – barres de logements les plus longues d'Europe (800 m). Symbole de cette expansion des Trente Glorieuses, les grands ensembles ont été réhabilités et métamorphosés en un écoquartier, le plateau de Haye, plus verdoyant. Une nouvelle tranche de travaux, pilotée par le paysagiste Alexandre Chemetoff, est en cours. Ce vaste chantier est un maillon de la redynamisation et de l'embellissement urbain. La mise en valeur du cœur historique a été associée à l'aménagement de nouveaux quartiers, du côté du port Sainte-Catherine comme à l'arrière de la gare. Enfin, avec *ADN-ART Dans Nancy,* la ville impulse à ses rues et places une nouvelle empreinte forte ; au total, une trentaine d'œuvres d'art contemporaines dialoguent avec le patrimoine existant. Du *Stan* de Jeff Aérosol (rue Sainte-Catherine) à *Giulia* de David Walker (7, rue Léopold Lallement), Nancy voit grand !
Sur le plan économique, Nancy s'est engagée dans le XXIe s avec l'énergie de la jeunesse, au sens propre comme au figuré ! La métropole bénéficie ainsi d'une bonne cote auprès des quelque 50 000 étudiants qui plébiscitent tant ses formations post-bac que sa qualité de vie, son offre culturelle et sportive. Avec ses voisines du « sillon lorrain », elle mise aussi sur la filière numérique. En 2020, les startups de la French Tech à Nancy disposeront d'un immeuble totem installé sur les bords de la Meurthe. Bien sûr, l'activité liée au tourisme contribue largement à son épanouissement actuel.

Les Justes de Nancy

En zone occupée, Nancy devait participer à la vaste opération « Vent printanier » qui visait les juifs étrangers et apatrides. Tandis que la rafle du Vélodrome d'Hiver sera menée avec zèle à Paris, Édouard Vigneron, chef du service des étrangers de la police de Nancy, va tout mettre en œuvre pour épargner la communauté juive de la ville. Mettant toute son équipe à contribution, il parvient non seulement à prévenir les familles la veille, mais leur fournit des faux papiers leur permettant de rejoindre la zone libre. Finalement, la journée du 19 juillet 1942 se solde par 18 arrestations, sur les 400 prévues. Arrêté, emprisonné, Édouard Vigneron retrouvera sa fonction à la Libération. Lui et ses hommes ont reçu la médaille de Juste parmi les nations de Yad Vashem (sur un total de 27 400 Justes à travers le monde).

Arriver – Quitter

En avion

✈ ***Lorraine Airport :*** *route de Vigny, 57420* ***Goin.*** *☎ 03-87-56-70-00. À 40 km au nord de la ville, sur la D 910 à hauteur de Pont-à-Mousson, entre Metz et Nancy.* Liaison par bus pour la gare SNCF de Nancy avec *Keolis 3 frontières* (compter 50 mn et 8 €). *Rens : ☎ 03-87-34-60-00.*

En train

➢ Paris-Nancy 1h30 ; Lyon-Nancy 4h ; Strasbourg-Nancy 1h15.

Adresses et infos utiles

ℹ ***Office de tourisme*** *(plan C2) : pl. Stanislas, BP 810. ☎ 03-83-35-22-41. • nancy-tourisme.fr • ♿ Tlj 9h30 (13h30 lun)-18h30. Fermé dim 24 déc-31 mars, et les 1ᵉʳ janv et 25 déc.* Outre une documentation très bien faite, l'office de tourisme propose différentes façons de découvrir Nancy : visite guidée de l'ensemble du XVIIIᵉ s et de la ville vieille de mi-avril à fin octobre, le samedi à 14h30 ; circuit Art nouveau, de juillet à fin septembre, le dimanche à 10h (compter chaque fois 1h30 et 9 € par personne) ; maison d'artiste (Jean Prouvé) de juin à septembre, le samedi à 14h15, 15h15, 16h15, au 4-6, rue Augustin-Hacquard ; et bien sûr, circuits audioguidés (7,50 €).

– ***Le petit train touristique :*** *départ pl. Stanislas, côté opéra, chaque heure pile ; mai-sept, 10h-18h, oct 11h-17h, avr et nov 11h-16h. Tarif : 7 € ; enfant 5 €.* 40 mn de visite commentée.

– ***Le City Pass Nancy :*** *16 € (24h), 25 € (48h), 33 € (72h), en vente à l'office de tourisme.* Il comprend un livret sur la ville, un billet de transport valable 24h, une visite guidée/audioguidée (selon saison), une réduction de 50 % sur la location d'un *VélOstan* et de 10 % à la boutique de l'office de tourisme.

– ***ZeVisit :*** téléchargement d'audioguide en format mp3 sur le site de l'office de tourisme afin de découvrir les grands sites historiques de la ville ou via l'application ZeVisit. Gratuit.

– ***Baludik :*** des petits secrets et des anecdotes amusantes pour faire de chaque balade en ville une exploration amusante pour petits et grands. À télécharger sur l'appli.

■ ***Nancy Greeters :*** *• nancygreeters.fr • ou rens auprès de l'office de tourisme.* Une autre façon de découvrir la ville, en compagnie d'habitants bénévoles et passionnés, qui proposent des balades insolites et aux thématiques variées (sportives, culturelles, *by night*...).

– ***Pass musées :*** *en vente dans les 6 musées de la métropole ; 15 €. Valable 10 j. à compter de la 1ʳᵉ utilisation.* Comprend l'entrée à 9 sites (sans audioguide) : musée des Beaux-Arts, Musée lorrain, musée de l'École de Nancy, Muséum-Aquarium, le jardin botanique Jean-Marie Pelt, le musée de l'Histoire du fer à Jarville-la-Malgrange, le jardin d'altitude du Haut-Chitelet, le château de Montaigu et la galerie Poirel (pendant les expositions).

Transports

– ***Circulation et stationnement :*** le centre-ville se visite à pied. Aux départs des lignes de tram (Essey-Mouzimpré, Saint-Georges, CHU Brabois), plusieurs parkings relais, bien fléchés, permettent d'éviter de pénétrer en ville en voiture. Formule à 2,90 € pour l'ensemble des occupants du véhicule. En centre-ville, le tarif des places de stationnement payant est modique : 1,70 € en moyenne. On trouve encore à Nancy des emplacements de stationnement gratuit, en dehors du centre ancien. Pour les quartiers Art nouveau et les sites que nous avons sélectionnés dans les environs du Grand-Nancy, nous vous conseillons de combiner marche à pied et vélo, bus, tram, voire taxi si vous en avez les moyens.

🚌 ***Bus et tramway STAN*** *(Service de transports de l'agglomération* *nancéienne) : 2, pl. de la République. ☎ 03-83-30-08-08. Lun-sam 7h-19h.* 16 lignes de bus et une ligne de tram desservent la métropole. Colonne vertébrale du réseau, la ligne de tram traverse Nancy du sud-ouest (Vandœuvre-CHU Brabois) au nord-est (Essey-Mouzimpré). Les tickets (valables 1h) s'achètent dans l'e-boutique *(● reseau-stan.com ●)* et les agences STAN, aux arrêts, dans les tabacs-presse au prix de 1,30 € et 1,50 € auprès du chauffeur. Il existe des bus de nuit qui desservent le Zénith les soirs de spectacle. Sinon, un bon plan pour circuler de façon illimitée sur le réseau : le *Pass découverte,* valable 24h (en vente à l'agence et au Point accueil STAN, pour 3,90 €) et le *Pass tribu* (12 voyages pour 7,80 €).

– ***G-Ny :*** pour calculer votre temps de trajet quel que soit votre mode de locomotion, G-Ny combine une application mobile pour smartphone et un site Internet *(● g-ny.org ●).*

Taxis : Taxi 54, *☎ 03-83-63-55-55 ;* ***Taxis Nancy,*** *☎ 03-83-37-65-37.*

■ ***Location de voitures :*** *plusieurs loueurs dont* ***Hertz,*** *1, pl. Thiers, ☎ 03-83-32-13-14 ;* ***Avis,*** *21, pl. des Vosges, ☎ 0820-05-05-05 ;* ***Europcar,*** *18, rue de Serre, ☎ 03-83-37-57-24.*

– ***Vélo :*** le Grand-Nancy met tout en œuvre pour favoriser la pratique du vélo : 220 km de pistes cyclables, 1 250 vélos en location courte et longue durée, 10 000 places de stationnement réparties sur le territoire.

■ ***VélOstan'lib :*** *☎ 03-83-32-50-85. Service clients : ☎ 0-800-25-00-25 (lun-sam 8h-20h, dim et j. fériés 9h-19h). ● velostan.com ● 29 stations dans Nancy intra-muros. Borne d'accueil et d'abonnement sur certains parkings avec commande de tickets de 1 ou 7 j. par CB (5 € l'abonnement).* Location à l'heure, la ½ journée, journée, semaine, vraiment pas chère : un bon moyen de découvrir le Nancy Art nouveau.

LA MEURTHE-ET-MOSELLE

Où dormir ?

De bon marché à prix moyens

Hôtel Revotel *(plan A3,* ***15****) : 41-43, rue Raymond-Poincaré. ☎ 03-83-28-02-13. ● contact@revotel-hotel.com ● revotel-hotel.com ● ♿ Doubles avec douche et w-c à partir de 45 €, familiales 70-100 €. Parking.* Le centre-ville est à une dizaine de minutes à pied. 2 bâtiments modernes. Dans le 1er, une cinquantaine de chambres, petites et fonctionnelles (l'espace a été optimisé et le tout entièrement rénové). Pour quelques euros de plus, préférez les chambres « prestige », dans l'annexe, plus grandes, avec une vraie salle de bains et la clim. Accueil efficace.

Aparteo *(hors plan par A2,* ***12****) : 48, bd Albert-Ier. ☎ 03-83-54-18-96. ● contact@apparteo.travel ● aparteo.travel/item/nancy ● Ⓣ Campus Lettres (ligne 2). Double 50 €. Parking gratuit.* Juste à côté de la faculté de lettres, à 15 mn à pied de la place Stanislas, une résidence avec des studios meublés tout équipés... et beaucoup d'étudiants.

De prix moyens à chic

Hôtel Mercure Nancy Centre *(plan B2,* ***23****) : 5, rue des Carmes. ☎ 03-83-30-92-60. ● H1068@accor.com ● accorhotels.com ● ♿ Doubles 79-138 €.* À deux pas de la place Stanislas, cet hôtel a réussi haut la main sa reconversion déco. Fresque contemporaine en tête de lit, camaïeu de jaunes et de bleus dans les chambres, ambiance cosy et design dans le lobby... Côté pratique, le parking couvert !

Hôtel Mercure Nancy Gare *(plan B3,* ***24****) : 11, rue Raymond-Poincaré. ☎ 03-83-39-75-75. ● HA038@accor.com ● accorhotels.com ● ♿ Doubles 78-120 €. Parking public couvert.* Très décriée à l'époque, la tour Thiers fait désormais partie du paysage nancéien. L'hôtel *Mercure* y a pris ses quartiers dans les étages. Les chambres ont été refaites dans un esprit joliment design et pratique.

Ibis Styles *(plan A3, **13**) : 3, rue de l'Armée-Patton. ☎ 03-83-40-31-24. • H6852@accor.com • all-seasons-hotels.com/ibis_styles • ♿ Doubles 82-119 € selon confort et saison, petit déj compris.* Situé dans le quartier de la gare, il bénéficie toutefois d'une vraie tranquillité, quand il n'accueille pas de groupes. Chambres fonctionnelles et confortables, toutes climatisées mais sans charme réel, qui s'ordonnent autour d'un vaste patio fleuri où l'on peut prendre le petit déj aux beaux jours. Sauna payant.

Cœur de City – Hôtel Nancy Stanislas *(plan B3, **14**) : 61, rue Pierre-Semard (pl. André-Maginot). ☎ 03-83-32-28-53. • nancy@coeurdecity.com • hotel-nancy-stanislas.com • À deux pas de l'arrêt du tram Maginot. Doubles 50-110 €, petit déj compris.* L'hôtel a été entièrement réaménagé dans un style design qui ne tient pas de l'école de Nancy même, mais pourrait faire école quand même. Confortable et fonctionnel. Le petit déj se prend toujours dans la cave voûtée.

Hôtel de Guise *(plan B1, **16**) : 18, rue de Guise. ☎ 03-83-32-24-68. • contact@hoteldeguise.com • hoteldeguise.com • Doubles 70-110 €.* Idéalement situé, dans une paisible petite rue, au cœur de la vieille ville. Bel hôtel particulier des XVIIe et XVIIIe s, transformé en hôtel tout court dans les années 1930. Pierre et ferronnerie pour le majestueux escalier, boiseries à fleurs de lys et cheminée monumentale dans la salle de petit déj : un indéniable cachet. Les chambres entièrement rénovées sont décorées de grandes fresques historiques qui ajoutent encore au caractère de ce monument classé.

Hôtel La Résidence *(hors plan par B3, **17**) : 30, bd Jean-Jaurès. ☎ 03-83-40-33-56. • hotel.laresidence.nancy@wanadoo.fr • hotel-laresidence-nancy.com • Congés : fin déc. Doubles 73-95 €.* Rien de design, ici, l'ambiance est celle d'une vieille maison de famille : cosy petit coin salon, bibelots et gravures dans les escaliers... Chambres à l'unisson, toutes différentes, toutes chaleureuses, agréablement confortables, mais pas toujours bien grandes. Bien insonorisées côté boulevard, plus tranquilles quand même côté jardin.

De plus chic à beaucoup plus chic

Chambres d'hôtes La Villa 1901 *(hors plan par C3, **22**) : 63, av. Général-Leclerc. 📱 06-30-03-21-62. • contact@lavilla1901.fr • lavilla1901.fr • Doubles 165-185 € selon confort.* Une maison de ville revisitée en chambres d'hôtes au design de luxe. Leur nom est celui des enfants, partis aujourd'hui vivre leur vie. Bel accueil, et superbe petit déj servi dans la salle à manger 1900 ou sur la terrasse, aux beaux jours.

Hôtel des Prélats *(plan C2, **18**) : 56, pl. Monseigneur-Ruch. ☎ 03-83-30-20-20. • contact@hoteldesprelats.com • hoteldesprelats.com • ♿ Fermé de Noël à début janv. Doubles 97-138 €.* Installé dans l'ancien palais épiscopal juste à côté de la cathédrale. Des chambres dans les tons clairs, avec lits à baldaquin, écran plat et joli mobilier. Agréable salle de petit déj sous une véranda avec vue sur le jardin du couvent voisin. Un ensemble qui ne manque pas de charme à condition d'apprécier d'être réveillé au son des cloches de la cathédrale. Accueil très professionnel.

Best Western Crystal *(plan B3, **19**) : 5, rue Chanzy. ☎ 03-83-17-54-00. • contact@bwcrystal.com • bwcrystal.com • Congés : 24 déc-5 janv. Doubles 49-173 € selon confort et saison.* Situé à deux pas de la gare, dans un immeuble ancien dont l'intérieur a été entièrement modernisé. Chambres plus ou moins spacieuses, pour tous budgets, à la déco actuelle et agréable. Excellente literie. Clim dans tout l'hôtel. Accueil très pro et attentionné.

Maison d'hôtes de Myon *(plan C3, **21**) : 7, rue Mably. ☎ 03-83-46-56-56. • contact@maisondemyon.com • maisondemyon.com • Congés : mi-fév. Double 140 € ; lofts 150-165 € selon confort. Lunch 30 € ; dîner 40 €.* Une maison d'exception au cœur de la ville, entre berges de Meurthe et place Stanislas. Plus qu'une maison d'hôtes, un accueil, un cadre avec 5 chambres de caractère et de charme dans un incomparable confort moderne et cosy ; elles portent le nom de la couleur de leur salle de bains. On aime bien les lofts. La table d'hôtes propose une cuisine qui évolue au fil des saisons et de l'humeur...

Hôtel d'Haussonville *(plan B2,* ***20****) : 9, rue Monseigneur-Trouillet. ☎ 03-83-35-85-84. • direction@hotel-haussonville.fr • hotel-haussonville.fr • Doubles 149-239 €.* L'adresse de charme historique de Nancy puisqu'il s'agit d'un ancien hôtel particulier du XVIe s, avec de très beaux parquets, abritant 7 chambres toutes différentes aux noms exotiques. Le salon, avec la cheminée et le piano, ne manque pas de classe non plus.

Où manger ?

Très bon marché

Made In France *(plan B2,* ***30****) : 1, rue Saint-Èpvre. ☎ 03-83-37-33-36. Lun-ven 11h-15h, 18h-22h, sam 11h-22h. Délicieux sandwichs env 5,50 €.* Le spécialiste du sandwich depuis près de 30 ans. Beaucoup de monde le midi, mais aussi le soir pour manger sur le pouce la composition de son choix.

De bon marché à prix moyens

Aux Délices du Palais *(plan B2,* ***31****) : 69, Grande-Rue. ☎ 03-83-30-44-19. Juste en face du Musée lorrain. Tlj sauf sam midi et dim. Congés : 1 sem mi-août. Résa conseillée. Entrées 6,50 €, plats 12,50 €, desserts 6,50 €. CB refusées.* Fauteuils de style fifties, bibelots ramasse-poussière, vaisselle de vide-greniers et toiles cirées à fleurs : amusante déco de bric et de broc(ante) pour cette minuscule salle kitsch. Bonne petite cuisine du jour qui fait un peu le tour du monde (tajines, brick de poulet à l'indienne, salades...). Patron à la fois nonchalant et virevoltant. Un « restoptimiste » de référence !

Au Grand Sérieux *(plan C3,* ***33****) : 27, rue Raugraff. ☎ 03-83-36-68-87. • augrandserieux27@gmail.com • ♿ Ouv le midi mar-sam et le ven soir. Congés : 1 sem début août. Plat du jour 12 € ; carte env 30 €.* Authentique bistrot, dans son jus. Comptoir avec ses habitués qui se font appeler par leur prénom, banquettes en bois verni, patiné par le temps (1934), qui courent le long des murs, tables au coude à coude, plats à l'ardoise et service pressé qui vous place là où il y en a. Très bonne cuisine, au gré du marché, réalisée par un chef sérieux passé par quelques maisons étoilées.

Restaurant du Port, chez Claude *(hors plan par D2,* ***34****) : 5, rue Henri-Bazin. ☎ 03-83-35-49-85. • claude.dopp@free.fr • Tlj sauf lun soir, mer soir, dim et j. fériés. Formules déj 14,50-18,50 € ; menus 29,50-39,50 €.* Petit resto de quartier spécialisé dans les recettes de grands-mères et la viande rouge, fréquenté par les habitués le midi, et le soir par les amateurs de ris de veau et andouillette. On mange près du bar ou dans une petite salle au fond, plus tranquille. Une adresse comme on les aime, avec du cœur et des tripes. Terrasse.

Chez Vassili *(plan C1,* ***51****) : 46, bd du 26e RI. ☎ 03-83-30-61-29. • contact@chezvassili.com • Fermé dim, lun, et le soir des mar-mer. Résa conseillée. Formule déj sem 13,50 € ; carte env 29 €. Café offert sur présentation de ce guide.* Face au parc, dans une ancienne petite guinguette Art nouveau, un petit restaurant franco-géorgien qui offre des spécialités si savoureuses qu'on comprend pourquoi les locaux vous le conseillent chaleureusement. Carte courte, rassurante. Quelques plats végétariens. Prix doux, service décontracté.

Les Tartes et les plats de Stanislas *(plan C2,* ***37****) : 16, rue Stanislas. ☎ 03-83-37-50-03. Ouv ts les midis sauf mer ; mai-sept, ouv aussi le soir jeu-dim. Congés : fév. Formule tarte et salade à partir de 5,80 € ; menus 11-18 €.* Le bon plan pour manger frais et pas cher près de la place Stan. Petit salon de thé sans prétention, tenu par 2 gentilles mamies qui, outre des tartes, proposent également quelques plats lorrains. En été, installez-vous absolument en terrasse pour admirer les ors de la place.

De prix moyens à chic

|●| ***L'Institut*** *(plan B1,* ***32****) : 102 bis, Grande-Rue. ☎ 03-83-32-24-14. • contact@brasserie-linstitut.com • Ouv ts les midis sauf dim et j. fériés, plus le soir mer-sam. Congés : 3 sem fin juil-début août. Plats à l'ardoise 9,70-18 € ; carte 30-40 €.* Un institut, plutôt une institution puisque le plus ancien bar de Nancy a ouvert ses portes en 1903. La salle est d'époque, entre miroirs et peintures pour le cachet désuet. Assiettes copieuses avec un zest d'originalité. Belle terrasse sur la petite place, face à la porte de la Craffe.

|●| ***Brasserie Saint-Georges*** *(plan C2,* ***43****) : 79, rue Saint-Georges. ☎ 03-55-68-34-74. • Brasserie;bsg@gmail.com • Presque en face de la cathédrale. Tlj sauf dim. Congés : 1 sem en août. Résa conseillée. Carte 25 €.* Cette adresse, genre alternatif, s'est fait une clientèle éclectique d'habitués. L'accueil, derrière le long comptoir, est cool comme la bande-son ! On pourra s'installer autour d'un verre dans le patio ou côté rue, mais aussi passer à table dans la petite salle adjacente d'un beau rouge bordeaux. Là, point de tapas mais des jolis classiques avec un brin de fantaisie.

|●| ***Le 27*** *(plan B2,* ***36****) : 27, rue Gambetta. ☎ 03-83-35-81-33. • contact@le27gambetta.fr • Tlj sauf dim et j. fériés. Résa conseillée. Formule déj 17 € ; menus 25-38 € le soir.* Une de ces adresses qui collent à l'air du temps sans paraître trop mode pour autant. Cuisine raffinée, fine et inventive, réalisée face à vous, ou presque. Plus cosy à l'étage. Service qui peut paraître débordé certains soirs, succès oblige.

|●| ***Le Bouche à Oreille – La Cuisine au Fromage*** *(plan B2-3,* ***47****) : 42, rue des Carmes. ☎ 03-83-35-17-17. • vialard.vincent@wanadoo.fr • Tlj sauf lun midi, sam midi, dim et j. fériés. Congés : 3 sem début août et 15 j. à Noël. Formules déj 11,50-16,50 € ; fondue 17,50 € ; potence (rumsteak) 19,95 € ; plateau savoyard 20,95 €.* Entre brocante et antiquités, un lieu à voir et à manger qui fait toujours parler de lui. Outre le cadre un rien déjanté (jetez un œil au plafond, sur les étagères, partout), carte elle-même étonnante, basée sur les fromages, de l'œuf cocotte au reblochon à la raclette, de la tartiflette à la potence normande, en passant par les croques et les grandes salades... Branché, jeune et sympa !

|●| ***Les Petits Gobelins*** *(plan C3,* ***54****) : 18, rue de la Primatiale. ☎ 03-83-35-49-03. • lespetitsgobelins@free.fr • Tlj sauf dim-lun. Formule déj 17 € ; menus 26-38 €.* Reconversion réussie pour cette ancienne menuiserie qui ne débite plus des planches en bois mais concocte des mets raffinés. Jolie déco contemporaine.

|●| ***Les Pissenlits*** *(plan C3,* ***39****) : 25 bis, rue des Ponts. ☎ 03-83-37-43-97. • contact@les-pissenlits.com • ♿ Tlj sauf dim-lun. Congés : 1re quinzaine d'août. Plat du jour 10,20 € ; menus 23-34 € ; carte env 40 €.* Au rez-de-chaussée, jolie salle type brasserie rappelant l'école de Nancy, tables en marbre, armoire Art nouveau, faïences de Longwy. Dans l'assiette, du plat de bistrot à la recette de grand-mère, comme ces bouchées à la reine servies copieusement, sans oublier les poissons. Si vous avez apprécié les vins sélectionnés par Danièle Mengin, vous pouvez vous procurer les bouteilles dans l'annexe à côté : *Vins et Tartines.* La belle cave voûtée est aménagée pour faire de confortables dégustations accompagnées de mâchons, de salades ou de succulentes tartines.

|●| ***À la Table du Bon Roi Stanislas*** *(plan C2,* ***40****) : 7, rue Gustave-Simon. ☎ 03-83-35-36-52. • tablestan@free.fr • Tlj sauf dim soir, lun midi et mer midi. Formules déj 21-27 € ; menus 39-45 € ; carte 40 €.* Ce que l'on vous propose ici est tout aussi original qu'exemplaire : des plats du XVIIIe s, français, polonais ou lorrains, simplement mais joliment amenés ; une carte qui tourne régulièrement au gré

des (re)découvertes du chef, un cadre sobrement chic et stylé qui a évité de sombrer dans la reconstitution historique. Au dessert, vous resterez baba (au vin de Tokay). Terrasse en été.

Brasserie L'Excelsior (plan B2-3, **42**) : *50, rue Henri-Poincaré. ☎ 03-83-35-24-57. • m.labolle@brasserie-excelsior.fr • À deux pas de la gare. Tlj 8h30-0h30 (23h dim-lun). Menus 26,50-59 €. Apéritif maison offert sur présentation de ce guide.* Remarquable salle, classée Monument historique grâce à son décor entièrement Art nouveau dû aux plus grands maîtres de l'école de Nancy : mobilier en acajou de Majorelle, verrière de Gruber... Ambiance et cuisine dans le plus pur style brasserie : service efficace, prévenant, tourbillonnant aux heures de pointe, et, dans l'assiette, fruits de mer, choucroute ou foie gras maison. Clientèle un peu chic mais pas coincée. Un bon plan pour les couche-tard : la formule moins chère après 22h.

Les Frères Marchand (ex-Léz'Art et P'tit Cuny ; plan B2, **52**) : *93-99, Grande-Rue. ☎ 03-83-32-85-94. • réservation@freres-marchand.com • ♿ Tlj. Formule déj sem 12,60 € ; menus 26,60-28 € ; carte env 35 €. Digestif maison offert sur présentation de ce guide.* Une enseigne plus que centenaire (6e génération depuis 1880) qui s'est développée autour du célèbre magasin de fromages et de vins. L'occasion de déguster l'ardoise de fromages : chèvre frais au wasabi ou gros lorrain (munster géromé affiné à l'eau-de-vie de mirabelle). Sinon, belle cuisine régionale de qualité, avec d'excellentes grillades. Au choix, dans une très belle salle type lounge ou classique avec nappes à carreaux. Accueil et service dans la bonne humeur. Pour les amateurs, autre enseigne aux halles : *Le P'tit Resto*.

Restaurant des Nouveaux Abattoirs (hors plan par D2, **46**) : *4, bd d'Austrasie. ☎ 03-83-35-46-25. Tlj sauf dim et j. fériés. Plat du jour 10 € ; menus 17-29 €. Apéritif maison offert sur présentation de ce guide.* Une enseigne centenaire qui, évidemment, n'annonce pas un resto végétarien. Amateurs de viandes et abats, à vos fourchettes, comme ils disent ! Un resto au décor hors d'âge avec, ici ou là, des fleurs un peu passées et une statue de Gainsbarre qui surveille le bar. Une adresse (avec terrasse) qu'on espère indéboulonnable dans un quartier en pleine mutation.

De chic à plus chic

La TOQ' (plan B2, **49**) : *1, rue Monseigneur-Trouillet. ☎ 03-83-30-17-20. • restaurant@latoqueblanche.fr • Tlj sauf dim soir et lun. Congés : 1 sem en fév, 1 sem en mai et 3 sem en juil-août. Menus 23 € (déj sem), puis 33-75 €.* Salle de gastro d'aujourd'hui, à la fois intime (juste une poignée de tables), sobre et lumineuse, qui permet de se concentrer uniquement sur son assiette. Superbe et délicate cuisine dès le 1er menu. Il y a du métier sous cette toque, de belles idées, le goût du produit et des saveurs nouvelles. Toujours une des meilleures tables de la ville. À ajouter : une carte des vins qui propose un choix judicieux à des prix adaptés et un service irréprochable.

Cap Marine (plan B2, **50**) : *60, rue Stanislas. ☎ 03-83-37-05-03. • cap.marine@wanadoo.fr • Tlj sauf sam midi et dim. Congés : 2de quinzaine d'août. Formule midi et soir 25 € ; menus 32-70 € ; carte 55 €.* Belle salle aux boiseries claires dont les différents niveaux évoquent les coursives d'un paquebot. Embarquement immédiat pour une cuisine de la mer légère et inventive, aux accents du Sud, soucieuse de mettre en valeur le goût de chaque poisson (daurade royale, gambas...). Et de quelques plats de viande.

La Maison dans le Parc (plan C2, **53**) : *3, rue Sainte-Catherine. ☎ 03-83-19-03-57. • contact@lamaisondansleparc.com • Tlj sauf dim soir, lun et mar. Congés : 2 sem début janv, 1 sem en mai et mi-août. Résa obligatoire. Formule déj 42 € (50 € avec 2 verres de vin) ; menus 72-105 €.* La grande adresse de la ville. Déco intérieure élégante et épurée, terrasse chic et belle cuisine de femme, libérée de toutes contraintes. Une cuisine moderne, d'instinct, sous influence des saveurs du monde. Tentez votre chance un midi, assis à une table tournée vers le parc ; la formule déjeuner proposée par Françoise Mutel remporte un succès plus que mérité. Beaux menus, sinon, avec des prix en conséquence.

Où dormir ? Où manger dans les environs ?

Camping

⛺ ***Le Brabois** (hors plan par B3, **10**) : av. Paul-Muller, 54600 **Villers-lès-Nancy.** ☎ 03-83-27-18-28. • brabois@campeole.com • camping-brabois.com • ♿ Bus nos 122-126, à prendre à la gare SNCF, arrêt « Camping » (compter env 15 mn). En voiture, sortie 2B depuis l'A 33, puis suivre le fléchage ; de Nancy centre, suivre le fléchage « Technopôle du Brabois ». Ouv de fin mars à mi-oct. Compter 17,50 € en hte saison. Hébergements locatifs 462-686 €/sem ; caravane 89,60-149,10 €/sem. 190 empl.* Au cœur d'un grand morceau de campagne cerné par les campus universitaires et une technopole. Bon camping de passage, bien ombragé par des arbres qui filtrent aussi la rumeur automobile.

De prix moyens à chic

🏠 ***Chambres d'hôtes Au Manoir :** 10, rue du Château, 54550 **Sexey-aux-Forges.** 📱 06-30-15-34-75. • jefsoli@free.fr • À 16 km de Nancy. Au centre du village. Ouv tte l'année. Double 70 € ; familiale 105 €.* Ah... dormir au manoir (classé, du XVIe s) dans le confort douillet des 2 suites familiales (2 chambres), décorées avec authenticité (très belle chambre avec cheminée) ! Possibilité de belles balades pédestres au départ de ce village qui doit son nom aux forges qui fabriquaient les boulets de canon pour la ville de Nancy au XVe s.

🏠 |●| ***Maison Carrée :** 12, rue du Bac, 54850 **Méréville.** ☎ 03-83-47-09-23. • hotel@maisoncarree.com • maisoncarree.com • À 12 km au sud de Nancy. Resto tlj sauf dim soir. Congés : 2 sem pdt les fêtes de fin d'année. Doubles 85-125 €. Menu 20 €.* Hôtel en pleine campagne, relooké et serein, au cœur d'un vaste et agréable jardin sur lequel s'ouvrent la plupart des chambres, prolongées par d'agréables balcons. Chambres pas immenses mais confortables, simplement contemporaines. Sympathique piscine chauffée, tennis et location de vélos, avec itinéraire sur la boucle de la Moselle. Possibilité de restauration, sur la terrasse ou dans la salle à manger avec baies vitrées.

🏠 |●| ***Chambres d'hôtes Clos Jeannon :** 2, rue Saint-Fiacre, 54600 **Villers-les-Nancy.** 📱 06-30-15-34-75. G jeannon@le-clos.eu • leclosjeannon.eu • À 1 km de la Technopole. Ouv tte l'année. Resto tlj sauf lun soir et dim. Chambres et suites 129-149 €. Formule déj 29 € ; menus 33-45 € ; carte env 45 €.* Mariage réussi du XVIIIe et XXe s dans cette demeure classique aux portes de Nancy. On apprécie ici le calme de la campagne comme la proximité de la ville, les lambris et verrières comme les pièces de Jean Prouvé et autres icônes du design. Au restaurant, dans la salle contemporaine, la cuisine de Jérôme Paulus, formé auprès d'Alain Ducasse, allie tradition et fantaisie et s'accorde bien avec le choix œnologique de la cave maison.

|●| ⛱ ***La Table de Manon :** 1, impasse Aristide-Briand, 54230 **Neuves-Maisons.** ☎ 03-83-47-30-46. • lesfourneauxdemarius@free.fr • Ouv ts les midis sauf lun, et le soir ven-sam. Congés : 3 sem en août. Résa conseillée. Menus 22-35 €.* La salle est jaune poussin et mêle agréablement vieilles photos de l'usine aux murs et esprit un peu loft revisité. La cuisine qui se trame derrière les baies vitrées est efficace, savoureuse, traditionnelle mais pas que ! Bref, voilà une table où la clientèle aime revenir. Et nous aussi ! Grande terrasse.

|●| 🏠 ⇜ ⛱ ***L'Auberge du Fort :** fort Pélissier, 54550 **Bainville-sur-Madon.** ☎ 03-83-25-07-07. • contact@fort-pelissier.com • fort-aventure.com • À 4 km au sud de Neuves-Maisons. Hôtel ouv pdt les vac d'été, de printemps et d'automne. Resto ouv mars-sept, ts les midi sauf lun, et le soir ven-sam. Chambres 59-89 €. Menu*

16,90-22,90 €. Planté sur le promontoire qui domine toute l'agglomération nancéienne, ce sobre parallélépipède abrite des chambrées façon caserne, mais en plus douillettes ! Dortoirs et chambres. En bas, la grande nef vitrée profite de la superbe vue, tout comme la terrasse inouïe aux beaux jours. Côté assiettes, des classiques de bonne facture, fricassée de sole ou forêt noire.

I●I *La Ferme Sainte-Geneviève :* *2, chemin du Pain-de-Sucre. 54130* ***Dommartemont.*** *☎ 03-83-29-13-49.* *• sainte.genevieve@wanadoo.fr • À 5 km au nord-est de Nancy. Ouv ts les midi sauf lun, et le soir ven-sam. Menu du jour 24 € en sem ; 32 € sam, dim et j. fériés.* Une table bistronomique de bon aloi, côté poêle en hiver, ou terrasse en été. La carte s'adapte aussi à la saison, passant des petits plats mitonnés à des gaspachos frais. Formé chez les grands, Vincent Dallé ajoute sa patte et sa touche lorraine à l'exemple de la terrine de foie gras qui arrive avec un chutney de... mirabelles !

Où boire un verre ?
Où écouter de la musique ? Où danser ?

L'endroit idéal pour prendre un café, un verre ou l'apéro selon l'heure reste la place Stanislas. Idéal pour un petit déj branché ou un Spritz en fin de journée ! À vous de décider, selon l'orientation du soleil et votre humeur, si vous préférez le ***Foy*** (très chic), le ***Commerce*** (plus intello), le ***Jean Lamour*** (un peu plus en retrait) ou la terrasse du ***Grand Hôtel*** (le must). Les prix pratiqués sont quasi identiques. Le soir, si l'on est d'humeur dansante, on ira plutôt, avant 40 ans, à ***La Bagatelle*** *(17, rue Héré),* et, après 40 ans, aux ***Mamies Branchées*** *(5, rue Maurice-Barrès)* pour un revival 80's ! Toujours dans le coin, on pourra aussi faire la tournée des grands ducs autour du... palais des Ducs, justement ! Entre la Grande-Rue et la place Saint-Epvre, les estaminets rebaptisés bars à vins ou à tapas sont légion.

L'Échanson *(plan C2-3,* ***60****)* **:** *9, rue de la Primatiale. ☎ 03-83-35-51-58. • contact@echanson-nancy.com • Tlj sauf dim, lun et j. fériés.* Une institution locale, pas mal copiée ces derniers temps, pas encore égalée (à notre avis...). Un bar à vins (bio et nature, au verre aussi), idéal pour l'apéro, mais on peut aussi y grignoter des tartes chaudes, des assiettes de fromages et de charcuteries. Toujours beaucoup de monde. Aux beaux jours, ça déborde largement dans la rue (piétonne, on vous rassure), et l'on trinque allègrement avec son voisin.

Le Ch'timi *(plan B2,* ***61****)* **:** *17, pl. Saint-Épvre. ☎ 03-83-32-82-76. Tlj.* Le temple de la bière à Nancy. Un super spot « apéro » très fréquenté. Pas moins de 16 types de bière à la pression et 150 marques en bouteilles. Également des cocktails à base de bière. Un des rendez-vous étudiants de la ville. Terrasse animée en été.

Pub Mac Carthy *(plan B2,* ***62****)* **:** *6, rue Guerrier-de-Dumast. ☎ 03-83-30-44-11. • olivier.doris@wanadoo.fr • Tlj.* Un pub à l'irlandaise au décor plutôt discret mais avec les billards (une quinzaine de tables) et la bonne sélection de bières à la pression de rigueur. Grandes salles qui pourtant se remplissent sans problème le week-end quand des DJs emmènent le *Mac Carthy* au bout de la nuit.

Vindiou *(plan B2,* ***63****)* **:** *1, rue Saint-Michel. ☎ 09-86-17-34-24. Tlj sauf dim-lun 17h-minuit (1h jeu-sam).* Un nouveau lieu qui conjugue vins bio, nature et en biodynamie avec réel plaisir de la découverte et ambiance sympa. Petite terrasse sur la placette. Beau plateau de charcuteries et fromages. Et beaucoup de monde.

C'est encore une autre ambiance qui vous attend dans les bars autour de la place du Marché (plus populaire) ou dans les rues Saint-Dizier et Saint-Nicolas, multi-ethniques. Au tout début de cette rue, une adresse difficile à manquer, les soirs d'été, vu la foule dehors : ***La Quincaillerie*** *(☎ 03-83-30-54-92).*

Où acheter de bons produits ?

Marchés et brocantes

Marché couvert (plan C3) : *tlj sauf dim-lun 7h-19h (18h30 ven-sam).* Les commerces de bouche et quelques savoureux petits restos sont installés dans une grande halle à la Baltard. Bons produits de tous les horizons : italiens, maghrébins comme lorrains. Un petit casse-croûte peut d'ailleurs s'improviser au stand des produits lorrains (vers l'une des entrées de la halle), avec le whisky lorrain en apéro (le G. Rozelieures). Sur la place autour du marché couvert s'installent les stands de fringues et autres babioles. Le samedi matin, producteurs locaux et stands d'agriculture bio. Et si vous avez une grosse faim, un restaurant sympa sur la place même : *L'Impromptu.*

– Plusieurs autres marchés en ville, dont le petit marché couvert de Haussonville les mardi, jeudi et samedi matin, ainsi que le vendredi après-midi. Le dimanche matin, faites un tour sur le marché de la ville vieille au flanc de la chapelle des Cordeliers.

– Pour le dépaysement, beaucoup de Nancéiens vous conseilleront l'exotique et cosmopolite marché municipal du dimanche matin à Vandœuvre-lès-Nancy.

Marché aux puces : *1 à 2 dim/mois, dans la Grande-Rue (ville vieille).*

Boutiques

Daum (plan C2, **86**) : *14, pl. Stanislas. ☎ 03-83-32-21-65.* Un des grands noms lorrains dans le domaine des Arts décoratifs. Si vous êtes tenté, faites plutôt un tour au ***magasin d'usine*** : *17, rue des Cristalleries. ☎ 03-83-30-80-24. Tlj sauf dim (et lun en juil-août) 9h30-12h30, 14h-18h.* Second choix d'objets décoratifs (vases, coupes) et bijoux en pâte de verre ; également des fins de série de verres en cristal de Sèvres.

Baccarat (plan C2, **87**) : *2, rue des Dominicains. ☎ 03-83-30-55-11. Lun 14h-19h (fermé août) et mar-sam 10h-13h, 14h-19h.* Superbe boutique et non moins superbes créations de la marque. Bijoux dans la boutique attenante. Tout cela a nécessairement... un prix.

L'Épicerie du Goût (plan C2, **88**) : *4, pl. Vaudémont. ☎ 03-83-20-28-21. Tlj sauf dim-lun 10h-13h, 15h30 (14h30 sam)-20h.* Une épicerie fine tenue par 2 sœurs qui en connaissent un rayon sur leur région. 1 500 produits à 80 % lorrains donc, avec une traçabilité parfaite et des tas d'anecdotes sur leur histoire. Bref, une vraie boutique de souvenirs... gourmands et un brin savants !

Maison des Sœurs Macarons (plan C2, **80**) : *21, rue Gambetta. ☎ 03-83-32-24-25. Tlj sauf dim, lun mat et j. fériés 9h30-12h30, 14h-19h ; sans interruption sam 9h-19h.* L'adresse incontournable pour acheter les 2 grandes spécialités gourmandes de Nancy : macarons et bergamotes, ainsi que plein d'autres bonnes choses encore à base de mirabelle (bonbons, confiture, eau-de-vie, pâte de fruits, chardons...). Le succès de la maison n'a pas faibli depuis la Révolution.

Pâtisserie Adam (plan B2, **81**) : *3, pl. Saint-Épvre. ☎ 03-83-32-04-69. Tlj sauf lun 8h30-19h30 (18h dim).* Il y a plein d'autres choses bien agréables à goûter, mais (s'il en reste) le must de la maison est le Saint-Épvre, bien connu des Nancéiens (et depuis 1902), une délicieuse meringue aux amandes recouvertes de crème vanille et de nougatine pilée. Macarons bergamote, violette, griotte et cola...

Alain Batt (hors plan par D2, **83**) : *30, impasse du Tapis-Vert. ☎ 03-83-35-56-34. Lun-ven 9h-17h30 (juil-août, fermé entre 12h30 et 13h30).* Pour les puristes, l'atelier-boutique d'un chocolatier doué qui sacrifie également aux spécialités locales et qui a ouvert, le succès aidant, une pâtisserie plus centrale, au 40, rue Saint-Georges. Salon de thé, petite restauration.

Nathalie Lalonde (hors plan par C3, **84**) : *242, av. du Général-Leclerc. ☎ 03-83-51-67-08. Mar-sam 7h30-19h, dim 8h-12h45. Congés : 3 sem en août.* Une maison de tradition qui sait vivre avec son époque. Pâtisserie et surtout chocolats, quasiment sublimes, dans une petite boutique très au goût d'aujourd'hui où l'on peut également déjeuner léger à midi.

Charcuterie Clément *(plan A3, 85)* : *18, rue Raymond-Poincaré. ☎ 03-83-40-37-61. Mar-ven 8h30-13h30, 14h30-19h ; sam 8h15-13h30, 15h-18h45. Congés : 3 sem en été.* Une petite boucherie de quartier qu'on fréquentera pour ses spécialités lorraines, bien sûr : quiches, tourtes (elles font l'unanimité !) et bouchées à la reine.

À voir

La ville royale

Toutes vos promenades à Nancy vous mèneront immanquablement à la place Stanislas, la grande fierté (et à juste titre) des Nancéiens. Entièrement restaurée et complètement piétonne, vaste rectangle de 124 m sur 106 m, elle attire comme un aimant tant son élégance et sa perfection en font un lieu à découvrir et à redécouvrir aux différents moments de la journée. Le matin, presque vide, calme, lorsque quelques badauds font résonner ses pavés de leurs pas pressés, éblouissante à midi (n'oubliez pas vos lunettes de soleil) quand les terrasses se remplissent, ou bien encore tellement romantique le soir, à la lueur d'un éclairage parfaitement réussi, quand la place devient un fabuleux décor de théâtre avec les pots à feu qui se détachent dans la clarté lunaire et que brille le foyer de l'Opéra. Rien d'étonnant à ce qu'elle soit considérée comme la plus belle place royale d'Europe. Avec la place de la Carrière, et celle d'Alliance, l'ensemble a été inscrit au Patrimoine mondial de l'Unesco.

La place Stanislas *(plan C2)* : *spectacle son et lumière ts les soirs de mi-juin à mi-sept, projeté sur les façades des bâtiments qui la bordent. Rens auprès de l'office de tourisme.*

En 1751, Stanislas décide de faire aménager une place royale à la gloire de son gendre Louis XV. Ce type d'initiative est très en vogue à cette époque dans le royaume, mais, à Nancy, elle revêt un caractère politique plus marqué : elle prépare les habitants du Duché à passer sous la tutelle des Bourbons. Créée sur d'anciens marais, elle doit faire la liaison entre la ville vieille et la ville neuve. C'est l'architecte Emmanuel Héré qui sera chargé de sa construction tout en respectant les contraintes imposées par les militaires qui ne veulent pas d'une place entièrement fermée. Qu'à cela ne tienne, au nord, côté place de la Carrière, à l'emplacement des fossés, les bâtiments n'auront pas d'étage (les basses faces) pour permettre les tirs d'artillerie.

Les magnifiques grilles forgées par Jean Lamour, dorées à la feuille, limitent la place sans la fermer et achèvent de lui donner son caractère et son originalité sans qu'elle perde pour autant, bien au contraire, de son harmonie et de son équilibre. Sur les autres côtés de la place, les contraintes architecturales ont été moins sévères : côté sud, l'hôtel de ville (lire ci-dessous) affiche fièrement ses 3 niveaux. Sur le flanc ouest de la place, le pavillon Jacquet, qui héberge aujourd'hui 2 cafés, et le musée des Beaux-Arts, qui a investi les locaux de l'ancien collège de médecine et de chirurgie (lire plus loin). À l'est trônent l'ancien hôtel des finances, qui abrite aujourd'hui le pavillon de l'Intendant, actuellement *Grand Hôtel de la Reine*, et l'*opéra de Nancy* *(visite guidée de son péristyle, de sa salle à l'italienne et de son grand foyer, en sem pdt les petites vac scol, 4 € ; rens sur ● opera-national-lorraine.fr ● ou au ☎ 03-83-85-33-11).*

ON MONTE GRATIS

Pour activer son plan d'embellissement de la ville, Stanislas se donne les moyens et dépense largement. Ainsi, il promet d'assurer le financement des façades, laissant à la charge des propriétaires le reste des travaux d'aménagement.

LA MEURTHE-ET-MOSELLE

Enfin, pour animer la place et masquer les remparts, les 2 fontaines de Guibal. Côté opéra et ouvrant sur le parc, Amphitrite (pour laquelle, dit-on, une des maîtresses de Stanislas aurait servi de modèle), et côté musée, Neptune et son trident. Au centre de la place trônait une statue en bronze de Louis XV fondue à la Révolution et remplacée par celle de Stanislas en 1831.
Symétrique, la place n'est pas pour autant monotone. Si l'on regarde de plus près, on peut admirer des détails amusants, comme les consoles des lanternes en forme de coqs ébouriffés, ou bien les 114 pots à feu, tous différents !

L'hôtel de ville *(plan C2)* **:** les 3 niveaux de cet imposant bâtiment sont surmontés d'un fronton orné des armoiries de Stanislas et de la ville. Remarquez aussi les ferronneries des balcons, ainsi que les groupes d'enfants et les pots à feu sur la balustrade. Ils rythment tout le tour de la place.

Le musée des Beaux-Arts *(plan C2)* **:** *3, pl. Stanislas. ☎ 03-83-85-30-72. • mban.nancy.fr • Tlj sauf mar et certains j. fériés 10h-18h. Entrée : 7 € ; réduc ; gratuit jusqu'à 12 ans et pour ts le 1er dim de chaque mois, et mer pour les étudiants. Audioguide 3 €. Visites commentées de 1h à 2h (3-4 € en plus du prix d'entrée). Ateliers et visites thématiques pour les enfants proposés pdt les vac scol.*
Un des plus vieux musées de France, et peut-être un des plus jeunes en esprit. Le musée des Beaux-Arts de Nancy présente un panorama de l'art en Europe de la fin du XIVe s à nos jours à travers un parcours fluide, dans des espaces spacieux, lumineux et colorés, dont la muséographie a été joyeusement et intelligemment repensée. Compter 3h pour parcourir l'ensemble.
Le musée créé en 1801 par Bonaparte, comme 15 de ses alter ego en province, est installé dans le pavillon XVIIIe s construit par Emmanuel Héré et qui était à l'origine le Collège de médecine. En 1936, le musée est agrandi d'une aile dans le style Art déco (voir l'escalier), dite « aile 1936 », puis doté à l'aube de l'an 2000 d'une extension résolument contemporaine. Le tout en parfaite harmonie avec la place qu'on entrevoit derrière les arbres, en été, par-delà un jardin qui pourrait un jour devenir un délicieux salon de thé.
Prenez le temps de remonter le temps à votre façon, en toute liberté. On peut désormais, à l'entrée du musée, se rendre directement dans la salle Jean-Prouvé, plonger dans le passé de la cité en descendant dans les sous-sols, puis remonter jusqu'au 2e étage du pavillon XVIIIe s pour s'offrir un parcours chronologique et redescendre par l'escalier Jean-Lamour.
– ***La salle Jean-Prouvé :*** au rez-de-chaussée de l'aile 1936, une galerie est consacrée à ce constructeur dont l'histoire est intimement liée à la ville de Nancy où il a grandi et habité jusqu'en 1984. Cet ancien ferronnier, grand bidouilleur devant l'éternel, continue d'influencer les architectes et designers du monde entier. Une muséographie réjouissante présente une quarantaine de pièces témoignant de la démarche de cet homme hors norme dont on peut aujourd'hui visiter la maison, de juin à septembre.
– ***La collection Daum :*** une merveille ! Elle est présentée au sous-sol, à l'abri des remparts de Nancy dont l'aspect massif contraste avec la légèreté des verreries. Quelque 350 pièces toutes plus belles, plus originales les unes que les autres retracent l'histoire de la production de la manufacture Daum. Nombreuses pièces de la période Art nouveau avec des décors inspirés par la nature comme la lampe Églantine et son pied de Majorelle. Influence du japonisme aussi, et inspiration symboliste avec les thèmes wagnériens dont le vase bleu *Le rêve d'Elsa* est un bel exemple (cherchez Lohengrin). À partir des années 1930, avec la naissance de l'Art déco et des motifs géométriques, Daum se met à travailler le cristal. C'est la manufacture lorraine qui fournira une partie de la verrerie du paquebot *Normandie*. La dernière salle présente les créations en pâte de verre ou en cristal réalisées pour Daum par de célèbres designers contemporains (Starck, Arman).
– ***Le parcours chronologique :*** il débute au 2e étage du pavillon de la place Stanislas où sont présentées les œuvres du XVIe s européen. Il se poursuit avec les collections des XVIIe et XVIIIe s, déployées à l'étage inférieur. Puis on rejoint le

rez-de-chaussée et les œuvres du XIXe s après avoir longé l'entresol et ses présentations d'art graphique. Viennent ensuite les collections modernes et contemporaines exposées dans l'extension récente.
Promenez-vous dans ce musée ouvert sur l'extérieur. Très riche collection de ***toiles de la Renaissance à la fin du XVIIIe s,*** composée d'œuvres des écoles italienne, nordique et française. On découvre aussi les primitifs et les maniéristes (*Déploration du Christ* du Tintoret, très étonnant retable de Noël Bellemare avec une face en couleur et son revers monochrome). Les écoles du Nord du XVIIe s sont également représentées, avec un bel ensemble de paysages. Difficile d'imaginer qu'autant de fruits et de légumes aient pu être réunis en même temps pour le *Noli me tangere* de Bruegel le Jeune. Émouvantes et réalistes *Têtes de vieilles femmes* de Jordaens. Grandiose *Transfiguration* de Rubens, dont la figure lumineuse du Christ éclaire tout le tableau. Pour le XVIIe s français et italien, une *Annonciation* dramatique et concentrée du Caravage (Nancy est un des rares musées français à posséder un tableau de l'artiste, une commande réalisée à la fin de sa vie, longtemps oubliée dans une église). La peinture française du XVIIIe s est notamment illustrée par Boucher et Van Loo.
Parmi les ***œuvres françaises du XIXe s,*** difficile de manquer *La Bataille de Nancy* par Delacroix, mettant en scène, tel l'archange terrassant le dragon, la victoire de René II en 1477 sur Charles le Téméraire qui cherchait à annexer la Lorraine. Une place importante est accordée à l'école de Nancy dans ses différents registres avec des œuvres très naturalistes comme *La Toussaint* d'Émile Friant, ou plus influencées par les impressionnistes comme *Ophélie* de Jules Bastien-Lepage, sans oublier des œuvres décoratives de grand format telle *La Joie de vivre* de Victor Prouvé. Quelques œuvres impressionnistes, dont *L'Automne* de Manet. Nancy s'enorgueillit d'être le 1er musée de province à posséder un tableau de l'artiste.
Grâce, entre autres, à l'important legs Galilée, le musée offre également un bel aperçu des différents mouvements de la ***peinture française au XXe s*** : Bonnard, Vuillard, Utrillo, Dufy, un très beau Picasso plein de tendresse (*Homme et femme,* peint 2 ans avant sa mort) et un surprenant *Honfleur dans la brume* de Félix Valloton. Section de ***sculptures cubistes*** avec des œuvres de Lipchitz et surtout le puissant *Cheval majeur* en acier de Marcel Duchamp-Villon, emblématique de l'importance de la sidérurgie en Lorraine. À découvrir, dans un tout autre style, les compositions sur verre ou sur miroir du Nancéien Étienne Cournault, très lié à Jacques Majorelle.
En sortant, essayez de deviner l'œuvre de François Morellet, qui anime la façade sur jardin.

L'arc de triomphe *(plan C2)* **:** si vous vous baladez un peu dans Nancy, vous constaterez que cette ville a la manie des arcs de triomphe : on en découvre dans presque tous les quartiers anciens ! Celui-ci, élevé à la gloire de Louis XV sur le modèle de celui de Septime Sévère à Rome, remplace une ancienne porte royale édifiée sous Louis XIV et offre le recul nécessaire pour contempler l'une ou l'autre place classée au Patrimoine de l'Unesco.

La place de la Carrière *(plan B-C2)* **:** cette vaste esplanade aménagée depuis le XVIe s pour les joutes équestres et les tournois fut transformée 2 siècles plus tard par Héré pour assurer l'homogénéité et la symétrie de l'ensemble. Héré plaque des façades sur les maisons déjà existantes et fait ériger des hôtels particuliers aux angles. Enfin, le *palais du Gouvernement* ferme la perspective tout en la laissant respirer grâce à un hémicycle décoré de statues. Sur le côté est de la place, il faut se glisser sous une porte cochère pour découvrir la pittoresque mais méconnue *rue des Écuries* : de gros pavés et un caniveau central comme à sa création en 1571. Les anciennes écuries des chevaux de tournoi qui accueillent aujourd'hui les chevaux... vapeur, et des passerelles jetées au XIXe s entre les maisons et de petits jardins suspendus qui jouxtent le parc de la Pépinière.

La Pépinière *(plan C1-2)* **:** la Pép' pour les intimes. Aménagée par Stanislas pour élever des jeunes arbres destinés à border les routes, c'est le poumon vert du centre-ville. Un lieu de promenade vraiment très agréable avec une belle roseraie, des statues, dont celle du peintre Claude Gellée signée, s'il vous plaît, Rodin. Il aura tout de même fallu 4 décennies et 2 souscriptions pour que l'œuvre voie le jour ! Pour les enfants, on y trouve aussi un espace jeux, ainsi qu'un parc animalier. Possibilité de se restaurer à la brasserie, au centre du parc *(ouv 11h-20h ; variable selon saison).* Vaste terrasse en été.

QUI S'Y FROTTE S'Y PIQUE !

Le chardon lorrain est d'origine angevine. C'est René Ier qui l'introduisit en Lorraine. Son successeur René II l'adopta par allusion à la défaite de Charles le Téméraire sous les murs de Nancy en 1477. La fleur et la devise (« Qui s'y frotte s'y pique ») figurent toujours sur le blason de la ville de Nancy. Vous voilà prévenu !

Le Muséum-Aquarium de Nancy *(plan C2)* **:** *34, rue Sainte-Catherine. ☎ 03-83-32-99-97. • museumaquariumdenancy.eu • Tlj 9h-12h, 14h-18h. Fermé 1er janv, 1er mai et 25 déc. Entrée : 5,10 € avec expo ; réduc ; gratuit jusqu'à 12 ans, pour ts le 1er dim du mois et le mer pour les étudiants. Pdt les vac scol, animation enfant tlj sur résa (compter 5 €).*
La construction d'un aquarium impose des contraintes strictes. Les frères Jacques et Michel André les gérèrent avec brio. Influencés par les réalisations de Frank Llyod Wright, ils apportèrent du rythme à la façade aveugle en jouant sur les reliefs de blocs de béton moulés. Ouvert en 1933 dans le périmètre historique, le Museum-Aquarium, à l'architecture moderniste, avait soulevé des polémiques. Aujourd'hui, il est labellisé « Patrimoine du XXe siècle » et classé aux Monuments historiques...
Fort d'une fréquentation en hausse (c'est un des musées lorrains les plus fréquentés), il vient d'être rénové. Le parcours commence donc directement au 1er étage, où se trouvent tous les animaux naturalisés : gorille, morse, calamar géant s'exposent aux regards dans un vaste espace de 400 m². Suspendus au plafond, quelques squelettes de dinosaures semblent planer. Au rez-de-chaussée : les aquariums dans la galerie du Nautilus, une projection de film sur les coulisses de l'aquarium, la mise en lumière des grandes fonctions vitales des espèces dans la galerie Calypso, les visions à travers les hublots de la galerie Bateau. Nouveauté : carpes, tanches ou encore brochets prennent place dans un vaste étang ! Expositions temporaires.

Juste à côté, allez vous balader dans le ***jardin Dominique-Alexandre-Godron,*** 1er jardin botanique créé à Nancy. La maladie de la pyrale a malheureusement dévasté les plates-bandes de buis. On admire quand même les arbres largement centenaires parmi les collections horticoles rangées par familles, les sculptures totem de Robin Godde, tout en espérant que ce « Jardin remarquable » retrouvera prochainement un visage plus riant.

La place d'Alliance *(plan C2)* **:** un peu en retrait, plus calme et plus bourgeoise, elle est encadrée d'hôtels particuliers dont celui de Héré à l'un des angles. Au centre, une fontaine avec 3 vieillards représentant la Meurthe, la Moselle et la Meuse, tandis que, perché sur l'obélisque, le génie de la Renommée souffle dans une trompette. Cette fontaine de Cyfflé devait au départ orner le centre de l'hémicycle de la Carrière. Impossible de ne pas remarquer ici l'une des demi-sphères de Pierre Bismuth installées à différents endroits historiques de la ville et qui permettent de se projeter au centre du patrimoine. Essayez, vous verrez, l'idée est assez intéressante.

La cathédrale Notre-Dame *(plan C2)* **:** *56, pl. Monseigneur-Ruch. Lun-sam 9h-19h, dim et j. fériés 10h30-20h.*

Ici, point de cathédrale gothique... Au Moyen Âge, Nancy n'est tout simplement pas un évêché (elle ne le devient qu'en 1777) ! En 1602, elle obtient, de guerre lasse auprès du Saint-Siège, le rang de siège primatial. Mais il faudra encore attendre un bon siècle pour que le chantier de l'église primatiale, sur les plans initiaux de Mansart, ne débute. 2 tours coiffées de lanternons, baptisées « poivrières Pompadour » par Victor Hugo, encadrent la façade de style corinthien avec ses colonnes à feuilles d'acanthe. Un projet de dôme avorté explique l'espacement inhabituel entre les 2 tours. De chaque côté, les statues de saint Mansuy et de saint Sigebert, patron de Nancy. Les reliques de ce dernier, fils aîné du bon roi... Dagobert, roi d'Austrasie, étaient pieusement conservées ici mais furent vandalisées à la Révolution.
Intérieur assez majestueux. Une très belle coupole à la croisée du transept est ornée d'une fresque de l'artiste nancéien Claude Jacquart, la *Gloire Céleste* (1727). Les grilles des chapelles devraient vous rappeler quelque chose puisque vous êtes inévitablement déjà passé place Stan. Elles ont effectivement été réalisées par Jean Lamour et un de ses élèves, François Jeanmaire. Dans la chapelle du Sacré-Cœur, tableau de Girardet, peintre officiel de Stanislas, auquel on doit aussi l'*Assomption* de la chapelle suivante. Dans la chapelle à droite du chœur, monumental *Christ en croix* attribué à Ligier Richier (XVIe s). Grandes orgues du XVIIIe s que l'on peut entendre résonner lors de concerts en été (renseignements à l'office de tourisme).

La ville vieille

Alors que de nombreuses autres villes de France se contentent d'une vieille ville, les Nancéiens ont, eux, une ville vieille. Pourquoi cette inversion de mots ? Parce qu'à une ville neuve doit faire pendant une ville vieille, pardi ! L'affaire est d'importance puisque l'appellation officielle de ce quartier a carrément été décidée par référendum ! Édifiée à partir du XIe s, cette ville vieille est aujourd'hui un quartier encore populaire, plutôt jeune et animé, riche en restos et autres bistrots.

La Grande-Rue *(plan B1-2)* **:** la colonne vertébrale de la ville vieille, une rue au tracé médiéval encore marqué, où l'on croise le souvenir de quelques gloires locales. La star du quartier pourrait bien être Jacques Callot qui a sa statue sur la place Vaudémont. Le célèbre graveur, dont on peut notamment découvrir l'œuvre au Musée lorrain voisin, habitait à l'angle de la rue Callot, dans une maison encore flanquée d'une tourelle du XVIIe s. Devant le no 30 de la Grande-Rue, un « 1477 » tracé à l'aide de pavés rappelle que c'est dans cette maison que fut présentée aux Nancéiens la dépouille de Charles le Téméraire tombé devant leur ville (voir plus haut « Un peu d'histoire »). Au no 119, où son père tenait une pharmacie (l'officine est toujours là), est né Henri Poincaré.

La basilique Saint-Épvre *(plan B2)* **:** édifiée au XIXe s, c'est, avec ses gargouilles et ses arcs-boutants, une sorte de pastiche d'église gothique à la Viollet-le-Duc. Devant, les symboles en bronze des 4 évangélistes montent la garde. Malmenée par la tempête de 1999, on aperçoit, depuis la place Stan, l'élégante flèche de son clocher tout fier d'avoir retrouvé sa blancheur initiale.

La place Saint-Épvre *(plan B2)* **:** cœur de la ville au Moyen Âge, c'est toujours un lieu de rendez-vous très prisé et très animé avec ses nombreux cafés. Au centre, fontaine avec la statue de René II, vainqueur de Charles le Téméraire à la bataille de Nancy en 1477.

➢ ***Balade à la découverte des hôtels particuliers*** *(plan B2)* **:** de la place Saint-Épvre, suivre la rue des Dames jusqu'à la place du Colonel-Fabien où, au no 11, s'impose la sobriété de l'*hôtel de Ludres-Custines* construit en 1713 par Germain Boffrand, un architecte très demandé dans le quartier (on lui doit aussi les châteaux d'Haroué et de Lunéville). On n'en verra que le portail où un Bacchus fait le malin. Par la rue La Fayette, on glisse vers la place La Fayette où s'élève une statue de... Jeanne d'Arc. À deux pas, au n° 1 de la rue de la Monnaie, l'*hôtel de la Monnaie,* toujours conçu par Boffrand à la demande du duc Léopold. Tourner ensuite à droite dans la rue de la Source où, au n° 10, se tient l'*hôtel du marquis de Ville* (XVIIe s) au portail orné d'une tête de barbu. Juste à côté (au n° 12) est planté l'*hôtel de Lillebonne :* porte flanquée de jolies colonnes, et dans la cour intérieure (on peut y pénétrer sans problème, c'est désormais une sympathique MJC), bel escalier sculpté Renaissance. Toujours rue de la Source, au n° 27, *hôtel de Bremoncourt* (XVe et XVIIe s) au portail façon temple antique. Au débouché de la rue de la Source, tourner à droite dans la rue Saint-Michel : à l'angle avec la rue Saint-Épvre se dresse une maison bourgeoise typique de la Renaissance. La voisine rue Monseigneur-Trouillet cache au n° 9 un des plus beaux hôtels particuliers de la ville vieille, construit au milieu du XVIe s pour le maréchal de Lorraine, *Jean d'Haussonville.* On peut y dormir (voir cette rubrique). Le 1er étage est clairement gothique, le 2e, Renaissance. La fontaine est décorée d'un Neptune qui fait du rodéo sur un dauphin. Rejoindre ensuite la place de l'Arsenal où... l'arsenal (du XVIe s), toutes gargouilles dehors, abrite aujourd'hui une école. À l'angle de la place et de la rue des Loups, *hôtel de Gellenoncourt* à portail Renaissance. Dans cette même rue des Loups, immanquable portail flanqué de 2 loups de pierre de l'*hôtel de Curel,* qui appartenait au louvetier du duc de Lorraine. Les sculptures du fronton rappellent sa charge : hure de sanglier, dépouilles de loup, armes de chasse, etc. Redescendre ensuite à droite la rue du Haut-Bourgeois, pour y trouver, au n° 29, l'*hôtel Ferraris.* Au n° 6, *hôtel de Fontenoy,* par Boffrand (début du XVIIe s), qui abrite aujourd'hui la cour d'appel.

Le palais des ducs de Lorraine – Musée lorrain *(plan B1-2) : 64, Grande-Rue. ☎ 03-83-32-18-74. • musee-lorrain-nancy.fr •* ***Actuellement en travaux, jusqu'en 2023 ; seule l'église des Cordeliers reste ouverte au public.*** *Accès gratuit.*
Fondé en 1850 par un groupe d'érudits passionnés, réunis en société savante, le Musée lorrain se compose en fait de plusieurs ensembles architecturaux : le palais ducal, le palais du Gouvernement, l'ancien couvent, et l'église des Cordeliers.

Le palais ducal
Immanquable avec sa majestueuse porterie, un des 1ers exemples du style Renaissance dans l'est de la France, inspirée par celle du château de Blois, représentant un chevalier sur son fier destrier. Remarquez aussi, en haut à droite, cette curieuse sculpture d'un personnage entre le moine et le singe. Construit au XVe s, puis embelli et agrandi, ce palais fut la résidence des ducs de Lorraine jusqu'à Léopold qui préféra s'installer au château de Lunéville.

L'église et le couvent des Cordeliers
De la rue Jacquot qui sépare le palais ducal des Cordeliers, on aperçoit bien les 2 ensembles. Le couvent comme l'église ont été fondés par René II en 1482 pour commémorer sa victoire de 1477 sur Charles le Téméraire. La Révolution les a épargnés, et ils servirent au XIXe s de locaux scolaires. Le couvent abrite depuis 1981 la section des arts et traditions populaires du Musée lorrain. Sur l'arrière, mignonne et calme petite place avec la statue du maréchal Lyautey, enfant du pays dont les souvenirs sont exposés au château de Thorey-Lyautey (voir le chapitre « Toul et le pays Saintois »).
L'église, construite au XVe s, abrite quant à elle les sépultures des princes de Lorraine. Son intérieur est lumineux et dépouillé, et s'articule autour d'une seule nef. Parmi les très beaux gisants qui l'habitent, l'immense enfeu de style Renaissance du tombeau de René II (à droite du chœur) et le gisant en calcaire peint de son épouse Philippa de Gueldre en habit de religieuse (dans une des chapelles à gauche au fond de l'église) sculpté par Ligier Richier, avec son visage ridé

impressionnant de réalisme. Derrière l'autel à gauche, la chapelle funéraire que fit construire le duc Henri II au début du XVIIe s, à l'image de celle des Médicis à Florence, avec une grande coupole à caissons décorés de bustes d'anges dans l'esprit Renaissance. Fréquentée par les Habsbourg jusqu'à une époque récente, cette église a bénéficié jusqu'en 1918 d'un statut d'extraterritorialité géré par l'Autriche.
Ouverte pendant les travaux, l'église des Cordeliers présente certains des chefs-d'œuvre de la collection du musée comme le gisant de Philippe de Gueldre par Ligier Richier ou encore l'enfeu de René II, duc de Lorraine.

La porte de la Craffe *(plan B1)* **:** solitaire vestige des fortifications du XIVe s. Mais seule la partie centrale date de 1336, le toit et les tours qui ont servi de prison jusqu'à la Révolution sont du XVe s. Et la croix de Lorraine et le chardon de Nancy ont été ajoutés au XIXe s. De l'autre côté, la façade de ce qui est, en fait, une autre porte est clairement Renaissance. Si certains penchent pour une francisation du mot allemand *Kraft* (la force), l'origine du nom de cette porte reste en fait très, très floue.

CHACUN SA CROIX

La croix dite « de Lorraine », à double traverse, représente un reliquaire conservé à Baugé (en Anjou) et qui contiendrait un fragment de la vraie croix du Christ. Les troupes du duc d'Anjou (et de Lorraine) René II la portèrent en signe de ralliement contre les envahisseurs bourguignons, et la Lorraine l'adopta alors comme emblème. Quelques siècles plus tard, elle devint le symbole de la France libre grâce au capitaine d'Argenlieu, qui suggéra au général de Gaulle cette croix en opposition à la croix gammée.

La porte de la Citadelle *(plan B1)* **:** de la citadelle créée par les Français, il ne reste rien. Cette porte faisait en réalité partie des remparts construits en 1598 sous le règne de Charles III. Style Renaissance là encore, avec bas-reliefs et trophées d'armes comme dans l'Antiquité.

Autour du cours Léopold *(plan B2)* **:** une petite balade dans quelques rues, qui jouxtent cette vaste et verdoyante esplanade, en avant-goût de la découverte des quartiers de l'école de Nancy. Au no 40 cours Léopold, l'immeuble Kempf offre un joli exercice de style sur le mélange de matériaux : pierre de taille ou meulière, brique vernissée... Autre immeuble Art nouveau au no 52. Par la rue Baron-Louis, on peut gagner le quai Claude-Lorrain où l'on trouvera, en tournant à droite, aux nos 92 et 92 bis, les maisons Huot, 2 jolies réalisations Art nouveau. Fermant le cours Léopold, le monument Désilles rend hommage à ce jeune militaire qui s'était en 1790 soulevé contre la monarchie. Une plaque rappelle également l'engagement des troupes nancéiennes aux côtés de La Fayette dans la bataille de Yorktown en 1781. Boulevard Charles-V, au no 1, encore une maison remarquable, construite par et pour l'architecte Lucien Weissemburger, entre Art nouveau et coup de chapeau à l'un de ses maîtres à dessiner, Viollet-le-Duc.

Les quartiers de l'école de Nancy

La dissémination dans la ville des œuvres architecturales de l'école de Nancy rend quelque peu difficile la création d'un circuit cohérent (un plan-guide, distribué gratuitement à l'office de tourisme, fait le tour de la question, si vous avez du temps). Notre balade à nous commence place Stanislas et se déroule tranquillement jusqu'au quartier de la gare, en plein renouveau. Ensuite, si l'on peut suivre l'avenue Foch sans trop voir le temps passer, on risque d'user sa patience et ses semelles le long des avenues qui mènent, par exemple, vers Saurupt. C'est pourquoi nous vous indiquons systématiquement les lignes de bus pour se rendre jusqu'aux principaux points d'intérêt de ces quartiers.

Les rues commerçantes *(plan B-C2)* **:** à deux enjambées de la place Stanislas, la ***rue des Dominicains,*** construite entre le XVIe s et le début du XXe s, offre une idéale transition entre la ville ancienne et les immeubles de l'école de Nancy. Première rencontre avec l'Art nouveau au no 4, où une boutique a conservé une élégante devanture en bois de 1901 signée Eugène Vallin. Au no 38, l'intérieur de la *Pharmacie du Ginkgo,* une des plus anciennes de la ville, a été maintes fois retouché mais conserve des rayonnages en acajou de la main de Louis Majorelle. Au no 57, changement d'époque avec la maison des Adam, une famille de sculpteurs du XVIIIe s qui n'ont pas pu s'empêcher de donner une idée de leur talent en façade. Au no 5 ***rue Saint-Julien,*** les locaux du Club alpin français sont cachés derrière une superbe vitrine en anse de panier (1904). L'immeuble voisin (au no 7) mérite aussi un coup d'œil pour sa façade de 1902 aux colonnes coiffées de curieux chapiteaux ioniques. ***Rue Saint-Dizier,*** aux nos 42-44, la *Société Générale* n'a sauvé que les arcades en ailes de papillon de l'immeuble construit en 1902 par Georges Biet et Eugène Vallin. Même chose malheureusement ***rue Raugraff*** où, au no 13, des anciens magasins *Vaxelaire* aménagés en 1901 ne restent que 2 boiseries d'Eugène Vallin. ***Rue Saint-Georges*** se cache, derrière les portes du no 7 bis, un des passages obligés du quartier : la sublime verrière du *Crédit Lyonnais* de Jacques Gruber (1901) ; 250 m², soit 264 panneaux, de beaux entrelacs de clématites qui baignent le hall d'une très zen lumière. Autre must du quartier, l'ancienne *graineterie Génin-Louis* à l'angle de la ***rue Saint-Jean*** et de la ***rue Bénit,*** 1er immeuble à laisser voir sa structure métallique. Superbe oriel, décoration florale comme le veut l'école de Nancy : des pavots qui inondent l'immeuble, des ferronneries aux vitraux de Gruber.

L'église Saint-Sébastien *(plan B3)* **:** sa construction fut décidée afin de doter la ville neuve d'une paroisse. Belle façade baroque avec des médaillons supportés par des angelots ; dans celui de droite, saint Nicolas et les petits enfants (souvenez-vous de la légende). Intérieur lumineux avec de hautes colonnes ioniques qui supportent les 3 nefs.

Autour de la place Maginot *(plan B3)* **:** à l'angle de la *rue Saint-Jean* et de la *rue Chanzy* se dresse la tour d'angle d'un immeuble de 1910 qui abrita la banque Renauld avant d'accueillir la *BNP,* activité évoquée dans ses éléments décoratifs. L'intérieur a conservé un petit air à l'ancienne, notamment grâce aux élégantes ferronneries des escaliers dessinées par Majorelle. Au no 6 *avenue Foch* se dresse une autre tour d'angle, celle de l'immeuble de *L'Est républicain* (1912). Le chef-d'œuvre du quartier est installé au no 40 *rue Henri-Poincaré* avec l'imposant immeuble de la *Chambre de commerce et d'industrie* (1908). Belle marquise, ferronneries de Majorelle, sculptures en façade de Gruber qui signe également de sublimes vitraux évoquant la Lorraine (qui perdent beaucoup à n'être vus que de l'extérieur...). À l'angle de la rue Poincaré et de la rue Mazagran, un autre chef-d'œuvre, la fameuse *Brasserie L'Excelsior* (50, rue Henri-Poincaré) dont on vous dit le plus grand bien dans la rubrique « Où manger ? ». On peut aussi s'offrir un détour jusqu'à la *rue Stanislas* où, au no 86, l'immeuble Charles Margo joue l'absence totale de symétrie (jusqu'aux grilles des soupiraux).

La place Simone-Veil *(plan B3)* **:** centre névralgique de la métropole, la gare TGV et son parvis voient transiter 9 millions de voyageurs par an. Rebaptisée place Simone-Veil, l'ancienne place Thiers a été réaménagée en une belle esplanade s'ouvrant devant les façades restaurées de la gare du XIXe s. Le programme en cours prévoit également 2 galeries marchandes, un immeuble tout en pierres blanches avec un toit végétalisé et l'installation d'une œuvre d'art. Le long des voies de chemin de fer, tout un écoquartier, Nancy-Grand-Cœur, est en train de sortir de terre. La place de la République voisine bénéficie de ce coup de jeune avec 2 œuvres du programme *ADN* dont un taureau rouge vif de l'artiste local Gé. Pellini.

La salle et la galerie Poirel (plan B3) **:** *3, rue Victor-Poirel. ☎ 03-83-32-31-25. ● poirel.nancy.fr ● Selon la programmation, tlj sauf lun et certains j. fériés 13h (14h le w-e)-18h. Entrée : 6 € ; réduc ; gratuit jusqu'à 12 ans et pour ts le 1er dim de chaque mois.* Ces 2 institutions culturelles sont logées dans un bâtiment acquis par la ville grâce aux legs des époux Poirel, à la fin du XIXe s. Cet ensemble étonnant se compose d'une salle de spectacles dotée d'une grande verrière zénithale. D'une acoustique remarquable, on y découvre une programmation éclectique. La galerie de 1 000 m² consacrée à l'art contemporain et au design depuis 2012 a apporté un nouveau regard sur la création actuelle. À noter en façade, l'œuvre *Traits d'union* du designer autrichien Robert Stadler qui crée un lien entre ces 2 espaces dédiés à la culture et à la rue.

L'avenue Foch (plan A-B3) **:** proche de la gare, une avenue typique de ces quartiers du début du XXe s où les artistes de l'école de Nancy s'en sont donné à cœur joie. À l'angle avec la *rue Saint-Léon,* la maison du docteur Louis Spillmann a été conçue par Lucien Weissenburger. Elle a été pas mal modifiée, mais on peut s'amuser à lister toutes les variations autour de la pomme de pin, motif dominant du décor. Le bâtiment de *L'Est républicain,* au *n° 6,* abritait autrefois une salle d'escrime... où les journalistes réglaient en combats singuliers leurs petits différends rédactionnels ou idéologiques ! Au *n° 41* est installée une autre maison de médecin, celle du docteur Paul Jacques. Un immeuble tout en hauteur qui offre un réjouissant mélange de styles. Au *n° 45,* un immeuble à la porte joliment restaurée et à la façade plutôt classique qui permet d'apprécier à leur juste valeur les motifs sculptés. Notre chouchou de l'avenue est installé au *n° 69 :* façade tout en courbes qui annonce déjà l'Art déco, boiseries des fenêtres qui esquissent de délicates volutes, discret contraste entre la blancheur calcaire de la pierre d'Euville et le jointoiement rouge, élégante loggia surmontée d'arcades de brique. L'immeuble voisin au *n° 71,* signé du même Émile André, n'est pas mal non plus, avec quelques clins d'œil, typiques de l'école de Nancy, au style gothique.

Juste en face, à l'extrémité de l'avenue Foch *(hors plan par A3),* non loin de la rue et de la place auxquelles elle a donné son nom, se dresse le plus ancien bâtiment de la ville : ***la tour de la Commanderie,*** du XIIe s, où René II aurait réfléchi à la façon de reprendre Nancy à Charles le Téméraire. Même s'il n'en reste aujourd'hui qu'un clocher de style roman culminant à 20 m, cet édifice fut autrefois une chapelle que les hospitaliers finalisèrent en 1177.

Le cimetière de Préville (hors plan par A3) **:** *88, rue Raymond-Poincaré. Ⓣ Jean-Jaurès (ligne 1). Tlj 8h-17h (17h45 en été). Plan disponible auprès des gardiens. Photos interdites.* Un cimetière du XIXe s qui abrite plusieurs centaines de chapelles des grandes familles nancéiennes, de celles dont on trouve les noms dans les livres d'histoire et sur les plaques des rues. Des chapelles néogothiques, byzantines, Art déco... et inévitablement sous influence école de Nancy. Plusieurs grands noms du mouvement sont d'ailleurs inhumés à Préville. Louis Majorelle sous une tombe qui évoque le Maghreb, Émile Gallé sous un simple carré de marbre où pousse du lierre, en toute liberté.

La villa Majorelle (hors plan par A3) **:** *1, rue Louis-Majorelle. Réouverture après travaux prévue le 20 janvier 2020. Ouv, sur résa uniquement, mer-dim 14h-18h. Billetterie en ligne ● musee-ecole-de-nancy.nancy.fr/villa ● Entré : 6 € ; réduc. Billet jumelé avec le musée de l'École de Nancy : 8 € ; réduc.*
Première maison franchement Art nouveau de Nancy, conçue pour l'ébéniste Louis Majorelle en 1901. De son vrai nom *villa Jika* (les initiales du nom de jeune fille de l'épouse de Majorelle, Jeanne Kretz). C'est la 1re œuvre du tout jeune architecte parisien Henri Sauvage (il avait 25 ans à l'époque).
Entreprise entre 2016 et 2020, une importante campagne de restauration vient de redonner à ce fleuron de l'Art nouveau tout son lustre et son sens, et met en évidence l'incroyable jeu de volumes que déploie chaque façade. L'architecte veut

ainsi modeler les espaces en fonction de leurs usages. Le projet mené autour de la réhabilitation intérieure de la villa Majorelle devrait permettre de redécouvrir le lien étroit entre architecture et décoration intérieure.

Le musée de l'École de Nancy *(hors plan par A3)* **:** *36-38, rue du Sergent-Blandan. ☎ 03-83-40-14-86. • ecole-de-nancy.com • Ⓣ Mon Désert (ligne 1). Tlj sauf lun-mar et certains j. fériés 10h-18h. Entrée : 6 € ; réduc ; gratuit jusqu'à 12 ans, et pour ts le 1er dim du mois. La visite peut se faire avec une appli, • izi.travel/fr/5e95-parcours-des-collections/fr • Possibilité de visite guidée (très complète) sam-dim à 15h (4 € en plus). Accès gratuit pour le jardin.*
On a (presque !) renoncé aux superlatifs pour vous raconter ce musée installé depuis 1964 dans une grosse maison bourgeoise du début du XXe s (et, pour le coup, pas du tout Art nouveau), ancienne propriété d'Eugène Corbin, riche commerçant et grand collectionneur d'œuvres de l'École de Nancy. Parce qu'il en faudrait déjà 4 ou 5 de ces superlatifs pour vous décrire l'ambiance proustienne de ce musée. Une poignée d'autres pour vous parler de l'intelligent agencement qui, plutôt que de regrouper les pièces par thème, s'est appliqué à les organiser comme dans un intérieur de l'époque : salle à manger Masson signée d'Eugène Vallin autour du thème des 5 sens, seul ensemble complet du genre (sublime, forcément sublime), chambre à coucher de Majorelle où le lit semble prêt à s'envoler, aérienne girandole de fer forgé d'Émile Gallé au-dessus d'une porte, véranda dite « de la Salle » aux subtils vitraux dessinés par Gruber... Dans les vitrines, un ensemble de verreries dont une série d'Émile Gallé. On se permettra un petit coup de cœur pour la coupe *Les Hommes noirs,* inspirée par l'affaire Dreyfus, preuve que l'Art nouveau savait aussi s'engager.
En sortant, promenade obligatoire dans le jardin où trône un étonnant aquarium, curieux édifice circulaire portant ombrelle comme les élégantes Japonaises d'hier. Au fond, la tombe typiquement Art nouveau, elle aussi, de Mme Nathan, épouse d'un célèbre critique d'art de l'époque.

Le parc Sainte-Marie *(hors plan par B3)* **:** *accès par l'av. Maringer, qui démarre juste en face du musée de l'École de Nancy.* Agréable et vaste parc à l'anglaise à partager avec les joggeurs, les chiens qui promènent leur maître et les élèves des lycées et de l'école des beaux-arts voisine. De larges et sinueuses allées, d'accueillantes pelouses et de tout aussi accueillants bancs où reposer ses jambes de la découverte des quartiers Art nouveau. C'était le jardin potager des jésuites au XVIIIe s. Transformé en jardin public en 1904, ce parc a accueilli en 1909 l'Exposition internationale de l'est de la France. De cet événement reste la reconstitution d'une maison rurale alsacienne *(devenue Maison de l'espace vert ; expos temporaires : ☎ 03-83-28-60-45).*

La rue Félix-Faure *(hors plan par B3)* **:** juste en face des 2 imposantes piscines, seules réalisations d'un projet de centre thermal, anéanti par le déclenchement de la Première Guerre mondiale. Petite rue bordée de mignonnettes maisons mitoyennes toutes ou presque signées du même architecte, César Pain, entre 1907 et 1912.

Le parc de Saurupt *(hors plan par A3)* **:** *Ⓣ Jean-Jaurès (ligne 1), arrêt Clemenceau.* Ce devait être un quartier entièrement Art nouveau. Les finances ont manqué et sur les 88 maisons prévues, seule une poignée est sortie de terre. Mais ces quelques maisons (comme l'ambiance presque campagnarde du quartier) valent le détour. Notamment la remarquable *villa des Glycines,* au no 5, rue des Brices, 1re à avoir été construite par Émile André, qui habitait juste en face de la villa des Roches. À quelques pas, au no 3, rue du Colonel-Renard, la *villa Marguerite* semble un vrai répertoire de tout ce qu'il est possible de faire en architecture : avant-toits, pans de bois, bow-windows, balcons en nombre... En revenant sur vos pas, ne manquez pas, au no 2, rue des Brices, la minuscule loge de concierge, école de Nancy elle aussi.

L'église Notre-Dame-de-Bon-Secours *(hors plan par D3)* **:** *pl. du Général-de-Castelnau. Sam 14h-17h, et, en juil-août, mar et jeu aux mêmes horaires. Offices sam à 18h, dim à 11h (pour une messe en polonais !).* Le bon roi Stanislas, qui voulait sa nécropole rien qu'à lui, repose désormais dans le chœur de cette église baroque qu'il avait fait bâtir par Héré, au côté de son épouse Catherine Opalinska. Tombeaux monumentaux évidemment et richement sculptés sous une nef, très rococo et d'une belle hauteur. Impressionnantes voûtes en trompe l'œil, confessionnaux sculptés par Eugène Vallin (mais pas du tout Art nouveau), grilles de Jean Lamour et Vierge au manteau du XVIe s dans le chœur.

À faire

Le port Sainte-Catherine *(plan D2)* **:** petit port fluvial où les péniches transformées en habitations peuvent évoquer – toutes proportions gardées – la Hollande. Sur l'autre rive, un nouveau quartier où de petits immeubles ont remplacé d'anciens entrepôts.

Le Jardin d'Eau *(plan D2)* **:** on peut s'offrir une agréable balade conçue par le grand architecte paysagiste Alexandre Chemetoff. On passe d'un jardin des iris à un bassin rempli de jets d'eau puis on se repose dans un salon de plein air pendant que les enfants courent sur les pontons de bois.

La Bergamote : *quai Sainte-Catherine. 06-08-22-70-16. • info@labergamote.fr • labergamote.fr • Juil-août, balade tlj à 15h et 16h30 ; avr-juin, mêmes horaires ts les dim et j. fériés ; compter 1h10. Croisière-repas : en sem 37 €/pers (env 2h), le w-e 50 €/pers (env 3h).* Pour faire une balade sur le canal de la Marne au Rhin.

Fêtes et manifestations

– **Musique Action :** *en mai, à* ***Vandœuvre-lès-Nancy,*** *centre culturel André-Malraux. Rens : ☎ 03-83-56-15-00.* Festival de musique contemporaine (au sens plutôt large du terme puisqu'on peut aussi y entendre du rock, du jazz...).
– **Les 24 Heures de Stan :** *un w-e mi-mai, ts les 2 ans (années paires).* Une vingtaine de chars un peu délirants, conçus et actionnés par des équipes d'étudiants, font la course autour de la place de la Carrière. Une manifestation aujourd'hui devenue incontournable. Concerts, soirées en boîte et (très) chaude ambiance.
– **Festival de chant choral :** *fin mai-début juin, ts les 2 ans (années paires). Rens : ☎ 03-83-27-56-56.* Il rassemble des centaines de choristes venus du monde entier et quelques très grandes voix.
– **Nancyphonies :** *de mi-juil à début août. Rens : ☎ 03-83-96-43-24.* Festival de musique classique.
– **Le Livre sur la place :** *le 3e w-e de sept.* Conférences, tables rondes et café littéraire installés place de la Carrière permettent à plus de 400 auteurs, illustrateurs et éditeurs de rencontrer et de dialoguer avec le public.

LE PAIN D'ÉPICE OU LE FOUET ?

Le plus connu des miracles attribués à saint Nicolas (évêque de la ville de Myre en Turquie au IVe s) est celui des « 3 petits enfants qui furent tués en s'en allant glaner aux champs ». Saint Nicolas passant par là, 7 ans plus tard, les ressuscita. Pour commémorer ce sauvetage, le 6 décembre de chaque année (date de la mort de l'évêque), saint Nicolas distribue du pain d'épice et des friandises aux enfants sages, tandis que les mauvais garnements reçoivent des coups de martinet du Père Fouettard.

LA MEURTHE-ET-MOSELLE

– ***Nancy Jazz Pulsations :*** *début oct. Rens : ☎ 03-83-35-40-86.* Toute la ville se met à swinguer, 10 jours durant, avec des concerts, des expos et de nombreuses animations autour du jazz, mais aussi d'autres musiques black...
– ***Fête de Saint-Nicolas :*** *le 1er w-e de déc.* Musique, chars, feux d'artifice pour célébrer le Père Noël lorrain. Chaque année, la fête change de thème.

DANS LES ENVIRONS DE NANCY (LE BASSIN INDUSTRIEL)

Le musée de l'Histoire du fer : *av. du Général-de-Gaulle, 54140* ***Jarville-la-Malgrange.*** *☎ 03-83-15-27-70. Aux portes de Nancy (à l'est par la D 2). Tlj sauf lun-mar 9h-12h, 14h-18h. Fermé 1er janv, 1er mai et 25 déc. Entrée : 5,10 € ; réduc.* Dans une architecture contemporaine de verre et d'acier, au cœur du parc du domaine du Montaigu, le musée présente l'évolution des techniques de production du fer puis de l'acier et de la fonte du Moyen Âge au XXe s. De nombreux objets, audiovisuels et maquettes traduisent de façon explicite les répercussions sur la vie quotidienne de ces évolutions techniques : une cotte de mailles médiévale, des mécanismes d'horlogerie ou de serrurerie (magnifiques coffres anciens), des armes (de l'épée au canon), une robe de Paco Rabanne... Il y a même un (gros) morceau d'escalier de la tour Eiffel dans le jardin !
Conçu par les architectes Jacques André et Claude Prouvé, le musée rend hommage, pour finir, au père de ce dernier, Jean Prouvé, et présente plusieurs de ses réalisations en intérieur ou dans le jardin du musée.

Le château de Fléville : *rue du Château, 54710* ***Fléville-devant-Nancy.*** *☎ 03-83-25-64-71. • fleville.com • À env 10 km au sud-est de Nancy. Juil-août, tlj 14h-19h ; mai-juin et sept-oct, ts les w-e et j. fériés 14h-19h ; avr, dim et j. fériés 14h-19h. Visites guidées à 14h30, 16h et 17h30. Durée 1h. Entrée : 9,50 € (parc seulement : 6 €) ; réduc. Pour les enfants, loc de costume 3 €.* Surprenante périphérie de Nancy où, à peine sorti de l'auto route, on découvre un paysage champêtre où pointe la grosse tour carrée de ce château fondé au XIIe s. Les périodes suivantes ont imprimé leur marque à l'édifice, notamment la Renaissance qui signe un de ses petits chefs-d'œuvre avec le bâtiment principal (1533) qui forme un U autour de la cour d'honneur. Grand balcon à balustrade qui rappelle les châteaux de la Loire et superbe escalier. Les vases rocaille de la cour (XVIIIe s) proviennent de l'atelier de la Malgrange. À l'intérieur, de nombreuses pièces meublées et « habitées » par des mannequins en costume d'époque, l'étonnante salle des États, la chambre de Stanislas... Joli parc discrètement romantique dessiné par un élève de Le Nôtre (qui d'autre ?), avec roseraie et labyrinthe.

Le jardin botanique Jean-Marie Pelt : *100, rue du Jardin-Botanique, 54600* ***Villers-lès-Nancy.*** *☎ 03-83-41-47-47. • jardinbotaniquedenancy.eu • ♿ (parc et serres). Ⓣ Saint-André ou Le Reclus (ligne 1) ; bus no 15, arrêt « Villers-Lycée Stanislas ». Parc ouv tlj : avr-oct 9h30-18h ; nov-mars, lun-ven 9h30-12h, 13h-17h et w-e 13h-17h. Accès gratuit. Serres ouv mat et ap-m. Entrée : 5,10 € ; réduc ; gratuit jusqu'à 13 ans et pour ts le 1er dim de chaque mois.* Il s'étend sur 27 ha, dont 2 500 m² de serres tropicales. On se balade avec plaisir dans ce paysage agréablement vallonné entre la tourbière avec ses rares droseras, les parterres de dahlias qui éclatent de couleur en été, le charmant alpinum qui grimpe vers une petite chapelle, la collection systématique dont les allées racontent l'histoire de la végétation terrestre... Ne manquez surtout pas d'aller vous plonger dans la moiteur des serres tropicales. Espace pique-nique en été.

Le parc de loisirs de la forêt de Haye : *☎ 03-83-23-24-99. • parcdeloisirs-haye.com • À une petite dizaine de km à l'ouest de Nancy. Tlj 6h30-23h.* Aménagé au cœur du vaste massif forestier de Haye (9 000 ha), ancienne réserve de chasse des ducs de Lorraine, ce parc de loisirs est un peu le poumon vert du

Grand-Nancy. 130 km de sentiers balisés permettent de découvrir la forêt à pied ou à VTT (location sur place). Et ce parc de loisirs regroupe plein d'autres activités : parcours acrobatique dans les arbres, poneys, minigolf, etc.

Le musée automobile de Lorraine : *au centre du parc de loisirs, 54840* ***Velaine-en-Haye.*** *☎ 03-83-23-28-38. ♿ Juil-août, tlj 14h-18h ; sept-juin, mer, sam et dim 14h-18h. Entrée : 5 € ; réduc ; gratuit moins de 12 ans.* Un grand hangar où une association de collectionneurs d'automobiles anciennes expose, par roulement, des modèles historiques : de la *Ford T* (1er modèle produit en série) à la *DS* chère à Roland Barthes. Régulières expos temporaires autour des grandes marques.

LE PAYS DE LUNÉVILLE ET BACCARAT

SAINT-NICOLAS-DE-PORT

(54210) 7 500 hab. *Carte Meurthe-et-Moselle, B4*

Un port sur la Meurthe, c'est bien ce qu'était ce gros village avant qu'Aubert de Varangéville ne rapporte de Bari une phalange ayant appartenu à saint Nicolas. Finie la tranquillité pour les Portois (c'est le nom des habitants). Dès 1101, la présence de cette relique nécessite la construction d'une église. En 1120, sur décision des ducs, saint Nicolas devient le patron de la Lorraine. L'église initiale ne suffisant plus à contenir l'affluence des pèlerins, un second édifice s'élève en 1193. C'est à partir du XVe s que le bourg va considérablement se développer. Le duc René II souhaite une nouvelle église digne de ce saint tout-puissant (il lui attribue sa victoire contre Charles le Téméraire devant Nancy). La construction débute en 1481, le clocheton pointe en 1508. Au XVIe s, les grandes foires de Saint-Nicolas attirent, comme celles de Francfort, des marchands de toute l'Europe. En 1602, le jubilé de cette église rassemble 20 000 pèlerins, qu'accueillent 6 000 membres du clergé. En ce début du XVIIe s, Saint-Nicolas, plus peuplée et plus riche que sa proche voisine, fait donc sérieusement de l'ombre à Nancy.

La donne a changé aujourd'hui, cette petite ville tranquille vivant bien sûr de son patrimoine historique, mais aussi et surtout des salines qui assurent depuis l'Antiquité la prospérité de cette microrégion.

VOYAGE AU CENTRE DE LA TERRE

Les vaches adorent lécher les blocs de sel extraits à Varangéville ! Même si ce sel gemme sert surtout au déneigement des routes l'hiver... La mine de Varangéville, en activité depuis 1855, s'étend à 160 m sous terre dans un labyrinthe de vastes galeries où circulent camionnettes et bulldozers. Incroyable : ces engins ont été descendus, pièce par pièce, par un puits d'accès large d'à peine plus de 1 m (leurs pneus ont même été compressés !).

Adresses et info utiles

Mairie de Saint-Nicolas-de-Port : *pl. Camille-Croué-Friedmann. ☎ 03-83-48-58-75. • saintnicolasdeport.com • Juil-août, lun-ven 9h-12h, 14h-17h ; hors saison, lun-ven 9h-12h, 14h30-17h30. Fermé j. fériés.* Cette adresse est aussi celle de saint Nicolas à qui les enfants peuvent écrire durant les mois de novembre et décembre, en étant assurés d'une réponse.

Association Connaissance et renaissance de la basilique : *1, rue des Trois-Pucelles. ☎ 03-83-46-81-50. Mar-sam 14h-18h.* Pour toutes infos sur la basilique, les pèlerinages, etc. Organise des visites audioguidées de la basilique.

– ***Petit marché hebdomadaire :*** *chaque ven 8h-12h, pl. des Droits-de-l'Homme.*

Où manger ?

La Petite Filature : *9, pl. Jean-Jaurès. ☎ 03-83-21-00-75. Lun-ven 12h-14h30. Résa conseillée. Salades et bruschettas 9,50 € ; plats 11-14 €.* Au milieu des friches industrielles, baignée par un bras de la Meurthe, voici une cave aux airs de guinguette avec une terrasse couronnée de parasols en été. On y sert des bruschettas méridionales, mais aussi de solides pavés de rumsteck et, bien sûr, des petits coups à boire fort sympathiques ! Dans ce berceau brassicole, le vin a droit ici à tous les honneurs.

À voir

La basilique : *en saison, ouv tlj 7h30-19h ; hors saison, 8h-17h.* Façade plutôt impressionnante, même si l'on manque de recul pour en apprécier toute la puissance et s'apercevoir que les 2 tours ne sont pas de la même hauteur. Statue de saint Nicolas (XVIe s) au trumeau du grand portail, on ne pouvait faire moins. Une des plus belles constructions gothiques de Lorraine, à qui l'histoire n'a pas fait de cadeaux : incendiée pendant la guerre de Trente Ans, saccagée par la Révolution, bombardée en 1940... Heureusement, Camille Croué-Friedmann, une Portoise au cœur fidèle qui avait épousé un magnat texan du textile, a légué, au début des années 1980, une partie de sa fortune pour la rénovation de l'édifice.
Majestueuse nef, haute de 80 m, d'une presque éclatante blancheur, nimbée d'une agréable lumière. Et d'une sobriété qui réconcilie avec le gothique flamboyant ! Cette nef est légèrement courbée. Pour symboliser la position du Christ sur la croix ou, plus prosaïquement, pour s'adapter au terrain ? Nul ne sait vraiment... L'un des piliers du transept, haut de 28 m (une sorte de record national !), est également légèrement tordu et torsadé pour ne pas que cela se remarque. Discrètes fresques du XVIe s sur les colonnes (qui, c'est à constater, n'ont pas de chapiteaux) ; dans les chapelles, cuve baptismale en pierre du XVIe s, jolie pietà du XVIe s et Vierge à l'Enfant du XIIIe s un peu usée... Stalles et boiseries de 1728, orgues néogothiques bizarrement installées à la fois à l'intérieur et à l'extérieur de la basilique. Pour la relique de saint Nicolas, c'est toujours 1 € pour faire se lever le rideau de la petite vitrine...

Le musée français de la Brasserie : *62, rue Charles-Courtois. ☎ 03-83-46-95-52. • musee-brasserie.fr • Accès bien fléché depuis le centre. Tlj 14h30-18h30. Fermé 1er janv, 1er mai, 24-25 et 31 déc. Entrée : 5,50 € ; réduc.*
Avec la fermeture, en 1986, de cette brasserie, 2 siècles d'histoire de la bière ont bien failli définitivement s'évaporer. Le bâtiment, promis à la destruction, a été sauvé. C'est heureux pour les visiteurs qui aujourd'hui découvrent cette élégante tour Art déco, édifiée en 1925 par l'architecte Fernand César, et aujourd'hui en cours de restauration.
Au fil des étages, tout le cycle de fabrication de la bière : de la malterie à la mise en bouteilles, en passant par la salle à brasser avec ces étincelantes cuves de cuivre du tout début des années 1930, ou le gigantesque compresseur frigorifique que les anciens de la brasserie avaient baptisé « grand-père ». Dans la salle Moreau, du nom des 1ers propriétaires, mobilier typiquement école de Nancy et superbes vitraux de Gruber. Belles affiches anciennes également, dont une de

Prouvé, et un étonnant triptyque conçu pour l'Exposition coloniale de 1931. Une foule d'objets publicitaires dans la salle des collectionneurs. Pour terminer, petite brasserie de démonstration où des amateurs brassent régulièrement leur bière. Et dégustation, en fin de visite, d'une bonne bière brassée pour (et non pas par) le musée.

L'enclos aux cigognes : *juste à côté du musée de la Brasserie.* À l'image de ce qui se fait en Alsace, un enclos a été créé pour inciter les cigognes à revenir dans cette Lorraine qu'elles avaient désertée. Il faut croire qu'elles s'y sentent bien puisqu'elles ont même commencé à coloniser les clochetons de la basilique.

Le musée du Cinéma et de la Photographie : *10, rue Georges-Rémy. ☎ 03-83-45-18-32. • museecinemaphoto.com • Prendre la 1re rue à gauche après le musée de la Brasserie en venant de la basilique. Mer-dim 14h-17h. Fermé j. fériés et fêtes de fin d'année. Entrée : 6 € ; réduc. Visites guidées.* Dans cet ancien collège, c'est autour d'une collection privée, et avec l'aide de nombreux bénévoles, que s'est construit cet amour de musée. Fait avec d'ingénieux moyens de récupération, il offre un parcours chronologique passionnant à travers l'histoire de l'image fixe ou animée. Une foule de décors et de projecteurs, des professionnels au 9,5 et super-8 des familles, d'appareils photo, des mythes (Minox, Rolleiflex) aux jetables, la reconstitution d'un studio photographique où l'on aurait pu prendre la pose (compter 20 mn minimum !) vers 1860... On a bien aimé les salles consacrées à toutes ces inventions qui ont précédé celle du cinéma en 1895. Mention spéciale pour le fantascope, qui valut à son inventeur Robertson une année de prison pour avoir ressuscité Louis XVI, tête comprise !

LA MEURTHE-ET-MOSELLE

Manifestations

- **Grand déballage de la potée portoise :** *un dimanche d'avr.* Une journée festive avec défilé de confréries, dégustation, brocante, manèges, le tout dédié à la potée portoise.
- **Fête de Saint-Nicolas :** *le sam le plus proche de la fête de la Saint-Nicolas. Rens : ☎ 03-83-48-58-75.* Le pèlerinage avec sa procession aux flambeaux attire des milliers de fidèles comme au Moyen Âge (il a été fondé en 1240). Le *lundi de Pentecôte,* la fête dite « de la Saint-Nicolas d'été » commémore la translation des reliques de saint Nicolas de Myre à Bari.

DANS LES ENVIRONS DE SAINT-NICOLAS-DE-PORT

L'église Saint-Gorgon : *54110* ***Varangéville.*** *À 1 km au nord-est de Saint-Nicolas.* Construite peu après la basilique de Saint-Nicolas au XVIe s mais dans un genre nettement plus modeste. Nef 2 fois plus large que haute, qui donne à l'édifice un style trapu (de l'extérieur, on penserait à une église fortifiée). Intéressante statuaire : bénitier du XIIIe s, saint-sépulcre riche de 8 personnages (XVIe s), Vierge à l'Enfant du XIIIe s (dont on a par la suite raboté la poitrine dans un excès de pudibonderie), pietà du XVIe s, en bois polychrome.

DROIT DANS LE MUR !

À Varangéville, des plaques sur le mur de l'église Saint-Gorgon rappellent l'étrange et ancienne pratique des « encastrés ». On scellait le crâne des défunts directement dans le mur ! Vauban lui-même, paraît-il, interdit ce rite funéraire... parce qu'il menaçait carrément la solidité de l'édifice.

La mine de sel : *54110* ***Varangéville.*** *☎ 03-83-18-73-32. • visiteminedevarangeville.com • À 1 km au nord-est de Saint-Nicolas. Visite guidée de 2h30, lun-jeu à 7h45 et 9h45 de mars à oct. Résa obligatoire. Visite guidée à 15 € adultes et 12 € jeunes.* Enfouie à 160 m, c'est la dernière mine de sel encore en activité en France ; elle produit 500 000 t de sel par an. Les visiteurs, casque sur la tête et gilet fluo sur le dos, empruntent l'étroite cage de fer pour ce périple forcément plein de sel ! Le guide, Denis Lhomme, fils et petit-fils de mineur, raconte dans les moindres détails l'histoire de ce gisement vieux de 230 millions d'années et s'étendant sur plus de 200 km !

La maison du sel : *rue des Écoles, 54110* ***Haraucourt.*** *☎ 03-83-30-15-15. • lamaisondusel.fr • À 9 km au sud-est de Saint-Nicolas. Juil-août, mar-dim 14h-18h ; avr-juin et sept-oct, jeu-sam et 1er dim du mois 14h-17h30. Fermé nov-mars et j. fériés. Entrée libre. Visite ludique à 15h30 les dim ouv : 5,50 € ; réduc.* Installée dans un parallélépipède contemporain et vitré, la Maison du Sel est un centre d'interprétation moderne autour d'une tradition industrielle locale remontant au XIXe s. À travers des panneaux et un film sur la mine voisine de Varangéville, vous apprendrez les différents modes d'exploitation de cet or blanc en Lorraine, mais aussi les différents usages du sel et de ses dérivés, présents aussi bien dans les lessives que le dentifrice !

À l'orée du village, l'*Observatoire des effondrements salins* complète la visite *(à 1 km sur la RD 81 ; accès libre, avr-sept 9h-19h, oct-mars 9h-17h).* Les immenses étendues d'eau bordées de falaises résultent de l'exploitation intensive du sel, le forage finissant par s'effondrer puis se combler d'eau. Ces étangs artificiels font aujourd'hui le bonheur de colonies d'oiseaux !

Le haras national : *1, rue Léon-Bocheron, 54110* ***Rosières-aux-Salines.*** *☎ 03-83-48-14-18. ♿ À 9 km au sud-est de Saint-Nicolas par la D 400, puis la D 116. Lun-ven 9h-12h, 14h-17h. Accès libre, mais pelouses interdites ! Visite guidée sur résa, ts les mer à 14h15 en saison (env 6 € adulte ; réduc).* Les bâtiments des anciennes salines, fermées depuis 1760, ont été transformés en 1768 en l'un des plus vieux haras français avec ceux du Pin et de Pompadour. Une trentaine de chevaux occupent les écuries. Aujourd'hui centre de formation et complexe équestre, il propose toute une série d'événements qui rendent ce lieu bien vivant, 250 ans après sa création.

LUNÉVILLE

(54300) 19 000 hab. *Carte Meurthe-et-Moselle, C4*

Lunéville, ville de la lune... L'étymologie nous plaît bien. Même si elle est fortement sujette à caution : le nom de la ville pourrait, selon certains, venir du celte et n'aurait aucun rapport. Quoi qu'il en soit, Lunéville a bien failli la décrocher plusieurs fois, cette lune, et devenir Nancy à la place de Nancy. En 1702 par exemple, quand le duc Léopold, horripilé par la présence de troupes françaises à Nancy, s'éloigne de la capitale lorraine pour s'installer à Lunéville où il se fait bâtir une très jolie résidence à l'emplacement du vieux château qui contrôlait la route du sel. Ce château se voulait un Versailles lorrain. Même Voltaire semblait l'avoir admis quand il déclarait : « On croyait à peine avoir changé de lieu quand on passait de Versailles à Lunéville. » Il faut dire qu'il était comme chez lui (sa maîtresse aussi...) chez le bon roi Stanislas qui, comme Léopold, avait installé sa cour à Lunéville, une cour évidemment digne d'un roi.

D'avoir ainsi joué dans la cour des grands, Lunéville a conservé un enthousiasmant patrimoine qui court du XVIIIe s à la Belle Époque, patrimoine de surcroît bien mis en valeur. Cette ville de garnison (un régiment de transmission après les hussards et les dragons) et industrielle (c'est à Lunéville qu'étaient fabriqués les wagons des mythiques *Train Bleu* et *Orient-Express*) est aujourd'hui une agréable ville-étape.

LE B.A.-BA DE BÉBÉ

Au XVIIIe s, Stanislas, duc de Lorraine, avait un nain comme bouffon à sa cour. Surnommé « bébé », on le cajolait comme un nourrisson. Ce surnom est devenu un nom commun désignant les nouveau-nés.

Adresse utile

i *Maison du tourisme du pays du Lunévillois :* *2, rue de la Tour-Blanche (face au château).* ☎ *03-83-74-06-55. • tourisme-lunevillois.com • Juil-août, tlj 10h-19h ; mai-juin et sept, tlj 10h-12h30, 14h-18h (19h ven-sam) ; oct-avr, lun-sam 10h-12h30 (sauf jeu mat), 14h-17h et dim 10h-13h. Mai-oct, visites insolites, cœur de ville, enfants, les dim et certains mer. Résa conseillée. Location de vélos électriques 5 €/h, 15 € la ½ j., 25 €/j.* Une superbe maison du tourisme, avec de petites expositions bisannuelles et une permanente en lien avec le patrimoine local. Charmant accueil souriant. Circuits de visite à disposition. Visites guidées.

Où dormir ? Où manger ?

Camping

Camping Les Bosquets : *63, quai des Petits-Bosquets (chemin de la Ménagerie).* ☎ *03-83-73-37-58. 03-83-74-05-00. • camping@delunevilleabercarrat.fr • delunevilleabaccarat.fr • ♿ En plein centre, direction « Centre/Château ». Ouv mai-oct (camping-cars tte l'année). Tente en hte saison 12,50 € (avec électricité). Loc mobile homes 195-380 €/sem. CB refusées sauf aire de camping-car gérée par borne automatique CB. 36 empl.* Un petit camping sympa comme tout, dans un joli emplacement, au bord du canal, au pied du parc des Bosquets. Barbecue. Pour les campeurs, une entrée à prix réduit au centre aqualudique Aqualun.

De bon marché à prix moyens

Chambres d'hôtes La Condamine : *3, rue Léon-Gambetta.* ☎ *03-83-75-10-03. • strazielle.francois@wanadoo.fr • lacondamine.fr • Dans le centre, à deux pas de la pl. Léopold. Double 70 € avec douche et w-c ; 98 € pour 4 pers.* Dans une jolie maison ancienne, pleine de plaisants détails architecturaux, 2 charmantes chambres (dont une familiale). Grand jardin au cœur de la ville.

Le Floréal : *1, pl. Léopold (1er étage).* ☎ *03-83-73-39-80. • rest.floreal@wanadoo.fr • Dans le centre. Tlj sauf dim soir, lun et mer soir. Résa conseillée. Formules déj sem 14,50-17,50 € ; menus 23-44 €.* Agréable salle aménagée dans l'ancienne galerie des halles. Jolie vue sur la place si l'on obtient une table de ce côté-là. Cuisine soignée, comme on dit, d'un maître restaurateur et service efficace.

Les Bosquets : *2, rue des Bosquets.* ☎ *03-83-74-00-14. • restaurantlesbosquets@hotmail.com • ♿ Au cœur de la vieille ville, face à une entrée du parc des Bosquets, à l'angle de la rue de Lorraine. Tlj en saison ; fermé mar et mer soir hors saison. Menu déj lun-ven 14,50 € ; compter 20-30 € à la carte, avec propositions de produits plus nobles.* Aurélien et

Cassandra ont donné un nouvel élan à cette table idéalement située et très prisée avec sa nouvelle terrasse à l'entrée du parc. Autre atout, l'ouverture le lundi. La carte change toutes les 3 semaines environ, avec des produits frais selon l'envie et le marché du jeune chef. Une cuisine qui peut se faire aussi plus chic, mais reste accessible, avec foie gras (recette Etchebest), ris de veau, filet de bœuf... Présentation soignée et top !

Marie Leszczyńska : *30, rue de Lorraine. ☎ 03-83-73-11-85. Au cœur de la vieille ville. Tlj sauf dim soir, lun, mar soir et j. fériés. Congés : fin août-début sept et fin déc-début janv. Menus 15,50 € (déj sem), puis 25-42 € ; carte 30-35 €.* La fille de Stanislas a gentiment laissé ses nom et prénom à cette petite table de la vieille ville. Le genre resto de quartier d'ailleurs, avec ses habitués, son accueil souriant et sa cuisine traditionnelle, soignée et sympathique.

Le Piano : *18-20, rue de Lorraine. ☎ 09-50-21-00-19. ♿ Vieille ville. Tlj sauf dim soir et lun. Formules 12,50-15,50 € (déj mar-ven) ; menus 26-35 € ; carte env 30 €. Attention, pas de menu du jour en saison mais des copieuses tartines, burgers gourmands, énormes salades, etc.* Le piano n'est pas que dans la cuisine. Un autre en salle pour les musiciens en manque... Un cadre lounge épuré, cocoon et relax. Très belle terrasse à l'arrière, dans les murs de la vieille ville. Une adresse prisée et branchée, un bar à vins qui mise sur une cuisine fraîcheur et des suggestions qui changent toutes les 3 semaines. Service relax et pro.

Chic

Hôtel Les Pages – Restaurant Le Petit Comptoir : *5, quai des Petits-Bosquets. ☎ 03-83-74-11-42. • contact@lespageshotel.fr • hotel-les-pages.fr • ♿ Sur les quais, face au château. Resto tlj sauf sam midi et dim soir. Congés : fêtes de fin d'année. Doubles 95-110 € selon confort ; familiale 150 €. Formule 18 € (en sem) ; menus 24-32 €.* Un peu motel américain, vu de l'extérieur. L'intérieur propose de très jolies chambres avec autant d'idées qu'il y en aurait dans une pile de magazines de décoration. De l'originalité (jusque dans les salles de bains), du charme contemporain, du design chaleureux. Resto façon néobistrot au cadre tout aussi réussi. Excellent accueil.

Le Banaudon : *16, rue Banaudon. ☎ 03-83-70-80-37. • contact@lebanaudon.com • Vieille ville. Ouv ts les midis sauf dim, plus soir ven-sam. Carte env 40 €.* Encore une de ces bonnes adresses de province, un peu bourgeoise, où l'on mange bien, façon cordon bleu, et copieusement. Le patron, très bonhomme, soigne ses convives, les habitués comme les inconnus, et n'hésite pas à papoter ici et là. C'est un vrai repaire pour les amateurs d'abats. Les 2 salles en enfilade, à l'orange vivifiant, se remplissent vite.

Chambres d'hôtes Le Domaine de Stanislas : *23, rue de la Tour-Blanche. ☎ 03-83-77-47-20. • ledomainedestanislas@gmail.com • ledomainedestanislas.com • Doubles 95-105 €. Table d'hôtes sur résa 23 €, hors boisson.* À deux pas de l'office de tourisme, une jolie surprise que cette belle demeure datant de 1855, rénovée de façon contemporaine, pleine de charme. 5 chambres spacieuses, aux tons doux actuels, portant des noms qui ne devraient pas vous surprendre (Baccarat, Daum, Gallé, Lunéville et Longwy). Grand parc, terrasses, jardin et potager d'où arrive en direct ce qui vous sera proposé à la table d'hôtes. Un coup de cœur.

Chambres d'hôtes Jacaranda de Banaudon : *12 bis, rue de Banaudon. ☎ 07-71-81-50-91. • domaine.jacaranda54@yahoo.com • Doubles 92-102 €. Loft.* Cette belle maison de ville, à côté de l'hôtel de ville, réserve la surprise, sur l'arrière, d'un jardin fleuri et d'une piscine chauffée. Dans les étages, les 3 chambres refaites à neuf et le loft sont très joliment arrangés. Quant à la pièce à vivre, elle témoigne de la passion de votre hôte pour la chasse. Trophées, peau de zèbre et autres cornes d'antilope parsèment les murs. Accueil adorable !

Où acheter de la faïence de Lunéville ?

***Manufacture de Lunéville-Saint-Clément (magasin d'usine)** : 1, rue Keller-et-Guérin, Z.A. des Faïenceries. ☎ 03-83-74-07-58. Mar-sam 10h-12h, 14h-18h.* À prix d'usine, créations récentes et rééditions de modèles historiques de cette faïencerie créée en 1718, associée depuis 1757 aux ateliers voisins de Saint-Clément. Au 1er étage, espace d'exposition avec de superbes pièces de Lunéville (mais qui manque un peu de signalétique), Moustiers, Delft...

À voir. À faire

***Le château des Lumières** : pl. de la 2e-Division-de-Cavalerie. Tlj sauf mar 10h-12h, 14h-18h. Entrée aux espaces restaurés, expo estivale comprise : 3 €. Animation musicale et lumineuse ts les soirs en juil-août (gratuit). Audioguide. Visite commentée gratuite, selon les horaires. Tablette virtuelle 8 €. Concerts baroque, classique, jazz, musique du monde, les Dimanches de la Chapelle : 15 € ; réduc. Expérience immersive ludique dans les caves, sam-dim sur résa : 20 €.*
C'est le duc Léopold qui en a commandé les plans à Germain Boffrand, élève de l'architecte Jules Hardouin-Mansart. Un élève qui a d'ailleurs ici presque supplanté le maître. Des ailes en retour qui encadrent une vaste cour (où est plantée une statue équestre du général napoléonien Lasalle) et le corps de logis, peu d'étages et un inévitable grand jardin : Boffrand s'est largement inspiré du style Louis XIV de Versailles tout en y ajoutant son génie propre. Ouvert, le pavillon central permet aux carrosses de livrer leurs précieux passagers à couvert !
Depuis l'incendie de 2003, une restauration est programmée sur 20 ans. Le château rouvre progressivement les salles à la visite tandis que les équipes du musée étoffent régulièrement les collections grâce à des achats (parmi eux, la tapisserie *Les Marchands de légumes,* acquise en 2017, provient du château d'Haroué), legs et donations. La chapelle palatiale en est donc à sa 8e reconstruction !
Actuellement, un cycle d'expositions intitulé « Les belles heures du château de Lunéville » dans les espaces restaurés et le commun nord préfigure la programmation à venir. Elle combine les pièces patrimoniales et les restitutions virtuelles, comme celle de la chambre à coucher de la duchesse.

***Le conservatoire des broderies de Lunéville** : dans l'aile sud du château. ☎ 03-83-73-56-86. • broderie-luneville.com • Tlj sauf mar 14h-18h (17h hors saison). GRATUIT. Expos temporaires sur la mode et ses métiers.* Petit espace consacré au point de Lunéville, un type de broderie sur tulle qui a séduit toute l'Europe du XVIIIe s au Second Empire, et à la très « Las Vegas » broderie perlée et strassée, autre spécialité locale. Boutique et stages d'initiation pour les amateurs.

***Les Bosquets** : mai-sept, tlj 6h-22h ; oct-avr, tlj 6h-19h. GRATUIT.* Grand jardin à la française dessiné par un disciple de Le Nôtre (on l'aurait parié !), Yves des Hours, et Louis de Nesle, dit Gervais, à partir de 1711. Il faut pousser jusqu'au bout des allées ombragées pour la perspective (dans les jardins à la française, tout est affaire de perspective !). Sur la gauche, vers les serres, quelques jolis spécimens de villas fin XIXe-début XXe s que l'on pourra apprécier côté face en prenant la rue Villebois-Mareuil. Même si les délires de Stanislas (pavillons, cascades, rocher aux automates...) ont disparu, ces jardins se laissent largement apprécier, d'autant qu'ils reviennent de loin : il n'en restait pas grand-chose en 1945.

***Petite balade dans la vieille ville** :* de la maison du tourisme, en face du château, prendre la rue du Pont-Rouge, puis à gauche la rue du Château. Au no 7 est installé l'hôtel du Baillage, ancien hôtel de ville construit à la requête du duc Léopold en 1706. Sur la façade, un haut-relief représente la Justice et ses attributs (glaive et balance), l'immeuble abritant un tribunal depuis la Convention. À l'angle des rues du Château et de Lorraine se dresse l'imposante maison dite « du Marchand », construite vers 1740. Belle façade en grès rose des Vosges et pilastre d'angle joliment sculpté, qui laisse à penser que ce marchand de Lunéville commerçait avec de bien lointains horizons. Autre jolie façade, à deux pas, au n° 4, rue Demangeot. Juste en face, de magnifiques escaliers du XVIIIe s qui étaient à l'origine à l'intérieur de la maison. La façade de cette maison (au n° 12, rue de Lorraine) présente une vieille porte cloutée surmontée d'un fronton de pierre.

L'église Saint-Jacques : *au cœur de la vieille ville. Tlj 10h-11h30, 14h-16h. Visites guidées organisées par la maison du tourisme (se renseigner).*
C'est Boffrand, l'architecte du château, puis Héré, celui de la place Stanislas à Nancy, qui ont conçu cette église. Impressionnante façade en grès des Vosges (donc rose, ben oui !) et tours rococo qui culminent à plus de 50 m. Statues monumentales (à gauche, saint Michel ; à droite, saint Jean Népomucène), œuvres de Barthélemy Guibal, sculpteur officiel du duc Léopold, et horloge tout aussi énorme (construite par Chrétien !) à laquelle s'agrippent de gigantesques angelots.
À l'intérieur, nef baroque pas trop baroquisante, toute jaune. La « divine » Émilie du Châtelet, marquise de son état et maîtresse quasi officielle de Voltaire, est inhumée à l'entrée sous une anonyme dalle noire. Chaire Régence qui tient du chef-d'œuvre. Dans le chœur, superbes boiseries et une fresque du XVIIIe s de Jean Girardet figurant le baptême de Clovis, pleine d'anachronismes ; Clotilde, l'épouse de Clovis, aurait le visage de Madame de Boufflers, la favorite de Stanislas. À gauche du chœur, discrète pietà en pierre polychrome du XVe s. Autre chef-d'œuvre, le véritable décor de théâtre d'Emmanuel Héré qui masque les orgues. En sortant de l'église, sympathique reconstitution d'un jardin de curé dans la rue des Templiers.

La synagogue : *5, rue Sébastien-Castara.* En 1785, Louis XVI accéda à la demande des juifs de Lunéville et autorisa la construction de cette synagogue, la 1re à sortir de terre en France depuis le XIIe s. En retrait de la rue, le bâtiment était autrefois caché derrière 2 maisons, incendiées en 1914. Façade de grès rose (encore une...) qui fait dans le mélange de styles, à la fois antique et baroque. Oculus entouré d'une guirlande de pampres de vigne, purement décorative.

Le théâtre : *37, rue de Lorraine.* Un 1er théâtre construit par Héré pour Stanislas en 1733 a disparu dans un incendie en 1908. Celui-ci est signé d'un autre grand nom de l'architecture nancéienne, Lucien Weissenburger. Façade très classique qui abrite un intérieur à l'italienne. À deux pas du théâtre (au n° 61) se trouve la maison dite « du Traité », où fut signé le traité de Lunéville (évidemment) qui, en 1801, a attribué à la France la rive gauche du Rhin. C'est dans cette même maison que le général Patton a préparé, avec Eisenhower notamment, les ultimes mouvements de troupes de la Seconde Guerre mondiale.

Petite balade dans le centre-ville : un centre-ville qui, à l'instar de la ville neuve de Nancy, a été construit en respectant de grands principes d'urbanisme. C'est particulièrement flagrant autour de la place Léopold où les immeubles présentent une belle homogénéité (les propriétaires étaient exonérés de taxes s'ils respectaient le règlement d'urbanisme, ça aide...). Au n° 1, les halles construites en 1859-1860. Les arcades du rez-de-chaussée accueillaient la halle au blé, les salons du 1er étage les mondains de la Belle Époque. Au débouché de la rue René-Basset, sur la place, élégante décoration sur l'angle du bâtiment de la *Banque de France* (1907-1908). Quelques intéressants établissements bancaires (pour des raisons architecturales, bien sûr...) dans la rue Carnot. La *SNVB,* au n° 3, avec sa façade qui présente un 1er niveau largement disproportionné. Au n° 11 ter, c'est la *Caisse d'Épargne* qui est installée dans un immeuble des plus académique doté d'un imposant balcon. Nette influence de l'école de Nancy en d'autres endroits de cette rue, comme la devanture du magasin installé au n° 9 ou le décor de feuilles de ginkgo biloba et de pommes de pin de l'immeuble du n° 16.

Manifestations

– ***Foire grasse :*** *fin fév. Rens : ☎ 03-83-74-06-55 (Maison du tourisme).* Existe depuis plus de 3 siècles. Marché de produits de bouche et brocante dans les rues et la vieille ville.
– ***Rencontres équestres :*** *3e w-e de juin. Rens : ☎ 03-83-76-04-75.* Très populaire.
– ***Fête du potimarron et autres cucurbitacées :*** *fin sept. Rens : ☎ 03-83-76-04-75 (Maison du tourisme).* Culture, sculptures et cuisine des cucurbitacées. Dans les rues de la ville ou la cour du château.
– ***Saison théâtrale à La Méridienne :*** *37, rue de Lorraine. ☎ 03-83-76-48-60. • lameridienne-luneville.fr •* Une programmation pluridisciplinaire : danse, théâtre, concerts, spectacles pour jeune public... Un des temps forts, le festival FACTO, Festival pour des arts croisés et un théâtre original, se tient pendant 15 jours entre fin avril et début mai.

DANS LES ENVIRONS DE LUNÉVILLE

Le mémorial de Léomont et Espace muséal Chaubet : *à 3 km de la ville. ☎ 03-83-74-06-55. Espace muséal : juil-août, mer-dim 14h-18h ; mai-juin et sept-15 nov, mer, sam et dim 14h-18h. Entrée libre.* Lieu de mémoire, de recueillement et de souvenir, où l'horreur de la guerre 1914-1918 rejoint l'histoire de notre liberté ! Où le sacrifice de 3 751 soldats se rappelle dans le cimetière mais aussi dans un espace pédagogique technologique. Messe commémorative le 15 août.

La base de loisirs de Bures : *route de l'Étang, 54370* ***Bures.*** *☎ 03-83-71-33-04. 📱 06-34-26-56-03. • blb54.fr • Loc de canoë, paddle, embarcation à pédales 8 €/30 mn, catamaran 27€/h, dériveur 20 €/h.* L'étang artificiel de Parroy est blotti dans les plaines et forêts. L'école de voile située sur ses rives propose un panel d'activités nautiques encadrées et la location de matériel.

LA VALLÉE DE LA VEZOUZE

En 1792, le révolutionnaire abbé Grégoire, né dans un hameau voisin, rêvait d'une Europe sans nations ni frontières. L'histoire n'a malheureusement pas réalisé son rêve. Autour de Leintrey, dans cette campagne doucement vallonnée où paissent vaches et moutons, ces charmants petits étangs sont, en fait, dus aux explosions des mines de juillet 1916. Les milliers de croix du cimetière militaire de Reillon disent aussi la violence des combats de la Grande Guerre dans ce petit pays. Un petit pays heureusement aujourd'hui d'une bien plus grande tranquillité, dont la traversée permettra de rejoindre Baccarat via le lac de Pierre-Percée.

Où dormir ?

Chambres d'hôtes chez Brigitte et Gilbert Bregeard : *7, route Nationale, 54450* ***Herbéviller.*** *☎ 03-83-72-24-73. 📱 06-22-02-40-31. • g2bregeard@wanadoo.fr • Congés : 1re sem d'août et vac de Noël. Double 60 €. Repas sur résa 22 € tt compris.* Si cette ancienne ferme lorraine, joliment retapée, est indiscutablement en bord de nationale, les 2 chambres, claires et guillerettes, donnent sur l'arrière et le jardin. La table d'hôtes a le goût du

LA MEURTHE-ET-MOSELLE

pays : charcuterie maison, brochette au munster, quiche lorraine, charlotte aux mirabelles, etc. L'accueil est sympa, et l'ambiance à la décontraction donc.

À voir

La maison Abbé Grégoire : *pl. de l'Abbé-Grégoire, 54370* ***Emberménil.*** *03-83-71-20-56 ou 03-83-71-20-57 (mairie). • musee-abbe-gregoire.fr • Avr-sept, dim 14h30-18h ; et tte l'année sur résa. Entrée : 3 € ; réduc ; gratuit jusqu'à 10 ans.* 13 vitraux retracent la vie d'Henry Grégoire, dit « l'abbé Grégoire » (voir « Personnages » dans le chapitre « Hommes, culture, environnement ») avant, pendant et après la Révolution française. Départ (ou arrivée, c'est vous qui voyez) de la route de l'abolition de l'esclavage qui conduit jusqu'au fort de Joux dans le Doubs via la maison Schœlcher à Fessenheim et la maison de la Négritude à Champagney.

Le château de Blâmont : *pl. Pechmann, 54450* ***Blâmont*** *(pardi !). 06-25-36-82-05. • association.clefdevoute@gmail.com • chateaublamont.wordpress.com • Château ouv mai-oct, le 1er dim du mois 14h-17h. GRATUIT. Visite guidée à 15h : 4 € ; réduc ; sur résa pour les groupes.* Un gros bourg depuis toujours au carrefour de grands axes commerciaux qui conserve, un peu à l'écart du centre (c'est fléché), de beaux vestiges d'un château médiéval (XIIe-XIVe s).

Le musée du Textile : *rue Veillon, 54480* ***Val-et-Châtillon.*** *03-83-42-59-13. Mai-oct, jeu et dim 13h30-18h. Entrée : 3 € ; gratuit jusqu'à 12 ans.* Dans ce petit village, la 1re usine textile a ouvert dès 1850. Au milieu du XXe s, près de 1 000 personnes travaillaient ici. C'est pour conserver cette mémoire ouvrière que l'ancien atelier de filature de la Société cotonnière de Lorraine (une usine qui a fonctionné de 1901 à 1978) a été transformé en musée. À la visite, exclusivement guidée, on prend le temps de vous expliquer comment on passe d'une balle de coton à un tissu à carreaux, de faire fonctionner les machines et de vous livrer une foule d'anecdotes.

La maison de la Forêt : *lieu-dit Norroy, 54480* ***Saint-Sauveur.*** *03-83-71-23-25. • maisondelaforet-piemontvosgien.com • Entre les villages de Val-et-Chatillon et Saint-Sauveur. Juil-août, tlj sauf mar mat et jeu mat 10h-12h30, 13h30-18h ; avr-juin et sept-oct, sam-dim 10h-12h30, 13h30-18h. Entrée libre. Loc de vélos électriques 5 €/h, 15 € la ½ j., 25 €/j.* La scierie de Norroy, citée dès le XVIe s, dépendante de l'abbaye de Saint-Sauveur, a fonctionné jusqu'en 1961. Depuis 2016, elle abrite un espace d'accueil : expositions temporaires sur la faune, la flore, sorties nature, spectacles vivants, conférences... Au départ de 7 circuits de randonnée balisés, de 6 à 23 km, avec, pour ceux qui souhaitent dormir sur place, le refuge du Sagard juste à côté : 10 places en hébergement *(10 €/pers et par nuit)*.

BACCARAT

(54120) 4 550 hab. *Carte Meurthe-et-Moselle, C4*

L'histoire étonnante de Baccarat commence à la fin du XVIIIe s, quand l'évêque de Metz, qui possède quelques biens par ici, demande au roi l'autorisation de créer une verrerie à Baccarat. L'idée semble généreuse puisqu'il s'agit de fournir de l'ouvrage aux bûcherons au chômage après la fermeture des salines de Rosières (voir le chapitre « Saint-Nicolas-de-Port »). Une autre réalité économique préside à l'ouverture de cette verrerie qui doit permettre de limiter les nombreuses et dispendieuses importations de Bohême. Ce

n'est toutefois qu'en 1816 que Baccarat se lance dans la fabrication du cristal, sous l'impulsion d'un Belge, Aimé Gabriel d'Artigues. Au cours du XIXe s, Baccarat va s'employer à se faire un nom. Têtes couronnées et autres grands de ce monde passent commande de ce cristal superbement travaillé, soufflé, modelé, ennobli d'or ou d'émaux. Des flacons de parfum conçus à l'orée du XXe s pour les grands noms de la mode aux bijoux lancés au début des années 1990 pour séduire une clientèle plus jeune, il est presque aujourd'hui inutile de présenter le cristal de Baccarat, le plus connu de France, pour ne pas dire du monde. La récente reprise (2017) de l'entreprise par un groupe chinois orienté vers les produits de luxe laisse augurer une renaissance pour la cristallerie.

Adresse et info utiles

Maison du tourisme du pays du Lunévillois : *13, rue du Port (Pôle Bijou Galerie), le long de la Meurthe. ☎ 03-83-75-13-37. • tourisme-lunevillois.com • Juil-août, tlj 10h-18h ; mai-juin et sept, tlj 10h-12h30, 14h-18h ; oct-avr, tlj sauf jeu mat 10h-12h30, 14h-17h. Loc de vélos électriques 5€/h, 15€ la ½ j., 25 €/j.* Circuits rando à disposition. Fiches patrimoine (gratuites) pour visites libres. Visites guidées de la ville pour les groupes sur résa toute l'année. Accueil super attentif et souriant.

– ***Pique-nique et eau potable :*** *à côté de la Maison du tourisme, sous le pont et au bord de la Meurthe, à l'ombre de grands arbres.*

Où dormir ? Où manger ?

Chic

Chambres d'hôtes La Maison d'Inès : *47, rue Sainte-Catherine. 06-17-08-10-69. • contact@la-maison-d-ines.fr • la-maison-d-ines.fr • Doubles 77-90 €. Menus 14 € (en sem), puis 19-35 €.* Entièrement refaites, 4 chambres d'hôtes au goût exquis mêlant vieilles pierres, grandes toiles figuratives, beau linge et quelques trouvailles dignes d'un magazine déco. La propriétaire, championne d'équitation, est aussi une horticultrice hors pair. Sur l'arrière, le grand jardin fleuri et sa piscine sont une invitation à la paresse.

Hôtel de la Renaissance : *31, rue des Cristalleries. ☎ 03-83-75-11-31. • hotel-la-renaissance.com • Resto fermé lun soir, ven et dim soir. Congés : 1re quinzaine de janv. Doubles 77-90 €. Menus 14 € (en sem), puis 19-35 €.* Un établissement bien placé, juste en face de la cristallerie. Chambres confortables et contemporaines. Salle à manger néorustique, petite salle bistrot devant, et sympathique petite terrasse pour une cuisine traditionnelle de produits fermiers, qui cache de vraies bonnes surprises. Ambiance tranquille, plutôt familiale.

Boulangerie Payeur : *35, rue des Cristalleries. ☎ 03-83-75-14-83. • boulangerie-payeur.fr • Tlj 6h-19h.* Ce n'est pas tout à fait une boulangerie comme les autres. Plusieurs fois primé, son pâté lorrain fait le tour du monde. Les Japonais en raffolent ! Nous aussi d'ailleurs. Mais, on craque aussi pour les méga-meringues.

Où manger dans les environs ?

L'Imprimerie : *39 ter, rue Division-Leclerc, 54122* ***Fontenoy-la-Joûte.*** *☎ 03-83-75-42-64. • contact@restaurantlimprimerie.fr • Tlj sauf mar-mer. Formule déj 14 € ; menus 38-54 €. Résa conseillée.* Dans ce village pas tout à fait comme les autres, le restaurant a trouvé un logement idoine, dans une ancienne imprimerie. Ici, la cuisine d'auteur est de mise et mérite amplement le détour. Équipe jeune bourrée de talent. Menu « surprise », circuit court, petits vins sympa... Seul hic, pensez à réserver !

Le Bistrot d'Azerailles : *15, rue de la Gare, 54122* ***Azerailles.*** *☎ 03-83-75-15-17. • contact@lebistroazerailles.fr • À 6,5 km au nord-est de Baccarat. Dim-mar le midi, jeu-sam midi et soir. Fermé mer. Menus 25-35 €. Résa conseillée.* Voici une halte impeccable dans cette campagne lorraine. Ambiance brasserie relax, produits du terroir, grande terrasse ouverte.

La Table du Boulanger : *51, rue du Général-Leclerc, 54120* ***Bertrichamps.*** *☎ 03-83-75-42-64. À 6 km au sud-est de Baccarat. Dans la rue principale du village. Ouv le midi seulement, tlj sauf dim. Congés : 2 sem en août et 2 sem fin déc. Menu unique 14 € en sem, 19 € le sam.* On se gare à l'ombre du clocher de l'église avant de s'installer dans l'ancienne salle des fêtes du village. C'est là que le boulanger (qui tient boutique à 3 ou 4 maisons de là) a choisi d'installer sa table, il y a une vingtaine d'années. Service tout sourire, excellente cuisine de ménage (pâté lorrain et des gâteaux à s'en lécher les doigts au dessert) et prix serrés serrés.

– Voir aussi plus loin nos adresses autour du lac de Pierre-Percée et sur la route du Saintois. Quelques bonnes adresses également à une poignée de kilomètres, à Raon-l'Étape ou Senones (voir le chapitre « Les Vosges »).

LA MEURTHE-ET-MOSELLE

À voir

Le musée du Cristal : *2, rue des Cristalleries. ☎ 03-83-76-61-37. Tlj sauf lun 10h-12h, 14h-18h (non-stop juil-août). Entrée : 5 € ; réduc. Le mat et l'ap-m, un MOF (Meilleur ouvrier de France) répond aux questions des visiteurs.* Installé dans l'ancienne demeure des administrateurs de la manufacture, une grosse maison bourgeoise aux faux airs de château, au cœur des 10 ha d'un site industriel qui n'a pas bougé depuis le XVIIIe s avec ses maisons ouvrières et sa chapelle. Les cristalleries ne se visitent pas (secrets de fabrication et contraintes de sécurité obligent). Le musée est entièrement rénové et propose une découverte en 2 temps : courte vidéo (10 mn) pour présenter le travail à chaud et à froid. Ensuite, possibilité de visite accompagnée (une le matin, une l'après-midi) ou visite libre de l'exposition qui balaie toute l'histoire de la manufacture, et présente notamment des pièces phares, perdues de vue comme la « table-bateau ». Fabuleux lustre dès l'entrée... Outre cette histoire, le flaconnage, autre activité vitale de la cristallerie, et la collection du tsar Nicolas II sont exceptionnels.

Pôle Bijou Galerie : *à la Maison du tourisme, 13, rue du Port. ☎ 03-83-76-06-99. • info@polebijou.com • polebijou.com • Tlj 10h-12h30, 13h30-18h (non-stop juil-août). Fermé 1er janv, 1er mai et 25 déc. Entrée : 3 € ; réduc. GRATUIT pdt le marché de Noël.* En bord de rivière, ce bâtiment rénové du XIXe s offre un bel écrin à toutes les pièces de cristallerie qui y sont exposées. Sur 200 m², des œuvres de créateurs et d'artistes, des ateliers d'initiation et des stages de pratique afin de découvrir l'univers des métiers d'art contemporain.

L'église Saint-Rémy : *visite guidée de 1h30 à réserver à la Maison du tourisme.* Une église toute de béton, élevée de 1953 à 1957 sur les plans de l'architecte grec Nicolas Kazis. Du béton ? Curieusement, ici comme au Havre, à Royan, voire à Briey pour rester dans le département, on peut être sensible à l'utilisation de ce matériau. D'autant que dans la nef, éclairée par de très beaux vitraux contemporains (évidemment façonnés en dalles de cristal de Baccarat avec 52 couleurs différentes), ce béton prend des couleurs presque étonnantes.

La tour des Voues : *rue des Moulins. Ne se visite pas.* Solitaire et costaud (des murs de 3 m d'épaisseur au moins), il s'agit de l'ancien donjon du château médiéval du XIVe s.

Manifestations

– ***Festival international des Métiers d'art :*** *un w-e entre fin juin et juil, années impaires, au parc de Michaut.* Venus de différents horizons, des artisans convergent à Baccarat pour des démonstrations en public de leur savoir-faire. Animations et concours.
– ***Fête du Pâté lorrain :*** *2e w-e de sept. Rens : ☎ 03-83-75-13-37.* Très populaire.

DANS LES ENVIRONS DE BACCARAT

LE LAC DE PIERRE-PERCÉE

Des rives encaissées, des eaux plus que bleues serties dans d'épaisses forêts : il y a un peu de Canada dans ce lac-là, dont la forme évoque, de surcroît, une feuille d'érable ! À cheval sur la Meurthe-et-Moselle et le département des Vosges, c'est, avec 305 ha de superficie et 32 km de pourtour, le plus grand lac artificiel de la région. Créé par EDF, un imposant barrage (près de 70 m de haut) retient l'eau (quelque 50 millions de mètres cubes au maximum !) déversée dans la Moselle lorsque son débit est trop faible pour alimenter la centrale de Cattenom. Pour compléter le dispositif et servir de réserve au lac de Pierre-Percée, un grand bassin a été aménagé plus bas : le lac de la Plaine (traité dans le chapitre « Les Vosges »). Ces 2 plans d'eau attirent, aux beaux jours, beaucoup de monde...

Où dormir ? Où manger autour du lac ?

🏠 ***Chambres d'hôtes des 2 Lacs :*** *1, chemin de la Vierge-Docteur, 54540* ***Pierre-Percée.*** *☎ 03-83-42-56-90. 📱 07-88-01-49-10. • francoise.pelgrin@orange.fr • Doubles 80-90 €.* Des chambres très campagne et au calme. On apprécie aussi la piscine dans le jardin aux beaux jours !

🏠 🍽 ☂ ***Hôtel Le Chalet :*** *4, pl. de la Mairie, 54540* ***Pierre-Percée.*** *☎ 03-29-42-03-52. • lechalet-pierre-percee.fr • Resto fermé jeu tte la journée et dim soir. Congés : 3 sem en août. Double 55 €. Menu 17 €.* D'apparence traditionnelle, façon petite station de montagne, *Le Chalet* est une vraie pépite côté papilles. Brigitte Pin y peaufine une cuisine pleine de saveurs et d'invention. En été, on peut s'installer en terrasse, côté place ou côté jardin. Chambres rustiques aux rideaux rouges et blancs.

🏠 🍽 ***Chambres d'hôtes Ferme du P'tit Bonheur :*** *21, Les Noires-Colas, 54540* ***Bionville.*** *☎ 03-29-41-12-17. • chambre@vosgespetitbonheur.fr • vosgespetitbonheur.fr • Double 65 €. Table d'hôtes 24 €.* Le hameau, posé à 360 m d'altitude face au massif du Donon, est déjà franchement superbe. Et la jolie maison traditionnelle flanquée d'un balcon de bois n'a rien à lui envier. Un accueil naturellement décontracté, 6 chambres mignonnes, une tonnelle dans le grand jardin où coule un petit ruisseau, des chèvres et des ânes, des soirées folk de temps à autre après un bon repas en table d'hôtes... Cette adresse semble bien porter son nom.

À voir. À faire autour du lac

Pierre-Percée *(54540)* **:** minuscule village joliment perché au-dessus du lac. Sur un piton rocheux, belles ruines d'un château qui appartenait autrefois aux princes de Salm (voir le chapitre « Les Vosges »). En contrebas du village, vers le cimetière, monument aux morts du 363e RI, orné d'un imposant bas-relief d'Antoine Sartorio, très patriotique comme à son habitude (on lui doit également le cénotaphe de l'Arc de Triomphe, à Paris).

Le Centre d'interprétation et de documentation de la Menelle : *lieu-dit de la Menelle, Pierre-Percée. Avr-sept, mer-jeu 14h-18h, et les 2e et 4e dim du mois ; oct-mars, mer 14h-18h. GRATUIT.* Ce petit musée monté par une association raconte la terrible guerre de mines qui fut livrée dans le massif des Vosges, alors sur la ligne de front, et notamment au col de la Chapelotte voisin. Mannequins en uniforme, cabane de planches, mouchoir militaire sont prétextes à des tas d'explications érudites.

La Roche des Corbeaux : accès fléché depuis l'agréable route forestière dite « de la Ceinture verte » qui fait le tour du lac. Joli point de vue.

La réserve d'oiseaux : un observatoire a été aménagé sur la rive nord-ouest du lac (c'est fléché depuis la route de la Ceinture verte), face à une réserve protégée. On peut observer, en restant discret et en s'armant de patience, hérons, colverts, foulques, grèbes huppés, etc.

La Maison de la faïence : *13, av. de la Division-Leclerc, 54540* ***Badonviller.*** *☎ 03-83-42-19-57. 15 juin-30 juin, sam-dim 14h-18h ; juil-août, ven-dim 14h-18h. Entrée : 3 € ; réduc.* Un musée-atelier qui présente des pièces des faïenceries de Pexonne et Badonviller (XIXe-XXe s). On pourra également y découvrir diverses techniques de fabrication, puisqu'un atelier de création y est aussi installé.

LA MEURTHE-ET-MOSELLE

Sports et loisirs

ATTENTION : baignade interdite dans le lac de Pierre-Percée.

– ***VTT :*** plus de 100 km de circuits balisés, dont le tour du lac (32 km). Location à la base de loisirs du lac de la Plaine (voir plus loin la partie « Les Vosges »).

– ***Aventure Parc :*** *lieu-dit* ***La Roche des Corbeaux.*** *☎ 03-83-42-50-08. • paysdeslacs.com • Vac d'été, tlj 10h30-18h30 ; juin, w-e 10h30-18h30 ; de mi-avr à mai et sept, w-e et j. fériés 13h30-18h30. Pass aventure à partir de 22 €. Tarifs enfants.* Itinéraire dans les arbres parsemé de jeux sportifs (avec une jolie vue sur le lac, en prime) : saut de Tarzan, tyrolienne, passerelle, etc. D'autres activités (en supplément) : saut à l'élastique, tyrolienne géante (800 m aller-retour) au-dessus du lac, etc. Et une catapulte qui vous propulse à plus de 20 m de hauteur. Point de location de canoës. Snack.

– ***Pôle Sport Nature :*** *La Grande-Haie, 88110* ***Celles-sur-Plaine.*** *☎ 03-29-41-13-04. • psnparc.com • Juil-août, tlj 10h30-18h30 ; juin, w-e et j. fériés 10h30-18h30 ; de mi-avr à mai et sept, w-e et j. fériés 13h30-18h. Loc canoë 2 places 15 €.* Location de canoës, mais aussi embarcations à pédales et *stand up paddle,* pour découvrir le lac et ses anses au rythme de vos pagaies. Snack-buvette en bord de lac.

DE BACCARAT AU CHÂTEAU D'HAROUÉ

La route la plus directe pour aller de Baccarat au château d'Haroué ressemble fort à un chemin des écoliers. Tranquille campagne, typiquement lorraine avec ses villages-rues et ses vergers de mirabelliers. Et beaucoup d'occasions de s'arrêter.

Où dormir en cours de route ?

Camping

⛺ ***Camping du Pré Fleury :*** *18, rue de la Barre, 54129* ***Magnières.*** *☎ 03-83-72-34-73. • campingdemagnieres@orange.fr • campingdemagnieres.jimdo.com • ♿ À 14 km à l'ouest de Baccarat par la D 47 ; fléché depuis Magnières. Ouv avr-sept. Compter 11 € en hte saison. CB refusées. 34 empl.* Joli petit camping à deux pas de l'ancienne gare d'où partent aujourd'hui les draisines. Emplacements plutôt spacieux (120 m²), au bord d'un étang qui ravit les pêcheurs. Même gestion que pour le vélorail voisin.

Bon marché

🏠 ***Chambres d'hôtes Ferme de Loro :*** *1, hameau de Loro, 54290* ***Loromontzey.*** *☎ 03-83-72-53-73. 📱 06-09-30-16-26. • damien.colin@loro.fr • loro.fr • À env 30 km à l'ouest de Baccarat Congés : nov-fév. Double avec douche et w-c 50 €. Table d'hôtes 15-20 € sur résa.* Dans un petit hameau, un peu loin de tout. C'était la ferme d'une abbaye et elle existe depuis au moins le XIVᵉ s. Cette bâtisse, à cour fermée, a du caractère. Ses propriétaires aussi, qui cultivent mirabelles, fraises et framboises, mais prennent le temps de bien vous accueillir. 2 chambres (dont une familiale) dans le genre rustique. Du « fait maison » au petit déj.

LA MEURTHE-ET-MOSELLE

À voir. À faire au fil de la route

Les sources d'Hercule : *54120* ***Deneuvre.*** *☎ 03-83-75-22-82. • museehercule.com • ♿ À 2 km à l'ouest de Baccarat. Juil-août, tlj 10h-12h30, 14h-18h ; mai-juin et sept, ven-dim 10h-12h30, 14h-18h ; mars-avr et oct, ven-dim 14h-17h. Fermé nov-fév. Entrée : 3,50 € ; réduc ; gratuit jusqu'à 12 ans.* Entre le IIᵉ et le IVᵉ s s'était développé autour de 2 sources des proches environs un important sanctuaire consacré à Hercule (le plus important jamais découvert en Gaule). Des fouilles ont permis d'en dégager une grande partie, exposée dans un petit bâtiment contemporain au centre de ce joli village qui domine Baccarat. Soixante-dix statues (des ex-voto), pour certaines dans un remarquable état de conservation. Elles représentent le demi-dieu au repos, combattant, marchant.

L'église Saint-Rémy : *à* ***Deneuvre,*** *juste à côté des sources d'Hercule. L'entrée se fait sur le côté. 1ᵉʳ mai-30 sept, en principe tlj 10h-18h.* Très couleur locale avec son clocher à bulbe, cette église a été construite au milieu du XVIIIᵉ s avec les pierres des anciennes fortifications du village (on pourra en découvrir quelques vestiges en suivant le chemin des remparts). Nef sans piliers (on parle alors d'église grange), lustres en cristal de Baccarat, Vierge à l'Enfant en bois polychrome, statues en pierre du XVIᵉ s, toile de Girardet représentant le mariage de Clovis, comme à Lunéville (mais en plus abouti, si vous voulez notre avis) et orgue classé de 1704.

Fontenoy-la-Joûte *(54122)* ***:*** *à 6 km à l'ouest de Baccarat par la D 22 (c'est fléché ensuite sur la droite).* Sympathique village typiquement lorrain, transformé depuis 20 ans en *village du Livre.* Les anciennes granges des fermes du XVIIIᵉ s accueillent une grosse quinzaine de bouquinistes, un relieur d'art, une maison de l'imprimerie et 3 galeries... Attention toutefois, ce village du Livre ne s'anime vraiment que du printemps à l'automne, le week-end et pendant les vacances scolaires. Grand marché mensuel du livre chaque dernier dimanche du mois (d'avril à septembre) en plus des boutiques permanentes *(rens à la mairie : ☎ 03-83-71-51-92).*

– ***Le vélorail du Val de Mortagne :*** *aire du Pré Fleury, 54129* ***Magnières.*** *☎ 03-83-72-34-73. • val.mortagne@wanadoo.fr • À 14 km à l'ouest de Baccarat. Juil-août, tlj 10h-12h30, 13h30-19h (non-stop dim et j. fériés) ; mai-juin, tlj 10h-12h30, 13h30-18h ; avr et sept, tlj 14h-18h. Résa vivement conseillée. Loc 17 €/h par vélorail.* Balade à bord d'une draisine, ce drôle d'engin (une sorte d'embarcation à pédales sur rail) qui servait autrefois aux cheminots pour surveiller l'état du réseau ferré. Une tranquille découverte des bucoliques paysages de la vallée de la Mortagne au long d'une vingtaine de kilomètres d'anciennes voies ferrées.

La Maison de la mirabelle : *16, rue du Capitaine-Durand, 54290* ***Rozelieures.*** *☎ 03-83-72-32-26. • maisondelamirabelle.com • ♿ À 25 km à l'ouest de Baccarat. Tte l'année, lun-ven 9h-11h, 13h30-17h30 ; également sam ainsi que dim ap-m mai-sept. GRATUIT (pour les particuliers).* Un espace contemporain tout à la gloire du fruit emblématique de la région (70 % de la production mondiale !). Conçu par une accueillante famille d'agriculteurs, les Grallet, qui cultive de la mirabelle sur ces collines depuis 1860 et 5 générations. Instructif, amusant, et surtout prétexte à acheter toutes sortes de bonnes et belles choses, dont le whisky lorrain de Rozelieures.

MIROBOLANTE MIRABELLE

On a retrouvé des noyaux de mirabelles dans une jarre sur le site gallo-romain de Grand dans les Vosges. L'origine latine (mirabilis : « belle à voir ») peut donc se justifier et sonne, de surcroît, joliment à l'oreille. Dommage donc pour Mirabel, maître échevin de Metz qui, sûrement un peu mégalo, prétendit avoir donné son nom à ce fruit en 1430. Son histoire est bidon.

TOUL ET LE PAYS SAINTOIS

Au sud-ouest de Nancy, vous êtes entré sans le savoir sur les Terres de Lorraine, terme inventé pour donner une identité à un pays dépendant de Toul, en fait. Une toute petite centaine de villages que l'on rejoint en suivant un dédale de petites routes. On s'y perd un peu parfois. Cela permet de découvrir une jolie campagne qui, une fois encore, met à mal l'image d'une Lorraine grise et industrielle. Le Saintois (ou Xaintois, comme disent les voisins vosgiens) a longtemps été le grenier à blé de la Lorraine. Son nom viendrait d'ailleurs du latin *pagus segentesis,* « terre à moissons ». Cette vaste plaine, posée à l'extrême sud de la Meurthe-et-Moselle, reste aujourd'hui encore largement agricole. Ses vergers de mirabelliers (bien sûr !) et autres arbres fruitiers partent à l'assaut de grosses collines comme celle de Sion-Vaudémont dont Maurice Barrès a assuré la postérité.

HAROUÉ (54740) 430 hab. *Carte Meurthe-et-Moselle, B4*

Plaisant village posé au bord des eaux du Madon, un des affluents de la Moselle. Il y avait autrefois ici un gué (*haroué* en patois) contrôlé par un château. Sur les ruines de cet édifice féodal, François de Bassompierre fit construire au XVIe s un superbe château Renaissance. *Bis repetita,* c'est autour des vestiges de cette construction Renaissance que Germain Boffrand, architecte entre autres du château de Lunéville, va édifier en 1720, à la demande du prince de Beauvau-Craon, le château que l'on découvre aujourd'hui.

Où manger dans les environs ?

La Commanderie : *1, rue Pasteur, 54116* ***Tantonville.*** *☎ 03-83-52-49-83. • contact@restaurant-la-commanderie.com • ♿ À 5 km à l'ouest d'Haroué. Ouv ts les midis sauf lun, et le sam soir. Formule déj sem 15,50 € ; menus 29,80-43 €.* Nouveau départ pour cette table avec l'arrivée d'Olivier et Sophie, 2 Lorrains du coin. Coup de jeune sur le décor et carte raccourcie. La formule du midi change chaque jour. Filière locale mise en valeur : la viande vient de Tantonville, les fromages de la ferme de Monplaisir. La spécialité : le jambonneau caramélisé à la crème de munster.

À voir

Le château : *☎ 03-83-52-40-14. • chateaudeharoue.fr • Mai-août, w-e et j. fériés 14h-18h ; en sept, pour les Journées du patrimoine, sam 14h-18h, dim 10h-18h. Derniers billets vendus 45 mn avt fermeture. Entrée : 9 € ; réduc. Visite guidée (compter 1h). Accès au parc seulement : 5 €. CB refusées.*
Bâtiment d'une sobre élégance, habité depuis 8 générations par la famille des Beauvau-Craon, avec une petite interruption au XIXe s quand le château faillit être transformé en... brasserie ! Quelques chiffres : 365 fenêtres (une par jour à nettoyer !), 52 cheminées (une par semaine à ramoner), 12 tours (une par mois) et 4 ponts (un par saison, non, on rigole !).
À l'intérieur, riche mobilier des XVIIIe et XIXe s, dont une superbe série de tapisseries provenant d'ateliers flamands, tissées de fils d'or, d'argent et de soie, et évoquant la vie d'Alexandre le Grand. Dans la chambre d'apparat, un lit du XVIIe s où ont dormi des Médicis et une belle table à mosaïque venue de Florence. Les sculptures de la cheminée rappellent les valeurs de l'amour conjugal. Même si c'est dans cette chambre qu'était, paraît-il, reçu le roi Stanislas lors de ses très nombreuses visites à sa maîtresse, la marquise de Boufflers, fille de Marc de Beauvau-Craon... Adorable petit salon de 1747 aux chinoiseries (très exotiques en Lorraine) attribuées au peintre Jean Pillement. Encore de luxueux meubles avec l'ensemble signé Bellanger, commandé par Louis XVIII pour le château de Saint-Ouen. Exceptionnelle chambre impériale toute de boiseries dorées, œuvre au milieu du XIXe s du peintre Ernest Hébert. Sur l'arrière, beau parc à la française et unique jardin à l'anglaise de la région.

DANS LES ENVIRONS D'HAROUÉ

Vézelise *(54330) : à 9 km à l'ouest d'Haroué par la D 9.* Un bourg avec du caractère. De son passé de résidence des comtes de Vaudémont, Vézelise a conservé de superbes halles dont les solides piliers de chêne ont traversé les siècles depuis 1599. Autour des halles, nombreuses maisons du XVIe s comme l'hôtel de Tavagny ou de Bassompierre (1546) à la belle loggia de bois, ou encore l'ancien hôtel du Baillage (1561) qui héberge aujourd'hui l'hôtel de ville. L'église de style gothique flamboyant Saint-Côme et Saint-Damien, du XVIe s également, ne se visite plus : tant pis pour la remarquable série de vitraux des XVe et XVIe s.
Vézelise rend un double hommage à ses morts et ses vivants des 2 dernières guerres : près des halles, l'imposant « poilu » moustachu ; en haut de la montée des Capucins, Notre-Dame-des-Vœux, érigée en 1947 sous la forme d'une lanterne des morts, remercie la Vierge du retour des prisonniers.
– Dans un tout autre registre, c'est à la *brasserie Tourtel* de ***Tantonville,*** petite commune à une poignée de kilomètres de Vézelise, que Pasteur a, en 1872, découvert la pasteur... isation. Incendiée par les Allemands, cette brasserie fut longtemps la plus grande de France.

LA MEURTHE-ET-MOSELLE

La réserve naturelle de la vallée du Madon et du Brénon : ***Bainville-aux-Miroirs.*** *Départ depuis le parking situé près du pont. Boucle de 2 km.* Le Madon, entrecoupé de barrages et jalonné d'anciens moulins, offre une alternance d'eaux calmes et de zones à fort courant. Le Brénon, affluent du Madon, s'écoule quant à lui dans une vallée très encaissée bordée de prairies naturelles. Libellules, chauves-souris, crapauds et castors vivent ici en paix.

La réserve naturelle de la Moselle sauvage : ***Bainville-aux-Miroirs.*** *Départ depuis le parking situé près du pont. Boucle de 2 km.* Entre Bayon et Chamagnes, 380 ha préservés couvrant l'un des derniers tronçons de rivière à lit mobile du nord-est de la France. Belle faune aquatique à fourrure (les castors d'Europe réintroduits avec succès) et ornithologique, gravelots et hirondelles. La réserve naturelle fait partie de la zone cœur du site Natura 2000 de la vallée de la Moselle s'étendant de Châtel-sur-Moselle à Tonnoy.

LA COLLINE DE SION-VAUDÉMONT

(54330) *Carte Meurthe-et-Moselle, B4*

Une colline qui n'a pas attendu Maurice Barrès pour être inspirée. Les Leuques déjà y vénéraient Wotan, dieu du Ciel, et Rosmerta, déesse de la Fécondité. Les Romains, qui se devaient d'imposer leur manière de penser et de croire, introduisirent le culte de Mercure sur « cette montagne en demi-lune, à la fois charmante et grave ». Dès le IVe s, où l'on trouve les 1ers indices d'une présence chrétienne, s'y développe le culte de la Vierge. Une 1re église est construite au XIe s, les pèlerins commencent à grimper sur cette colline qui prend, en souvenir des prières faites pour les croisés, le nom d'une des hauteurs de Jérusalem. Le phénomène n'a, au fil des siècles, fait que s'amplifier, nécessitant la construction à partir du XVIIIe s d'une imposante basilique. Et plusieurs ordres religieux se sont installés sur la colline de Sion-Vaudémont. En 1853, les oblats ont remplacé les tiercelins chassés par les révolutionnaires. En 1979, une communauté de clarisses a rejoint ces moines sur la colline.
Le conseil départemental de Meurthe-et-Moselle, propriétaire d'une grande partie du site depuis décembre 2000, a entrepris un vaste chantier de rénovation et de mise en valeur appelé à lui redonner vie tout au long de l'année, autour de la nouvelle Cité des paysages.
La colline est aussi un lieu symbolique de la Réconciliation. Un monument dédié à la paix et la fraternité a scellé en 1973 ce nouvel élan plein d'espoir.

Adresse utile

Maison du tourisme en pays Terres de Lorraine : *rue Notre-Dame, 54330* ***Saxon-Sion.*** *☎ 03-83-25-14-85. • lepredenancy.fr • De mai aux Journées du patrimoine, ouv mer-dim 10h-12h30, 13h30-18h ; oct-avr, mer et sam 10h-12h30, 13h30-17h et dim 13h30-17h. Fermé Noël-Jour de l'an.* En vente, un dépliant de découverte sur la colline.

Où dormir ? Où manger ?

Le Pavillon : *13, rue Notre-Dame, 54330* ***Saxon-Sion.*** *☎ 03-83-25-17-53. Quadruple 60 €.* Sur le site de Sion, géré par le département, ce centre peut héberger jusqu'à 91 personnes réparties sur 2 bâtiments. Pour toute demande, contacter la Cité des paysages ou téléphoner directement.

Le Relais de la Colline : *1, rue Notre-Dame, 54330* ***Saxon-Sion.*** *☎ 03-83-52-39-98. • lerelaisdelacolline@gmail.com • Juil-sept, ouv ts les midis sauf lun ; mars-juin et oct-nov, ts les midis sauf lun-mar. Menu 17,50 € en sem, 28 € les w-e et j. fériés.* Le temps de reprendre des forces, en salle lumineuse ou en terrasse au vert, devant une cuisine qui ne cherche pas à réinventer le terrain, mais essaie de nourrir au mieux son monde. Mais pourquoi se compliquer la vie avec des plats d'ailleurs alors qu'on aime juste ici manger sain, bon, local ? Service efficace, même débordé.

L'Auberge de la Colline : *1, rue de l'Église, 54330* ***Vaudémont.*** *☎ 03-83-25-17-96. Mars-nov, ouv le midi mar-sam, plus sam soir sur résa. Formule sem 14,50 € ; menus 18-24 €.* Dans une grange de Vaudémont, une table traditionnelle sympathique qui propose un choix limité, mais bien réalisé. Du parfait de volaille avec son chutney à la poire vosgienne et ses myrtilles, c'est fameux. Dès que le soleil brille, on mange en terrasse avec la vue panoramique qui se déroule à nos pieds.

Gîtes Les Hauts de Sion : *3, rue Georges-Berger 54330* ***Saxon-Sion.*** *☎ 03-83-25-17-96. • aubergedelacolline.vaudemont54@gmail.com • collinedesionvaudemont.fr Fermé janv. Gîte indépendant 2 chambres 100 €/nuit ; 3 chambres 150 €/nuit (2 nuits min).* Juste à côté de la basilique, cette belle bâtisse à flanc de colline a été aménagée en 3 appartements très agréables avec cuisine indépendante et de grandes baies s'ouvrant sur le jardin et la campagne.

LA MEURTHE-ET-MOSELLE

À voir. À faire sur la colline

La Cité des paysages : *rue Notre-Dame. 06-71-42-15-47. • citedespaysages@departement54.fr • Période vac scol de la zone, mer-dim 11h-12h30, 13h30-18h ; hors vac scol de la zone, mer et sam 13h30-18h, dim 11h-12h30, 13h30-18h. Programme des animations sur • citedespaysages.meurthe-et-moselle.fr •* Situé sur la colline de Sion, dans l'ancien couvent, un bel espace rénové, ouvert depuis 2015. Sur près de 900 m², un parcours ludique de découverte des paysages permet d'appréhender leur évolution, la faune et la flore qui en font leur spécificité, mais aussi l'impact de l'homme sur leur histoire et leur devenir. Une scénographie intelligente et des outils interactifs permettent à tout un chacun, selon son âge et ses envies, de tracer sa route à sa façon, d'entrer dans l'univers du petit rhinolophe, espèce protégée présente sur le site de Sion (une chauve-souris, quoi !), et de découvrir quelques-uns des secrets de la colline. Les activités de la Cité rayonnent sur l'ensemble du département grâce à un riche programme d'animations qui devrait mobiliser tous les jeunes d'esprit, de 7 à 77 ans. Ne pas manquer de monter au belvédère pour profiter de la vue sur les paysages du Saintois.

La basilique : *rens à la Maison du tourisme.* Bâtiment très composite. L'avant-chœur et la nef ont été construits sous le règne de Stanislas, la dernière travée et la tour datent de 1869. Sion est un site chrétien de pèlerinage marial. L'abside abrite la statue de Notre-Dame-de-Sion : une vierge en pierre du XVe s, couronnée en 1873 à la demande du pape et dorée en 1954. À côté de l'autel, dans le bas-côté gauche, un autre passage obligé de la basilique, les ex-voto patriotiques. Le 1er date de 1873 – âge d'or des pèlerinages à Sion – et témoigne de l'annexion de l'Alsace-Moselle.

Le chemin de ronde : sympathique petite balade (environ 1 km). L'occasion de découvrir quelques panoramas exceptionnels. Sur la terrasse d'écologie sonore, les enfants pourront faire toutes les sonneries qu'ils désirent sans qu'on leur dise rien.

Le monument à Maurice Barrès : *à 2 km env de Sion.* Dans un joli site naturel préservé pour ses pelouses sèches et originales. À 540 m d'altitude au sommet du promontoire du signal de Vaudémont, une haute lanterne des morts construite en 1928 : 3 citations extraites de l'œuvre de l'écrivain y sont gravées. On domine la plaine environnante en embrassant un panorama à 180° jusqu'à la ligne bleue des Vosges. Les paysages de la colline ont été célébrés par l'œuvre littéraire de Maurice Barrès « La colline inspirée » en 1913. Et la colline a été classée en 1936 pour ses paysages remarquables. Table d'orientation.

Vaudémont : *à 4 km de Sion.* Ce village perché, fief d'une des branches des ducs de Lorraine (tout sur leur histoire sous l'ancien préau de l'école), mérite le détour. Rues bordées de maisons anciennes d'une belle homogénéité (la Grande-Rue, notamment), vieux puits où poussent de luxuriantes fougères, et derrière la petite église du XVIIIe s, « fermée jusqu'à nouvel ordre pour cause de vols répétés », le plus vieux donjon de Lorraine. Construite vers 995, cette tour Brunehaut domine de ses 17 m la jolie campagne environnante.

➢ ***Randonnées :*** plusieurs circuits de petite randonnée permettent de découvrir la colline : le circuit des légendes (1h30) ; le circuit Barrès-Brunehaut (3h) ; le circuit historique (4h30).

DANS LES ENVIRONS DE LA COLLINE DE SION-VAUDÉMONT

Le château du maréchal Lyautey : *54115* ***Thorey-Lyautey.*** *☎ 03-83-25-12-12. • chateaulyautey.com • De mai à mi-sept, dim et j. fériés 14h-18h ; sur rdv pour les groupes. Entrée : 6 € ; réduc ; gratuit moins de 6 ans.* Après la destruction, pendant la Première Guerre mondiale, de son château familial situé près de Lunéville, le maréchal Lyautey (1854-1934) s'était fait construire ce petit château autour d'une propriété héritée d'une de ses tantes. La majeure partie du mobilier d'origine a été sauvée de la dispersion, et les admirateurs du maréchal trouveront leur compte dans ce château où il a terminé ses jours : de son bureau en acajou à sa paire de bottes, en passant par les 16 000 volumes de sa bibliothèque. Pour les autres, on conseille la visite de l'étonnant salon, aménagé pendant l'hiver 1925-1926 par des artisans marocains. C'est comme là-bas : carrelages dans la tradition de Fès, poufs et moucharabieh, fusils *(moukhalas)* et selles... Intéressant aussi, le musée national du Scoutisme (Lyautey fut président d'honneur de toutes les fédérations du scoutisme français) aménagé dans les anciennes chambres d'amis du château : une foule d'objets, du fanion aux dessins originaux du grand illustrateur Pierre Joubert. N'espérez pas pour autant découvrir ici la face cachée de la vie du maréchal. Dans le parc, mémorial du maréchal qui a emprunté les colonnades du mausolée de Rabat. Le maréchal repose aux Invalides depuis 1961.

Le Musée agricole et rural : *5, Grande-Rue, 54330* ***Vroncourt.*** *☎ 03-83-26-25-51. Mai-sept, 2e dim du mois 14h30-18h ; 14 juil-fin août, également mer 14h30-18h. Entrée : 3,50 € ; réduc ; gratuit moins de 6 ans.* Avis aux amateurs ! Dans cette ancienne ferme, un collectionneur de matériel agricole présente une cinquantaine de tracteurs et des machines d'avant la mécanisation). Espace consacré aux traditions populaires avec reconstitution d'un habitat ancien, d'une cuisine d'antan, d'une ancienne salle de classe, etc.

À faire

La base de loisirs de Favières : *à 15 km au nord-ouest de Saxon-Sion. Juil-août, tlj 10h-19h ; juin, lun-ven 13h-19h, w-e 10h-19h. Entrée : 2,50 €.* Nichés dans la verdure, une plage au bord de l'eau, une aire de baignade surveillée, un labyrinthe végétal, un jardin des sens et un sentier pieds nus... voici un bien joli programme pour une journée ensoleillée ! Et, pour les pêcheurs, une zone leur est réservée. On peut aussi en profiter pour faire un tour à la *Maison des artisans créateurs,* au village *(1, rue des Potiers ; ☎ 03-83-25-13-37 ; fermé le w-e).*

TOUL (54203) 16 000 hab. *Carte Meurthe-et-Moselle, B3*

César, Jules de son prénom, avait déjà pris la plume pour décrire la capitale des Leuques. Une ville où les hautes tours gothiques de la cathédrale révèlent instantanément le rôle qu'y a joué la religion chrétienne. Toul était un des fameux « Trois-Évêchés » lorrains. Peut-être pas le plus riche (c'est Metz qui détenait la cagnotte) ni le plus noble (la jet-set était pour Verdun), mais sans conteste le plus puissant, avec des évêques qui, au fil des siècles, ont grignoté pas mal de pouvoir aux seigneurs locaux, sinon au roi. Des évêques qui ont laissé leur nom dans l'histoire : saint Mansuy qui construisit la 1re église, saint Waast qui fit découvrir le christianisme à Clovis, Brunon qui fut pape sous le nom de Léon IX...
Ces évêques choisirent le camp de la France dès 1300.
Et vint le sabre après le goupillon : Toul se transforme en place forte, inévitablement fortifiée par Vauban. Une importance militaire qui ne se dément pas les siècles suivants : une grosse dizaine de milliers de soldats y sont encasernés avant la Première Guerre mondiale, et il y a aujourd'hui encore un régiment du Train à Écrouves.
Cette position stratégique n'a évidemment pas eu que des avantages pour cette petite ville : des Huns d'Attila aux bombardiers de 1940, Toul a été régulièrement marquée dans ses murs et tout aussi régulièrement reconstruite.
La place des Trois-Evêchés symbolise ce renouveau permanent, qui, de geste architectural d'avant-garde, parfois décrié, passe ensuite à la postérité. La place ronde de l'immédiat après-guerre a été labellisée en 2016 Patrimoine du XXe s. Toute la ville fait aujourd'hui partie des « Plus Beaux Détours de France ». La preuve en quelques enjambées au pied des remparts, dans ses rues du centre, ou au bord de la Moselle.

Adresses et info utiles

ℹ ***Maison du tourisme en pays de Terres de Lorraine :*** *1, pl. Charles-de-Gaulle (parvis de la cathédrale). ☎ 03-83-64-90-60. • lepredenancy.fr • Juin-sept, mar-sam 10h-12h30, 13h30-18h ; dim et j. fériés 10h-12h30, 13h30-17h. Oct-mai, ouv le mat en sem à 9h.* Bonne documentation sur la ville et ses environs, et personnel d'une réelle efficacité. Plan de découverte « Itinéraire médiéval », les « Circuits malins » (groupes) sur les environs et carte de la route des Vins. Organise en été des visites de la ville, classiques ou animées par des troupes de théâtre, et des sorties plus insolites encore, comme la visite des vignobles en gyropode (70 €, avec un guide et un panier terroir). Chaque jeudi en début de soirée, pendant la haute saison, sympathique dégustation avec un vigneron invité dans les locaux.

🚌 ***Gare routière :*** *17, cours Raymond-Poincaré. ☎ 03-83-43-01-29 (Rapides de Lorraine).*

– Chaque année, la ville organise un ***son et lumière,*** projeté sur l'un des bâtiments emblématiques de la ville *(de juil aux Journées du patrimoine, mer-dim à la nuit tombée ; rens à la Maison du tourisme).*

LA MEURTHE-ET-MOSELLE

Où dormir ? Où manger ?

De bon marché à prix moyens

ABC Hôtel : *12, pl. des Trois-Évêchés. ☎ 03-83-43-04-63. • abchotel.toul@wanadoo.fr • abchotel-toul.com • Arrivée possible 24h/24 avec carte de paiement. Double 49 € avec douche et TV satellite ; familiale 4 pers 70 €.* Au cœur de la ville, dans un des immeubles de l'immédiat après-guerre qui entourent la place. Les chambres sont toutes rénovées. Accueil... électronique.

Hôtel de l'Europe : *373, av. Victor-Hugo. ☎ 03-83-43-00-10. • hoteldeleurope.toul@wanadoo.fr • hotel-europe54.com • Du centre, suivre le fléchage « Gare SNCF ». Congés : 2 sem en août et vac de Noël. Doubles 75-85 €.* À quelques enjambées de la gare, un hôtel qui a su garder la trace des années 1930. De nombreuses pièces d'époque ont été conservées dans les chambres (toutes rénovées en 2017) comme dans les parties communes : portes, tapisseries, meubles... jusqu'aux sanitaires. Chambres somme toute paisibles.

Les 3 Petits Points : *2, rue Carnot. 06-18-10-01-30. Tlj 11h-2h; restauration en continu. Menu 15 €.* Un bistrot central qui assure en continu un service de restauration, c'est déjà bien. En plus, quand les petits plats sont faits maison et genre madeleine de Proust, c'est encore mieux. Poireaux vinaigrette, endives au jambon, île flottante... L'ambiance est un peu folklo avec des piliers de comptoir, mais l'accueil est adorable. Concerts sur la petite scène certains soirs.

La Cave du Dit-Vin : *kiosque du Port de France, 158, av. Victor-Hugo. 06-01-19-04-84. Tlj sauf dim-lun 9h-22h (23h ven-sam). Suggestion du jour 12,90 € ; salades 12,90-14,90 €.* L'emplacement est sympa et le lieu bien, voire abondamment fréquenté. Le midi, on y grignote des salades gourmandes, et le soir, des tapas accompagnées de verre de vin, ou l'inverse. Décor tout en bois. Grande terrasse donnant sur le port de plaisance.

De prix moyens à chic

La Villa Lorraine : *15, rue Gambetta. ☎ 03-83-43-08-95. • hotel.villalorraine@wanadoo.fr • hotelvillalorraine.com • Au centre-ville. Fermé vac de Toussaint. Double 68 € ; familiale 3-4 pers 90 €.* Installé dans un ancien café du tout début du XXe s, très joli immeuble Art nouveau au fronton « La Comédie », cet hôtel a, malgré une inévitable rénovation, conservé un petit charme à l'ancienne très plaisant. Chambres fort agréables, à prix doux, et tranquilles pour toutes celles qui ne donnent pas sur la rue.

La Grande Brasserie du Commerce : *10, pl. de la République. ☎ 03-83-43-00-41. • djodurand@hotmail.fr • Au centre-ville. Tlj sauf dim soir et lun. Formule déj sem 13 € ; menus 21,90-25 €.* Grande salle qui a su conserver son look des années 1920-1930 : banquettes lie-de-vin, horloge monumentale fresque de faïence en l'honneur de Gambrinus, le dieu de la bière. Cuisine généreuse et goûteuse, sur fond de terroir, service efficace et ambiance expressive d'une brasserie de toujours. Vins un peu chers néanmoins, même en pichet, pour cette institution touloise.

La Brasserie K : *980, bd de l'Europe (dans la zone Toul-Europe). ☎ 03-83-62-46-95. Ouv le midi lun-mer, midi et soir jeu-ven, et sam soir. Plat du jour 9,50 € (sauf période estivale) ; formule déj 18,50 € ; menu 20 €.* Installée dans les anciens locaux de l'usine Kleber, une grande brasserie à la déco contemporaine qui a donné une touche de modernité à la ville. Cuisine terre-mer qui n'a pas de réelles prétentions gastronomiques ou qui ne le montre pas. Allez-y pour la terrasse et pour avaler un burger K ou un pied de cochon, vous ne serez pas déçu. Service encore en rodage.

Où dormir ? Où manger dans les environs ?

⛺ ***Camping de Villey-le-Sec :*** *34, rue de la Gare, 54840* ***Villey-le-Sec.*** *☎ 03-83-63-64-28. 📱 06-84-39-23-05. • info@campingvilleylesec.com • campingvilleylesec.com • ♿ À 8 km au sud-est de Toul. Ouv avr-sept. Emplacement 16,50-19,50 € pour 2 selon saison. Loc mobile homes (2-6 pers) 285-520 €/sem, 85-170 €/w-e.* Un camping de taille moyenne (une centaine d'emplacements) idéalement situé au bord de la rivière (pêche, planche à voile...), dans un coin tranquille (attention toutefois aux exercices de nuit de la base aérienne toute proche). Resto et dépôt de pain à la petite épicerie. Départ de promenades balisées. Accueil sympathique.

I●I ***Chalet Beaurivage :*** *route de Chaudeney, 54200* ***Pierre-la-Treiche.*** *☎ 03-83-43-10-84. • pascal.sey@wanadoo.fr • ♿ À 6 km au sud-est de Toul. Tlj sauf mar soir (hors saison seulement) et mer. Congés : fév et 24-31 déc. Menus 14,90 € (déj sem), puis 22,90-31,50 €. Un kir offert sur présentation de ce guide.* Un grand chalet en bois effectivement posé à 2 enjambées des rives de la Moselle. Entre l'adresse familiale de campagne et la guinguette. Friture de poissons inévitablement en saison et de roboratifs plats dans la grande tradition qui font les mines réjouies des agapes dominicales.

I●I ***La Jument Verte :*** *centre équestre La Sabotière, 3, chemin Radelot, 54840* ***Villey-le-Sec.*** *☎ 03-83-63-92-58 et 03-74-11-63-47. • lajumentverte54@gmail.com • jumentverte.fr • ♿ À 7 km à l'est de Toul. Fermé lun et soir j. fériés tte l'année, plus soir des mar et mer hors saison. Congés : 15 j. en fév-mars et Noël. Formule du jour 24 € ; menus 28-35 € ; menu cabane (kota grill, 6 pers min) 29 € ; carte env 45 €.* La terrasse domine une boucle de la Moselle et l'écluse de Villey. Accueil décontracté dans la salle à manger qui allie tradition de bistrot et modernité autour de la cheminée. Chasseur, le patron vous parlera gibier, protection de la nature et vins... Cuisine de bistro chic et revisitée côté cuisine.

– Voir aussi nos adresses dans les Côtes de Toul.

À voir. À faire

★★ ***La cathédrale Saint-Étienne :*** *tlj en hte saison ; fermé dim-lun hors saison. En été, montée dans la tour tlj (3 €) et repas (froid) Quasimodo (15 €) avec une visite insolite de la tour ven et sam soir ; se renseigner auprès de la Maison du tourisme et réserver bien à l'avance ! De mi-juin aux Journées du patrimoine, un guide est présent dans la cathédrale de 9h30 à 18h30. Visite du cloître. Spectacle son et lumière en été.*

Sa construction amorcée en 1221 a duré 3 bons siècles. Donc si le plan est roman, le style est clairement gothique. Gothique flamboyant même pour la façade (XVe s) : on peut s'amuser à en observer les mille et un détails (même si les révolutionnaires se sont acharnés sur les statues). Portail qui pourra rappeler quelque chose aux habitués de Notre-Dame de Paris.

À l'intérieur, nef d'une grandiose ampleur ; plus de 30 m de hauteur, 8 travées flanquées de chapelles. À découvrir : tribune de style Louis XV (1750) supportant un orgue monumental (contemporain, il date de 1963) ; au sol, nombreuses pierres tombales du XIVe au XVIIe s ; fresques anciennes sur les piliers ; dans le transept, vitraux du XIIIe s (joliment remis en valeur) ; dans le chœur, cathèdre (trône de l'évêque) en pierre sculptée de 1240...

Le cloître, gothique flamboyant lui aussi, est un des plus grands de France. Grandes baies en tiers-point qui ouvrent sur le jardin, chapiteaux à feuillages qui méritent qu'on les regarde et, là encore, de nombreuses pierres tombales.

Impossible de rater l'adorable petite tour de la cathédrale Saint-Étienne, construite au début du XVIe s et coiffée d'un dôme doré. Mais malgré sa jolie appellation de tour de la Boule d'Or, ce dôme est (comme les soldats) de plomb. Et aucun alchimiste n'a jamais réussi à transformer ce plomb-là en or...
En sortant de la cathédrale, voir aussi l'ancien *palais épiscopal* du XVIIIe s. Façade franchement majestueuse (difficile à croire, mais elle a été reconstruite au début des années 1970).

Petite balade dans la vieille ville : *un plan de découverte « Itinéraire médiéval » est disponible à la Maison du tourisme.* Du parvis de la cathédrale, vous n'avez que quelques mètres à faire pour vous poser en terrasse au *Caféchoppe,* le temps de boire une bière locale et d'étudier l'itinéraire. Sinon, rejoindre directement, via la rue de Rigny ou la rue de Liouville, la *rue Michâtel* dont le tracé n'a pas changé au fil des siècles (c'était déjà l'emplacement de l'axe prétorien Lyon-Trèves). Au no 16, *maison Bossuet* qui, malgré les dommages de 1940, a conservé ses gargouilles et une façade Renaissance (1550). Ce n'est pas le célèbre Bossuet, mais son père qui y a séjourné quelques années au XVIIe s. Quelques pas avant, immanquable *Pavillon Bleu,* pittoresque boutique de la fin du XIXe s, à la façade recouverte de panneaux de céramique de Toul-Bellevue. Au bout de la rue, la ronde *place des Trois-Évêchés* à l'architecture typique de la reconstruction de l'après-Seconde Guerre mondiale. Quelques accueillantes terrasses de bistrots aux beaux jours. De la place, emprunter la rue de Lattre-de-Tassigny, puis la *rue Gambetta :* au no 15, l'hôtel *La Villa Lorraine* (voir « Où dormir ? Où manger ? ») est installé dans l'ancien café *La Comédie.*
En haut de la rue Gambetta, tourner à droite dans la *rue du Général-Gengoult* riche en anciens hôtels particuliers. Continuer dans la rue Joly : au no 24, ancienne brasserie touloise de la fin du XIXe s. Prendre à droite dans la rue du collège vers la *place Croix-de-Fuë :* au no 8, belle maison Renaissance dite « de l'Apothicaire » (mortier sculpté sur la façade). En face, au no 3, une curiosité : un obus de la guerre de 1870 posé sur un petit autel. De la place, la rue du Pont-de-Bois conduit au musée d'Art et d'Histoire.

Le musée d'Art et d'Histoire : *25, rue Gouvion-Saint-Cyr. ☎ 03-83-64-13-38. Tlj sauf mar 10h-12h30, 13h30-18h ; w-e 13h-18h. GRATUIT.* Installé depuis 1986 sur 3 étages et une trentaine de salles de la Maison-Dieu, ancien hôpital du XIIe s. Un de ces musées municipaux qu'on imagine endormi sous la poussière, mais qui, au contraire, recèle son lot de bonnes surprises. Très complètes collections archéologiques du silex taillé au petit sarcophage de Thèbes. Vestiges lapidaires médiévaux sous les belles voûtes de la tranquille salle des Malades (1er tiers du XIIIe s). Superbes tapisseries des Flandres des XVIe et XVIIe s. Un tableau de François Boucher dans le salon Louis XVI : l'*Agréable leçon,* très agréable effectivement. Vieux triporteur du marchand de légumes, trousse de médecin de campagne, reconstitution de l'atelier du maréchal-ferrant : intéressante section consacrée aux arts et traditions populaires. Très belle collection de céramiques provenant de l'ancienne faïencerie de Toul-Bellevue. Quelques salles consacrées aux (trop) nombreuses guerres qu'a connues la région.

La collégiale Saint-Gengoult : *de début juil à mi-sept, tlj 10h-12h, 14h-17h30 ; hors saison, dim mat.* Construite entre le XIIe et le XVe s pour les bourgeois de la ville. De style gothique champenois, elle ressemble beaucoup à la cathédrale, dans des dimensions plus modestes. Ample transept qui contraste avec une nef, presque écourtée, joliment éclairée par de hautes fenêtres. Beaux vitraux du XIIIe s. Le cloître, plus petit là encore que celui de la cathédrale, date du XVIe s. Nette influence Renaissance.

Les fortifications : *« Itinéraire Vauban » disponible à la Maison du tourisme. Visite en bateau à bord des* Dragon Boats (voir le chapitre Hommes, culture, environnement) *ou en paddle avec le club de canoë-kayak ALTCK.* Ville stratégique depuis l'Antiquité, déjà sur la voie d'Agrippa (Ier s), Toul est à elle seule un répertoire des différentes techniques de fortification au fil des siècles. Victime d'un incendie en 2015, la porte de Metz, seule porte d'origine Vauban subsistante, n'a toujours pas été restaurée. En revanche, la porte d'Eau datant du XVIIIe s gère toujours efficacement l'approvisionnement en eau des fossés, par un ingénieux système de vannes. Les 3 autres portes, Moselle, reconstruite en 1882, de France, plus sobre, et Jeanne-d'Arc, construite en 1901, gardent toujours l'entrée de la ville.

DANS LES ENVIRONS DE TOUL

Le fort de Villey-le-Sec *(54840) : ☎ 03-83-63-90-09. • villey-le-sec.com • À 7 km à l'est par la D 909. 14 juil-15 août, visite tlj sauf lun à 15h ; mai-juin sept, dim et j. fériés à 15h. Entrée : 7 € ; réduc ; gratuit moins de 7 ans et à partir du 2e enfant. Prévoir 2h30 de visite (et un vêtement chaud...).*
Après la guerre de 1870, sous l'impulsion du général Séré de Rivières, toutes les frontières terrestres se hérissèrent d'un impressionnant système défensif. Toul devient une place forte de 1874 à 1914 et la ville présente un cas unique dans l'histoire moderne de la fortification : le fort de Villey-le-Sec. L'ancien village déjà installé sur cette butte hautement stratégique n'a pas été détruit mais inclus dans le système de défense. Résultat : 5 ans de travaux depuis 1875 et la naissance d'une véritable Carcassonne du XIXe s ! On vous laisse imaginer la vie des villageois, la cohabitation avec 1 300 soldats et les fenêtres qui se brisent lors des 1ers essais de la tourelle Mougin... Enfin, il y avait quand même quelque 17 bistrots sur place à la grande époque !
Modernisé dès 1888, puis complètement remanié à partir de 1904, le fort échappe aux destructions de la guerre. Entretenu par des bénévoles, il se visite depuis 1972. Belle vue sur la campagne environnante depuis la batterie nord. La tourelle Mougin, un gigantesque appareillage de métal construit en 1882, pesant plus de 200 t est une des 2 dernières qui existent en France. Anciens casernements, boulangerie, centrale électrique, et un petit espace muséographique. Le petit train à voie unique et le tir (à blanc) d'un canon raviront les petits et les anciens !

La forêt défensive de Villey-Saint-Étienne *(54200) : ☎ 03-83-62-97-34. • villey-saint-etienne.fr • Fléchage « Fort du vieux canton ». Sentier « Sous le charme du vieux canton », itinéraire de 7 km, disponible à la mairie et sur le site. Visites guidées les 1ers dim du mois avr-oct ; rdv à l'entrée de la forêt (parcours fléché) à 14h ; tarif : 4 €.* Autre pièce du système défensif de Séré de Rivières, Villey-Saint-Étienne cache dans le bois du vieux canton une véritable forteresse camouflée. Tapi sous la forêt, un quartier de casernement capable d'abriter 100 soldats est aménagé avec force ouvrages, batteries d'artillerie, tourelles à éclipse, couloir souterrain, bunker et guérites...

LES CÔTES DE TOUL

Fruits d'une longue histoire, les vignes lorraines avaient déjà reçu les éloges du poète romain Ausone ! Les évêques de Toul surent ensuite exploiter ce superbe terroir aux collines judicieusement exposées au sud-ouest et protégées des vents. À la fin du XIXe s, le phylloxéra porte un 1er coup fatal à cette mamelle méridionale qui se plaisait bien dans ce petit coin au nord. L'industrialisation galopante, puis la Première Guerre mondiale achèveront ce travail de sape.

Heureusement, en 1951, une trentaine de vignerons se bat pour la résurrection du vignoble des Côtes de Toul qui, bien que de taille modeste, retrouve ses lettres de noblesse. S'il totalisait 11 000 ha au XIXe s, il n'en compte plus aujourd'hui que 65 (plantés principalement en gamay), mais a gagné l'AOC en 1998 pour son gris-de-toul, un rosé aux arômes de fruits rouges. Aujourd'hui, il est régulièrement auréolé d'or lors des grandes foires. Le plus connu des vins des Côtes de Toul est parfait pour les soirées estivales. On ne boudera pas ses autres crus : les rouges (pinot noir), les blancs (auxerrois), et même les pétillants pour les fêtes.

Où dormir ? Où manger ?

Chambres d'hôtes Domaine de la Linotte : *90, rue Victor-Hugo, 54200* ***Bruley.*** *☎ 03-83-63-29-02. • domainedelalinotte@orange.fr • À 5 km au nord-ouest de Toul. Ouv tte l'année. Double 60 €.* Chambres mignonnettes dans une petite maison de ce typique village du vignoble. Pas de table d'hôtes, mais kitchenette à disposition. Terrasse avec vue sur le vignoble. Accueillant couple de vignerons qui ne se feront pas prier pour vous faire goûter leur production. Proposent aussi des ateliers d'écriture.

Chambres d'hôtes Maison Crochet : *7, rue Saint-Vincent, 54113* ***Bulligny.*** *☎ 03-83-62-51-29. • sandra.crochet@wanadoo.fr • maisoncrochet.com • À 15 km au sud-ouest de Toul. Ouv tte l'année. Double env 65 €. Table d'hôtes 25 €.* Toute la famille Crochet a l'art de recevoir et mettre à l'aise les hôtes de passage vite pris dans le tourbillon d'une maison où tout le monde n'arrête pas de bosser, dans les vignes, dans la boutique, dans la cuisine. Chambres colorées, cuisine colorée, bref, on aime, même quand une flopée de randonneurs affamés débarque (on est sur le chemin de Saint-Jacques). Et si la cuvée Crochet vous a emballé à la table d'hôtes, il y a d'autres bouteilles qui vous attendent dans la cave-boutique, prêtes à emporter.

Chambres d'hôtes Château de Choloy : *55, rue de Toul, 54200* ***Choloy-Ménillot.*** *☎ 03-83-43-11-69. 📱 06-87-32-33-29. • cat.loeven@gmail.com • chateaudecholoy.squarespace.com • À 7 km à l'ouest de Toul. Ouv tte l'année. Doubles 65-70 €.* Propriété de la famille vigneronne Loevenbrück depuis 5 générations, le château du XIXe s d'inspiration italienne est une merveilleuse halte hors du temps, lovée entre cour d'honneur et étang romantique. Hébergement en chambres d'hôtes, maison d'hôtes ou gîte rural.

Auberge du Pressoir : *rue des Pachenottes, 54200* ***Lucey.*** *☎ 03-83-63-81-91. • info@aubergedupressoir.com • À 9 km au nord-ouest de Toul par la D 908. Fermé lun, plus le soir des mar, mer, dim et j. fériés. Congés : 2e quinzaine d'août. Résa conseillée le w-e et à la belle saison. Menu du jour 19 € (midi et soir en sem et sam midi), puis menus 26-62 € ; le w-e, carte seulement.* Pas de doute, on est bien dans le vignoble avec l'ancien pressoir qui trône devant l'ancienne gare du village. Salle rustico-moderne entre l'auberge de village et le gastro, qui donne le ton d'une cuisine de terroir actuelle, inspirée et d'un excellent rapport qualité-prix. La carte des vins fait une belle place à la production locale. Agréable terrasse en été au calme.

Restaurant La Limousine, Domaine des Templiers : *route de Voisel, 54200* ***Bruley.*** *📱 07-71-02-71-31. • contact@ledomainedestempliers.com • restaurant-lalimousine.fr • À 6 km au nord de Toul. Ouv le midi mar-sam le midi, et ven soir. Menu du jour 15,90 € ; carte 30 €.* Éleveur de limousines (les vaches, bien sûr !), Alain Parfait a eu l'idée de ce circuit court... parfait ! Avis donc aux friands de tartares, burgers et autres steaks saignants à savourer dans une sorte d'immense grange neuve. Seul regret ici, la salle résonne ! Aux beaux-jours, préférez les tables dehors.

Où boire un verre ? Où écouter de la musique ?

🍸🎵 ***Pub Rock Paulette :*** *343, rue Régine-Kricq, 54200* ***Pagney-derrière-Barine.*** *☎ 03-83-43-11-20. • contact@paulettepubrock.com • paulettepubrock.com • Ouv ven-dim. Discothèque gratuite ; concerts payants (8-27 €).* Dans le coin, on appelle encore l'endroit tout simplement « Chez Paulette », même si le petits-fils a pris la suite. Elle en a organisé des concerts, Paulette : Vince Taylor, les Pretty Things, Canned Heat hier..., Jean-Louis Aubert ou Charlélie Couture plus récemment. Tout ça dans un village qui compte à peine 500 habitants ? Eh ben oui ! Et ça fait près de 50 ans que ça dure...

Où acheter du vin et autres produits régionaux ?

Domaine viticole du Toulois (Vincent Larrope) : *253, rue de la République, 54200* ***Bruley.*** *☎ 03-83-43-11-04. Lun-sam (sauf j. fériés) 9h-12h, 14h-18h. Dégustation gratuite. Visite de la cave sur rdv.* Peut-être bien la plus ancienne exploitation des Côtes de Toul puisqu'elle existe depuis 1722 et 8 générations. Caveau voûté du XIXe s qui mérite d'être visité.

Domaine viticole Régina (Isabelle Mangeot) : *350, rue de la République, 54200* ***Bruley.*** *☎ 03-83-64-49-52. 📱 06-80-33-43-77. • domaineregina.com • Lun-jeu 14h-18h30; ven-sam 10h-12h, 13h30-18h30.* À l'origine du domaine, 2 informaticiens tentés par le retour à la terre. Pendant 10 ans, ils mènent une double vie avant de franchir le pas définitivement. Aujourd'hui, Isabelle Mangeot gère seule le domaine de 14,5 ha (plus 1 ha de jeunes plantations). Elle élabore à partir de ses 4 cépages 15 cuvées régulièrement médaillées au Concours général agricole de Paris.

Domaine Lelièvre : *3, rue de la Gare, 54200* ***Lucey.*** *☎ 03-83-63-81-36. • vins-lelievre.com • Lun-sam 9h-12h, 14h-18h ; dim et j. fériés 15h-18h. Visite de la cave sur rdv et dégustation gratuite tlj.* Les Lelièvre ont été les artisans de la renaissance du vignoble dans les années 1950, et de sa reconnaissance 20 ans plus tard. Roland a pris sa retraite, mais ses fils continuent d'accrocher les médailles.

Domaine Claude Vosgien : *37-39, route de Toul, 54113* ***Blénod-lès-Toul.*** *☎ 03-83-62-50-50. • vosgien.com • Lun-ven 10h-12h, 14h-18h ; w-e et j. fériés sur rdv.* Dégustation et visite des caves de ces 2 frères agriculteurs. L'agriculture biologique et les vergers de mirabelliers font la particularité de ce domaine, où vous pourrez découvrir une cuvée tradition, grand terroir ou encore des spiritueux, tels que l'eau-de-vie et la crème à la mirabelle. Sans oublier le côtes-de-toul, bien sûr !

Domaine Migot : *108, Grande-Rue, 54200* ***Lucey.*** *☎ 03-83-63-87-31. Ven 14h-18h30 ; sam 9h-12h, 14h-18h30.* Camille a repris l'exploitation viticole de son père. Il est installé aujourd'hui sur 4,5 ha de vignes implantées dans les Côtes de Toul, où le bio prend de plus en plus de place. Travail de vinification à l'ancienne.

Coopérative Les Vignerons du Toulois : *43, pl. de la Mairie, 54113* ***Mont-le-Vignoble.*** *☎ 03-83-62-59-93. • lesvigneronsdutoulois.fr • Mar-sam 14h-18h.* Ouverte en 1990, la coopérative regroupe 8 adhérents implantés sur toute l'appellation. Les raisins pressés à la coopérative offrent une belle palette au chef de cave, qui peut élaborer toute la gamme des côtes-de-toul. Pour trinquer avec des bulles, la cuvée Crinoline est exquise !

Voir aussi, dans « Où dormir ? Où manger ? » plus haut, nos 2 adresses de maisons d'hôtes assez étonnantes : ***Domaine de la Linotte,*** à Bruley, et la ***Maison Crochet*** à Bulligny.

À voir

Bruley : *à 6 km au nord-est de Toul.* Ce joli village (un des 4 labellisés Beaux villages lorrains) accroché au coteau est encore un exemple du village-rue. Sur le haut, seuls restes de l'église romane, une tour-clocher surplombe un petit cimetière, et, en contrebas, une copie de la grotte de Lourdes, avec sa chapelle kitschissime toute en céramique !

La maison de la polyculture : *94, Grande-Rue, 54200* ***Lucey.*** *☎ 03-83-63-85-21. • maisondelapolyculture.fr • À 8 km au nord-ouest de Toul. Visite guidée sur demande ; forfait 15 €.* C'est dans une maison paysanne traditionnelle que s'est établi ce sympathique écomusée associatif. Ce périple sombre dans les profondeurs d'une habitation (35 m de long sur 8 m de large) permet de comprendre la vie quotidienne d'une famille au XIXe s et l'économie agricole locale.

Le jardin d'eau des Roises : *au-dessus du stade, 54200* ***Lucey.*** *Accès libre.* Avec ses multiples trouées remplies d'eau sous les saules, le lieu a des allures de bois de sorcières. Il a pourtant une origine beaucoup plus pragmatique. C'est ici qu'était traité le chanvre qui devait ramollir (rouir) pour en faire des fibres pour le textile.

Blénod-lès-Toul : *à 10 km au sud de Toul.* Curieux village qui s'appelait autrefois Blénod-les-Oignons, un bulbe toujours cultivé ici. Au centre, autour d'une belle église gothique se serrent de toutes petites maisons carrées, construites dans la 1re moitié du XVIe s pour protéger les récoltes. L'une d'elles accueille un petit musée des Arts et Traditions populaires. Du « château », ancien palais d'un des évêques de Toul, subsiste une aile aux jolies fenêtres à meneaux. Il y a aussi une tour Eiffel miniature dont on se demande un peu ce qu'elle fait là...

Le centre européen de recherche et de formation aux arts verriers (CERFAV) : *☎ 03-83-50-18-43. • cerfav.fr • À 18 km au sud de Toul. Tlj sauf lun 14h-18h. GRATUIT.*
Vannes-le-Châtel est un village de 580 habitants qui vit au rythme du travail du verre et du cristal depuis plus de 2 siècles. Les 1res verreries vinrent s'installer à proximité des vastes forêts susceptibles de fournir le combustible nécessaire à la fusion du verre. Le lieu-dit La Cristallerie accueille un site industriel renommé : eh oui, c'est là que furent réalisées quelques-unes des plus belles pièces signées Daum. Cette cristallerie ne se visite plus.
L'aventure humaine se poursuit aujourd'hui avec la plateforme verrière, qui dispose de 2 pôles : le CERFAV (Centre européen de recherches et de formation aux arts verriers) et, heureusement pour nous, la Maison des arts verriers. Celle-ci se déploie sur 5 espaces présentant à la fois les matières, les techniques, les savoir-faire, les créations verrières et les grandes cristalleries de Lorraine. On pourra – le week-end surtout – découvrir d'illustres verriers au travail (démonstration de soufflage).

À faire

Le sentier d'interprétation viticole : *à* ***Lucey.*** *Accès libre.* Le sentier, situé au cœur des vignes, est ponctué d'une succession de bornes inspirées des ceps de vigne.

La route des côtes-de-toul : *itinéraire à faire en voiture ou à vélo. Carte disponible à la Maison du tourisme.* Une balade œnotouristique ponctuée d'étapes chez les viticulteurs de l'AOC. De Toul à Boucq au nord-ouest ou vers le sud jusqu'à Vannes-le-Châtel, vous découvrirez des vignes et villages pimpants, des écluses, des prairies et vergers...

Manifestations

– ***Au fond du jardin du Michel :*** *à **Bulligny,** pdt le w-e de l'Ascension.* ● *jardin-du-michel.fr* ● En plein air, un petit festival de musiques actuelles qui s'est fait un nom (ou plutôt un prénom !). De grosses pointures de la musique viennent désormais s'y produire en concert. Prix attractifs et camping gratuit.
– ***Les Estivales du verre :*** *à **Vannes-le-Châtel,** début juil.* ● *estivalesduverre.com* ● Différents stages sont proposés pour découvrir les techniques de soufflage, pâte de verre, chalumeau... Village des créateurs et portes ouvertes le week-end.

LE VAL DE LORRAINE

LIVERDUN (54460) 640 hab. *Carte Meurthe-et-Moselle, B3*

Écrin de la confluence entre la Meurthe et la Moselle, le bassin de Pompey est un important carrefour de voies de communication, dynamique et en pleine reconversion. Depuis la fermeture de son complexe sidérurgique, il développe une nouvelle donne économique, plus basée sur le tertiaire, et valorise son offre touristique. Car ce territoire possède bien des atouts pour séduire les vacanciers. Au premier chef, la ville haute médiévale de Liverdun, posée sur un escarpement rocheux, est romantique en diable de loin, et surprenante et authentique de près. Mais, les paysages bucoliques le long des rivières et ruisseaux, écosystèmes préservés où foisonnent une faune et flore sauvages, offrent d'agréables promenades.

Adresse utile

ℹ ***Accueil touristique :*** *1, pl. d'Armes.* ☎ *03-83-24-40-40.* ● *liverdun.fr* ● *tourisme.bassinpompey.fr* ● ♿ *Mai-sept, tlj sauf lun mat et dim mat 10h-12h30, 14h-18h ; oct-avr, mar-sam 14h-17h. En juil-août, visites guidées payantes sur résa : costumée mer à 15h pour les enfants, le domaine des Eaux Bleues, Lay-Saint-Christophe ; animation gratuite « La cour des artistes » dim 14h-18h (exposition et ateliers).* Installé dans un joli hôtel particulier à l'agréable cour-jardin. Demander le descriptif pour la visite de la cité médiévale.

Où camper ?

⛺ ***Camping Les Boucles de la Moselle :*** *7, av. Eugène-Lerebourg.* ☎ *03-83-24-43-78.* 📱 *06-03-27-69-71.* ● *thierry.lbm@free.fr* ● *lesbouclesdelamoselle.com* ● ♿ *Au pied de la cité médiévale. Ouv mai-sept. Emplacement 16-19 € pour 2. Loc bungalow 33-38 €.* Un camping de taille moyenne, sur les berges de la Moselle, au pied du village médiéval. Un havre de verdure. Sanitaires rénovés récemment. Piscine. Rampe de mise à l'eau. Aviron. Beach-volley. Petite restauration.

Où acheter de bons produits ?

Madeleines de Liverdun : *4, pl. de la Gare.* ☎ *03-83-24-54-23. Face à la gare, dans la ville basse. Tlj 9h-12h, 14h-18h.* Si Commercy a les madeleines les plus connues de Lorraine, celles de Liverdun méritent la descente depuis la ville médiévale jusqu'à la petite boutique de la famille Chenel. Depuis les années 1920, cette biscuiterie perpétue la tradition d'une excellente madeleine artisanale, sans additifs. Boîtes de carton très rétro.

À voir

Balade dans le village : *parcours historique interactif, « Circuit de la Ville Haute », à base de panneaux et de QR codes à scanner avec les smartphones.* Cette place forte médiévale posée sur un escarpement dominant une élégante boucle de la Moselle fut longtemps une résidence d'été des évêques de Toul. Le *château Corbin* (du nom du principal mécène de l'école de Nancy) avec son parc vénérable, ne fait pas tache dans le décor, même s'il a été construit au milieu du XIXe s. L'*église Saint-Pierre* (XIIe s) est un bel exemple du passage du Roman au gothique. À l'intérieur, tombeau de saint Euchaire (XIIIe-XVIe s). Et pour les amateurs d'Art nouveau, sur les bords de la Moselle (c'est fléché) est plantée une autre propriété des Corbin, *Les Eaux Bleues,* dont on admirera, de loin seulement, la façade typiquement école de Nancy.

PONT-À-MOUSSON

(54700) 15 000 hab. *Carte Meurthe-et-Moselle, B3*

Une ville dont le nom a depuis longtemps fait le tour du monde, fournissant toujours de bons tuyaux et de bons débouchés, en Chine (Saint-Gobain PAM est aujourd'hui numéro 2 sur le marché intérieur) comme à Paris. Depuis qu'en 1883 la société anonyme des Hauts Fourneaux de Pont-à-Mousson rafla le marché pour la fourniture de canalisations et bouches d'égout, le sous-sol parisien est sillonné de tuyaux de fonte fabriqués à Pont-à-Mousson. Et l'histoire de la ville ne se limite pas à l'industrialisation. De sa fondation en 1572 à son transfert à Nancy en 1768, des milliers d'étudiants, venus de toute l'Europe, ont fréquenté l'université jésuite de Pont-à-Mousson, créée par le pape Grégoire XIII et le duc de Lorraine. Ses facultés de théologie, droit, médecine attirent alors l'élite intellectuelle de France, des Flandres et d'Allemagne. En 1616, elle compte plus de 2 000 étudiants. Après son transfert à Nancy en 1768, les bâtiments accueillent une école militaire, qui forme cette fois de bons soldats, dont un certain Duroc, général d'Empire et héros pontamussain. L'actuel lycée Jacques-Marquette, autour de sa belle cour d'honneur, est un des plus anciens lycées de France.

Malgré de nombreuses destructions sous la Révolution et pendant la Première Guerre mondiale (la ville était sur la ligne de front), Pont-à-Mousson a encore un joli patrimoine à montrer, rive droite comme rive gauche. Et de bucoliques vallées parcourent les environs. Ce n'est d'ailleurs pas vraiment un hasard si l'administration du parc régional de Lorraine est installée ici.

GO WEST !

Parmi les – très nombreux – élèves passés par l'université de Pont-à-Mousson, l'un d'eux a sa statue au Capitole à Washington et son nom sur le fronton d'une célèbre université américaine : Jacques Marquette. Prêtre missionnaire, il explora la vallée du Mississippi en 1673. En allant vers l'ouest il pensait atteindre l'océan Pacifique. Raté...

Adresses utiles

Office de tourisme : *52, pl. Duroc. ☎ 03-83-81-06-90. • tourisme-pontamousson.fr • Lun 13h30-18h ; mar-sam 9h-12h, 13h30-18h ; plus dim 10h-14h en juil-août. Fermé les j. fériés.* Accueil super sympa et bonne documentation.

Maison du parc naturel régional de Lorraine : *logis abbatial, rue du Quai. ☎ 03-83-81-67-67. Lun-ven 9h-17h30. Fermé les j. fériés.*

Où dormir ? Où manger ?

De bon marché à prix moyens

Le Bouch'on d'Pont : *37, pl. Duroc. ☎ 03-83-81-09-95. Ouv ts les midis, plus le soir jeu-dim. Congés : fin déc-début janv. Plats 11-18 € ; carte 25-30 €. Digestif maison sur présentation de ce guide.* Une terrasse à même la place, poumon vital de PAM aux beaux jours, une entrée sous les arcades pour accéder à une petite salle tendance moderne à l'étage. Le crédo de la cuisine c'est 300 % : 100 % produits frais, 100 % fait maison et 100 % produits français. Rien que du frais et du régional décliné au fil des saisons en plats de terroir et en grandes salades en été. Service jeune et attentif.

Restaurant Pierre Bonaventure : *18, pl. Duroc. ☎ 03-83-81-23-54. • contact@pierrebonaventure.fr • Tlj. Congés : Noël et Jour de l'an. Formule express 14,90 € ; menu 25 € env ; carte 35 €.* Niché sous l'une des superbes arcades de la place. Sympathique cadre néobistrot pour une salle tout en longueur où règne une permanente bonne humeur. C'est un temple élevé à l'amour de la viande, crue, maturée, grillée au four à bois... Meilleurs morceaux, abats et charcuteries en direct du producteur. Vins au verre.

Le P'tizognon : *37, rue Victor-Hugo. ☎ 03-83-81-03-16. • leptizognon@free.fr • Dans la rue commerçante qui va de la pl. Duroc à la gare. Tlj sauf mer soir, dim et j. fériés. Menu déj 18,50 € ; carte 28 €.* Le p'tit resto qui donne l'impression de manger chez des copains. Tables à touche-touche, plats familiaux, déco genre « loisirs et créations ».

De prix moyens à chic

Le restaurant du Port : *2, allée de l'espace Saint-Martin, au port de plaisance à l'entrée de la ville (parking aisé). ☎ 03-83-81-24-02. Tlj sauf lun soir. Formule 16,90 € ; carte env 35 €.* Posée sur les berges de la Moselle, une salle bleue et blanche très marine et une belle terrasse sur l'eau. La carte est elle aussi d'humeur maritime, avec pléthore d'huîtres, bulots, moules et poissons, même si elle a quelques suggestions plus terrestres comme le burger et l'ardoise cannibale ! Glaces artisanales !

Le Bagatelle : *49, rue Gambetta. ☎ 03-83-81-03-64. • contact@bagatelle-hotel.com • bagatelle-hotel.com • Doubles 58-89 €. Parking payant (6 €).* Petit immeuble moderne d'une vingtaine d'années. Chambres confortables et rénovées, dans un style contemporain plaisant. Calme assuré sur l'arrière. Possibilité de restaurant sur place le soir, du lundi au samedi. Plaisante terrasse.

Hôtel de l'abbaye des Prémontrés : *9, rue Saint-Martin (BP 125). ☎ 03-83-81-10-32. • accueil@abbayepremontres.com • abbaye-premontres.com • Résa conseillée. Doubles 120-133 €. Petit déj-buffet 12 €.* Ah, dormir dans l'abbaye... avec vue sur le parc ou la Moselle (chambres « Privilège ») ou encore le cloître... De surcroît, dans de jolies chambres contemporaines au confort 3 étoiles. À moins que vous ne préfériez, pour rester dans l'ambiance, les moins chères, plus monacales. Petit déj servi dans l'ancien réfectoire des chanoines.

Où dormir dans les environs ?

De bon marché à prix moyens

Gîte d'étape Soléole : *54380* ***Landremont.*** *☎ 03-83-23-64-26 ou 06-76-62-92-92. • gitesoleole@gmail.com • colline-soleole.com • À env 10 km au sud-est de Pont-à-Mousson par la D 40 puis la D 10B, et 20 mn de Nancy par l'A 31. Fermé janv-fév. Nuitée env 16-20 € selon capacité. Chalets ou yourte 55-128 € selon capacité. En ½ pens, 49 €/pers. Repas à partir de 18 €. CB refusées.* 3 chalets en bois, une yourte et une roulotte à 400 m d'altitude, dans un site isolé avec une jolie vue sur la verdoyante vallée de la Natagne ; un gîte qui ravira les randonneurs et autres amoureux de la nature (il y a au moins 16 espèces d'orchidées dans le coin). L'adresse est d'ailleurs très nature : panneaux solaires et éolienne en autonomie pour l'électricité et chauffage au bois. Cuisine simple et familiale, accueil authentique et chaleureux.

De chic à plus chic

Chambres d'hôtes Château de Morey : *hameau de Morey, 54610* ***Belleau.*** *☎ 03-83-31-50-98. • contact@chateaudemorey.fr • chateaudemorey.com • À env 20 km au sud-est de Pont-à-Mousson. Doubles 115-135 €. Table d'hôtes sur résa 30 €.* Un château du XVIe s qui domine superbement la paisible campagne environnante. Il a fallu aux proprios un vrai travail de titan pour redonner vie à cet endroit après un terrible incendie en 1985. Le résultat est superbe. Une suite et des chambres pleines de charme, spacieuses (toutes ont un petit coin salon) et à prix d'ami. Et piscine dans le parc.

Où acheter de bons produits ?

Les Brasseurs de Lorraine : *3, rue du Bois-Le-Prêtre. ☎ 03-83-80-02-64. Mar-sam 10h-12h, 14h-18h. Visite ven à 17h : 5 € avec dégustation de bière et bouteille de 33 cl.* La plus grosse brasserie artisanale de Lorraine. À la boutique, on trouve donc des bières régionales : bière de l'abbaye des Prémontrés, Noiraude (une... blanche), Duchesse de Lorraine (créée pour les 250 ans de la place Stanislas) ou encore, pour les supporteurs du basket nancéien, la All Star Beer.

À voir

L'abbaye des Prémontrés : *9, rue Saint-Martin. ☎ 03-83-81-10-32. • abbaye-premontres.com • Tlj 10h-18h. Entrée : 5-8 € ; réduc (hors expos) ; gratuit moins de 6 ans.*

Les prémontrés pensaient honorer Dieu en bâtissant de somptueuses abbayes. Celle-ci, reconstruite entre 1705 et 1735, est un modèle du genre. Monumentale façade à 3 ordres superposés, coiffée d'un frontispice triangulaire à la romaine. Cloître presque démesuré qui fait courir ses longues galeries (aujourd'hui fermées par des vitrages) autour d'un « jardin des senteurs ». Sur les côtés, la salle capitulaire, le chauffoir et le réfectoire des chanoines (belles voûtes dont les médaillons sont reproduits en trompe l'œil sur le sol de la salle). Aux angles des galeries, 3 escaliers qui se disputent le prix du plus beau de l'édifice : le petit escalier rond, l'escalier ovale, dit « de l'Atlante », et le grand escalier carré avec son élégante rampe en fer forgé. L'église abbatiale ferme le dernier côté du cloître. Une certaine sobriété pour du baroque. Au 1er étage (par l'escalier ovale), petit espace pour les fans d'histoire locale et bibliothèque

de 7 000 ouvrages. On est loin des 25 000 livres anciens et incunables qu'elle comptait avant 1944 (elle fut gravement endommagée par les combats de la Libération).
Aujourd'hui, l'abbaye des Prémontrés abrite aussi un hôtel (voir « Où dormir ? Où manger ? »), plusieurs services administratifs, un centre de congrès et autres séminaires. Elle propose, tout au long de l'année, une programmation culturelle variée.

L'église Saint-Martin : *fermée.* Construite principalement entre la fin du XIIIe et le milieu du XVe s par les Antonistes. Façade gothique flamboyant (XVe s) avec ses inévitables gargouilles. Porche finement ciselé. Hautes tours (38 m) ajoutées au XVIIe s. Dommage pour l'exceptionnelle *Mise au tombeau* (1er tiers du XVe s) de Ligier Richier.

La place Duroc : avec l'abbaye des Prémontrés, c'est l'une des fiertés de la ville. Cette place triangulaire, bordée de maisons à arcades des XVIe, XVIIe et XVIIIe s, est l'une des plus belles de Lorraine (la place Stanislas étant évidemment hors concours). À l'angle de la rue Victor-Hugo, la plus connue des maisons de la place ; ses cariatides représentent, selon la tradition populaire, les sept péchés capitaux. Pour la Luxure, on voit à peu près ; la Paresse doit avoir les bras croisés ; l'Avarice, la main dans son manteau ; pour le reste, on s'interroge encore... Hôtel de ville de style Louis XVI qui n'a quasiment pas changé de look depuis la fin du XVIIIe s. Au centre, fontaine élevée en 1931, en hommage aux ambulanciers américains de la guerre de 1914-1918.

Le musée Au Fil du Papier : *13, rue Magot-de-Rogéville. ☎ 03-83-87-80-16. Tlj sauf mar 14h-18h. Entrée : env 5 € ; réduc ; gratuit moins de 12 ans.* Installé dans un hôtel particulier Renaissance, ce musée met en lumière une destinée industrielle mussapontine oubliée, sans doute, éclipsée par la carrière internationale de ses plaques d'égout. Pont-à-Mousson, entre 1849 et 1914, fut, à l'instar d'Épinal, une base de l'imprimerie française. Ses images, des abécédaires aux recueils pour enfants, des calendriers aux illustrations de mode, étaient diffusées dans tout le pays. Mais la plus étonnante collection de ce musée est celle, unique, d'objets en papier mâché, fabriqués ici entre le conflit de 1870 et la Seconde Guerre mondiale. Grâce à ce matériau peu onéreux, le luxe et la fantaisie étaient enfin accessibles à la petite bourgeoisie. Une véritable aubaine commerciale qu'exploita avec talent la famille Adt, venue se replier ici après l'annexion. De la boîte à cigarettes au canapé 2 places, chacun pouvait trouver, dans le catalogue de vente, un élément de décoration à portée de sa bourse.
Évidemment, le musée ne pouvait faire l'impasse sur sa gloire locale internationale, son usine métallurgique fondée en 1851.

L'église Saint-Laurent : très composite. Le clocher à campanile est du XVIIIe s, les voûtes des bas-côtés du XIXe s. Celles du chœur et du transept datent, elles, des XVe et XVIe s. Statuaire et mobilier intéressants : retable de la Renaissance flamande restauré, superbe *Christ portant sa croix* de Ligier Richier (XVIe s), très belle pietà de pierre polychrome du XVe s.

Quelques belles ***maisons anciennes,*** dans la rue Saint-Laurent, qui jouxtent l'église : au nº 11, notamment, avec la façade de style florentin de l'ancien presbytère (XVIIe s) rénové. Joli mélange de brique (rare en ces terres lorraines) et de pierre. Au nº 19, belle façade, là encore, d'hôtel particulier (1590).

RINTINTIN

Le célèbre chien de Hollywood est un rescapé de la Première Guerre mondiale. Le chiot fut recueilli par un soldat américain à Flirey, près de Pont-à-Mousson. Le producteur Darryl Zanuck repéra son extraordinaire mémoire. Sa carrière dura jusqu'en 1932, durant laquelle il tourna 26 films.

À faire

La base de loisirs du Grand Bleu : *route de Champey. Baignade surveillée en saison.* Étang créé sur une ancienne gravière. Plage, terrains de sport.

DANS LES ENVIRONS DE PONT-À-MOUSSON

Dieulouard : *à 10 km au sud de Pont-à-Mousson.* La maison forte a été bâtie vers l'an 1 000 afin de protéger les habitants du village. Plusieurs fois détruite et reconstruite, elle devient au XIVe s une puissante forteresse avec pas moins de 8 tours ponctuant sa muraille crénelée qui surveille la Moselle en contrebas. Celle-ci est alors une intense voie commerciale : bois, vins de Moselle, sel, harengs... Installé dans quelques pièces du château, un petit musée gallo-romain, le *musée des Amis du vieux pays* (ouv mars-nov, 2e dim du mois 14h-18h) présente des vestiges de l'antique cité de Scarpone, mais aussi le passé militaire. On pourra aussi admirer l'église Saint-Sébastien à l'élégante façade Renaissance.

LA VALLÉE DU RUPT-DE-MAD

À une quinzaine de kilomètres au nord-nord-ouest de Pont-à-Mousson, intégrée au parc naturel régional de Lorraine, une très jolie vallée légèrement creusée par une rivière suivie au plus près par la route (D 952 puis D 26) ; une rivière dont on pourra longer le cours jusqu'au grand lac de Madine (voir le chapitre « La Moselle »). Il faut presque se pincer pour y croire : cette tranquille campagne a connu de terribles combats pendant la Première Guerre mondiale, qui ont fait disparaître des villages entiers. Villages qui continuent à apparaître sur les cartes routières. Aujourd'hui, la vallée est surtout connue pour accueillir, tous les 2 ans, un des plus grands rassemblements au monde de montgolfières : désormais, Chambley Planet Air est devenu un spot incontournable pour tous ceux qui rêvent de voler, d'une façon ou d'une autre.
À moins de pousser jusqu'à Saint-Mihiel, côté Meuse (voir ce chapitre) pour obtenir des infos sur ce secteur, c'est en direction du point G de l'aérodrome qu'il va falloir vous diriger, avec doigté : l'aéromusée Pilâtre-de-Rozier vous fournira brochures et adresses pour votre séjour.

Adresse utile

Chambley Planet Air : *54470 **Hagéville.*** Un pôle aéronautique aussi innovant qu'impressionnant, sur l'ancienne base aérienne de l'OTAN de 486 ha. L'ancien champ d'aviation de la Seconde Guerre mondiale, devenue base américaine jusqu'en 1968, a réussi sa mue. L'aérodrome abrite le lycée/CFA Jean Zay, une trentaine d'entreprises et un circuit auto-moto.

À voir. À faire

L'aéromusée Pilâtre-de-Rozier : *11, bd Antoine-de-Saint-Exupéry, hangar G, 54470 **Hagéville.** ☎ 03-82-33-77-77. • pilatre-de-rozier.com • Ouv de* *mi-avr à mi-oct : lun-ven 9h30-12h30, 13h30-16h30 ; w-e 15h-18h. Entrée : 3,50 € ; 2,50 € enfants ; 2,10 € avec le passeport comité régional du tourisme. Parking.* Bel hommage au 1er homme à avoir expérimenté l'engin des frères Montgolfier, le Lorrain « savanturier » Pilâtre de Rozier. Un vol daté du 21 novembre 1783. Pour découvrir ce musée aux allures de cabinet de curiosités des temps modernes, il vous faudra remonter toute l'allée des hangars, jusqu'aux locaux de la société Pilâtre de Rozier. C'est à ses descendants que l'on doit, évidemment, de pouvoir admirer nombre d'objets, photos, estampes participant à la magie du voyage. Et depuis peu, un vol en 3D permet même de jouer à l'apprenti aérostier !

– En sortant, allez faire un tour au hangar suivant, qui abrite un petit musée de la photographie aérienne. Et si un baptême de l'air vous tente, consultez les prix et les opportunités sur le site *● bapteme-air-lorraine.com ●*

– ***Grand Est Mondial Air Ballons :*** *fin juil-début août, ts les 2 ans (années impaires). ☎ 03-82-33-77-77. ● pilatre-de-rozier.com ● Entrée libre et parking gratuit.* Un des plus grands rassemblements internationaux de montgolfières du monde. 3 000 équipages provenant des 5 continents, 250 000 à 400 000 visiteurs, et les 2 envols en masse chaque jour sont un pur moment de poésie ! Titre de gloire toujours à battre : le record de décollages en 1h, 456 en 2017 !

Le cimetière militaire américain : *54470* ***Thiaucourt-Regniéville.*** *Tlj 9h-17h.* Impressionnant comme savent l'être les cimetières militaires américains avec leurs alignements qui semblent sans fin de croix blanches sur des pelouses impeccablement tondues. Y sont inhumés 4 153 soldats tombés pendant la terrible bataille du saillant de Saint-Mihiel en 1918 : la carte des combats est exposée dans le petit musée du mémorial. Jolie mosaïque de l'archange Saint-Michel rangeant son épée dans la chapelle. Petit détail significatif : au-dessus de l'entrée du sanctuaire, l'aigle tenant des flèches regarde vers la pointe, symbole des États-Unis en guerre ; au-dessus des prie-Dieu, l'aigle regarde vers l'empennage, les États-Unis sont en paix. Très belle statue d'un aigle royal et statue du soldat Walker Blaine Beale, pour le coup pas du tout inconnu !

De l'autre côté du village, les 11 685 sépultures d'un cimetière militaire allemand, d'une beaucoup plus grande simplicité...

LES TERRITOIRES DE LONGWY ET BRIEY

Une région un peu à part en Meurthe-et-Moselle, qui, tout en haut de la carte, autour de Longwy, flirte avec Belgique et Luxembourg. Quant aux habitants de Briey ou de Longuyon, ils se sentent plus proches de Metz et des voisins mosellans que de Nancy. Mais ce n'est pas la géographie qui peut expliquer les mutations actuelles affectant le cadre de vie.

L'ancien « triangle du feu » brûle de moins en moins, voire ne brûle plus ! Ce feu, c'est celui de la sidérurgie qui a ici considérablement chamboulé paysages et mentalités à partir du XIXe s, le bassin de Longwy concentrant à l'époque le plus grand nombre de hauts fourneaux du monde.

Difficile d'échapper ici à ce passé sidérurgique et minier, même si c'est, depuis 2005, une page d'histoire définitivement tournée. Surnommée le Far West lorrain, cette région a vu sa population passer de 3 200 habitants en 1870 à 11 000 à l'orée de la Première Guerre mondiale. Autour de 1928, dans ses années les plus fastes, le bassin de Longwy produisait plus de 20 % de l'acier français. Record absolu en 1974, avec une production de 3 millions de tonnes. C'est pourtant là que ça se gâte pour cette mono-industrie victime depuis les années 1960 d'une mondialisation dont le nom n'avait pas encore

été inventé. 40 % des emplois du secteur disparaissent entre 1975 et 1982 ; la population diminue elle aussi. La sidérurgie se meurt, la sidérurgie est morte. Ce n'est pourtant pas faute d'avoir lutté. 1987 verra la dernière coulée d'acier à Longwy.
Reconversion difficile : beaucoup de projets d'implantation de nouvelles industries n'ont jamais vu le jour et l'« affaire Daewoo » n'a pas embelli le tableau. L'espoir suscité par la création en 1985 du Pôle européen de développement entre France, Luxembourg et Belgique ne semble pas tenir toutes ses promesses... Reste le proche voisin luxembourgeois qui a un peu des airs d'Eldorado... Et qui explique peut-être pourquoi le taux de chômage n'est pas ici supérieur à la moyenne nationale.

BRIEY (54150) 5 230 hab. *Carte Meurthe-et-Moselle, B2*

Deux villes en une, en fait. Sinon trois ou quatre. Une ville haute qui n'a pas bougé de son promontoire depuis ses origines celtes, une ville basse qui s'est développée autour de la rivière dans le sillage de l'industrialisation. Et un peu à l'écart, la zone résidentielle de Briey-les-Hauts et Briey-la-Forêt, qui se résume à l'étonnante Cité radieuse de Le Corbusier.

Adresse utile

ℹ ***Maison intercommunale du loisir et du tourisme Orne Lorraine :*** *10, pl. Thiers. ☎ 03-82-46-33-22. • miltol.tourisme@gmail.com • Lun 14h-17h30; mar-ven 10h-12h, 14h-17h30 ; sam 10h-12h.*

Où dormir ?
Où manger à Briey et dans les environs ?

De prix moyens à chic

🏠 |●| ***Hôtel Aster :*** *rue de l'Europe, à Briey-Bas, vers le plan d'eau de la Sangsue. ☎ 03-82-46-66-94. • hotelhostelaster@orange.fr • ♿ Resto fermé dim soir. Doubles 85-91 €. Plat du jour 10 € ; menus 13-61 €.* Un long bâtiment moderne situé à proximité immédiate du plan d'eau avec la ville haute juste en face. Chambres modernes et confortables, gaies et ensoleillées.

|●| ☂ ***La Clauserie :*** *2, pl. de Niederhausen, à Briey-Bas. ☎ 03-82-46-04-88 et 03-82-46-07-11. Brasserie ouv en continu 7h-23h, tlj sauf lun. Resto tlj sauf sam midi et lun. Salade 14,90 € ; plats 14,90-21,90 € ; galettes 12,90-16,90 €.* 2 ambiances dans un seul lieu à l'orée de l'étang. D'un côté, le restaurant classique, dans une touche contemporaine, avec murs de pierre et de bois, fauteuils tendus de velours, carte traditionnelle (escargots, cuisses de grenouilles, jarret de porc...), mais aussi d'excellents tartares et des méga salades. De l'autre, une brasserie-crêperie de style alpin, fait pour des moments à partager entre potes avec des tapas et snacks de tous les horizons et des galettes bretonnes !

À voir. À faire

L'église Saint-Gengoult : *dans la ville haute. Lun-ven 14h-17h ; le w-e, prendre contact avec le presbytère (☎ 03-82-46-07-31).* Petite église construite au XIIe s mais plusieurs fois remaniée au fil des siècles (le clocher, par exemple, date de 1743). C'est surtout à l'intérieur que ça se passe : émouvant calvaire, « grandeur nature », taillé dans le bois vers 1530 par Ligier Richier (ou tout du moins son atelier...). Dans le collatéral gauche, christ assis aux liens en pierre polychrome qui serait attribué au « maître de Mairy ». Belle pietà en bois du XVe s également. Sous la tribune d'orgue, *Le Dict des 3 morts et des 3 vifs,* fresque du XIVe s.

Petite balade dans la ville haute : Briey viendrait du celte *briga* (forteresse). Ce qui nous paraît pour le moins vraisemblable, vu les hauteurs sur lesquelles s'est installé l'ancien bourg. La rue de la Lombardie qui y grimpe est si pentue que ses trottoirs se sont transformés en marches d'escalier. Tout aussi pentue et pittoresque Grande-Rue, jalonnée de vieilles devantures de boutiques tout en bois (malheureusement toutes ou presque fermées...). Pas mal de maisons anciennes, un beffroi de 1722... De la ville haute, d'autres escaliers dégringolent à travers d'agréables jardins en terrasses vers le plan d'eau de la Sangsue.

Le plan d'eau de la Sangsue : malgré un nom peu engageant, un agréable étang urbain grand de 11 ha où pratiquer toutes sortes d'activités sportives et de loisirs : balade à pied sur les rives, promenade en barque, kayak, pêche, itinéraires de randonnées, « voie verte », parcours de santé, aires de jeux pour enfants, etc.

La Cité radieuse Le Corbusier : *à* ***Briey-en-Forêt*** *(très bien fléché) ; à env 2 km à l'ouest de Briey. Possibilité de visite guidée sur résa à l'avance auprès de La Première Rue (☎ 03-82-20-28-55, • lapremiererue.fr •), une dynamique association qui organise également expos et conférences d'architecture. En principe, lun-jeu 9h-12h30, 14h-17h30 ; dim 14h-18h (seulement fin mai à mi-sept). Fermé fêtes de fin d'année. Tarif : 3,50 €.*
Cette petite ville partage avec 2 capitales régionales (Nantes et Marseille) et la ville de Firminy le privilège de posséder une *Cité radieuse,* soit une des réalisations phares d'un des plus célèbres (sinon le plus...) architectes du XXe s, Le Corbusier. Construite en pleine nature, elle ressemble de loin à un gigantesque vaisseau de béton qui flotterait sur la cime des arbres.
Comme souvent avec Le Corbusier, cette immense composition architecturale de béton armé dégage une étonnante impression de légèreté (c'est le résultat de son fameux système de calcul appelé *modulor*). On y retrouve sa conception, un peu utopiste, d'une cité idéale où, dans le même ensemble, l'« homme moderne » trouverait toutes les réponses à ses besoins : logements (avec ces appartements, mélange de cellule monacale, de cabine de bateau et d'atelier d'artiste), services, commerces (absents à Briey), école, équipements sociaux ou sportifs... Comme à Marseille, la *Cité radieuse* de Briey a, depuis longtemps, rompu avec cet idéal. Presque à l'abandon, menacée de destruction, heureusement réhabilitée dans les années 1980, elle a été transformée en copropriété.

DE LA SUITE DANS LES IDÉES

Le Corbusier était considéré par certains de ses détracteurs comme un puissant théoricien, mais un bien piètre bâtisseur. La Cité radieuse de Briey prouve, en tout cas, que « Corbu » savait mettre ses idées en pratique, lui qui déclarait lors d'un congrès d'architecture : « Les matériaux de l'urbanisme sont le soleil, l'espace, les arbres, l'acier et le ciment armé, dans cet ordre et dans cette hiérarchie. »

Et, pour vivre l'expérience de cette modernité jusqu'au bout, vous pourrez dormir dans un de ses duplex : *Le 603* est une chambre d'hôtes vraiment à part (*06-20-62-04-02 ; • le603chambredhotebriey@gmail.com •*).

DANS LES ENVIRONS DE BRIEY

Les berges de l'Orne : une voie verte de 25 km le long de l'Orne relie Gandrange à Valleroy et à son site de baignade. Idéal pour les vélos, mais aussi les trottinettes, les poussettes et les simples piétons.

Ville-sur-Yron : *à 20 km au sud de Briey.* Un « écovillage » qui explique à travers des bornes l'histoire du petit patrimoine lorrain : maisons traditionnelles, pont, moulin, lavoir, église. Vous pourrez aussi battre les chemins de campagne en suivant une boucle de 9 km dans la campagne avoisinante.

LONGWY (54400) 14 900 hab. *Carte Meurthe-et-Moselle, A1*

La situation géographique frontalière du pays de Longwy explique le rôle qui lui a été dévolu depuis les origines. Longwy c'est, comme Briey, plusieurs villes pour la visite d'une. La ville basse qui est, grosso modo, née de l'industrie. Succédant à des tanneries, les 1res forges se sont installées sur les rives de la Chiers dès les XVe et XVIe s. Le quartier de Gouraincourt est lui aussi né de l'industrialisation. Sur les flancs de la vallée s'étirent les rangs des cités ouvrières qui réaffirment l'étymologie de Longwy (« longue ville »).

Longtemps déconsidéré, Longwy-Bas est en pleine revitalisation. Après l'ouverture, à sa porte, d'un golf dans la vallée de la Moulaine, la découverture de la Chiers sur une portion symbolise ce visage plus riant et verdoyant. Le cours d'eau, protégé par des rampes en acier Corten, traversé par 2 passerelles, s'inscrit dans la belle esplanade arborée face à l'hôtel de ville (en cours d'aménagement). Enfin, le musée des Émaux de Longwy a pris ses quartiers dans l'ancien siège de la Banque de France et profite de ce transfert pour s'offrir une muséographie plus attrayante que jamais.

LA RUÉE VERS L'EAU

Après l'annexion, la France est à la recherche de nouveaux filons du bon côté de la frontière. On fore donc à tout-va. À Longwy, à défaut de coke on trouve... une source ! Qu'à cela ne tienne, Longwy sera une villégiature thermale. Le comte de Saintignon, un peu savant fou mégalo, se lance dans l'aventure : un bâtiment thermal, un grand hôtel, un théâtre sont programmés. L'inauguration est prévue le 1er août 1914. Mauvais timing !

Côté ville haute, elle a l'insigne honneur d'avoir été non seulement fortifiée selon les plans de Vauban en 1679, sous Louis XIV, selon le célébrissime plan en étoile à 6 bastions, mais créée de toutes pièces, « ex nihilo ». Elle reflète ainsi la conception de la place forte idéale de l'époque. Ses importants vestiges, dont le puits où est logé l'office de tourisme, font partie du réseau des sites majeurs Vauban inscrits sur la liste du Patrimoine mondial de l'Unesco.

Et si vous souhaitez poursuivre la visite hors de la ville et découvrir pourquoi on appelle cette région le Pays des trois Frontières, montez sur la colline voisine, qui surplombe Mont-Saint-Martin. Vous y découvrirez une petite église romane dominant depuis plus de 10 siècles la vallée, avec la France à votre gauche, la Belgique au centre, et le Luxembourg à droite. Un panorama magnifique, qui permet de comprendre pourquoi la région fut si convoitée, et pourquoi les frontières n'ont finalement pas grand sens ici (d'ailleurs, saviez-vous qu'à l'origine Longwy était en Moselle ?).

Adresse et info utiles

Office de tourisme du Pays de Longwy : *puits du Siège, pl. Darche. ☎ 03-82-24-94-54. • contact@longwy-tourisme.com • longwy-tourisme.com • Tlj sauf j. fériés 10h-12h30, 14h-17h30 (18h en période estivale).* Installé dans l'ancien puits de 60 m à source vive qui permettait d'alimenter la population en eau potable. Organise des visites guidées des fortifications Vauban, des vitraux Majorelle et du musée des Fers à repasser ; circuit Art nouveau-Art déco à Longwy-Bas, mines de fer d'Hussigny situées à 10 km *(6 €).*

– Sous l'impulsion de l'office de tourisme, une identité culinaire est en train de se forger. Vous pouvez acheter *l'Étoile Vauban,* un quatre-quarts pomme-mirabelle, et *le Baiser de Longwy,* à la fraise et à la rhubarbe, chez les pâtissiers et boulangers de la ville. Quant aux restaurateurs, ils proposent désormais un menu Vauban et une tourte Vauban. Merci qui ?

Où dormir ?
Où manger à Longwy et dans les environs ?

Hôtel du Nord : *16, rue Gambetta (pl. Darche), à Longwy. ☎ 03-82-23-40-81. • hotel-du-nord2@orange.fr • Double env 65 €.* Classique petit hôtel qui a l'avantage d'être au cœur de la ville haute, face à l'élégante place d'Armes. Chambres rénovées, bien tenues et tranquilles la nuit venue.

Chambres d'hôtes À l'ombre des Pommiers : *18, rue Saint-Denis, 54730* ***Ville-Houdlemont*** *(12 km à l'ouest). ☎ 03-82-26-88-41. • bernard.reter123@orange.fr • Doubles 55-65 €.* Les vallées qui bordent la frontière franco-belge sont superbes. Et les villages aussi : celui-ci n'a rien d'une ville, rassurez-vous, la nature y est omniprésente. En arrivant devant cette maison fleurie, on n'imagine pas la vue sur le verger et les environs qu'on peut avoir de la chambre. Une autre, côté village, avec terrasse privée elle aussi. Bel accueil, tout en simplicité, et bon petit déj, tout en produits locaux.

Tom' Cook & Co : *5, rue Gambetta, à Longwy. ☎ 03-82-23-63-34. • contact@restauranttomcook.fr • ♿ À deux pas de la pl. d'Armes. Tlj sauf dim soir, lun, mar soir. Formules déj 19,90-25,90 € ; burgers à partir de 13,90 €.* Un lieu dans la mouvance actuelle, avec un coin épicerie, et une salle aux couleurs chaudes. La sœur est au service, le frère en cuisine, et les clients ont le sourire, c'est bon signe. Assiettes travaillées, respectant le produit et les cuissons.

Le Bistrot du Breuil : *6, rue du Breuil, 54430* ***Réhon.*** *☎ 03-82-24-34-08. • le-bistrot-du-breuil54@orange.fr • ♿ À 4,5 km au sud de Longwy. Tlj sauf dim soir, lun, mar soir. Congés : de fin juil à mi-août et fin déc-début janv. Formules déj 14,50-17,50 € ; menus en fonction des saisons 32-40,80 €.* La petite affaire de famille qui tourne rond depuis plus de 40 ans, aujourd'hui poursuivie par le fils, Patrice. Agréable salle aux couleurs chaudes, redécorée d'objets et masques ethniques. Cuisine d'ici et d'ailleurs, servie avec un sourire jusqu'aux oreilles. Franchement, on ne peut que vous conseiller de réserver...

Mimi Bouchon : *13, rue de Lorraine, à Longwy-Haut. 06-44-78-30-65. Ouv mar midi, mer-sam midi et soir, sur résa uniquement. Menus 40-65 €.* Plutôt une table d'hôtes qu'un restaurant classique, dans une petite salle au coin de la rue. Décor suranné qui ne dit rien des jolies surprises gustatives à venir. Il faut faire confiance au chef Jeany, qui n'est pas un novice (il a travaillé chez les étoilés) ; il concocte au gré des jours, des produits et de son inspiration, des recettes soignées pleines de saveurs... qui justifient le prix élevé.

Où boire un verre ?

L'Appartement : *12 bis, rue Victor-Hugo (pl. Darche), à Longwy-Haut. 06-48-09-64-76. Tlj. Café offert sur présentation de ce guide.* Un bar comme ça dans chaque ville où nos infatigables pas nous emmènent et notre bonheur serait complet ! Soirées à thème.

Pierre de Vin : *1, rue Aristide-Briand, à Longwy-Haut. ☎ 03-54-66-85-61. • pierre.marras@.com • Tlj sauf dim et lun ; boutique : 10h-12h, 14h-19h ; bar : 17h-21h (23h ven-sam). Congés : 2 premières semaines d'août.* Une boutique et un bar à vins nouvelle génération qui anime le haut de la ville, avec ses grandes gueules locales, ses tonneaux, sa carte éclectique et ses planches pour permettre de tenir la soirée.

Où acheter des émaux de Longwy ?

Émaux d'art de Longwy : *pl. Salvador-Allende. ☎ 03-82-25-71-46. Fermé dim.* À son compte depuis 1988, Christian Leclercq, faïencier de grand talent (meilleur ouvrier de France), s'inscrit dans la grande tradition. Sa boutique renferme encore nombre de ses pièces et une belle collection d'émaux anciens. Tout cela a évidemment un prix...

Faïenceries et émaux de Longwy : *3, rue des Émaux. ☎ 03-82-24-30-94. Lun-ven 9h-12h, 13h-18h (17h30 lun) ; sam 10h30-18h. Visite, sur rdv, lun-ven à 9h30, 10h30 et 13h30.* La faïencerie originelle de Longwy a officiellement cessé son activité en 1977. Le bâtiment historique de l'ancien couvent des Carmes où a été inventé le style Longwy a disparu dans un incendie. Rééditions ici de pièces historiques et créations contemporaines. Grand espace d'exposition-vente.

Faïencerie de Saint-Jean-l'Aigle : *lire la rubrique « À voir. À faire ».*

À voir. À faire

Le musée municipal des Émaux et Faïences de Longwy : *rue de la Manutention, à Longwy-Haut. ☎ 03-82-23-85-19. Avr-sept, mar-ven 14h-18h ; w-e 10h-12h, 14h-18h. Oct-mars, mar-dim 14h-18h. Entrée : 3,50 € ; réduc ; gratuit moins de 8 ans.* ***Attention, le musée déménage pour l'été 2020*** *; nouvelle adresse : ancien siège de la banque de France, av. de la Grande-Duchesse-Charlotte. Horaires non encore définis.*

Grâce au legs d'une riche héritière franco-américaine, fan de vaisselles longoviciennes, le musée des Émaux de Longwy a trouvé un nouvel écrin, le rez-de-chaussée de l'ancien siège de la banque de France, et une scénographie reboostée ! Il aura fallu près d'une dizaine d'années pour que le transfert des 3 000 pièces logées dans les remparts soit effectif. Un fonds d'autant plus considérable quand on sait que la collection originelle fut détruite pendant la Première Guerre mondiale.

LA MEURTHE-ET-MOSELLE

Le parcours vous propose de découvrir l'histoire faïencière de Longwy, des origines (ou presque) à nos jours ainsi que les œuvres de 2 artistes longoniciens, Paul Aubé et Paul Klein. Au début – en 1798 –, une petite entreprise créée par des investisseurs pour profiter de la demande croissante de faïence utilitaire à un prix accessible. Peu à peu, on améliore les techniques, on rationalise la production, on crée des services de table pour toutes les bourses... surtout quand elles sont bien garnies ! Certains services furent en effet conçus spécifiquement pour de riches commanditaires, des collectionneurs, ou même le Président de la République (joli service Art nouveau réalisé pour Félix Faure en 1896). Et comme ça marche bien, l'entreprise se lance peu à peu dans la décoration. Avec les mêmes matériaux de base – argile blanche, glaçure transparente et oxydes métalliques –, elle diversifie ses productions pour séduire les consommateurs. C'est comme cela qu'apparaissent sculptures, majoliques, barbotines, et surtout les fameux émaux !

Comme l'exotisme est à la mode, on produit d'abord des pièces exotiques (selon la vision de l'époque, pour le moins fantaisiste). Puis des modèles classiques, Art nouveau, et bien sûr Art déco. Impressionnisme de terre, la barbotine est également très prisée. En 1931, à l'Exposition coloniale de Paris, la boule coloniale remporte la médaille d'or dans la catégorie des Arts décoratifs. Les années 1920-1930 sont une période de gloire pour la faïencerie qui, après la Seconde Guerre mondiale, connaît de plus en plus de difficultés. La production utilitaire cesse dans les années 1950, mais les émaux résistent, avec 2 types de motifs : les grands placés, et les plus petits décorés, dont fait partie le célèbre « fleur de pommier ».

UNE AFFAIRE DE STYLE

C'est pour faire face à la sévère concurrence des faïences importées de Chine (déjà...) qu'en 1872 les faïenceries de Longwy adoptent les émaux cloisonnés. Le principe est tout simple : on entoure les gouttes d'émail d'un trait noir afin de produire un effet de relief qui capte mieux la lumière. Cette technique devient par la suite LA spécialité de Longwy ; comme la teinte bleu turquoise, le fameux bleu de Longwy.

Le musée des Fers à repasser : *rue de la Manutention. ☎ 03-82-24-94-54. Visites guidées sur résa mar à 10h30 et 14h30, mer et ven à 14h. Entrée : 3,50 € ; 3 € pour les détenteurs du pass Lorraine ; réduc.* Au cours de son histoire, l'ancienne boulangerie militaire, édifiée en 1753, a eu plusieurs fonctions. Fournir les rations quotidiennes pour les soldats de la garnison (jusqu'à 5 000 !), abriter une école élémentaire, et depuis 1975 conserver et mettre en valeur les collections municipales. Au rez-de-chaussée, une étonnante collection de fers à repasser, une des plus importantes d'Europe, avec 4 000 pièces, qui passionnera les pressophiles, mais pas uniquement ! Il y a aussi un très bel ensemble de fourneaux d'époque, indispensables pour chauffer les semelles des fers. On découvre ici des fers pour tous les usages : à billards (anglais évidemment), à photographies, à plisser les cornettes des sœurs...

➢ **Petite balade dans la ville haute :** *des visites guidées de la place forte sont organisées par l'office de tourisme.*

La place forte de Longwy s'étend sur un hexagone de 2 300 m de périmètre, doté de 6 bastions et de 2 portes. De nombreux bâtiments témoignent de l'importance de ce site militaire conçu pour résister à de longs sièges. D'ailleurs, si, au moment de la Révolution, Longwy résiste mollement aux armées venues d'Autriche et de Prusse (ce qui lui vaut d'être taxée de traître à la Nation), elle s'oppose héroïquement aux attaques ennemies en 1815, cent jours après la défaite de Waterloo, puis en 1871. En 1914, elle capitule après 4 jours de déluge de feu qui portera un coup fatal à la moitié des fortifications. Malgré les progrès de l'artillerie, l'ingénieux système de couches de terre, élastiques, et de plantations avait permis de protéger les remparts, les murs n'étant plus qu'un revêtement.

Un ***parcours de la place forte,*** ponctuée de panneaux explicatifs détaillés, permet de mieux s'imaginer la vie des régiments implantés ici, de l'Ancien Régime à la 3e République. Il fait étape devant la caserne Ordener, où furent emprisonnés les tirailleurs sénégalais. La porte de France a des allures d'arc de triomphe édifié en l'honneur du roi. Si elle est nettement plus décorée que sa comparse, la porte de Bourgogne, s'ouvrant sur les contrées étrangères, elle n'en est pas moins hautement sécurisée : pont-levis à bascule, porte à 2 vantaux ferrés, herse à 12 pieux, 2e porte ! Autant dire que l'ennemi était ici attendu de pied ferme, d'autant qu'il devait avant avoir franchi le glacis enherbé puis le fossé large de 40 m. Un parcours du combattant en somme, qui fut modernisé par Séré de Rivières après le désastre de 1870, avec, par exemple, des casemates-écuries. Autres particularités locales à découvrir lors d'une visite guidée avec l'office de tourisme : la casemate en croix du bastion Notre-Dame et la poudrière du bastion Saint-Martin.

La grande esplanade que forme l'actuelle place Darche n'eut pas toujours cette physionomie. Sur l'ancienne place d'Armes s'élevait l'hôtel du Gouverneur (détruit en 1871). La façade élégante de l'ancien hôtel de ville, la jolie église Saint-Dagobert sous son clocher imposant qui servait de tour de guet, le puits massif (réputé à l'épreuve des bombes avec ses murs épais de 2,50 m) ont gardé un certain cachet. Vous pourrez voir dans l'église une vierge polychrome du XVIIIe s vêtue à l'espagnole.

MODERNES CASERNES

Les casernes sont une nouveauté introduite sous Louis XIV. Auparavant, les soldats étaient logés chez l'habitant... ce qui pouvait entraîner des problèmes de ponctualité et de discipline ! Longwy fait partie des 1res places fortes à en être pourvue. Elle compte 9 casernes, capables d'abriter 1 250 hommes de troupe... et 888 chevaux ! La seule caserne encore debout, la caserne Ordener, construite au XIXe s, rue Vauban, est aujourd'hui un lycée professionnel.

Le château-musée Saint-Jean-l'Aigle : *château de la Faïencerie, 54440* **Herserange.** *☎ 03-82-24-58-20. Accès par Longwy-Bas, rue de la Chiers, à 1 petit km au nord-est du centre-ville (c'est fléché). Tlj (w-e sur résa) 9h-12h, 14h-17h. Visite manufacture et musée : 8 € ; gratuit moins de 18 ans.* Une des 2 plus anciennes faïenceries en activité de la région est installée dans un vénérable château. L'espace muséographique renferme des œuvres des XVIIIe et XIXe s, de Longwy et d'artistes célèbres, agencées de manière à faire comprendre au visiteur l'évolution de la faïence jusqu'aux créations modernistes. Quelques pièces d'exception comme ce cacatoès (vers 1900) du sculpteur Schuller.

Le musée de la Sidérurgie – Arts, Histoire et Terroir : *12, rue du Tivoli. ☎ 03-82-25-51-19. À la sortie de Longwy-Haut, direction Mont-Saint-Martin, c'est fléché sur la droite. Juil-sept, tlj 10h-12h, 14h-19h ; oct-nov, w-e seulement. Entrée : 2 € ; gratuit moins de 10 ans.* Dans une ancienne ferme, un tout petit musée de passionné qui évoque, avec les moyens qui sont les siens, l'histoire de la ville et de la sidérurgie.

DANS LES ENVIRONS DE LONGWY

L'église romane de Mont-Saint-Martin *(54350) : à 3 km au nord de Longwy-Haut. Clé disponible à la mairie (☎ 03-82-25-23-70).* Le genre d'endroit qui surprend toujours dans ces régions où l'on pourrait penser que l'industrialisation à l'extrême a fait table rase du passé. Petite église du XIe s, posée sur une colline à l'ombre des tilleuls, face à l'horizon. Façade d'une évidente pureté, rosace de la fin du XIIe s, clocher bizarrement désaxé. La nef tout aussi évidente de simplicité accueille aujourd'hui concerts ou expos (un peu trop d'ailleurs, car la beauté du lieu est masquée par les photos, les placards divers). Au-dehors, allez faire un tour dans les jardins aménagés par des passionnés. Une véritable bouffée d'espoir et d'oxygène.

Le centre Jean-Monnet (vitraux Majorelle) : *54810* ***Longlaville*** *(à env 2 km au nord-est de Longwy). ☎ 03-82-25-24-00. Lun-ven 8h-17h. GRATUIT. Visite guidée par l'office de tourisme de Longwy, sur résa : 6 € ; réduc.* Dans la banlieue, ce grand bâtiment un peu rose est un des derniers vestiges de la grande époque de la sidérurgie ; ce sont les grands bureaux de la Société des aciéries de Longwy, construits en 1928. C'est de cette époque que datent les somptueux vitraux qui ornent la cage d'escalier, signés Majorelle, un des maîtres de l'école de Nancy, et tout à la gloire du travail des hommes du fer. Offrez-vous une visite guidée pour découvrir ce lieu, un des plus étonnants conservés en ce coin de France, et si mal mis en valeur que ça ne peut qu'attrister ceux qui restent scotchés devant tant de beauté.

Cons-la-Grandville *(54870)* **:** *à env 8 km au sud-ouest de Longwy.* Le site, un promontoire rocheux sur les rives de la Chiers, offre un cadre romantique à ce joli village lorrain qui remonte au Moyen Âge. Compagnon de croisade de Godefroy de Bouillon, Dudon de Cons y dresse son château, qui sera, par la suite, sans cesse modernisé et embelli, notamment à la Renaissance. Signe particulier de ce château privé, il fut toujours transmis par les femmes et appartient à la même famille depuis 1640. Faute de le visiter *(ouv uniquement lors des Journées du patrimoine ou de certains événements ; rens sur • conslagrandville.com •)*, on peut regarder à travers les grilles les cariatides qui ornent un petit pavillon du parc. Une charmante église, qui dépendait du prieuré voisin, les maisons basses des XVIIe, XVIIIe et XIXe s confèrent à ce bourg lorrain un terrible cachet.

Le camp de concentration de Thil *(54880)* **:** *à env 15 km au sud-est de Longwy par la N 52, puis la D 125. Visites guidées gratuites de la crypte, sur résa seulement (à la mairie : ☎ 03-82-89-45-92).* Thil a eu le sinistre privilège d'accueillir le seul camp de concentration installé sur le territoire français non annexé. Les déportés y travaillaient à la construction d'une unité de production de fusées V1 et V2. De ce camp, « annexe » du malheureusement célèbre Struthof, il ne reste rien, les baraquements ayant très vite disparu après l'évacuation des déportés devant l'avancée des troupes alliées. Rien, sinon cette crypte, indispensable lieu de mémoire voulu par les habitants dès 1945. Maquette du camp, four crématoire (emprunté aux abattoirs de Thil...) et sentier de mémoire jalonné de sculptures contemporaines. Depuis peu, une partie de la mine de Tiercelet est visitable.

Manifestations

– ***Carnaval de Longwy :*** *le w-e de la mi-mars.* Quand Longwy se met à l'heure et au style vénitiens !
– ***Festival du Film italien de Villerupt :*** *2 sem, chaque année, à l'automne. Rens : ☎ 03-82-89-40-22. • festival-villerupt.com •* Un festival qui, depuis 1976, réunit public et grands noms du cinéma italien.

LONGUYON

(54260) 5 660 hab. *Carte Meurthe-et-Moselle, A1*

La voie romaine qui menait de Trèves à Reims franchissait ici la rivière sur un long gué (d'où le nom de Longuyon). Une ville ancienne, donc, dont l'existence

est attestée depuis au moins le VIIe s. Même si, aujourd'hui, seule l'église Sainte-Agathe laisse supposer ces lointaines origines. Laissée pour morte par la guerre de Trente Ans, Longuyon va, comme la plupart des villes de ces vallées lorraines, se replacer sur la carte grâce à l'industrie. Particulièrement avec une manufacture de canons de fusils et de pistolets créée par le duc de Lorraine et qui fonctionnera jusqu'en 1887. À partir de 1830, Longuyon devient aussi la ville du rail : on en construit, on en pose... La petite ville se transformant en important nœud ferroviaire. Conséquence de la fin de la sidérurgie, la gare voit aujourd'hui passer beaucoup moins de trains, et certains, ici, s'avouent franchement nostalgiques de ce passé cheminot...

UN TOTEM EN LORRAINE ?

Près du monument aux morts de Longuyon se dresse un totem indien assez incongru sous ces cieux. Il rappelle pourtant un autre épisode de l'histoire de Longuyon : en effet, de 1954 à 1967, les troupes canadiennes de l'OTAN stationnèrent en ville.

Adresse utile

Office de tourisme : *pl. Salvador-Allende. ☎ 03-82-39-21-21. • ot-longuyon.fr • En saison, mar-ven 10h-12h, 14h-18h ; w-e 9h-13h. Hors saison, mar-sam 9h-11h.* C'est dans un wagon bleu qu'est logé l'office de tourisme, passé cheminot oblige !

Où dormir ? Où manger ?

Hôtel de Lorraine – Restaurant Fourche & Fourchette : *65, rue Augistrou. ☎ 03-82-26-50-07. • hoteldumas@yahoo.fr • lorraineetmas.com • Resto fermé lun non fériés, mer en hte saison, sam midi et dim soir. Hôtel ouv tlj. Doubles 80-90 €. Formule déj 17 € ; menus 24-69 €. Garage payant. Café offert sur présentation de ce guide.* La maison a de l'allure : une jolie façade, des moulures aux plafonds, quelques meubles anciens ici ou là. Les chambres sont vraiment tranquilles côté jardin, claires et confortables. En cuisine, beaux plats de tradition, type foie gras, feuilleté de langoustine. Terrasse.

Où dormir dans les environs ?

Chambres d'hôtes de l'An 12 : *chez Viviane Jakircevic, 1, Grand'Rue, 54260* ***Charency-Vezin.*** *☎ 03-82-26-66-26. • chambreshotes@wanadoo.fr • chambreshote.com • À 10 km au nord-ouest de Longuyon. Double 65 € ; familiales 3-4 pers 85-105 €. Repas complet sur résa 18 €.* Jolie maison en pierre blonde, construite en l'an 12 de la République française (c'est inscrit au-dessus de sa porte...). 3 agréables chambres néorustiques, dont 2 familiales. Cuisine traditionnelle avec des produits fermiers et des légumes du jardin. Accueil convivial. Aux abords du village, « La pelouse calcaire » offre une belle balade pour découvrir orchidées et papillons. Et la frontière belge est à une poignée de kilomètres.

À voir

L'église Sainte-Agathe : *demander les clés à l'office de tourisme la veille.* Une église un peu perchée, bâtie au XIIe s, au cœur des fortifications de la ville. Elle présente d'ailleurs aujourd'hui encore un aspect un peu défensif. Sa tour est le plus ancien monument de la ville. Intéressante statuaire dans la nef dont une *Vierge à l'Enfant* du XIVe s. Autel à 2 étages, unique en son genre, paraît-il, en Lorraine.

DANS LES ENVIRONS DE LONGUYON

Le fort de Fermont : *au nord-est de Longuyon. ☎ 03-82-39-35-34. • ligne-maginot-fort-de-fermont.asso.fr • Juil-août, tlj 14h-16h30 ; mai-juin et du 1er au 3e w-e de sept, visite en sem à 15h, w-e et j. fériés à 14h et 15h30 ; jusqu'au 31 oct, seulement w-e et j. fériés à 15h ; avr, w-e et j. fériés à 14h et 15h30. Entrée 10 € ; réduc ; gratuit moins de 7 ans. Compter 2h30 de visite (et prévoir une petite laine).* Un des « gros ouvrages » de la ligne Maginot. Plutôt impressionnant effectivement : 27 ha et 6 km de galeries ; une vraie petite ville cachée à 30 m sous le sol. Fermont, le fort « invaincu », possède un musée de plus de 1 000 m² dans lequel se trouvent de nombreuses reconstitutions, véhicules, ainsi que 5 tourelles d'artillerie. On gagne les profondeurs grâce à un ancien monte-charge à munitions. Évocation de ce qu'était la vie des 600 hommes de la garnison qui pouvaient vivre en totale autonomie (munitions comprises) pendant 3 mois. Dioramas, documents anciens, balade en train dans la galerie principale (1 km de long), découverte des blocs de combats, du casernement... Et une visite qui tord le cou à un vieux mythe historique : les forts de la ligne Maginot ont bien résisté en 1940, celui-ci en particulier.

LA MEUSE

• Carte La Meuse *p. 223* • Carte Les champs de bataille et sites de mémoire de la Meuse *p. 251*

ABC de la Meuse

- ***Superficie :*** 6 211 km².
- ***Population :*** 194 000 hab.
- ***Densité :*** 31 hab./km².
- ***Préfecture :*** Bar-le-Duc.
- ***Sous-préfectures :*** Verdun et Commercy.

La Meuse ? Pour un habitant de Biarritz ou de Brest, c'est quelque part à l'est de la France sur la route du Luxembourg et de l'Allemagne. Mais où précisément ? Alors, on se penche sur une carte routière de la Lorraine pour en savoir plus. Et le nom de ce département apparaît, emprunté à une rivière qui musarde durant 200 km sur son territoire, glisse lentement vers la Belgique, puis se jette tout là-haut dans la mer du Nord. Mais pour un habitant de Metz ou de Nancy, villes affairées et bourdonnantes d'activité, la Meuse est une petite sœur tranquille du Sud lorrain, aux confins de la Champagne et des Vosges, une proche, une familière pour les week-ends au vert sur les rives du parc naturel régional de Lorraine. Paisible terre agricole, aux paysages verdoyants, alternance de rivières, de collines, de prairies et de bois (la Meuse est couverte par plus de 30 % de forêts), voici un département peu peuplé, sans grandes agglomérations, parsemé de villes moyennes à taille humaine et d'une multitude de villages où il fait bon vivre.

À elle toute seule, Verdun vaut 10 volumes d'une encyclopédie d'histoire contemporaine. Verdun n'est-elle pas le symbole de la Grande Guerre ? Ce conflit meurtrier a ravagé les paysages du Verdunois, bouleversé la vie des Meusiens, marqué à jamais l'histoire de ce département. De Douaumont à Saint-Mihiel, de l'Argonne aux Éparges, pas un village, pas un lieu qui n'évoque la Première Guerre mondiale et ses terribles combats. C'était il y a un siècle. Qui aurait pu imaginer, en 1918, que ce département meurtri, bouleversé, sinistré, retrouverait avec le temps le chemin d'une possible renaissance et d'un retour à la normale ? Verdun est devenue aujourd'hui la capitale mondiale de la Paix et la ville de la réconciliation franco-allemande. Tel un phénix, la Meuse a réussi à renaître de ses cendres, malgré ses blessures, malgré ses souffrances immenses.

De Stenay à Vaucouleurs, de Clermont-en-Argonne à Montmédy, la qualité de vie, la préservation du patrimoine, la recherche de nouvelles idées, de nouvelles saveurs, d'un nouvel art de vivre, tels sont les objectifs meusiens à présent. N'est-ce pas en Meuse que poussent les vignes les plus septentrionales de France ? Les Côtes de Meuse ne donnent-elles pas des vins gouleyants, des eaux-de-vie et des confitures de mirabelles succulentes ? Preuve que cette terre délivre des faveurs étonnantes à ceux qui savent la découvrir. La réalité économique rattrape la ruralité verte du département et occasionne de nombreuses fermetures, tant dans l'hôtellerie que dans la restauration. La baisse du pouvoir d'achat se conjugue à une baisse de la démographie et l'émergence de la restauration rapide se fait au détriment de la gastronomie régionale. L'optimisme renaît avec des entrepreneurs et les aménagements des centres de certaines villes rendues aux piétons. Une autre

la Meuse!
Vacances
en famille
en Meuse!
MEUSE
TOURISME
www.tourisme-meuse.com
Crédit photos : ©Guillaume RAMON

« Renaissance » du département, qui recèle des trésors architecturaux et patrimoniaux de cette glorieuse époque.
Le dernier mot appartient semble-t-il aux artistes et aux visionnaires du Vent des Forêts (voir « Dans les environs de Saint-Mihiel »). Ceux-là qui, venus du monde entier, ont redonné un sens à cette terre meurtrie du sud meusien, ceux-là qui ont réenchanté la forêt millénaire, ceux-là qui ont agi comme les oracles de l'Antiquité après les désastres. Ils ont laissé leurs œuvres (modestes ou grandes) en Meuse, au bord des sentiers de forêt du côté de Lahaymeix et de Fresnes-au-Mont, comme autant d'offrandes modernes dédiées à la paix, à la nature et à l'entente humaine. N'est-ce pas là une des 7 merveilles de la Meuse ? Qui mise sur la magie de ses « 6 pays », si(x) différents, tous attachants et spécifiques de cette chaleur humaine.

LE LABEL « MEUSE ET MERVEILLES »

Rien que du vrai, du beau et du bon ! Créé par la chambre d'agriculture de la Meuse, ce label permet de distinguer les meilleurs produits fermiers et artisanaux du département, qui obéissent à une charte de qualité. Avant d'être mis sur le marché, ces produits sont testés par un comité de dégustation composé de consommateurs et de professionnels des métiers de bouche. Quelque 25 producteurs de viande, charcuterie et escargots sont labellisés. Ils élèvent du poulet fermier, fabriquent des rillettes de canard à la mirabelle, du pâté de campagne ou du saucisson meusien. On compte aussi dans ce réseau des experts de la truffe meusienne, des fabricants de fromage, des producteurs d'huile vierge de colza, de pommes, de miel, de mirabelles, de sirops et de jus de fruits. Les confituriers y ont leur place (groseilles). Il y a aussi un pâtissier qui confectionne de superbes macarons à la groseille et à la dragée de Verdun, un cultivateur de lentilles vertes du Barrois, et bien sûr des brasseurs et des viticulteurs (vins de pays de la Meuse, bières artisanales, eaux-de-vie, crème de mirabelle).
On les trouve directement chez le producteur fermier, l'artisan et sur les marchés. La plupart sont également présents dans les magasins de produits du terroir et dans certains restaurants. Renseignements sur • *tourisme-meuse.com* •

Adresse utile

ℹ ***Meuse Tourisme*** *(plan Bar-le-Duc, B1,* ***2****)* **:** *28, rue des Romains, 55000* ***Bar-le-Duc.*** ☎ *03-29-45-78-40.* • *tourisme-meuse.com* • Très accueillant et dynamique. Le comité départemental du tourisme propose une documentation très bien faite sur la Meuse, tant sur le plan touristique que culturel, notamment des balades pédestres. Également une foule d'infos sur le site.

LE BARROIS

BAR-LE-DUC (55000) 16 500 hab. *Carte Meuse, A3*

• Plan *p. 226-227*

Dans le creux d'une ample vallée aux lointains boisés, voici l'une des 2 seules villes de Lorraine jouissant du prestigieux label Ville d'Art et d'Histoire, avec

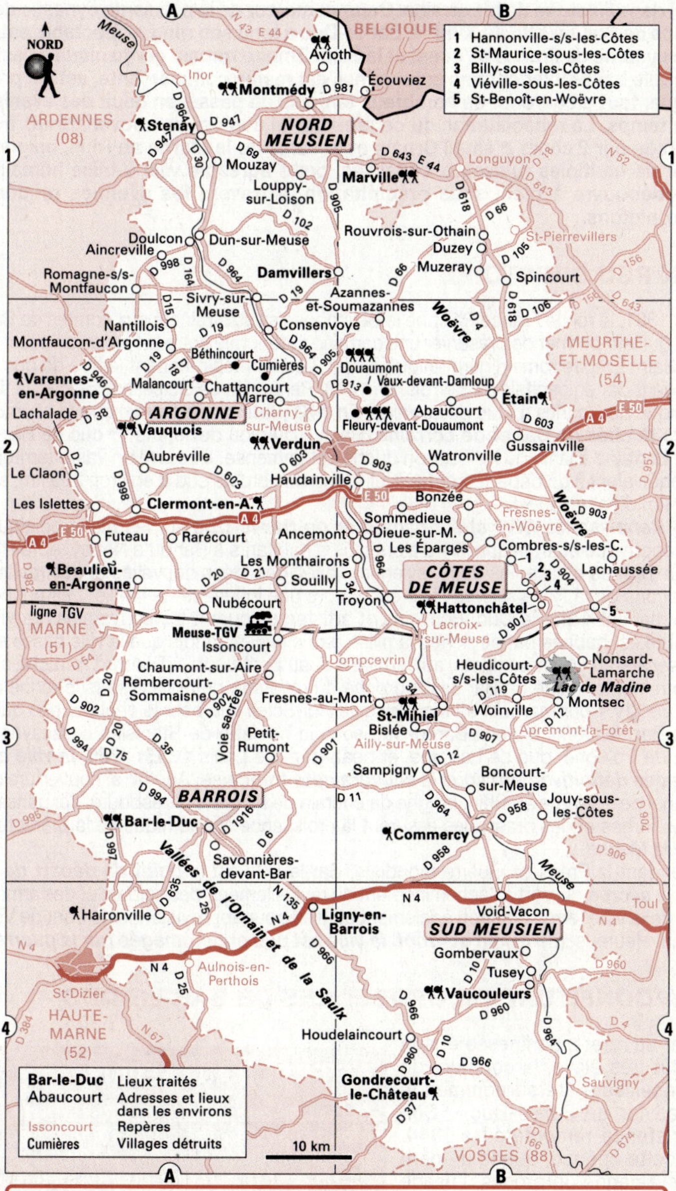

LA MEUSE

LA MEUSE

Metz. Elle le mérite bien. C'est qu'il s'est passé là quelque chose d'exceptionnel dans l'histoire de la Lorraine. Cœur et moteur de la puissante dynastie des ducs de Bar, du XIIIe au XVIIIe s, Bar-le-Duc a tenu son rang respectable entre le royaume de France à l'ouest et le Saint Empire romain germanique à l'est. La ville basse, hier comme aujourd'hui, est restée commerçante, active, pratique, tout en gardant de nombreux témoins du passé, en dépit des avanies du temps. La réhabilitation du centre-ville lui confère un nouvel attrait. Traversée par 2 cours d'eau, l'Ornain et le canal de la Marne au Rhin, baignée par de multiples ruisseaux canalisés, cette agréable ville à taille humaine se découvre à pied, sans précipitation, à travers les avenues rendues aux piétons.

UN PEU D'HISTOIRE

En 1301, le roi de France Philippe le Bel impose sa suzeraineté aux comtes de Bar, ce qui leur permet de préserver une certaine autonomie entre la France à l'ouest et le Saint Empire romain germanique à l'est. Les comtes prennent le titre de duc et érigent Bar en capitale du Barrois. En 1419, René, duc de Guise, est fiancé à la fille unique de Charles II, duc de Lorraine. ***En 1420, leur mariage marque la réunion des duchés de Bar et de Lorraine.*** René II d'Anjou devient le 1er duc de Bar et de Lorraine à la fin du XVIe s. Son duché est immense. Il couvre un vaste territoire – équivalent à un département actuel – long du nord au sud d'environ 200 km, sur 80 km d'est en ouest.
La Renaissance (XVIe s) est l'âge d'or de Bar-le-Duc sur les plans politique, économique et artistique. Il y a alors plus d'habitants à Bar qu'à Nancy. Après les campagnes d'Italie, les ducs reviennent avec des idées nouvelles et des maîtres maçons de la Renaissance : Bar subit alors une influence de l'Italie. Les princes se marient à Bar-le-Duc. Écrivains et artistes entourent les souverains. La ville haute est habitée par de riches familles patriciennes, tandis que la ville basse est réservée aux commerçants, aux artisans et au petit peuple. D'abord rattaché à la Lorraine, le duché de Bar se rapproche du royaume de France sous le règne de Louis XIV. Pour marquer sa mainmise, le Roi-Soleil fait raser le château des ducs de Bar. Au XVIIIe s, voilà Bar-le-Duc sous la houlette de Stanislas Leszczynski, roi de Pologne, duc de Lorraine, et beau-père de Louis XV. ***En 1766, la ville est placée définitivement sous la souveraineté française.*** Au XIXe s, l'ouverture du canal de la Marne au Rhin, la ligne de chemin de fer Paris-Strasbourg, l'expansion des forges et des brasseries assurent la croissance économique de la préfecture de la Meuse.
Pendant la Première Guerre mondiale, Bar-le-Duc est le ***point de départ de la Voie sacrée*** qui sert à l'acheminement du ravitaillement, des soldats et des armes, et de la voie ferrée (Varinot) également utilisée pour approvisionner le front de Verdun. Heureusement, ***loin du front, la ville est peu endommagée par la guerre.***

LA CONFITURE DE GROSEILLES DE BAR-LE-DUC

Par sa rareté, sa finesse et son coût très élevé, la confiture de groseilles a été surnommée le « caviar de Bar-le-Duc ». Son existence remonterait à 1344. À cette époque, quand un parti avait gagné un procès, l'usage voulait que l'on remerciât les juges en leur offrant quelques verrines de confiture. Noblesse et bourgeoisie répandirent

ATTENTION AUX PÉPINS !

Robert Ier, duc de Bar de 1352 à 1411, offrait à ses invités de la confiture de groseilles épépinées. Alfred Hitchcock en raffolait à tel point qu'il en dégustait un pot par jour au petit déjeuner ! On comprend son embonpoint. Drôle d'oiseau !

cette pratique courtoise. Au fil des siècles, la confiture de groseilles devint un luxe goûté par les seigneurs et les riches.
La récolte se fait en été, et à la main. Chaque fruit est séparé de sa grappe. Le mode de fabrication n'a pas changé depuis les origines. Une fois récoltées, les groseilles doivent être vidées de leurs pépins à l'aide d'une plume d'oie taillée en pointe, manipulée par des femmes expérimentées – nommées les épépineuses – qui travaillent toujours à domicile. L'extraction des pépins ne doit endommager ni la peau du grain ni la pulpe. Une épépineuse manipule en moyenne 3 à 5 kg de fruits par jour. Une fois le travail d'épépinage effectué, les groseilles sont jetées dans un sirop de sucre brûlant, afin de conserver intactes les saveurs, puis viennent la cuisson et l'écumage, dernières étapes avant la mise en pot. Aujourd'hui, la promotion de ce produit unique est assurée aussi par la confrérie Tastépineuse des Gousteurs de Groseilles, dont le siège est à Bar-le-Duc.

Arriver – Quitter

➢ ***En train :*** de Paris, compter 1h jusqu'à la gare Meuse-TGV située à 30 km, puis une navette rejoint la gare SNCF de Bar-le-Duc en 35 mn.

En car : ☎ *03-55-68-20-00.* • *transdev-grandest.fr* • Lignes régulières pour Verdun et la gare Meuse-TGV.

Adresses utiles

Office de tourisme Meuse Grand Sud *(plan B2,* ***1****) :* *7, rue Jeanne-d'Arc.* ☎ *03-29-79-11-13.* • *tourisme-barleduc.fr* • *Tte l'année, lun-sam 10h-12h30, 14h-18h (17h nov-mars). Avr-1er nov, point d'info touristique à l'église Saint-Étienne. Également un bureau d'info à Ligny-en-Barrois et à Revigny-sur-Ornain.* Situé dans l'ancien bâtiment de l'hospice civil. Très bien documenté et accueillant. Visites guidées de la ville haute et basse *(5 € ; réduc),* sinon, circuit balisé avec panneaux explicatifs. Nombreuses activités à thème en saison (randos, promenades, VTT...). Propose une application gratuite (iPhone/Android) « Bar-le-Duc, cité Renaissance » avec circuits de découverte : bandes sonores et vidéos permettent de découvrir l'intérieur de certains hôtels particuliers privés. Visites guidées de la filature *Bergère de France* *(durée 2h ; 7 €),* entreprise familiale créée en 1946.

■ ***Location de voitures :*** ***Ada,*** *26, av. de la Libération ;* ☎ *03-29-86-36-27.* ***Renault Rent,*** *73, rue Ernest-Bradfer ;* ☎ *03-29-79-40-66.*

Taxis : ***Taxis Barisiens,*** ☎ *03-29-79-28-38 ;* ***Mercier Marangé,*** ☎ *03-29-77-06-06 ;* ***Simon,*** ☎ *03-29-45-22-22 ;* ***Dali,*** ☎ *03-29-78-47-47.*

Où dormir ?

Peu de choix pour se loger à Bar-le-Duc.

Camping

Camping du Château *(plan C2,* ***10****) :* *rue Jean-Bernard.* ☎ *03-29-79-17-33.* • *accueil@tourisme-barleduc.fr* • *tourisme-barleduc.fr* • ♿ *À la sortie de Bar-le-Duc en direction de Verdun, avt le stade. Ouv mai-sept. Compter env 9 € pour 2. CB refusées. 25 empl.* Dans le parc du château de Marbeaumont (du début du XXe s, aujourd'hui transformé en médiathèque), des emplacements ombragés dans un cadre calme et agréable, et à proximité du centre-ville. Bien entretenu et sanitaires nickels.

De prix moyens à chic

Hôtel-restaurant Bertrand *(plan C-D2,* ***11****) :* *19, rue de l'Étoile.*

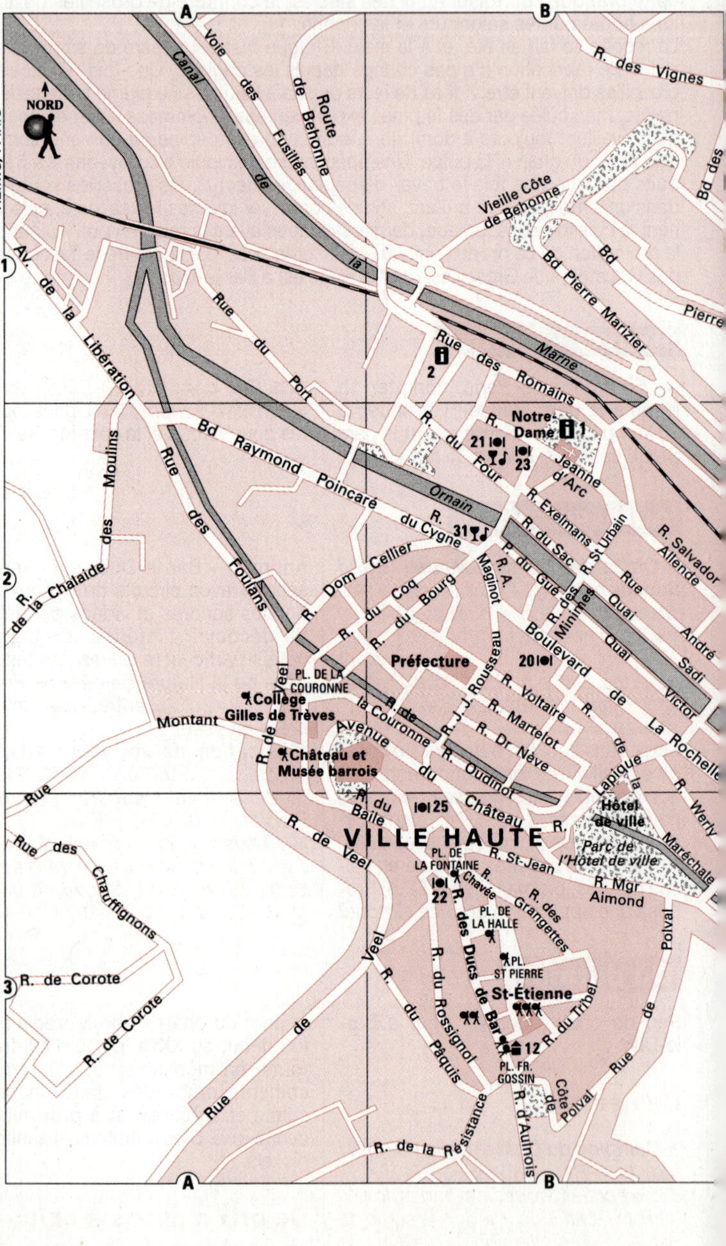
A
B
NORD
REIMS, PARIS
Canal de la Marne
Voie des Fusillés
Route de Behonne
R. des Vignes
Bd des
Vieille Côte de Behonne
Bd Pierre Marizier
Bd Pierre
Av. de la Libération
Rue du Port
Rue des Romains
2
R. du Four
Notre-Dame
1
21
23
Jeanne d'Arc
Bd Raymond Poincaré
Ornain
Rue des Moulins
Rue des Foulans
R. du Cygne
31
R. Exelmans
R. du Sac
R. St Urbain
R. Salvador Allende
Rue Quai André
Quai Sadi
Victor
R. Dom Cellier
R. du Coq
R. du Bourg
R. A. Maginot
P. du Gué
R. des Minimes
Boulevard de La Rochelle
R. de la Chalaide
Préfecture
20
R. J.-J. Rousseau
R. Voltaire
R. Martelot
R. Dr Nève
R. Oudinot
PL. DE LA COURONNE
Collège Gilles de Trèves
R. de la Couronne
Montant
R. de Veel
Avenue du Château
Château et Musée barrois
R. du Baile
25
R. Lapique
R. de la Maréchale
R. Werly
Hôtel de ville
Parc de l'Hôtel de ville
Rue
VILLE HAUTE
R. de Veel
PL. DE LA FONTAINE
R. St-Jean
R. Mgr Aimond
22
R. Chavée
R. des Grangettes
PL. DE LA HALLE
Rue des Chauffignons
R. de Corote
R. de Corote
Veel
R. du Rossignol
R. des Ducs de Bar
PL. ST PIERRE
St-Étienne
R. du Tribel
12
PL. FR. GOSSIN
R. du Pâquis
Rue de Polval
Polval
Côte de Polval
Rue de Veel
R. d'Aulnois
R. de la Résistance
1
2
3

Adresses utiles

1 Office de tourisme Meuse Grand Sud (B2)
2 Meuse Tourisme (B1)

Où dormir ?

10 Camping du Château (C2)
11 Hôtel-restaurant Bertrand (C-D2)
12 Chambres d'hôtes Au Lévrier d'Argent (B3)

Où manger ?

20 Salon de thé - pâtisserie Cordel (B2)
21 Doudou (B2)
22 Grill de la Tour (B3)
23 Côté Cépages (B2)
24 Bistro Saint-Jean (C2)
25 La Meuse Gourmande (B3)

Où boire un verre ? Où écouter de la musique ?

21 Doudou (B2)
31 Au Temps Perdu (B2)

Où acheter de bons produits ?

40 Chocolatier Au Palet d'or (C3)
41 Confitures À La Lorraine (D2)

BAR-LE-DUC

☎ 03-29-79-02-97. • contact@hotelrestaurantbertrand.com • hotelrestaurantbertrand.com • ♿ Resto tlj sauf dim soir et j. fériés. Double 57,50 €. Formule et menu (midi et soir) 9,80-13,50 €. Parking fermé. Un chouia excentré, un hôtel bien vieillot, façon pension de famille, occupé en partie à l'année par de jeunes travailleurs. Bonne surprise dans le bâtiment annexe, juste en face, avec des chambres très correctes pour le prix et un semblant de déco sur le thème des peintres célèbres. Cuisine familiale traditionnelle peu onéreuse, avec parfois des plats lorrains.

Chambres d'hôtes Au Lévrier d'Argent (plan B3, **12**) : 56, rue des Ducs-de-Bar. 📱 07-81-32-59-58. • contact@aulevrierdargent.fr • aulevrierdargent.fr • Double 90 € ; familiale pour 4-6 pers. Dans un ancien hôtel particulier Renaissance de la ville haute, des chambres d'hôtes charmantes, coquettes et décorées dans un style contemporain réjouissant. Mansardées, de bon confort ; belle salle de bains avec douche à l'italienne. Également une familiale avec 2 chambres et plusieurs canapés-lits. On apprécie la jolie cour intérieure avec sa fontaine, ainsi que le salon et la cuisine à disposition. On s'y sent comme chez soi. Accueil chaleureux et attentionné.

Où manger ?

De bon marché à prix moyens

Salon de thé-pâtisserie Cordel (plan B2, **20**) : 27, bd de La Rochelle, ville basse. ☎ 03-29-79-13-06. • domcordel@hotmail.com • Tlj sauf lun 7h-19h (13h dim). Menu déj sem 14,50 €. Dès le petit déj, le lieu de rendez-vous des habitué(e)s autour d'un café accompagné de savoureuses meringues ou d'une pâtisserie. Le midi en semaine, la maison propose un bon petit menu servi en terrasse ou dans le cadre moderne du salon de thé.

Doudou (plan B2, **21**) : 3, rue du Four, ville basse. 📱 09-67-44-08-40. • doudou.barleduc@gmail.com • ♿ Tlj. Tapas et plats 5-9 € ; env 15 € pour un repas. Un lieu original, bien dans l'air du temps, tenu par une bande d'ami(e)s dynamiques et imaginatifs. Cadre bistrotier très coloré avec mobilier dépareillé en bois ou formica, dominé par une vaste cuisine ouverte. À l'ardoise, du 100 % végétal, avec un plat du jour qui associe de bons produits frais et des épices, des lasagnes et des assiettes de grignotage (genre houmous, tartinades, cake pavot-citron...). C'est bon, goûteux et vraiment pas cher. Bien aussi pour boire une bonne bière artisanale locale, un rhum arrangé ou un cocktail. Organise occasionnellement des ateliers, des vernissages et des concerts.

Grill de la Tour (plan B3, **22**) : 3, rue du Four, ville haute. ☎ 03-29-76-14-08. • legrilldelatour@orange.fr • Tlj sauf dim soir et lun. Menus 28-34 € ; plats 13,50-22,90 €. Cette ancienne demeure Renaissance cache 2 petites salles chaleureuses, l'une rustique avec cheminée et vieilles poutres, l'autre plus contemporaine, prolongée d'une agréable petite terrasse avec vue sur la vallée. La spécialité de la maison est la viande cuite au feu de bois, tendre et juteuse comme il se doit. Une table très appréciée des Barisiens.

De prix moyens à plus chic

Côté Cépages (plan B2, **23**) : 16-18, rue Bar-la-Ville, ville basse. ☎ 03-29-75-64-18. • cotecepages@orange.fr • ♿ Tlj sauf dim. Congés : 2 sem en août. Formules déj sem 17-20 € ; menus 20-34 € ; carte env 35 €. Côté table, une bistronomie, voire une gastronomie gourmande, avec bonhomie ! Si la carte surfe sur la vague « burger » copieux dans la grande et lumineuse salle lounge (ou sur la belle terrasse), la cuisine sait se faire élégante, un rien canaille, savoureuse, avec une mise en scène soignée. Côté cépages ? Une rigoureuse sélection proposée par la sommelière. Quelques belles découvertes à piocher dans la carte. Accueil avenant, souriant et jeune. Fait également épicerie fine et vente de vins et autres alcools.

Bistro Saint-Jean *(plan C2, **24**) : 132, bd de La Rochelle, ville basse. ☎ 03-29-45-40-40. • bistrosaintjean@orange.fr • Tlj sauf lun, jeu soir, sam midi et dim soir. Résa conseillée. Formule en sem 30 € ; menu 37 € ; carte env 50 €.* Côté déco, le bistrot donne dans le contemporain un brin chic avec mur vert olive et assise fuchsia. La cuisine, même si elle suit le rythme des saisons et du marché, est plus celle d'un gastro. Le jeune chef a travaillé chez quelques grands (Savoy, Ducasse *and co*) et ça se sent ! Il y a du métier et de l'idée derrière cette cuisine d'une apparente simplicité. Une très bonne adresse.

La Meuse Gourmande *(plan B3, **25**) : 1, rue François-de-Guise, ville haute. ☎ 03-29-79-28-40. • meusegourmande@orange.fr • ♿ Tlj sauf mar soir, mer, dim soir et soir des j. fériés. Congés : vac scol fév et 10 j. fin août. Formule déj sem 18-19 € ; menus 29-51 €.* Au fond du petit jardin, derrière la grille, se tient une superbe maison Renaissance. À l'arrière, la salle lumineuse domine la ville. Cuisine classique au fil des saisons, mais qui n'hésite pas à se frotter aux idées d'aujourd'hui, aux saveurs d'ailleurs. Accueil aussi charmant que le cadre.

LA MEUSE

Où boire un verre ? Où écouter de la musique ?

Au Temps Perdu *(plan B2, **31**) : 4, rue Notre-Dame. ☎ 03-54-02-99-62. • Facebook • ♿ Ouv tlj, tte la journée (à partir de 15h dim), jusqu'à minuit ou 1h selon j.* L'adresse un peu secrète, dans un appartement, au rez-de-chaussée, au fond du couloir. Accueil à la cool, atmosphère café littéraire, soirées jeux de société, terrasse tranquille dans la cour. Grosse ambiance les soirs de fin de semaine quand la petite scène accueille des groupes locaux !

Doudou *(plan B2, **21**) : lire plus haut « Où manger ? ».*

Où acheter de bons produits ?

Chocolatier Au Palet d'Or *(plan C3, **40**) : 136, bd de La Rochelle. ☎ 03-29-79-08-32. Tlj sauf dim ap-m et lun. Congés : 15 j. entre mi-juil et mi-août.* Classé parmi les meilleurs chocolatiers de France, André Cordel confectionne des merveilles comme les Palets d'or (chocolat noir et ganache vanille), une de ses spécialités. Goûter aussi aux délicieux chocolats Renaissance, parfumés à la cannelle de Ceylan.

Confitures À La Lorraine *(plan D2, **41**) : lire plus loin « À voir. La ville basse ».*

À voir

La ville haute

Quand les rayons du matin ou du soir éclairent les façades de pierre ocre des maisons de la ville haute, les couleurs dorées sont telles que l'on se croirait transporté dans une petite ville du Périgord, voire de Toscane. Nous sommes bien pourtant dans le Barrois, en Lorraine. Mais les maisons de cette ville haute ont une architecture particulière, qui serait inspirée de l'Italie. Elles se composent de 3 parties : le corps de logis, une cour intérieure souvent éclairée par un puits de lumière et, à l'arrière, un autre corps de logis. Si ces façades élégantes et finement travaillées pouvaient parler, elles diraient la richesse et la splendeur de Bar-le-Duc à l'époque de la Renaissance. Ce quartier historique est tout simplement étonnant par sa beauté et son état de conservation. Il fait partie des secteurs sauvegardés comme les centres anciens de Troyes, de Chartres ou de bien d'autres villes d'Art et d'Histoire en France.

L'église Saint-Étienne *(plan B3)* **:** *pl. Saint-Pierre. Ouv avr-oct : de début mai à mi-sept, tlj 10h30-12h30, 13h30-18h30 (j. fériés seulement l'ap-m) ; le reste du temps, seulement ven-dim et j. fériés 14h-18h.*
Élégante église de style gothique flamboyant avec des détails Renaissance. Le portail date de 1513. Il s'agit d'une église de type « halle », avec des collatéraux à la même hauteur que la nef. Elle a survécu aux vicissitudes de l'histoire. Elle abrite 2 œuvres majeures du sculpteur lorrain Ligier Richier, artiste du XVIe s qui était le sculpteur attitré de la dynastie des ducs de Lorraine : le calvaire et le fameux *Transi*. Celui-ci se trouve dans le transept à droite de la nef en montant vers le chœur.
Le ***Transi*** de Ligier Richier est le nom que l'on donne au monument funéraire de René de Chalon, prince d'Orange, époux d'Anne de Lorraine et donc gendre du duc Antoine. René de Chalon avait 25 ans quand il fut tué le 15 juillet 1544 lors du siège de Saint-Dizier, non loin de Bar. Son corps fut d'abord conservé dans la collégiale Saint-Maxe (chapelle du château ducal de Bar-le-Duc), puis transporté dans le caveau familial de l'église de Breda, aux Pays-Bas. Son cœur et ses intestins furent inhumés à Bar-le-Duc, placés dans une tombe qui fut surmontée de cette œuvre de Ligier Richier. Sculpté dans un calcaire fin, ce *Transi* montre un corps en décomposition d'un étonnant naturalisme (même si Ligier Richier s'éloigne franchement des représentations académiques de la mort à son époque). La tête du squelette (donc son regard) est dirigée vers son cœur qu'il serre dans sa main gauche, le brandissant fièrement vers le ciel. Cette allégorie de la Mort n'évoque pas la peur de l'au-delà, mais la foi en la résurrection et la vie éternelle.

UN *TRANSI* SHOW-BIZ

Le Transi *de Ligier Richier connaît une étonnante notoriété. Cette « charogne dressée », pour reprendre l'expression de Simone de Beauvoir, a également fasciné Eugène Delacroix et Aragon. Même la sulfureuse Mylène Farmer était, lors de sa tournée 2009, accompagnée sur scène par 2 reproductions modèle XL du* Transi. *Les fans de la chanteuse pouvaient en acheter à prix d'or des copies miniatures. Sans peut-être savoir que l'original se trouve à Bar-le-Duc...*

La place Saint-Pierre *(plan B3)* **:** le cœur historique de la ville haute, classé Secteur sauvegardé. Sa forme allongée permettait naguère d'y organiser des tournois. Superbe ensemble d'immeubles et d'hôtels particuliers des XVIe, XVIIe et XVIIIe s. Du no 1 au no 19, série de maisons construites sur des caves à plusieurs niveaux, le long des arcades de l'ancienne halle. Au no 10, immeuble coiffé d'ardoises abritant un magasin d'antiquités qui fait un peu brocante le week-end en été. Au no 21, l'*hôtel de Florainville* (XVIe s), aujourd'hui palais de justice, présente une élégante façade avec des balcons aux ferronneries dorées du XVIIIe s et les armoiries de la ville. La reine Marie-Antoinette y fut reçue en 1770. Au no 24, ancien *couvent des Carmes* qui servit de prison pour les prêtres réfractaires pendant la Révolution. Voir aussi, au no 25, la maison du XVe s, et, au no 29, la maison de 1604 à 3 niveaux.

La place de la Halle *(plan B3)* **:** elle doit son nom à l'ancienne halle (ou marché) qui remonte au XIIIe s. On peut, par un passage couvert sous une façade richement ornée, gagner la petite cour de l'îlot de la Halle où des arcades sont encore visibles.

La rue Chavée *(plan B3)* **:** belles façades du XVIe s aux nos 2, 4 et 11.

La place de la Fontaine *(plan B3)* **:** mignonne petite place, ouverte en 1465, sous le règne du roi René, qui était duc d'Anjou et de Bar. La fontaine alimentait les habitants en eau potable.

La rue des Ducs-de-Bar *(plan B3)* **:** ancienne « grand-rue », bordée de nombreuses et belles maisons de la Renaissance, avec des façades des XVIe et XVIIe s. C'est là que vivaient les familles les plus riches, nobles et bourgeois. Au no 41, remarquables frises sculptées sur une façade qui est un bel exemple de l'art barisien de la Renaissance. Au no 47, une maison du XVIe s porte une plaque à la mémoire de Georges Bernanos (1888-1948), qui résida dans cet immeuble de 1924 à 1926. Il y écrivit son 1er roman, *Sous le soleil de Satan.* Voir aussi les hôtels particuliers aux nos 17, 37 (pharmacie), 38, 45 bis, 53, 55, 67 et 79.

Le grand pressoir *(plan B3)* **:** *au no 75 de la rue des Ducs-de-Bar. Pousser la porte. Entrée libre.* Au fond de la cour, dans une ancienne grange, se tient le grand pressoir seigneurial de Combles, datant du XVe s. Tout en chêne, il mesure 6 m de haut et presque 10 m de long pour un poids de 10 t. Pendant des siècles, il a servi à écraser le raisin dans un village proche. La vigne était autrefois abondante, mais elle a disparu dans le Barrois au XIXe s avec le phylloxéra. Derrière la grange, agréable petit jardin.

La tour de l'Horloge *(plan B3)* **:** *près de la pl. de la Fontaine.* C'est le dernier vestige des fortifications du château. La 1re horloge à marquer les heures a été installée par le duc Robert le Magnifique en 1381.

L'esplanade du Château *(plan A-B2)* **:** elle s'étend à l'ouest de la ville haute et surplombe la ville basse tel un éperon rocheux de forme triangulaire. Construite sur les restes des fortifications du château (démantelé par Louis XIV en 1670), l'esplanade a été aménagée en jardin après 1820.

Le Musée barrois *(plan A-B2)* **:** *esplanade du Château, rue François-de-Guise. ☎ 03-29-76-14-67. Juil-août, tlj 14h-18h ; hors saison, mer-dim 14h-18h. Fermé j. fériés. Entrée : 4 € ; réduc ; gratuit moins de 18 ans et pour ts le 1er dim du mois.* Il occupe une partie de l'ancien château des ducs de Bar et de Lorraine (édifié à partir de 1567 par le duc Charles III), et présente d'une manière pédagogique et agréable l'histoire régionale à travers sa production artistique. La salle gothique du trésor des Chartes abrite une belle collection de sculptures lorraines du XIIIe au XVIIe s. Remarquez le *Gisant de Joinville* (XIIIe s), les *Chiens affrontés* de Pierre de Milan, le *Captif* de Gérard Richier (vers 1590). Dans la salle de la « grande cheminée », les *Apôtres* d'albâtre (1400) provenant probablement des tombeaux des ducs de Bar. Voir aussi le petit, mais intéressant cabinet de curiosités exposant une tête réduite jivaro, un œuf d'autruche et un singe.
Au 1er étage, la section des beaux-arts expose des peintures de la Renaissance et du maniérisme, des œuvres baroques (atelier de Rubens, Coypel) et des toiles des XVIIIe et XIXe s. On trouve aussi, dans ce beau musée, une salle d'ethnographie récemment rénovée, avec un autel vietnamien pour le culte des ancêtres, des armures japonaises et une urne funéraire taïno (« zémi », XIIe s). Les Taïnos, peuple des Antilles, ont disparu au moment de la conquête espagnole. Pièce très rare, il y en aurait seulement 5 exemplaires dans le monde.
On remarquera au passage une sculpture de Rodin et le *Mangeur de gardiens,* une œuvre d'Ipoustéguy, sculpteur contemporain originaire de Dun-sur-Meuse. La salle d'archéologie présente des objets provenant essentiellement de Naix-aux-Forges (l'antique *Nasium,* la cité des Leuques) et de Bar-le-Duc. Le cabinet de dessins renferme un dessin de Camille Claudel.

La promenade des remparts *(plan A2)* **:** au nord de l'esplanade du château, on descend l'escalier par un petit jardin à flanc de colline. De là, vue plongeante sur la ville basse, avec au 1er plan en contrebas le collège Gilles-de-Trèves. En continuant cette promenade piétonne, on arrive dans la ville basse.

Le collège Gilles-de-Trèves *(plan A2)* **:** *rue Gilles-de-Trèves, sur le versant de la colline de la ville haute. Ne se visite pas.* La superbe cour intérieure est visible depuis la rue grâce à une grille. « La plus belle maison de ville qui soit en France », disait Montaigne de cet édifice. Construit en 1571 par Gilles de

Trèves, un proche du duc de Lorraine, dont le but était de permettre aux jeunes nobles de recevoir une formation à Bar, et non dans des villes de la Réforme. Le porche porte une inscription latine : « Que cette bâtisse reste debout tant que la fourmi n'aura pas bu les flots de la mer et que la tortue n'aura pas fait le tour de la terre. »

La ville basse

La rue de la Couronne *(plan A-B2)* **:** au pied de la ville haute, mignonne petite place de la Couronne. Au n° 18 de la rue Oudinot se trouve la maison natale d'Oudinot, maréchal d'Empire.

La rue du Bourg *(plan A-B2)* **:** autrefois le quartier des commerçants et des hommes d'affaires. Quelques jolies maisons donc : celle du n° 51 est du XVIe s et des gargouilles jaillissent de la façade du n° 49. Au n° 26, belle maison dite « des Deux Barbeaux », du début du XVIIe s, décrite par André Thieuret dans son roman éponyme. Pilastres corinthiens, bustes de femmes sur les encadrements. Au débouché de la rue, un enfant joufflu trône avec son vélo sur un monument élevé en 1894 par « les cyclistes reconnaissants » (et on approuve !) aux Michaux, père et fils, inventeurs de la pédale.

Le pont Notre-Dame *(plan B2)* **:** le plus vieux de la ville. Il relie au sud le quartier de « Bourg-de-Bar », situé au pied de la colline de la ville haute à celui de « Bar-la-Ville » au nord. Une petite chapelle sur le pont a résisté aux bombardements de 1944.

Le canal des Usines *(plan B2)* **:** c'est un petit ruisseau canalisé, discret, presque caché par les maisons de la ville basse. D'un petit pont, on peut voir l'arrière de ces demeures anciennes naguère occupées par les tanneurs et les lavandières. Un peu plus loin, la nef de l'église Saint-Antoine (XIVe s) enjambe carrément le canal.

Le parc et le château de Marbeaumont *(plan C2)* **:** *74, rue de Saint-Mihiel. ☎ 03-29-79-09-38. GRATUIT.* Construit par le banquier lorrain Paul Varin-Bernier, le château du début du XXe s a servi de QG au général Pétain pendant un temps, lors de la Première Guerre mondiale. Il est entouré d'un parc aux essences rares et abrite aujourd'hui la médiathèque de la ville.

Les confitures À La Lorraine *(plan D2)* **:** *35, rue de l'Étoile. ☎ 03-29-79-06-81. • groseille.com • Tlj sauf dim 10h-12h, 14h-18h (17h sam). Vente sur place et en ligne.* La dernière entreprise familiale de fabrication de confitures de groseilles épépinées à la plume d'oie. Une petite fabrique pour un grand produit ! La dynamique Anne Dutriez gère l'entreprise familiale que son grand-père avait développée. Elle a reçu le secret de fabrication en héritage et perpétue la tradition. Ses confitures sont exportées dans le monde entier (Japon, États-Unis, Allemagne, Grèce, etc.). Visite de l'établissement avec projection d'un film, démonstration et dégustation *(5 €)*. Espace boutique.

Manifestations

Nombreuses manifestations toute l'année à Bar-le-Duc et dans les environs. Dates précises et infos à l'office de tourisme et sur leur site.

– ***In Vino Visitas :*** *un w-e mi-avr. • invinovisitas.fr •* Balade urbaine à la rencontre de vignerons de toute la France, avec dégustations à la clé, bien sûr.

– ***Rendez-vous avec la nature :*** *3e sam de mai.* Marché aux plantes et marché bio.

– ***Festival RenaissanceS :*** *3 j. début juil. • festivalrenaissances.fr •* Festival des arts de la rue et du cirque, qui attire les foules dans le quartier de la ville haute. Les façades sont décorées. Grand marché Renaissance et bal Renaissance en plein

air, rassemblant des gens de tous les âges dans une ambiance unique. À ne pas manquer ! Au même moment, braderie à la filature *Bergère de France*.
– ***Les rendez-vous musicaux de l'été :*** *« Les estivales du Parc », en juil-août.* Concerts gratuits au kiosque du parc de l'hôtel de ville de Bar-le-Duc.

DANS LES ENVIRONS DE BAR-LE-DUC

L'atelier Pier'Art : *135, rue de Bar, 55000* ***Savonnières-devant-Bar.*** *☎ 03-29-76-19-56. À 2 km au sud de Bar-le-Duc par la D 190. Sur rdv seulement, tlj 10h-19h. GRATUIT.* Daniel Pierrard est céramiste et sa compagne, Patricia Vello, est peintre. Un beau jour, ces 2 artistes ont eu l'idée d'exposer leurs œuvres, non pas dans une galerie, mais à l'intérieur même de la maison qu'ils habitent. Daniel et Patricia assurent eux-mêmes la visite commentée des lieux. Du grand salon meublé Art déco jusqu'à la cuisine tout en granit vert et dessinée d'une façon judicieuse, c'est un enchantement. Tout comme l'atelier de peinture (toiles figuratives et colorées) et l'atelier de cuisson et de sculpture des céramiques, situé dans le jardin attenant à la demeure. « Maître Daniel », passionné par son travail, pratique le *raku,* une technique de cuisson japonaise (XVIe s) qui servait à la fabrication de petits bols pour la cérémonie du thé. Les 4 éléments – la terre, le feu, l'air et l'eau – s'unissent pour engendrer des objets d'une étrange et fascinante beauté. Voici un lieu exceptionnel à tous points de vue, basé sur un travail original et de qualité, où l'on est accueilli par des personnes inspirées et attachantes.

Le canal de la Marne au Rhin : il traverse Bar-le-Duc, parallèlement à l'Ornain. Sur plus de 300 km, cette voie navigable relie Vitry-le-François à Strasbourg. Achevé en 1853, le chantier du canal de la Marne au Rhin a nécessité plus de 2 000 ouvriers. Il permet la circulation de bateaux de petit gabarit (250-300 t) qui doivent franchir au total 158 écluses. Certaines sont exceptionnelles, comme le tunnel de Mauvages, long de 4 877 m. Aujourd'hui, le trafic commercial est réduit, mais le tourisme fluvial a trouvé là une route liquide idéale.

Les Terrines du Barrois : *19, Voie sacrée, 55000* ***Petit-Rumont (Rumont).*** *☎ 03-29-75-79-70. • lesterrinesdubarrois.com • À 12 km au nord-est de Bar-le-Duc par la Voie sacrée. Lun-sam 9h-12h, 14h-19h.* Adeptes de la qualité, Benoît Fedeli et Jérôme Hatoy confectionnent des terrines et des rillettes avec le savoir-faire attentionné de leurs grands-mères. Délicieuses terrines à la mirabelle, à la groseille, à la noisette, et même aux oignons frits. Sans colorant ni conservateur.

LA VALLÉE DE LA SAULX

Au sud de Bar-le-Duc, la campagne meusienne épouse les contours harmonieux des vallées boisées de la Saulx, une modeste rivière qui baigne des villages tranquilles. Au hasard des petites routes se cachent quelques beaux endroits comme le château de la Varenne à Haironville ou le village de Bazincourt-sur-Saulx. Plus récemment, l'installation à Bure d'un laboratoire qui étudie la possibilité de stocker ici des déchets radioactifs a fait couler plus d'encre qu'il ne passe d'eau dans la Saulx.

À voir

Le château de la Varenne : *9, rue Victor-Pépin, 55000* ***Haironville.*** *☎ 03-29-70-21-45. • jardins-grand-est.com • À 12 km au sud de Bar-le-Duc et 7 km de*

Bazincourt-sur-Saulx. Ouv en principe 10 j. début mai, 4 j. début juin pour les Rendez-vous au Jardin, 1-10 juil et 5-20 août, tlj 10h-12h, 15h-19h. Visite libre du parc : 3 € ; avec la visite guidée du château : 5 € ; gratuit jusqu'à 18 ans. Sobre, élégant, le château, classé Monument historique, a été construit en 1506 par le ministre des Finances du duc de Bar. Pierre Merlin, récompensé pour ses bons et loyaux services, se vit attribuer le privilège de posséder un pigeonnier (3 000 boulins) correspondant à la superficie de sa propriété d'alors (2 400 ha). Le château, fier de son toit de tuiles en écailles aussi haut que sa façade, et flanqué de 4 fines échauguettes, domine une terrasse à la française et un parc paysager à l'anglaise, bordé par la Saulx. Le parc (20 ha) est classé Jardin remarquable Demeure privée ; accueil variable.

LA VALLÉE DE L'ORNAIN

L'Ornain, petite rivière née à Gondrecourt-le-Château, s'offre un périple en Meuse avant de rejoindre la Saulx en Champagne voisine. Autrefois utilisée pour le flottage des bois, l'Ornain a vu naître sur ses rives, dès le XIXe s, et ce grâce au creusement en parallèle du canal de la Marne au Rhin, une industrie inattendue dans cette région largement rurale. Industrie dont il reste quelques fleurons, notamment à Ligny-en-Barrois, où est installé le leader mondial des verres correcteurs.

Adresse utile

ℹ ***Bureau d'information touristique Meuse Grand Sud :*** *7, rue de l'Asile, 55500* ***Ligny-en-Barrois.*** *☎ 03-29-78-06-15. • tourisme-barleduc.fr • Lun 13h30-17h30 ; mar-ven 9h-12h, 13h30-17h30 ; plus, mai-sept, sam 9h-12h.*

GONDRECOURT-LE-CHÂTEAU

(55130) 1 240 hab. *Carte Meuse, B4*

Un gros bourg dans une campagne paisible, non loin du pays de Jeanne d'Arc (Domrémy-la-Pucelle est à une petite vingtaine de kilomètres). Sur les hauts de Gondrecourt, de l'ancien château ne subsiste qu'une tour qui, aujourd'hui, abrite le musée lorrain du Cheval. En bas, des maisons récentes s'étirent le long des quais de l'Ornain.

Où dormir ? Où manger dans les environs ?

🏠 🍴 ***Auberge du Père Louis :*** *8, rue d'Abainville, 55130* ***Houdelaincourt.*** *☎ 03-29-89-64-14. À 6 km au nord-ouest par la D 966. Resto ouv le midi, seulement en sem ; fermé le soir (sauf pour soirées-étapes) et w-e. Double 55 €. Formule déj sem 13 €.* La grande maison gris et blanc a subi un lifting complet, des chambres pimpantes à la salle de resto, en passant par le bar. Une déco dans l'air du temps, sobre et lounge, aérée et intime à la fois. La nouvelle équipe, sympathique, assure la succession dans cette institution régionale. Un service souriant pour une cuisine du terroir qui suit les produits de saison.

À voir

Le musée lorrain du Cheval : *la tour Ronde. ☎ 03-29-89-63-38 (mairie) ou 03-29-89-83-85. Juil-août, tlj sauf mar 14h-18h. Entrée : 3 € ; réduc ; gratuit jusqu'à 12 ans.* Attention, pas de chevaux ici, mais une présentation des différentes manières d'utiliser la force motrice de l'animal : labourer les champs, transporter des marchandises et des hommes, tirer des attelages, des chars, des carrosses, des diligences, et aussi plein d'autres activités rendues possibles par la domestication de « la plus noble conquête de l'homme ».

LA VOIE SACRÉE

C'est la seule route nationale de France à ne pas être désignée par un numéro (bien que les cartes routières indiquent D 1916). Elle commence à Bar-le-Duc et se termine 55 km plus loin, à Verdun. Chaque kilomètre de cette route, qui a joué un rôle primordial pendant la Première Guerre mondiale, est marqué aujourd'hui d'une borne blanc et rouge, surmontée d'une sculpture en bronze représentant un casque de poilu, portant les palmettes du martyre. Et ici ou là, des photos d'époque grandeur nature rappellent l'histoire de cette route vraiment pas comme les autres. Depuis 2007, la Voie sacrée est enjambée par une voie ferrée (très profane mais très utile), la ligne du TGV Est européen qui traverse les champs de la campagne meusienne à la vitesse grand V ! La gare de ce TGV ne se trouve ni à Verdun ni à Bar-le-Duc (2 rivales), mais en pleine campagne, à mi-chemin entre les villages d'Issoncourt et Heippes.

LES FRÈRES ENNEMIS

Pétain et de Gaulle combattirent ensemble à Verdun et s'appréciaient énormément. De Gaulle appela son fils aîné Philippe en l'honneur du maréchal. Mais ils se brouillèrent bien avant la dernière guerre, quand de Gaulle publia Au fil de l'épée *: il préconisait une armée de métier, basée sur l'artillerie et les tanks. Pétain y était totalement opposé. C'était en 1936 et ils avaient tort tous les 2 ! Les nazis eurent gain de cause en usant de bombardements aériens.*

UN PEU D'HISTOIRE

Si l'automobile apparaît pour la 1re fois pendant la Première Guerre mondiale comme un outil au service des armées, c'est pendant la bataille de Verdun qu'elle va vraiment s'imposer. Les lignes de chemin de fer ayant été coupées par les Allemands, le ravitaillement du front était devenu incertain, voire impossible. C'est donc par cette route que furent acheminés jusqu'au front hommes, armements, vivres et matériel. Jour et nuit, entre février 1916 et janvier 1917, le trafic fut incessant. Un camion empruntait cette route toutes les 14 secondes, à la vitesse de 15 à 20 km/h. Si un véhicule non remorquable tombait en panne, il était aussitôt poussé dans le fossé, pour laisser passer les convois suivants. Pendant la bataille de Verdun (de février à octobre 1916), chaque semaine près de 9 000 véhicules empruntèrent la Voie sacrée, transportant 90 000 hommes et 50 000 t de matériels. En avril 1916, l'écrivain Maurice Barrès baptise cette route « Voie sacrée ». Le 21 août 1922, le président Poincaré l'inaugure.

Où dormir ? Où manger ?

Le Relais de la Voie Sacrée : *1, rue de la Voie-Sacrée, 55220 Les Trois-Domaines, commune d'***Issoncourt.** *☎ 03-29-45-92-75. • lerelaisdelavoiesacree@gmail.com • relaisdelavoiesacree.fr • À 2 km de la gare Meuse-TGV, sur la Voie sacrée. Tlj sauf dim soir, lun et mar midi. Double 69 €. Formule et menu déj sem 14-18 € ; menus 30-47 €.* C'est en pleine campagne, dans un calme vallon, que ce jeune chef et sa compagne ont posé leurs couteaux pour ouvrir leur 1er resto après être passés par de grandes maisons au Luxembourg et à Londres. On s'installe dans une salle chaleureuse et cossue autour d'une cheminée ou dans un espace plus moderne et tout simple pour déguster une cuisine élaborée et raffinée, à base de produits nobles de saison. On apprécie l'élégant dressage autant que les belles trouvailles gastronomiques, et ce, dès le 1er menu. Sur l'arrière, 6 chambres refaites, aux couleurs harmonieuses, de bon confort, avec douche à l'italienne. Excellent accueil, plein d'énergie, avec une envie tenace de bien faire. Un relais qui nous emmène sur une sacrée jolie voie.

Auberge du Moulin Haut – Hôtel Le Chantoiseau : *domaine du Moulin-Haut, 55260* **Chaumont-sur-Aire.** *☎ 03-29-70-66-46. • auberge@moulinhaut.fr • moulinhaut.fr • Sur la D 902, direction Pierrefitte-sur-Aire, à 500 m env après le village de Chaumont-sur-Aire. Tlj sauf lun (plus dim et j. fériés en saison). Doubles 85-99 € ; familiale ; petit déj 12 €. Formule déj sem 17 € ; menus 29-55 €.* Tranquille au creux de la verdure, une adresse de caractère, bordée d'étangs de pêche (brochet, carpe, esturgeon...). La roue de cet ancien moulin du XVIIIe s alimente (partiellement) en électricité le restaurant récemment rénové. Bonne cuisine de tradition. Très bon accueil des patrons qui sont des amoureux de la Guyane et de l'Afrique. Dans une annexe charmante et fleurie, 2 chambres simples en dépannage et, à côté, le nouvel hôtel (10 chambres modernes et spacieuses) dans un bâtiment basse consommation. Une préférence pour une des 4 chambres côté rivière.

À voir

L'église Saint-Louvent : *55250* **Rembercourt-Sommaisne,** *à 17 km au nord de Bar-le-Duc.* Le village de Rembercourt-Sommaisne possède l'une des plus belles églises de style gothique flamboyant du sud de la Meuse. Son portail est caractéristique de l'architecture du Barrois du début de la Renaissance.

La mairie de Souilly : *tlj sauf dim 10h-12h30, 14h30-18h (17h sam).* Au bord de la Voie sacrée qui sert de rue principale au village, la mairie de Souilly porte de nombreux drapeaux tricolores à longueur d'année. Pendant la Première Guerre mondiale, cette mairie abrita le quartier général de la 2e armée française, dirigée successivement par les généraux Pétain, Nivelle, Guillaumat et Hirschauer, et le QG de la 1re armée américaine du général Pershing en 1918. Montez l'escalier *(accès libre et gratuit),* voici le modeste bureau des généraux, où presque rien ne semble avoir changé depuis la guerre 1914-1918 : vieux planchers en bois, petite table couverte d'une carte d'état-major, carte des fronts de guerre au mur, drapeaux français et américain... Un endroit prenant où il faut imaginer le trafic incessant (nuit et jour) des convois militaires sur la route. Une salle d'exposition est consacrée au rôle de cette base arrière du front (évacuation des blessés, traitement des prisonniers de guerre...). À côté de la mairie, dans un entrepôt vitré, trônent un camion *Latil* et une mitraillette hippomobile de 1915.

VERDUN ET LE VERDUNOIS

VERDUN (55100) 19 624 hab. *Carte Meuse, A-B2*

• Plan *p. 238-239* • Carte Les environs de Verdun *p. 255*

Verdun ! Plus qu'un nom de ville sur la carte de la Lorraine, plus qu'une commune française, voici une légende vivante, mondialement connue, le symbole des souffrances et des sacrifices des soldats de la Première Guerre mondiale, l'emblème de la Grande Guerre 1914-1918. Plusieurs fois envahie au fil de sa longue histoire, détruite et reconstruite, cette ville de courage et de mémoire a su retrouver le cycle de la vie et, mieux encore, devenir un lieu à taille humaine où il fait bon vivre, sur les quais de Meuse et dans la ville haute notamment.

Située au cœur de la Lorraine verte et champêtre, entourée de collines aux crêtes boisées, traversée par la Meuse et de nombreux canaux subdivisés en ruisseaux, Verdun se partage entre une partie basse et la ville haute. Elle n'est pas du tout triste, comme souvent on l'imagine. Non, Verdun est une ville pimpante et attirante, qui a su joliment mettre en valeur les vestiges de son passé. Elle a conservé beaucoup de traces de son histoire et, mieux encore, elle est habitée par des Verdunois actifs et entreprenants, qui lui donnent son vrai caractère. Elle a vécu avec un franc succès la commémoration du centenaire de sa bataille en 2016, et celui de la fin de la Grande Guerre en 2018.

UN PEU D'HISTOIRE

Le traité de Verdun

Les petits-fils de l'empereur Charlemagne (mort 30 ans plus tôt) se rencontrent à Verdun pour signer en l'an ***843*** le traité qui entérine le ***partage de l'Europe en 3 parties.*** Cette stupide querelle d'héritiers sème la division en Europe, qui jusque-là était plutôt unie. Le roi de Francie (France), Charles II le Chauve, reçoit la Flandre, ce qui étend son royaume au nord. L'empereur Lothaire Ier hérite du royaume du Centre, soit un immense territoire qui s'étend de la Méditerranée à la mer du Nord, de Marseille à la Frise, en incluant la Bourgogne. Lothaire hérite ainsi des 2 villes impériales : Rome et Aix-la-Chapelle où son papy Charlemagne aimait séjourner. Quant à Louis le Germanique, il se voit attribuer la partie est de l'Empire franc, soit un territoire équivalent grosso modo à l'Allemagne actuelle. Le royaume franc séparé de la Germanie perd ses frontières naturelles des Alpes et du Rhin.

LA 1RE SCISSION DE L'EUROPE

Le traité de Verdun de 843, consécutif aux querelles entre les héritiers de Charlemagne, provoque la 1re division de l'Europe médiévale. C'est l'éclatement de la 1re unité européenne créée par Charlemagne et le début des bagarres. Ces dernières vont durer plus de 1 000 ans. Funeste hasard : c'est à Verdun, en 1916, que s'affronteront à nouveau les Germains et les Francs, à l'endroit même où ces peuples s'étaient partagé le continent en 843.

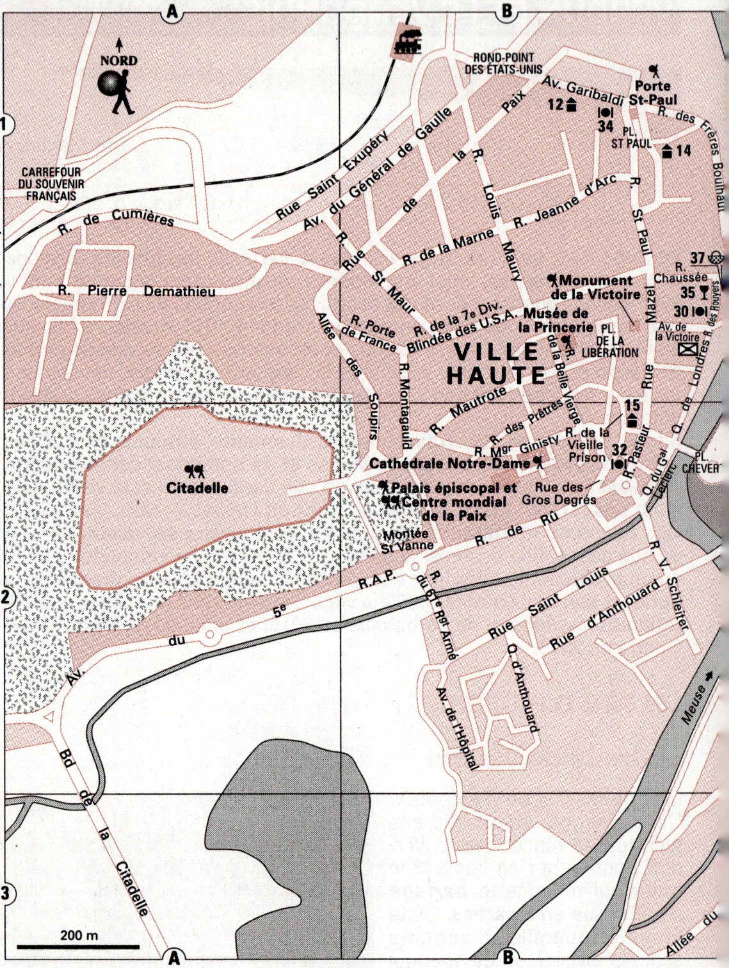

■ **Adresse utile**

- Office de tourisme (C1)

Où dormir ?

- **10** Camping Les Breuils (hors plan par A1)
- **12** Hôtel Les Colombes (B1)
- **13** Hôtel du Tigre (hors plan par A1)
- **14** Hôtel Saint-Paul (B1)
- **15** Hôtel de Montaulbain (B2)
- **16** Les Jardins du Mess (C1)
- **17** Hôtel Orchidées (hors plan par D1)

VERDUN

18 La Maison Mirabeau (C1)

Où manger ?

30 Le Glacier (B1)
31 Le Poste de Garde (C3)
32 Le Clapier (B2)
33 Chez Mamie (C-D1)

34 L'Étal (B1)

Où boire un verre ?

35 L'Estaminet (B1)

Où acheter du (bon) chocolat ?

37 Terra Chocolata (B1)

Une ville frontière au cœur de l'Europe médiévale

Après 843, Verdun, attribuée à Lothaire, fait partie de la Lotharingie dont le nom donnera Lorraine. De la fin du IXe s jusqu'au XVIe s, pendant 7 siècles, elle devient l'enjeu de rivalités entre, à l'ouest, les rois de France et, à l'est, les souverains germaniques, et notamment le puissant Charles Quint qui règne au XVIe s sur le Saint Empire romain germanique. On pouvait rêver d'un meilleur emplacement sur la carte géopolitique de l'Europe d'alors. Verdun se trouve à la limite occidentale de cet empire : une ville frontière en somme, donc une ville convoitée, surveillée. ***C'est une des 3 villes-évêchés du duché de Lorraine*** avec Toul et Metz, c'est-à-dire qu'elle est dirigée par de puissants évêques qui ont le statut et les privilèges de seigneurs féodaux. Ceux-ci résident une partie du temps dans leur château d'Hattonchâtel, un endroit plus calme et plus reposant. Mettre la main sur Verdun, pour le roi de France, c'est donc s'emparer d'un point stratégique pour mieux avancer ses pions vers l'est.

Ville française fortifiée par Vauban

Le roi de France Henri II finit par occuper Verdun en 1552, y installe une garnison et renforce les défenses, car Charles Quint menace du côté de l'Empire germanique. ***Le rattachement officiel de Verdun au royaume de France est confirmé en 1648 par le traité de Münster*** (en Westphalie). Sous le règne de Louis XIV, Vauban visite Verdun : « C'est, dit-il, une ville qui respire la paix et où les vignes montent jusqu'aux fossés. » Il faut défendre la ville, donc la fortifier. Une 1re citadelle est construite de 1624 à 1636, que Vauban agrandit et consolide. Mais surtout il entoure Verdun d'une ceinture de larges remparts, dont une partie se voit encore aujourd'hui au niveau de la sortie sud de la ville. Impressionnant !
À la Révolution, Verdun est surnommée « ville traître », car elle ne suit pas le mouvement révolutionnaire et donne les clés de la ville aux Autrichiens. 30 pauvres filles – surnommées les 30 vierges de Verdun – sont prises en otage par les révolutionnaires, emprisonnées et guillotinées. Punie par la Révolution, Verdun n'a plus d'évêque entre 1793 et 1823. Le XIXe s est calme à Verdun, petite ville de garnison, mais, ***en 1870, elle est occupée pendant 2 mois par l'armée prussienne.*** Après 3 semaines de bombardements, la ville finit par capituler. En 1871, les Prussiens annexent l'Alsace et la Moselle (une partie de la Lorraine seulement) à leur empire. Comme une vigie française sur la Meuse, surveillant la Moselle allemande, à 50 km de Verdun, la ville forte retrouve sa fonction historique de poste de garde. De 1874 à 1914, on construit de nombreuses fortifications modernes dans un périmètre de 40 km autour de la ville (Douaumont, Vaux, Troyon). Tout est prêt pour un nouveau conflit avec les Allemands !

Ville symbole de la Première Guerre mondiale

La Première Guerre mondiale éclate. Durant les 2 premières années – 1914 et 1915 –, les opérations militaires se passent ailleurs, à Vauquois-en-Argonne, dans la plaine de Woëvre, aux Éparges et au sud du saillant de Saint-Mihiel. Voyant que la place de Verdun présente une faille stratégique, que les forts ont été désarmés par Joffre en 1915, les Allemands décident de frapper vite et fort

MORT AUX VACHES !

Cette insulte date de la Première Guerre mondiale. L'armée allemande avait inscrit sur les guérites qui gardaient leur frontière le terme « Wache » (qui signifie gardien ; « to watch » – « observer » en anglais – a la même origine). Par extension, cette injure s'adresse aujourd'hui à la police et à toute personne portant un uniforme.

à la fin de cette même année. Bien qu'informés des préparatifs allemands, les Français se retrouvent en infériorité numérique et matérielle au début de 1916. De février 1916 à août 1917, ***Verdun est au cœur de la plus terrible bataille de la Première Guerre mondiale : la bataille de Verdun*** (pour plus de détails, voir ce chapitre plus loin), qui se déroule autour de la ville, dans un rayon de 10 à 20 km au nord, à l'est et à l'ouest. Par sécurité, ses habitants sont évacués en 1916. Des obus tombent en un déluge de feu, détruisent de nombreuses maisons et touchent la cathédrale. La ville résiste et la colossale citadelle souterraine de Verdun (lire plus loin « À voir. La ville basse ») sert de base à environ 10 000 hommes où la plupart transitent avant de partir au front. La bataille se déchaîne sur les Côtes de Meuse, au nord-ouest et au nord-est de la ville.
Au cours de la Seconde Guerre mondiale, Verdun est à nouveau prise comme cible par l'armée allemande. En 1940, un quartier de la ville est incendié. En 1944, elle est libérée par l'armée américaine à la suite de bombardements allemands.

Capitale mondiale de la réconciliation franco-allemande et de la Paix

Le 22 septembre 1984 est le jour le plus émouvant depuis l'armistice du 11 novembre 1918 : François Mitterrand et Helmut Kohl, un président français et un chancelier allemand, se recueillent main dans la main parmi les tombes de la nécropole de Douaumont. L'image de ce geste symbolique de la réconciliation franco-allemande va faire le tour du monde et d'Hiroshima à San Francisco, de Bombay à Buenos Aires, de Moscou à Pékin, les regards convergent vers la ville de Verdun dans la Meuse.
Dans un autre registre, Verdun accueille en 1982 les 1res assises de l'Union mondiale des villes de la Paix qui regroupe 73 villes dites « martyres » parmi lesquelles Varsovie, Madrid, Volgograd, Hiroshima, Nagasaki, Bastogne, Coventry... et commence à mener des actions d'envergure en faveur de la paix.
En 1987, Verdun reçoit de l'ONU le statut de capitale mondiale de la Paix, des Libertés et des Droits de l'homme. On y a d'ailleurs créé le Centre mondial de la Paix, des Libertés et des Droits de l'homme.

Arriver – Quitter

➢ ***En train :*** de Paris, compter 1h jusqu'à la gare Meuse-TGV située à 30 km, d'où une navette rejoint la gare SNCF de Verdun en 30 mn.
🚌 ***En car :*** ☎ *03-55-68-20-00.* • *transdev-grandest.fr* • Lignes régulières pour Bar-le-Duc, Damvillers, Montmédy, Clermont-en-Argonne, Saint-Mihiel, Commercy et la gare Meuse-TGV.

Adresse utile

ℹ ***Office de tourisme du Grand Verdun*** *(plan C1)* **:** *pl. de la Nation.* ☎ *03-29-86-14-18.* • *tourisme-verdun.com* • *Juin-août, lun-sam 9h-19h ; dim 10h-17h. Le reste de l'année, lun-sam 9h-12h30, 13h30-18h (17h en hiver) ; dim 9h-17h (13h en hiver).* Organise des visites guidées du champ de bataille de Verdun d'avril à novembre et pendant les vacances scolaires de février (se renseigner pour les dates ; durée 4h), ainsi que des lieux de la ville non accessibles autrement (comme la citadelle haute et un petit musée de la Guerre) ; également des sorties nature. Vend le *pass Champ de Bataille* des 5 sites incontournables à prix réduit. Location de vélos à assistance électrique. Efficace et de bons conseils.

LA MEUSE

Où dormir ?

Camping

⛺ ***Camping Les Breuils*** *(hors plan par A1,* ***10****) : allée des Breuils, route CD 34. ☎ 03-29-86-15-31. • camping.lesbreuils@orange.fr • campingles breuils.com • ♿ À 1 km au sud-ouest du centre-ville, direction Paris, puis Dugny-sur-Meuse (c'est fléché). Ouv de mi-mars à mi-oct. Compter 16,90 € pour 2. Loc mobile homes (4-6 pers) 290-690 €/sem ; hors juil-août, possibilité de loc à la nuitée 65-90 €/j. 162 empl.* Camping 3 étoiles très bien équipé, vaste et ombragé, avec des emplacements en bordure de la rivière ou du lac. Sanitaires nickel. Snack, bar, épicerie, sèche-linge, piscine, terrain de sports, location de VTT. Et accueil franchement sympathique.

De bon marché à prix moyens

🏠 ***Hôtel Les Colombes*** *(plan B1,* ***12****) : 9, av. Garibaldi. ☎ 03-29-86-05-46. • reservation@hotel-lescolombes.com • hotel-lescolombes.com • Doubles 52-70 € ; familiales. Garage 7 € (gratuit pour vélos et motos). Réduc de 10 % sur présentation de ce guide.* Une situation idéale, proche du centre, et des chambres gentiment rénovées, propres et claires font de cet hôtel une adresse « petit budget » de premier choix. Certaines chambres (nos préférées) possèdent même une petite terrasse donnant sur un jardin. D'autres, bon marché, dans un bâtiment sur l'arrière, sont un peu plus tristounettes.

🏠 ***Hôtel du Tigre*** *(hors plan par A1,* ***13****) : 22, av. de Paris. ☎ 03-29-86-34-47. • hotel.du.tigre@wanadoo.fr • citotel.com • Presque à la sortie de la ville, direction Bar-le-Duc par la Voie sacrée. Double 59 € ; familiales.* Non, ce n'est pas un gros et menaçant félin à rayures qui vous accueille mais bien, outre la jeune et dynamique proprio, la silhouette ronde de Clemenceau (surnommé le Tigre). Derrière la grande cour qui sert de parking, cette imposante maison abrite une partie ancienne rénovée et une annexe très calme à l'arrière. Chambres bien tenues, claires, simples mais agréables. Également des chambres familiales avec lits en mezzanine pour les enfants.

🏠 ***Hôtel Saint-Paul*** *(plan B1,* ***14****) : 12, pl. Saint-Paul. ☎ 03-29-86-02-16. • hotelspaul@orange.fr • hotel-saint paul.fr • Doubles 45-49 € ; familiales.* Dans une petite rue en contrebas de la place principale et en retrait de la route, ce petit hôtel à prix doux abrite des chambres à la déco sobre et ordinaire (standard, disons). Demandez celles du 3e étage, plus claires, et plus calmes côté cour (mais pas de vue).

🏠 🍽 ⛱ ***Hôtel Orchidées*** *(hors plan par D1,* ***17****) : rue Robert-Schumann, Z.I. de Tavannes. ☎ 03-29-86-46-46. • hotel.orchidees@wanadoo.fr • orchidees-hotel.com • ♿ À la sortie de la ville, route d'Étain. Double 78 €. Formule déj sem 14 € ; menus 18-34 €.* Proche du centre, mais déjà dans la campagne, dans un vallon verdoyant (après une petite zone industrielle), cet hôtel offre pas mal d'avantages. Chambres bien équipées, de bon confort standard, et surtout, un très bon accueil qui, lui, n'est pas standard mais jovial et attentif. Piscine en été et tennis. Au resto, cuisine régionale très correcte. Agréable terrasse dans la verdure.

Chic

🏠 ***Hôtel de Montaulbain*** *(plan B2,* ***15****) : 4, rue de la Vieille-Prison. 📱 06-13-56-47-08. • contact@hotel demontaulbain.fr • hoteldemon taulbain.fr • Fermé dim déc-mars. Doubles 89-99 € ; suite familiale. Petit déj 11,50 €.* Au pied de la ville haute, dans une rue calme et piétonne, le 3-étoiles du centre de Verdun offre un très bon confort, une déco raffinée, une atmosphère zen et un accueil exceptionnel. Passé une façade classée, ornée d'un blason, on découvre un salon cosy qui donne le ton. Seulement une dizaine de chambres (dont une suite familiale), toutes coquettes et modernes : réservez ! En prime, plein de bons conseils pour profiter au mieux de son séjour.

La Maison Mirabeau (plan C1, **18**) : *15, av. de Troyon. ☎ 03-29-87-88-50. 06-19-54-51-94. • contact@maisonmirabeau.com • maisonmirabeau.com • Doubles 80-90 €. Table d'hôtes 30 € (boisson comprise).* À proximité du centre-ville, un pavillon ancien au bout d'une allée-jardin, bien en retrait de la rue. L'étage est réservé aux hôtes avec 3 chambres, très différentes, de style classique à très contemporain, toutes avec salle de bains neuve et douche à l'italienne. Agréable salon au mobilier design pour se poser, et grande tablée pour partager un repas soigné et convivial.

Plus chic

Les Jardins du Mess (plan C1, **16**) : *22, quai de la République. ☎ 03-29-80-14-18. • reception@lesjardinsdumess.fr • lesjardinsdumess.fr • Doubles 111-193 € ; deluxe et suites. Petit-déj 16 €. Parking payant.* Verdun tient son hôtel de luxe, un 4-étoiles dans l'ancien Mess des officiers. Un aménagement contemporain dans cette bâtisse du XIXe s pour un séjour cocoon entre espace détente et parc, idéalement situé au cœur de la ville, en bord de Meuse. Chambres de très bon confort dès les 1ers prix, avec balcon pour les supérieures. Restaurant bistronomique également, mais de qualité inégale.

LA MEUSE

Où manger ?

Bon marché

Le Glacier (plan B1, **30**) : *35, rue des Rouyers. ☎ 03-29-74-83-34. • jean-max.decaix@orange.fr • Tlj sauf dim midi et lun. Menu déj sem 12 € ; formule galette ou panier vapeur 15 € (avec une boisson).* S'il porte le nom de *Glacier,* ne pas se leurrer, Jean-Max, le patron breton, propose aussi une petite cuisine fraîche ! Des paniers vapeur, des moules-frites, des salades de la mer (ou de la terre), en plus de la déclinaison de crêpes salées et sucrées. Et pour finir, on aura l'embarras du choix avec des glaces aux doux parfums : rose, macaron, bergamote, mirabelle ou boule mystère. Fait également salon de thé. Accueil sympa.

Le Poste de Garde (plan C3, **31**) : *47, rue Saint-Victor. ☎ 03-29-86-38-49. Ouv seulement le midi en sem. Congés : août et autres vac scol. Menus 11,50-14,50 €. Apéritif maison offert sur présentation de ce guide.* Restaurant pédagogique dont le but est la réinsertion de jeunes en difficulté. Installé dans un ancien poste de garde des fortifications, gaiement restauré. Cuisine qui ne s'embarrasse pas de subtilités, mais les copieuses portions semblent ravir les clients.

Prix moyens

Le Clapier (plan B2, **32**) : *34, rue des Gros-Degrés. ☎ 03-29-86-20-14. • leclapierverdun55@gmail.com • Tlj sauf lun. Formule déj sem 15,50 € ; menu 19,50 €.* Un coup de cœur pour ce petit resto à l'allure d'estaminet, tout de vert revêtu, avec quelques tables dans la ruelle. Gourmands et gourmets apprécieront ses petits plats canailles, genre *fricassée de sot-l'y-laisse,* rognons de veau, magret de canard de Meuse..., mais les suggestions à la carte changent tous les jours. Mention spéciale pour la belle variété de légumes très goûteux qui accompagnent les viandes (ce n'est pas si fréquent !). Service et accueil nickel.

Chez Mamie (plan C-D1, **33**) : *52, av. de la 42e-Division. ☎ 03-29-86-45-50. • chez-mamie55@orange.fr • Tlj sauf lun soir et mar. Formule et menu déj sem 16-19,50 € ; menu 21,50 € le soir, 25,50 € le w-e.* À quelques encablures du centre-ville, la bonne adresse, franche et sincère, comme on les aime. Cadre bistrotier avec nappes à carreaux, véranda et terrasse sur l'arrière, à l'ambiance populaire où les bleus de travail et les costumes-cravates ont la même Mamie qui les régalent de sa délicieuse cuisine de terroir. Des plats traditionnels donc, copieux (voire très copieux, vous êtes prévenu !), servis dans des cocottes en cuivre, mais aussi un bon choix de poisson frais que le patron va chercher chaque semaine à Dieppe. Le tout est d'un rapport qualité-prix remarquable.

🍽 ☂ ***L'Étal*** *(plan B1, **34**) : 7, av. Garibaldi. ☎ 03-29-86-76-87. Tlj sauf dim et mer. Le midi en sem, plat du jour 10,50 €, formule et menu 15-19 € ; plats 13-28,50 € ; viande maturée au poids 11,50 €/100 g.* Un resto où les viandards seront à la fête ! Du bœuf servi sur une planche en bois avec un couteau de boucher, en entrecôte, côte bien épaisse et juteuse, onglet, tartare, tataki ou burger... Vachement plus onéreux, mais succulent, la maison propose aussi des viandes locales racées, notamment blonde d'Aquitaine, salers, limousine, aubrac..., maturées de 4 à 8 semaines à sec, à basse température, pour que la viande se déshydrate et révèle toutes ses saveurs. Cadre un brin western (mais pas trop), avec murs revêtus de bois, peau de bête et cornes de taureau. Agréable petite terrasse sur l'arrière. Tenu par un couple dynamique et passionné de vaches.

Où dormir ? Où manger dans les environs ?

🏠 🍽 ☂ ***Le Domaine de Sommedieue :*** *1, rue du Parc, 55320 **Sommedieue.** ☎ 03-29-85-78-70. 📱 06-22-61-17-40. • fly.in.sommedieue@wanadoo.fr • fly-in-sommedieue.com • À 16 km au sud de Verdun, par la D 964 vers Saint-Mihiel et la D 159. Fléché dans le village. Résa obligatoire. Resto ouv le midi, tlj sauf lun en basse saison ; le soir, pour 10 pers min (appelez quand même !). Double 140 €. Menu 32 € en sem, 38 € le w-e (vin et café compris).* Au paradis de la pêche à la mouche, un lodge cosy « so british » face à de petits lacs aux eaux cristallines. Une élégante cuisine de produits frais exclusivement (ce qui explique la résa obligatoire). Belle terrasse au vert. Et si vous voulez vous initier à la pêche à la mouche, nombreuses formules. Pour prolonger l'étape, le *Domaine* a ouvert son ***Lodge Hôtel*** dans une maison de maître de 1870, entièrement restaurée dans un style contemporain sobre. De l'hôtellerie rurale de grand confort dans un cadre nature. Service pro et aux petits soins.

🍽 🍸 ♩ ☂ ***La Faillote :*** *aérodrome de Verdun-Le Rozelier, 55320 **Sommedieue.** ☎ 03-29-86-49-02. • lafaillote.com • Page Facebook. À 8 km au sud de Verdun par la D 903. Tlj sauf lun-mar, le midi (dès 11h30) plus le soir ven-sam (à partir de 18h30). En hiver, ouv seulement ven soir, sam soir et dim midi. Plat du jour 9,90 € ; suggestions à l'ardoise 11,50-15 € ; lors des soirées-spectacles, tartes flambées seulement.* Une belle cuisine de bistrot, un soupçon originale, servie dans un lieu accueillant tenu par des jeunes qui se décarcassent pour dynamiser le coin. Salle avec cheminée et scène pour les concerts et spectacles du samedi soir de septembre à juin. En été, agréable terrasse face aux pistes de l'aérodrome. Un coup de cœur pour ce lieu unique et convivial.

🍽 ***Le Canta :*** *route de Metz, 55100 **Haudainville.** ☎ 03-29-86-12-27. • restaurantlecanta@gmail.com • À une poignée de km au sud de Verdun par la D 903. Tlj sauf lun, sam soir et dim soir, sur résa uniquement. Menu gourmand 39 € ; menu gastro 69 €.* Un établissement en pleine campagne, tenu par Daniel Lorrain, un chef plein de talent qui pratique une cuisine où éclatent les mélanges et les saveurs. Les produits du cru se découvrent une nouvelle vie. Ne manquez pas de vous y arrêter à la saison des truffes. Les amateurs de rhum et de whiskies seront comblés par les nombreux et rares millésimes de la cave.

Où boire un verre ?

🍸 ***L'Estaminet*** *(plan B1, **35**) : 45, rue des Rouyers. ☎ 03-29-86-07-86. Page Facebook. Tlj sauf lun de 15h ou 16h jusqu'à 2h ou 3h. Fermé dim oct-avr. Congés : dernière sem août.* Une jeune équipe redynamise le plus chaleureux estaminet de Verdun, le plus sympathique de la Meuse ! Ce n'est ni un bar de nuit ni un banal café, ça ressemble à un pub mais ce n'en est pas un, non, c'est un estaminet, héritier direct des tavernes françaises d'antan comme on en trouve encore dans le nord de la France. Une carte de plus de 170 bières en bouteilles, une douzaine de bières pression et une carte de whiskies (Japon, bourbons et surtout Écosse) qui s'étoffe. *L'Estaminet* tient la route ! D'autant que des concerts (blues, rock) s'y tiennent en moyenne une fois par mois, en général le 2e week-end. À côté, la boutique, *La Cave de l'Estaminet* (9, rue Chaussée), propose quelque 200 variétés de bières, de whiskies et de rhums.

Quai de Londres *(plan B1-2)* **:** nombreux bars-restaurants avec terrasse sur le quai le long de la Meuse. Sur le quai opposé, terrasse sympa également sur la péniche ***La Barge*** pour boire un cocktail accompagné d'une planche de charcutaille. Tous sont très animés les samedis d'été pendant le festival *Musiques et terrasses* (voir plus loin « Manifestations »).

Où acheter du (bon) chocolat ?

Terra Chocolata *(plan B1,* ***37****)* **:** *50-52, rue des Rouyers. ☎ 03-29-80-30-06. • terra-chocolata@orange.fr • Tte l'année, tlj sauf dim 9h-12h, 14h-19h.* Patrick était militaire, mais « cinglé » de chocolat, sa passion. Dans son laboratoire gourmand ouvert sur le quai de Londres, il met au point de nouvelles recettes. Et ses spécialités sont à tomber : croustilles mirabelles, pavés de la porte chaussée, cerises de Montmorency (recette familiale et long processus d'élaboration) ou pâtes à tartiner qu'on ne peut comparer à celles industrielles. Tentation folle ! Ne pas résister... vous succomberez !

À voir

La ville basse

La tour Chaussée *(plan C1)* **:** un des symboles de Verdun. Une rescapée des guerres et des conflits qui se dresse au même emplacement depuis 1380. L'intérieur ne se visite pas. 2 grosses tours rondes jumelles, hautes de 3 étages, avec des murs larges de 1,75 m, et un passage voûté entre les 2 qui fut la porte d'entrée de la ville pendant des siècles. La silhouette de la tour Chaussée a servi d'emblème aux insignes militaires et même au génie militaire américain en hommage à Jean-Nicolas Désandrouins, né à Verdun en 1729, et commandant du génie du corps expéditionnaire français pendant la guerre de l'Indépendance américaine.

La porte Saint-Paul *(plan B1)* **:** *sur la pl. Vauban, au début de la rue Saint-Paul.* Équipé de 2 ponts-levis, ce petit monument est un vestige des remparts de la ville, détruits pendant la reconstruction de celle-ci à partir de 1929. Plus loin, face à l'entrée du collège donnant sur la Meuse, la reproduction d'une sculpture de Rodin – *La Défense* – offerte à la ville par la Hollande en 1920.

Les bords du fleuve *(plan B-C1-2)* **:** le cœur de Verdun offre une très agréable sensation de fraîcheur aquatique, car il est arrosé par un fleuve et de nombreux petits bras d'eau. Le bras principal de la Meuse est bordé par le quai de Londres et le quai de la République. C'est le cœur de Verdun. Balade presque obligée (avec pause en terrasse !) le long du quai de Londres (ainsi nommé en hommage à cette ville qui en a largement financé la construction), réservé aux piétons.

Le monument de la Victoire *(plan B1)* **:** *1er avr-11 nov, tlj 14h-17h (18h juin-août). GRATUIT.* Au pied de la ville haute, la rue de la Victoire qui part du quai de

Londres conduit à un grand escalier de 73 marches creusées dans l'ancien rempart de Verdun. Il mène au monument de la Victoire, un grand socle de pierre surmonté d'une statue de guerrier et encadré de 2 canons russes. Le monument abrite une crypte où est exposé l'un des 15 livres d'or des Médaillés de la ville de Verdun. La flamme allumée à l'Arc de Triomphe à Paris y brûle du 1er au 10 novembre, comme dans les chapelles des 9 villages détruits.

La citadelle souterraine** (plan A2) : entrée par l'av. du 5e-RAP, sur le côté sud de la citadelle, le long du canal des Augustins. ☎ 03-29-84-84-42. • citadelle-souterraine-verdun.fr • ♿ (sur résa.) Tlj : avr-oct 9h-18h (19h juil-août) ; mars et nov 9h30-17h30 ; fév et déc 9h30-12h, 13h30-17h. Fermé Noël-janv. Entrée : 9 € ; réduc ; gratuit jusqu'à 8 ans. Forfait famille (2 adultes et 2 enfants 8-16 ans) 23 €. **Attention, sur résa seulement** (sur place, Internet ou tél), car seules 9 pers, ttes les 6 mn, peuvent entrer dans la citadelle. **Pour info, au printemps 2020, un nouveau parcours devrait remplacer celui actuellement proposé (qui reste ouvert pendant les travaux).

LE SOLDAT INCONNU : UN CHOIX CALCULÉ

C'est dans la citadelle de Verdun que, le 10 novembre 1920, fut choisie la dépouille du soldat inconnu qui repose depuis sous l'Arc de Triomphe à Paris. C'est à Auguste Thin, soldat et fils de soldat mort pour la France, qu'incomba cette lourde responsabilité. Comment, en effet, choisir parmi ces 8 cercueils de soldats anonymes tombés sur les champs de bataille de la Première Guerre mondiale ? Auguste Thin appartenait au 6e corps. En additionnant les chiffres de son régiment, le 132, il obtenait également le chiffre 6. Il choisit donc le 6e cercueil...

Édifiée au XVIIe s, aménagée par l'armée française, puis percée de galeries souterraines à partir de 1884, la citadelle pouvait abriter au départ 2 000 hommes, une boulangerie avec 2 pétrins et 9 fours (qui tournaient jour et nuit pendant la guerre, produisant 28 000 rations de pain par jour). On y trouvait aussi un moulin de siège, la TSF, un central télégraphique, des machines à eau, des cuisines, des dortoirs, des infirmeries, 6 magasins de poudre, 7 salles de munitions... Bref, une vraie ville souterraine, capable de vivre en autonomie. En 1914, on y aménagea des chambres pour les officiers et des bureaux pour le commandement. Pour plus de confort, on y installa ventilation pour l'été et chauffage à vapeur pour l'hiver. Pendant la bataille de Verdun en 1916, la citadelle servait de base arrière aux soldats. Les hommes, arrivés à Verdun par la Voie sacrée, y transitaient, attendaient dans les galeries avant de partir au front sur les Hauts de Meuse à moins d'une dizaine de kilomètres au nord-est de Verdun. La citadelle fut la cible des obus allemands mais elle a résisté, seules les casernes de la citadelle haute furent endommagées. Aujourd'hui, les sous-sols de ce vaste ensemble abritent un réseau de galeries souterraines aménagées et animées. La visite dure 30 mn environ et fait découvrir des scènes illustrant la vie des poilus dans la citadelle pendant la bataille de Verdun en 1916. Les visiteurs embarquent dans une sorte de wagonnet collectif propulsé par la force électrique qui se balade sans faire de bruit (ni de secousses !) dans les galeries de la citadelle. Téléguidé par un système informatique, le wagonnet s'arrête devant des scènes historiques. Le nouveau parcours se fera avec des lunettes de réalité augmentée, avec effets sonores intégrés.

***Les Dragées Braquier** (plan D1-2) : 50, rue du Fort-de-Vaux. ☎ 03-29-84-30-00. • dragees-braquier.com • (vente en ligne). Visites audioguidées de 35 mn tlj 9h-11h, 14h-18h (mieux vaut venir mat en sem, quand l'usine est en activité). GRATUIT. Magasin d'usine ouv tlj 9h-12h, 13h30 (14h dim)-19h.*

Verdun inventa la dragée au XIIIe s ? À la base du processus industriel, le choix d'utiliser des amandes du village d'Avola, au sud de la Sicile. Ce savoir-faire très

LA MEUSE

ancien (la maison a été fondée en 1783) associe le travail manuel (irremplaçable main humaine !) et la haute technologie. Cette vieille maison de plus de 200 ans a su s'adapter au marché et se moderniser. Considérées comme sans doute les meilleures du monde, les dragées Braquier sont élaborées dans cette usine, aménagée pour les visites. À travers les baies vitrées des ateliers, on suit les différentes étapes du processus de fabrication.
Sans oublier les obus Braquier : une insolite friandise en forme d'obus, enrobée de chocolat et contenant plein de dragées et des petites babioles amusantes...
À signaler, un magasin en ville également, au 3, rue Pasteur *(plan B2 ; ☎ 03-29-86-05-02 ; ouv lun 14h-19h et mar-sam 10h-12h, 14h-19h).*

La ville haute

***La cathédrale Notre-Dame** (plan B2) : pl. Mgr-Ginisty. Tlj 8h30-18h.* L'édifice d'origine a été commencé au Xe s, inspiré de l'architecture germanique des églises rhénanes de Spire, Worms ou Mayence. De 1132 à 1152, la sévérité d'origine est tempérée par un superbe décor bourguignon. Bombardée lors de la bataille de Verdun en 1916, elle a été rebâtie et restaurée de 1919 à 1935, et reste la plus grande cathédrale romane de France. À l'intérieur, une curiosité : la nef, surprenante de hauteur et d'une belle régularité, se termine par 2 chœurs, un à chaque extrémité. Dans le vieux chœur (roman, donc) trône le grand orgue (XVIIIe s). Dans l'autre, un autel à baldaquins et colonnes torsadées, réplique du baldaquin de la basilique Saint-Pierre du Vatican. À droite de cet autel, petite chapelle exposant les châsses contenant les reliques de quelques évêques de Verdun, dont celles de saint Saintin, le 1er évêque de la ville (IVe s apr. J.-C.). De part et d'autre du chœur, un escalier descend à la crypte, émouvante avec ses chapiteaux de colonnes dédiés aux soldats de Verdun. Cette crypte du XIIe s fut comblée et oubliée, puis redécouverte sous les ruines de la basilique après la guerre de 1914-1918. Poste-observatoire pendant la Grande Guerre, la cathédrale a été la cible de l'artillerie allemande. L'explosion dans la partie basse du mur du transept permit de dégager quelques années plus tard le portail roman du Lion, dont on ne soupçonnait plus l'existence. À l'arrière, le cloître, de style gothique flamboyant, renferme 4 statues romanes du XIIe s.

***Le palais épiscopal** (plan B2) : pl. Mgr-Ginisty.* Élégante cour d'honneur, style Louis XV, dont la façade est ornée de fruits, fleurs et légumes délicatement sculptés. Sous les arcades à l'entrée, on peut lire la liste des noms des 110 évêques de Verdun depuis saint Saintin jusqu'à aujourd'hui. Le no 58, Jacques de Troyes (évêque de Verdun de 1252 à 1255), fut pape sous le nom d'Urbain IV. Cette liste exhaustive donne un aperçu de la puissance spirituelle, mais surtout temporelle de l'évêché de Verdun au fil des siècles. Construit au XVIIIe s, achevé en 1770, ce palais servit de résidence à l'évêque de Verdun jusqu'à la Révolution. Successivement sous-préfecture et muséum d'histoire naturelle, il fut occupé à nouveau par l'évêque de Verdun en 1823. Pendant la Grande Guerre, le palais a été bombardé. Après 1919, il est restauré et la ville en fait la résidence de Mgr Ginisty, en remerciement de son action pour la construction de l'ossuaire de Douaumont. Depuis 1993, le palais abrite le Centre mondial de la Paix, des Libertés et des Droits de l'homme (voir ci-après). À l'arrière du palais, agréable jardin surplombant la ville basse et la vallée de la Meuse. Vue sur le pont-écluse construit sur ordre de Vauban.

***Le Centre mondial de la Paix, des Libertés et des Droits de l'homme** (plan B2) : palais épiscopal, pl. Mgr-Ginisty. ☎ 03-29-86-55-00. • cmpaix.eu • Tlj 10h-18h (fermeture entre 12h30 et 14h nov-fév). Fermé vac Noël. Entrée : ensemble des expos 9 € ; 1 expo temporaire seulement 5-7 € ; réduc ; gratuit jusqu'à 6 ans. Audioguide inclus. Jardin gratuit.*

LA MEUSE

Lieu d'échanges, de rencontres et de réflexion au service de la promotion de la paix, des libertés et des Droits de l'homme. Le CMP s'érige en trait d'union de la paix, de l'amitié franco-allemande et des conflits de l'époque moderne. De riches et passionnantes expos temporaires (qui changent régulièrement dans l'année) illustrent ces thèmes en résonance avec l'actualité. À ne pas manquer, elles sont toujours très documentées mais faciles d'accès, et même plutôt ludiques ; elles s'adressent à tous, enfants compris. Propose aussi, au hasard des vastes salles du palais lambrissées, ou dans l'ancienne bibliothèque de l'évêque, de nombreuses activités tout au long de l'année : conférences, colloques, rencontres internationales de paix, projections de films, concerts...
Le jardin se veut « espace citoyen » à travers un parcours de portraits de personnalités qui ont marqué l'histoire contemporaine par leurs actions. À découvrir aussi, le symbolique fragment du mur de Berlin et un parcours récréatif (gratuit aussi) pour les familles à travers une « flânerie-quiz ». Profiter encore de la vue sur la ville et la Meuse.
Boutique-librairie, sans doute l'une des plus fournies du département sur le thème de la Grande Guerre. Accueil avisé et souriant.

Le musée de la Princerie *(plan B1)* **:** *16, rue de la Belle-Vierge. ☎ 03-29-86-10-62. • musee-princerie-verdun.fr • Avr-oct, tlj sauf mar 9h30-12h, 14h-18h. Entrée : 3 € ; réduc ; gratuit moins de 18 ans, et pour ts le 1er dim du mois. Guide de visite à dispo.* Le vieil hôtel de la Princerie (Renaissance) a conservé un cloître dont une partie date du XVIe s. Abîmé lors de la Grande Guerre, il a été restauré et abrite un petit musée consacré à l'histoire du Nord meusien, de la période gallo-romaine à nos jours. Quelques jolies pièces d'art religieux : un *Christ aux liens* (début XVIe s) qui provient de l'église de Mont-devant-Sassey, tout comme la *Vierge à l'Enfant* en bois polychrome du XIIIe s, un très rare peigne liturgique en ivoire finement ouvragé dit « de l'évêque Henri de Winchester » (XIIe s), une crosse abbatiale du XIIIe s, un crâne de pierre (signé Michel-Ange... mais c'est une imposture, il serait plutôt attribué à Ligier Richier !). Autre pièce rare dans la section archéologie : une mandibule de *Machimosaurus,* sorte de crocodile géant, unique au monde dans cet état.
À l'étage, voir aussi la salle de mobilier traditionnel lorrain, les belles faïences d'Argonne, la collection de céramiques et dans la dernière salle (s'il n'y a pas d'expo temporaire) les peintures de Jules Bastien-Lepage et du Verdunois Hector Leroux. Enfin, sarcophages et collection lapidaire dans le jardin.

Manifestations

– ***Trail des Tranchées :*** *dernier dim de mars. • traildestranchees.com •* Plusieurs parcours (15 km, 36 km et 55 km), pour tous niveaux. Environ 3 500 participants chaque année.
– ***Des Flammes... à la Lumière :*** *dans les carrières d'**Haudainville,** à la sortie sud de Verdun, près du carrefour des routes de Saint-Mihiel-Commercy et de Metz-Nancy. ☎ 03-29-84-50-00. • spectacle-verdun.com • Accès fléché. 12 représentations y sont données chaque été (4 en juin, 8 en juil ; dates précises sur le site). Le spectacle débute à la nuit noire, mais il est conseillé d'arriver à 22h. Durée du spectacle : 1h30. Résa recommandée. Billet : 20-28 € ; réduc ; gratuit pour les enfants jusqu'à 7 ans accompagnés de leurs parents. Formule famille. Parking gratuit sur place, stationnement camping-cars autorisé pour la nuit. Restauration sur place.*
C'est avec de gros moyens, une passion intacte et une ambition culturelle immense que l'association Connaissance de la Meuse organise chaque année à la belle saison ce spectacle son et lumière sur le thème de la Grande Guerre 1914-1918 et de la bataille de Verdun. Par son importance, il est classé comme le 2e son et lumière en France après le spectacle du Puy-du-Fou en Vendée.

Une immense carrière désaffectée a été aménagée en salle de spectacle en plein air. 600 bénévoles font revivre une des plus grandes batailles de l'histoire : « Verdun, 1916 ». C'est très impressionnant et ça mérite un voyage à Verdun : 300 acteurs sur scène, 900 costumes, 1 000 projecteurs, des images géantes et des effets spéciaux en veux-tu en voilà. Bien plus qu'un son et lumière, ce spectacle en plein air est un retour à ce que faisaient déjà nos ancêtres les Grecs il y a 2 500 ans : le chant de mémoire est un fabuleux message de paix que les nations du monde devraient entendre !

– ***Musiques et terrasses :*** *quai de Londres, ts les sam de fin juin à mi-août.* • *musiques-terrasses.fr* • Concerts gratuits au bord de la Meuse, qui accueillent chaque année quelque 30 000 spectateurs. Grands noms internationaux et jeunes talents de la scène régionale.

LES CHAMPS DE BATAILLE

• Carte Les champs de bataille et sites de mémoire de la Meuse *p. 251*

> **« Ce que nous avons fait, c'est plus qu'on ne pouvait demander à des hommes, et nous l'avons fait. »**
>
> **Maurice Genevoix**

Verdun n'est pas une bataille quelconque : elle est la grande bataille par excellence qui résume et illustre à elle toute seule la Première Guerre mondiale dans toute son horreur. Le secteur dit de la « zone rouge », situé sur la rive droite de la Meuse, au nord-est de Verdun, couvre une surface d'environ 15 km². C'est là que s'est déroulée en grande partie la bataille de Verdun du 21 février au 15 décembre 1916 : 300 jours et 300 nuits de combats d'une violence jamais vue jusqu'alors. Sur cette terre meurtrie et martyrisée, où sont tombés tant d'hommes, demeure le souvenir des poilus et de leurs souffrances. En 10 mois de combats, la bataille de Verdun a fait 362 000 morts côté français et 335 000 côté allemand, sans compter les blessés (216 000 côté français).

UN PEU D'HISTOIRE

La bataille de Verdun

La Première Guerre mondiale commence en août 1914. En 1915, la région fortifiée de Verdun est calme. Les combats se concentrent à Vauquois (Argonne), dans la plaine de Woëvre et surtout aux Éparges. En 1916, le commandement allemand profite de la relative faiblesse de ce site pour attaquer. Objectif : écraser les défenses françaises et prendre Verdun. La ville de Verdun est évacuée de ses habitants. Le 21 février 1916 à 7h30, plus de 1 000 canons allemands postés au nord et à l'ouest de Verdun ouvrent le feu sur les lignes françaises, visant les tranchées, les batteries d'artillerie et les forts. Le

ALLÔ, DOCTEUR FREUD ?

Guillaume II avait son bras gauche atrophié de naissance. Ce handicap l'empêchait de monter seul à cheval, ce qui était fort humiliant à l'époque. D'où son caractère agressif et arrogant. Son autoritarisme borné fut l'une des raisons profondes du déclenchement de la guerre de 1914.

22 février, après ces tirs d'artillerie, commence l'attaque terrestre. Dans l'après-midi, le bois des Caures est pris et le colonel Driant est tué. 3 jours plus tard, les soldats allemands s'emparent sans combattre du fort de Douaumont à peine défendu. Le 25 février, devant l'avancée allemande, le général Joffre nomme le général Pétain, qui s'est fait remarquer lors des combats d'Artois, au commandement de la 2e armée. Il installe son PC à Souilly, une bourgade à une vingtaine de kilomètres au sud du front, sur la route de Bar-le-Duc.

Les voies ferrées qui permettent le ravitaillement des troupes françaises à Verdun ont été coupées par les obus allemands. Pétain ordonne donc le ravitaillement terrestre par la route départementale Bar-le-Duc – Verdun, que Maurice Barrès nomme « Voie sacrée ». En avril 1916, l'armée allemande n'a toujours pas réussi à prendre Verdun. Le général Pétain lance aux soldats : « Courage, on les aura ! »

LES FEUX DE L'AMOUR

Le 25 février 1916, le front français est sur le point de céder. Joffre, commandant en chef des armées françaises, convoque Pétain de toute urgence à l'état-major de Chantilly. Impossible de le dénicher ! Ce n'est que le lendemain qu'on le trouvera à l'hôtel Terminus, face à la gare du Nord, en galante compagnie !

1916 : « l'enfer de Verdun »

Mais Pétain est remplacé à la tête de l'armée de Verdun par le général Nivelle, jugé plus agressif. Quand il s'en va, l'armée française a déjà perdu 3 000 officiers, et 130 000 hommes ont été tués ou blessés. Sur le front, la tactique change, car elle est considérée comme inefficace et coûteuse en hommes. L'armée allemande bombarde alors sans discontinuer les lignes françaises. Le côté répétitif et meurtrier des tirs de canons, leur fracas assourdissant, les dégâts terribles causés sur le champ de bataille, les tranchées éventrées, les arbres déchiquetés, les villages ruinés, les morts innombrables : sans qu'il y ait de nouvelles grandes batailles, le moral des hommes est atteint. Épuisés, affamés, assoiffés, angoissés, démoralisés, les soldats français trouvent encore de l'énergie pour se battre. « Ils vont sauver la France mais ils savent qu'ils vont mourir ! ». C'est cette guerre d'usure que les poilus embourbés dans leurs maudites tranchées ont appelée « l'enfer de Verdun ». Ils survivent le plus souvent hors des tranchées écrasées et éventrées par les obus, se terrent dans des trous d'obus parmi les cadavres de leurs collègues et les rats, combattant dans la peur, la puanteur et l'horreur. On se tue pour reprendre un mètre d'une terre retournée par les bombardements, pour une tranchée perdue, pour un village qui n'est plus qu'un monceau de gravats. Les villages ne sont en effet plus que tas de ruines, et tout autour s'étend un paysage de cauchemar.

La guerre des tranchées

Les Allemands attaquent à l'ouest de Verdun la colline du Mort-Homme et la cote 304, sur la rive gauche de la Meuse. Le général Nivelle ordonne le 22 mai 1916 la reprise du fort de Douaumont. Un déluge d'obus français s'abat alors sur les lignes allemandes. Un bataillon parvient au sommet du fort sans réussir à pénétrer à l'intérieur. Après cet échec de la tentative française, le fort est repris par les

LE DOCTEUR PINARD

Ce médecin eut l'idée démente de mélanger le vin destiné aux soldats avec du mercure, afin de les protéger... des maladies honteuses. C'était non seulement un poison, mais aussi une infâme piquette. D'ailleurs, le nom est resté pour désigner un mauvais vin. Le docteur Pinard n'a pas dû boire beaucoup de son breuvage puisqu'il mourut à l'âge de 90 ans.

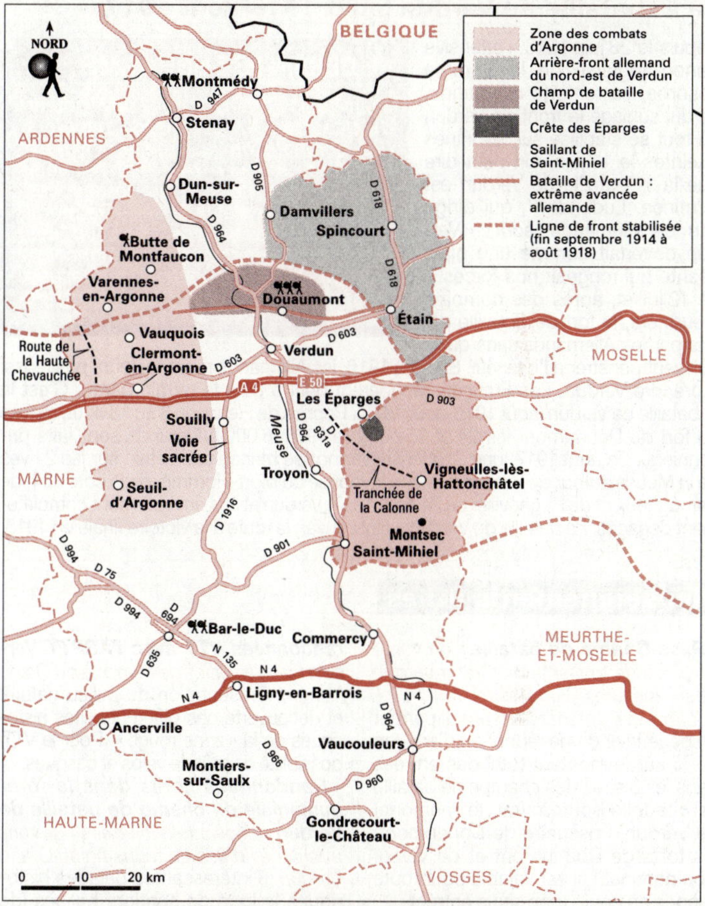

LES CHAMPS DE BATAILLE ET SITES DE MÉMOIRE DE LA MEUSE

Allemands. Tandis que l'offensive de la Somme se prépare, le commandant en chef allemand, le général von Falkenhayn, ordonne l'attaque du fort de Vaux. Rien que pour la seule journée du 1er juin, 23 600 obus s'abattent sur le fort. Du 2 au 6 juin, les combats sont intenses. Le 7 juin 1916, le fort tenu par le commandant Raynal et ses 600 hommes finit par se rendre : les soldats n'ont pas bu depuis 2 jours. Les Allemands, enhardis par cette avancée, lancent une nouvelle offensive et prennent le village de Fleury. S'ils prennent le fort de Souville, dernier rempart, ils sont à Verdun ! Le général Nivelle commence à douter de la défense de Verdun. Les Allemands n'ont jamais été aussi proches. Les 21 et 22 juin, un déluge de feu s'abat sur les lignes françaises dévastées par les gaz asphyxiants. Les Français tentent de freiner leur avance, mais les Allemands ne sont plus qu'à 3 km de Verdun !

LA MEUSE

La 2e bataille de Verdun (août 1916-août 1917)

Depuis le 23 juin 1916, l'offensive franco-anglaise de la Somme absorbe les renforts allemands, ce qui soulage le front de Verdun où tout se stabilise sur les lignes atteintes le 11 juin. On peut dire que la 1re bataille de Verdun est terminée. Ludendorff, qui dirige l'armée allemande, écrit : « Verdun devenait comme une plaie béante qui rongeait nos forces. » Le 12 juillet, après des combats meurtriers, le fort de Souville est pris par les Allemands sans qu'ils puissent pénétrer à l'intérieur. En août 1916, les Allemands n'ont toujours pas réussi à prendre Verdun. Les Français récupèrent petit à petit le terrain perdu. C'est la 2e bataille de Verdun (août 1916-août 1917). Reprise de Fleury du 3 au 18 août, reprise du fort de Douaumont les 24 et 25 octobre 1916 (6 000 Allemands sont faits prisonniers). En août 1917, une 3e offensive française menée par Pétain sur les 2 rives de la Meuse autour de Verdun entraîne la reprise du Mort-Homme, de la cote 304, de Samogneux et de Regnéville. Le 24 août 1917, Verdun et ses environs sont complètement dégagés. La bataille de Verdun a ainsi ouvert la route à la victoire finale en 1918.

LE DESSIN EST UNE ARME

Jean-Louis Forain, célèbre dessinateur du début du XXe s, n'hésita pas, lors des combats de la Première Guerre mondiale, à louer des biplans pour balancer ses dessins au-dessus des lignes ennemies afin de saper le moral des soldats allemands. Sur l'un des croquis, on apercevait un amoncellement de cadavres coiffés d'un casque à pointe.

Renseignements utiles

– ***Pass Champ de bataille :*** *en vente à l'office de tourisme du Grand Verdun et sur les sites partenaires. Tarif : 28 € adulte ; 15 € enfants 8-16 ans.* Il permet de bénéficier d'une réduction d'environ 20 % sur le montant total des entrées dans les 5 sites des champs de bataille (la citadelle souterraine, le mémorial de Verdun, l'ossuaire de Douaumont, les forts de Douaumont et de Vaux). Non nominatif, il est valable pour toute l'année en cours (une seule entrée).

– ***Circuit de découverte du champ de bataille de Verdun :*** *juil-août départ à 14h, tlj sauf dim, et retour vers 18h (en dehors de cette période, voir le site • tourisme-verdun.com •). Infos et résas auprès de l'office de tourisme à Verdun. Tarif : 28 € adulte ; réduc enfants ; inclut une place dans le car, la visite guidée par un guide local et les entrées dans les sites de mémoire.* Visite guidée en car des sites suivants : l'ossuaire de Douaumont, le fort de Douaumont, la tranchée des Baïonnettes et le village de Fleury-devant-Douaumont.

– ***Randonnées guidées avec l'ONF, « Les Forêts de l'histoire 14-18 » et « Verdun, tour des tranchées », randonnées VTT avec l'ASPTT Verdun :*** *rens à l'office de tourisme du Grand Verdun.* Présentation du milieu naturel et découverte des différents sites historiques de la « zone rouge ». Pour le VTT, possibilité de prêt de vélos et casques.

– ***Randonnées libres dans la forêt domaniale du champ de bataille de Verdun :*** *dépliants d'itinéraires gratuits à retirer à l'office de tourisme du Grand Verdun.* 3 intéressantes balades historiques le long de sentiers balisés (de 3 à 6 km, soit 1h30-2h30) au départ du mémorial de Verdun, du fort de Vaux et de l'ouvrage de Froideterre.

– ***Survol des champs de bataille :*** *infos et vols auprès de M. Jacques Thouvenin, 📱 06-33-40-24-99. • acrt.free.fr • Tarif : 3 €/mn de vol pour 1, 2 ou 3 pers (max 230 kg). Compter 60 € le vol (20 mn) pour découvrir les champs de bataille de Verdun et 90 € pour ceux de l'Argonne (Vauquois, etc.).* L'aéro-club Robert Thiéry basé à Sommedieue (Le Rozelier) propose des vols à thème à bord d'un petit avion au-dessus des champs de bataille. Verdun, les Côtes de Meuse, l'Argonne, les cimetières militaires ou encore les forts.

Où manger dans le secteur des champs de bataille ?

L'Abri des Pèlerins : pl. Mgr-Ginisty, 55100 **Douaumont.** *☎ 03-29-85-50-58. • abridespelerins.douaumont@sfr.fr • À 200 m du parking de l'ossuaire de Douaumont. Ouv le midi seulement, tlj sauf mer (tlj juil-août) ; service 11h30-16h (14h pour les plats cuisinés). Congés : déc-fév. Plats 12,50-19,50 € ; snacks 5-13 €. Café offert sur présentation de ce guide.* Un resto-brasserie tenu par une équipe jeune qui fait souffler un vent nouveau sur cette petite institution. Son avantage, c'est d'abord sa situation près de l'ossuaire de Douaumont et le fait qu'il est le seul à des kilomètres à la ronde. Ensuite, le cadre, très agréable, une bâtisse de style anglo-normand, entièrement modernisée, avec 2 jolies salles aérées, dominées par une belle charpente et un plafond à damier, le tout prolongé par une grande terrasse. À l'ardoise, des plats maîtrisés, à base de produits de qualité, proposés à prix sages et servis prestement. Également une carte de snacks, pour les petits budgets (assiettes de charcuterie, fromage, crudités, sandwichs, salades, omelettes...), servis jusqu'à 16h !

LA MEUSE

À voir dans la « zone rouge »

Le monument du Lion : *sur la D 112, à l'intersection avec la route qui mène au mémorial de Verdun.* Cette sculpture montre un lion abattu. Il a été construit à l'emplacement de la chapelle Sainte-Fine, détruite pendant la bataille de Verdun (1916), et il marque la limite de l'avancée allemande sur Verdun, le 23 juin 1916.

Le fort de Souville : l'intérieur des ruines du fort de Souville est inaccessible, car très endommagé, mais la balade dans la forêt est agréable.

Le mémorial de Verdun : *1, av. du Corps-Européen, 55100* **Fleury-devant-Douaumont.** *☎ 03-29-87-47-24. • memorial-verdun.fr • À quelques centaines de mètres de l'ossuaire de Douaumont. Tlj 9h30-19h (18h en sem de sept à mi-oct et w-e en nov, 17h en hiver). Dernière entrée 1h avt. Fermé Noël-vac scol de fév. Entrée : 11 € ; enfant 8-16 ans 7 €. Forfait famille (2 adultes et enfants 8-16 ans) 25 €. Livret-jeu enfant 2 €. Programme de manifestations (concerts, conférences...). Prévoir au moins 1h30 de visite.*

LES *MERCANTI* ? AU PILORI

Ce vocable algérien évoque tous ces trafiquants, charlatans ou proxénètes qui s'enrichissaient sur le dos des pauvres soldats au front. On leur vendait cher saucissons, fromages, vins, cigarettes et prostituées. Les excès étaient tels qu'en 1917 Pétain autorisa les bordels militaires de campagne (BMC). L'hygiène était contrôlée par des médecins.

Créé en 1967 par d'anciens soldats soucieux d'honorer la mémoire des leurs ayant combattu ou trouvé la mort dans l'enfer de Verdun – 300 000 morts en l'espace de 300 jours –, le mémorial, avec sa récente muséographie (2016), devait amorcer un nouveau virage : disparition du dernier poilu en 2008, résultat des dernières recherches, collections du musée étoffées... Et l'actuel parcours intègre davantage d'éléments d'interprétation de la bataille, ainsi que la dimension allemande des combats, symbole du rapprochement franco-allemand.
Le visiteur est d'abord invité à emboîter le pas d'un combattant qui monte en 1re ligne et découvre ce qui constitue son quotidien : prendre ses marques, survivre, combattre, et communiquer.
Les ¾ de l'armée française sont passés par cet enfer de boue et de feu. La boue omniprésente tant redoutée par les soldats est entretenue par les fréquentes pluies

de cette année-là, les nombreux passages d'engins d'artillerie, les excréments et les corps en décomposition... Les soldats passaient 6 à 12 jours sous cet orage d'acier (60 millions d'obus ont été déversés sur le champ de bataille) avant d'être relevés, s'ils n'étaient pas morts.
Le parcours s'articule autour d'un quadrilatère central représentant le champ de bataille, avec, en son centre, un vaste écran projetant images d'archives des combats, témoignages de combattants... Également des bornes multimédias, mais aussi des cartes du champ de bataille et des infographies en 3D.
À proximité, c'est la noria d'hommes, de canons et de véhicules circulant sur la Voie sacrée qui est illustrée. Cette route stratégique reliant Bar-le-Duc à Verdun permit le transport d'hommes, de munitions, de matériel et de ravitaillement.
Dans les vitrines voisines, des objets personnels ayant accompagné les soldats. Outre les objets utilitaires, un touchant artisanat, né dans les tranchées, pour tromper l'angoisse, l'épuisement et l'ennui.
Au 1er étage, on découvre les structures et les sujets qui régissaient le quotidien des troupes à l'arrière, et l'environnement de la bataille : vie des soldats (jeux, objets patriotiques...) et des civils, rôle des états-majors, problèmes de communication et logistiques, justice militaire et services de santé, rites funéraires...
Enfin, au dernier niveau, une terrasse permet de découvrir le champ de bataille, ainsi que des vues aériennes actuelles, sur les bornes multimédias.
2 expos thématiques viennent chaque année compléter le parcours.

L'ossuaire de Douaumont : 55100 **Douaumont.** ☎ 03-29-84-54-81. • *reservation.ossuaire@orange.fr* • *verdun-douaumont.com* • ♿ *(cloître). Tlj : avr-août 9h-18h (18h30 juil-août) ; sept 9h-18h ; oct 9h-17h30 ; mars et nov 9h-12h, 14h-17h ; déc et fév 14h-17h. Ouv à 10h les w-e et j. fériés mars-juin et sept-nov. Fermé de janv au début des vac de fév. Accès gratuit pour le cloître. Entrée : 6 € ; réduc enfants. Projection ttes les 30 mn d'un film passionnant de 20 mn (« Verdun, des hommes de boue »). Magasin de souvenirs.*
« Quand ces grands morts seront retournés à la terre, ce monument sera leur vivant souvenir dans l'éternité. » C'est un lieu de mémoire sur la terre des morts. Un des monuments symboliques de la Grande Guerre et du sacrifice des soldats. Il est difficile à classer, car il n'est ni purement militaire ni vraiment religieux bien qu'il abrite une petite chapelle catholique (où est enterré Mgr Ginisty, évêque de Verdun). Par sa silhouette, on dirait un phare vertical (46 m de haut), mais aussi une croix enfoncée dans le sol ou une épée. Grâce à Mgr Ginisty, qui lança une souscription nationale en 1919, l'ossuaire fut construit entre 1920 et 1932 pour recueillir les restes des soldats non identifiés. Le coût étant très élevé, près de 122 villes françaises et 18 étrangères participèrent au financement.
Long de 137 m, l'ossuaire se compose d'un cloître au sol recouvert de mosaïques représentant la Légion d'honneur et la Médaille militaire, et d'une chapelle. Dans le cloître, 46 cénotaphes en granit, surmontant les caveaux souterrains, portent chacun le nom d'un secteur du champ de bataille.
Les caveaux contiennent les ossements recueillis sur les champs de bataille d'Avocourt aux Éparges (donc pas uniquement à Douaumont). Dans l'ensemble de ces fosses reposent les ossements d'environ 130 000 soldats non identifiés (visibles par de petites fenêtres de l'extérieur). Les villes donatrices ont leurs noms inscrits sur des blasons de pierre sculptés sur la façade extérieure sud. Les familles des soldats disparus peuvent faire graver une pierre à l'intérieur du cloître.
– ***La tour de l'ossuaire :*** de grandes croix sculptées ornent ses 4 côtés. Du déambulatoire, un escalier de 204 marches monte au sommet où est suspendue une grosse cloche en bronze de 2,3 t, le « bourdon » de la Victoire, qui sonne à 12h et 18h, ainsi que lors des cérémonies. La curiosité réside dans cette lampe tournante qui évoque un phare maritime. Elle projette des rayons tantôt blancs, tantôt rouges, jusqu'à une distance de 40 km. Petit musée et table d'orientation.

La nécropole nationale de Douaumont *(55100) :* situé devant l'ossuaire, ce vaste cimetière accueille les tombes de près de 15 000 soldats « morts pour la

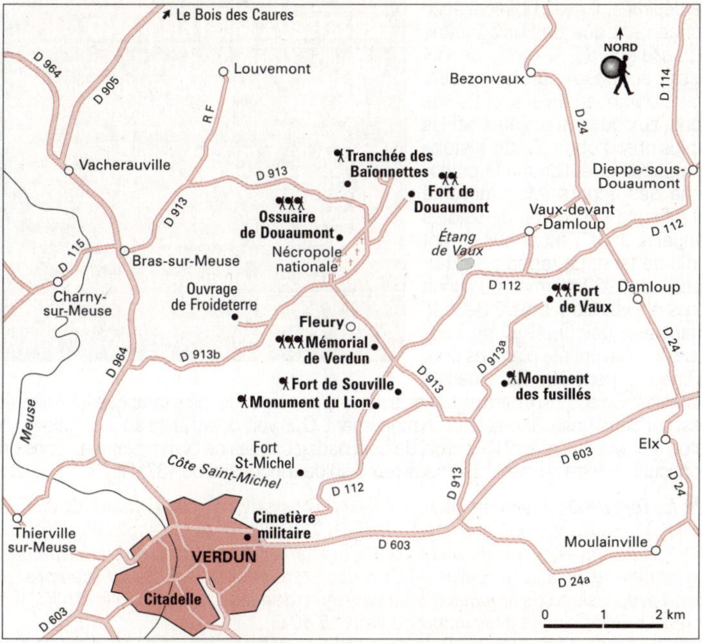

LES ENVIRONS DE VERDUN

France ». À partir de 1925, on y inhuma les corps des soldats retrouvés dans les divers secteurs des champs de bataille. En 1 mois de recherche dans cette « zone rouge », on retrouvait parfois jusqu'à 500 corps. Quand l'identité du soldat était établie, ses restes étaient mis en terre avec une croix (ou une petite plaque islamique pour les musulmans des colonies françaises de l'époque). Les autres corps non identifiés ont été placés dans le sous-sol de l'ossuaire.
Une plaque sur l'esplanade de l'ossuaire de Douaumont rappelle que le 22 septembre 1984 se sont rencontrés sur ce cimetière français, pour la 1re fois dans l'histoire des 2 peuples, le président de la République française et le chancelier allemand (Mitterrand et Kohl), avec une pensée commune pour les morts des 2 guerres mondiales. Ils ont déclaré : « Nous nous sommes réconciliés, nous nous sommes compris, nous sommes devenus amis. »
À l'origine, en 1919, il avait été prévu 4 lieux de culte : catholique, protestant, juif et musulman. Dans la partie ouest de la nécropole, sur un tertre de gazon, se dresse un monument à la mémoire des volontaires israélites engagés dans la guerre. C'est un mur de pierre de 31 m de long, portant des Tables de la Loi sculptées d'inscriptions en hébreu. Dans la partie orientale, un autre monument funéraire musulman, inauguré en juin 2006 par le président Chirac, rend hommage aux soldats français de confession musulmane.

La tranchée des Baïonnettes : *à moins de 1 km au nord de l'ossuaire de Douaumont, sur la D 913 vers Vacherauville. Entrée libre.* Malgré la dureté grise du béton utilisé, ce monument mérite une visite. Ne serait-ce que pour se souvenir de l'histoire de ces soldats bretons et vendéens du 137e RI, qui périrent ici entre le 10 et le 12 juin 1916. En janvier 1919, le colonel du 137e RI vint inspecter le site où ses hommes avaient été décimés. Il avait observé avec étonnement que des baïonnettes dépassaient de la terre, ce qui laissait supposer que les soldats avaient péri ensevelis sous les monceaux de terre projetés par les explosions d'obus. Cette histoire se répandit et enflamma le patriotisme des esprits. Mais la vérité est différente. 21 corps de soldats français, dont 7 inconnus furent sortis de terre. Le rapport d'exhumation de 1920 affirmait qu'aucun corps n'avait été retrouvé debout. Quant aux baïonnettes, on suppose qu'elles ont été plantées pour délimiter le périmètre du cimetière improvisé. On assista toutefois à la naissance d'une légende, plus forte que la réalité, et c'est sur cette base qu'on édifia un monument. Que voit-on au juste sous la galerie en béton au bout de l'allée ? Des croix de bois badigeonnées de blanc, plantées dans un monticule de terre rendent hommage aux 7 soldats inconnus du 137e RI.

GÉNÉREUX MISTER RAND

Après la Grande Guerre, parmi les 1ers visiteurs à parcourir les champs de bataille figurait un certain George T. Rand. Ce banquier américain fut si ému par l'horreur de la tranchée des Baïonnettes qu'il laissa un chèque de 500 000 francs (une fortune pour l'époque !) avant de rentrer dans son pays. Ainsi, il finança le 1er monument élevé sur le site de Verdun, inauguré en 1920. D'où la citation à l'entrée : « À la mémoire de soldats qui dorment debout, le fusil à la main, dans cette tranchée. Leurs frères d'Amérique. »

Le fort de Douaumont : *à 1 km à l'est de l'ossuaire de Douaumont. ☎ 03-29-84-41-91. Tlj : juil-août 10h-19h ; mai-juin 10h-18h30 ; avr et sept 10h-18h ; oct 10h-17h30 ; nov-déc et fév-mars 10h-17h. Dernier billet 45 mn avt la fermeture. Fermé de mi-déc à janv. Entrée : 4 € ; réduc ; gratuit jusqu'à 8 ans. Visite libre de 45 mn avec visioguide (images d'archives, témoignages...) ou guidée à 10h30, 14h et 15h30. Billet jumelé avec le fort de Vaux : 6,50 €.*

C'est le plus vaste de tous les forts de la ligne de défense autour de Verdun : 3 ha et 3 km de galeries. Conçu par l'ingénieur militaire Séré de Rivières, il fut construit après la défaite française de 1870 contre les Prussiens. Il fallait un observatoire haut perché pour défendre Verdun sur son côté est. La Moselle annexée à l'Allemagne n'était qu'à 50 km de là ! C'est donc de cette direction qu'on attendait une attaque. La guerre de 1914 commence et curieusement en 1915 le fort est déclassé, en partie désarmé et vidé de sa garnison, car on ne se bat pas à Verdun mais aux Éparges, plus au sud, et en Argonne à l'ouest. Les Allemands prennent le fort le 25 février 1916, sans combattre. Il sert alors d'abri pour les soldats allemands, de dépôt de munitions et de base logistique, au cœur du champ de bataille. Jusqu'à 3 000 hommes y vivront dans le froid, l'humidité et la promiscuité. Malgré les tirs d'obus français, le fort résiste grâce à son épaisse carapace de béton et à sa couche de sable. Mais de forteresse protectrice, le fort de Douaumont, surpeuplé, bombardé sans cesse par les obus français, devient pour les Allemands le « couvercle d'un cercueil ». Dans la nuit du 8 mai 1916, plusieurs explosions tuent 679 soldats allemands et font 1 800 blessés. Le 24 octobre 1916, quand s'achève la bataille de Verdun, le régiment de l'infanterie coloniale du Maroc reprend le fort, sans combat.

– ***À l'intérieur :*** les galeries réparties sur 3 niveaux couvrent des centaines de mètres, abritant des salles humides et sombres où l'on imagine bien les rudes conditions de vie des soldats. On peut ainsi voir un poste de commandement, des chambrées, les cuisines, les latrines et lavabos, une chapelle franco-allemande, un petit cimetière ruiné (679 restes de soldats allemands) et le mécanisme de la tour Galopin de 155 mm. Au sous-sol, des citernes servaient à recueillir l'eau de pluie. Le puits, profond de 30 m, n'a jamais été utilisé. Petites expos dans les casemates, et plaque rendant hommage à De Gaulle, blessé ici d'un coup de baïonnette.

– ***Le toit du fort*** est accessible par l'extérieur. Il ressemble à tout sauf au toit d'un fort militaire. Bosselé, ravagé, couvert d'herbes rases comme sur des dunes, il a été martelé par les tirs d'obus qui ont creusé des trous et des cratères. Restent les observatoires, les tourelles de mitrailleuses et des tourelles de canons de 75 et 155 dites « tonnelles à éclipse de type Galopin ». Comme un couvercle, la tourelle en acier (épaisse de 34 cm !) se lève, le canon sort et tire, et la tourelle redescend : la manœuvre durait 4 secondes.

Le monument des fusillés de Tavannes : *sur la route du Fort-de-Vaux.* Il commémore la mort de 16 résistants en 1944.

Le fort de Vaux : *à 9,5 km à l'est de Verdun, dans la partie est de la « zone rouge ». ☎ 03-29-88-32-88. Tlj : juil-août 10h-19h ; mai-juin 10h-18h30 ; avr et sept 10h-17h30 ; oct-nov et fév-mars 10h-17h ; déc 10h-16h30. Dernier billet 45 mn avt la fermeture. Fermé de mi-déc à janv. Entrée : 4 € ; réduc ; gratuit pour les moins de 8 ans. Visite libre de 45 mn avec visioguide ou guidée à 10h30, 14h et 15h30. Billet jumelé avec le fort de Douaumont : 6,50 €.*

Usé et grignoté, ravagé par les tirs de canons, son aspect extérieur laisse songeur. On imagine le déluge de feu qui s'est abattu là. Comme au fort de Douaumont, le toit est tout bosselé et troué par les entonnoirs et les cratères d'obus. Les murs de pierre grise sont abîmés, meurtris par la guerre. Le fort de Vaux est devenu le symbole du courage et de l'héroïsme des soldats français au cours de la bataille de Verdun. Construit de 1881 à 1884, moins vaste et moins important que le fort de Douaumont, il servait d'observatoire et surveillait le plateau du ravin de Vaux et la plaine de la Woëvre. Entre le 9 mars et le 7 juin 1916, le fort reçoit en moyenne par jour près de 8 000 obus de gros calibre ! Comment tenir sous un tel déluge de feu ? À l'intérieur, le commandant Raynal, enfermé avec ses hommes, essaya de résister courageusement aux attaques de la 50e division allemande. Les vivres et l'eau commencèrent à manquer. Il ordonna aux soldats en excédent de sortir du fort. Les conditions devinrent intenables pour les hommes affamés, assoiffés, angoissés et démoralisés. Certains soldats déliraient, à moitié fous. Ne pouvant plus communiquer avec son QG, Raynal utilisa son dernier pigeon. Porteur d'un ultime message, l'oiseau s'envola du fort le 4 juin et arriva sain et sauf à son destinataire. La légende du glorieux pigeon patriote est née ce jour-là (une plaque à l'extérieur le rappelle). Le fort résista et refusa de se rendre. La bataille dura 7 jours, du 1er au 7 juin 1916. Les Allemands montés sur le toit du fort attaquèrent à la grenade et à la baïonnette les Français repliés dans les souterrains du fort. Le 7 juin, à 6h du matin, le commandant Raynal capitule. Il se rend avec dignité, préférant cette solution plutôt que de voir sa garnison décimée par la soif. Les Allemands occupent le fort peu de temps et l'évacuent le 2 novembre 1916, après la victoire française de Douaumont. Fait prisonnier par l'armée allemande, Raynal reçoit une épée des mains du Kronprinz, un fait exceptionnel. Après la guerre, Raynal n'a pas été jugé ni condamné comme traître, bien qu'il se soit rendu à l'ennemi. L'état-major français fit preuve d'une grande indulgence à son égard.

– ***À l'intérieur :*** un petit musée, puis un réseau de galeries humides et de couloirs qui permet de découvrir des casemates, 2 canons de 75, un central téléphonique, un poste de secours et une chapelle.

LES ANIMAUX SONT DES HÉROS

Pendant la Grande Guerre, bien des animaux eurent aussi à souffrir de la stupidité humaine. Les chiens servaient à dénicher les blessés sous la mitraille. Les pigeons portaient les messages et étaient donc souvent abattus. L'un d'entre eux, « Le Vaillant », sera même décoré de la croix de guerre. Les canaris signalaient la présence de gaz dangereux lors du creusement des tunnels. Quant aux grillons, ils arrêtaient de chanter à l'approche des gaz asphyxiants.

Le bois des Caures : *à 6,5 km au nord-est de Vacherauville, sur la D 905, à l'intersection avec la D 125 (vers Flabas et Moirey), se trouve à gauche sous les arbres un sentier qui mène au PC de commandement du lieutenant-colonel Driant.* Sa stèle commémorative se trouve dans une allée à droite. Au début de la bataille de Verdun, en février 1916, le bois des Caures est défendu par 1 200 soldats

français des 56e et 59e bataillons de chasseurs à pied. Le 21 février, à 16h, après 9h de pilonnage intensif, il ne reste que 350 survivants. Le 22 février, les soldats allemands poursuivent leurs attaques et Driant résiste avec 80 survivants. En fin de journée, le lieutenant-colonel est tué. Sa mort devient très vite un événement. Car Driant n'est pas un simple soldat : député de Nancy, homme politique, écrivain-militaire marié à la fille du général Boulanger, en bon patriote Driant s'était engagé dans la guerre à l'âge de 59 ans, le 1er août 1914. Un emblème vivant du patriotisme.
Analyste lucide de la situation militaire à Verdun, il a averti plusieurs fois l'État-Major de la faiblesse de la défense de Verdun et du désavantage français : il n'a pas été écouté. Et pourtant, les faits lui ont donné raison !
On peut voir une ***stèle du souvenir*** à l'endroit où le héros du bois des Caures est tombé. Son corps n'a été retrouvé qu'en octobre 1922 et une simple croix marque l'emplacement de sa tombe originelle. Ses restes ont été inhumés la même année sous le ***mausolée aux Chasseurs,*** gros bloc de pierre grise orné de petites croix, érigé au bord de la route.

LES VILLAGES DÉTRUITS

Voici la plus émouvante des promenades, une balade dans la mémoire des villages entièrement détruits entre 1914 et 1918, à travers des lieux encore hantés par le souvenir de l'enfer de Verdun, et des sites habités par les fantômes de la Grande Guerre. La croix de guerre 1914-1918 a été attribuée à 13 villages détruits pendant la Première Guerre mondiale. À l'ouest de Verdun, sur la rive gauche de la Meuse, ce sont les villages de Cumières, Béthincourt, Forges, Malancourt. Sur la rive droite de la Meuse, au nord-est de Verdun, on dénombre 9 villages détruits durant la guerre. Ils se situent aujourd'hui dans ce qu'on appelle la « zone rouge », sorte de vaste périmètre boisé qui n'a pas été repeuplé mais planté d'arbres. C'est un haut lieu du souvenir.
Du sud au nord de cette zone rouge, on peut lire des panneaux routiers indiquant les villages détruits de Douaumont, Fleury-devant-Douaumont, Vaux-devant-Damloup, Louvemont-Côte-du-Poivre, Bezonvaux, Ornes, Beaumont, Gremilly et Haumont-près-Samogneux. Ces 9 « villages-mémoire », qu'on pourrait qualifier de villages fantômes, ont conservé leurs noms. Seules 2 communes ont aujourd'hui un maire élu, Douaumont et Vaux, car elles ont des habitants, donc quelques dizaines d'électeurs. Mais faute d'habitants (donc faute d'électeurs), les 7 autres communes de la zone rouge sont dirigées par un seul maire, nommé par le préfet. Chaque village détruit possède au moins une chapelle-abri et un monument aux morts. Les endroits les plus chargés en souvenirs sont Douaumont et Fleury-devant-Douaumont, qui possèdent le plus de monuments, de stèles et de mémoriaux.

UN PEU D'HISTOIRE

Durant les 2 premières années de la guerre (1914 et 1915), ces villages avaient plus ou moins été abandonnés par leurs habitants. Ceux-ci avaient laissé leurs maisons, leurs terres, leur mode de vie ancestral rythmé par les saisons. Beaucoup étaient partis se réfugier dans le sud de la France. Quand commence la bataille de Verdun, le 21 février 1916, les villages mis en état de défense sont totalement évacués. L'armée française les utilise pour en faire des centres de résistance dotés d'abris, de créneaux de tirs, de barbelés, de boyaux et de barricades. Les tirs incessants d'obus et les combats d'infanterie menés par les 2 armées s'y déchaînent, particulièrement dans les villages de Douaumont, Vaux et Fleury.
Puis, entre février et octobre 1916, c'est un épouvantable déluge d'obus qui s'abat sur des maisons qui s'écroulent, des églises qui s'effondrent, des caves

qui s'éventrent. À la fin de la guerre, ce secteur n'est plus qu'un paysage désolé et lunaire, une sinistre planète sans arbres, une zone anéantie avec des villages rayés de la carte. Un paysage dantesque : une terre crevassée, bouleversée et meurtrie, où gisent de nombreuses munitions non explosées. Une terre martyrisée, jonchée de débris et de barbelés, d'épaves de canons et d'armes, de matériel rouillé, de cadavres desséchés en uniforme, d'ossements d'animaux.

La zone rouge et les « villages-mémoire »

La loi du 17 avril 1919 sur la réparation des dommages de guerre prévoyait que l'État serait obligé d'acheter à leurs propriétaires les terrains dont la remise en état impliquait une dépense supérieure à la valeur du terrain supposé reconstitué. C'était le cas de plusieurs zones de la Meuse marquées en rouge sur les cartes. Le gouvernement français racheta près de 20 000 ha, répartis sur 9 communes détruites. La terre étant ravagée et impropre à la culture, les eaux malsaines, les obus inexplosés trop nombreux, il fut décidé de ne pas repeupler ces villages et de constituer une sorte de sanctuaire nommé encore aujourd'hui « la zone rouge ».

DES VILLAGES SANS HABITANTS

9 villages ont le statut de communes « mortes pour la France » pour avoir été détruits pendant la Grande Guerre. Tous situés dans la Meuse, ils existent toujours administrativement. Chaque village martyrisé, titulaire de la croix de guerre, est administré par un conseil municipal de 3 membres directement nommés par le préfet.

Avec l'aide des fonds allemands (réparations de guerre), on replanta le secteur en épicéas et en résineux, pour créer sur le territoire de ces 9 communes un vaste domaine forestier aujourd'hui géré par l'ONF. Le terrain fut méthodiquement fouillé et déminé. Des monuments du souvenir furent érigés. Les restes des soldats non identifiés (des disparus) furent inhumés dans l'ossuaire de Douaumont. Des réfugiés meusiens revinrent s'installer à la périphérie de la zone dévastée.

À voir

Fleury-devant-Douaumont : *à 7 km au nord-est de Verdun.* Là se tient le mémorial de Verdun, au bord de la route qui mène à l'ossuaire de Douaumont. De tous les villages détruits, c'est celui qui permet le mieux de comprendre ce qui s'est passé. Sur le monument à la mémoire du village, il est écrit : « Ici fut Fleury-devant-Douaumont détruit en 1916. » Pris et repris 16 fois entre le 23 juin et le 18 août 1916. En souvenir de la destruction de ce village meusien, une commune normande du Calvados qui s'appelait « Allemagne » décida en 1917 de changer de nom. Elle fut renommée Fleury-sur-Orne. La chapelle de Fleury porte sur sa façade la statue de Notre-Dame de l'Europe.

Douaumont : *à 9 km au nord-est de Verdun.* Douaumont fut le théâtre des pires combats de la bataille de Verdun. Le monument aux morts est un obélisque terminé par une urne et une flamme de pierre. Chapelle construite au milieu de l'ancien cimetière, dans un bosquet de pins noirs. C'est à Douaumont que le capitaine Charles de Gaulle (le futur général !), du 33e RI, a été blessé et capturé par les Allemands.

Vaux-devant-Damloup : *à 6 km à l'est de l'ossuaire de Douaumont, par la petite D 112 qui mène à la plaine.* Le monument aux morts est un obélisque surmonté par un coq gaulois. Sur son socle est écrit « On ne passe pas. » La chapelle a la taille d'une église.

Louvemont-Côte-du-Poivre : *à 3 km de Charny.* Une petite route un peu chaotique mène à une chapelle en forme de croix grecque dans l'ancien cimetière, seul vestige du village détruit en 1916.

Ornes : les restes de ce que fut Ornes avant la guerre sont plus visibles qu'ailleurs. Vestiges de l'église en ruine, au milieu d'un bosquet, restes des ruelles mêlées aux tranchées.

Bezonvaux : *sur la D 24, à 2 km au sud d'Ornes.* Petite chapelle-abri. Un sentier de mémoire évoque ce qu'était ce village dont il ne reste rien aujourd'hui.

Beaumont-en-Verdunois : *à 4 km de Vacherauville par la D 905.* Le monument au village détruit est situé devant la chapelle.

Haumont-près-Samogneux : *à 2 km au nord-est de Samogneux.* Noyé dans la mer des arbres, ce village détruit est accessible à pied par un chemin forestier.

LE NORD-OUEST DU VERDUNOIS

2 hauts lieux de mémoire, perchés sur le sommet et le flanc des Côtes de Meuse, dans un rayon de 20 km au nord-ouest de Verdun : le Mort-Homme et la cote 304.

Où dormir ? Où manger ?

Le Village Gaulois : *11, rue du Parge, 55100* ***Marre.*** *☎ 03-29-85-03-45. • villagegaulois@wanadoo.fr • villagegaulois.com • Double 76 € ; familiales. Menus 19 € (déj sem) et 28 €.* Pierre par pierre, poutre par poutre, le jovial proprio a construit ce « village gaulois » à l'ombre de bons vieux chênes. Une grange centrale, éminemment rustique, pour une roborative cuisine de ménage. Et des chambres faites main également, de styles différents, pas toutes immenses mais plaisantes et très colorées. Possibilité également de planter sa tente dans le jardin sur l'arrière ou garer son camping-car pour quelques euros symboliques. Golf miniature dans le parc d'agrément. Une adresse originale !

À voir

Le Mort-Homme : *à 18 km au nord-ouest de Verdun, par la D 38 qui passe par Charny, Marre et Chattancourt. Le site se trouve à 295 m d'altitude, sur une butte à 2 km au nord de Chattancourt. Accès libre.* L'endroit fut tellement pilonné par les obus que la cote 295 (c'était son nom) a perdu 12 m entre 1914 et 1918 ! Les Allemands mirent un mois pour prendre la colline, le 23 mai 1916. Les soldats français reprirent le Mort-Homme le 20 août 1917, au terme de longs mois de combats meurtriers. Sur le monument du Squelette, on peut lire l'inscription, célèbre : « Ils n'ont pas passé. »

La cote 304 : *à 24,5 km au nord-ouest de Verdun, par la D 38 qui passe par Charny-sur-Meuse, Marre et Esnes-en-Argonne ; c'est bien indiqué. Accès libre.*
Un des hauts lieux de la Première Guerre mondiale en Meuse. Au cœur d'une forêt d'épicéas, de mélèzes et de pins noirs, un monument en forme d'obélisque rappelle le sacrifice des soldats français. Les Allemands tentent de prendre cette colline à partir du printemps 1916. De mars à avril 1916, un déluge de feu s'abat sur les lignes françaises de la cote 304, au nord-ouest de Verdun. 120 coups d'obus à la minute ! En 6h, c'est jusqu'à 50 000 obus qui s'abattent sur le site. Le 10 avril, le général Pétain lance sa fameuse phrase : « Courage, on les aura ! »
En juin, ils atteignent le sommet, sans toutefois parvenir à contrôler l'ensemble de la butte. Les lignes sont si proches qu'un soldat parti ravitailler les Français en nourriture se retrouve dans les lignes allemandes : il ne reviendra pas. Bilan de la bataille de la cote 304 : 10 000 morts côté français. Hormis l'obélisque, il y a aussi sur ce site une nécropole : 3 417 tombes et 2 ossuaires de 1 500 corps chacun, 2 autres petits monuments et une tombe oubliée. Un sentier balisé (1h environ) permet de se promener dans cette forêt historique.

Les villages détruits de la rive gauche de la Meuse : plusieurs villages ont été détruits à 100 % entre 1914 et 1918. Ce sont des villages « Morts pour la France » : ***Cumières, Béthincourt, Forges, Malancourt,*** tous situés autour des crêtes de la cote 304 et du Mort-Homme où se sont déroulés d'interminables combats pendant les années 1916 et 1917.

La tranchée de Chattancourt : *8, rue du Balley, 55100* ***Chattancourt.*** *06-64-77-04-67. • tranchee-verdun.com • À 18 km au nord-ouest de Verdun, par la D 38. Avr-oct, tlj sauf lun 14h-18h. Entrée : 4 € ; réduc. Visite libre ou guidée de 30 mn.* Dans un village quasi détruit en 1917, mais rebâti depuis, une petite association a eu l'idée de reconstituer sur une centaine de mètres les tranchées de Toulouse et de Chattancourt dans un jardin privé, entre 2 fermes en activité. Ces tranchées servaient de base arrière au Mort-Homme. Réalisées avec des matériaux de récupération d'époque (bois et taules galvanisées), d'après des documents d'archives et témoignages, on passe par un poste de secours, une chambre d'officier, un dortoir de soldats, un poste d'observation, les latrines... Une courte mais intéressante visite en immersion dans « la vie de tranchée ».

LE VAL DE MEUSE

Au sud-sud-est de Verdun, le long de la Meuse (naturellement...), un paysage de modestes collines, de champs et de prairies (très vertes au printemps) entrecoupés de bois et de forêts (forêt de Souilly, forêt de Meuse Benoite-Vaux, bois de Landrecourt).

Adresse utile

Office de tourisme Val de Meuse-Voie sacrée : *43, rue du Rattentout, 55320* ***Dieue-sur-Meuse.*** *03-29-87-58-62. • tourismevaldemeuse voiesacree.fr • Tte l'année, lun-ven 9h-12h, 13h-16h45. Fermé w-e.* Propose notamment des visites guidées *(chaque 2e dim, mai-oct, ou sur rdv)* des églises de Dugny et Génicourt. Dépliants de plus de 40 circuits de randonnées dans le Val de Meuse-Bois sacré.

Où dormir ? Où manger dans le val de Meuse ?

De chic à beaucoup plus chic

Hostellerie du château des Monthairons : *26, route de Verdun (D 34), lieu-dit Le Petit-Monthairon, 55320* ***Les Monthairons.*** *03-29-87-78-55. • accueil@chateaudesmonthairons.fr • chateaudesmonthairons.fr • À 12 km au sud de Verdun (bien fléché). Resto fermé lun (sauf pour les résidents) et mar midi (plus dim soir de mi-nov à Pâques). Hôtel fermé dim-lun de mi-nov à Pâques. Doubles 115-200 € ; suites en duplex. Formule déj sem 30 € ; menus 49-102 €.* Un élégant château du XIXe s au cœur d'un parc de 14 ha, bordé par la Meuse et clos de murs. Les chambres, de grand confort, sont très stylées pour certaines (avec lit à baldaquin), plus campagnardes pour d'autres, dans le goût d'aujourd'hui pour les plus récemment aménagées. Sauna, hammam, spa (en attendant la piscine). Dans les douillets salons du resto, élégante et fine cuisine de haut vol, dont l'intéressante formule du déjeuner offre, sans se ruiner, un bon aperçu. Et pour ne rien gâcher (surtout en ce genre d'endroit), excellent accueil familial, prévenant et souriant. Promenade immanquable dans le parc le long de la Meuse, pour observer l'eau et les oiseaux.

Chambres d'hôtes du château de Labessière : *9, rue du Four, 55320*

Ancemont. ☎ *03-29-85-70-21.* • *rene.eichenauer@orange.fr* • *chateau-labessiere.fr* • *Dans le bourg. ½ pens demandée : 85-95 €/pers. Bouteille de vin offerte pour 2 pers au dîner sur présentation de ce guide.* Château du XVIIIe s, charmant même s'il est au cœur du village et mitoyen d'autres maisons. Une suite et 2 chambres dans l'esprit du château, avec des meubles anciens et une certaine distinction. Salle à manger style Louis XVI pour une table d'hôtes (le soir seulement) comme au resto. Agréable jardin avec piscine couverte.

À voir

L'ouvrage de la Falouse : *à env 3,5 km au sud de Verdun, entre Belleray et Dugny-sur-Meuse. 06-83-27-13-34.* • *ouvragedelafalouse.fr* • *Avr-oct, tlj sauf mer (tlj en juil-août) 9h-12h, 13h30-17h ; oct-11 nov, tlj sauf mer, le mat seulement. Dernière visite 30 mn avt la fermeture. Hors saison sur rdv. Entrée : 5,50 € ; réduc ; gratuit jusqu'à 10 ans.* Posé depuis 1906 sur une colline des bords de Meuse, ce petit fort (il ne pouvait accueillir que 130 soldats) est globalement resté en bon état. Et pour cause : il n'était pas sur la ligne de front. C'est d'ailleurs la vie d'une base arrière pendant la bataille de Verdun qu'évoquent aujourd'hui des reconstitutions très réalistes avec une trentaine de mannequins. Restauré depuis plus de 10 ans par un passionné soucieux du moindre détail, le lieu ressemble à un arrêt sur image. C'est aussi le seul fort complètement reconstitué, les autres sont bien vides. À l'entrée, petit réseau de tranchées et un campement d'été aménagé.

L'ARGONNE

Aux confins de la Marne et de la Meuse, le massif de l'Argonne et ses collines boisées (entre 200 et 300 m d'altitude, pas plus) marquent la limite géographique entre la Lorraine (à l'est) et la Champagne (à l'ouest). En venant de Verdun et de la plaine meusienne par l'autoroute, on le constate tout de suite, le relief s'élève, la forêt a recouvert les collines, et les petits villages semblent se cacher dans la mer des arbres (des résineux surtout au nord, et plus de feuillus au sud). Les lieux de mémoire et les vestiges de la guerre 1914-1918 ponctuent la carte historique de l'Argonne : la route de la Haute-Chevauchée (très belle au printemps), le cimetière de la Forestière, l'ossuaire de la Haute-Chevauchée et le Kaiser-Tunnel. Sous les futaies, on voit encore les vestiges de nombreux abris, des sapes, des tranchées et de nombreux cratères (appelés entonnoirs) envahis par la végétation, la mousse et les feuilles mortes.

100 ans après le début de la Première Guerre mondiale, l'Argonne a retrouvé paix et sérénité mais n'a pas perdu la mémoire. On peut y faire de longues marches en forêt, particulièrement sur des sentiers balisés autour des villages de Futeau et de Beaulieu-en-Argonne, dans la partie sud du massif. Avec un peu de chance, le promeneur tombe sur un lapin, un écureuil, un sanglier ou un chevreuil. Et que de champignons en automne !

UN PEU D'HISTOIRE

Fin août 1914, la bataille de la Meuse se traduit par une retraite des troupes françaises face à la soudaineté de l'offensive allemande. Début septembre, les Allemands avancent jusqu'en Argonne et prennent Clermont le 4 septembre. La contre-offensive dirigée par Joffre repousse l'armée du Kronprinz à la hauteur de Montfaucon. Le front Champagne-Meuse se fixe dans le massif forestier de l'Argonne, une ligne de collines de 25 km de long du nord au sud, constituant un « verrou » entre les 2 armées. Si ce verrou saute, les Allemands continueront leur avancée vers l'ouest. L'Argonne devient alors le théâtre de combats terribles. On assiste à une guerre de position dans un paysage de futaies de hêtres, de bouleaux, de charmes et de chênes. Des fourrés impénétrables couvrent les crêtes, et les ravins sont parcourus par des ruisseaux, baignés par des petits étangs et des fontaines. Un site pour écrire de la poésie, pas pour faire la guerre !

Le « verrou » stratégique de l'Argonne

Les soldats souffrent de l'humidité et du froid. Ils pataugent dans la boue des tranchées. Pas de visibilité pour l'infanterie, aucune voie de pénétration facile, rien que des sentiers impraticables. La fusillade est permanente, mais on se bat aussi à coups de grenades et d'obus. On compte souvent des centaines de tués en une journée. Parfois, les hommes des 2 camps sortent de leurs tranchées et s'affrontent au corps à corps. Objectif : prendre quelques mètres de terrain à l'adversaire. L'année 1915 est la plus difficile, la plus sanglante. De septembre 1914 à la fin 1915, le Four-de-Paris et le bois de la Gruerie ont été les secteurs les plus meurtriers de l'Argonne. Les poilus l'avaient surnommé « le bois de la Tuerie ». Le 13 juillet 1915 se déroule la plus violente bataille de l'Argonne. On utilise aussi des lance-flammes et des gaz asphyxiants. Un régiment garibaldien composé de soldats italiens s'engage dans les combats, en souvenir de l'amitié portée à la France par l'illustre Garibaldi.

Une guerre d'usure

Mais à la fin de 1915, la tactique des attaques en surface est révolue. Alors on s'affronte sous terre. Les soldats creusent à la main des sapes, galeries souterraines pour s'avancer sous les lignes ennemies. C'est la guerre des mines. Elle consiste à faire sauter l'ennemi avant que celui-ci ne vous fasse sauter. Des galeries sont creusées pour ravitailler le front depuis les lignes arrière. Les Français en creusent 13 et les Allemands 11 dont le Kaiser-Tunnel, près de la Haute-Chevauchée. Le paysage de l'Argonne est labouré par les grands cratères dus aux explosions. On les appelle les « entonnoirs ». On les voit très nettement aujourd'hui sur les sites de la Fille-Morte, à Bolante, à la Haute-Chevauchée (près du monument-ossuaire). En 1916, le front de l'Argonne se calme tandis que la guerre des mines se déchaîne sur la butte de Vauquois, dans la plaine (à 6 km au sud de Varennes), et autour de Verdun, à 30 km à l'est de l'Argonne. De la fin de 1916 au 1er semestre 1918, l'Argonne reste un secteur en léthargie jusqu'à la reprise de l'offensive ordonnée par Foch, qui est aidé par l'armée américaine. Le 26 septembre 1918, les Français et les Américains attaquent des 2 côtés de l'Argonne, et des régiments de Pennsylvanie libèrent Varennes. Au terme de leur avancée en octobre 1918, ils finissent par repousser définitivement les Allemands de l'Argonne et de la Meuse.
Le bilan de la guerre en Argonne est terrifiant : 150 000 soldats morts du côté français, autant du côté allemand, et 58 000 morts américains. La géographie de l'Argonne a aussi été martyrisée : une crête de l'Argonne – la cote 285 – mesurait 285 m avant la guerre. Elle a perdu 12 m en hauteur à la suite des tirs d'obus et des explosions. Aujourd'hui, elle se nomme la cote 273 !

BEAULIEU-EN-ARGONNE

(55250) 35 hab. *Carte Meuse, A2*

Le plus remarquable village de l'Argonne et un des mieux protégés de la Meuse. Juché au sommet d'une colline, dominant un vaste paysage de prés vallonnés et de forêts à perte de vue, on y arrive en traversant une nature intacte et préservée, qui n'a pas été défigurée par les griffes du progrès.

Jusqu'à la Révolution, c'était le fief d'une puissante abbaye bénédictine : rien de tel que l'isolement et le silence des forêts pour méditer. Aujourd'hui, il ne reste rien de ce monastère sauf quelques communs.
Beaulieu-en-Argonne fait de gros efforts pour sauvegarder son caractère. Il a été récompensé de nombreuses fois pour son fleurissement, et a obtenu le 1er prix de la Société pour la protection des paysages et de l'esthétique en France. Ce tout petit village se résume à une rue principale bordée de quelques maisons (dont certaines avec pans de bois), une église, un monument aux morts, un énorme pressoir, et un hôtel-restaurant.

Où dormir ? Où manger ?

Hostellerie de l'Abbaye : *7, Grande-Rue. 07-71-75-39-34. • hotel-beaulieu-en-argonne.com • Resto ouv le soir seulement, plus dim midi sur résa. Double 75 €. Menu 36 €.* Au cœur du village, un hôtel agréablement rénové, avec des chambres de bon confort standard, particulièrement appréciables pour leur balcon offrant une belle vue panoramique sur les douces collines environnantes. Au resto, cuisine très classique et un peu chère. Bon accueil.

À voir. À faire

Le vieux pressoir : *accès gratuit.* Dans le village, près du monument aux morts et à gauche de l'entrée de la galerie de l'abbaye, les anciens communs de l'abbaye bénédictine abritent ce grand pressoir du XIIIe s, rescapé de l'histoire. Naguère, les moines pouvaient presser jusqu'à 3 t de raisin pour obtenir 1 600 l de vin. Il a traversé les siècles et les guerres. Le voilà, tel un mastodonte de chêne, immortalisé dans son inaction, sorte de machine au repos, métamorphosée en œuvre d'art. Documents intéressants sur l'ancienne abbaye.

➢ ***Randonnées dans la forêt de Beaulieu :*** *infos auprès de l'office de tourisme de Clermont-en-Argonne et dépliants de 3 circuits à l'*Hostellerie de l'Abbaye. Un panneau dans le village, près du monument aux morts, donne un bon aperçu des randonnées pédestres et des itinéraires en forêt. Les sentiers sont signalés par des panneaux fléchés. Superbes balades en automne (champignons, gibier) ou au printemps.

ENTRE BEAULIEU-EN-ARGONNE ET CLERMONT-EN-ARGONNE

La tombe de Raymond Poincaré : *au village de* ***Nubécourt.*** Derrière l'église du village, le cimetière paroissial renferme un enclos familial entouré de haies, où ont été enterrés le président Poincaré ainsi que les membres de sa parenté, soit 28 tombes au total. Chacune a la particularité de porter un médaillon ovale fixé sur un pied métallique. Né à Bar-le-Duc en 1860, mort à Paris en 1934, Poincaré fut président de la République de 1913 à 1920. Meusien, il possédait une maison à Sampigny (Meuse), qui se visite aujourd'hui.

Le musée de la Faïence : *château de* ***Rarécourt*** *(55120). 07-87-77-29-82. Dans le village ; fléché. Début juil-fin août, lun-ven 10h-12h, 14h-18h30 ; w-e et j. fériés 10h30-12h, 14h-18h30. 2e quinzaine de juin, w-e seulement 14h-18h30 (sur résa en sem). Entrée : 4 € ; réduc ; gratuit jusqu'à 12 ans.* Ce que l'on nomme le château de Rarécourt est en fait une maison forte, aujourd'hui transformée en musée de la Faïence. Le clou du musée est une série de 800 pièces de faïences et de poteries d'Argonne, provenant des fabriques des Islettes, Waly, Lavoye, Salvange, Froidos et Rarécourt. Sont également exposés des collections d'archéologie, des parchemins (dont un autographe de Louis XVI et de Marie-Antoinette), ainsi que des monnaies et des cartes postales.

La microbrasserie de la ferme de la Vallée : *55120* ***Rarécourt.*** *07-86-50-36-01. • rarecourtoise.com • Entrée libre ts les dim juil-août 14h-18h et le 1er dim de chaque mois le reste de l'année. Visite guidée pour les groupes sur rdv.* Rarécourt est une halte que nous recommandons à tous les amateurs de bière traditionnelle. Agriculteurs de métier, les Fagot se sont lancés dans la fabrication de bière. Voilà des « gens de terre » devenus « gens de bière ». Du champ, les Fagot sont passés à la chope, et du « terroir à la tartine ». Ils font visiter leur microbrasserie installée dans leur ferme, en pleine campagne. On peut voir les plantations et les installations : la malterie, la salle de brassage, la salle de garde, le chaudron à confiture en cuivre sur bain d'huile, puis déguster la bière de la ferme. Beaucoup de passion et de travail, peu de moyens, et un résultat étonnant !

L'atelier de tissage « Coline » de Colette Chatelet : *55120* ***Brocourt-en-Argonne.*** *☎ 03-29-88-45-52. Ouv w-e et j. fériés 14h-18h ; en sem, sur rdv (ts les ap-m en juil-août). GRATUIT.* Le tissage se fait avec du coton, du lin et de la laine, matériaux nobles et traditionnels. Le savoir-faire de cette tisserande aux doigts d'or s'appuie sur la vieille tradition de nos ancêtres. Elle utilise ainsi le lance-navette, le fil de trame, les fils de chaîne, les battants et les peignes. Patience et méticulosité, telles sont les 2 grandes vertus de Colette.

CLERMONT-EN-ARGONNE

(55120) 1 590 hab. *Carte Meuse, A2*

La petite ville de Clermont-en-Argonne s'adosse à une grosse colline à l'écart de l'autoroute de l'Est. C'est un bon point d'information pour explorer la forêt d'Argonne, qui commence presque au bout de la rue principale. Que l'on aime la plaine ou la forêt, les balades ou le tourisme de mémoire, on a le choix et, en une journée, on peut visiter la butte de Vauquois (haut lieu de la guerre des mines), Varennes-en-Argonne et les sites principaux du massif de l'Argonne.

Adresse utile

Office de tourisme du Pays d'Argonne : *6, pl. de la République. ☎ 03-29-88-42-22. • tourisme-argonne.fr • Juil-août, ouv tlj ; sinon, lun-ven.* Accueil super sympa et efficace. Boutique de produits régionaux. Expos d'artistes régionaux.

Où dormir ? Où manger dans les environs ?

À Aubréville

(55120 ; 6 km nord)

Hôtel du Commerce : *1, rue de la Louvière. ☎ 03-29-87-40-35. • laurent.labrosse@wanadoo.fr • hotel-restaurant-aubreville.com • Double 57 €. Menu brasserie 12,50 € déj sem ; autres menus 16,50-22 €. Café offert sur présentation de ce guide.* Dans une maison pittoresque, un petit hôtel familial classé 2 étoiles. Chambres toutes simples, au confort suffisant, rénovées, avec un goût d'air du temps et le charme désuet des anciens hôtels. Bonne et généreuse cuisine familiale du patron au resto. Accueil super sympa et souriant ! Bar, avec ses banquettes en bois, son zinc... et ses habitués, les amis !

Aux Islettes
(55120 ; 6 km ouest)

🏠 ***Chambres d'hôtes et gîtes Villa Les Roses :*** *1, rue du Centre, Les Vignettes. ☎ 03-26-60-00-51. 📱 06-08-21-25-56. • contact@villalesroses-marne.com • villalesroses-marne.com • Des Islettes, prendre la D 603 vers Sainte-Menehould, c'est indiqué à droite, à 1 km env du village, juste après le pont sur la Biesme. Doubles 74-94 € ; suite et familiale (tarifs dégressifs selon durée du séjour). Gîtes 2-8 pers, à la nuitée, 84-150 €. Table d'hôtes sur résa 35 € ; brunch et ardoise gourmande 18-20 €.* Un parc de 5 ha, avec ses grands arbres, ses fleurs, ses roses... Dans l'ancien manoir du XVIIIe s entièrement rénové, les 5 chambres portent des noms de roses, de la plus petite, « Poudrée », à la suite « Champagne » (avec sa baignoire balnéo, sa ½ bouteille de champagne, son confort exquis). Il faut savoir que Mme Indjidjian est Meilleure ouvrière de France, catégorie esthétique-maquillage. Ce qui explique cette recherche extrême du raffinement dans la décoration. Les gîtes, idéaux pour des familles, ont accès au parc. Un bain nordique et un kota grill complètent l'offre exceptionnelle. Soins esthétiques et massages dans un espace bien-être. Énorme coup de cœur pour le cadre, les chambres... et plus encore pour l'accueil.

À Futeau
(55120 ; 11 km sud-ouest)

⛺ ***Camping municipal Pierre Cochenet :*** *chemin du Clos de la Montagne. ☎ 03-29-88-27-06. • mairiefuteau@orange.fr • ♿ À la sortie de Futeau, à côté de l'église. Ouv avr-sept. Compter 8 € pour 2. CB refusées. 25 empl.* Petit camping rural très agréable, avec des emplacements ombragés au chevet de l'église du village, en bordure de forêt. Bloc sanitaire neuf et impeccable.

🏠 ***Chambres d'hôtes Le Four au Bois :*** *20, rue de Bellefontaine. ☎ 03-29-88-22-08. • michel-clo@wanadoo.fr • lefouraubois.com • ♿ Doubles 65-70 €. Réduc de 10 % sur présentation de ce guide.* Dans ce tranquille hameau presque immergé dans la forêt d'Argonne, une vieille ferme restaurée et aménagée avec soin et bon goût. Elle possède 4 belles chambres aux noms (et à la déco !) évocateurs d'autres régions ou de pays beaucoup plus lointains : la « Provençale », la « Yéménite », l'« Africaine »... Toutes jouissent d'une vue sympathique sur la nature environnante. Accueil cordial.

🏠 🍴 ***À L'Orée du Bois :*** *lieu-dit Courupt. ☎ 03-29-88-28-41. • contact@aloreedubois.fr • aloreedubois.fr • ♿ Tlj sauf lun et mar midi en saison. Hôtel et resto fermés lun-mar en hiver. Congés : déc-janv. Doubles 110-160 € ; suites. Menus 32 € (déj sem), puis 48-80 €.* Comme son enseigne l'indique, en pleine campagne, en lisière de forêt. Les chambres sont donc vraiment tranquilles, très joliment décorées, spacieuses et d'un confort optimum. Certaines sont même dotées d'un jacuzzi et les plus récentes, installées dans une vieille grange, sont vraiment craquantes. En cuisine, le chef témoigne d'un réel talent pour s'approprier une cuisine de toujours avec des idées bien à lui ; spécialité de pigeonneau royal aux épices. Et faites confiance à Mme Aguesse pour l'accord mets-vins !

À voir

L'église Saint-Didier : *ouv du 15 mai aux Journées du patrimoine, mer ap-m et dim ap-m ; sinon visite aux heures d'ouverture de l'office de tourisme.* Édifiée entre 1533 et 1577, de style ogival flamboyant, elle fut incendiée le 5 septembre 1914 et sauvée d'une ruine complète par les Monuments historiques en 1919. Vitraux réalisés après la guerre 1914-1918. Dans la chapelle nord, monument funéraire avec un gisant (XVIe s). Dans la chapelle sud, à droite en regardant le chœur, une mise au tombeau « La Madeleine », du XVIe s, attribuée à Ligier Richier. Accessible par la rue côté sud-est, la crypte abrite une chapelle du souvenir (1944).

LA MEUSE

CIRCUIT EN ARGONNE MEUSIENNE

L'ermitage de Saint-Rouin : *à env 10 km au sud-ouest de Clermont-en-Argonne. Fléché sur la gauche de la D 2 entre Futeau et Beaulieu-en-Argonne.* De forme trapézoïdale, cette chapelle en béton, entourée de bois, a été édifiée par un père dominicain disciple de Le Corbusier et collaborateur de Matisse à la chapelle de Vence. Les vitraux contemporains ont été réalisés par une artiste japonaise (âgée de 8 ans à l'époque !). Naguère se dressait sur ce site le petit ermitage de Saint-Rouin (ou Saint-Roding), un moine irlandais du VIIe s qui ne cherchait pas un pub mais un site tranquille pour prier et évangéliser la région. Il fut le fondateur du 1er monastère de Beaulieu-en-Argonne.

Les Islettes : *à 6 km à l'ouest de Clermont-en-Argonne.* À l'orée de la forêt, un village-rue qui abritait autrefois la plus célèbre des faïenceries de l'Argonne. Pendant la guerre 1914-1918, c'était l'arrière-front pour les Français, par où passaient les convois de ravitaillement porteurs d'armes, de munitions et de vivres.
– **Verre d'Argonne :** *64, rue Jules-Bancelin (RN). 06-52-96-21-66. • verre-argonne.org • Mai-sept, dim et j. fériés 10h-12h, 14h-18h (plus sam ap-m en juil-août). Entrée : 4 € ; gratuit moins de 16 ans ; visite + animation verrier : 5 €.* Les « Amis du verre d'Argonne » proposent de faire découvrir le travail des verriers à travers les temps avec des expos temporaires intéressantes à la muséographie bien pensée. Démonstration du travail du verre certains jours (voir les dates sur le site).

Le Claon : *village à 5 km au nord des Islettes, dans un vallon entouré de forêts.* Quelques maisons à pans de bois.

Lachalade : *à 2,5 km du Claon.* Malgré les destructions de la Première Guerre mondiale, il reste quelques maisons à pans de bois et une abbatiale du XIVe s, ultime vestige d'une grande abbaye cistercienne du XIIe s dans l'est de la France (seule l'église se visite, l'abbaye est privée). Au bord de la route se dresse le ***monument aux Garibaldiens,*** qui perpétue une mémoire un peu oubliée aujourd'hui. Les 2 médaillons de bronze rappellent les traits de Constante et Bruno Garibaldi, les petits-fils du célèbre patriote Giuseppe Garibaldi (1807-1882), tous 2 morts au combat en Argonne.

L'ITALIE DANS LES TRANCHÉES

Très reconnaissant pour l'aide que la France lui avait apportée dans son combat, Giuseppe Garibaldi transmit à son fils l'amour de sa 2de patrie. Celui-ci leva en 1914 une légion de volontaires italiens, « les Garibaldiens ». Portant sous leur tunique verte déboutonnée leur fameuse chemise rouge, ils se battirent courageusement en Argonne aux cris de « Viva Italia, Vive la France ! ». Ayant subi de très lourdes pertes, les Garibaldiens furent démobilisés après janvier 1915.

La route de la Haute-Chevauchée : la route historique de l'Argonne. Elle traverse du nord au sud le grand massif forestier de l'Argonne, sur une longueur de 12 km environ. De 1914 à 1918, ce secteur situé sur la ligne de crête a été le théâtre de combats meurtriers entre les armées française et allemande. Il faut imaginer ce paysage mutilé et ravagé, sans arbres, troué de cratères d'obus, percé par des tranchées et des abris souterrains. À 3 km au nord du cimetière de la Forestière, sur le bas-côté gauche de la route, se tient le principal ***monument-ossuaire de l'Argonne,*** entouré de belles futaies d'arbres. Édifié en 1922 à l'initiative de la comtesse de Martimprey, en souvenir de son mari mort pendant la guerre 1914-1918, et en mémoire des 150 000 soldats français tombés dans les combats d'Argonne, le monument représente un poilu dont les mains s'appuient sur un glaive qui se confond avec une croix sculptée. Il porte les noms des régiments français engagés en Argonne. À l'arrière, on peut voir un énorme cratère de mine (52 t !), de 30 m de diamètre, avec sur son rebord une grande croix érigée en 1973 en signe de réconciliation franco-allemande. Le *Kaiser Tunnel* qui était destiné au ravitaillement du front allemand ne se visite plus. Un sentier historique permet de découvrir les cratères en forme d'entonnoirs et les tranchées des soldats.

Le cimetière de la Forestière : *au bord de la route de la Haute-Chevauchée, à 2,5 km au sud du monument-ossuaire.* Un grand cimetière où reposent 220 poilus tombés en Argonne. Signe particulier : il est fleuri d'hortensias (bleus, blancs et roses). Il y a un plant près de chaque tombe, conformément à la volonté de la comtesse de Martimprey, généreuse donatrice de cet endroit.

Le ravin du Génie : *entre le cimetière de la Forestière et le Kaiser Tunnel, sur la route de la Haute-Chevauchée. Visite libre au rythme des panneaux explicatifs.* Un musée « en plein air » sur un parcours de 1,2 km. Pour découvrir un lieu de vie pour les soldats... et de stockage pour leur matériel.

➢ Dans les environs, le ***bois de la Gruerie*** avait été surnommé le « bois de la Tuerie » par les poilus. Après la guerre 1914-1918, près de 8 609 corps de soldats furent relevés dans ce bois et inhumés dans la proche nécropole de Vienne-le-Château (Meuse).

VARENNES-EN-ARGONNE

(55270) 680 hab. *Carte Meuse, A2*

On est déjà sorti de la forêt et on débouche dans la grande plaine meusienne si fertile, si verte au printemps. Difficile d'imaginer autant de vicissitudes historiques dans une si paisible bourgade étendue au bord de l'Aire, à l'orée nord-est du massif forestier de l'Argonne. Varennes-en-Argonne : c'est le village où le roi Louis XVI fut arrêté, et celui que les soldats américains de Pennsylvanie libérèrent des Allemands en 1918.

Où dormir ?

Camping municipal Le Paquis : *rue Saint-Jean.* ☎ *03-29-80-74-61.* • *mairievarennesenargonne@wanadoo.fr* • ♿ *Ouv Pâques-début oct. Compter 10,60 € pour 2. Loc 1 mobile home et 2 caravanes 20-30 €/j. pour 2 pers. 80 empl.* Situé à 200 m de l'église du village, au bord de la petite rivière. Quelques emplacements mieux ombragés, sous les grands arbres taillés. Calme. Pêche possible. Sanitaires modestes mais propres.

À voir

La tour de l'Horloge : une plaque posée sur le mur rappelle l'arrestation du roi Louis XVI et de sa famille en 1791, après avoir été reconnus par Drouet et Radet. C'est en effet devant cette tour dite « de l'Horloge » que l'événement s'est produit. Cet épisode marque pour Varennes le début d'une ère de célébrité, mais aussi de tracas. Les sympathisants

L'ARGENT PORTE MALHEUR

C'est un certain Drouet, maître de poste, qui, en observant un écu, reconnut le roi (qui se faisait appeler M. Durand !). L'escorte royale n'était plus là. La foule nombreuse décida de raccompagner tout ce beau monde à Paris.

du roi, victimes de représailles, doivent déguerpir : 52 familles nobles s'enfuient à l'étranger. La ville s'appauvrit. La malédiction de l'arrestation du roi semble s'abattre sur la ville : « Varennes, tu seras livrée à la fureur du soldat autrichien. Sur tes décombres, la charrue passera. » Et ce qui fut dit se réalisa : en 1792, Varennes est envahie par la coalition austro-prussienne.

Le mémorial de l'État de Pennsylvanie : *rue Louis-XVI.* Construit et financé par l'État de Pennsylvanie pour honorer la mémoire des soldats américains morts en Argonne entre le 26 septembre et le 11 novembre 1918. D'un style néogrec très sobre et dépouillé, il est constitué d'une série de colonnes autour d'une esplanade, dominant la petite vallée de l'Aire. « Le Droit est plus précieux que la Paix » : cette inscription gravée sur la vasque du monument est une citation du président Woodrow Wilson, du 2 avril 1917.

Le musée d'Argonne : *rue Louis-XVI. ☎ 03-29-80-71-14. 06-14-53-29-96. Juil-août, tlj 14h30-17h30 ; de mi-avr à juin et sept, w-e et j. fériés 14h30-17h30. Entrée : 5 € ; réduc ; gratuit jusqu'à 6 ans.* Ce petit musée se compose de plusieurs sections différentes pour présenter l'histoire locale. Une grande partie présente la guerre de 1914-1918 et les terribles combats de l'Argonne (dont la guerre des mines, qui atteint son paroxysme à la butte de Vauquois, toute proche de Varennes). Armes, uniformes, pièces d'artillerie, documents et des images poignantes en 3D, tirées du fonds de 900 clichés du musée Nicéphore Niepce. Une section est consacrée à l'arrestation de la famille royale à Varennes. Des tableaux et un buste de cire présentent la vie de la reine Marie-Antoinette à diverses périodes de sa brève existence.

LA BUTTE DE VAUQUOIS

Carte Meuse, A2

À 14 km au nord de Clermont-en-Argonne et 6 km au sud de Varennes-en-Argonne, la butte de Vauquois forme une petite colline (290 m de haut) qui domine les champs et les prairies de la campagne meusienne. Ce n'est plus le massif forestier de l'Argonne mais déjà la grande plaine agricole. Vue d'en bas, la butte de Vauquois donne l'image d'un gros mamelon verdoyant et boisé. Mais si on la voit depuis un avion, la vérité apparaît, nue et brute : sa crête pelée et couverte d'herbe rase est composée d'une série très rapprochée d'entonnoirs immenses et de profonds cratères, un paysage ravagé, bouleversé, qui cache un gigantesque réseau de galeries souterraines où les soldats se sont battus à coups d'explosifs entre 1914 et 1918. Vauquois est le résultat non pas de bombardements aériens massifs (contrairement à ce que l'on imagine), mais le fruit de 4 années et 2 mois d'une guerre terrible et méconnue : la guerre des mines.
Détruit totalement par les combats, le village de Vauquois, parrainé par la ville d'Orléans après 1918, n'a jamais été reconstruit sur son site originel. Signe de sa renaissance, quelques familles (30 habitants environ) habitent aujourd'hui la petite commune au pied du versant sud de la butte.

Où dormir ?

Chambres d'hôtes Le Mont Cigale : *3, rue du Général-Deprez, 55270* ***Vauquois.*** *☎ 03-29-80-36-21. • lemontcigale@gmail.com • lemontcigale.fr • ♿ Double 80 €. Table d'hôtes 24 €. Boisson de bienvenue offerte sur présentation de ce guide.* À site exceptionnel, hébergement d'exception, un des plus beaux de la région. Superbe propriété aménagée par des Belges, la famille Cardon, dans ce petit bout de rue tranquille. Des chambres harmonieuses, qui portent le nom d'arbres fruitiers du verger. Vouées au bien-être et au confort des hôtes, elles sont dotées d'un équipement parfait. Piscine (couverte) dans un vaste jardin. Prêt de vélos pour randonner. Accueil « à la belge », super sympa et convivial.

À voir

*– **Accès et visite :** accès bien fléché par la D 212. Visite libre tlj en surface (circuit fléché). Visite guidée assurée par des guides bénévoles de l'association* Les Amis de Vauquois, *1, rue d'Orléans (mairie), 55270 Vauquois. ☎ 03-29-80-73-15. • butte-vauquois.fr • Pour les individuels, visite guidée le 1er dim de chaque mois 9h-11h ; en juil-août, seulement jeu à 14h (uniquement sur résa). Congés : 15 déc-15 janv. Tarif : 5 €. Durée de la visite : env 2h. Journées portes ouvertes les 1er et 8 mai et Journées du patrimoine en sept (9h30-18h ; dernier départ 16h30).*

★★★ ***Les souterrains de la butte de Vauquois :*** la visite se fait à pied, sous la conduite d'un guide, et muni de lampes manuelles. Avant d'entrer, on revêt un casque de chantier (obligatoire) que l'on prend au petit musée. Rien de difficile dans ce parcours. Tout est sécurisé et renforcé par des étayages en bois. Excellent commentaire du guide. Vous comprendrez parfaitement l'histoire du site, et découvrirez les souffrances que les hommes ont endurées à Vauquois. Sous terre, le contraste est saisissant entre le « confort » relatif et l'aménagement (fait pour durer) des souterrains allemands et les boyaux français. Les Allemands pratiquaient les 3x8 : 8h pour creuser, 8h pour combattre, 8h pour se reposer (enfin, quand ils pouvaient le faire). Tandis que les soldats français creusaient des galeries très profondes, en obéissant au règlement, déblayaient la gaize (terre de l'Argonne) à l'aide de wagonnets sur rail, posaient leurs explosifs et sortaient à l'extérieur de la butte pour se mettre à l'abri. Contrairement aux Allemands, les soldats français ne s'installèrent pas « à demeure » dans la taupinière de Vauquois. Ils étaient relevés fréquemment et remplacés par d'autres. Ajoutons à la peur des violentes explosions la saleté, le froid, la faim, la maladie et la puanteur. Il existait même côté allemand un « passage des cadavres », *Leichen Gang,* rempli de cadavres (décomposés) que personne n'avait le temps d'enlever.

★★ ***Le musée de la butte de Vauquois :*** *aménagé près du parking, à l'entrée du site.* Voilà un tout petit musée qui en vaut bien des grands ! Réalisé par les bénévoles de l'association. La présentation soignée et méthodique des objets trouvés sur le site au cours des fouilles peut le classer au niveau d'un musée national. Une vitrine rassemble des objets de la vie quotidienne des soldats : peignes à moustache, boucles de ceintures, pipes, lunettes, bagues, plaques d'identité. Intéressante histoire de l'arbre « symbolique » de Vauquois. Pendant longtemps, il se dressait tout seul tel un squelette végétal dans un paysage dévasté. Devenu un atout français, cet arbre fut achevé à la base de son tronc par les tirs de mitraillettes allemandes : à force, les balles finirent par le scier complètement et l'abattirent. On retiendra aussi l'émouvante histoire de 2 anciens combattants de Vauquois, le soldat Dardonville et le soldat Ludwig Feikert, symbole de la réconciliation franco-allemande sur le site même où ils s'affrontèrent. Curieusement, ils sont décédés tous les 2 le même mois de la même année (janvier 1986). Touchante histoire également du pionnier de Vauquois, le soldat français Hilarion Platz. Cet ancien combattant de la butte a vécu pendant 7 ans dans une cabane de Vauquois pour retrouver des traces enfouies sous la végétation de son passé de jeune soldat. Cet homme courageux et entêté fut le précurseur de la renaissance du site. Sa capote bleu horizon est exposée au musée.

★ ***La stèle des sapeurs-pompiers :*** elle rappelle le rôle joué par les sapeurs-pompiers lors de l'assaut français du 6 juin 1915. Des lance-flammes furent mis au point et testés contre l'ennemi. Ce fut un échec. Une erreur technique de manipulation, et les flammes se retournèrent contre les soldats français.

La stèle au soldat Henri-Collignon : au pied sud de la butte, au début de la route qui monte du village vers le sommet, cette stèle est dédiée à Henri Collignon, tué le 16 mars 1915.

La nécropole de Vauquois : *située à 1 500 m au sud de la butte, à la sortie du village.* Ce cimetière de 1,5 ha abrite les corps de 4 368 soldats français tombés lors des combats de Vauquois.

DE L'ÉLYSÉE À LA TRANCHÉE

Quel destin que celui d'Henri Collignon, ce Parisien marié, père de famille, secrétaire général de la présidence de la République, qui s'engagea à 56 ans (il avait passé l'âge d'être appelé) en 1914, comme soldat puis simple porte-drapeau du 46e RI ! Il fut tué à la ferme de la Cigalerie, près de Vauquois. Un vrai héros.

La ferme de la Hardonnerie : *à 1 km de la mairie de Vauquois, vers Chattancourt. 09-74-19-15-32. • lahardonnerie.fr • Juil-août, w-e 10h-17h ; sur résa le reste de la saison. Fermé de mi-oct à fév. Entrée : 4,50 € ; 3 € moins de 12 ans ; gratuit moins de 3 ans.* Qui dit ferme dit animaux de la ferme et découverte de leur comportement, de leur mode d'élevage. Un gros bol d'air en pleine nature, dans les campagnes avec les amis des campagnes. Également un jeu de piste et d'aventure *(13 € pour 4 pers).*

LE NORD DE L'ARGONNE

Entre le massif forestier de l'Argonne et la vallée de la Meuse s'étend une vaste plaine agricole, doucement ondulée et ponctuée par quelques collines et buttes boisées. Ce petit secteur de l'Argonne constitue un vague triangle, délimité par les villages de Varennes, Dun-sur-Meuse et Consenvoye. Voilà une très belle campagne, bien verte et fleurie au printemps, qui porte toujours les stigmates de la grande histoire et surtout de l'année 1918, année cruciale de l'offensive américaine qui repoussa les Allemands hors de Meuse. 3 lieux de mémoire rappellent cet épisode terrible de la Grande Guerre : le mémorial américain de la butte de Montfaucon, l'impressionnant cimetière américain de Romagne-sous-Montfaucon, et l'étonnant petit musée privé Romagne 14-18, collection exceptionnelle d'objets rassemblée par un passionné touchant.

Où dormir ?

Chambres d'hôtes – Musée 14-18 Nantillois : *7, Grande-Rue, 55270* ***Nantillois.*** *☎ 03-29-86-19-87. • info@14-18nantillois.com • 14-18nantillois.com • À 6 km au sud-est de Romagne, par la D 123 et la D 15. Fermé nov-mars. Double 65 €. Table d'hôtes 20 €.* Dans un calme et charmant village, 3 chambres d'hôtes, simples mais coquettes et bien tenues, avec salle de bains privée, parquet stratifié et vue sur le jardin. Maarten, le proprio hollandais, est passionné par la Première Guerre mondiale, il a aménagé un petit musée privé dans sa grange avec une collection d'uniformes et d'objets divers présentés par thématique (ouvert aux non-résidents, 3 €). Érudit et multilingue, il a écrit plusieurs recueils et propose des visites des champs de bataille. Copieuse table d'hôtes assurée par sa femme, Didi, pour un repas autour d'une grande tablée conviviale. Une petite adresse sympathique dans un coin où les hébergements sont rares.

À voir

Le musée privé Romagne 14-18 : *2, rue L'Andon, 55110* ***Romagne-sous-Montfaucon.*** *☎ 03-29-85-10-14. • romagne14-18.com • Mer-dim 12h-18h. Congés : déc-fév. Entrée : 8 € ; gratuit moins de 12 ans.*

Jean-Paul de Vries est né à Breda, d'une famille hollandaise qui compte une grand-mère bretonne et une grand-mère indienne du Surinam. Après avoir vécu au Canada, en Espagne, en Allemagne et exercé divers métiers, ce polyglotte ardent et inspiré s'est fixé (avec sa charmante épouse et ses 2 enfants) à Romagne où, bambin, il passait ses vacances en famille. Brocanteur de cœur, collectionneur par passion, Jean-Paul a consacré des années à fouiller les champs des alentours pour y chercher des objets de la guerre enfouis sous la terre. Il a été critiqué, traité de fou, mais « de ma folie j'ai fait mon or, et de celui-ci j'ai fait une offrande pour la Paix ». Voilà un homme attachant, et sa maison-musée est un lieu étonnant !
Sa grange spacieuse, attenante à sa maison, abrite une incroyable collection de plus de 60 000 objets (dans leur « jus ») de la vie quotidienne des soldats : vaisselle, couverts, morceaux de vêtements et d'uniformes, godillots, lunettes, peignes, flacons à parfum, boucles de ceintures, boutons... Tout est réuni par thématiques, dans un joyeux bric-à-brac. Et l'on peut tout toucher ! Il a même reconstitué quelques décors. Pas d'obus, pas d'explosifs, c'est interdit par la loi. Jean-Paul est maintenant « reconnu d'utilité publique » par la plupart des cultivateurs du secteur, bien contents que cet homme tenace et passionné vienne nettoyer leurs champs, facilitant ainsi le labour et le travail agricole.
Propose une petite restauration simple et sympa (sandwichs, salades, assiettes de charcuterie et fromage) à prendre en salle ou sur l'une des terrasses.

Le cimetière militaire américain Meuse-Argonne : *plus connu sous le nom de cimetière américain de* ***Romagne-sous-Montfaucon*** *(55110). ☎ 03-29-85-14-18. À 800 m à peine du village ; bien fléché. Accès libre ; centre des visiteurs et chapelle, ouv tlj 9h-17h.*

Inaugurée en 1937, c'est la plus importante nécropole américaine en Europe. Elle contient 14 246 tombes de soldats américains morts durant les opérations de la 1re Armée US du 26 septembre au 11 novembre 1918, pour la libération du secteur Meuse-Argonne. On y trouve aussi des sépultures de quelques soldats alliés et de civils américains rattachés aux services auxiliaires de l'armée. Si l'on veut comprendre ce que signifie pour un Américain le devoir de mémoire, c'est ici qu'il faut venir.

UNE CONCESSION AMÉRICAINE À PERPÉTUITÉ

Après la Première Guerre mondiale, en reconnaissance des sacrifices consentis par les États-Unis à la libération de la Meuse, le gouvernement français leur offrit le terrain au titre de concession à perpétuité (sans taxes ni impôts). Le cimetière militaire américain de Romagne-sous-Montfaucon est géré par l'American Battle Monuments Commission (ABMC). Un superintendant y vit toute l'année.

On est tout d'abord frappé par la taille du cimetière (52 ha), ceinturé d'un long mur de 2 km. On est saisi par sa propreté et par sa beauté. L'ensemble, calme et verdoyant, évoque un grand parc planté d'arbres (65 variétés), avec de grandes pelouses fleuries et soigneusement entretenues.
- ***Les tombes :*** réparties en 8 carrés bordés par des rangs de tilleuls. Chaque tombe possède sa propre croix de marbre blanc, une étoile de David pour les soldats de confession israélite, une croix latine pour les autres. Beaucoup de ceux qui sont tombés à Archangel (Russie) y ont aussi été inhumés.
- ***Le mémorial*** de style roman domine le cimetière au sud. Sur un panneau de la loggia ouest est gravée une carte montrant les opérations des divisions durant l'offensive en Meuse-Argonne. La ***chapelle*** porte les noms des villages et des lieux où se sont battus les soldats américains. Le ***mur des Disparus*** porte les noms de 954 disparus dont les corps n'ont jamais été retrouvés ; une dalle est consacrée aux disparus du corps expéditionnaire américain dans le nord de la Russie.

– ***Le centre des visiteurs :*** inauguré en mai 2017, 100 ans après l'entrée en guerre des États-Unis, il est conçu pour expliquer le rôle majeur des Américains et de l'offensive Meuse-Argonne dans la Grande Guerre. Panneaux explicatifs, images d'archives photos et numériques, écrans tactiles...

Le mémorial américain de la butte de Montfaucon : *à 9,5 km au nord-est de Varennes-en-Argonne et à une douzaine de km au sud-ouest de Consenvoye, dans la vallée de la Meuse. Tlj 9h-12h, 13h-16h30.* Montfaucon-d'Argonne et sa région ont été le théâtre de violents combats en 1918, à l'initiative de l'armée américaine qui mena une grande offensive consistant à repousser les Allemands et à les chasser de la Meuse par le nord. Ils ont réussi. La butte de Montfaucon-d'Argonne est une petite colline verdoyante qui domine le champ de bataille de l'Argonne, à 305 m d'altitude. Au sommet, sous les arbres, se blottissent les vestiges du village détruit de Montfaucon, notamment les restes d'une très vieille église de style gothique. Une haute colonne de granit s'élance à 60 m dans le ciel, surmontée d'une statue du Génie libérateur : c'est le mémorial américain, qui commémore les 47 jours de combats livrés par l'armée américaine dans ce secteur. Un escalier intérieur conduit au sommet de la colonne. On se croirait à l'intérieur d'un phare.

LE VAL DUNOIS

De Verdun à Stenay, le paysage meusien épouse les contours et les caprices de la Meuse. Cette rivière coule vers la Belgique et la mer du Nord, musarde et prend son temps. Tantôt disciplinée et canalisée, tantôt libre et sauvage, elle baigne une campagne paisible et verte où il fait bon flâner. Plus on se dirige vers le nord de la Meuse, plus le tonnerre des canons de l'histoire s'atténue. Pourtant, la Grande Guerre y a laissé des traces, mais pas autant que sur le front de Verdun et de l'Argonne. En 1914, les Allemands envahirent cette partie et y installèrent leurs bases arrière, destinées à ravitailler le front (plus au sud) en armes et en hommes.

Adresse utile

Point d'information touristique du Pays de Stenay et du Val Dunois : *3 bis, pl. de la Gare, 55110* ***Doulcon.*** *☎ 03-29-80-96-90. ● tourisme-stenay.com/wordpress ● Juil-août seulement.* Bureau d'info à la réception de la base de loisirs du lac Vert Plage.

Où dormir ? Où manger ?

Camping

Camping Lac Vert Plage : *3 bis, rue de la Gare, 55110* ***Doulcon.*** *☎ 03-29-80-90-38. ● lacvertplage@wanadoo.fr ● lacvertplage.fr ● ♿ Ouv avr-sept. Compter 10,50 € pour 2. Chalets 3-6 pers 208-375 €/sem (possibilité à la nuitée hors juil-août, 52-72 €/j.). 110 empl.* C'est le camping de la base de loisirs. Emplacements semi-ombragés entre le plan d'eau de 5 ha et la Meuse. Baignade (plage et toboggans aquatiques), snack, pêche, location d'embarcations à pédales. Bon accueil. Accès payant pour les non-résidents.

Prix moyens

Les Chambres de la Ville Haute : *2, rue du Pape-Étienne-IX, 55110* ***Dun-sur-Meuse.*** *☎ 03-29-83-93-30. 📱 06-45-84-07-35. ● leschambresdelavillehaute.fr ● Sur la colline, après l'église. Doubles 60-65 € (dégressif dès la 2e nuit). Un gîte également.*

Une maison moderne de style très contemporain, lumineuse et aérée, sur 3 niveaux, avec un grand volume vertical tout en baie vitrée. L'étage supérieur (entrée indépendante par la rue) est réservé aux hôtes avec 3 petites chambres simples. Agréable jardinet en contrebas offrant une vue dégagée sur le Val Dunois et mignon petit gîte dans une annexe. Le fils des proprios tient la micro-brasserie locale.

Hôtel Le Râle des Genêts : *6, allée des Islettes, 55110* **Dun-sur-Meuse.** ☎ *03-29-83-80-85* • *hotel.leraledesgenets@orange.fr* • *hotel-le-râle-des-genets.com* • ♿ *À l'entrée nord de la ville. Double 59,50 €.* Ce petit motel récent, géré par la chaîne *Fasthôtel,* est le fruit d'un projet de la communauté de communes, soutenue par la région et l'État. Une vingtaine de chambres fonctionnelles. Petit déj-buffet dans une salle baignée de lumière.

Les Colimençarts : *15, rue Sainte-Marguerite, 55110* **Dun-sur-Meuse.** ☎ *03-29-80-81-80.* • *lescolimencarts@sfr.fr* • ♿ *À côté du* Fasthôtel, *au pied de la colline. Tlj sauf dim soir et lun. Formules 12,90 € (déj sem)-19 € ; menu 25 €. Apéritif maison offert sur présentation de ce guide.* Salle au cadre chaleureux et moderne qui fait oublier la situation du resto en bord de route. Cuisine de tradition généreuse et sans prétention sur un concept de produits frais préparés maison. Idéal en famille pour ses menus enfants et ados, à prix d'ami. Service diligent.

LA MEUSE

À voir dans le Val Dunois

L'église Notre-Dame-de-Bonne-Garde : *55110* **Dun-sur-Meuse.** *Juil-août, tlj 14h-18h ; sinon, tte l'année sur demande auprès de Nanou Bouillet, qui organise des visites guidées pour individuels ou groupes (📱 06-43-15-00-80 ; • n.bouillet@eglisesouvertes.fr •)* La petite ville aux maisons serrées le long de la route principale, dans le bas de la vallée, est dominée par une butte rocheuse où se tient cette vieille église (XIVe s). Ogivale, bâtie à l'emplacement de l'ancienne citadelle de Dun-Haut, elle abrite 2 œuvres d'Ipoustéguy : l'étonnante et monumentale *Mort de l'évêque Neumann* et un *Christ noir* tout aussi monumental.

RETOUR AU BERCAIL

L'œuvre d'Ipoustéguy, la Mort de l'évêque Neumann, *en marbre de Carrare et en bronze, pèse 4 t ! Le célèbre sculpteur l'avait réalisée pour Philadelphie, mais le clergé américain, choqué par l'audace de l'œuvre, la refusa (le cadavre est totalement décharné). Alors, Ipoustéguy en fit don à sa ville natale, qui l'a placée dans cette église de Dun.*

Le centre culturel Ipoustéguy : *3 bis, pl. de la Gare, 55110* **Doulcon.** ☎ *03-29-80-82-27.* • *ipousteguy.com* • *De mi-juin à fin août, tlj sauf mar et dim mat 10h-12h30, 13h30-18h ; horaires très variables le reste de l'année, se renseigner. Entrée : 3,50 € ; réduc ; gratuit jusqu'à 12 ans.*
Ipoustéguy (1920-2006), l'un des grands sculpteurs français du XXe s avec César, travaillait le marbre et le bronze dans un style original, hors de toute école. Jean Robert, de son vrai nom, est né à Dun-sur-Meuse d'un père coiffeur et d'une mère d'origine basque, dont il adoptera le patronyme. Dans les années 1960, il atteint une renommée mondiale. Les plus grands musées achètent ses œuvres. En 1968, sa sculpture *Mort du Père* est acquise par la *Galery of Victoria* de Melbourne à un prix si élevé qu'il suscite une interpellation au Parlement australien...
Revenu à la fin de sa vie dans son village natal (où il avait une maison et des amis), il avait, en toute modestie, souhaité, plus qu'un musée en son honneur, un centre culturel ouvert à d'autres expressions artistiques. Dans ce petit centre culturel, un espace abrite donc une quinzaine de ses sculptures ainsi que des

aquarelles, fusains... On peut admirer notamment *Louise Labé, Les Plongeuses* (œuvre inspirée par les jambes de la championne de natation Kiki Caron), et un magnifique *Val de Grâce* en bronze sur le thème du soldat blessé. Ipoustéguy repose au cimetière du Montparnasse à Paris. « Il faut entreprendre comme si on ne devait jamais mourir, et réaliser comme si on devait mourir demain », disait-il.

La Maison du miel et des abeilles du Val Dunois : *rue d'Argonne, à* ***Aincreville,*** *à 3 km de Dun-sur-Meuse. • maison-du-miel.fr • Juil-août, w-e 14h-17h ; de mi-mai à juin, le dim seulement. Visite libre : 1,50 €. Visite guidée (intéressante) à 15h : 5 €.* Bâtiment en forme d'alvéole hexagonale reconstituant l'univers des abeilles et expliquant l'apiculture. Exposition avec photos, audiovisuel, laboratoire avec démonstration d'extraction du miel, visible à travers des baies vitrées. On peut voir les ruches en activité.

À faire dans le Val Dunois

Croisières en bateau : *avec* ***Meuse Nautic,*** *lac Vert Plage, 3 bis, rue de la Gare, 55110* ***Doulcon.*** *☎ 03-29-80-90-38. • tourisme-stenay.com/wordpress • Mai-sept. Plusieurs formules de 85 € (3h) à 580 € (3 j./2 nuits), pour 4-8 pers. En se regroupant, le prix, déjà raisonnable, l'est donc encore plus. Il inclut 20 mn d'initiation au pilotage, le plein d'essence, la literie, la vaisselle, ainsi que l'assurance ts risques et le péage de navigation. Une caution de 350 € est demandée. Possibilité d'embarquer des VTT.* Les bateaux sont construits localement, tous en aluminium et en bois. Insubmersibles, légers, faciles à conduire (aucun permis exigé), ils sont propulsés par de petits moteurs de moins de 10 CV, suffisants pour les maintenir à une vitesse raisonnable de 7 km/h. On peut ainsi voguer sur le canal de Meuse jusqu'à Verdun au sud (à 40 km) et Sedan au nord (Ardennes). Le passage des écluses s'effectue à l'aide d'une télécommande électronique (pour le tronçon nord), et par des éclusiers (pour le tronçon sud). Possibilité également de balades nautiques accompagnées : 2h sur la Meuse canalisée et la Meuse sauvage, avec passage d'écluse *(12 €/pers ; ts les sam à 14h30 ; résa obligatoire).*

Le parc Forêt'Vasion : *55110* ***Sivry-sur-Meuse.*** *📱 06-74-06-39-49. • foretvasion.com • Ouv avr-sept ; juil-août, tlj 10h-19h30 ; voir site internet pour les autres mois et tarifs.* Récent parc de loisirs qui propose des activités pour toute la famille : accrobranches (8 parcours différents, dont un de 7 tyroliennes), un parcours à découvrir pieds nus qui provoque des sensations, et du *laser game*. Possibilité d'apporter son pique-nique.

LE NORD MEUSIEN

Région frontalière avec la Belgique (Wallonie), le Nord meusien traversé par la Meuse (rivière doublée par le canal de l'Est, selon les tronçons) alterne les collines et les vallons, les forêts (grande forêt de Woëvre) et les prairies. L'histoire a marqué de son empreinte cette partie de la Meuse, surtout au XVIe s, du temps où s'affrontaient le royaume de France et l'empire de Charles Quint. Plus près de nous, pendant la Première Guerre mondiale, le Nord meusien est resté à l'écart des combats et de la ligne de front. Occupé par les Allemands qui en firent une base arrière pour leurs troupes, le secteur nord meusien a donc été relativement épargné par les combats meurtriers.
Il ne suffit pas de passer dans le Nord meusien, mais il convient d'y séjourner. 3 lieux – au moins ! – méritent une visite : Stenay pour son exceptionnel musée de la Bière, la remarquable citadelle de Montmédy, et le pittoresque village de Marville.

STENAY (55700) 2 768 hab. *Carte Meuse, A1*

Si le roi Dagobert revenait sur ses terres ancestrales, il serait certainement étonné par le calme qui règne dans cette petite ville à taille humaine, arrosée par le canal de l'Est. Stenay a conservé quelques belles maisons (autour des arcades de la place centrale) et des demeures anciennes, qui lui donnent un certain charme. On entend les tourterelles dans les jardins, en plein centre-ville. De la puissante forteresse qui fit naguère sa fierté, on ne voit plus que le très grand bâtiment, ancien magasin pour les vivres, où se trouve aujourd'hui le musée de la Bière, la fierté de Stenay.

Adresse utile

Office de tourisme du Pays de Stenay et du Val Dunois : *capitainerie du port, rue du port. ☎ 03-29-80-64-22. • tourisme-stenay.com/wordpress • Avr-sept, tlj sauf dim mat 9h30-12h30, 13h30-17h30 ; le reste de l'année, sur rdv, dans les bureaux du centre-ville, 5, pl. Raymond-Poincaré.*

Où dormir ? Où manger ?

Prix moyens

Villa Motel : *ZAC Les Cailloux (sur D 964 vers Verdun). ☎ 03-29-80-32-42. • info@villamotel.fr • villamotel.fr • Double 65 €. Plats 10-18 €.* Même si l'environnement de la ZAC n'est pas exceptionnel, un hôtel bien tenu, fonctionnel, avec des chambres classiques et confortables. Également un resto, de bonne qualité.

Taverne Le Cygne : *16, rue du Moulin (face au parking du musée de la Bière). ☎ 03-29-85-05-85. • tavernelecygne@orange.fr • Tlj sauf dim soir, lun et mer midi. Formule et menu déj sem 12,90-17 € ; menus 17-21,50 € le soir.* Une déco qui colle au cadre de cette belle dépendance de l'ancien moulin, avec les pavés, les tables en bois, les poutres et la grande cheminée. Côté cuisine, le terroir est décliné en plats maison réalisés avec des produits frais, du marché. En accompagnement, parfois des légumes oubliés, dont on se souvient. Accueil aimable.

Auberge des Tilleuls : *10, rue Jeanne-d'Arc. ☎ 03-29-80-35-72. Ouv ts les midis sauf mer, plus le soir jeu-sam. Formule déj sem 14,50 € ; menus 20-35 €.* Salle aux murs en pierre et poutres en bois d'une auberge de campagne revisitée façon ethnique, avec un petit patio sympathique. Simple, avec de belles salades, la cuisine peut s'y faire bistronomique avec des produits de la région. L'adorable patronne a ouvert la pizzeria ***Le Patio,*** dans la rue parallèle *(15, rue de Chanzy ; fermé mar-mer).* Là aussi, une belle cour intérieure ! Bien pour les familles (burgers, pizzas...) et vraiment pas cher.

Où acheter de bons produits ?

Boulangerie-pâtisserie Michel Baumaux : *4, rue de l'Hôpital. ☎ 03-29-80-33-34. • baumaux@orange.fr • Tlj sauf mer, dim ap-m et j. fériés 6h30-12h30, 14h-19h.* Boulanger, pâtissier, chocolatier, Michel Baumaux fabrique des biscuits *Cochon* (« à croquer toute la journée », vendus dans une délicieuse boîte rétro), des *Crottes de Satan,* des *Pavés stenaisiens,* des *Baisers* (chocolatés) *de Dagobert...* Irrésistibles !

À voir

Le musée de la Bière : *17, rue du Moulin. ☎ 03-29-80-68-78. • museedelabiere.com • Mars-nov, tlj 10h-12h30, 13h30-18h. Entrée : 5 € ; gratuit jusqu'à 18 ans. Parcours ludique pour enfants. Accès libre au jardin du musée pdt les horaires d'ouverture. Propose aussi de nombreuses activités culturelles (expos, concerts, conférences...) en accès gratuit.*

Installé sur 3 niveaux dans un immense magasin à vivres de la citadelle de Stenay (1610), transformé en malterie au XIXe s, ce superbe musée à l'exceptionnelle mise en scène (écrans tactiles, bornes en braille et langue des signes, musiques d'ambiance et une foule d'objets historiques) retrace avec précision l'histoire de la fabrication de la bière, des origines jusqu'à nos jours. Immanquable pour tout amateur de bière(s).

Il faut commencer la visite par les jardins où une houblonnière unique en Lorraine a été plantée, parmi des rangs d'épices et de plantes aromatiques. Une initiation odorante aux matières premières de la bière et un voyage dans le temps. Au hasard des étages, sous l'omniprésente étoile des brasseurs, on découvre ensuite une brasserie gallo-romaine, des jarres et pots de refroidissement africains, une brasserie allemande du Moyen Âge, les impressionnantes cuves d'une salle de brassage mécanisée du XIXe s, une salle de tonnellerie, de surprenantes affiches publicitaires du début du XXe s sur lesquelles des enfants boivent goulûment de la bière, ou encore la reconstitution d'un bistrot à l'ancienne qui célèbre la convivialité des zincs ! Un laboratoire a également été reconstitué. On peut plonger les mains dans les malts, le houblon, le riz... et sentir ! Au cours de cette visite, on apprend aussi tout ce que la bière doit aux moines et à Louis Pasteur, que la Lorraine est une des régions les plus importantes pour la production d'orge de brasserie mais que le houblon est de plus en plus importé de l'étranger (pour des raisons de coût de la récolte). Possibilité de repas et de dégustation de 3 bières.

LA BIÈRE NE DÉFAIT PAS LE MOINE

L'Église catholique s'approprie la bière dès le Moyen Âge. Pour faire siens quelques cultes païens (la bière est, depuis la préhistoire, une boisson sacrée), mais aussi, et surtout, pour des raisons sanitaires. Il faut offrir aux moines et aux pèlerins qu'ils accueillent dans les monastères une boisson biologiquement saine, ce qui n'est pas toujours le cas de l'eau. Ces moines deviennent vite d'excellents brasseurs. Et d'excellents buveurs ! 3 conciles, en 857, 865 et 895, seront nécessaires pour les inciter à consommer avec modération !

Sur place, la ***taverne du musée*** *(tlj 10h15-18h ; tartine 6 €, plat chaud 11 €)* permet de déguster une multitude de bières traditionnelles, locales, trappistes belges ou plus classiques. ***Boutique-librairie*** qui propose tous les produits dérivés, des sous-bocks aux plaques émaillées, et des produits du terroir. Excellent accueil.

La crypte Saint-Dagobert : *3, pl. Raymond-Poincaré. En plein centre-ville. Lun-ven 10h-12h, 15h-17h. Fermé le w-e. Entrée : 2,50 €.* Qui est Dagobert II ? Le petit-fils du célèbre roi qui avait mis sa culotte à l'envers et le dernier roi mérovingien régnant sur l'Austrasie. Il est mort assassiné en l'an 679, dans la forêt de Woëvre, non loin de sa villa royale de Stenay. Ce modeste espace lui est dédié. Une petite pièce évoque l'histoire des Mérovingiens. Et un escalier descend vers la crypte. C'est dans une vieille cave de maison de ville qu'une dynamique association a remonté pierre par pierre le portail de l'église Saint-Dagobert (XIe et XIIIe s), exhumé il y a 40 ans à quelques centaines de mètres de là. On y remarque également une reproduction du « carré STATOR ou magique » du début de l'ère chrétienne, trouvée à Stenay et détruite par les troupes allemandes en 1914.

DANS LES ENVIRONS DE STENAY

La brasserie de Charmoy : *château de Charmois, 55700* ***Mouzay.*** *06-09-90-05-00. • bierecharmoy.com • À 7 km au sud-est de Stenay par la D 964 ; à Mouzay, prendre la direction Damvillers, puis à env 2 km à gauche la direction Charmois. Ouv tte l'année ; vente sur place ts les sam 9h-12h. Visite avr-oct (3 €), le w-e seulement, uniquement sur résa.* Cette microbrasserie installée dans les communs d'un petit château du XIIe s, à l'orée de la grande forêt de la Woëvre, élabore une bière blonde et une bière ambrée de garde, de fermentation haute, à la mousse dense avec une délicate amertume. Brassée selon les règles traditionnelles, elle n'est ni filtrée ni pasteurisée. 2 bières de saisons (de Mars et de Noël) enrichissent la gamme.

Sorties ornithologiques avec la LPO *(Ligue de protection des oiseaux)* ***:*** *rdv ts les dim à 9h au pont des Poteaux, à* ***Mouzay*** *(entre Dun-sur-Meuse et Stenay). Balade de 2h. Infos : 06-83-29-25-47.*

MONTMÉDY (55600) 2 300 hab. *Carte Meuse, A1*

Mérite un détour coûte que coûte ! Perchée sur une colline, une puissante forteresse entourée d'épais remparts domine une petite ville, posée dans un vallon verdoyant, sur la route historique qui mène en Belgique. Pour quelles raisons a-t-on construit à Montmédy un tel monstre de pierre ? C'est la 1re question que l'on se pose en arrivant. Le voyageur est aussitôt saisi par cet esprit des lieux (enfin, ce fut notre cas !). Une colline envoûtante, hantée par les fantômes de l'histoire. À Montmédy, on vous invite à vous asseoir à la table du passé pour mieux comprendre le présent.

UN PEU D'HISTOIRE

Charles Quint reçoit par succession un immense empire sur lequel « le soleil ne se couche jamais ». Des terres comme l'Autriche, la Bourgogne, l'Espagne et les territoires récemment conquis des Indes (l'Amérique) en font partie. Attentif à sa frontière nord-ouest, Charles Quint (qui siège à Bruxelles, mais se déplace souvent en Espagne) remarque la situation stratégique de Montmédy et décide d'entourer la ville de fortifications. Objectif : défendre la frontière de son empire face au désir d'expansion du roi de France.

Une place forte aux confins des empires

En 1556, Charles Quint abdique et Philippe II d'Espagne prend sa place. Ces terres basses du nord de la France, de Gand en Flandres au Luxembourg, vont s'appeler pendant un temps les « Pays-Bas espagnols ». Montmédy en fait partie de 1556 à 1657. Avec Louis XIV, la volonté d'expansion de la France se concrétise par une offensive à l'est. L'armée française, 25 000 à 30 000 hommes, attaque Montmédy. Côté espagnol et bourguignon, la défense repose seulement sur 800 hommes. Au terme d'un siège de 57 jours, la forteresse est prise, la ville capitule.

Louis XIV venu sur place se contente d'en faire le tour et de visiter les brèches, mais ne daigne pas y pénétrer. En 1659, par le traité des Pyrénées, Montmédy devient française. En 1681, Vauban, qui avait participé au siège, ajoute sa marque personnelle : il la restaure, la consolide, aménage le chemin couvert à l'extérieur du fossé et fortifie la ville basse à l'aide d'une enceinte bastionnée. L'aspect actuel de la forteresse date donc pour une grande partie de Charles Quint, avec bien sûr les transformations apportées par Vauban.

En juin 1791, la fuite de Louis XVI doit le conduire à Montmédy où il compte retrouver des troupes qui lui sont fidèles, tout en restant en territoire français. Il n'aura pas le temps d'y arriver : reconnu à Sainte-Menehould, il sera arrêté à Varennes.

Adresse utile

Office de tourisme du Pays de Montmédy : *dans la citadelle, à gauche en entrant, après le pont-levis. ☎ 03-29-80-15-90. • tourisme-montmedy.fr • Mêmes horaires que la citadelle (cf. « À voir »). Antenne au bureau d'information à* ***Avioth*** *(à côté de la basilique). 07-86-02-72-38.* Organise des visites guidées de la citadelle toute l'année, sur résa *(à partir de 10 pers ; 6 € adulte, réduc).* Également des visites nocturnes aux flambeaux en juillet-août, le vendredi à 21h, sur résa obligatoire aussi *(6,50 € adulte ; réduc).* Accueil charmant et attentionné.

Où dormir ? Où manger ?

Camping

Camping municipal La Citadelle : *rue Vauban. ☎ 03-29-80-15-90 (office de tourisme). • tourisme.otpaysdemontmedy@gmail.com • tourisme-montmedy.fr • À gauche un peu avt la citadelle. Ouv mai-sept. Compter 9,60 € pour 2. CB refusées. 32 empl.* Plutôt agréablement installé au pied de la citadelle, classique petit camping bien rangé, avec des emplacements ombragés et bien délimités par de petites haies. Sanitaires corrects.

De bon marché à prix moyens

Gîte Bleu de l'Isle : *2, rue de l'Isle. ☎ 03-29-80-03-69. 06-82-89-26-53. • danielmansard@sfr.fr • bleudelisle.com • Sur la place de la mairie. Double 75 €.* Dans le bas de Montmédy, un vaste appartement de 75 m² au rez-de-chaussée d'une maison de ville. Moderne, lumineux et confortable, avec de beaux volumes, comprenant un grand séjour, une cuisine ouverte bien équipée et une chambre cosy. Peut héberger jusqu'à 3 personnes.

L'Alcazar : *1, rue de la Poudrière, à la citadelle. ☎ 03-29-85-06-69. • alcazarmontmedy@gmail.com • Avr-sept, mar-dim 12h-17h30 (21h sam) ; hors saison, mar-dim le midi et ven-sam soir. Formule et menu déj sem 11,50-13,50 € ; plats et restauration légère 10,50-19 €.* Sylvie et François font vivre cet *Alcazar* pour ceux qui se promènent sur les remparts... Un lieu coloré bien intégré dans cette vieille bâtisse de la citadelle. De la petite restauration à une cuisine régionale plus élaborée, c'est avant tout un cadre. Et si l'on peut prendre son café ou une crêpe sur la terrasse, c'est le pied... Accueil sympa en prime.

Le Panoramique : *9-11, rue du Docteur-Poulain. ☎ 03-29-80-11-68. • thierrypicot.lepanoramique@orange.fr • À gauche de la route de Longuyon, après le pont, en venant de Montmédy. Ouv le midi, tlj sauf jeu-ven. Congés : juil. Formule et menu en sem 13,50-15 € ; menus 35-69 €.* Une salle joliment arrangée qui offre une vue (l'enseigne est évocatrice...) sur la citadelle et des plats de terroir joliment travaillés par un chef exigeant et créatif. Une des meilleures cuisines de la région, à la fois fine et généreuse (comme le foie gras à la bière d'Orval), et ce, dès le 1er menu, d'un étonnant rapport qualité-prix.

Où dormir ? Où manger dans les environs ?

Les Épices Curiens : *pl. de la Gare, 55600* ***Écouviez.*** *☎ 03-29-86-84-58. • resto@lesepicescuriens.com • lesepicescuriens.com • À 7 km à l'est de Montmédy par la D 981 ; à droite à l'entrée du village. Hôtel* *ouv jeu-sam seulement. Resto ouv le midi, tlj sauf mer, plus le soir ven-sam. Congés : 3 sem fin août-début sept, 10 j. à la Toussaint et à Pâques. Doubles 59-79 €. Formule et menu déj sem 25-30 € ; menus 33-55 €.* Installée dans l'ancienne gare de ce village frontalier avec la Belgique, une table dans l'esprit gastro, particulièrement appréciable pour les savoureuses touches d'épices qui agrémentent des plats simples, bien maîtrisés et dressés avec soin. Une cuisine actuelle de bon aloi, que l'on aurait cependant aimée un peu plus audacieuse. Pour prolonger l'étape (mais le week-end seulement), et comme les hébergements sont rares dans le coin, 4 chambres simples mais confortables, dont une plus chère avec son romantique lit à baldaquin, sont aménagées à l'étage. Accueil détendu et plein d'attentions.

La Grange d'Avioth : *10 bis, pl. de l'Abbé-de-l'Hôtel, 55600* ***Avioth.*** *☎ 03-29-83-37-97. • restaulagrange-avioth@orange.fr • À 7 km au nord de Montmédy par la D 643 puis la D 110 ; au cœur du village, face à la basilique. Tlj sauf lun-mar. Congés : 1 sem en juin. Menu du jour le midi en sem et mer-jeu soir 16 € ; puis formule et menu 26-37 €.* Si ce n'était l'enseigne, bien malin qui pourrait reconnaître une ancienne grange dans ce vaste espace contemporain joliment arrangé. Belle terrasse ouverte sur la basilique. Bonne cuisine dans l'esprit d'aujourd'hui, avec une note régionale, gentiment facturée. Accueil et service impec. Plus que prudent de réserver, car les habitués sont nombreux.

LA MEUSE

À voir

La citadelle de Montmédy : *☎ 03-29-80-15-90. Avr-sept, tlj 10h-13h, 13h30-18h ; fév-mars et oct-nov, tlj 10h30-13h, 13h30-17h (mar, seulement l'ap-m) ; les 2 premiers w-e de déc et 2 derniers w-e de janv, 10h30-13h, 13h30-17h. Fermé de mi-déc à mi-janv. Entrée : 5 € ; réduc ; gratuit jusqu'à 10 ans. Ce tarif inclut l'entrée des 2 musées et le circuit des remparts (voir plus loin).*
Étonnante histoire que celle de cette citadelle fortifiée convoitée et disputée au fil des siècles (voir plus haut la rubrique « Un peu d'histoire »). On y arrive en empruntant une route (accessible aux véhicules) qui grimpe à flanc de colline, passe sur le grand pont-levis (très bien conservé), puis sous un haut porche voûté, et pénètre à l'intérieur de la citadelle. Et là, soudain, on est surpris – ô combien ! – d'entrer dans un petit village formé par quelques dizaines de maisons anciennes, une belle église en pierre ocre jaune et des bâtiments tantôt en mauvais état, tantôt rénovés.
Beaucoup de ces maisons sont en cours de restauration, preuve que c'est un lieu en mutation. Des artistes ont d'ailleurs récemment élu résidence dans les anciennes casemates. Mais le processus de restauration complet de la citadelle demandera du temps et de l'argent. Voilà donc un lieu remarquable de beauté, une beauté « romantique » encore brute, marquée et patinée par le temps. Enfin, reconnaissons les efforts énormes faits par cette petite municipalité d'à peine 2 300 habitants, qui se bat pour conserver sa fière citadelle, avec peu de moyens.

Le circuit des remparts : les remparts représentent une œuvre remarquable que l'on peut découvrir dans sa presque totalité, en marchant tranquillement. Munissez-vous auparavant du plan de la citadelle disponible à l'office de tourisme. Le circuit commence près de ce dernier justement. On croise d'abord la *Vierge des Remparts,* statue protectrice du XVIe s, avant de franchir une porte Renaissance qui mène au-dessus du pont-levis. La courtine du boulevard offre ensuite une vue sur le pigeonnier et la ville basse. Retour sur ses pas pour gagner le bastion Notre-Dame (XVIe s) d'où l'on aperçoit la Belgique, à 7 km, puis le bastion des Connils (XVIe s). Ce fut le lieu de l'attaque française lors du siège de 1657. En continuant, on arrive au bastion Saint-André. Une série de souterrains humides (claustrophobes s'abstenir) mène ensuite à une casemate d'artillerie puis à la demi-lune des Porcs, qui n'est pas une porcherie mais le nom d'une fortification redessinée par Vauban en 1657. Visite nocturne aux flambeaux en été (se renseigner à l'office de tourisme). Ne pas manquer de découvrir les ateliers d'artistes qui se sont installés dans les remparts.

Le musée de la Fortification : *même bâtiment que l'office de tourisme et que le musée Jules-Bastien-Lepage, mais étage au-dessus. Mêmes horaires que ceux de la citadelle. Entrée : 5 €, comprenant aussi la citadelle, le musée Jules-Bastien-Lepage et le circuit des remparts.* La Meuse compte plus de 20 camps fortifiés, dont Verdun, Montsec, Saint-Mihiel et Hattonchâtel, des enceintes urbaines comme Vaucouleurs et Ligny-en-Barrois, des églises fortifiées comme Dugny-sur-Meuse, Pareid et Woel. À travers les documents et les maquettes, on saisit mieux le rôle de « vigile frontalier », un rôle difficile mais essentiel, que joua le Nord-Est meusien dans l'histoire. Le musée retrace l'évolution des systèmes défensifs et des principes de fortification à travers l'histoire. Depuis les invasions romaines en Gaule jusqu'au XVIIIe s, d'Alésia à Verdun, on s'aperçoit que l'homme n'a pas beaucoup changé : il a toujours le même désir défensif, ressent la hantise d'être assiégé, la même nécessité de se protéger derrière les murs épais d'une fortification pour ne pas périr sous les coups de l'ennemi. Voici une visite très intéressante, que l'on vous recommande vivement. Voir aussi l'étonnant mousquet de la fin du XVIe s, long de 2,12 m et qui pèse 22 kg, et l'arquebuse à rouet de 1589. Explications claires sur le siège de Montmédy en 1657 et sur l'art défensif prôné par Vauban.

Le musée Jules-Bastien-Lepage : *entrée par l'office de tourisme. Mêmes horaires que ceux de la citadelle. Entrée : 5 €, comprenant aussi la citadelle, le musée de la Fortification et le circuit des remparts.* « Un peintre de plein air qui sait dessiner, un grand naturaliste », ainsi a été défini et résumé Jules Bastien-Lepage. Artiste né en 1848 à Damvillers, on remarque son talent de portraitiste. Il est l'ami de Rodin et de Camille Claudel. En Algérie, il découvre la puissance exotique de la lumière orientale. Il décède à l'âge de 36 ans. Aujourd'hui, malgré sa forme classique, il est considéré comme un des grands peintres lorrains du XIXe s. Outre ses portraits de petites gens *(Le Mendiant, Le Père Jacques)* qui le rapprochent d'un Millet, il a peint la comédienne Sarah Bernhardt et Juliette Drouet (maîtresse de Victor Hugo). Clin d'œil de l'histoire, une des collaboratrices du *Routard,* notre amie Véronique de Chardon, est la descendante de la filleule de Jules Bastien-Lepage.

À faire

Le labyrinthe de maïs : *rue des Cannes, au hameau d'Iré-les-Prés, à 2 km au sud-est de Montmédy par la D 643 vers Damvillers. 06-08-52-21-21. Juil-août, tlj 13h30-19h ; plus w-e et mer 14h-17h en sept. Entrée : 4 € ; 3 € enfant.* Un labyrinthe dans un champ de maïs de 4 ha ! Les enfants adorent. D'autant qu'une plage de sable est aménagée (en plein champ !) pour la bronzette ou faire des pâtés.

DANS LES ENVIRONS DE MONTMÉDY

La basilique d'Avioth : *12, rue de l'Abbé-Delhotel, 55600* ***Avioth.*** *Infos et résas à la mairie d'Avioth : ☎ 03-29-88-90-96. • avioth.fr • À 7 km au nord de Montmédy. Tlj 9h-18h. En été, visite guidée (4 €) ts les ven à 15h ; hors saison, seulement sur rdv. Pèlerinage annuel les 16 juil et 15 août, à partir de 15h. Infos au bureau de l'office de tourisme (à côté de la basilique ; 07-86-02-72-38).* Une des plus belles églises gothiques de Meuse, qui s'élance au-dessus des maisons d'un modeste village, à tel point qu'elle a été surnommée la « cathédrale des champs ». La partie la plus remarquable est sans conteste le portail ouest, rehaussé de voussures animées de 70 figures sculptées. Construite au XIIIe s, elle est dédiée à Notre-Dame d'Avioth, la patronne des causes désespérées. Depuis 9 siècles, les dévots l'implorent pour la guérison des lépreux et le baptême des enfants mort-nés. Les pèlerins déposaient leurs offrandes à l'extérieur de l'église où l'on voit toujours aujourd'hui la « Recevresse », un petit édicule de style flamboyant, en pierre finement sculptée.

– ***La basilique des champs :*** autour d'Avioth et de son fleuron architectural, une balade de 13 km et 4h (on peut raccourcir...) à travers bois et collines. Prévoir ses chaussures de rando. Renseignements au bureau d'informations touristiques.

MARVILLE (55600) 570 hab. *Carte Meuse, B1*

Un des plus beaux villages de Meuse, et un des mieux protégés. À 12 km au sud-est de Montmédy, sur une colline dominant un doux paysage vallonné, Marville marque la frontière entre la France et la Belgique. Essayer d'y arriver le matin ou le soir, quand le soleil illumine de ses rayons cette merveilleuse pierre ocre aux reflets ambrés. À voir les façades ainsi éclairées, on se croirait transporté dans un village de Castille ou d'Aragon. Illusion d'optique ? Non. L'Espagne fait bel et bien partie de la généalogie historique de Marville. Aujourd'hui, la frontière n'est qu'une ligne abstraite qui semble ne plus exister, et pourtant, combien de combats acharnés se sont déroulés en son nom, combien d'hommes morts pour la possession de Marville !

UN PEU D'HISTOIRE

Rattaché d'abord au comté de Bar, puis au duché de Luxembourg (XIIIe s), Marville passe dans les mains des ducs de Bourgogne. L'influence bourguignonne se maintient jusqu'en 1504. La Bourgogne faisant partie de l'héritage de Charles Quint, Marville se retrouve au XVIe s dans le territoire des Pays-Bas espagnols. Les soldats et les officiers luxembourgeois, lorrains et espagnols l'occupent, les marchands et les prévôts l'embellissent, et les nobles s'installent dans d'élégantes demeures inspirées de l'architecture espagnole. Marville vit au rythme de l'empire de Charles Quint et connaît une certaine prospérité jusqu'à ce que Louis XIV s'empare de la place en 1655. Après 1661, et la signature de la paix de Vincennes entre la France et la Lorraine, Marville devient française. Le château est démantelé par Louis XIV.

Du temps de l'OTAN

Avant d'arriver à Marville, la route longe le site de l'ancienne base de l'OTAN, fermée en 1967. Des soldats canadiens y vécurent. Avant de rentrer chez eux, ils ont offert (comme à Longuyon en Meurthe-et-Moselle) aux habitants de la région un totem indien venu des plaines du Canada, pour les remercier de leur hospitalité. On peut le voir à l'entrée du parc communal de Virton (Belgique), à 14 km à l'est de Marville. À Marville, aujourd'hui, près de 420 logements, intégrés au village et réutilisés, témoignent de la présence des soldats de l'OTAN dans les années 1960.

Adresse utile

Bureau d'informations touristiques : *à la mairie, pl. Saint-Benoît. ☎ 03-29-88-19-98. • marville.eu • Juin-sept, tlj sauf lun 13h (10h dim)-17h ; le reste de l'année, mar-sam 13h-16h.*

Où dormir ? Où manger ?

Le Relais Renaissance : *rue des Prêtres ; réception à l'Auberge de Marville sur la Grande-Place. ☎ 03-29-88-10-10. • aubergemarville@gmail.com • aubergedemarville.com • ♿ Doubles 62-85 €.* L'Auberge de Marville a ouvert une annexe dans la jolie rue des Prêtres, en contrebas de la place principale. Belle façade restaurée, parties communes aérées et de style contemporain, et surtout, une trentaine de chambres de bon confort moderne sur 4 niveaux. Celles du 2e étage possèdent un balcon et jouissent d'une belle vue sur la campagne environnante. Bon accueil.

Le Bel Air : *7, route Nationale. ☎ 03-29-88-15-03. • bel.air1@wanadoo.fr • Tlj sauf lun. Menu déj sem 13 € ; autres menus 19,50-34 €.* Situé sur la nationale, mais la salle de resto est sur l'arrière, donnant sur le village. Formule du midi pas chère et nourrissante, quelques plats corrects à la carte et bonnes pizzas maison. Fait aussi hôtel, mais les chambres sont tristounettes et peu confortables.

À voir. À faire

Quelques rues et places organisées autour de l'église et de la mairie : Marville, c'est tout petit et on en fait le tour rapidement ! Mais pour mieux saisir la beauté du lieu, prenez le temps de flâner pour observer les détails des façades richement sculptées. Rien qu'autour de la Grande-Place, on compte une douzaine de maisons classées.

L'église Saint-Nicolas : *ouv tlj 9h-19h. L'église a été superbement restaurée.* Construite à partir du XIIIe s, mais les travaux se sont éternisés jusqu'au XVIe. Gothique donc, et dédiée au patron de la Lorraine, elle abrite de belles chapelles latérales. La chapelle Sainte-Fine se distingue par son double escalier. Le chœur présente des vitraux anciens. Magnifique tribune d'orgue du XVIe s joliment réhabilitée ; les orgues sont, elles, du XIXe s. Contre un des piliers, petit monument funéraire de Valentin de Gavroy, officier de Charles Quint (XVIe s). Christ en bois polychrome du XVe s. Derrière l'église, belle vue sur la vallée de l'Othain (jardins et vergers en terrasses).

Les vieilles demeures et logis Renaissance : sur la Grande-Place, aux nos 16 et 18, demeures à façades Renaissance (XVIe s). Au no 15 Grande-Rue, à l'angle avec la Grande-Place, se tient la *maison du Chevalier Michel,* et à côté, au no 13, l'*hôtel d'Égremont* avec une belle porte gothique. Au no 5 rue du Tripot, sur la gauche en descendant vers la rivière, très belle façade (avec portail) Renaissance de la *maison des Drapiers.* Au no 3, maison du XVIe s pas mal non plus... Dans la rue des Prêtres, on peut admirer plusieurs superbes portes ornées d'écus armoriés, et, tout au bout, les restes de l'ancien couvent des Bénédictines.

L'église et le cimetière Saint-Hilaire : *sortir de Marville, prendre la D 643 vers Longuyon, puis tourner à gauche env 1 km plus bas et suivre une petite route sur la colline ; indiqué.*
Établi à l'emplacement d'une ancienne léproserie du XIIe s, le cimetière se compose d'une église, d'un ossuaire et de 1 127 tombes réparties dans un pré, sur le haut de la colline. La petite église romane Saint-Hilaire (certaines parties du XIe s, d'autres des XIVe et XVIe s) abrite notamment une dalle funéraire d'Isabelle de Musset, du XVIe s.
À l'angle du cimetière, l'***ossuaire*** (fermé pour restauration) du

JEU DE MOTS MACABRE

Dans l'ossuaire Saint-Hilaire, les os rangés par un fossoyeur zélé en 1890 ont donné naissance à un jeu de mots local : les « orangers de Marville ». Une manière ironique de tourner le trépas en dérision.

XIXe s constitue une rareté en France. Il renferme près de 40 000 os datant du XVIe s, tous méthodiquement empilés (tibias, fémurs, crânes) et formant un ensemble de 2,70 m de haut sur 1,60 m de large. Ils proviendraient de victimes d'une épidémie de peste lors de l'occupation espagnole de Marville. Certains ossements ont été enfermés dans de curieuses boîtes surnommées « horloges de la mort »... Au fond du ***cimetière,*** à droite, adossées à un muretin de pierre, 4 tombes très anciennes sous un petit oratoire : la tombe de gauche porte une sculpture abîmée représentant saint Jacques de Compostelle, patron de l'Espagne, reconnaissable à son bâton de pèlerin et à son chapeau. C'est la preuve que des soldats espagnols (ou des civils) venus au XVIe s pour défendre la frontière impériale de Charles Quint sont enterrés là. Dans la partie récente, tombes des familles des soldats canadiens de l'OTAN.

➢ ***Rando pédestre « En terres communes » :*** *de Marville à Marville, 10 km (compter au moins 3h30) de parcours balisé (jaune) au départ de la place Saint-Benoît ; à noter, quelques passages plus étroits et glissants.* Par la poterne qui permet de sortir de Marville et de descendre dans la vallée de l'Othain. Balade via le plan d'eau, le barrage et le village de Flassigny. Un coup d'œil à l'ossuaire Saint-Hilaire (un beau point de vue sur les environs) et retour en ville. Belle balade, accessible en VTT.

Manifestation

– ***Marville ouvre ses caves aux vins :*** *un w-e mi-juin ; rens au bureau d'informations touristiques ou sur • marville.eu •* Une vingtaine de viticulteurs s'installe dans les caves des belles maisons de la place. Ou comment allier patrimoine historique et patrimoine viticole de toutes les régions de France.

DAMVILLERS (55145) 640 hab. *Carte Meuse, A-B1*

Gros village lorrain, dans une plaine très verte. Au XIe s, Damvillers fait partie de l'Empire germanique. Possession du roi de Bohême et comte de Luxembourg en 1324. Charles Quint en fait une place fortifiée contre les Français. Après un siècle de mainmise espagnole, la ville devient française en 1659. Dans le village, peu de chose à voir, à part l'église des XIIe et XVIe s et la statue de Jules Bastien-Lepage par Rodin. Cet artiste né à Damvillers en 1848, mort à Paris en 1884, a eu une brève existence. Il a laissé une œuvre importante exposée dans les musées du monde entier. Un petit musée lui est consacré dans la citadelle de Montmédy (voir plus haut). Sa tombe se trouve au cimetière de Damvillers.

Adresse utile

🅸 ***Bureau d'informations touristiques Damvillers-Spincourt :*** *2, rue Carnot, dans le bâtiment de la communauté de communes, près de l'église. ☎ 03-29-85-56-26. 📱 06-43-78-65-64. • tourisme-spincourt.com • Lun-ven 8h30-12h, 13h45-17h.*

Où dormir ? Où manger dans les environs ?

🏠 🍽 ***Chambres d'hôtes de Consenvoye :*** *33, rue du Port, 55110* ***Consenvoye.*** *☎ 03-29-85-87-54. 📱 06-37-92-87-20. • francoise.logette@gmail.com • chambresdhotes-consenvoye.fr • À 11 km au sud-ouest* *de Damvillers par la D 19. Double 47 €. Table d'hôtes 22 €. Réduc de 10 % sur le prix de la chambre sur présentation de ce guide.* Une maison villageoise, située en retrait d'une petite place, près de la Meuse canalisée. Bon accueil. Décoration familiale et toute simple pour 3 chambres tranquilles aux salles de bains fraîchement refaites.

La Marmite : *18, route Nationale (N 18), 55230* ***Rouvrois-sur-Othain.*** *☎ 03-29-85-90-79. • gerardsilvestre55@orange.fr • À 23 km à l'est de Damvillers par la D 19 et D 66. Dans le village. Tlj sauf dim soir et lun-mar (ouv mar midi avr-août). Menu 15 € (déj sem), puis à la carte env 30-60 €.* Une adresse de référence, un chef aux fourneaux depuis près de 40 ans dans un cadre classique. Passionné, Gérard Silvestre met en évidence le terroir lorrain, avec subtilité et élégance, au fil des saisons et des arrivages. Une adresse très gourmande.

DANS LES ENVIRONS DE DAMVILLERS

Les bases arrière allemandes du canton de Spincourt, Marguerre et Duzey : *infos au bureau d'informations touristiques Damvillers-Spincourt. ☎ 03-29-85-56-26. 06-43-78-65-64. • tourisme-spincourt.com • Visite libre pour les individuels ou guidée pour les groupes.*
On peut découvrir le côté allemand de la Grande Guerre 1914-1918 : les bases arrière allemandes, situées sur les territoires des communes de Duzey et de Loison. Ces bases servirent pendant les 4 années de la guerre, mais surtout pendant la bataille de Verdun en 1916.
À côté de ***Duzey*** se trouve l'emplacement d'un canon de marine de 20 t à longue portée qui tirait sur Verdun et ses forts (accès fléché depuis la D 618). Spectaculaire canon qui n'est pas la « Grosse Bertha » mais un « Max ». Le ***camp Marguerre*** se trouve dans la forêt de Loison (la visite du site est libre). À l'origine centrale à béton, il a été transformé en camp de repos lors de la bataille de Verdun. Le ***camp « Élisabeth »,*** ou camp de la côte de Romagne, près du village d'Azannes-et-Soumazannes, est intéressant aussi (visite guidée seulement) : c'est de là que partirent les soldats allemands le 1er jour (21 février 1916) de l'attaque de Verdun. Sur ce site, on peut voir un escalier haut de 40 m, des baraquements, des terrasses, des chambrées souterraines.

Le musée de la Crèche : *6A, rue de Forbeuvillers, 55230* ***Muzeray.*** *☎ 03-29-85-93-75. • museedelacreche.com • À 22 km à l'est de Damvillers. Mai-déc, w-e 14h-18h ; sur rdv en sem. Entrée : 5 € ; réduc.* Dans une vieille maison lorraine flanquée d'un charmant jardin de curé, 200 m² d'exposition pour tous ceux qui voient dans une crèche plus qu'une simple reproduction d'étable qu'on pose, chaque Noël, négligemment sous le sapin. Le passionné créateur de ce musée en expose ici plusieurs centaines (plus de 400 !), de tous les pays, de toutes les formes (igloo, hutte, cabanon...) et dans toutes les matières (feuille de maïs, porcelaine, métal...). Et tous les 2 ans, au mois de décembre des années paires, c'est le village dans son entier qui accueille le festival des crèches, derrière les fenêtres des maisons, dans les granges...

Manifestation

Les Vieux métiers d'Azannes : *domaine des Roises, 55150* ***Azannes-et-Soumazannes.*** *☎ 03-29-85-60-62. • vieuxmetiers.fr • À 9 km au sud-est de Damvillers ; fléché de partout. Ts les dim de mai, le jeudi de l'Ascension et les 2 derniers dim de juil, 10h-18h. Entrée : 15 € ; gratuit jusqu'à 15 ans.* À 2 km environ d'Azannes, sur la route de Mangiennes, une petite route sur la gauche mène à ce domaine de 17 ha en pleine campagne, étendu dans la plaine au pied des côtes de Meuse. Il faut y venir pour l'événement, un des grands succès de la Meuse. Il s'agit d'une reconstitution vivante de 80 vieux métiers du XIXe s, animée par près

LA MEUSE

de 400 bénévoles habillés en costume d'époque. On se balade à la rencontre d'artisans au travail : le vannier fabrique des paniers, la forge tourne à plein régime, le barbier rase volontiers le visiteur, on boit un coup à la guinguette... Et puis l'on peut visiter l'écomusée en plein air qui présente du matériel agricole (machines, tracteurs, moissonneuses-batteuses), la maison du berger, l'huilerie, la chapelle, des boutiques d'artisans (dentellière, charrons, boulangers, bourrelier, lavandières, charbonniers...), le moulin à eau, et un moulin à vent, sur pivot, d'une hauteur de 15 m, sur la colline. De quoi passer une journée formidable !

ÉTAIN

(55400) 3 760 hab. *Carte Meuse, B2*

À 20 km à l'est de Verdun sur la route de Longwy, la petite ville d'Étain n'a pas éteint les lumières de l'histoire malgré toutes les périodes sombres qu'elle a connues. Là aussi, comme ailleurs en Meuse, la vie a repris sur les cendres de 1914-1918 et de 1939-1945. Posée au cœur de la plaine agricole de la Woëvre, c'est à présent une petite ville sans agitation, à la croisée des routes meusiennes, non loin des champs de bataille de Verdun et du site des Éparges.

Adresse utile

Centre culturel et touristique du Pays d'Étain : *rue des Casernes. ☎ 03-29-87-20-80. • tourisme-etain.fr • Mêmes horaires d'ouverture que le musée Petitcollin (voir plus loin).*

Où dormir ? Où manger ?

La Sirène : *22, av. Prud'Homme-Havette. ☎ 03-29-87-10-32. • hotel.sirene@free.fr • logishotels.com • Fermé dim soir et lun (hôtel et resto). Double 55 € ; familiales. Menus 16 € (sauf j. fériés), puis 26-52 €.* Une maison bourgeoise à la façade défraîchie, avec de grandes salles au plancher en bois et du mobilier ancien. Une institution régionale au charme désuet des vieux hôtels. Napoléon III y déjeuna après la bataille de Gravelotte en 1870. Les chambres, à la déco plus contemporaine mais un brin kitsch, sont spacieuses et confortables. Pour la vue et le calme, préférez néanmoins celles sur l'arrière. Belle cuisine traditionnelle. Accueil agréable.

Où dormir dans les environs ?

Chambres d'hôtes La Ferme des Vales : *lieu-dit Saint-Maurice, 55400* ***Gussainville.*** *☎ 03-29-87-12-91. • lafermedesvales@gmail.com • lafermedesvales.com • À 3,5 km au sud d'Étain par Warcq. Pas d'arrivée dim-mar. Double 68 €.* Une ancienne ferme, plaisamment rénovée, ouverte sur un grand jardin arboré. Chambres meublées d'ancien avec du caractère et de la personnalité. Accueil cordial.

Chambres d'hôtes insolites L'Edénière de Crist'al : *chez Christine Dubaux, 9, rue Saint-Martin, 55400* ***Abaucourt.*** *☎ 03-29-88-31-57. 06-78-88-03-05. • ledomigloo@orange.fr • ledeniere-de-cristal.com • À 8 km à l'ouest d'Étain par la N 3. Doubles 85-90 € (dégressif).* Une maison en bois écologique et bioclimatique très originale puisqu'elle est en forme de dôme... On est un peu déboussolé par les volumes surprenants, mais on s'habitue bien vite. Les 2 chambres situées sous la coupole disposent de tout le confort moderne et ont été aménagées avec des matériaux qui respectent la nature, jusque dans le choix du matelas ! Situation idéale pour se reposer au calme ou découvrir la région sans tourner en rond...

À voir

L'église Saint-Martin : bien qu'endommagée par la Grande Guerre, l'église d'Étain, reconstruite, a conservé fière allure. C'est un très bel édifice avec une nef des XIIIe et XIVe s, un chœur du XVe s et une tour de 1771. Vitraux modernes et chapelle du Saint-Sacrement (XVIe s) qui abrite une pietà de Ligier Richier, le grand sculpteur lorrain de la Renaissance (XVIe s).

L'usine de jouets et le musée Petitcollin : *dans le centre culturel et touristique, rue des Casernes. ☎ 03-29-87-20-80. • petitcollin.com • Juil-août, musée ouv mar-sam 10h-12h, 14h-18h et dim 14h-18h ; sept-juin, mar-mer et ven 10h-12h et mar-sam 14h-18h. Visite guidée de l'usine (1h) sur résa : juil-août, mar-ven à 14h30 et 15h30 ; hors saison, à 14h30, plus 15h30 pdt les petites vac scol. Fermé j. fériés et de mi-déc à mi-janv. Entrée : 7 € usine et musée, 4 € musée seul ; réduc ; gratuit jusqu'à 6 ans.* Fondée en 1860, cette société (qui revient de loin...) est la dernière entreprise 100 % française qui fabrique encore des jouets et des poupées. En période de concurrence effrénée (jouets *made in China*), votre visite et votre achat seront donc presque un geste symbolique ! D'autant que s'il existe un mythe dans l'univers de la poupée, c'est bien le baigneur en celluloïd Petitcollin, 1er du genre à avoir été fabriqué dès le début des années 1920. Petitcollin, c'est aussi l'invention des « yeux dormeurs », des poupées de couleur... Tout un univers que retrace ce musée au travers de quelques vitrines et d'un film. La visite de l'usine permet de tout savoir (ou presque) sur les secrets de fabrication (implantation des cheveux, vêtements de poupée). Pour les enfants, visite avec son livret-jeu (gratuit). Des jeux, des indices, devinettes, coloriages.

LA WOËVRE

Carte Meuse, B2

Au pied des Côtes de Meuse, la plaine très verte et fertile de la Woëvre est parsemée de prairies, de vergers et d'étangs. Au printemps, les champs de mirabelliers en fleur magnifient ce paysage lorrain en lui donnant tout son caractère.

UN PEU D'HISTOIRE

À la moitié du mois de septembre 1914, les Allemands sont bien avancés en Meuse, et dans cette partie du département la ligne de front s'est stabilisée entre la Woëvre et les Hauts de Meuse. Une offensive allemande lancée le 22 septembre leur permet d'occuper les crêtes, des Éparges (au nord) à Montsec (au sud), des collines stratégiques, ainsi que la ville de Saint-Mihiel. De janvier à avril 1915 se déroulent des combats d'une violence inouïe pour la reconquête de la crête des Éparges (lire « À voir. À faire »). Puis les 2 armées, bloquées l'une face à l'autre, se livrent à la guerre des mines, une guerre de positions où aucun camp n'avance vraiment : une guerre d'usure.
En 1916, les combats étant focalisés sur Verdun, le front reste stable en Woëvre. L'offensive américaine de septembre 1918 libère la plaine de Woëvre. Le 14 septembre 1918, Fresnes-en-Woëvre est prise par les Américains. La fin de la guerre et des souffrances approche.

Où dormir ?

*Camping Marguerites : base de loisirs du Colvert, 55160 **Bonzée.** ☎ 03-29-87-31-98. • campingscolvert@free.fr • base-de-loisirs-du-colvert.fr • À 1,5 km à l'ouest de Fresnes-en-Woëvre ; fléché sur la D 21 vers Bonzée. Ouv avr-sept. Compter 12-14 € pour 2. Loc mobile homes 4 pers 380-460 €/sem.* Un camping « qualité », vert avec ses petites haies et son bel ombrage global. Équipement complet, sanitaires rénovés et bien entretenus, accès au plan d'eau de la base de loisirs. Resto avec cuisine traditionnelle de produits frais du coin. Pêche. Baignade surveillée en saison. Accueil sympa, souriant et « routard » !

Où manger ?

***ESAT des Étangs de la Chaussée :** 3, rue du Château, 55210 **Lachaussée.** ☎ 03-29-89-36-02. • christine.hion@apf.asso.fr • etang-de-lachaussee.com • Ouv tte l'année, seulement le midi. Résa conseillée. Menus en sem 12-20 € ; dim midi, carte env 20-25 €.* Dans une grosse maison bourgeoise posée sur les rives d'un vaste étang où l'on peut pêcher. C'est, en fait, un établissement médico-social qui fonctionne avec une douzaine d'adultes handicapés, sur le modèle d'une ferme-auberge. Bons produits des étangs ou produits élevés ou cultivés sur place pour une roborative cuisine de terroir à prix doux, servie dans la bonne humeur. Boutique.

À voir. À faire

***Les Éparges :** à 2 km à l'est du village des Éparges (qui se trouve au pied des Côtes de Meuse sur la D 154, à 23 km au sud-est de Verdun).*
C'est une grosse colline (nommée la crête des Éparges) qui culmine à 346 m de haut et domine la plaine de Woëvre. Plusieurs monuments ont été élevés en mémoire des combattants : le monument des Revenants, le monument du Coq, le monument du Génie... Au pied de la crête, le ***cimetière militaire du Trottoir*** compte 4 000 tombes de soldats. Au sommet, au ***Point X*** se dresse un monument dédié « À ceux qui n'ont pas de tombe ». Sur les 50 000 morts des Éparges, environ 10 000 n'ont pas été retrouvés. En août 1914, l'offensive allemande en Meuse, violente et rapide, a permis de former une ligne de front qui « prenne en tenaille » Verdun sur 3 côtés. Au sud, les Allemands sont très avancés dans le secteur des Éparges où se déroulent des combats terribles en 1915. Les Français lancent un assaut le 17 février 1915, aussitôt les Allemands contre-attaquent et reprennent le terrain. Le jeune lieutenant ***Maurice Genevoix*** y participe et survit au déluge d'obus et aux tirs de mitraillettes. Blessé, il sera évacué. Pour avoir une idée exacte de la violence des combats qui s'y déroulèrent, lisez son témoignage *Ceux de 14.* Un autre écrivain français, ***Louis Pergaud,*** prix Goncourt, disparût au cours de ces combats, autrement plus atroces que les joutes d'enfants de sa célèbre *Guerre des boutons.* Son corps ne sera jamais retrouvé...
Après 2 mois de combats redoutables, la crête des Éparges est conquise par les Français. S'ensuivent des combats longs et meurtriers, encore un peu à l'extérieur, et sous terre ensuite. Les attaques à l'air libre, classiques, étant devenues vaines et impossibles, les 2 armées se livrent alors à la ***guerre des mines*** (comme à Vauquois en Argonne, en moins violent et sans village au-dessus). Chaque camp occupe un versant de la crête. Aucune avancée, aucune possibilité de gagner du terrain en surface. Voilà pourquoi le paysage des Éparges est aujourd'hui troué, ravagé par de nombreux cratères et entonnoirs formés par l'explosion souterraine de ces mines. Les Allemands firent sauter 46 mines, les Français 32. Le site des

Éparges ne sera définitivement libéré que le 14 septembre 1918, grâce à l'offensive américaine qui prend Fresnes-en-Woëvre et le secteur du saillant de Saint-Mihiel.

Le monument-mémorial d'Alain-Fournier : *en venant de Saint-Rémy-la-Calonne par la D 113 en direction de Mouilly, après 3 km on arrive à une intersection avec la route dite « Tranchée de Calonne » qui traverse la forêt ; tourner à gauche et continuer sur 2 km ; le monument, indiqué sur la gauche de la route, se trouve à 300 m env dans les bois, au bord d'un chemin forestier (y aller à pied).* C'est dans une futaie du bois de Saint-Rémy-la-Calonne qu'en 1991, un habitant d'un village voisin, à l'aide d'un détecteur de métaux, découvre les restes des corps d'Alain-Fournier et de ses compagnons. Cette découverte provoque une grande émotion en Meuse et dans toute la France. L'auteur du *Grand Meaulnes* n'est-il pas un des auteurs préférés d'une génération de lecteurs ? Des fouilles sont effectuées dans cette fosse et on identifie les corps considérés par l'armée depuis 77 ans comme des « disparus ». Il s'agit bien, entre autres, d'Alain-Fournier. Né le 3 octobre 1886 à La Chapelle-d'Angillon, Henri-Alban Fournier prend en 1907 le nom de plume d'Alain-Fournier. En 1913, à l'âge de 27 ans, il publie *Le Grand Meaulnes.*

La guerre éclate. Le jeune auteur est mobilisé le 2 août 1914, il rejoint le 288e régiment d'infanterie de Mirande (Gers) et est nommé lieutenant. Afin de contrer l'avancée allemande, le commandement français prend la décision de masser ses troupes, dont le régiment d'Alain-Fournier, sur les Hauts de Meuse à partir du 20 septembre. C'est au cours d'une mission de reconnaissance que le capitaine Grammont, Alain-Fournier et leurs soldats seront tués. Bilan : 21 morts. Les corps sont ensuite enterrés dans une fosse, dont l'emplacement restera inconnu, jusqu'à sa découverte en 1991.

Pendant des années, Jacques Rivière (écrivain et directeur de *La Nouvelle Revue française*) cherchera en vain la tombe de l'illustre écrivain. À partir de 1977, Michel Algrain intensifie ses recherches en archives et sur le terrain. Le 4 novembre 1991, 21 squelettes sont mis au jour, dont 19 sont formellement identifiés grâce à leurs plaques d'identité, galons et éléments médicaux. Alain-Fournier, bien que dépouillé de ses plaques, est aussi formellement identifié. Sur le site de la découverte, une sorte de pyramide vitrée recouvre la fosse, près d'une stèle commémorative. Les ossements ont été réinhumés dans une tombe au cimetière militaire de Saint-Rémy-la-Calonne.

Le fort de Troyon (55300) **:** *sur la D 964, à 13 km env au nord de Saint-Mihiel, en allant vers Verdun ; panneau sur la droite de la route. Le site est restauré par l'association Ceux de Troyon : ☎ 07-89-84-64-08 ou 06-75-23-11-09. • fort-de-troyon.com • Visite guidée (1h30) mars-nov, w-e et j. fériés 14h-18h. Tarif : 5 € ; réduc ; gratuit moins de 12 ans. Ouv tte l'année pour les groupes sur résa. Visite des galeries souterraines dim mat mai-sept, sur résa seulement (7 € ; réduc).* Visite guidée (uniquement) par les bénévoles de l'association, qui font un travail remarquable pour la remise en valeur du site (qui reste une propriété privée). Le fort est bombardé par les Allemands le 8 septembre 1914. Les soldats français résistent avec bravoure. Le 10 septembre, les soldats allemands lancent l'assaut mais sont repoussés. Bilan : 21 officiers et 600 soldats morts. Le Kronprinz, étonné par la résistance de Troyon, lance une nouvelle offensive. Les 2 camps s'affrontent dans des combats épouvantables que relate Maurice Genevoix dans *Ceux de 14.* On découvre aujourd'hui des galeries souterraines, des salles où vivaient les soldats, des couloirs, des murs abîmés par les obus et la guerre.

La base de loisirs du Colvert : *55160* ***Bonzée.*** *☎ 03-29-87-31-98. • base-de-loisirs-du-colvert.fr • Ouv avr-sept. Entrée (parking) : 3 €. Voir aussi la rubrique « Où dormir ? » plus haut.* Tout ce que l'on attend d'une base de loisirs : baignade surveillée (en juillet-août), jeux pour enfants, structures gonflables, toboggan aquatique (payant), pêche, location de canoës, paddles, barques, embarcations à pédales, tennis... Sensibilisation à la nature, aux oiseaux et aux insectes pour les 5-12 ans.

L'étang de Lachaussée : *à la « frontière » de la Meurthe-et-Moselle, au nord du lac de Madine. À Lachaussée, infos à l'ESAT des Étangs de la Chaussée (☎ 03-29-89-36-02).*
Classé réserve naturelle régionale (RNR), d'une surface de 300 ha, l'étang de Lachaussée fait partie du parc naturel régional de Lorraine et s'étend au cœur d'un paysage plat (plaine de Woëvre), composé de grandes zones humides et vertes (sentiers de rando de 6 km, 12 km et 15 km autour du lac et de ces zones). Un endroit paisible et superbe, incontournable pour les ornithologues débutants ou avertis.
– Tous les ans, une grande ***pêche d'automne*** est organisée d'octobre à décembre. C'est l'occasion de vider l'étang et de pêcher au filet.

LES CÔTES DE MEUSE

Le parfum des vergers, les mirabelliers en fleur au printemps, la saveur des vignobles à l'automne et l'herbe verte des champs à longueur d'année (ou presque), voilà un paysage qui ressource l'âme et l'esprit, après l'âpre visite historique des champs de bataille. Cette petite région d'une vingtaine de kilomètres de long environ, étroite bande de terre allant de Combres à Heudicourt-sous-les-Côtes, occupe un coin particulier de la carte de la Meuse et nous a enchantés. Cette terre côte-de-meusienne et ce microclimat local fait de douceur et de subtilité engendrent des vins riants aux arômes acidulés francs et fruités.
Blanc, rouge ou gris (entre rosé et blanc), les vins des Côtes de Meuse ont aussi la particularité d'être les vins les plus « septentrionaux » produits en France. Le terroir d'appellation se limite à quelques villages regroupés au pied des collines de Meuse, exposés aux rayons du soleil à l'est et au sud.

Où dormir ? Où manger dans le coin ?

Camping

Camping du Bois Joli : *9, rue Gaston-Parant, 55210* ***Saint-Maurice-sous-les-Côtes.*** *06-43-00-43-47 (M. Rémi Mettavant). • campingduboisjoli@gmail.com • forest-campingbj.com • Ouv avr-sept. Compter 12 € pour 2. Logements insolites (tipi, dôme et cabane-tente perchée) : 32-49 €/nuit (2 nuits min pour le dôme), plus frais de service ; draps fournis. CB refusées. 25 empl. Réduc de 5 % en avr-mai et sept sur présentation de ce guide.* Pas mal de touristes néerlandais et allemands avaient déjà repéré ce tout petit camping (2-étoiles) très nature au pied de la forêt. Un petit coin de paradis de verdure et de calme, complètement réaménagé. Possibilité de dormir dans 4 logements insolites : un tipi et son totem, 2 cabanes-tentes, dont une sur pilotis, et un dôme, complètement équipés (glacière électrique, matériel de cuisine, table, brasero...). Petite boutique de produits régionaux (dont les confitures avec les fruits du verger-camping) tenue par Rémi, le jeune proprio safranier.

Prix moyens

Hôtel des Côtes de Meuse : *1, av. du Général-Lelorrain, 55210* ***Saint-Maurice-sous-les-Côtes.*** *☎ 03-29-89-35-61. • hotelrestaurant.cotes-de-meuse@orange.fr • hotelcotesdemeuse.com • Tlj sauf dim soir. Congés : 1 sem fin sept. Double 61 € ; familiale. Menu déj sem 14 € ; carte 25 €.* Un grand coup de fraîcheur et de rénovation a été mis dans ce petit hôtel et ses 9 chambres reliftées. Couleurs vives au rendez-vous, déco et aménagement modernes. Cuisine du terroir de Meuse, traditionnelle et généreuse. Accueil familial sympathique.

Chambres d'hôtes La Bottée : *1, pl. de Verdun, 55210* ***Viéville-sous-les-Côtes.*** *☎ 03-29-89-98-12. 06-52-04-18-08. • labottee@gmail.com • labottee.com • Tt au bout du village, face à un superbe lavoir. Double 75 €. Table d'hôtes 25 €.* Cette ancienne maison de vigneron du XVIIIe s accolée à une maison villageoise de manouvrier des années 1920, toutes 2 entièrement rénovées, abrite 3 chambres d'hôtes de charme à la déco très soignée, avec parquet huilé, meubles chinés, et une agréable pièce à vivre. Une adresse pleine d'authenticité qui a une âme.

Chambres d'hôtes La Métairie du Manoir : *3, rue Principale, 55160* ***Watronville.*** *☎ 03-29-87-32-21. 06-85-51-15-25. • wurtz@lametairiedesvergers.com • lametairiedesvergers.com • Double 65 €. Également gîte 5 pers.* Une maison de maître de la fin du XIXe s, qui étale largement sa façade côté rue. Les chambres délicieusement déco (on a un petit faible pour la chambre « Couture », très années 1930) s'ouvrent sur un agréable et ravissant verger.

Chambres d'hôtes Le Domaine de Pomone : *1, ruelle du Haldat-du-Lys, 55300* ***Woinville.*** *☎ 03-29-90-01-47. 06-14-93-55-92. • ledomainedepomone@wanadoo.fr • ledomainedepomone.com • Doubles 73-75 € ; familiale.* Woinville est un petit village paisible où se cache cette jolie maison du XVIIIe s aux murs couverts de plantes grimpantes et entourée d'un grand parc ombragé par de beaux arbres. 3 chambres tranquilles qui respirent le charme et le bon goût (jusqu'au choix du linge de maison). Une suite familiale, dans le même style, complète l'hébergement de charme. Coin salon, bibliothèque à disposition des hôtes. Accueil adorable comme tout.

LA MEUSE

Où s'approvisionner en mirabelles ?

Déclinée en fruit frais, fruit séché (un délice pour une pâtisserie si on les trempe dans de l'eau-de-vie ou de la liqueur), en pâte de fruits, en confiture, en jus, en nectar, en pétillant, etc., la mirabelle est bien la reine des Côtes de Meuse.

Jardin de Lorraine : *coopérative fruitière des Côtes de Meuse, 32, rue de la Mirabelle, 55210* ***Billy-sous-les-Côtes.*** *☎ 03-29-89-32-24. • jardin-de-lorraine.com • Lun-sam 10h-18h30, plus dim lors de la récolte d'été pour la vente de fruits.* La mirabelle y est déclinée sous toutes ses formes gourmandes et buvables... La boutique propose également les produits régionaux de la Meuse.

À voir

La maison des Arts et traditions rurales : *55210* ***Hannonville-sous-les-Côtes.*** *☎ 03-29-87-32-94. • ecomusee-hannonville.com • (presque tte la visite). Juil-août, lun-ven 10h-12h, 14h-18h ; w-e et j. fériés, 14h-18h. Le reste de l'année, sur résa. Entrée : 4 € ; réduc ; forfait famille (2 adultes et 2 enfants) 10 €.* Il s'agit d'une maison traditionnelle de vignerons des Côtes de Meuse, construite en 1850 et renfermant de nombreux objets, outils et documents sur la vie quotidienne à la campagne. À l'extérieur, découvrez l'écojardin et ses nombreuses installations qui incitent à un jardinage respectueux de notre santé et de l'environnement. Également, visite d'une huilerie pédagogique et du rucher-école (pour les groupes, sur résa exclusivement). Boutique de produits du terroir et issus du commerce équitable. Expositions, ateliers créatifs. Marché d'automne écoresponsable le 1er dimanche d'octobre (exposants de produits locaux, animations...).

L'observatoire des Côtes de Meuse : *8, pl. de Verdun, 55210* ***Viéville-sous-les-Côtes.*** *06-09-17-03-59. • observatoiret83.weebly.com • Soirées d'observation des étoiles, tte l'année, sur résa : 25 €/pers ; réduc ; gratuit jusqu'à 6 ans.* Difficile à croire quand on arrive devant cette traditionnelle maison vigneronne. Mais, sur l'arrière, dans un sympathique jardin, se cache un télescope plutôt imposant ! Un des plus gros télescopes d'Europe même (avec ses 83 cm de diamètre) à être accessible au public. Le propriétaire, affable, en organise la visite ; l'idéal étant évidemment de s'offrir une soirée la tête dans les étoiles. Plus pour les passionnés que les novices. Gîte sur place.

Yannick Arcelli, tourneur sur bois : *4, rue de la Victoire, 55210* ***Viéville-sous-les-Côtes.*** *☎ 03-29-89-38-56. 06-87-79-51-89. • yannick.arcelli@wanadoo.fr •* Quand vous aurez vu les réalisations de Yannick, vous ne regarderez plus jamais un mirabellier de la même manière. S'il travaille d'autres essences locales (superbe loupe d'orme), ses bagues, boucles d'oreilles et autres « sculptures » sont extraordinaires dans ce bois ! Il réalise même de superbes stylos à encre ! Prenez rendez-vous, car il se promène souvent sur les marchés et fêtes de la région.

Visite des domaines viticoles et des caves

Ces 3 producteurs ont reçu le label « Meuse et Merveilles » pour la qualité et l'authenticité de leurs vins (voir l'explication de ce label dans l'introduction générale du département). Les villages situés au pied des collines bien exposées des Côtes de Meuse jouissent d'un microclimat propice à la culture de la vigne et des arbres à fruits (mirabelles, quetsches). D'ailleurs au printemps, au début du mois de mai, les mirabelliers aux fleurs blanches (floraison courte comme les cerisiers) et les nombreux vergers colorés donnent tout son charme et sa beauté à cette campagne meusienne. C'est le meilleur moment pour découvrir la région. Pour visiter les domaines, mieux vaut éviter l'été, car c'est l'époque de la récolte des mirabelles, et la fin du mois de septembre, qui correspond à la période des vendanges.

Le domaine de Muzy : *3, rue de Muzy, 55160* ***Combres-sous-les-Côtes.*** *☎ 03-29-87-37-81. • domainedemuzy.fr • Ouv jeu-sam (hors période de vendanges) 9h-12h, 14h-18h.* Passionnés par leurs métiers de viticulteur et d'œnologue, Jean-Marc et Véronique Liénard (et leurs enfants) aiment la qualité et la tradition. Leur méthode consiste à respecter le raisin, de sa naissance en terre jusqu'à sa maturité en bouteille. Avec peu de moyens mais beaucoup d'énergie et à force de travail soigné, ils produisent en biodynamique de très beaux vins de pays de la Meuse. Ils ont été récompensés plusieurs fois pour leur typicité et leurs arômes subtils.

Le domaine de la Goulotte (Philippe et Évelyne Antoine) **:** *6, rue de l'Église, 55210* ***Saint-Maurice-sous-les-Côtes.*** *☎ 03-29-89-38-31. • domainedelagoulotte.fr • Tlj sur rdv.* Comme ses confrères, la Goulotte produit de manière artisanale d'excellents vins locaux, des mirabelles, des quetsches. Visite des caves et, bien sûr, dégustation à la sortie (gratuite pour les individuels).

Le domaine de Montgrignon (Daniel et François Pierson) **:** *9, rue des Vignes, 55210* ***Billy-sous-les-Côtes.*** *☎ 03-29-89-58-02. • domaine-montgrignon.com • Visite sur rdv seulement, tlj sauf dim.* Producteur de vin de pays de la Meuse (blanc, rouge, gris) et de brut de mirabelle. Visite de la cave et dégustation. Vente de produits du terroir sur place.

HATTONCHÂTEL

(55210) 1 370 hab. *Carte Meuse, B3*

Un des plus beaux villages de Meuse (avec Marville et Beaulieu-en-Argonne). Situé sur une colline à 350 m d'altitude, qui forme une avancée des Côtes de Meuse, au-dessus de la vaste plaine de la Woëvre, et du

lac de Madine, ce gros bourg a maintenu son caractère, surtout la partie ancienne, la plus proche du château. On comprend aisément pourquoi les évêques de Verdun avaient choisi ce merveilleux nid d'aigle pour y établir leur résidence.

Où boire un verre ?

Bistrot-brocante L'Air du Moulin : *8, rue des Arcades.* ☎ *03-29-89-32-96.* *Ouv sam-dim et j. fériés. CB refusées.* Situé à 200 m du château, précédé par une terrasse verte et agréable au printemps, ce bistrot coiffé par une touffe de plantes grimpantes est unique en Meuse. Il se divise en 2 parties : une salle pour la brocante, l'autre salle pour boire un verre. La décoration, créative, personnelle, charmante, est à l'image du maître des lieux, le sympathique et très chaleureux Patrick. Couturier de métier, artiste de cœur, il élabore lui-même et sert un excellent vin médiéval aux épices nommé l'hypocras, qui serait une des plus vieilles boissons d'Europe. Une de nos adresses préférées pour boire un verre dans le Sud meusien.

À voir

Le château d'Hattonchâtel : *au cœur du village.* ☎ *03-29-89-31-79.* • *hattonchatelchateau.fr* • *Visite sur rdv seulement, lun et mer à 11h. Entrée : 4,50 €.* Un superbe et majestueux château imaginé et reconstruit en 1927 par la riche Américaine Belle Skinner sur l'emplacement de l'ancienne citadelle élevée en l'an 859 par Hatton, 29e évêque de Verdun, et détruit par Richelieu au XVIIe s. Il fut reconstruit puis détruit maintes fois, notamment durant la guerre de Trente Ans, puis lors de la Première Guerre mondiale. Belle Skinner n'a jamais vu les travaux terminés, elle est décédée d'une pneumonie lors de sa venue en France pour le découvrir abouti. En façade, il a des allures de château fort avec pont-levis, grosses tours et meurtrières. Côté parc, c'est un château d'agrément qui mêle de façon surprenante le style gothique et Renaissance. Le château fut occupé plus tard par la peintre Louise Cottin, dont on peut voir des œuvres exposées dans les parties communes. Puis, il servit de couvent et d'hébergement pour des colonies de vacances avant d'être restauré et transformé en hôtel de luxe par un couple danois.

La visite guidée du château retrace son histoire étonnante et pleine de péripéties. On découvre le parc, superbe et offrant une belle vue panoramique, puis la vaste salle des Burgraves, toute en pierre, voûtée avec croisées d'ogives gothiques, carrelage à blason et immense cheminée surmontée d'une peinture qui retrace l'histoire des lieux (malheureusement illisible, car nettoyée à la brosse par les enfants de la colo !), ainsi que la bibliothèque et quelques chambres. Possibilité d'y dormir et d'y manger, mais tout de même très cher *(suites 165-300 € ; menu au resto 75 €).*

Le village : de l'immanquable château, on gagne la *mairie-école* néogothique reconstruite en 1923 sur les plans de l'architecte américain John Sanford. Du petit jardin à la française, jolie vue sur les environs. En face, belle *maison aux Arcades.* En poursuivant la même rue, ne pas manquer de visiter la chapelle au bout du transept gauche de l'*église* : exceptionnel ***retable de Ligier Richier*** (1523). Dans un décor architecturé de style Renaissance italienne, 3 scènes sculptées dont le mouvement des personnages semble comme suspendu : le Portement de la croix, la Crucifixion et la Déploration sur le Christ mort. Une merveille ! À la sortie du village, vestiges de la *maison à Voûte* (XIIe-XVe s), et juste devant, émouvant monument aux morts de 14-18, un de ceux (trop rares...) qui évitent le patriotisme triomphant : juste la statue d'une paysanne éplorée.

LE LAC DE MADINE

Carte Meuse, B3

Une petite mer bleue apparaît soudain au milieu d'une grande plaine verte, au détour des collines des Côtes de Meuse : est-ce un mirage ou une oasis de fraîcheur ? C'est le lac de Madine, le plus grand lac artificiel de Lorraine, qui s'étend sur 1 100 ha (42 km de rives) dans la vaste plaine de la Woëvre. Destiné à l'origine à alimenter les villes de Metz et de Nancy, entouré de forêts et de zones humides, il est considéré aujourd'hui comme le 1er plan d'eau ornithologique lorrain. On y a dénombré plus de 280 espèces d'oiseaux (sédentaires ou migrateurs). En été, le lac de Madine est fréquenté surtout par les familles de citadins venues de Metz et de Nancy, qui en font leur petite « Côte d'Azur » à la campagne. Pourtant, le lac a bien failli couler, économiquement s'entend ! Du moins ses infrastructures vétustes. Relancé par une injection massive de fonds, il vit un véritable renouveau touristique. Une base de loisirs réaménagée propose toutes sortes d'activités sportives : embarcation à pédales, vélo, tennis, randonnées, golf... Il y en a pour tous les goûts. Nonsard en constitue la porte d'entrée et d'information. Et des activités telles accrobranche, équitation, école de voile, etc., prennent place sur le site d'Heudicourt, avec des hébergements eux aussi rénovés.

Adresse et info utiles

■ ***Maison des Promenades :*** *à* ***Nonsard.*** *☎ 03-29-89-32-50. • lacmadine.com • Ouv tte l'année sauf fêtes de fin d'année.* Toutes les informations utiles et pratiques sur l'ensemble de l'offre d'hébergements, d'activités sportives ou de détente proposées sur l'ensemble du site. Location de VTT et rosalies, minigolf... À signaler que l'on peut marcher sur le toit de cette maison, pour découvrir le site d'un peu plus haut.

– ***Navette :*** un petit train assure en saison la liaison Heudicourt-Nonsard et retour, toutes les 30 mn *(3 €/pers).*

Où dormir ? Où manger ?

Camping

Camping d'Heudicourt : *lac de Madine, 55210* ***Heudicourt-sous-les-Côtes.*** *☎ 03-29-89-36-08. • campingheudicourt@lacmadine.com • lacmadine.com • Ouv avr-oct. Compter env 18 € pour 2.* Vaste camping, posé au bord du lac (avec accès direct), proche de nombreuses activités (accrobranche, jeux d'enfants...). L'ombrage est variable selon les emplacements, mais le camping est verdoyant. Beaucoup de mobile homes à l'année. Nombreux blocs sanitaires. Livraison de pain en été. Bon accueil.

De bon marché à chic

Gîtes et roulottes : *lac de Madine, 55210* ***Heudicourt-sous-les-Côtes.*** *☎ 03-29-89-32-50 et 03-29-89-31-78 (roulottes). • contact@lacmadine.com • lacmadine.com • Tte l'année. Gîtes équipés 4-6 pers 310-650 €/sem ; possibilité de loc au w-e hors juil-août. Roulotte 2 pers 90 €/nuit et 500 €/sem ; possibilité de loc au w-e ou w-e prolongé.* Sur le site d'Heudicourt, un village de gîtes rénovés, proches du lac (certains disposent même d'une vue et d'un accès direct). 6 roulottes confortables et bien équipées (plaques vitro, micro-ondes, table...) sont installées dans un petit massif arboré à proximité des gîtes.

Hôtel-restaurant du lac de Madine : *22, rue Charles-de-Gaulle, 55210* ***Heudicourt-sous-les-Côtes.*** *☎ 03-29-89-34-80. • hotel-lac-madine@wanadoo.fr • hotel-lac-madine.com • Resto tlj* *sauf lun midi. Congés : de mi-déc à mi-janv. Doubles 69-115 € ; deluxe avec bains balnéo plus chères. Formule déj sem 17 € ; menu 34 € ; carte env 45 €.* Au pied de l'église de ce petit village blotti dans les vergers de mirabelles et à 1 km du lac, une auberge au charme feutré, aux chambres très confortables et toutes refaites, dont certaines offrent même le luxe d'une salle de bains balnéo. Un spa est en projet. La table a ses adeptes et contribue à la sérénité du séjour autour des produits du terroir bien mis en scène par le chef. Quelques spécialités très « meusement » gourmandes autour d'une très belle carte des vins. Si l'on ajoute l'accueil attentionné de la famille Drapier, le bonheur est complet.

Chambres d'hôtes L'Agora : *3, route de Lamarche, 55210* ***Nonsard.*** *☎ 03-29-90-05-05. 📱 06-07-65-64-99. • giteagora@orange.fr • giteagora.com • Double 55 € ; familiale. Repas sur résa 20 €. Apéritif maison offert sur présentation de ce guide.* Un très bon rapport qualité-prix pour cette maison qui accueille vacanciers, pêcheurs, « voileux » et randonneurs. Salle commune avec cheminée à l'ambiance amicale, entretenue par la bonne humeur communicative du couple propriétaire. Chambres sobres mais bien équipées et à la déco au goût du jour. Un chalet également pour 2 à 4 personnes, avec terrasse et cuisine équipée. Cuisine authentique à la table d'hôtes. Location de VTT. Sauna. Informations sur les excursions et les activités autour du lac de Madine. Un bon plan.

Brasserie-restaurant du Port : *à* ***Nonsard.*** *☎ 03-29-89-38-93. • brasserieduportmadine@hotmail.com • Tlj le midi, plus le soir (sauf lun) en été. Ouv le w-e seulement hors saison. Menu 16 € ; carte 30 €. Café offert sur présentation de ce guide.* Produits du terroir à déguster dans une salle lumineuse ouverte sur le lac ou sur la superbe terrasse en bois. Un lieu éminemment touristique mais qui propose une cuisine de qualité dans une bonne ambiance de vacances. Bar également sur le site de la plage de Nonsard, à côté de la *Maison des Promenade.*

Au Rendez-vous des Saveurs : *2, route de Verdun, à* ***Saint-Benoît-en-Woëvre,*** *commune de Vigneulles-lès-Hattonchâtel (55210). 📱 07-88-37-93-37. • resto.saintbenoit@wanadoo.fr • À 10 km au nord-ouest du lac de Madine. Ouv tlj, le midi seulement. Plat du jour 18 € ; menu 29 €.* Entre le lac de Madine et la « frontière » avec la Meurthe-et-Moselle, dans une grosse bâtisse recouverte de lierre sur un carrefour en pleine campagne, une adresse gastro qui jouit d'une belle réputation. Une jolie cuisine au gré du marché, des herbes du jardin et de l'inspiration du chef. Ici, on fabrique aussi le pain.

Voir également nos bonnes adresses dans le chapitre des « Côtes de la Meuse », à seulement quelques kilomètres.

À voir. À faire autour du lac et dans les environs

– ***Activités de plein air :*** *infos et résas sur • lacmadine.com • ou au ☎ 03-29-89-32-50.* Sur le site **(accessible gratuitement),** on trouve 2 plages de sable aménagées (l'une en herbe à Heudicourt, l'autre en sable à Nonsard), et surveillées en juillet-août. On peut faire des randonnées pédestres ou équestres, se promener (depuis Nonsart) en bateau électrique à la découverte de la faune et de la flore, jouer au golf (9 trous), faire des balades en roulotte et calèche, louer des VTT, des rosalies, des bateaux électriques sans permis, des embarcations à pédales, paddles, canoës... Il y a même un port à Nonsard, avec 280 anneaux, pour séduire les marins d'eau douce, avec une école de voile. Enfin, à défaut de nager ou de voguer, de kitesurfer ou de windsurfer, on peut tout simplement pratiquer la pêche (carpes, perches, brochets, sandres) ou encore taquiner les poissons sous l'eau en plongée accompagnée. On peut également y dormir en gîte ou en chambre d'hébergement collectif.

– ***Observatoire ornithologique :*** Un sentier de découverte et d'interprétation mène à l'observatoire ornithologique. Accès libre au rythme des panneaux didactiques et sorties nature guidées en bateau avec Fabrice André, un ornithologue très sympa et érudit (📱 06-28-60-50-86 ; ● fabrice.andre.57@gmail.com ●).

Le mémorial américain de la butte de Montsec : *à 13 km au sud de Heudicourt-sous-les-Côtes. Accessible par la D 12 ou la D 119.* Cette butte est une colline de 375 m de haut qui domine le petit village de Montsec. Construit en 1930 par les États-Unis pour commémorer la réduction du saillant de Saint-Mihiel par les troupes de leur 1re Armée, le mémorial évoque un petit temple grec à colonnades et de forme circulaire. Sous la voûte, une carte en bronze présente les différentes offensives militaires américaines dans le saillant de Saint-Mihiel en 1918. Superbe vue sur le lac de Madine, les Côtes de Meuse et la plaine de Woëvre.

Manifestation

– ***Les Bielles Meusiennes :*** *sur un w-e mi-juin, à* ***Heudicourt-sous-les-Côtes.*** *● biellesmeusiennes.com ●* Rassemblement de voitures anciennes qui attire près de 20 000 visiteurs. Environ 2 000 passionnés affichent un engouement sans borne pour montrer leur bijou. Animations et stands de vente de pièces détachées.

SAINT-MIHIEL (55300) 4 760 hab. *Carte Meuse, B3*

« Saint-Miel », voici la prononciation exacte du nom de cette bonne commune, qui n'a rien à voir avec une quelconque secte mystique d'adorateurs du miel, mais avec une vieille abbaye bénédictine du nom de Saint-Michaël (Michel). Nichée dans une jolie vallée (la Meuse), bordée de coteaux boisés, Saint-Mihiel a conservé son patrimoine (vieilles maisons, palais abbatial, églises Saint-Étienne et Saint-Michel), dans un paysage urbain qui évoque encore le XIXe s. Malgré l'adversité et les turpitudes de l'histoire (la Première Guerre mondiale notamment), elle a maintenu en son centre ancien ce charme des petites villes balzaciennes, son caractère tranquille, son visage humain.

À 18 km au nord de Commercy et une trentaine au sud de Verdun, loin de l'agitation des grands centres de Nancy et de Metz, venez donc « faire votre miel » à Saint-Mihiel, aux portes du parc naturel régional de Lorraine. Enfin, une question pour le quiz du *Routard* : comment se nomment les habitants de Saint-Mihiel ? Non, pas les Mielleux, mais les Sammiellois !

À LA CHARGE DU PROPRIÉTAIRE

Pendant la Grande Guerre, l'armée américaine décida de bombarder le château de Chambrun occupé par les Allemands. L'officier qui dirigea l'opération se rendit compte par la suite que l'édifice détruit appartenait à sa famille.

Adresse utile

Office de tourisme Cœur de Lorraine : *rue du Palais-de-Justice.* ☎ *03-29-89-06-47. ● coeurdelorraine-tourisme.fr ● Avr-oct, mar-sam 9h-12h30, 13h30-18h ; dim-lun 13h30-18h. Nov-mars, fermé lun mat et dim.* Bonne documentation dont un dépliant du circuit de découverte pédestre de la ville. Personnel super efficace et très sympa.

Où dormir ? Où manger ?

Hôtel de la Gare : *pl. de l'Ancienne-Gare, de l'autre côté de la Meuse. ☎ 03-29-89-38-39. • hoteldelagare55@free.fr • hoteldelagare55.wixsite.com/monsite • ♿ Double 57 € ; familiales. Réduc de 10 % pour une résa en direct sur présentation de ce guide.* Dans un bâtiment récent, mitoyen de l'ancienne gare, des chambres modernes et confortables, pas bien grandes mais entièrement rénovées. Indépendant du resto voisin. Bon accueil.

Villa Sequoia : *19, av. des Roches. 📱 06-76-73-39-28. • hlalegerie@gmail.com • villa-sequoia.fr • En bord de route, à la sortie de la ville en direction de Verdun. ♿ Doubles 80-90 € ; dégressif dès la 2e nuit.* Belle et grande villa du début du XXe s de style Art nouveau. Tout le rez-de-chaussée est réservé aux hôtes (la charmante propriétaire habite à l'étage). On pourra donc profiter du salon au mobilier ancien, de la grande salle à manger, et même de la cuisine. Superbe suite avec parquet d'époque, mobilier chiné, lit moelleux, douche à l'italienne et terrasse donnant sur le parc arboré et son étang bucolique. Une autre chambre, plus petite mais charmante avec ses touches exotiques colorées et sa baignoire d'angle, donne sur l'avant (et donc sur la rue passante). Bon petit déj à base de produits frais. Une jolie adresse de charme.

Le Rive Gauche : *pl. de l'Ancienne-Gare. ☎ 03-29-89-15-83. • quaidelagare@orange.fr • Tlj sauf dim soir, lun, jeu soir. Formule et menu midi et soir (sauf dim) 11,80-14 € ; menus 25-33 €.* Dans l'ancienne gare de la ville, de coquettes salles rustico-modernes et très colorées. On y déguste une cuisine traditionnelle très correcte, avec un choix varié et pour tous budgets.

Où dormir ? Où manger dans les environs ?

Chambres d'hôtes La Maison de l'Étang : *15, rue Petite-de-l'Orme, 55300 **Sampigny** (fléché, mais pas évident ; en bas du village, vers la rivière). ☎ 03-29-9075-66. 📱 06-31-08-91-97. • verger.thierry@aliceadsl.fr • maisondeletang.fr • À 10 km au sud de Saint-Mihiel par la D 964. Doubles 73-85 €. Gîte 2 pers 250-370 €/sem. Table d'hôtes 30 €.* Un énorme coup de cœur pour ces chambres, et surtout celle du chalet, face à l'étang. Ou encore pour la chambre « Élodie », avec son sauna privé (accès payant) et son salon ouvert sur le jardin. La magnifique propriété fleurie et arborée incite au repos. Une très belle déco et un accueil charmant complètent le tableau idyllique. Excellente table d'hôtes de cuisine traditionnelle et fraîche. Possibilité de pêche dans l'étang privé.

La Table des Bons Pères : *relais de Romainville, 55300 **Bislée.** ☎ 03-29-89-09-90. • lesbonsperes.romainville@gmail.com • relais-romainville.com • ♿ À 4,5 km au sud de Saint-Mihiel, au bord de la D 964 en allant vers Commercy (ne pas entrer dans Bislée !). Resto fermé dim soir, lun midi et ven. Doubles 60-73 €. Formule déj sem (sauf j. fériés) 13 € ; menus 17,50-32 €.* Près de la Meuse sauvage que l'on traverserait presque à pied en été, une bonne petite affaire familiale. Cuisine de tradition, pas mal amenée. Salle rustico-kitsch, dominée par une cheminée en pierre de taille, et terrasse côté rivière. Accueil et service charmants. Une dizaine de chambres également, très bien tenues et insonorisées, dont certaines avec vue sur les champs et la Meuse.

Où déguster des douceurs ?

Sereivan's : *9, pl. Jacques-Bailleux. ☎ 03-29-89-01-44. Dans le centre-ville. Tlj sauf lun-mar 9h-12h30, 14h30-18h30.* Une très belle chocolaterie-confiserie-biscuiterie dont on peut observer la fabrication de ses douceurs odorantes à travers des vitres. Rochers, croquets, guimauves et *Saint-Mihielloises* (praliné enrobé de meringue) sont présentés comme dans une bijouterie. Les gourmands iront s'installer dans la partie salon de thé, à la déco très contemporaine. Bon café, torréfié sur place. Pour les enfants, démonstration de fabrication de bonbons à 16h. Miam !

À voir

Le musée d'Art sacré, la bibliothèque bénédictine et l'exposition « Le saillant de Saint-Mihiel 1914-1918 » : *rue du Palais-de-Justice, dans le même bâtiment que l'office de tourisme. ☎ 03-29-89-06-47. Ouv aux mêmes horaires que l'office de tourisme. Entrée musée : 3 € ; bibliothèque : 4,50 € ; expo : 7 € ; l'ensemble : 12 € ; réduc ; gratuit jusqu'à 12 ans.*
Installé dans l'aile sud de l'ancien palais abbatial du XVIIIe s, à l'étage de l'office de tourisme, le ***musée d'Art sacré*** présente une collection de pièces d'orfèvrerie provenant des églises des communes de la Meuse, des objets de dévotion populaire (reliquaires, chandeliers, ciboires) et une belle collection de statues du XVIIIe s. Il reçoit également des expositions temporaires, rencontres, événements et concerts.
Juste à côté, dans une salle couverte de boiseries avec des plafonds de style Louis XIV, l'exceptionnelle ***bibliothèque bénédictine*** (1775) conserve près de 9 000 livres, dont 77 manuscrits, 86 incunables et des éditions rares, les plus vieilles datant du IXe s. Une grande partie de ce trésor provient de la collection personnelle du cardinal de Retz (1613-1679). On y conserve aussi le 1er livre imprimé en Lorraine.
Au rez-de-chaussée, passionnante ***exposition*** sur le « saillant de Saint-Mihiel », un parcours audioguidé dans l'ancien tribunal. Elle retrace la vie quotidienne à Saint-Mihiel de l'occupation à la libération. On parle de « saillant » car la ville, prise par les soldats allemands, est comme une hernie sur la ligne de front dans le secteur meusien. Des documents d'archives sont diffusés sur de nombreux écrans, complétés par des écrits et divers objets qui témoignent des conditions de vie dans une ville occupée sans communication possible avec l'extérieur.

L'église Saint-Michel : *près de l'office de tourisme (ancien palais abbatial), rue du Palais-de-Justice, en face de l'hôpital. Tlj : avr-sept, 8h-19h ; le reste de l'année, 9h-17h.* Cette église abbatiale du XIIe s a été reconstruite à la fin du XVIIe s. À l'intérieur, abside flanquée de 2 tours classiques, porte ouest ouvrant sur un narthex roman (chapiteaux fantaisistes). La chapelle des fonts baptismaux (à gauche de l'entrée) abrite le tombeau de Warin de Gondrecourt, conseiller à la Cour des Grands Jours (quel titre épatant !). À côté, l'*Enfant Jésus jouant avec 2 têtes de mort* (1608) est une sculpture de Jean Richier, petit-fils du célèbre Ligier Richier. Celui-ci a réalisé le groupe sculpté en noyer montrant la *Vierge soutenue par saint Jean* dans la chapelle voisine.

La collégiale Saint-Étienne : *à 800 m env de l'office de tourisme, par la rue du Docteur-Thierry (direction route de Nancy). Tlj 8h-20h (17h en hiver).* Reconstruite en partie au XIIIe s, agrandie au XVIe s, elle reste aujourd'hui une belle église-halle de style gothique flamboyant. Elle se dresse sur un terrain naguère propriété de l'abbaye bénédictine. Elle abrite une œuvre majeure de Ligier Richier, le plus grand sculpteur lorrain de la Renaissance. Cet artiste né à Saint-Mihiel en 1500, qui s'illustra à la cour des ducs de Lorraine (il en fut le sculpteur attitré), a réalisé ici sa dernière œuvre : la ***Mise au Tombeau,*** un ensemble monumental sculpté dans la pierre calcaire. Situé dans un enfeu du bas-côté droit de l'église, l'ensemble se compose de 13 personnages, un peu plus hauts que nature. Le corps du Christ est porté par Joseph d'Arimathie (reconnaissable à son turban oriental) aidé par Nicodème. Autour d'eux se tient

Marie-Madeleine agenouillée, qui embrasse les pieds du Christ, et à l'arrière, la Vierge soutenue par saint Jean et entourée de 2 autres femmes, Marie Jacobi et Marie Salomé. Le sculpteur a ajouté aussi une femme portant une couronne d'épines (on pense qu'il s'agit de Véronique), 2 soldats et un centurion romain. Le récent travail de restauration de cette œuvre exceptionnelle a été long et complexe : dépoussiérage, dessalement, collage et consolidation, nettoyage au laser. Mais on la découvre aujourd'hui semblable à ce qu'elle était lors de sa création : superbe !

Les vieilles demeures : la ville possède quelques très belles maisons à découvrir à pied, de l'extérieur seulement. Plus de renseignements et de détails dans le dépliant du circuit de découverte de l'office de tourisme. Citons, au n° 30 de la rue du Général-Blaise, un bel immeuble du XVIIIe s, dans le plus pur style Louis XIV. Au n° 1 de la rue Carnot, l'*hôtel de Bousmard,* de style Renaissance (1520), et juste en face, au n° 3 de la rue Raymond-Poincaré, l'*hôtel de Faillonnet,* du XVIe s, avec des gargouilles aux formes inhabituelles (cheval, vache, cochon...). Au n° 2 rue Notre-Dame, grande maison dite « du Roi », du XVe s et Renaissance.

Les Dames de Meuse : à la sortie de la ville, sur la route de Verdun, l'avenue des Roches tire son nom de 7 très grandes roches, des « colosses » de pierre calcaire hauts de 20 m qui dominent le paysage, à tel point qu'ils ont inspiré les armoiries de la ville. En 1772, Mangeot, un sculpteur local, creuse un saint-sépulcre dans la 1re falaise. Plus loin, l'une des roches a été décapitée pendant le bombardement de la ville entre 1914 et 1918. Une plaque de marbre rend hommage aux 7 000 soldats américains tués ou blessés lors de la libération du saillant de Saint-Mihiel en septembre 1918.

Le cimetière militaire de la Vaux-Racine : là reposent les restes de 3 389 soldats français morts pendant la Première Guerre mondiale.

Manifestations

– **Swap Meet :** *à **Mécrin,** le 1er w-e de mai.* Rassemblement de plus de 5 000 bikers avec leurs grosses cylindrées. Concerts et stands de vente de pièces détachées.
– **Grand Est Mondial Air Ballons :** *à **Chambley,** 10 j. fin juil-début août, ts les 2 ans (années impaires).* Le plus grand rassemblement du monde de montgolfières. Vols, animations, spectacles nocturnes...

DANS LES ENVIRONS DE SAINT-MIHIEL

Le saillant de Saint-Mihiel, secteur sud : *au sud de Saint-Mihiel.* Ce secteur comprend le site du *bois d'Ailly* et de la *tranchée de la Soif, le bois Brûlé,* Marbotte et le fort de Liouville. Un circuit pédestre de 18 km permet de découvrir le sud-est du saillant de Saint-Mihiel. Topoguide et informations à l'office de tourisme de Saint-Mihiel.

Le bois d'Ailly et la tranchée de la Soif : *à 4 km env au sud de Saint-Mihiel, par une petite route forestière qui traverse la forêt d'Apremont en direction de Marbotte. Panneau indicateur sur la gauche.* Le monument du *bois d'Ailly* porte les noms des lieux des combats les plus meurtriers et les noms des unités ayant combattu dans le secteur. Près du monument, un ossuaire contient les restes des soldats de 22 régiments. Dans la *tranchée de la Soif* s'illustra par son courage le commandant André dont un monument rappelle le souvenir. Ce commandant et sa 7e compagnie s'étaient emparés d'un boyau allemand. Après 60h de résistance acharnée – sans eau, ni vivres, ni grenades –, les 20, 21 et 22 mai 1915, ils furent encerclés et capturés par les soldats de la Garde de Berlin.

Bois Brûlé : *sur la D 907, à 2 km du village d'Apremont, sur la droite de la route qui traverse le bois d'Apremont.* On y rend hommage à la bravoure de l'adjudant Péricard, du 95e RI. Voyant ses compagnons affaiblis et découragés, écœuré par les corps de soldats morts et blessés qui jonchent le terrain, il reprend courage et crie « Debout, les morts ! ». Malgré cette injonction devenue célèbre dans les annales de 1914-1918, les Français auront de grandes difficultés à contenir l'adversaire. Les lignes (tranchées) allemandes et françaises au *bois Brûlé* étaient distantes d'une trentaine de mètres à peine. La ***croix des Redoutes,*** érigée en 1925, évoque le souvenir de ces combats. Les ***tranchées allemandes,*** encore très visibles dans les bois, sont plus profondes que les tranchées françaises. Elles étaient gardées par des lignes de barbelés, souvent retenues et consolidées par des ouvrages en maçonnerie, contenant toujours une banquette de tir, des logements pour les caisses à munitions et un parapet percé de meurtrières. Quant aux ***tranchées françaises,*** elles étaient du même type que les tranchées allemandes mais retenues et étayées par des racines et des gabions de planches et de branches. Ces parties ayant disparu dans la plupart des tranchées, elles sont souvent comblées et plus difficiles à repérer.

Le fort de Liouville : *à moins de 1 km au nord du village de Liouville, sur la route de Saint-Agnant-sous-les-Côtes. • fortdeliouville.canalblog.com • Visite guidée ts les dim à 14h et 15h30 juin-sept et ts les 3e dim du mois oct-mai ; infos et résas : 06-17-76-60-82 (M. Bouchy). Durée de la visite : 1h30. GRATUIT.* Au pied d'un coteau, construit entre 1876 et 1878, il joua un rôle secondaire, mais sa résistance farouche à l'offensive allemande du 22 au 29 septembre 1914 permit de stabiliser le front. Les soldats de Liouville ont réussi à arrêter l'invasion d'Apremont et de Marbotte. « S'ensevelir sous les ruines du fort plutôt que de se rendre », telle fut la devise des soldats français, inscrite sur le mur du fort. Son artillerie ayant été écrasée, le fort devint un observatoire en 1915. Il est aujourd'hui remis en valeur par une association locale qui organise des visites guidées à la demande.

Le musée Raymond-Poincaré : *clos Raymond-Poincaré, à* ***Sampigny.*** *☎ 03-29-90-70-50. À 9 km au sud de Saint-Mihiel, par la D 964. Avr-nov, tlj sauf mar 10h-12h, 14h-17h30 (14h-18h seulement le w-e). GRATUIT.* Installé dans l'ancienne résidence d'été du président Poincaré, ce petit musée retrace la vie de ce grand homme politique de la IIIe République. Né à Bar-le-Duc en 1860, juriste et homme de lettres, il fut 6 fois ministre et président de la République de 1913 à 1920. C'est donc un Meusien d'origine qui dirigea la France pendant la Grande Guerre, et qui sentit le danger arriver, dès le début du conflit en septembre 1914, quand son village de Sampigny fut menacé par les canons allemands. Poincaré s'est rendu plusieurs fois sur les champs de bataille pour constater les avancées de l'armée française et encourager les soldats. À travers les peintures, les photos, les documents d'époque, et ses objets personnels (livres reliés), on peut suivre l'évolution de cette personnalité. Amusantes caricatures satiriques illustrant son septennat. Raymond Poincaré repose au petit cimetière de Nubécourt, à une trentaine de kilomètres au nord de Bar-le-Duc. Nombreuses animations et manifestations durant l'année. Joli jardin à découvrir sur place également.

Le Vent des Forêts – Sentier artistique en nature : *à 8 km à l'ouest de Saint-Mihiel, au village de* ***Fresnes-au-Mont*** *(55260), sur la route de Bar-le-Duc. Infos à la mairie de Fresnes-au-Mont : ☎ 03-29-71-01-95. • ventdesforets.com •*
Sentier artistique en forêt, centre d'art en paysage, musée éclaté en plein air, espace rural d'art contemporain, le *Vent des Forêts* fait partie des expériences

esthétiques les plus originales, les plus éblouissantes réalisées dans la campagne française depuis 1945. Disons-le tout de suite : c'est un chef-d'œuvre du « Land Art », de niveau mondial ! Sur une idée géniale (on pèse nos mots) du sculpteur meusien François Davin, natif de Lahaymeix, 6 petites communes du Sud meusien (Fresnes-au-Mont, Ville-devant-Belrain, Pierrefitte-sur-Aire, Nicey-sur-Aire, Lahaymeix, Dompcevrin), situées dans un grand massif forestier (5 000 ha), ont permis et encouragé la création d'un sentier long de 45 km, dont la particularité est d'être un sentier d'Art, ponctué d'une centaine d'œuvres (parfois éphémères) d'artistes internationaux.

Chaque année depuis sa création (en 1997), le *Vent des Forêts* accueille des artistes du monde entier, qui résident durant la 1re quinzaine de juillet dans des familles de ces 6 communes, travaillant en plein air au cœur des forêts. Une expérience originale, extrêmement créative, basée sur des principes artistiques résolument d'avant-garde.

C'est aussi la rencontre du monde rural et du monde de l'art contemporain (qui trop souvent s'ignorent). Une utopie ? Non. Un rêve devenu réalité, qui remporte un grand succès auprès du public, paysans et citadins confondus. Une fois les œuvres achevées, les artistes rentrent chez eux, après avoir offert leur travail à dame nature, abandonnant leurs créations comme on les laisse dans un musée. Peu importe si ces œuvres doivent un jour subir les intempéries, se détériorer ou s'abîmer.

Ici, au bord du chemin, une artiste japonaise a érigé une colonne en acier de 3 m de haut. Là, une pince à linge géante qui plisse une pelouse ; là encore, une impressionnante sphère en bois de plusieurs mètres de haut, tel un boulet, postée face au paysage de la vallée de la Meuse. Tout au long de ces sentiers d'art en nature, on va de surprise en surprise. On peut admirer une surprenante coloquinte nourricière en céramique, un jeu de mikado monumental, une queue de dragon métallique de 9 m de haut, un cactus géant fait de rocailles, de terre, de mousses et de lichens, un hibou puzzle en sous-bois...

Une centaine d'œuvres auxquelles, chaque année, viennent s'ajouter celles des artistes en résidence. Tous les styles y sont exprimés : abstrait, réaliste, surréaliste, étrange, drôle, bizarre, insolite, extravagant, hallucinatoire.

– Pour voir les nombreuses œuvres, il est nécessaire de quitter son véhicule et de cheminer (à pied, à VTT ou à cheval) le long d'une des 6 boucles de sentiers balisés qui s'enfoncent sous les épaisses frondaisons ou à travers champs. Des panneaux indiquent précisément le nom des œuvres et de leurs auteurs. Difficile, voire impossible, de tout voir en une seule fois ; il faut procéder par boucle, muni du topoguide, et prendre son temps.

– Carte détaillée gratuite disponible à la mairie de Fresnes-au-Mont, à l'office de tourisme de Saint-Mihiel (qui propose également des visites guidées) ainsi qu'aux différents points d'accueil sur le sentier (épicerie *À Deux Pas* à Nicey-sur-Aire, ferme-équestre *Le Rupt* à Rupt-devant-Saint-Mihiel, pharmacie *Soncourt* à Pierrefitte-sur-Aire)...

➢ ***Circuit de la Croix Camonin :*** 14 km, durée 4h30, au départ de Fresnes-au-Mont.

➢ ***Circuit du Gros Caillou :*** 12 km, durée 4h, au départ de Dompcevrin.

➢ ***Circuit du Gros Charme :*** 10 km, durée 3h, au départ de Pierrefitte-sur-Aire.

➢ ***Circuit de Marcaulieu :*** 10 km, durée 3h30, au départ de Lahaymeix.

➢ ***Circuit de Louvent :*** 9 km, durée 3h, au départ de la ferme de Louvent (entre Lahaymeix et Fresne-au-Mont).

➢ ***Circuit des 3 Fontaines :*** 8 km, durée 2h30, au départ de Marcaulieu (entre Lahaymeix et Dompcevrin). Compter 3h30 en faisant le *géocaching* de 13 œuvres d'art miniature à trouver en chemin (road-book à retirer à la mairie de Fresnes-au-Mont).

➢ ***Court circuit :*** 3 km, durée 1h, au départ de l'aire de stationnement entre Lahaymeix et Courouvre.

Possibilité de passer une nuit (de mai à septembre) au cœur de la forêt dans 2 ***« maisons sylvestres »*** conçues par Matali Crasset *(compter 85 €/nuit, plus 15 € de frais de service ; ● maisons-sylvestres.fr ●)*, de franchement surprenantes (innovantes, amusantes et plein d'autres mots en « ante ») maisons en bois que l'on gagne, comme les œuvres d'art, à pied ou à vélo, et où l'on peut dormir à 4 personnes. Attention, rien à voir avec ces cabanes perchées dans les arbres qui ont poussé un peu partout ces derniers temps. Il s'agit, ici, d'une « expérience » (confort basique, pas de salle de bains mais un jerrycan d'eau et des toilettes sèches) plutôt conceptuelle entre art, nature et design.

LE SUD MEUSIEN

Verdoyant, vallonné et couvert de forêts profondes (forêts de Ligny, de Mureau, de Commercy, de Vaucouleurs, du Vau). Du château de Commercy au musée Jeanne-d'Arc à Vaucouleurs, voilà une petite région fort avenante, au printemps comme en été, loin du tourisme de masse, où l'on peut goûter au charme de la Meuse authentique. C'est aussi un voyage dans les saveurs subtiles à travers les spécialités locales comme les truffes lorraines de Boncourt-sur-Meuse ou les madeleines de Commercy.

COMMERCY (55200) 6 440 hab. *Carte Meuse, B3*

Entourée de grandes forêts, étendue dans la vallée de la Meuse, au cœur d'une région de douces collines vertes et de champs fertiles, voici Commercy, ville de cœur du roi Stanislas, duc de Lorraine. L'élégant château, au centre de la ville, donne une idée du prestige que cette cité avait en Lorraine au siècle des Lumières. Aujourd'hui, voici une bonne ville à taille humaine, méritant plus qu'une escale rapide. À 38 km à l'est de Bar-le-Duc et 30 km à l'ouest de Toul, les gourmets en voyage s'y attarderont (et pas seulement eux), ne serait-ce que pour goûter aux fameuses madeleines dans leur berceau d'origine. Ces douceurs sont à Commercy ce que les nougats sont à Montélimar : une bonne madeleine de Commercy, et c'est tout un univers caché de sensations qui apparaît.

UN PEU D'HISTOIRE

L'histoire de Commercy est celle d'une petite bourgade du duché de Lorraine, jusqu'au jour où le roi polonais Stanislas, beau-père du roi Louis XV, devient ***duc de Lorraine.*** Bien que roi sans couronne, il « règne » sur son duché prospère comme un grand prince, généreux et populaire. Il agrandit le château de Commercy qu'il transforme en luxueuse résidence, s'adonnant aux plaisirs de l'esprit (il y reçoit Voltaire) et aux délices de la gastronomie. Gourmand, gourmet, Stanislas est un bon vivant. Il aime manger et apprécie les plats copieux et bien préparés.

LES MADELEINES DE COMMERCY

L'écrivain Marcel Proust avait l'habitude de tremper sa madeleine dans sa tasse de thé afin de ressusciter les parfums de son enfance, enfouis au fond de sa mémoire

gustative. Mais l'illustre écrivain savait-il d'où venait la madeleine, savait-il que Commercy était le berceau de ce succulent gâteau ?
Tout a donc commencé au château de Commercy. Alors que Stanislas, duc de Lorraine, y séjournait, il demanda un jour à une jeune soubrette de lui servir une pâtisserie. La jeune fille réalisa un gâteau qu'elle pensait avoir raté, se croyant maladroite. Confuse, elle le servit à Stanislas qui le trouva délicieux. La jeune soubrette s'appelait Madeleine ! C'était un cordon-bleu ! Elle avait inventé ce jour-là une douceur en forme de conque (de petite coquille Saint-Jacques), qui aujourd'hui encore enchante les gourmets. Car cette tradition pâtissière s'est très vite répandue à la Cour, à Paris et dans toute la France. Les madeleines de Commercy sont toujours produites selon les mêmes recettes, par 2 fabricants locaux (voir plus loin). Rien n'a changé (ou si peu) dans leur fabrication depuis le XVIIIe s.

Adresse utile

i ***Office de tourisme du pays de Commercy-Void-Vaucouleurs :*** *château Stanislas. ☎ 03-29-91-33-16. • tourisme-pays-de-commercy.fr • Juin-août, ouv tlj ; le reste de l'année, lun-ven seulement (plus dim ap-m de mi-avr à fin mai et en sept).* Délivre un plan de la ville avec informations sur les monuments et les rues de la ville (« Promenade Stanislas », circuit balisé). Gère l'expo « La Pierre d'Euville » et le circuit de découverte à pied aux carrières d'Euville (à 3 km de Commercy).

LA MEUSE

Où dormir ? Où manger ?

Très bon marché

|●| ***Les Gourmands Disent :*** *24, rue des Colins. ☎ 03-29-89-90-35. 📱 06-05-22-69-88. • lesgourmandsdisent55@gmail.com • ♿ En plein centre. Lun-ven 12h-14h. Fermé soir et w-e. Menu 14,50 €.* Une petite salle pimpante aux couleurs actuelles, prolongée de quelques tables dans la ruelle piétonne. La cheffe (et patronne) propose 2-3 entrées, plats et desserts différents chaque jour. Du fait maison, à base de produits locaux de saison, préparé avec soin et servi avec le sourire. Pas compliqué, populaire, bon et pas cher. Un bon plan pour le midi.

De prix moyens à chic

⌂ ***Côté Jardin :*** *40, rue de Saint-Mihiel. ☎ 03-29-92-09-09. • hotelcotejardin@orange.fr • hotelcommercy.com • ♿ Congés : 2e quinzaine d'août et déc. Doubles 69-90 € ; petit déj 12 €. Parking et local à vélos.* Aux abords de la ville, un hôtel élégant, accueillant, calme et confortable. Chambres contemporaines charmantes, climatisées, avec terrasse pour celles qui s'ouvrent « côté jardin ». Accueil des plus sympathique.

⌂ |●| ***La Madeleine :*** *La Louvière. ☎ 03-29-91-51-25. • contact@hotelrestaurantdelamadeleine.fr • hotelrestaurantdelamadeleine.fr • ♿ À la sortie sud de la ville, vers Vaucouleurs. Tte l'année (accueil 24h/24h avec borne à l'extérieur pour les arrivées tardives). Resto fermé sam midi, dim soir et lun midi. Doubles 72-97 € ; petit déj 11 €. Formule déj sem 16,50 € ; menus 20 € (midi et soir sauf w-e), puis 30-43 €.* Un hôtel moderne et fonctionnel (façon hôtel de chaîne), avec un grand parking. Les chambres confortablement équipées (clim) sont calmes, pimpantes, dotées d'une excellente literie et entièrement redécorées. Côté resto, cuisine bistronomique raffinée qui évolue au fil des produits de saison.

|●| ***Restaurant du Fer à Cheval :*** *4, pl. du Fer-à-Cheval. ☎ 03-29-89-08-36. ♿ Tlj sauf le soir des mar, mer et dim, plus mer midi hors saison. Congés : 2 sem en oct. Menus 14 € (déj sem), puis 24-38 €.* Situé sur la place du Fer-à-Cheval, aile gauche des anciens communs du château. Le château ? Il est juste en face de la terrasse.

Bel emplacement donc pour ce resto chaleureux qui mijote une bonne cuisine meusienne, lorraine (et même au-delà) à prix sages.

Le Bistroquet : *passage Carnot. ☎ 03-29-89-23-24. À deux pas de la pl. du Fer-à-Cheval, dans la ruelle après le tabac. Tlj sauf dim soir et lun. Menu 38 € ; carte 35-40 €.* Une bonne adresse un brin cachée dans une ruelle étroite, appréciable pour sa cuisine traditionnelle bien maitrisée et sans fausse note. Mention spéciale pour les viandes (filet mignon à la mirabelle, souris d'agneau au romarin, tartare de charolais...). Garder une place pour le chaud-froid de mirabelle, divin ! Cadre agréable, au goût du jour, avec petite terrasse tranquille. Accueil doux.

Les Tanneurs : *9, rue Foch. ☎ 03-29-92-03-03. • lestanneursrestaurant@gmail.com • En retrait de la pl. Charles-de-Gaulle. Tlj sauf lun, mer soir et dim soir. Formule et menu 13,50-15,60 € (déj sem) ; puis menus 21-35 €.* Grande salle sobrement contemporaine, et terrasse qui pourrait presque se mirer dans les eaux de la Meuse. Bonne cuisine avec des idées d'aujourd'hui basées sur le terroir. Joli rapport qualité-prix pour le menu du jour.

LA MEUSE

Où déguster et acheter de bonnes madeleines ?

La Boîte à Madeleine : *ZAE de La Louvière, route de Void et de Vaucouleurs. ☎ 03-29-91-40-86. À la sortie sud de la ville, près de la caserne des pompiers, juste à côté de l'hôtel* La Madeleine. *Magasin ouv tlj 8h (9h dim)-12h, 14h-19h. Visite libre de la fabrique mar-sam 8h-11h30, 14h30-17h et dim ap-m. Entrée libre (1 madeleine offerte). Réduc de 10 % offerte sur l'achat des madeleines, sauf déclassées, sur présentation de ce guide.* Un grand parking entoure ce bâtiment moderne qui abrite une cafétéria très agréable (baies vitrées), un magasin et, surtout, la fabrique artisanale. Le visiteur peut suivre la fabrication des madeleines à travers des vitres. C'est d'autant plus intéressant que rien n'a changé depuis l'époque du roi Stanislas, sauf la technologie. Les madeleines Zins sont « pur beurre », mais il en existe à la mirabelle ou au chocolat. Joli emballage en bois.

À la Cloche Lorraine (Madeleine Grojean) : *8, pl. Charles-de-Gaulle. ☎ 03-29-91-25-16. • madeleine-commercy.com • Dans le centre. Tlj 9h (10h dim)-12h, 14h-19h (18h dim).* Maison fondée en 1928. Un fabricant de madeleines qui a eu l'idée de dédier une de ses boîtes à l'écrivain Marcel Proust.

À voir

Le château Stanislas : *pl. du Fer-à-Cheval. Accès libre cour et jardin. Visite guidée du château et des soubassements médiévaux, tlj juil-août sur résa à l'office de tourisme (☎ 03-29-91-33-16). Entrée : 4 € ; gratuit jusqu'à 12 ans.* Construit en 1708 (sur les restes d'une forteresse) pour le prince Charles-Henri de Vaudémont, fils de Charles IV de Lorraine, qui fait appel aux architectes Germain Boffrand et Nicolas Dorbay. Ce sont eux qui lui donnent sa forme originale en fer à cheval. Le château de Commercy revient en 1744 par le jeu des successions au roi (sans couronne) de Pologne Stanislas Leszczyński. Stanislas y ajoute les 2 ailes basses. En 1747, Voltaire y séjourne 4 mois pour écrire *Sémiramis et Nanine.* Incendié en 1944, restauré à partir de 1958, le château abrite aujourd'hui les bureaux de la municipalité et une école maternelle (heureux bambins...). La partie la plus remarquable est constituée par cette avancée en fer à cheval, grande place bordée par les anciens communs du château.

L'église Saint-Pantaléon : de la place du Fer-à-Cheval, un passage voûté accède à cette église construite au XVIe s. Ample nef, presque disproportionnée, du XVIe s. Chœur reconstitué dans le style du XIIIe s. 2 peintures de Girardet, peintre du roi Stanislas, ornent le transept. Quelques statues dont, à gauche de l'entrée, une Vierge du Breuil (XVIIe s) encore très vénérée.

Le musée de la Céramique et de l'Ivoire : *7, av. Carcano. ☎ 03-29-92-04-77. Juil-août, tlj sauf lun-mar 14h-18h ; avr-juin et sept-oct, w-e et j. fériés 14h-18h. Entrée : env 4,20 € ; réduc ; gratuit jusqu'à 10 ans.* Installé dans l'ancien bâtiment des bains-douches (style Art déco) qui est inspiré de l'architecture du Pavillon Royal (1747-1754). Situé dans l'ancien parc du château, ce musée abrite une des plus importantes collections françaises (la 2e publique) d'ivoires d'origines européenne et asiatique, du XVIIe au XXe s. Ces objets rares et précieux proviennent du docteur Guillaume Boyer, qui légua sa collection en 1911 à la ville de Commercy. Dans son testament, ce bienfaiteur avait écrit : « Je lègue à la ville de Commercy ma collection de tableaux, bronzes, faïences, armes et ivoires... afin que je puisse revenir en esprit les visiter de temps en temps. » Si c'est le cas, cet homme doit admirer la mise en valeur de ces pièces et la muséographie soignée des salles. Le musée présente également un ensemble étonnant de faïences (porcelaines de Saxe, de Sèvres et de la dynastie Qin de Chine), ainsi que des armes européennes des XVIIIe et XIXe s. Remarquez particulièrement ce très rare casque « Araignée » (Angleterre, XVIIe s), le glaive de l'école de Mars, les kriss malais (poignards à lames torsadées) et les sabres chinois.

Le jardin de Bussy : *8, chemin de Bussy. ☎ 03-29-91-18-56. 📱 06-08-34-72-12. Mai-juin, dim et j. fériés 14h-19h ; en juil, tlj ; le reste du temps, sur résa. Entrée : 4 € ; gratuit jusqu'à 16 ans.* De style anglais, étendu sur 3 500 m², il est fleuri toute l'année. On peut y voir des collections de vivaces, d'arbustes, de rosiers et de plantes grimpantes.

LA MEUSE

Manifestation

– **L'Été chez Stan :** *en juil-août, 1 sam soir sur 2 dans la cour du château ; rens à l'office de tourisme.* Festival estival qui propose spectacles, concerts, cinéma de plein air.

DANS LES ENVIRONS DE COMMERCY

La Maison des truffes et de la trufficulture : *5, rue du 1er-sept-1944, 55200* ***Boncourt-sur-Meuse.*** *☎ 03-29-91-68-54. • maisondestruffes.com • À 5,5 km au nord par la D 8. Juil-août, tlj sauf lun-mar 14h-18h ; mai-juin et sept-déc, w-e seulement 14h-18h. Entrée : 3 € (supplément pour dégustation) ; réduc.* Installé dans une ancienne ferme lorraine, un espace à la muséographie très contemporaine qui se propose de faire découvrir au visiteur tout le mystère des truffes d'automne. Juste à côté, possibilité de visiter une truffière de 6 ha. Marché aux truffes tous les samedis matin du 1er octobre au 25 décembre.

Le musée de la Belle Époque : *5, rue du Fort, 55200* ***Jouy-sous-les-Côtes.*** *☎ 03-29-92-08-09. À 13 km au nord-est. Ouv w-e et j. fériés 14h-18h et tlj sur résa ; visite guidée sur demande. GRATUIT.* Des petits musées qui racontent comment c'était avant le XXIe s, on en a visité beaucoup. Mais tous n'ont pas été conçus par Bernard Laneque, ancien maçon tombé dans la collectionnite un peu par hasard. Incroyable tout ce qu'il a pu caser dans cette vieille maison typique avec sa cheminée et sa pierre à eau : une étable (où il y a même des mouches dans le bidon de lait), un salon de coiffure (avec une machine à permanente à laquelle on ne confierait pas sa tête), une salle de classe, etc. Il assure avec bonhomie la visite de son univers, offre verre de jus de pomme et madeleines dans le bistrot-épicerie... Un bon moment !

VAUCOULEURS

(55140) 2 070 hab. *Carte Meuse, B4*

Agréable petite ville du Sud meusien, au pied d'un coteau, dans la très jolie vallée de la Meuse. Grâce à une municipalité dynamique, cette commune a fait de gros efforts pour mettre en valeur son patrimoine naturel et historique. Tout ici rappelle l'épopée de Jeanne d'Arc, qui partit de Vaucouleurs en 1429 pour rejoindre le roi Charles VII : 1re étape de sa longue aventure qui marqua l'histoire de France.

UN PEU D'HISTOIRE

Devenue ville royale en 1365, Vaucouleurs est gouvernée par Robert de Baudricourt, au nom du roi de France. La ville, enceinte de remparts, est gardée par 17 tours. On la surnomme alors la « Petite Carcassonne ». Baudricourt reçoit le 13 mai 1428 une 1re visite d'une jeune bergère de Domrémy, âgée de 16 ans. Elle se propose de délivrer le royaume de l'envahisseur anglais. Le gouverneur du roi ne la prend pas au sérieux. Mais la pucelle est entêtée. Elle parvient à rallier le peuple à sa cause, qui se cotise pour lui acheter un cheval et un équipement de combat. Devant la ferveur populaire, Baudricourt change d'avis, lui remet une lettre de recommandation pour le roi Charles VII à Chinon, et accepte de lui donner une escorte.

Le 23 février 1429, Jeanne d'Arc quitte Vaucouleurs. La jeune bergère de Domrémy part à cheval, habillée en homme et accompagnée de 6 hommes armés (aujourd'hui, on les appellerait des gardes du corps). Le groupe de cavaliers passe par Bar-sur-Aube, Bar-sur-Seine, Auxerre, Giens, Salbris, Romorantin, Loches. Ils atteignent Chinon après 12 jours, ou plutôt 12 nuits de voyage, afin de ne pas être repérés. À Chinon, Jeanne est reçue par Charles VII qu'elle convainc de lui confier une armée pour attaquer les Anglais. C'est le début de son incroyable épopée de libération de la France.

Adresse utile

i ***Office de tourisme du pays de Commercy-Void-Vaucouleurs :*** *15, rue Jeanne-d'Arc. ☎ 03-29-89-51-82. • tourisme-pays-de-commercy.fr • Juin-août, ouv tlj ; le reste de l'année, lun-ven seulement (plus dim ap-m de mi-avr à fin mai et en sept).* Accueil sympa d'un office dynamique, très pro.

Où dormir ? Où manger ?

⌂ |●| *Lor'N Hôtel :* *12, rue Maginot. ☎ 03-29-90-69-70. • lornhotel@gmail.com • Dans la rue principale, à la sortie direction Commercy. Double 56 € ; familiale. Menu (pour les clients seulement et sur résa) 16 €.* Un sacré défi lancé par un jeune couple qui a totalement rénové l'intérieur de cet ancien *Hôtel de la Poste.* Belle déco pour des chambres modernes, certaines avec w-c séparé. Accueil sympa et dévoué. Fait aussi resto le soir, sur résa.

|●| *Pizzeria Giulietta :* *53, rue Jeanne-d'Arc. ☎ 03-29-92-18-61. • patrick.carton@gmail.com • Dans la rue principale. Tlj sauf dim, lun et mer soir. Congés : 2 sem mi-août. Menu du jour 13 € (déj sem) ; formule 11 € ; plats et pâtes 10-15 €. Apéritif maison offert sur présentation de ce guide.* Un cadre rouge et noir, quelques affiches de concerts et un service aussi aimable et prévenant que l'accueil. Et comme les pâtes maison sont délicieuses et les pizzas bien garnies, on profite pleinement.

Où acheter de bons produits à Vaucouleurs et dans les environs ?

Pâtisserie Tommasi : *56, rue Jeanne-d'Arc. ☎ 03-29-89-43-16. Tlj sauf mer 5h30-14h, 15h-19h.* Très bonne adresse. Ne pas manquer les succulentes *Jeannettes de Vaucouleurs* (chocolat, noisettes, miel et caramel), les *Châtelaines de Gombervaux* (framboises, crème d'amandes, noix de coco), ou le *Valcolorois,* mélange de praliné, de chocolat noir et de nougatine.

Les Fous de Terroirs : *pl. de l'Église, 55190* ***Void-Vacon.*** *☎ 03-29-89-29-55. • lesfousdeterroirs.fr • Lun-ven 9h-19h, sam 10h-19h, dim 10h-18h. Resto le midi seulement. Plats 14-17 €.* Riche boutique de produits lorrains de qualité : terrines de campagne aux mirabelles, rillettes de truite, tartinade de céleri-rave, meringuettes, madeleines, miel, bières artisanales, et le fameux *Perlé,* un vin pétillant et fruité fabriqué sur place *(visite gratuite avec dégustation tlj 11h-14h30, jusqu'à 15h30 le w-e).* Fait également resto dans une vaste grange rénovée. Cuisine régionale solide genre potée lorraine, pot-au-feu, choucroute... Peut-être un peu copieux pour le midi. Salon de thé en journée. Excellent accueil.

À voir. À faire

Le musée Jehanne-d'Arc : *pl. de l'Hôtel-de-Ville. ☎ 03-29-89-51-63. Ouv tte l'année, sur demande à l'office de tourisme (mêmes horaires). Entrée : 3 € (visite libre) ou 5 € (visite guidée) ; réduc. Possibilité de billet couplé avec la maison natale de Domrémy.*

Petit musée, peu de moyens, mais beaucoup de ferveur, au service d'une grande histoire ! Aucune copie ici, rien que des pièces originales. Le but est de faire comprendre aux visiteurs le « phénomène Jeanne d'Arc » et de présenter cette femme exceptionnelle sous ses différents aspects. Une des plus belles collections de bronzes en France sur la thématique. La « sainte catholique » étant présentée en détail à Domrémy-la-Pucelle (Vosges), à 19 km au sud de Vaucouleurs, c'est plutôt la Jeanne combattante et civile (une femme qui valait 100 hommes au moins !) qui est à l'honneur dans ce musée.

La pièce la plus belle, la plus chargée de mystère (mythe ?) est la sculpture en bronze de Jeanne d'Arc revêtue de son armure et de son heaume de combattante. Observez son visage aux paupières baissées, sans aucune tension, on dirait qu'elle est en prière. Le sculpteur s'est inspiré d'une religieuse priant.

Voir aussi les affiches de cinéma rappelant que l'histoire de Jeanne d'Arc a inspiré et continue d'inspirer le 7e art (de Carl Dreyer à Luc Besson). Enfin, une intéressante vitrine présente Jeanne d'Arc et la propagande, qui permet de comprendre pourquoi et comment ce symbole national a été repris par la droite nationaliste entre 1870 et 1914, puis l'extrême droite entre les 2 guerres, et enfin détourné à des fins politiciennes, « prisonnière », peut-on dire, des actuels mouvements français d'extrême droite.

L'hôtel de ville : *en accès libre.* Les murs de l'escalier ont été décorés de 6 remarquables tapisseries d'Aubusson réalisées et offertes à la ville par Nany Laury, une artiste native de Vaucouleurs, fille des fondateurs de l'ex-usine de textiles Seiligmann. Dans la salle des Mariages, au 1er étage, on peut voir un très grand tableau de Scherrer (1855-1916) représentant le départ de Jeanne d'Arc le 23 février 1429.

L'église : située en centre-ville et dédiée à saint Laurent, une des rares églises de la Meuse dont les plafonds sont entièrement peints (peintures du XVIIIe s).

La chapelle castrale : *en haut du village.* Rebâtie entre 1923 et 1929 sur les fondations de l'ancienne chapelle détruite à la Révolution, elle possède de

magnifiques vitraux retraçant la vie de Jeanne d'Arc à Vaucouleurs. À noter, la finesse des détails des visages, notamment sur celui du sacre, juste à droite de l'autel. La crypte carrée (fin du XIIIe s) abrite la statue de Notre-Dame-des-Voûtes, une Vierge à l'Enfant sans enfant, mutilée par les troupes de Charles Quint, devant laquelle, selon la tradition orale, Jeanne d'Arc aurait eu l'habitude de prier.
– ***Jeanne d'Arc en 3D :*** *juil-août, tlj 14h-18h30 (hors saison, s'adresser à l'office de tourisme). Durée : 20 mn. Tarif : 3 €.* Une animation-mise en scène en 3D relate la vie de Jeanne d'Arc. Une re-découverte « vivante » de la pucelle d'Orléans et de Domrémy.
– À droite de la chapelle, après quelques marches un peu cachées, monter vers le tilleul séculaire. Un petit banc permet de profiter du panorama sur la ville et les campagnes environnantes.

La porte de France : *près de la chapelle, sur les anciennes murailles de la ville.* C'est par cette porte voûtée que Jeanne d'Arc a quitté Vaucouleurs le 23 février 1429 en direction de Chinon.

Fêtes

– ***La fête de Jeanne d'Arc :*** *autour du 26 fév, ts les 2 ans (années impaires).* Vaucouleurs commémore le départ de Jeanne d'Arc en février 1429. Grande fête médiévale avec animations, marché médiéval et reconstitution historique.
– ***Festi'Val des Couleurs du Cirque :*** *5 j. début juin, ts les 2 ans (années impaires également).* Arts du cirque, spectacles.

DANS LES ENVIRONS DE VAUCOULEURS

L'héliciculture de Tusey : *9, pl. de Tusey, à 1,5 km au nord de Vaucouleurs, par la D 36 (fléché). ☎ 03-29-89-44-67. 07-83-81-87-95. Boutique mar-sam 9h-12h, 14h-19h ainsi que dim mat. Visites possibles, se renseigner.* Ici, ces « mets-sires baveux » escargots mènent la vie de château ! On peut aller les écouter « brouter » certains soirs ces « gros gris » meusiens labellisés « Meuse et Merveilles ». Boutique et recettes en prime ! Charmant accueil de Marina et Philippe Terlin, les propriétaires-héliciculteurs. Possibilité de combiner avec une visite du château suivie d'une dégustation.

Le château de Gombervaux : *à 3,5 km au nord-ouest de Vaucouleurs, proche de la D 964. ☎ 09-71-51-77-11. 06-52-93-94-72. • gombervaux.com • Visite libre et gratuite de l'extérieur. Possibilité de visite guidée juil-sept, sam-dim à 14h30 et 16h30 ; en dehors de ces périodes sur rdv. Durée : 1h15. Entrée : 3 € ; réduc.*
Dans un vallon, ce château est un des rares exemples d'architecture médiévale (XIVe s) en Meuse. Un exemple unique par sa situation, niché au fond d'un vallon. Un donjon carré et crénelé et des tours rondes permettent d'imaginer l'importance de Gombervaux au Moyen Âge, établi dans une situation stratégique, à la limite du royaume de France et de l'Empire germanique. En 1367, le roi Charles V, accompagné de Bertrand Du Guesclin, y participe à un grand banquet préparé par Taillevent.
Sur la gauche, un petit sentier (régulièrement entretenu) s'ouvre autour des douves. Une découverte du site sous un autre angle.

LES VOSGES

• Carte *p. 310-311*

ABC des Vosges

- ***Superficie :*** 5 874 km².
- ***Préfecture départementale :*** Épinal.
- ***Sous-préfectures :*** Saint-Dié-des-Vosges et Neufchâteau.
- ***Population :*** 361 300 hab.
- ***Densité :*** 61 hab./km².
- ***Signes particuliers :*** 48 % du territoire couvert de forêts, le 1er gisement hydrominéral et le 1er site d'embouteillage d'Europe (Vittel/Contrex), le 1er département papetier de France, plus de la moitié de la production cotonnière nationale.

On ne connaît généralement des Vosges que la « ligne bleue », le miel, les sapins, voire les bonbons. Des images dignes de leur capitale, Épinal... Couvertes de forêts et de brumes propices à exciter l'imagination, les Vosges sont une terre de légendes. Il n'y manque même pas la fameuse bête ! N'oublions pas que Jeanne d'Arc y naquit (de la bergère au loup, il n'y avait qu'un pas)... Les Vosges représentent aussi l'un des départements les plus boisés de France (avec les Landes), un véritable paradis naturel. Certains l'ont d'ailleurs surnommé, non sans raison, « le Canada français » ! Peu d'endroits proposent à la fois un air aussi pur, des eaux aussi revitalisantes (Vittel, Contrex...) et des forêts aussi belles.
En ces temps de retour aux sources, voilà une destination rêvée, avec ses lacs, ses petites routes de montagne, ses hautes chaumes et ses tourbières. Pourtant, malgré le succès croissant du département, les fous de neige continuent à ne jurer que par les Alpes, et les traqueurs de pittoresque par l'Alsace. Tant mieux pour la tranquillité ! Les Vosges, c'est l'antitourisme de masse : du ski sans frime, des randonnées sans rang d'oignons et du folklore sans chlore. On sort vite des sentiers battus pour découvrir une faune unique (le lynx, le grand tétras...), une flore étonnante (des plantes carnivores !), mais aussi une gastronomie paysanne on ne peut plus authentique (andouille du Val d'Ajol, tofaille, omelette au lard), des traditions qu'on croyait disparues (le schlittage, les sabotiers), une population pleine de sagesse et des personnalités locales taillées dans le sapin. Car ici, tout vient du bois. Âme vénérable des Vosges, il a façonné ses paysages, son habitat et ses habitants.

RANDONNÉES

Air pur, montagnes, vertes forêts, faune en liberté... Que demander de plus ? « Quitte à marcher, autant en prendre plein la vue », proclamait autrefois un slogan touristique local. Les itinéraires sont nombreux, parmi lesquels plusieurs GR (lire plus loin). Certains offices de tourisme (Saint-Dié-des-Vosges, Gérardmer, La Bresse, Plombières...) proposent des docs (parfois gratuites) avec descriptif et cartes des circuits locaux. Le Club Vosgien édite également des cartes très détaillées *(Top 25)*, disponibles en librairie ou dans les offices de tourisme, etc.

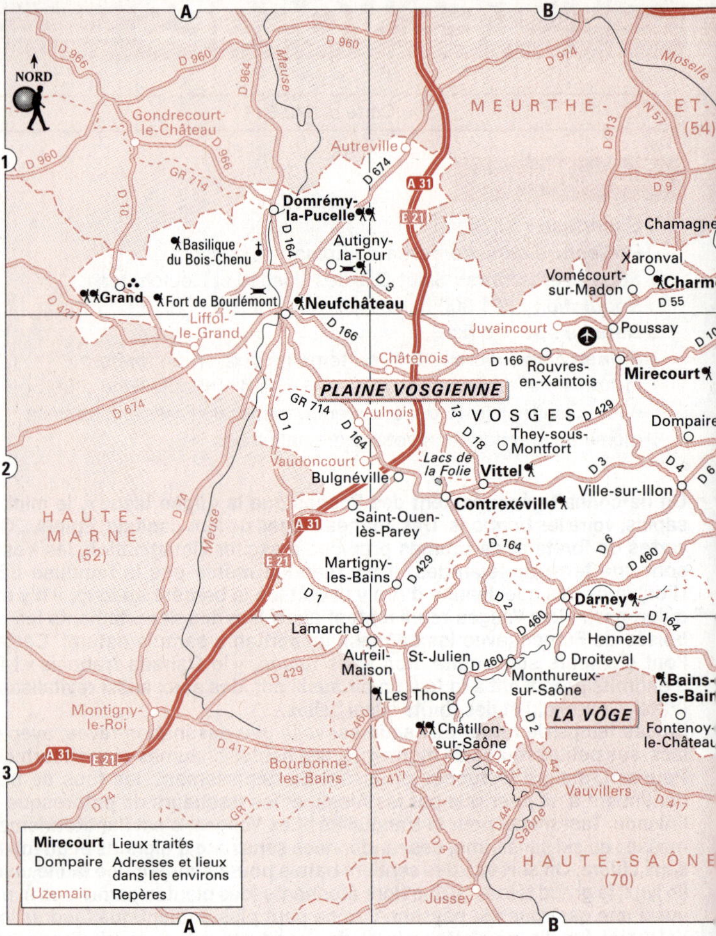

L'*IGN* publie des cartes au 1/25 000 couvrant les secteurs les plus intéressants. Pour ceux qui ne veulent pas se perdre, Montagne Évasion et Vosges en Marche (voir adresses plus bas) proposent des randonnées avec accompagnateurs diplômés.

Les chemins de grande randonnée

Plaine, plateaux et montagne... Il y en a donc pour tous les goûts. Prévoir du temps (les itinéraires sont longs), réserver son hébergement et se procurer les topoguides de la Fédération française de la randonnée pédestre (en librairie ou au siège – voir adresse ci-dessous) ou du Club Vosgien.

LES VOSGES

➢ **_Le GR 714_** (balisage : rectangle rouge sur blanc) couvre l'ouest du département sur environ 90 km, de Domrémy à Lignéville, via Châtenois, Contrexéville et Vittel. Au programme : sites historiques et stations thermales. Il rejoint le GR 7, ce qui permet de traverser tout le département en diagonale (bonjour les ampoules !).
➢ **_Le GR 7_** (balisage : rectangle rouge sur blanc) traverse le sud des Vosges, de Lamarche au ballon d'Alsace en passant par Darney, Xertigny, Remiremont, Rupt-sur-Moselle, Le Thillot. On peut aussi commencer de Bourbonne-les-Bains ou Serqueux (en Haute-Marne). Longueur totale : environ 160 km.
➢ **_Le GR 533_** (balisage : rectangle vert) traverse les Hautes-Vosges du nord au sud, entre Sarrebourg en Moselle et Évette-Salbert dans le Territoire de Belfort et se taille la part du lion avec le massif du Donon et le parc naturel des Ballons.

Dans les Vosges, il passe par Celles-sur-Plaine (lac de Pierre-Percée), Senones, Saint-Dié-des-Vosges, Gérardmer, La Bresse, Cornimont et Bussang, pour quitter le département après Saint-Maurice-sur-Moselle. Compter près de 150 km.
À noter : le fameux GR 5 (qui relie les Pays-Bas à la Méditerranée) longe une partie des Vosges en empruntant un bout de la route des Crêtes (Schlucht et ballon d'Alsace, notamment). Sans oublier le GR 7, qui mène du ballon d'Alsace à... Andorre (avec quelques étapes logiquement dans les Vosges), la ligne de partage des eaux.

Autres renseignements utiles

L'hébergement des randonneurs est prévu dans des chalets, des refuges, quelques fermes-auberges ou dans des gîtes ruraux. Liste disponible dans les offices de tourisme.
Équipement de rigueur : bonnes chaussures de marche, gourde, coupe-vent, pull chaud, anorak en hiver. Et pour les inquiets, une pompe à venin, en cas de mauvaise rencontre avec des serpents...
Conseils habituels : méfiez-vous du brouillard, de la neige et du mauvais temps en montagne ; évitez de randonner sans être accompagné ; ne faites pas de feu en forêt ; ne cueillez pas de fleurs (certaines sont rares, sinon protégées) ; n'abandonnez pas vos détritus n'importe où.

■ ***Club Vosgien :*** *☎ 03-88-32-57-96. • club-vosgien.com •* Créée en 1872, c'est la plus ancienne organisation pédestre de France. Infos sur les associations à contacter dans les villes et villages du département, les cartes à utiliser et des cartes à acheter en ligne.
■ ***Les Amis de la nature :*** *• amis-nature.org •* Association touristique regroupant des chalets-refuges pour randonneurs et proposant des randonnées aux adhérents.
■ ***Parc naturel régional des Ballons des Vosges :*** *1, cour de l'Abbaye, 68140 **Munster**. ☎ 03-89-77-90-34. • parc-ballons-vosges.fr •* Propose notamment des circuits à pied ou à vélo pour découvrir la faune et la flore vosgiennes.
■ ***Montagne Évasion :*** *4, rue des Vosges, BP 13, 88401 **Gérardmer** Cedex. ☎ 03-29-63-17-50. • montagne-evasion.com •* Une équipe d'accompagnateurs qui organise des randonnées de durée variable.
■ ***Vosges en Marche :*** *Presles, 88120 **Basse-sur-le-Rupt**. ☎ 03-29-24-89-40. • vosgesenmarche.com •* Organise des séjours, stages de rando à pied, ski de fond ou raquettes (voir également plus loin le chapitre consacré à La Bresse).
■ ***Fédération française de la randonnée pédestre :*** *centre d'information, 64, rue du Dessous-des-Berges, 75013 Paris. ☎ 01-44-89-93-93. • ffrandonnee.fr • Lun-ven 10h-18h.*
■ ***Infos météo :*** *☎ 0892-680-288 (0,34 €/mn).*

SITE INTERNET

*• **Vosges-traditions.com** •* Site généraliste sur les traditions vosgiennes : les contes populaires, les chants traditionnels, les produits du terroir, les recettes de « Mémère Reine », les métiers d'antan, le thermalisme et bien d'autres rubriques.

« FORÊ », L'EFFET VOSGES

*• **for-e.fr** •* La grande forêt vosgienne a inspiré le conseil départemental qui développe, sous la marque *FORê l'effet Vosges,* une gamme de séjours innovante basée sur ses atouts naturels (sources thermales et forêts diversifiées) et ses savoir-faire locaux. Les partenaires labellisés du département proposent ainsi

des week-ends « déconnexion » alliant des minirandos ressourçantes « Éveil des sens » basées sur la sylvothérapie, des soins du corps bio aux plantes et petits fruits du massif des Vosges, et la quiétude d'un hébergement baigné de forêt. Enfin, des chefs associés à la démarche proposent des saveurs du terroir, notamment à base de plantes sauvages comestibles.

LE SKI

La principale station, La Bresse, possède le domaine skiable le plus important du nord-est de la France. Gérardmer arrive juste derrière et les Vosges comptent plusieurs autres petits domaines familiaux. Bien sûr, l'altitude n'est pas celle des Alpes (1 350 m maximum), mais les flocons tombent chaque hiver (et des canons à neige ont été installés en nombre pour pallier les caprices de la météo). Mais aussi et surtout, les prix sont autrement plus accessibles. Et on y pratique également ski de fond, luge, raquettes, et traîneau à chiens !

Arriver – Quitter

Aéroport d'Épinal-Mirecourt : *03-29-37-01-99.* À 40 km à l'ouest de la ville ; éventuelles liaisons, juil-sept, avec Nice1.

➢ ***En train :*** Paris est relié à Épinal par le TGV Est européen en 2h15, sans changement (certains trains via Nancy). Et TER Nancy-Metz.

Gare routière : *à la gare d'Épinal (plan Épinal A1).* *0800-088-010 (n° Vert).* La compagnie *Livo* (Lignes interurbaines des Vosges) assure les transports en car dans tout le département sur 27 lignes.

Adresses et infos utiles

Tourisme Vosges : *1, rue Gilbert, **Épinal** Cedex.* *03-29-82-02-14.* • *tourismevosges@vosges.fr* • *tourismevosges.com* • Toutes les infos pratiques et touristiques pour organiser ses séjours, ses randos... et voir la vie en Vosges !

■ ***Relais départemental des Gîtes de France :*** *1, rue du Pâquis, **Épinal** Cedex.* *03-29-35-50-34.* • *resa@vosges-gites.com* • *location-gites-vosges.fr* • *Accueil tél lun-ven 8h30-20h, sam 9h-18h et dim 10h-16h.*

■ ***Associations des fermes-auberges des Vosges, Vosges-Terroir et Bienvenue à la Ferme :*** *chambre d'agriculture, 17, rue André-Vitu, 88026 **Épinal** Cedex.* *03-29-29-23-23.*

■ ***Vosges Émoi :*** *32, rue André-Vitu, 88000 **Épinal.*** *06-44-00-63-18.* • *contact@vosgesemoi.fr* • *vosgesemoi.fr* • Association regroupant différents hébergeurs et restaurateurs soucieux de défendre une certaine forme d'hospitalité et, dans une certaine mesure, le patrimoine culinaire vosgien. Liste de ces « bonnes étapes » disponible sur le site internet.

■ ***Fédération des Vosges pour la pêche et la protection du milieu aquatique :*** *31, rue de l'Estrey, 88440 **Nomexy.*** *03-29-31-18-89.* • *peche88.fr* • Pour toute question concernant les lieux de pêche, les associations et les endroits où se procurer les autorisations nécessaires.

– ***Le canal des Vosges :*** Chamagne, Charmes, Châtel-sur-Moselle, Épinal, Uzemain, La Vôge-les-Bains, Fontenoy-le-Château... sont autant d'étapes sur ce canal longeant la Moselle et rejoignant la vallée de la Saône. 70 km en bateau pour découvrir le département autrement. Nombreuses infrastructures et points d'amarrage. Renseignements auprès de Tourisme Vosges ou des offices de tourisme concernés. Vous trouverez au fil des pages les coordonnées des différentes compagnies de navigation.

ÉPINAL ET SES ENVIRONS

ÉPINAL (88000) 32 100 hab. *Carte Vosges, C2*

• Plan *p. 317*

Souvent, on dit qu'il faut être spinalien et faire corps avec sa ville natale pour l'apprécier pleinement. Soyons francs : récemment encore, Épinal offrait peu d'attraits pour le routard qui venait découvrir les Vosges et avait beaucoup de difficultés à se positionner par rapport à Gérardmer ou La Bresse... Aujourd'hui encore, il reste difficile d'imaginer l'animation qui régnait autour de la basilique Saint-Maurice au Moyen Âge dans cette bourgade rebelle, devenue une véritable république de marchands, s'adonnant surtout au négoce du textile et du papier. Impossible de se rendre compte des changements subis aux XVIIIe et XIXe s avec l'arrivée du chemin de fer et l'essor engendré par la révolution industrielle, permettant à Épinal d'imposer sa puissance économique pour devenir la capitale du département. Sa renommée, avec son centre de Congrès notamment, contribue désormais au développement de ses infrastructures.
La politique de réhabilitation active et habile, menée par la municipalité depuis plusieurs années, porte ses fruits. Le centre a retrouvé un visage attrayant : l'ancien quartier du Chapitre et le récent port fluvial en sont de parfaits exemples, comme les passerelles piétonnes qui enjambent la Moselle ou le marché couvert joliment réhabilité. Sans oublier le musée départemental d'Art ancien et contemporain et la cité de l'Image, qui méritent assurément le détour.
De plus, peu de gens savent qu'Épinal est une des villes moyennes les plus boisées de France, avec plus de 3 400 ha de sous-bois. Et que, dès les beaux jours, la ville se pare de milliers de fleurs qui la transforment en un immense jardin propice à d'agréables balades sur les rives de la Moselle. Un peu le concept de la ville à la campagne, quoi !

LES VOSGES

UN PEU D'HISTOIRE

Histoire ou légende ? Certains affirment que le château d'Épinal existait déjà au temps des Vandales, qui l'auraient détruit en l'an 406. Il fut, dit-on, reconstruit à partir de 431 par Ambro, le fils de Clodion le Chevelu, et à nouveau détruit, en 636, par les Barbares. Relevé de ses ruines, il fut encore saccagé par les Saxons en 882. Qu'importe ! Une chose est sûre : la cité fut développée à partir du Xe s par la volonté des évêques de Metz. Un château gardait le passage de la voie romaine et le marché tout nouvellement créé. Bâti sur un éperon rocheux, au lieu-dit Spinal, c'est lui qui donna son nom à la ville puisque *spinal* désigne justement un oppidum, un éperon (du latin *spina*) et non pas un « lieu rempli d'épines » comme on le crut longtemps.
La ville a longuement et âprement lutté contre ses suzerains pour défendre ses libertés municipales. Épinal devint vite un centre d'attraction politique, économique et culturel, fier de son indépendance durement gagnée au contact des « 4 nations » : Lorraine, Alsace, Franche-Comté et Champagne. La vieille église Saint-Maurice, commencée au XIe s, est le monumental témoignage de la rencontre des styles de ces provinces. En 1444, la ville se donne au roi de France, Charles VII, afin d'échapper au pouvoir temporel des évêques messins. Mais l'ingratitude n'ayant aucune limite, Louis XI la cède au duché de Lorraine afin

de détacher celui-ci de l'alliance du duc de Bourgogne. Dès lors, la ville partage le sort de son seigneur jusqu'au rattachement définitif à la France en 1766, à la mort de Stanislas Leszczyński. Toutefois, un siècle plus tôt, après la guerre de Trente Ans, les armées de Louis XIV s'étaient emparées d'Épinal et en avaient profité pour détruire les remparts et le château. Pour se faire une bonne idée de l'allure (et quelle allure !) que pouvait avoir Épinal avant tous ces chambardements, rendez-vous devant la splendide vue cavalière de Nicolas Bellot, peinte en 1626 et présentée au musée de l'Image. Toujours est-il qu'après la catastrophe humaine et économique de ces guerres du XVIIe s, les commerces des faïences et de l'imagerie renaissent au XVIIIe s.
À partir de 1871, l'immigration due à l'annexion de l'Alsace et d'une partie de la Lorraine par l'Allemagne et l'introduction dans les Vosges de l'industrie textile apportent une prospérité nouvelle. L'industrie cotonnière profite largement de cet apport de main-d'œuvre conséquent. En outre, Épinal accueille une importante garnison, comptant près de 14 000 hommes à l'aube de la Première Guerre mondiale. Elle devient l'une des 4 grandes places fortes de l'Est. La ville subit de nombreuses destructions en 1940 et 1944. Elle est ensuite presque entièrement remodelée au sortir de la guerre.

Arriver – Quitter

✈ ***Aéroport Épinal-Mirecourt :*** *88500* ***Juvaincourt.*** *☎ 03-29-37-01-99. • epinal-mirecourt.aeroport.fr • À 30 mn (40 km) d'Épinal.*
✈ ***Aéroport de Metz-Nancy Lorraine :*** *route de Vigny, 57420* ***Goin.*** *☎ 03-87-56-70-00. • metz-nancy-lorraine.aeroport.fr • L'aéroport se situe à env 1h15 (95 km) de route d'Épinal.*
➢ ***En train :*** le TGV Est européen relie Épinal à Paris en 2h15. Nombreux TER vers Nancy-Metz, Strasbourg et Belfort-Mulhouse-Bâle.

Adresses et infos utiles

🅸 ***Office de tourisme*** *(plan B2)* ***:*** *6, pl. Saint-Goëry. ☎ 03-29-82-53-32. • office.tourisme@epinal.fr • tourisme-epinal.com • Ouv tte l'année, tlj : juil-août, lun-sam 9h-19h, dim et j. fériés 10h30-15h30 ; avr-juin et sept-oct, lun-sam 9h-12h30, 13h30-18h (14h-17h sam), dim et j. fériés 10h30-14h30 ; nov-mars, lun-sam, dim et j. fériés mat. Borne interactive 24h/24 (façade côté marché couvert).* Petit fascicule « Parcours Épinal » (2 circuits de 1h30 chacun), très bien fait. Propose également un rallye-découverte à faire en famille (descriptif gratuit). Nombreuses visites guidées à thème organisées, de jour, de nuit, à pied, en bus *(de mi-juin aux Journées du patrimoine, dim à 15h et jeu à 19h ; tarif : env 4 €, réduc).*
■ ***Transport Livo :*** *☎ 0800-088-010 (nº Vert). • livo-vosges.fr • Départ depuis le parking de la gare SNCF (gare routière).* Lignes régulières desservant les principales villes du département, dont Remiremont, Gérardmer, Vittel, Rambervillers... Propose des navettes vers le lac de Bouzey, de mi-juin à fin août (un aller-retour quotidien) et vers les stations de ski l'hiver.
■ ***Navette gratuite :*** *tlj sauf dim et lun mat 8h45-12h30, 13h45-19h30. Fréquence : ttes les 10 mn.* Entre le parking gratuit (2 000 places) du Champ-de-Mars et le centre-ville (tout le stationnement y est payant).
■ ***Location de vélos :***
– ***Transport Livo :*** *à la gare routière. ☎ 0800-088-010. • livo-vosges.fr •* Assure aussi la location de vélos à la ½ journée, journée, semaine et mois.
– ***Maison du Vélo :*** *au port de plaisance. ☎ 03-29-32-39-92. • epinalvelo.fr • Ouv avr-nov, tlj 8h30-12h30, 13h30-18h30.* Location à la ½ journée, à la journée ou à la semaine (VTC, vélo électrique, remorque enfant et tandem).
■ ***Club Vosgien Épinal :*** *5, rue François-Blaudez (à côté du théâtre).*

☎ 03-29-31-20-11. • clubvosgienepinal.com • Horaires très restreints (se renseigner). Organise des randos à la journée ou la ½ journée, des sorties marche nordique (avec initiation), des activités hivernales... Vente de cartes IGN/Club Vosgien.

Taxis d'Épinal : ATE, ☎ 03-29-30-40-50. Station à la gare.

■ **Location de voitures : Rent@Car,** 16, av. du Général-de-Gaulle. ☎ 03-29-33-85-50. • rentacar.fr • **Europcar :** 6, av. du Général-de-Gaulle. ☎ 03-29-35-68-23. • europcar.fr • Également une agence à l'aéroport.

– **Marchés :** tlj sauf dim et lun au marché couvert, anciennes halles (superbement rénovées). Ne pas y manquer le *Bouchon* (pour l'apéro et le café), les *Paysans producteurs des Hautes-Vosges,* les producteurs locaux comme les fromages d'*Alain Beldicot.* Marchés extérieurs, mer et sam, dans les environs du marché couvert.

Où dormir ?

De prix moyens à chic

Hôtel de la Basilique (plan B2, **11**) : 5, rue des Halles (pl. des Vosges). ☎ 03-29-34-96-19. • hotelbas@hotmail.fr • hoteldelabasilique.eu • Tte l'année. Doubles 74-85 €. Parking payant. Très bien situé, en plein centre ancien, sur l'une des plus jolies places de la ville. L'une des plus fréquentées aussi, avec ses nombreuses terrasses. Si vous dormez fenêtre ouverte, c'est en contact direct avec la vie nocturne du quartier... Chambres récemment rénovées, à la déco toute simple, bien tenues. Clim pour les plus chères. Excellent accueil, avisé, digne d'un office de tourisme pour vous renseigner sur les bons plans.

Hôtel Kyriad Centre Gare (plan A1, **13**) : 12, av. du Général-de-Gaulle. ☎ 03-29-82-10-74. • epinal@kyriad.fr • kyriad-epinal-centre.fr • Tte l'année. Doubles 59 € (w-e)-89 €. Garage payant. Un hôtel de chaîne mais qui échappe au conformisme de ce genre d'endroit avec une équipe dynamique et un accueil super sympa, et personnalisé. Entièrement rénové, climatisé, avec des chambres fonctionnelles (pas nécessairement très grandes) mais mignonnes. Tarif avantageux le week-end.

LES VOSGES

Où manger ?

De bon marché à prix moyens

Le Bistrot Gourmand (plan B2, **20**) : 5, rue du Chapitre. ☎ 03-29-34-20-77. 📱 06-84-07-00-05. • sweetman2@wanadoo.fr • ♿ Tlj sauf dim soir et lun. Résa conseillée. Formule et menu déj sem 16,50-19,50 € ; autres menus 20-39 € ; carte env 39 €. Apéritif maison offert sur présentation de ce guide. Sans hésiter, une de nos meilleures adresses à Épinal. Entre le rez-de-chaussée et l'étage, les petites salles, contemporaines et élégantes, ne désemplissent pas. Quant aux places en terrasse dans cette agréable rue piétonne du quartier du Chapitre, elles s'arrachent. Le chef, d'origine britannique, propose une carte gourmande et éclectique qui, notamment, revisite joliment les recettes lorraines. Excellent accueil de son épouse.

L'Arômance (plan B2, **25**) : 18, rue Général-Leclerc. ☎ 03-29-38-23-16. • resto.laromance@yahoo.fr • ♿ Tlj sauf dim-lun. Formule déj 16 € ; menu 27,50 € ; carte env 35 €. Classique cuisine de belle tradition pour ce chef toujours passionné après plus de 30 ans de piano. Dans une des 2 salles (on aime la petite, intimiste le soir, à l'arrière), de copieuses assiettes (même en entrée) axées sur la fraîcheur. Une adresse spinalienne réputée.

Chic

In Extremis (plan B2, **24**) : 7, pl. de l'Âtre. ☎ 03-29-35-46-41.

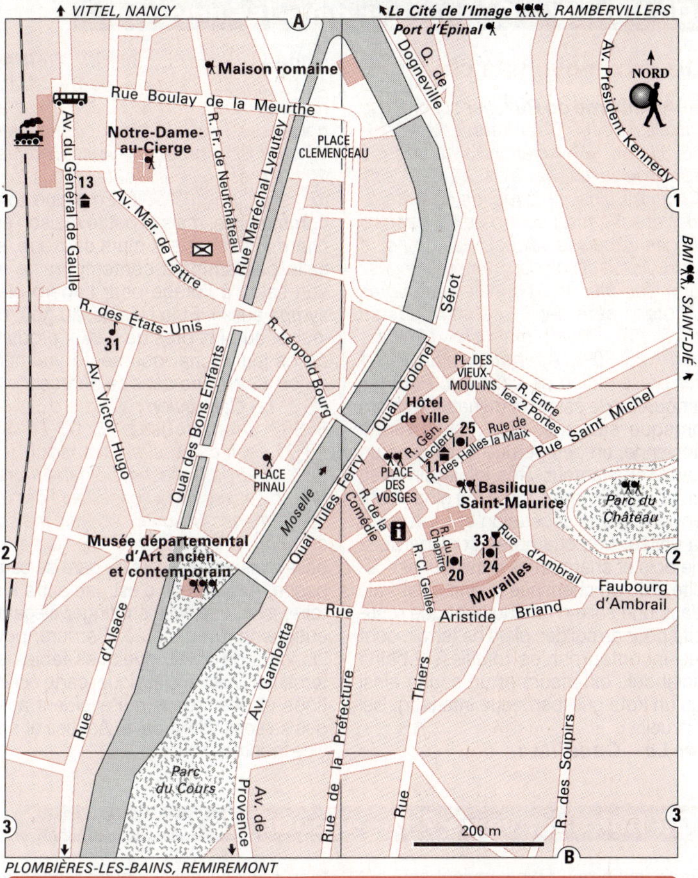

ÉPINAL

Où dormir ?	**24** In Extremis (B2)
11 Hôtel de la Basilique (B2)	**25** L'Arômance (B2)
13 Hôtel Kyriad Centre Gare (A1)	**Où boire un verre ? Où écouter de la musique ?**
Où manger ?	**31** La Souris Verte (A1)
20 Le Bistrot Gourmand (B2)	**33** Le Bougnat (B2)

• nicolas.grandclaude@hotmail.fr • Tlj sauf dim-lun, et mar midi. Menus 25 € (déj sem) puis 33-51 €. Une grosse poignée de tables (réservation plus que conseillée) dans une ambiance contemporaine et épurée (très design scandinave) pour cette récente adresse ouverte par un jeune chef passé par quelques grandes et belles maisons. Produits d'exception pour une cuisine pleine de créativité, aux étonnantes associations de saveurs.

Où dormir ? Où manger dans les environs ?

De prix moyens à chic

🏠 🍽 ***Auberge du Ruxelier :*** *chemin de Ruxelier, 88460* ***Cheniménil.*** *☎ 03-29-66-31-04. • leruxelier@gmail.com • aubergeduruxelier.com • ♿ À env 12 km d'Épinal, en direction de Gérardmer et à 3 km du centre de Cheniménil (fléché depuis le village). Resto tlj sauf dim soir, lun et soir des j. fériés. Congés : janv. Compter 90 € pour 2 en chambres d'hôtes ; petit déj 8 €. Menu déj sem 13 €, puis menu marcaire 18,40 € ; carte 25-30 €. Apéritif maison offert sur présentation de ce guide.* Pour les amoureux de calme et de nature encore presque sauvage, une grosse ferme ancienne, un peu perdue mais dans un cadre enchanteur. Très joli jardin avec un abreuvoir, une source qui glougloute envahie par la végétation et sa vue sur la vallée. Les chambres sont bardées de bois et charmantes dans leur simplicité. Feu de cheminée quand il fait frais dans une salle d'une authentique rusticité pour de solides plats de terroir, dont les incontournables *tofailles*. 2 bains finlandais extérieurs et un sauna ainsi qu'un kota grill (barbecue intérieur). Bel accueil.

🍽 ***La Canaille :*** *65, rue du Général-Leclerc, 88190* ***Golbey.*** *☎ 03-29-65-32-29. • contact@lacanaille-restaurant.fr • ♿ À 3,5 km au nord-ouest, dans la zone commerciale. Tlj sauf dim-lun et j. fériés. Congés : 10 j. jan et 15 j. juil-août. Menus 24 € (déj sem), puis 33-60 €.* En pleine zone commerciale, mais la petite maison est charmante avec ses murs de pierre, sa salle plaisamment contemporaine (et son salon à l'étage pour l'apéro bien sympa aussi). Et la cuisine, au goût du jour et au plus près de beaux produits de ce jeune chef qui mérite vraiment qu'on s'aventure dans ce quartier.

🍽 ⛱ ***Le Calmosien :*** *37, rue d'Épinal, 88390* ***Chaumousey.*** *☎ 03-29-66-80-77. • lecalmosien@wanadoo.fr • ♿ À 10 km à l'ouest d'Épinal. Tlj sauf dim soir et lun. Résa conseillée. Formule 25 € ; menus 35-65 €. Apéritif maison offert sur présentation de ce guide.* La belle maison a des airs de gare de campagne. À l'intérieur, c'est une autre histoire, avec une salle à manger élégante entièrement redécorée. Derrière, pour les jours de soleil, quelques tables en terrasse. Cuisine classique, carte éclectique et des menus qui évoluent au fil des saisons. Belle cave. Accueil et service irréprochables.

LES VOSGES

Où boire un verre ? Où écouter de la musique ?

Boire un verre à Épinal revient souvent à fréquenter la place des Vosges *(plan B2)*, où se serrent de nombreux bars et restos. On aime bien la classique ***Brasserie du Commerce*** avec sa vaste terrasse (et sa petite restauration plutôt sympa) et, pour des ambiances un peu plus rock'n'roll, le ***Pub*** *(ouv jusqu'à 4h sam).* La rue de la Maix *(plan B2)* est également riche en bars avec notamment le ***Bidule*** (au n° 25) avec cocktails et DJs réguliers et les pittoresques ***Caves de Fontenay*** (au n° 8) avec un joli choix de bières dont pas mal d'artisanales.

🍷 ⛱ ***Le Bougnat*** *(plan B2,* ***33****) : pl. de l'Âtre. ☎ 03-29-69-81-56. • cave.lebougnat@orange.fr •* Un bar à vins tenu par des passionnés ; rencontres d'amateurs avertis ou non, belle sélection stricte et rigoureuse... et possibilité de casser la croûte (quand il en reste) autour d'un verre, de 2 verres... avec modération et des copains ! Belle ambiance, y compris sur la petite terrasse intimiste à l'arrière.

♪ ***La Souris Verte*** *(plan A1,* ***31****) : 17, rue des États-Unis. ☎ 03-29-65-59-92. • lasourisverte@agglo-epinal.fr • lasourisverte-epinal.fr • ♿ Tlj sauf lun. Réduc de 6 € en prévente et 3 € sur place (équivalent d'un tarif abonné) sur présentation de ce guide.* La salle de musiques actuelles de l'agglomération d'Épinal. Fréquents concerts (vendredi, samedi) : chanson, rap, rock...

À voir. À faire

Rive droite

La basilique Saint-Maurice *(plan B2)* **:** construite du XIe au XIIIe s, cette ancienne collégiale Saint-Goëry a subi de multiples influences propres aux églises édifiées dans les villes carrefours. Pittoresque tour-beffroi qui peut faire penser à un donjon. Beau portail-porche du XIIIe s, de style champenois. À l'intérieur, la nef d'inspiration bourguignonne est prolongée par un chœur gothique du XIIIe s. À droite du chœur, *Vierge à la Rose* du XIVe s, volée dans l'église puis restituée par un scrupuleux collectionneur anglais en 1928 et, à voir aussi, la – toute – petite statue de Notre-Dame de la Consolation. À côté, une *Mise au tombeau* du XVe s, de facture un peu naïve.

La rue du Chapitre *(plan B2)* **:** à deux pas de la basilique, une adorable petite rue bordée de beaux hôtels particuliers, où vivaient jusqu'à la Révolution les nobles dames d'un chapitre de chanoinesses. Au bout de la rue, on trouve, dans un jardin, 75 m de remparts et 3 tours appartenant aux fortifications médiévales de la cité. Construite entre 1240 et 1260, cette enceinte, longue d'environ 1 800 m, comptait presque autant de tours que celle de Carcassonne. Elle fut entretenue jusqu'à sa destruction brutale par les armées de Louis XIV, en 1670. En continuant la promenade, on tombe sur le ***musée du Chapitre*** (au no 14) : petit musée archéologique et historique de la ville *(ouv de mi-juin à fin sept, tlj sauf dim 13h30-18h ; GRATUIT).* Vaut le détour, ne serait-ce que pour la remarquable maquette d'Épinal, effectuée d'après le tableau de Nicolas Bellot et les gravures de Jacques Callot, qui montre la ville en 1626. Le 1er étage est consacré aux sites archéologiques et le 2d au chapitre des dames chanoinesses et aux expos temporaires.

La place des Vosges *(plan B2)* **:** rien à voir avec son homonyme parisienne, si ce n'est un bel ordonnancement d'arcades du XIIIe s au XVIIIe s. Les bourgeois de l'époque médiévale y réglaient les affaires de la cité. Sur un des côtés, maison Renaissance tardive dite « du Bailli », construite en 1604 par un riche papetier. Et même si Épinal s'est considérablement développée sur l'autre rive de la Moselle, cette place reste le centre névralgique de la ville : mairie, marché, théâtre, office de tourisme, terrasses et vie nocturne... tout est regroupé à proximité !

Le parc du Château *(plan B2)* **:** *ouv tlj ; mai-août 7h30-20h ; jusqu'à 19h en sept ; jusqu'à 18h mars-avr et oct ; nov-fév 8h-17h. GRATUIT.*
L'idéal est d'y monter à pied (en douceur, malgré quelques petits passages plus raides) par la rampe, rue de la Maix (prolongement de la rue des Halles et de la place des Vosges ; en face du no 33), à côté du vieux lavoir protégé par saint Goëry...
La promenade dominicale des Spinaliens. Le jardin est superbe et offre un joli point de vue sur la ville. Les 23 ha du parc abritent un petit parc animalier, un terrain de jeux et les vestiges du château médiéval, qui font l'objet de beaucoup d'attention et de travaux depuis quelques années.
On sait que le château fut détruit sur ordre de Louis XIV, lors de la deuxième occupation des duchés de Lorraine par la France. Ce qui fait que le « dernier siège du château », lors de la 1re campagne de France en 1814, est une histoire cocasse... Dans les 1ers jours de janvier, 2 000 Cosaques venant de Remiremont entrèrent dans la ville après avoir été refoulés par des troupes françaises. Le prince royal de Wurtemberg, en pénétrant dans Épinal, ordonna qu'on prît d'assaut le château. Celui-ci n'était défendu que par 2 petits canons d'apparat et quelques boulets de pierre. Les troupes s'emparèrent de l'endroit en un clin d'œil et descendirent triomphalement les rues de la ville, sous le regard narquois des Spinaliens. La presse allemande relata cette affaire comme étant une grande victoire. C'est connu : en temps de guerre, on se contente de peu !

La cité de l'Image (hors plan par B1) : *42 bis, quai de Dogneville. Comprend 2 sites indépendants (pour les infos pratiques, lire plus loin). Grand parking gratuit juste devant.*

– ***L'Imagerie d'Épinal :*** *☎ 03-29-34-21-87. • imagerie@imagerie-epinal.com • imagerie-epinal.com • Tlj sauf lun mat 9h30 (10h dim et j. fériés)-12h, 14h-18h. Entrée 11 € ; réduc ; forfait famille ; gratuit moins de 6 ans.*

L'image est de tradition ancienne à Épinal, mais ce n'est qu'avec Jean-Charles Pellerin – cartier à l'origine, qui commence à éditer des images au début du XIXe s – qu'elle acquiert sa renommée. Il utilise une technique vieille de plusieurs siècles : l'image est tirée d'après un bois gravé et coloriée au pochoir. Les 1res œuvres éditées sont des estampes religieuses, évidemment ! Le répertoire s'étend un peu plus tard aux sujets plus profanes : contes, légendes et événements passés. Des colporteurs (appelés dans la région « chamagnons ») se chargent de vendre ces images de ville en village.

Au XIXe s, le succès est important, les petites images se vendent bien et les bouleversements dus à l'apparition de la lithographie donnent à l'imagerie Pellerin une nouvelle jeunesse. En 1897, l'imagerie construit de nouveaux ateliers et fait fabriquer une ingénieuse machine à colorier, permettant la pose simultanée de 9 couleurs différentes grâce à 9 pochoirs. Résultat : 500 images en 1h. Une quasi-industrie qui fera la gloire de la dynastie Pellerin. On multiplie les sujets que les enfants peuvent découper, les pantins, les théâtres d'ombres. Les images d'Épinal traversent même les frontières, avec des éditions en plusieurs langues. Le XXe s ne laissera pas que de bons souvenirs. Le développement de la presse écrite retire à l'image son rôle d'information, et les 2 guerres laissent l'entreprise exsangue au milieu des années 1950. L'imagerie renaît depuis 1984, et a trouvé, avec l'arrivée de nouveaux propriétaires en 2014, un nouveau souffle, comme en témoignent les créations de nouvelles images signées de dessinateurs de B.D., d'artistes contemporains, voire de grapheurs (qui laissent régulièrement leur trace sur les murs) ou de tatoueurs !

Remarquable visite des ateliers à l'aide d'une petite tablette numérique géolocalisée avec fiches explicatives, vidéos... et quelques jeux rigolos pour les enfants. On découvre toute l'histoire de l'imagerie, toutes les techniques d'impression des images... Et comme les ateliers fonctionnent toujours, on aperçoit en fin de visite, des ouvriers qui utilisent parfois des techniques vieilles de plusieurs siècles.

La boutique : elle vaut à elle seule le déplacement, avec un joli choix de rééditions d'images anciennes, ainsi que de nombreuses images créées par des artistes d'aujourd'hui et autres produits dérivés (il y a même du chocolat... imprimé !).

– ***Le musée de l'Image :*** *juste devant l'Imagerie. ☎ 03-29-81-48-30. • musee.image@epinal.fr • museedelimage.fr • Juil-août, tlj sauf lun mat 10h-18h ; sinon, tlj sauf lun mat 9h30 (10h dim et j. fériés)-12h, 14h-18h (journée continue ven). Entrée : 6 € ; réduc ; forfait famille ; gratuit moins de 6 ans. Ateliers d'animations pour les enfants.*

Intéressant bâtiment contemporain inauguré en 2003 dont la façade de verre laisse deviner une « fête de village », gigantesque image formée d'une foule de petites images. Il s'agit du plus important fonds européen d'images françaises et étrangères du XVIIe s à aujourd'hui. La fabuleuse et impressionnante collection Henry-Georges est venue enrichir les réserves en 2010, avec ses 85 000 images « privées ». Ce sont désormais près de 110 000 images, feuilles et bois gravés (1 500) qui sont exposés par roulement tous les 6 mois (le papier nécessite de draconiennes mesures de conservation).

Dans la salle d'expo permanente, on découvre l'histoire de l'imagerie populaire. Sensibilisation aux multiples liens entre les images des collections du musée et les images actuelles (photographies, œuvres d'art, publicité...). Une manière de dépoussiérer l'image d'Épinal, forme d'art contemporain dans ses expressions les plus récentes. Les textes explicatifs, bornes interactives, montages vidéo, etc., permettent de comprendre les images rencontrées au cours de la visite. Comme il y a plusieurs niveaux de lecture, petits et grands trouvent leur compte dans ce musée qui bouge.

2 expos temporaires par an, et chaque été un parcours artistique en ville.

Le port d'Épinal *(plan B1)* **:** étape sur le canal des Vosges. Il offre un bel espace de détente avec un bar-resto, des aires de pique-nique, une piste cyclable, des locations de vélos *(● epinalvelo.fr ●)* et de bateaux, des parcours de pêche...
– **Balades en bateau :** *mai-sept, loc de petits bateaux électriques 4-6 places, sans permis. S'adresser au bar-resto La Capitainerie, au port de plaisance. ☎ 03-29-81-33-45. Tarifs : 15-20 € les 30 mn.* Possibilité d'une petite promenade de 1h maximum sur un bras du canal.

La bibliothèque multimédia intercommunale – BMI *(hors plan par B1-2)* **:** *48, rue Saint-Michel. ☎ 03-29-39-98-20. ● bmi-epinalgolbey.fr ● Juil-août, tlj sauf dim-lun : mar, jeu et ven 13h-18h, mer et sam 10h-18h ; hors saison, tlj sauf lun, mêmes horaires mais fermé à 18h30 et dim 14h-18h. GRATUIT (sans inscription). Grand parking gratuit.* Ne pas y manquer la salle des Boiseries de l'abbaye de Moyenmoutier. Des meubles du XVIIIe s qui renferment des livres et manuscrits dont le plus ancien est daté du VIIIe s... Visites guidées possibles, se renseigner.

Rive gauche

Le musée départemental d'Art ancien et contemporain *(plan A2)* **:** *1, pl. Lagarde. ☎ 03-29-82-20-33. Tlj sauf mar, mer (sur résa seulement) et dim mat 9h-12h30, 14h-17h (17h30 lun-ven, 18h sam-dim). Fermé 1er janv, 1er mai, 1er nov et 19 déc-2 janv. Entrée : 5 € ; réduc ; gratuit moins de 12 ans et étudiants. Expos temporaires et nombreux événements, animations, visites guidées à thème et ateliers de pratiques artistiques (se renseigner).*
Les fondus d'architecture seront intéressés par cette construction récente alliant judicieusement l'ancien bâtiment avec de nouveaux éléments tout en béton. Le mariage de l'ancien et du neuf, du verre et du béton, les jeux d'ombre et de lumière ne laissent pas indifférent. Muséographie claire, lumineuse et didactique.

Rez-de-chaussée
Présentation d'antiquités préhistoriques : nombreux objets en silex du Paléolithique. Belles collections de fibules, d'anneaux et de bracelets caractéristiques des âges du bronze et du fer, provenant de tumulus découverts dans la région. Collection de monnaies en or gallo-romaines, pour certaines dans un état exceptionnel. Quelques belles stèles funéraires, à l'origine placées au-dessus des tombes gallo-romaines. Intéressante et unique statuette hermaphrodite en bronze, une des très rares exhumées du sol national. Le Moyen Âge lorrain, quant à lui, est représenté par une belle sélection de statues en pierre.
Ne pas manquer la magnifique série de vitraux du XVIe s qui ornaient les fenêtres de l'église abbatiale d'Autrey : ils constituent, avec les vitraux de la cathédrale de Metz, le meilleur aperçu de l'art du verre en Lorraine à la Renaissance. Plusieurs thèmes y sont abordés : l'Arbre de Jessé, l'Annonciation, le Calvaire ; seuls manquent 4 vitraux, 3 ont réintégré l'église (lire plus loin le chapitre « Rambervillers ») et un hasard de l'histoire a conduit le vitrail de l'Assomption au musée de Toledo, dans l'Ohio... S'il ne reste que des fragments de certains vitraux, d'autres sont remarquablement bien conservés, comme celui consacré à la légende de saint Nicolas.

1er étage
De nombreuses peintures qui proviennent notamment de l'ancienne collection des princes de Salm. Arrivés à Épinal en 1796, certains tableaux furent dispersés au fil du temps, et quelques pièces maîtresses carrément détruites dans l'incendie de la préfecture en 1808. De cet ensemble, il reste quelques œuvres admirables : la *Mater dolorosa* de Rembrandt, sobre et pleine de profondeur, les 2 *Ermites tourmentés par des démons* de Sebastiano Ricci, *Mercure et Hersé* de Laurent de la Hyre, et un

ensemble de tableaux des écoles française, italienne et nordique des XVIIe et XVIIIe s. Difficile de rater *Job raillé par sa femme* de Georges de La Tour, un des 80 tableaux parvenus jusqu'à nous de ce maître des « nocturnes » et surtout l'un des très rares à être signés. Beaucoup de lyrisme dans *L'Embarquement de sainte Paule à Ostie* de Claude Gellée, dit « le Lorrain ». Section ethnographique et d'arts décoratifs également, avec faïences, vieilles enseignes, coqs de clochers, outils...

2e étage
Consacré à l'art contemporain. Une politique volontariste d'acquisitions fait de cette collection l'une des 1res en France. Les œuvres y sont présentées par roulement. On y trouve une exceptionnelle sélection de pièces significatives des grands mouvements d'avant-garde des 50 dernières années : art conceptuel, art minimal, arte povera, land art, pop art, Nouveau Réalisme... Rien ne laisse indifférent, et surtout pas le « Visualiseur personnel d'images mentales » de Pierrick Sorin. L'artiste provoque un peu avec ce *Petit théâtre optique cocasse* qui livre sa vision poétique de la vérité humaine. De quoi alimenter les conversations dans les veillées spinaliennes !

La place Pinau *(plan A2)* **:** *sur l'île.* Perchée en haut d'une colonne, une toute petite statue en bronze représente un enfant retirant une épine de son pied. C'est une allusion à la soi-disant origine du bourg (on sait aujourd'hui que c'est une légende) : un « lieu plein d'épines ». On appela cet enfant Pinau et il symbolise la ville depuis des lustres. L'original en bronze, œuvre d'un sculpteur grec du Ve s av. J.-C., se trouve au musée du Capitole à Rome. Il en existe une bonne dizaine de reproductions en Europe, dont une à Épinal... un petit village espagnol de 400 habitants ! La statue, présente à cet endroit depuis 1825, connut bien des aventures, subissant même à plusieurs reprises les outrages d'anonymes barbouilleurs.

La roseraie et la maison romaine *(plan A1)* **:** *accès rue de Nancy. Jardin ouv tt le temps ; la maison ne se visite pas.* On pourrait presque se laisser bluffer par cette belle maison romaine, mais ce n'est qu'une copie de la fin du XIXe s. En revanche, les roses sont authentiques et embaument l'endroit au printemps. Magnifiques buissons de rhododendrons. Lieu privilégié pour une balade au bord de la Moselle.

L'église Notre-Dame-au-Cierge *(plan A1)* **:** *av. du Maréchal-de-Lattre-de-Tassigny.* Construite en 1958, alternant béton et dalles de verre coloré, voilà un exemple d'architecture moderne d'une grande banalité, qui ne laisse pas de souvenirs impérissables. À l'intérieur, en revanche, on découvre l'une des plus vastes verrières de France représentant la vie de la Vierge. Merveilleux travail des verriers de Chartres. Difficile de se faire une idée d'emblée, il faut détailler chaque scène à la manière d'une B.D. L'église est classée Monument historique depuis 2012.

Fêtes et manifestations

- ***Les Imaginales :*** *en mai.* ● *imaginales.fr* ● Festival des mondes imaginaires. Salon du livre et de l'illustration, rencontres, expos, débats, cafés littéraires...
- ***Festival Rues et Cies :*** *mi-juin, pdt 3 j.* Théâtre, musique, acrobatie, jonglerie, mime... Spectacles (gratuits !) fixes ou déambulatoires, etc.
- ***Le chemin des Images :*** *juil-août.* Au fil des rues, des places et des quais, expo en plein air d'œuvres d'une quinzaine d'artistes contemporains inspirés par le fond ancien du musée de l'Image.
- ***Fête de la Sainte-Fleur :*** *début oct.* Une fête des fleurs, avec de vraies fleurs, comme à Nice !
- ***Festival Les Larmes du Rire :*** *en oct.* Une douzaine de jours consacrés au théâtre burlesque dans tous ses états.

– ***Fête des Images :*** *un w-e mi-sept.* ● *fetedesimages.fr* ● La ville d'Épinal habille ses façades d'images et propose un son et lumière à la nuit tombée.
– ***Fête de la Saint-Nicolas :*** *1er sam de déc.* Le saint patron de la Lorraine (qui joue au Père Noël avant l'heure dans la région) est fêté en grande pompe : populaire défilé de chars décorés en ville, feux d'artifice...

DANS LES ENVIRONS D'ÉPINAL

Le cimetière et le mémorial américain : *peu après **Dinozé** (88000). À 7 km au sud-est d'Épinal par la D 157. Tlj 9h-17h. Fermé 1er janv et 25 déc. GRATUIT.* Sur un vaste plateau dominant la Moselle, au lieu-dit Quéquément, libéré en septembre 1944 par la 45e division d'infanterie américaine. Pelouses impeccablement tondues, bannière étoilée flottant au vent et alignement de petites croix blanches sur ce site de 20 ha : impossible de ne pas songer aux autres cimetières américains érigés en France, notamment près des plages normandes du Débarquement ; et difficile, face à la longue liste de noms du mémorial, de ne pas avoir une pensée pour ces garçons de New York, de Pennsylvanie ou de l'Illinois tombés au combat contre les nazis... 5 255 soldats américains sont inhumés ici. Et les noms de 424 autres, dont les corps n'ont pas été retrouvés, sont gravés sur les murs de la cour d'honneur.

Le fort d'Uxegney : *à 6 km au nord-ouest.* ● *fort-uxegney@orange.fr* ● *fort-uxegney.pagesperso-orange.fr/* ● *Juil-août, visites guidées tlj à 14h et 16h (plus 15h dim) ; juin et sept, dim à 14h et 16h ; mai, dim à 15h ; avr-nov, les j. fériés à 15h ; le reste de l'année, ouv seulement aux groupes (15 pers). Entrée : 7 € ; réduc ; gratuit moins de 7 ans. Durée de visite : 1h30-2h. Prévoir un pull.* C'est un des éléments du système fortifié mis en place, après la guerre de 1870, de Belfort à Épinal et de Toul à Verdun, par le général Séré de Rivières. Modernisé jusqu'en 1914, c'est un des rares ouvrages de cette ligne de défense à ne pas avoir subi de dommages pendant les 2 conflits mondiaux. Seules quelques coupoles signalent son existence à l'extérieur. On découvre ensuite l'intérieur du fort, parfaitement conservé (et entretenu par une association de bénévoles) tel que les militaires l'ont abandonné : petite usine électrique, chambrées avec leurs lits métalliques, cuisines, et, bien sûr, quelques pièces d'artillerie, dont une impressionnante tourelle à éclipse Galopin de 250 t.

Le site et le lac de Bouzey : *à **Sanchey** (88390).* ☎ *03-29-82-97-37. À 10 km à l'ouest d'Épinal. Une navette Livo assure les liaisons en saison (voir la rubrique « Adresses et infos utiles » à Épinal). Accès libre. Baignades surveillées (14h-19h) à la plage de la route du Rivage, avec loc de canoës, planches à voile, embarcations à pédales...* LA destination fraîcheur : baignades et balades dans un écosystème exceptionnel, riche de sa faune et de sa flore, autour de ce réservoir de 140 ha qui alimente le canal des Vosges, entre plages, visite de l'abbaye de Chaumousey et baignade à la plage des Américains, pêche et sentiers piétons exclusifs (7 km).

RAMBERVILLERS (88700) 5 490 hab. *Carte Vosges, C1*

À une vingtaine de kilomètres au nord-est d'Épinal, Rambervillers (on prononce « é » à la fin) est un gros bourg dont le centre cache un joli patrimoine, notamment autour de la place du 30-Septembre avec l'hôtel de ville, élégante maison Renaissance sur arcades, l'église Sainte-Libaire, du XVIe s

et gothique flamboyant et quelques vieilles maisons et autres boutiques d'antan aux devantures de bois. Rambervillers était, depuis 1900, la capitale des grès flammés qui ont largement inspiré les artistes de l'école de Nancy, mais la dernière entreprise a fermé en 2016... La vraie spécialité ici reste donc la tête de veau, servie dans tous les restos ou presque. Chaque année depuis des siècles, elle est même célébrée 15 jours avant Pâques...

UNE TÊTE DE VEAU EN FORME DE PIED DE NEZ

Un jour, des paysans d'Épinal, bien malhonnêtes, vinrent dérober 12 têtes de bétail aux paysans de Rambervillers. La justice fut saisie de l'affaire et le sieur local, magnanime, ordonna sur-le-champ la restitution des têtes... Ce fut chose faite, mais les malins Spinaliens se payèrent la tête de leurs voisins et ne leur rendirent que les têtes des veaux, soigneusement tranchées... Ils ne se doutaient pas qu'ils feraient la fortune des charcutiers de Rambervillers !

Adresse utile

Syndicat d'Initiative : *5, rue de la Mortagne. ☎ 03-29-65-49-10. • syndicat.initiative.rambervillers@orange.fr • Dans le centre, près du pont sur la Mortagne. Tlj sauf sam ap-m et dim 8h-12h, 13h30-17h30 (à partir de 10h sam et jusqu'à 16h30 ven).*

LES VOSGES

Où dormir ? Où manger dans le coin ?

De prix moyens à chic

Le Relais Vosgien : *9, Grande-Rue, 88700* ***Saint-Pierremont.*** *☎ 03-29-65-02-46. 06-80-33-50-04. • relais.vosgien@wanadoo.fr • relais-vosgien.fr • À 11,5 km au nord-ouest de Rambervillers ; au centre du village. Tlj sauf dim soir et lun midi. Congés : fin déc-début janv. Doubles 75-109 €. Menus 23-48 € ; carte 38 €. Apéritif maison au resto ou réduc de 10 % sur le prix de la chambre offert sur présentation de ce guide.* Qui peut deviner le confortable hôtel et la remarquable table qui se cachent derrière cette bien banale façade au carrefour de 2 départementales ? Accueil exquis et une attention de tous les instants, dès le copieux buffet du petit déj ! Une excellente table avec un maître-restaurateur au piano, qui peut adapter le menu au gré de vos envies et des vins conseillés par la patronne, passionnée de belles bouteilles ! Les chambres, confortables, voire presque luxueuses pour les plus grandes, et le spa, incitent à prolonger le séjour !

DANS LES ENVIRONS DE RAMBERVILLERS

L'abbaye Notre-Dame : *88700* ***Autrey.*** *☎ 03-29-65-89-39. • abbayedautrey.com • À 8 km au sud-est. Avr-1er nov, tlj sauf mar 14h-17h (jusqu'à 18h w-e et j. fériés). Entrée : 8 € ; réduc ; gratuit moins de 8 ans.* Fondée au XIIe s, elle a connu depuis moult vicissitudes. De cette histoire mouvementée restent toutefois quelques jolis vestiges comme la seule chapelle Renaissance de Lorraine. Mais plus que pour ses bâtiments (pour l'essentiel du XVIIIe s), cette abbaye se visite pour ses jardins, aménagés dans un parc de 4 ha par la communauté qui l'occupe à nouveau depuis 1982. Jardins à la française comme à l'anglaise, potager comme au XVIIIe, collection de roses anciennes... Joli !

Quelques (agréables) chambres d'hôtes meublées d'ancien si l'envie vous prenait de rester *(compter 60-80 € pour 2).*

Le jardin botanique de Gondremer : *88700* ***Housseras.*** *☎ 03-29-65-91-96. • gondremer@wanadoo.fr • gondremer.com • À env 10 km au sud-est ; fléché. Ouv sur résa mars-oct, tlj 14h-18h, et pour quelques w-e thématiques (voir le site). Entrée : 13 € ; réduc ; gratuit moins de 6 ans. Visite guidée : 20 €.* Autour des étangs et des petits bassins, au détour des sentiers, les parterres de fleurs et de plantes épanouissent parfums et couleurs au fil des saisons. Symphonie végétale de la collection nationale qui s'offre par périodes déterminées de mai à octobre, au gré de la météo ! Rhodos, bruyères (la spécificité du jardin), roses, hortensias... Un moment de pur bonheur naturel...

Fraispertuis-City : *à 8 km au nord-ouest par la D 32. ☎ 03-29-65-27-06. • fraispertuis-city.fr • De mi-juil à mi-août, tlj 10h-18h ; avr-sept, horaires restreints. Entrée : 23,50 € ; réduc ; gratuit pour les enfants de moins de 1 m.* Autrefois simple étang de pêche à la truite, c'est devenu un parc d'attractions de 6 ha, très populaire dans la région. Si, à l'image de son petit train qui circule depuis 1971, ce parc baigne dans une ambiance très western, il propose également d'autres univers comme la *Crique des Pirates.* Et la famille qui tient ce parc installe régulièrement des nouveautés, comme le renversant *Timber Drop,* la descente la plus inclinée d'Europe (à 113°).

LES VOSGES MOYENNES

RAON-L'ÉTAPE (88110) 6 420 hab. *Carte Vosges, D1*

À 16 km au nord de Saint-Dié, la « porte des Vosges » est une petite cité industrieuse non dénuée d'un certain charme, grâce à son architecture de grès rose des XIXe et XXe s (dont l'immanquable ancienne halle aux blés). La ville, qui date du XIIe s et s'appelait alors Rovon-la-Tappe (la *tappe* était un impôt médiéval, et *rovon* – ou *raon* – désignait un confluent), est surtout réputée pour son nombre étonnant de fontaines ornées de sculptures de bronze représentant personnages mythologiques et allégories diverses. À l'origine de cette particularité, le grand incendie de 1810, qui incita la municipalité à faire des réserves d'eau ! L'occasion d'une agréable balade à travers la ville.

Adresse utile

Office de tourisme : *quai de la Victoire. ☎ 03-29-41-28-65. • vosges-portes-alsace.fr • Dans le centre, au bord de la Meurthe, près du pont. Lun-ven 9h-12h, 14h-17h, plus sam mat ; juil-août, lun-sam 9h-12h30, 13h30-17h30.* Toutes les infos également sur le secteur des lacs de Pierre-Percée et le massif du Donon. Vitrine de produits régionaux.

Où dormir ? Où manger ?

Relais Lorraine-Alsace : *31, rue Jules-Ferry. ☎ 03-29-41-61-93. • relaislorrainealsace@hotmail.fr • rla88.com • En plein centre, à côté de l'hôtel de ville. Resto tlj sauf dim soir et lun. Congés : 1 sem en fév et en août et 15 j. à la Toussaint. Double 67 €. Formule déj sem 13,40 € ; puis formule et menu 19,90-28 €.* Grosse maison dans l'artère principale de la ville, plutôt passante, reprise par les 2 fils du proprio. Chambres simplement confortables, à la déco classique, donnant sur la rue (double vitrage) ou sur l'arrière. Au resto, salle dans le genre bourgeois cossu, pour une cuisine de tradition sans œillères (couscous royal sur résa en fin de semaine) qui se contente de nourrir son monde. Belle terrasse même si en plein centre-ville. Accueil naturellement sympathique.

Le Bouche à Oreille : *18, rue Charles-Weill. ☎ 03-29-41-51-34. • leboucheaoreille@yahoo.com • Dans le centre-ville, non loin du pont. Tlj sauf mar soir, mer et dim soir. Menus 18 € (déj sem), puis 28-36 €.* Salle contemporaine (et plutôt plaisante) pour une cuisine dans la grande tradition mais avec quelques idées d'aujourd'hui et gentiment facturée (le menu du déjeuner est, par exemple, d'un remarquable rapport qualité-prix). Accueil souriant.

À voir

L'hôtel de ville : *ne se découvre que dans le cadre des visites guidées de l'office de tourisme (mer en juil-août et sur résa le reste de l'année).* Construit en 1733. À l'intérieur, 12 toiles du XVIIIe s, classées aux Monuments historiques, qui évoquent, notamment, le flottage du bois, activité locale traditionnelle jusqu'à la fin du XIXe s.

Les fontaines : 12 au total, toutes (sauf une) sont classées. Elles décorent places et rues depuis 1860. Les monumentales sculptures en fonte qui les ornent s'inspirent notamment de la mythologie gréco-romaine.

Les carrières de trapp et le conservatoire de minéralogie : *à la sortie de Raon-l'Étape direction Celles-sur-Plaine. Entrée libre au conservatoire ts les sam en été ou visite dans le cadre des visites guidées de l'office de tourisme (ven mat en été).* Les carrières de trapp, pierre volcanique utilisée notamment pour le ballast des voies ferrées, sont toujours en activité.

LES VOSGES

Sports et loisirs

➢ **Voie verte et VTT :** 3 circuits VTT balisés (12 et 18 km, 225 à 615 m de dénivelée) au départ de Raon-l'Étape. Et 150 km au total dans la vallée vers le Donon. La **Véloroute,** voie verte de la Plaine, déroule, elle, son itinéraire sur 28 km jusqu'au pied du Donon.

➢ **Randos :** 15 circuits pédestres balisés dans la région, avec différents degrés de difficultés.

Manifestation

– **Théâtre en « Plaine » air :** *ts les dim à 17h, en juil-août. Gratuit.* 8 spectacles (humour, musique, etc.) pour tous publics sur les places des villages de la communauté de communes.

LE LAC DE LA PLAINE

Carte Vosges, D1

À 10 km à l'est de Raon-l'Étape, le lac de la Plaine, situé dans les Vosges, et le lac de Pierre-Percée, situé en Meurthe-et-Moselle (voir ce chapitre), sont généralement « vendus » par les brochures touristiques sous l'appellation générique des « lacs de Pierre-Percée ». Le lac de la Plaine, le plus petit, est particulièrement propice aux loisirs nautiques : plage, baignade, pêche...

Adresse utile

■ ***Pays des lacs de Pierre-Percée :*** *à la réception du camping des Lacs, 88110* ***Celles-sur-Plaine.*** *☎ 03-29-41-28-00. • paysdeslacs.com • Avr-oct, tlj 9h-19h (8h-20h juil-août).* Location de vélos et trottinettes électriques. La Voie verte passe... devant l'entrée du camping.

Où dormir ? Où manger ?

Camping

Camping des Lacs : *88110* ***Celles-sur-Plaine.*** *☎ 03-29-41-28-00. • camping@paysdeslacs.com • paysdeslacs.com • Ouv avr-nov. Forfait 15-28 € pour 2. Bungalows toilés, tentes aménagées et chalets (4-5 pers) 230-450 €/sem. Gîtes 4-6 pers (piscine couverte exclusive, sauna, hammam) 390-670 €/sem.* Il n'est pas au bord du lac mais quand même bien nature, un peu à l'écart du village. Un petit ruisseau traverse d'ailleurs ce vaste camping, bien équipé (sanitaires récemment rénovés), aux emplacements assez grands, séparés par des haies. Piscine extérieure chauffée avec bassin pour les enfants. Tennis (payant), animations l'été, etc. Petite épicerie avec produits du terroir. Accueil dynamique.

Prix moyens

Hôtel des Lacs : *2, pl. de la Gare, 88110* ***Celles-sur-Plaine.*** *☎ 03-29-41-17-06. • hotel.des.lacs@netcourrier.com • hotel-des-lacs.fr • Au centre du village. Resto tlj sauf midi lun-mar (plus dim soir hors saison). Congés : fin déc-fin janv et fin juil-début août. Double 78 €. Formule déj 18 € ; menus 25-48 €. Café offert sur présentation de ce guide.* Derrière l'église, un bel hôtel-resto de campagne qui sait vivre avec son temps tout en conservant son âme (depuis 4 générations !). Une quinzaine de chambres confortables, spacieuses dans l'ensemble et plaisantes, même sans vue sur les lacs. Dans la grande salle de resto un peu à l'ancienne (jolie tapisserie d'un émule de Lurçat), on sert, avec le sourire et dans une ambiance familiale, une goûteuse cuisine de tradition et de terroir qui évolue au fil des saisons. Accueil dont on se souvient.

LES VOSGES

DANS LES ENVIRONS DU LAC DE LA PLAINE

Le Centre d'interprétation et de documentation 14-18 : *maison Cartier-Bresson, lieu-dit La Menelle,* ***Pierre-Percée.*** *☎ 03-29-41-72-63. • guerre-en-vosges.com • À 1,5 km du centre du village de Celles-sur-Plaine ; fléché. Avr-sept, ouv mer-jeu et un dim sur deux 14h-17h ; oct-mar, mer seulement. GRATUIT.* Des passionnés font vivre la collection d'armes, d'uniformes, d'objets et de documents. Expos, animations et conférences (se renseigner). Une découverte à compléter éventuellement par la visite de différents sites de mémoire de la guerre au col de la Chapelotte, à l'observatoire du Coquin ou à la fresque Sartorio du monument aux morts de Pierre-Percée.

La scierie de la Hallière : *☎ 03-29-41-72-63. • la-halliere.fr • À 1,5 km au nord-est de Celles-sur-Plaine, sur la gauche de la D 392A ; bien fléché. Juil-août, tlj sauf lun-mar 14h30-18h ; mai-juin et sept, dim seulement. Visite guidée : 3 € ; réduc.* Elle paraît bien neuve de prime abord cette scierie construite en 1845 (et classée Monument historique en 1978, 2 ans à peine après avoir cessé son activité). Normal : victime d'un incendie, elle a été reconstruite en 2001. Mais à l'identique. La visite guidée permet de découvrir toute la machinerie de cette scierie typique des Vosges avec son haut-fer actionné par une roue hydraulique. Expos temporaires.

Le massif du Donon : il barre l'extrémité de la vallée de la Plaine. Avant de partir à l'assaut du col (qui conserve nombre de vestiges des combats de 14-18) puis du sommet (à 1 009 m d'altitude) où trône un faux temple antique, offrez-vous une autre grimpette, par une superbe route forestière depuis Raon-sur-Plaine (c'est fléché), jusqu'à une voie romaine longue de plusieurs centaines de mètres et parfaitement conservée.

Sports et loisirs

Baignade autorisée dans le lac de la Plaine, mais surveillée uniquement en juillet-août. La température de l'eau est... très fraîche en été.

– ***Pôle Sports Nature :*** à Celles-sur-Plaine. ☎ *03-29-41-13-04.* • *psnparc.com* • Spécialiste des activités de plein air : VTT et canoës à louer, escalade, tir à l'arc, embarcations à pédales, plus, au *Parc Aventure,* saut à l'élastique, parcours acrobatiques dans les arbres, paintball...

➢ ***VTT :*** plus de 100 km de circuits balisés, dont le tour du lac de Pierre-Percée (32 km). Location au *Pôle Sports Nature.*

➢ ***Randonnées :*** le GR 533 passe ici. Le Club Vosgien a balisé des circuits dans le secteur (guide pratique en vente 6 € dans les offices de tourisme). Une belle balade à faire : le circuit autour de la Tête du Coquin (845 m et site marquant de la guerre de 14-18), 10 km, soit 3h de marche. Du sommet, le panorama s'étend jusqu'à Nancy par temps clair.

Ski et neige

Ski de fond : 95 km de pistes balisées et tracées. Circuits disponibles à l'office de tourisme. Quelques belles balades en sous-bois au départ du col du Donon, vers le lac de la Maix, par exemple. Si vous en voulez encore plus, les pistes de ski de fond du Palais, côté alsacien, sont toutes proches.

SENONES

(88210) 2 490 hab. *Carte Vosges, D1*

À environ 20 km au nord de Saint-Dié. Senones n'est pas qu'un parfait palindrome (mot identique quand on le lit dans les 2 sens). C'est aussi l'ancienne capitale de la principauté de Salm-Salm (ce n'est pas un palindrome cette fois-ci !), proclamée État souverain au XVIIIe s ! Autre gloire de Senones : son abbaye, fondée au VIIe s, qui rayonna longtemps dans toute la région. Abbé de Senones pendant 28 ans, dom Calmet fut l'un des grands érudits de son temps. Il publia un dictionnaire de la Bible, mais aussi un traité sur les vampires ! Pas étonnant qu'il se soit entendu avec Voltaire, qui vint séjourner à l'abbaye en 1754 pour y travailler à son *Essai sur les mœurs.* Rattachée à la France en 1793, la principauté a perdu sa grandeur, et sa capitale est devenue une modeste cité vivant principalement du textile. L'abbaye avait carrément été transformée en usine.
La crise industrielle a durement frappé la région, et, un malheur n'arrivant jamais seul, le château des princes de Salm a brûlé en 1994. Il reste heureusement quelques jolies demeures princières du XVIIIe s dans le centre-ville et, chaque été, l'ancienne capitale revit lors de sa fameuse relève de la garde.

Adresse utile

Office de tourisme Destination Vosges Portes d'Alsace : *18, pl. Dom-Calmet. ☎ 03-29-57-91-03. • vosges-portes-alsace.fr • Juil-août, lun-sam 9h-12h30, 13h30-17h30 ; dim 10h-12h. Le reste de l'année, lun-sam 9h-12h, 14h-17h.* Carte gratuite pour 25 circuits VTT et 28 randos pédestres dans la région. Propose le parcours du Chemin des abbayes, jusqu'à Senones (flash-code et panneaux d'infos à thème). Pendant les vacances scolaires *(mar-jeu)* ou les samedis d'avril à octobre, propose aussi une visite guidée *(3 €/pers)* des 3 abbayes (se renseigner sur le programme et les horaires).

Où dormir ? Où manger dans le coin ?

De bon marché à prix moyens

Au Bon Gîte : *3, pl. Vaultrin, à Senones. ☎ 03-29-57-92-46. • aubongite@orange.fr • aubongite.fr • Resto tlj sauf dim soir et lun. Doubles 58-65 €. Menu déj sem (sauf j. fériés) 13 € ; autres menus 21-38 €.* Une maison ancienne mais toute pimpante avec sa belle façade rosée. Déco contemporaine, qui fait bon ménage avec les vieux murs. Très bon accueil. 7 chambres agréables et de bon confort (certaines avec balnéo). Résa impérative pour s'asseoir à cette excellente table et déguster cette bonne cuisine régionale avec une dose d'imagination en plus, dès le menu du midi.

Chic

Chambres d'hôtes La Ferme de Marion : *17, Nayemont, 88210* **Ban-de-Sapt.** *☎ 06-47-82-32-27. • mariethiriot88@gmail.com • lafermedemarion.com • À env 10 km au sud de Senones ; au centre du hameau. Fermé 3 sem janv. Compter 90-105 € pour 2. Loc de vélos et raquettes.* Dans une superbe ferme du XIXe s, 5 chambres (dont une en duplex) aménagées avec goût et originalité, mais dans le respect du bâtiment : bois à profusion, tissus d'ameublement vosgiens et meubles d'antan. Belle salle commune avec ample cheminée aménagée dans l'ancienne grange. Piscine, court de tennis et même yoga ! Une belle adresse.

À voir

L'ancienne abbaye : *pl. Dom-Calmet.* Pratiquement tout ce qui rappelait la transformation de ces imposantes bâtisses en usine textile a été effacé. Restent quelques toits en sheds sur l'arrière, et un magasin d'usine installé, au long du cloître, dans l'ancienne cuisine des moines. L'abbaye connaît, depuis 2004, un lent mais complet ravalement. Sous les arcades du cloître se cache un superbe escalier du XVIIIe s, à la rampe forgée dans les ateliers de Jean Lamour (le célèbre ferronnier d'art de la place Stanislas à Nancy). Voltaire l'emprunta pour se rendre à l'appartement qu'il occupait ici. Sur la droite de l'office de tourisme, installé dans l'ancienne hostellerie, se dresse le palais abbatial du XVIIIe s. Sur la gauche, un couloir conduit à une vaste cour bordée par d'autres bâtiments abbatiaux. À deux pas, très beau parc, ancien jardin de l'abbé puis des directeurs de l'usine.
L'église, reconstruite en 1860 dans un style néo-roman (nef et chœur avaient été détruits pour favoriser l'accès à une faïencerie) n'a d'autre intérêt que son imposante tour octogonale du XIIe s. On peut cependant y voir les tombeaux de dom Calmet et des princes de Salm.

Le centre historique : enfilade de 3 places (Dom-Calmet, Clemenceau, Thumann) bordées de maisons historiques et des 2 châteaux des princes ; l'un est rénové (place Thumann), l'autre (place Clemenceau) attend son tour.

Randonnées

➢ Nombreuses possibilités dans les belles forêts des environs. Renseignements à l'office de tourisme. Une bonne vingtaine de ***sentiers balisés*** en pays de Salm (3 à 35 km) partent de Senones ou de Moussey notamment : ruines du château de Salm (3-4h de marche), lac de la Maix (6 km), etc. Ou encore le ***sentier urbain de Senones*** (1h environ dans la ville) à travers les petites rues et le patrimoine (existe aussi à Moyenmoutier et Étival). Petite balade tranquille (boucle de 1h30) autour de la roche de la Mère Henry, pittoresque site naturel, mais aussi et surtout haut lieu de la Première Guerre mondiale.

➢ On peut aussi tenter une autre randonnée historique en empruntant le ***sentier des Passeurs,*** utilisé pendant la Seconde Guerre mondiale par les résistants pour fuir l'Alsace occupée. Partant de la maison forestière de Salm, ils parcouraient 14 km de forêt dense avant d'arriver à Moussey, de l'autre côté de la frontière. On peut le suivre en sens inverse. Compter 8h de marche aller-retour. Demander le petit plan à l'office de tourisme de Senones.

➢ Sans oublier une vingtaine de circuits balisés pour ***VTT,*** de 5 à 40 km. Ainsi que de nombreuses promenades et randonnées à faire à cheval ou à dos d'âne.

Fêtes et manifestations

– ***Les Pendus :*** *pour Mardi gras.* On pend, puis on brûle devant son domicile un mannequin à l'image d'une personnalité ou d'un citoyen de la ville. Vieille fête défouloir qui a lieu à Senones, mais aussi à Moussey, à Moyenmoutier... Une tradition qui se perd un peu.
– ***Foire aux petits crus :*** *en principe 3ᵉ dim de mai.* Dégustation de vins de fruits, nombreux stands.
– ***Festival des Abbayes :*** *en été.* • *festivaldesabbayeslorraine.com* • Plusieurs concerts de musique sont donnés dans chacune des 3 abbayes. Avec conférences, expositions..., ils illustrent chaque année un thème de la très riche histoire locale.
– ***Relève de la garde de Salm :*** *en juil-août seulement, certains dim 11h-12h.* Reconstitution en costumes d'époque, avec tambours, trompettes, fifres et chapeaux tricornes, d'une vieille tradition princière.

DANS LES ENVIRONS DE SENONES

Les jardins de Callunes : *au lieu-dit Launois, 5, chemin de la Prèle, 88210* ***Ban-de-Sapt.*** *☎ 03-29-58-94-94.* • *lesjardinsdecallunes.fr* • *À 9 km de Senones. Ouv de mi-avr à mi-oct, tlj sauf lun 10h-12h, 14h-18h. Entrée : 8 € ; réduc ; gratuit moins de 14 ans. Petite boutique de produits du terroir.* Il a fallu 7 années à un jardinier-paysagiste pour transformer ce qui était autrefois une décharge municipale en un agréable jardin à l'anglaise, donc sauvage juste ce qu'il faut. Sur l'ensemble des 4 ha, les amateurs de bruyères seront au paradis avec 250 variétés, dont des callunes évidemment. On peut aussi flâner à l'ombre d'amples pins sylvestres, suivre le cours d'un glougloutant ruisseau jusqu'à un lac miniature où s'épanouit la flore typique des tourbières ou bien encore se glisser dans une tranchée de 1915 où la nature a repris ses droits. Le pique-nique est même autorisé, dans la petite gloriette ou ailleurs dans le jardin. Nombreuses animations et manifestations organisées par le couple de passionnés qui s'occupent depuis quelques années de ce jardin.

L'abbaye Saint-Hydulphe : *88420* ***Moyenmoutier.*** *À 5 km à l'ouest de Senones. Tlj 10h-17h. Intéressantes visites guidées en été ; rens auprès de l'office de* *tourisme de Senones.* Fondées au VIIe s, les 3 abbayes de Senones, d'Étival et de Moyenmoutier formaient, avec Bonmoutier et Saint-Dié, la Sainte-Croix des Vosges, encore appelée la Croix monastique de Lorraine. Comme ses voisines, Saint-Hydulphe connut son apogée au XVIIIe s, époque dont date le principal vestige de l'abbaye, cette gigantesque église baroque unique en son genre en Lorraine. Elle surprend par ses dimensions et surtout par la technique employée car, construite sans contreforts ni piliers, tout son poids repose sur la charpente, en forme de coque de bateau renversée. À l'intérieur, très belles stalles en chêne sculpté du XVIIe s, ornées d'atlantes et de têtes de lions. Voir également le maître-autel en marbre, la Vierge polychrome du XVIe s, au doux visage (à droite du chœur), et l'imposant buffet d'orgue. Les bâtiments industriels ont été démolis, libérant ainsi à la vue la façade de l'abbaye, cachée depuis près de 200 ans, qui retrouvera toute sa splendeur une fois ses murs (et fenêtres !) définitivement sauvés des outrages du temps (il reste encore un peu de travail sur l'aile gauche...). L'espace dégagé accueille, depuis 2016, 4 ha de jardins à la française, avec un théâtre de verdure, un carré des simples, un verger et de séduisants jardins d'eau au bord du torrent du Rabodeau. Certes, il faudra que tout ça pousse un peu, mais l'ensemble est déjà superbe.

LES HAUTES-VOSGES

SAINT-DIÉ-DES-VOSGES

(88100) 20 300 hab. *Carte Vosges, D2*

Traversée par la Meurthe, entourée de montagnes couvertes de sapins, Saint-Dié-des-Vosges est une petite ville paisible et commerçante. Incendiée pendant la Seconde Guerre mondiale, elle témoigne aujourd'hui de cette architecture de béton très utilitaire de l'immédiat après-guerre et laisse difficilement imaginer la richesse de son histoire. Le visiteur curieux la découvrira, grâce aux monuments religieux, à la médiathèque et au passionnant musée Pierre-Noël. La tour de la Liberté symbolise la nouvelle identité de la ville, rebaptisée Saint-Dié-des-Vosges il y a quelques années... Le design futuriste de la tour a inspiré le nouveau mobilier urbain (réverbères, kiosques...).

À l'origine de la fondation de la ville est un saint (Déodat, d'où Dié) qui installe ici un monastère au VIIe s. Devenu un important foyer religieux, le chapitre des chanoines de Saint-Dié compte parmi ses dirigeants une dizaine de princes de Lorraine et même le futur pape Léon IX. À la fin du XVe s, le chanoine Vautrin Lud crée un cercle littéraire et scientifique : le *Gymnase vosgien,* considéré comme l'une des sociétés savantes les plus anciennes d'Europe. Possédant sa propre imprimerie, le Gymnase

LE BAPTÊME DE L'AMÉRIQUE

En 1507, les érudits du Gymnase vosgien *de Saint-Dié dressent, à la demande du duc de Lorraine, une carte du monde sur laquelle apparaît clairement le continent découvert par Colomb et reconnu par Amerigo Vespucci. À cette carte, ils ajoutent une planche de 12 fuseaux horaires (une première dans l'histoire) et un traité de géographie. C'est dans ce dernier document que le nouveau continent est, pour la 1re fois, baptisé « America » d'après le prénom de Vespucci...*

proposa à l'explorateur florentin Amerigo Vespucci d'éditer des relevés cartographiques d'après ses voyages dans le Nouveau Monde vers 1500.
Autre fierté de la ville : l'inventeur de l'école gratuite et obligatoire, un certain Jules Ferry, est né ici et enterré face à la ligne bleue des Vosges. Pour la petite histoire, c'est Jules Ferry lui-même qui décida, alors qu'il était président du Conseil, la donation de la statue de la Liberté aux États-Unis...

Adresses utiles

Office de tourisme : *6, quai du Maréchal-Leclerc. ☎ 03-29-42-22-22. • tourisme@vosges-portes-alsace.fr • vosges-portes-alsace.fr • Juil-août, lun-sam 9h30-18h30, dim et j. fériés 10h-12h30, 13h30-17h30 ; le reste de l'année, lun-sam 9h-12h, 14h-18h.* Organise toute l'année des visites guidées thématiques (ville, nature...).

Gare SNCF : *pl. Pierre-Sémard. ☎ 36-35 (0,40 €/mn).* TGV pour Paris et trains pour Épinal, Lunéville, Nancy...

Gare routière : *à la gare SNCF, pl. Pierre-Sémard. Compagnie Livo : ☎ 0800-088-010 (n° Vert).* Bus pour Gérardmer Plainfaing, Senones, Sélestat...

Où dormir ? Où manger ?

LES VOSGES

De bon marché à prix moyens

Hôtel-bar Le Globe : *2, quai de Lattre-de-Tassigny. ☎ 03-29-51-32-06. • leglobehotelbar@orange.fr • hotel-leglobe.fr • Sur le quai, en face de l'office de tourisme. Tlj, tte l'année. Double 65 €.* Une quinzaine de chambres (dont des familiales) à la sympathique déco sobrement contemporaine et remarquablement bien agencées. Excellent accueil. Plaisant petit bar d'habitués au rez-de-chaussée.

Chez Éva : *4, rue de l'Orient. ☎ 03-29-56-56-55. 06-09-57-65-32. • chez-eva@live.fr • Ouv le midi seulement, lun-sam. Formule déj sem 12,90 € ; carte 20-25 €. Café offert sur présentation de ce guide.* La jeune et charmante patronne (qui, au cas où, ne s'appelle pas du tout Éva...) assure souvent, toute seule, cuisine comme service. Heureusement pour elle, il n'y a qu'une poignée de tables dans ce mignon bistrot aux couleurs d'aujourd'hui (et pas beaucoup plus en terrasse). Réservation donc conseillée pour goûter à cette cuisine toute simple, toute bonne, à base de produits frais.

Restaurant des Voyageurs : *22, rue d'Hellieule. ☎ 03-29-56-21-56. • lesvoyageurs88@wanadoo.fr • ♿ Tlj sauf lun. Congés : 1re sem de janv et 2 sem en août. Formules 15,90 € (déj sem) et 20 € ; menus 26,50-38 €.* Reconstruit après la Seconde Guerre mondiale, c'est, historiquement, le plus ancien resto de la ville. La salle continue d'ailleurs, même régulièrement rénovée, à faire un peu années 1950. De la véranda, vue sur la tour de la Liberté (en choisissant bien sa table !). Rassurante cuisine de tradition et de région, avec, parfois, une touche d'originalité.

De chic à plus chic

Le Régal : *189, rue d'Épinal. ☎ 03-29-56-61-41. • le-regal@orange.fr • leregal.fr • ♿ À 4 km du centre-ville. Resto tlj sauf sam midi, dim soir et lun midi. Doubles à partir de 75 €. Formule déj sem 19 € ; menus 28-49 €.* Annonçons-le d'emblée, au cas où la situation en bordure de route susciterait quelque inquiétude : une très belle adresse ! Pour sa table d'abord. Jolie salle contemporaine pour une cuisine proche du terroir mais jamais à court d'idées, et bien mise en scène. Pour ses chambres ensuite : modernes, spacieuses et très confortables ; celles de l'annexe ont un balcon ouvert sur le jardin avec un petit étang où s'ébattent cygnes et canards.

Chambre d'hôtes Aux Champs des Racines : *51, chemin du Bois-Basselin. ☎ 03-29-56-79-47. 06-51-51-21-59. • auxchampsdesracines@hotmail.com • auxchampsdesracines.fr • À 2,5 km du centre-ville. Tte l'année sur résa. Double 95 €.* Au cœur d'un luxuriant jardin qu'on peut appeler parc avec ses 4,5 ha, une seule chambre (une suite en fait, qui peut accueillir jusqu'à 4 personnes), au rez-de-chaussée d'une villa moderne, meublée avec goût... Excellent petit déj à partager avec les sympathiques proprios. Jolie piscine, salle de sports, vélos et sauna à disposition et séjour bien-être (avec massages ayurvédiques) sur résa.

Où dormir ? Où manger dans les environs ?

Camping

Les Acacias : *191, rue Léonard-de-Vinci, 88650* ***Anould.*** *☎ 03-29-57-11-06. 06-45-03-94-79. • contact@acaciascamp.com • acaciascamp.com • À 12 km au sud-ouest de Saint-Dié, par la D 415 puis la D 8 ; à Anould, prendre la direction Fraize. Ouv déc-fin sept. Compter env 12,80 € pour 2 avec voiture et tente. Mobile homes, roulottes, chalets et bungalows 195-575 €/sem. Apéritif maison offert sur présentation de ce guide.* On oublie vite derrière (et sous !) la végétation, l'environnement proche (route passante, gros relais électrique). Et ce petit camping est bien équipé : piscine chauffée, laverie, terrain de jeux, buvette, épicerie et plats préparés. Et il existe aussi une option « camping nature » pendant l'été à environ 1 km, en forêt, avec de grands emplacements (et feu de camp le soir). Plus calme, plus reposant. Dégustation de vins d'Alsace avec le vigneron et de produits locaux, le mercredi soir.

De bon marché à prix moyens

Auberge de La Charriole : *225, chemin de la Haute-Fosse, 88100* ***Taintrux.*** *☎ 03-29-50-07-32. • auberge@charriole.fr • charriole.fr • Tte l'année. Resto tlj sauf dim soir et lun. Résa conseillée. Double 71 €. Carte 26 €.* Une vieille ferme vosgienne à peine à l'écart d'un joli village et à l'orée de la forêt. 15 chambres toutes de bois vêtues, charmantes et confortables. Sauna, hammam et spa à disposition. Cuisine à la fois généreuse et avec de l'idée, à base de bons produits du terroir. Accueil simplement naturel.

Ferme-auberge Les Grands Prés : *1, Les Grands-Prés, 88230* ***Plainfaing.*** *☎ 03-29-50-41-66. 06-27-01-45-63. • francispapelier@free.fr • À 20 km au sud-est de Saint-Dié. Vac scol, tlj sauf lun ; sinon, seulement ven-dim et j. fériés. Congés : 3 sem en automne. Résa conseillée, surtout hors saison. Menus 21-32 € ; carte 25-35 €. Apéritif offert sur présentation de ce guide.* À 700 m d'altitude, et en pleine nature, une petite ferme qui élève de solides chevaux haflinger, des lamas, des moutons, des cabris et des volailles. Petite salle rustique et douillette. L'hiver, un bon feu brûle dans la cheminée et l'été, on profite agréablement de la vaste terrasse. Généreuse cuisine à base de produits de la ferme : terrine d'agneau et de volaille, saucisse de brebis fumée avec beignets râpés, glaces maison... Accueil souriant, et ambiance évidemment chaleureuse.

LES VOSGES

Où acheter de bons produits dans les environs ?

La Confiserie des Hautes-Vosges : *44, Habeaurupt, 88230* ***Plainfaing.*** *☎ 03-29-50-44-56. • cdhv.fr • À 20 km de Saint-Dié. Ligne régulière de bus depuis Saint-Dié. Boutique tlj 10h-12h, 14h-18h. Visite gratuite, commentée et guidée, env 45 mn, sans résa, aux mêmes horaires, tlj sauf dim et j. fériés.* La plus connue des fabriques artisanales de bonbons des Vosges. On assiste à la fabrication (cuisson dans des chaudrons de cuivre), et on finit par la dégustation. Minuscule musée du Bonbon (anciennes boîtes à friandises, vieilles machines, etc.) avant de passer – évidemment – par la boutique. Très touristique : plus de 200 000 visiteurs chaque année !

À voir

Le musée Pierre-Noël : *11, rue Saint-Charles. ☎ 03-29-51-60-35. Juin-sept, tlj sauf mar 10h-12h, 13h30-18h (en continu le sam) ; oct-mai, tlj sauf mar 13h30-17h30. Entrée : 5 € ; gratuit moins de 18 ans et pour ts 1er dim du mois.*
Derrière une arcade du XVIIIe s, seul vestige de l'ancien palais épiscopal, un musée plein de surprises sous des dehors a priori un peu austères. Sur plusieurs niveaux (plan disponible à l'accueil des plus utiles !), plusieurs sections, pour tous les goûts.

– ***Au niveau 0 :*** la visite débute avec une *petite section archéologique* qui présente le résultat des fouilles locales : belles stèles celtiques du camp de la Bure, notamment. On glisse ensuite vers *l'espace XXe s,* très aéré et largement consacré à Le Corbusier. Plans, maquette et dessins du projet de reconstruction de la ville de Saint-Dié après la guerre, mais aussi un exemplaire de sa célèbre chaise longue, des tapisseries et des sculptures très cubistes. À Saint-Dié, les idées de l'architecte, jugées trop « modernes », ne furent pas acceptées, et Le Corbusier n'y construira que l'*usine Verte,* seul bâtiment industriel de son œuvre. Édifiée entre 1948 et 1951, elle a servi de banc d'essai à quelques-unes de ses idées innovantes telles que l'utilisation de brise-soleil pour maîtriser la lumière, le toit-terrasse... Classée Monument historique, elle ne se visite pas (c'est une bonneterie toujours en activité), mais on peut aller voir sa façade à deux pas du musée *(1, av. de la Robache).*

VENDRE LA PEAU DE L'OURS

Après l'incendie de 1944 qui détruisit le centre de Saint-Dié, on fit appel à Le Corbusier. Les plans étaient prêts. Peu diplomate et arrogant, il faisait peur. Ce sacré frimeur fit même une conférence de presse aux États-Unis annonçant la construction de son « village vertical ». Le conseil municipal vota aussitôt le refus du projet.

Rapide évocation également d'un autre grand nom de l'architecture, le lorrain d'adoption Jean Prouvé. Sur la mezzanine, se dévoile une partie de la *donation Yvan et Claire Goll,* un couple témoin (et collectionneur !) des plus importants mouvements artistiques du XXe s : expressionnisme, dadaïsme, surréalisme, cubisme, etc. Et quelques œuvres d'un important fonds non figuratif, autour des vitraux de la cathédrale.

– ***Au niveau + 1 :*** de la mezzanine, on gagne la section *Faune vosgienne et ornithologie* avec une superbe collection d'animaux naturalisés. La part belle est faite aux oiseaux (de toute l'Europe) : grand tétras, aigle royal (à bec vert), harle huppé (aux palmes rouges), outarde barbue (le plus gros oiseau d'Europe, aujourd'hui éteint en France), une très chouette vitrine de chouettes, etc. Place ensuite aux *traditions populaires.* Les Vosges au travers des vieux métiers : schlittage (transport du bois par traîneaux), fabrication du fromage, ferrage des bœufs, épicerie de village joliment reconstituée, scieries, etc. Plein de beaux outils et quelques grosses machines anciennes.
La *collection Ferry* clôt la visite de cet étage. Une vraie dynastie de politiciens ! Un arbre généalogique situe d'ailleurs l'importance de la famille Ferry dans la région. Reconstitution d'une vieille salle de classe et du cabinet de travail de Jules Ferry. Intéressants pour ceux qui ont le temps de les lire : les coupures de presse de l'époque, ainsi que le testament de Jules Ferry. Également des affiches, des souvenirs personnels, des décorations et les cadeaux offerts.

– ***Au sous-sol :*** collection militaire franco-allemande avec des dizaines de vitrines d'uniformes et d'armes de 1780 à 1945. Parmi les curiosités : souvenirs de l'as de l'aviation René Fonck, casques à pointe, équipement des chasseurs à pied, vestes de hussard, drapeau à tête de mort, antique fusil de rempart et une armée de soldats de plomb...

La salle du trésor de la médiathèque Victor Hugo : *11, rue Saint-Charles. ☎ 03-29-51-60-40. ● mediatheque.saint-die.fr ● À deux pas du musée Pierre-Noël. Tlj sauf dim-lun 14h-17h. Visite sur simple demande à l'accueil. GRATUIT.* La *salle du Trésor,* expose le *Graduel de Saint-Dié,* un impressionnant (il pèse 53 kg !) manuscrit des XVe-XVIe s richement enluminé, et la fameuse *Cosmographiae Introductio.* Ce livret, imprimé à Saint-Dié en 1507, sous l'égide des chanoines humanistes du Gymnase vosgien, fait le point sur la géométrie, l'astronomie et les connaissances géographiques de l'époque. Complété par la transcription du récit des 4 voyages d'Amerigo Vespucci, il est considéré comme l'acte de baptême de l'Amérique, puisque, pour la 1re fois, le Nouveau Monde est appelé America. Quelques autres vitrines présentent par roulement des pièces du fonds ancien de la bibliothèque, un des plus riches de France avec quelque 800 manuscrits anciens et 140 incunables.

La cathédrale : *pl. du Général-de-Gaulle.* Plusieurs fois incendiée au cours des siècles puis dynamitée par les Allemands en 1944, elle a été en grande partie reconstruite. À l'entrée, des photos prises juste après les bombardements montrent ce qu'il restait de Saint-Dié et de sa cathédrale : presque rien ! Édifiant... Les tours, massives, et la façade, de style classique, sont du XVIIIe s. La nef romane (XIIe s) et les voûtes (XIIIe s) ont plus de cachet. On peut admirer les chapiteaux sculptés dans le grès des Vosges : motifs végétaux, bestiaire fantastique, etc. Le plus connu est celui de la dernière colonne (à droite avant le chœur), représentant une étrange femme à la double queue de poisson (serait-ce la célèbre Mélusine ?). À l'entrée du chœur, Vierge à l'Enfant du XIVe s. Les rares vitraux d'époque (XIIIe s) ayant survécu sont dans une chapelle à gauche de l'entrée. Les autres sont résolument contemporains (ils datent de 1987) mais plutôt réussis. On raconte d'ailleurs ici que, lors de sa dernière visite dans les Vosges, François Mitterrand a fait le détour (et une entorse au protocole) pour les admirer. Œuvre collective (Manessier, Bazaine, Le Moal...), ces verrières évoquent le double thème de la mort et de la résurrection, ainsi que l'histoire de la ville. Orgue et autel très contemporains également.
Ne manquez pas le ***cloître*** *(accès par une porte à gauche, à l'intérieur de la cathédrale),* très bel ensemble gothique, des XVe et XVIe s, récemment rénové. Remarquez la couleur rose de la pierre et les élégantes baies en arc brisé, de style ogival. Notez aussi les amusantes gargouilles, comme celle représentant une femme avec une coiffe d'Indien.

L'église Notre-Dame-de-Galilée : *à l'arrière de la cathédrale. Accès dans le cadre des visites guidées de l'office de tourisme*. On l'appelle la « petite église ». C'est vrai qu'elle se fait discrète à l'ombre de la cathédrale, mais c'est une charmante construction romane en grès rose, représentative du style dit « de Lorraine du Sud ». Édifiée au XIIe s pendant la reconstruction de la cathédrale, elle frappe par sa simplicité. À l'intérieur, chapiteaux décorés de symboles et de monstres.

La tour de la Liberté : *parc Jean-Mansuy. ☎ 03-29-55-45-04. Lun-ven 10h-20h, w-e 14h-20h ; ferme à 18h en hiver. GRATUIT.*
Difficile de rater ce curieux monument futuriste et tout blanc, haut de 36 m. Certains le comparent à un gigantesque oiseau à cause de ses ailes de toile. Créée par des Vosgiens (dont l'architecte Nicolas Normier), cette tour fut d'abord montée au jardin des Tuileries, à Paris, pour célébrer le bicentenaire de la Révolution. Puis ses concepteurs acceptèrent qu'elle soit remontée à Saint-Dié (« terre de liberté ») et consacrée à la cause des personnes handicapées, selon les vœux de l'acteur Michel Creton. On peut également y voir un clin d'œil à la statue de

la Liberté. Ne pas oublier de monter sur le belvédère : panorama superbe sur la ville, les forêts de sapins et la ligne bleue des Vosges.
Au 2e étage de la tour, une expo permanente : *Les Bijoux de Braque (à découvrir uniquement lors des visites guidées organisées par l'office de tourisme : mar à 14h30, jeu à 17h30).* Une cinquantaine de bijoux créés selon des modèles du grand peintre par le maître lapidaire Heger de Loewenfeld. On retrouve l'univers fantastique de Georges Braque dans ces drôles d'oiseaux, ces poissons d'or sertis de pierres précieuses et ces visages pleins de finesse...
À côté de la tour, remarquer *L'Envol de la Liberté,* fresque créée par Jean Bazaine en 1999, sur l'un des murs de l'espace François-Mitterrand. « Les ailes de l'oiseau répondent à celles de la tour de la Liberté et aux oiseaux de Braque, le rose au grès des Vosges et le rouge aux vitraux de la cathédrale. »

Manifestation

– ***Festival international de Géographie :*** *4 j. début oct.* ● *fig.saint-die-des-vosges.fr* ● Un festival qui s'inscrit dans la droite ligne des travaux du Gymnase vosgien. Aux côtés des meilleurs spécialistes internationaux, 50 000 personnes assistent chaque année aux conférences, expos, etc.

DANS LES ENVIRONS DE SAINT-DIÉ-DES-VOSGES

Le camp celtique de la Bure : *à 8 km au nord-ouest de Saint-Dié par la N 59 vers Raon ; 4 km plus loin, tourner à droite vers la Pêcherie, puis emprunter la route forestière direction la Bure (à droite) puis la Crénée (à gauche) ; un sentier part de la cabane du parking et mène jusqu'au site (compter 25 mn).* Vaste site archéologique où l'on a retrouvé des traces d'occupation datant de 2000 av. J.-C. (peuplades néolithiques), ainsi que les vestiges d'un village celte établi jusqu'au IVe s. On peut voir les murs d'enceinte du camp (plusieurs mètres d'épaisseur par endroits), les portes, les bassins consacrés aux divinités et la présence d'une ancienne forge. Parmi les pièces les plus importantes mises au jour, une enclume considérée comme l'une des plus lourdes du monde antique (exposée au musée Pierre-Noël) et des stèles du IIIe s représentant un forgeron et un cheval poisson (moulages sur place, originaux au musée). Mais la visite du camp vaut surtout pour le plaisir de la balade et la vue sur la vallée.

GÉRARDMER

(88400) 8 200 hab. *Carte Vosges, D2*

● Plan *p. 339*

Autant vous prévenir d'emblée, on prononce « gérarmé » et non « gérardmère »... Car la ville ne tient pas son nom de son lac (mer), mais des jardins (*meix* en langue d'oïl, *moué* en patois vosgien ; même étymologie que le mas provençal) d'un certain Gérard d'Alsace, 1er des ducs de Lorraine, qui fit édifier une tour fortifiée dans la région au XIe s.
« La perle des Vosges » ne se contente pas d'être un haut lieu du textile, une station de ski et la patrie du munster géromé... C'est aussi l'épicentre de la vallée des Lacs, la reine de la Vologne et la capitale de la jonquille !
L'endroit a toujours eu une vocation touristique. Charlemagne venait déjà s'y reposer! Le 1er office de tourisme de France y est créé en 1875, puis la ville

est classée station climatique en 1912. Détruite à 85 % pendant la Seconde Guerre mondiale, la petite cité ne dégage pas un charme irrésistible mais conserve cependant quelques villas fin de siècle et de gros chalets typiques étagés sur ses coteaux. Et avec pas moins de 3 festivals consacrés au 7e art (dont celui du Film fantastique, chipé à Avoriaz), Gérardmer fait vraiment son cinéma.

Comment y aller ?

Autocars Livo : *☎ 0800-088-010 (n° Vert). • livo-vosges.fr • La gare routière se situe derrière l'office de tourisme (bd d'Alsace).* Gérardmer est desservie par des cars au départ d'***Épinal*** (50 mn de trajet), de ***Remiremont*** (env 40 mn), de ***Saint-Dié*** (50 mn) et de ***Munster*** (50 mn). Bien pratique, les dim et j. fériés, des cars sont calés sur les horaires de certains TGV Est européens Paris-Épinal ou Paris-Saint-Dié et relient le chef-lieu du département à Gérardmer en 45 mn seulement.

Adresses et infos utiles

Office de tourisme intercommunal des Hautes-Vosges Gérardmer *(plan B1) : 4, pl. des Déportés. ☎ 03-29-27-27-27. • info@gerardmer.net • gerardmer.net • Lun-sam 9h-18h (19h en juil-août), plus dim 9h30-17h pdt vac scol.* 1er office de tourisme de France, créé en 1875, il couvre une zone de 21 communes. Organise des visites guidées de la ville. Boutique SNCF à l'intérieur *(info et vente des billets ; ouv seulement mar-sam 9h-12h, 14h-18h).*

■ ***Central de réservation*** *(plan B1) : 4, pl. des Déportés. ☎ 03-29-27-27-28. • resa@gerardmer.net • gerardmer-reservation.net • Lun-sam 9h-12h, 14h-18h.*

■ ***Renseignements ski :*** ***ski alpin,*** *☎ 03-29-60-04-05 ;* ***ski de fond,*** *☎ 03-29-63-29-12 (hors saison : ☎ 03-29-60-60-60).*

■ ***École de ski français (ESF) :*** *☎ 03-29-63-33-23.*

– ***Marché des artisans :*** *juil-août, jeu et sam 9h-12h, sur la pl. du Vieux-Gérardmer, près de l'église.* Surtout des objets d'artisanat local. Pour les produits du terroir, c'est juste à côté, sur le marché traditionnel.

Où dormir ?

Campings

Ramberchamp *(hors plan par A2,* ***2****) : 21, chemin du Tour-du-Lac. ☎ 03-29-63-03-82. • boespflug.helene@wanadoo.fr • camping-de-ramberchamp.com • ♿ (camping seulement ; pas les mobile homes). À env 1,5 km du centre-ville. Ouv début avr-fin sept. Compter 16,90 € pour 2 avec tente et voiture en hte saison. Mobile homes et chalets (4-6 pers) 364-520 €/sem.* La situation est idéale si l'on réserve un emplacement bien délimité côté lac. Sinon, c'est proche de la réception et du snack de l'autre côté de la route du tour du lac, avec les mobile homes. Accueil sympa de la famille de proprios qui propose de nombreux services. Pêche et sports nautiques à proximité.

Les Myrtilles *(hors plan par B2,* ***1****) : 102, chemin des Bas-Rupts. ☎ 06-02-09-12-71. • campinglesmyrtilles@wanadoo.fr • camping-lesmyrtilles.fr • ♿ À env 3 km au sud-ouest du centre-ville. Ouv mai-sept. Env 14 € pour 2. Mobile homes (2 pers) 180-195 €/sem.* Petit camping familial, en pleine nature, à 850 m d'altitude. Une cinquantaine d'emplacements en terrasses et des mobile homes qui sont, en fait, de petites baraques bardées de bois. Petit bar sympa comme l'accueil.

De prix moyens à chic

🏠 🍴 ***Aux P'tits Boulas*** *(plan B2,* ***5****) : 4, pl. du Tilleul. ☎ 03-29-27-10-06. • contact@auxptitsboulas.com • auxptitsboulas.fr • ♿ Au centre. Tlj sauf mer soir et jeu (ouv tlj pdt vac scol). Double 80 €, petit déj inclus. Menus 13,20 € en sem, 18,50 € le dim, puis 25 €. Café offert sur présentation de ce guide.* Accueillant petit hôtel familial derrière sa façade un peu kitsch. Chambres sans charme, pas immenses mais bien entretenues. Les moins chères n'ont qu'un lavabo (et les w-c sont, comme il se doit, sur le palier). Atmosphère conviviale. Fait aussi resto : généreuse cuisine d'inspiration locale, gentiment tarifée.

🏠 ***Les Reflets du Lac*** *(hors plan par A1,* ***4****) : 201, chemin du Tour-du-Lac. ☎ 03-29-60-31-50. 📱 06-71-05-75-17. • contact@lesrefletsdulac.com • lesrefletsdulac.com • ♿ À env 4 km à l'ouest du centre par la route du tour du lac. Congés : de mi-nov à mi-déc. Doubles 75-80 €. Réduc de 10 % sur le prix de la chambre, hors w-e et vac scol, sur présentation de ce guide.* Un genre de gros chalet (flanqué d'une nouvelle annexe) au bord de la route (plutôt tranquille la nuit), mais aussi et surtout en surplomb au-dessus du lac. Jolie vue donc depuis les chambres avec balcon qui donnent de ce côté-là. Celles côté forêt sont sympa aussi, certaines décorées dans un esprit très montagne, avec du bois à profusion. Accueil naturellement sympa lui aussi. Piscine, sauna et jacuzzi (payants).

🏠 ***Hôtel Gérard d'Alsace*** *(plan A2,* ***6****) : 14, rue du 152ᵉ-RI. ☎ 03-29-63-02-38. • contact@hotel-gerard-dalsace.com • hotel-gerard-dalsace.com • À la sortie de Gérardmer, direction La Bresse. Congés : Pâques, 1 sem fin juin, Toussaint. Doubles 59-120 €. Parking. Réduc de 10 % sur le prix de la chambre sur présentation de ce guide, sauf en période de Noël, en fév, du 14 juil-15 août et lors de manifestations exceptionnelles.* Cet hôtel, ouvert au début des années 1950, possède un indéniable charme rétro. Chambres colorées, pimpantes et coquettes. Celles côté rue sont heureusement équipées de double vitrage, les autres donnent sur le jardin et sa piscine. Également quelques suites. Sauna. Accueil gentil et prévenant, façon chambres d'hôtes. À 100 m du lac par un petit chemin.

🏠 🍴 ***Chambres d'hôtes Chalet L'Épinette*** *(hors plan par B1,* ***7****) : 70, chemin de la Trinité. ☎ 03-29-63-40-06. • info@chalet-epinette.com • chalet-epinette.com • À 2,5 km au nord-est du centre. Doubles 98-108 €. Table d'hôtes sur résa 19-24 € en sem, 32 € le w-e. Apéritif maison offert sur présentation de ce guide.* 5 chambres cosy et coquettes dans un superbe chalet récent. Chaleureuse déco en bois. Les chambres ont terrasse ou balcon, et 2 ont un lit à baldaquin. On dîne dans une salle dont les vastes baies vitrées ouvrent sur la montagne. Forêt toute proche. Sauna et hammam.

🏠 🍴 ***Hôtel-restaurant L'Aubergade*** *(plan A-B1,* ***8****) : 20, pl. des Déportés. ☎ 03-29-63-02-41. • hotelviry@orange.fr • laubergade-gerardmer.fr • Au centre, sur la pl. de l'office de tourisme. Resto tlj sauf dim soir hors saison. Doubles 49-119 €. Formule déj sem 10,50 € ; menu soir et w-e 26 €. Apéritif maison offert sur présentation de ce guide.* Derrière une façade un peu opulente avec ses moulures, cet hôtel propose de belles petites chambres (plus calmes sur l'arrière), certaines avec balcon ou plus spacieuses, rénovées dans le style « chalet ». Beau buffet pour le petit déj. Sur la grande terrasse ou dans la salle à manger classique, avec une petite pointe de modernisme, cuisine de terroir guidée par les saisons. Accueil chaleureux et service sympathique.

Plus chic

🏠 🍴 ***Grand Hôtel & Spa*** *(plan B2,* ***9****) : pl. du Tilleul. ☎ 03-29-63-06-31. • contact@grandhotel-gerardmer.com • grandhotel-gerardmer.com • ♿ Tte l'année, tlj. Doubles 134-216 € ; petit déj 22 €. ½ pens souhaitée en hte saison 40 €/pers en supplément. Parking.* Ouvert depuis 1840, c'est une institution locale qui a vu passer du beau monde, de Napoléon III, venu inaugurer la route du col de la Schlucht, aux stars actuelles du festival du Film fantastique.

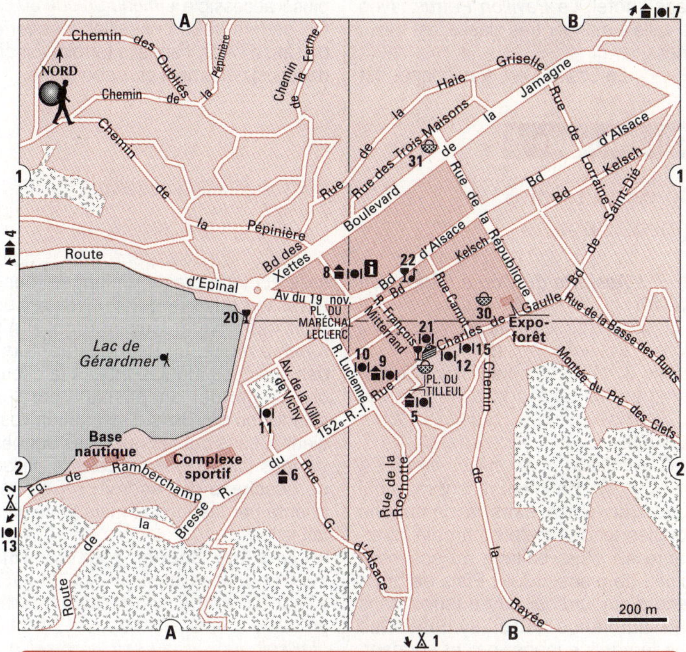

GÉRARDMER

Adresse utile

- Office de tourisme intercommunal des Hautes-Vosges Gérardmer (B1)

Où dormir ?

- **1** Les Myrtilles (hors plan par B2)
- **2** Ramberchamp (hors plan par A2)
- **4** Les Reflets du Lac (hors plan par A1)
- **5** Aux P'tits Boulas (B2)
- **6** Hôtel Gérard d'Alsace (A2)
- **7** Chambres d'hôtes Chalet L'Épinette (hors plan par B1)
- **8** Hôtel-restaurant L'Aubergade (A-B1)
- **9** Grand Hôtel & Spa (B2)

Où manger ?

- **10** L'Assiette du Coq à l'Âne (B2)
- **11** La Gérômoise (A2)
- **12** Le Bistrot de la Perle (B2)
- **13** Le Lido (hors plan par A2)
- **15** La P'tite Sophie (B2)

Où boire un verre ?

- **20** Les Rives du Lac (A1-2)
- **21** Mémé (B2)
- **22** Le Grattoir (B1)

Où acheter de bons produits ?

- **30** Les Producteurs du Terroir Vosgien (B1)
- **31** La Saboterie des Lacs (B1)

Derrière une façade moderne, il ne reste du vrai grand hôtel d'autrefois que le vaste hall où campe un personnel en nombre, un bar rétro et cosy, un ample escalier en chêne... Chambres très confortables, dans un style contemporain et élégant. Certaines ont des balcons, voire de larges terrasses. Jardin, 2 piscines (en plein air ou couverte), spa, sauna, centre de remise en forme... Et même des VTT à disposition. L'ambiance est chic mais pas pesante. Un must sur Géradmer, même sans vue sur le lac. Côté resto gastronomique dans l'hôtel, *Le Pavillon Petrus,* avec sa salle à manger très classe, est très... cher *(menus 48-92 € ; soir seulement et w-e). Le Grand Cerf,* traditionnel, est plus « accessible » *(menu unique 30 €).* On préfère vous conseiller *L'Assiette du Coq à l'Âne,* l'annexe terroir (voir ci-dessous) nettement plus abordable.

Où manger ?

De bon marché à prix moyens

🍽 ☂ ***L'Assiette du Coq à l'Âne*** *(plan B2,* ***10****) : pl. du Tilleul. ☎ 03-29-63-06-31. Même entrée que celle du Grand Hôtel ; traverser ensuite un bout du jardin, accès également possible par l'arrière (rue Reiterhart). Tte l'année, tlj. Formule déj sem 17,50 € ; menus 20,50 (sauf w-e)-26 € ; carte env 38 €. Apéritif maison offert sur présentation de ce guide.* Bâtiment récent mais qui vous transporte dans la campagne vosgienne d'autrefois : ample charpente en bois, dallage au sol, cheminée de pierre... Joli ! Plats de brasserie d'aujourd'hui ou de terroir dans une ambiance aussi sympathique que le service jeune, pro et souriant. Ou mieux, en terrasse au bord de la piscine aux beaux jours.

🍽 ***La Gérômoise*** *(plan A2,* ***11****) : 2, av. Morand. ☎ 03-29-60-91-45. • contact@lageromoise.fr • ♿ Derrière le casino, près de l'Espace L.A.C. et du square. Tlj sauf dim soir et lun hors vac scol. Congés : de mi-nov à mi-déc. Formule et menu déj 16,50-19,50 € ; carte 25 €. Visite de la brasserie sur résa, le sam de mi-mai à juin. Limonade maison ou 25 cl de bière blonde maison offerte sur présentation de ce guide.* Vieille ferme du XVIIIe s (la dernière du genre à Gérardmer) transformée en brasserie. Au sens premier du terme : la bière est brassée sur place, dans toutes les couleurs. Pour accompagner, une cuisine 99 % terroir (le 1 % restant est pour le welsh !) : pâté lorrain, salade vosgienne, burger à l'andouille du Val-d'Ajol et quelques copieuses spécialités fromagères dont la gérômiflette.

🍽 ☂ ***Le Bistrot de la Perle*** *(plan B2,* ***12****) : 32, rue Charles-de-Gaulle. ☎ 03-29-60-86-24. • francois.cornil@orange.fr • ♿ Au centre. Tlj sauf mar soir et mer (hors saison). Congés : 2 sem fin juin-début juil et 2 dernières sem d'oct. Formule déj sem 12,50 € ; menus 23-32 € ; carte env 34 €.* Jolie salle contemporaine prolongée d'une terrasse couverte qui s'ouvre sur un petit patio fleuri. Cuisine dont il n'y a rien à redire, un peu tous azimuts : des basiques moules-frites à la choucroute garnie, en passant par les salades ou des plats d'inspiration vosgienne, sans oublier quelques bonnes viandes (histoire de rappeler le passé de boucherie de l'endroit)... Très fréquenté par les locaux mais le service fait le job.

🍽 ***La P'tite Sophie*** *(plan B2,* ***15****) : 40, rue Charles-de-Gaulle. ☎ 03-29-41-76-96. • laptitesophiegerardmer@gmail.com • ♿ Au centre. Tlj sauf dim soir, lun, et jeu soir hors saison. Congés : 1 sem fin nov. Formule déj sem 14-19 € ; menus 29,50-35,50 € ; carte env 50 €. Kir maison offert sur présentation de ce guide.* Dans une jolie salle à la fois rustique et contemporaine, lumineuse et intimiste, l'hôtel chic et choc de Xonrupt-Longemer *Les Jardins de Sophie* s'est offert une adresse en ville avec une carte signée de son chef, renommé. Une de ces cuisines auxquelles on colle aujourd'hui l'étiquette de « bistronomie » : carte courte, produits frais et plats – plutôt terroir mais pas que – joliment réinventés. Belle adresse emmenée par une jeune équipe aussi souriante qu'efficace.

🍽 ☂ ***Le Lido*** *(hors plan par A2,* ***13****) : 138, chemin du Tour-du-Lac. ☎ 03-29-63-67-32. • contact@lido-gerardmer.fr • ♿ À 3,5 km à l'ouest du centre par la D 69, fléché sur la droite. Tlj sauf lun. Formule et menu déj (sauf dim) 19,80 € ; autres menus 27-38 €. Apéritif maison offert sur présentation de ce guide.* Le seul resto autour du lac avec une très chouette terrasse pratiquement les pieds dans l'eau (elle est posée à deux pas de la plage privée). La grande salle, au décor un peu daté, est moins agréable, mais des 2 côtés sont servis de jolis plats, de terroir mais dans l'air du temps, à base de produits du coin bien choisis. Accueil amical et service très pro.

Où boire un verre ? Où écouter de la musique ?

Mémé *(plan B2,* ***21****) : 5, pl. Albert-Ferry. ☎ 03-29-63-11-66. • memegerardmer@gmail.com • Tlj sauf mer-jeu hors saison, 8h-20h.* Rigolote petite adresse qui, à grands coups de tables en formica, de vieilles pubs émaillées ou d'addictifs bocaux de bonbecs, a recréé un café-épicerie d'antan. On y magasine (comme diraient nos cousins québécois) des produits d'épicerie choisis, on y déjeune d'un « encas » ou l'on y boit un thé ou un café, accompagné d'une pâtisserie maison.

Le Grattoir *(plan B1,* ***22****) : 11, bd Kelsch. ☎ 06-83-17-69-67. • legrattoir.com • Tlj sauf dim-lun 12h-1h (2h ven-sam). Apéritif maison offert sur présentation de ce guide.* Déco intemporelle d'un bar de quartier. Mais aux murs des portraits peints d'Hendrix, Sid Vicious ou Bob Marley donnent le ton : ce bar connaît la musique. Concerts (plutôt rock mais d'un bel éclectisme) en fin de semaine. Et même si vous n'y passez pas un soir où les amplis sont branchés, bon esprit alternatif, et à l'ardoise, vins au verre ou bières artisanales et même une cuisine régionale.

Les Rives du Lac *(plan A1-2,* ***20****) : 1, av. de Vichy. ☎ 03-29-63-04-29. 📱 06-23-44-29-41. • les-rives-du-lac1@orange.fr • Tlj en saison ; hors saison, fermé le soir sauf ven-sam. Congés : de mi-nov à mi-déc. Carte 35 €.* Si vous voulez boire un verre en terrasse au bord du lac, c'est, en ville, le seul choix ! Évidemment c'est très touristique, mais l'endroit reste agréable. On peut éventuellement y manger...

LES VOSGES

Où acheter de bons produits à Gérardmer et dans les environs ?

Gastronomie

Les Producteurs du Terroir Vosgien *(plan B1,* ***30****) : dans la Maison de la montagne, 5, pl. du Vieux-Gérardmer. ☎ 03-29-63-21-93. Vac scol, ouv du lun ap-m au dim midi ; hors vac scol, du mar au dim midi. Congés : 1 sem fin juin et 3 sem après le 11 nov.* Vente de plus de 200 produits régionaux fabriqués artisanalement.

Les Petits Crus Vosgiens : *610, route d'Épinal. 📱 06-74-53-79-01. • lespetitscrusvosgiens@orange.fr • Sur la D 417. Tlj sauf mar (hors vac scol) et dim (tte l'année) 10h30-12h, 14h-19h.* Dans une ancienne école (bâtiment rouge). De belles bouteilles pour ces spiritueux aux parfums surprenants : rhubarbe, pissenlit, groseille, fleur de sureau, etc. Laurine vous accueille pour une explication, dégustation, vente.

Artisanat

Textile : la renommée de Gérardmer provient aussi de ses fabriques de lin, de toile, de jacquard et autres. On peut acheter linge de table, draps et tissus au mètre dans les *boutiques* et magasins disséminés dans le centre-ville et dans les alentours. Liste à l'office de tourisme : *Le Jacquard Français* ou *Garnier-Thiebaut* pour ne citer que les plus grands. À noter que *Linvosges* possède des boutiques, mais n'est pas fabricant.

La Saboterie des Lacs *(plan B1,* ***31****) : 25, bd de la Jamagne. ☎ 03-29-60-09-06. À côté d'Intermarché. Lun-ven 10h-12h, 14h-17h. Congés : vac de la Toussaint. Visite et démonstration commentée gratuites.* Vous saurez tout sur la fabrication artisanale des sabots vosgiens, encore largement utilisés dans les campagnes il y a peu.

Supplanté par les bottes en caoutchouc (même s'il reste quelques irréductibles...), le sabot, fabriqué à partir du bois d'érable, est devenu objet de décoration et souvenir touristique.

Maison de l'Artisanat : *17, route du Saucefaing, 88400* ***Liézey.*** *☎ 03-29-63-37-73. À env 10 km au nord-ouest de Gérardmer. Vac scol, tlj 14h30-18h30 ; Pâques-Toussaint, dim ap-m seulement.* Dans cette ancienne ferme est rassemblé le travail de près de 60 artisans, travaillant aussi bien le bois, la pierre, le cuir ou la laine. On ne voit évidemment pas leurs ateliers, mais on peut acheter des objets artisanaux, des confitures, du miel et autres produits du terroir.

Fabrication artisanale d'objets en bois : *Guy et Germaine Vilmain, 18, chemin de la Fourrière-du-Moulin, 88120* ***Rochesson.*** *☎ 03-29-24-80-67. À 10 km au sud-ouest de Gérardmer. Ouv tlj en principe (téléphoner avt).* La charmante Mme Vilmain se fait une joie de faire visiter l'atelier et de présenter chacun des jouets, jeux ou objets confectionnés par son mari et elle-même. Ici, tout est en bois, garanti sans piles ! Quelques curiosités amusantes. Grand choix de jeux de société, puzzles, mikados, chenilles et casse-tête.

À voir. À faire

Le lac : superbe. On comprend mieux, en le contemplant dans son écrin de sapins, pourquoi Gérardmer fut surnommée « la perle des Vosges ». D'origine glaciaire, le plus grand lac (naturel) des Vosges mesure 2,2 km de long, s'étend sur 115,5 ha et possède une profondeur max de 38 m. On peut en faire le tour à pied et s'y baigner (voir plus loin « Sports et loisirs »).

➢ ***Bateau :*** d'avril à octobre, on peut faire le tour du lac en 25 mn dans de grands bateaux *(compter 7 € ; réduc).* Mais c'est bien plus drôle avec un petit canot électrique ou solaire ou une embarcation à pédales. Plusieurs compagnies sur place.

Sports et loisirs

– ***Base nautique :*** *25, fg de Ramberchamp. Loc et cours de* ***canoë-kayak*** *(☎ 03-29-60-95-45 ; avr-mai et sept-oct, le w-e selon météo ; l'été, tlj).* ***Voile*** *(☎ 03-29-60-88-06 ; mai-oct, en principe tlj, selon météo) : cours et loc, du dériveur au catamaran en passant par la planche à voile. Et aussi* ***aviron,*** *à l'Union nautique (voir ci-dessous ; 📱 06-87-44-75-71).*

– ***Baignade non surveillée :*** *plage du Lido, au bout du lac, à env 4 km du centre-ville. De mi-mai à fin-sept, tlj.* 100 m de sable fin au bord du lac. Plage privée ouverte au grand public moyennant une conso prise au bar-resto *Le Lido* (voir « Où manger ? »).

– ***Baignade surveillée :*** *à l'****Union nautique,*** *sur la rive droite du lac, près de l'hôtel* Beau Rivage. *☎ 03-29-63-07-92. Juil-août, tlj ; juin, seulement le w-e. Entrée payante.* 150 m de plage de sable fin. Aire de jeux pour enfants, animations, plongeoirs, toboggan, vestiaires...

– ***Pêche :*** *autorisée dans le lac. Rens et permis vacances disponibles à l'office de tourisme. Aussi valable pour le lac de Longemer (voir plus loin).* On trouve carpes, truites, perches, gardons et tanches. Pour les chanceux, également des brochets. Record du lac : un brochet de 1,40 m, pêché en 1982.

– ***Complexe sportif de loisirs :*** *7, rue des Pêcheurs. ☎ 03-29-63-22-42.* ***Réouverture courant 2020*** *(se renseigner).* Ouverte en été sur le parc, une piscine avec plusieurs bassins chauffés (certains à bulles). Mais aussi un sauna, une patinoire synthétique, un mur d'escalade, des terrains de beach-volley et des tables de ping-pong. De quoi s'occuper !

➢ ***Sorties en forêt :*** **Expo-Forêt,** *11, rue de l'Église. ☎ 03-29-63-49-82. Visite de scieries (Scieries moderne et Haut Fer) sur résa. Balades sur résa seulement (inscription la veille) à la journée ou à la ½ journée, guidées par un forestier passionné.* Découverte de la forêt et de ses métiers traditionnels : bûcheron, débardeur (transport des troncs) à cheval, évocation du schlittage (transport du bois par traîneaux), etc. La balade inclut une visite d'un haut-fer, une scierie du XVIIe s remise en activité.

➢ ***VTT :*** le moyen idéal pour visiter les environs ; 200 km de circuits balisés entre Gérardmer et Xonrupt. Demander la brochure à l'office de tourisme (avec possibilité de sorties accompagnées). Balade sympa (mais assez sportive) : la *Tête de Mérelle* (jolie vue sur le lac de Gérardmer), en partant de l'auberge *La Drosera* aux Bas-Rupts, puis en passant par la cascade du Saut de la Bourrique (16 km, 370 m de dénivelée). Signalons aussi le *circuit Saint-Jacques* (là aussi assez sportif, sur 14 km, avec 340 m de dénivelée), une route forestière au départ de la rive gauche du lac de Longemer, puis des chemins qui s'élèvent vers le mont Saint-Jacques, offrant de beaux panoramas sur Gérardmer.

➢ ***Randonnées :*** l'endroit se prête bien aux randonnées. La 1re appellation de l'office de tourisme était d'ailleurs « Comité des promenades ». Après l'incontournable tour du lac (voir ci-dessous), reste 300 km de sentiers balisés, dont quelques incontournables :
- ***Le tour du lac :*** compter environ 1h30 (6 km). C'est mieux le matin ou le soir : un monde fou dans la journée en été. Départ devant le casino, le sentier démarre sur la rive droite ; c'est la partie la moins sympa le long de la route. Après la plage du Lido, la rive gauche est plus nature (avec un joli point de vue depuis les hauts de la base nautique).
- ***Le sentier des perles de Vologne :*** 3 boucles successives (20 mn, 30 mn et 1h) depuis le parking du Saut des Cuves, pittoresque cascade, à 3 km de Gérardmer par la D 417. Ce joli parcours réalisé par l'ONF permet de franchir la charmante Vologne, de découvrir le milieu naturel et quelques curiosités géologiques ou historiques. Sur le parcours, quelques panneaux explicatifs sur les légendes locales, la sylviculture et les espèces d'arbres (sapin pectiné, épicéa, merisier, bourdaine, érable, sorbier, sureau, etc.). En chemin, le fameux pont des Fées, dont la belle arche de pierre, vieille de 2 siècles, enjambe la Vologne. Et aussi, plus loin, la pierre Charlemagne où l'empereur aurait fait la sieste pendant une partie de chasse. La légende veut que son cheval, pressé de retourner courir le gibier, ait frappé le rocher, y laissant la marque de son sabot.
- ***Le Saut de la Bourrique :*** environ 3h. Balisage : ronds rouges. La balade démarre vers le camping de Ramberchamp. Suivre la route de Sapois sur 1 km environ puis emprunter le sentier à gauche. De la cascade du Saut de la Bourrique, un balisage vert mène à la tête du Mérelle et à son « observatoire », où se dévoile non pas le système solaire mais le lac de Gérardmer dans toute sa splendeur (lire plus loin) !
- ***La tête de Mérelle :*** prévoir 1h30. Départ au stade sportif, rive gauche. Courte mais technique pour bénéficier de ce qui est sûrement le plus beau panorama sur le lac (également accessible en voiture, une cinquantaine de marches à grimper ensuite jusqu'à la plateforme).

Ski et neige

Ski alpin : *domaine skiable Gérardmer-Mauselaine (750-1 150 m). Navettes gratuites depuis le centre-ville le w-e et pdt les vac scol. Forfait journée adulte : 20,30-27,50 € selon saison.* Le domaine surplombe la ville. 20 remontées mécaniques, 40 km de pistes. Après La Bresse, Gérardmer est la plus importante station des Vosges. Les skieurs les plus confirmés grimperont jusqu'à la Tête de Grouvelin, point culminant du domaine d'où descend en forêt la belle bleue des Chevreuils (la plus longue des Vosges) et la rouge de l'Aigle. Des canons à neige assurent une qualité constante du domaine. On peut même skier en nocturne : pistes éclairées les jeudi et samedi soir jusqu'à 22h pendant les vacances scolaires, sinon les samedis. Tout est aussi prévu pour les bambins : luge, école de ski, garderie au pied des pistes (sur résa), etc.

Snowboard : un *snowpark* et un parcours de *boardercross* sont à la disposition des mordus.

Ski de fond : *forfait journée adulte env 6,50 €.* Le domaine nordique se trouve aux Bas-Rupts (à 2,5 km du centre de Gérardmer) avec 30 km de pistes balisées à travers la forêt. Liaison avec les pistes de La Bresse et Xonrupt-Longemer, ce qui fait un total de 100 km, soit le plus grand domaine du massif des Vosges.

– ***Raquettes :*** plusieurs itinéraires balisés aux Bas-Rupts (départ des pistes de ski de fond) et à La Mauselaine (départ des pistes de ski alpin). Guide en vente à l'office de tourisme. Possibilité de sorties accompagnées.

Fêtes et manifestations

– ***Festival du Film fantastique :*** *fin janv-début fév. ☎ 03-29-60-98-21. • festival-gerardmer.com •* Après 20 ans passés à Avoriaz, le célèbre festival a déménagé en 1994 pour s'installer dans les montagnes vosgiennes... Pendant 5 jours, des dizaines de projections publiques dans les salles de la ville, dont le casino.
– ***Rencontres du cinéma :*** *début avr, au casino du lac. • rencontres-du-cinema.com •* Projection d'une vingtaine de films français en avant-première, en séances publiques et en présence de comédiens et de réalisateurs.
– ***Fête des Jonquilles :*** *ts les 2 ans les années impaires, le dim le plus proche du 20 avr.* Le spectacle du corso fleuri (défilé de chars décorés et de fanfares) qui traverse la ville sur 3 km vaut le coup d'œil. La jonquille, ou clochette d'or, est la reine de la vallée des Lacs : chaque printemps, les coteaux se couvrent de taches jaunes par millions. Les enfants sont alors envoyés à la cueillette : il faut jusqu'à 200 000 jonquilles pour décorer certains chars. Parmi quelques heures de gloire de la fête des Jonquilles : la présence de 100 000 spectateurs en 1947, la venue de François Mitterrand (alors ministre des Anciens combattants) en 1948, la une de *Paris Match* en 1949, un record de 10 millions de fleurs cueillies en 1964, et la participation du président Pompidou en 1972.
– ***Feux d'artifice sur le lac :*** *14 juil et 14 août.* Un spectacle éblouissant (les thèmes changent) que ces feux d'artifice tirés au-dessus des eaux noires.
– ***Graines des Toiles :*** *2de quinzaine d'oct.* Festival du film jeune public.

LES VOSGES

DANS LES ENVIRONS DE GÉRARDMER

LES LACS DE LONGEMER ET RETOURNEMER

Quelques kilomètres à l'est de Gérardmer, 2 lacs qui s'ils n'ont pas la notoriété de « la perle des Vosges » méritent, comme on dit, le détour. Le lac de Longemer est le plus touristique avec plages, campings et autres locations d'embarcations à pédales. Le petit lac de Retournemer est beaucoup plus sauvage. Propriété privée, on se contentera d'une balade au long de ses rives... Ah, et oui, pour ne pas faire comme chez le voisin, on prononce ici « mère » à la fin.

Adresse utile

ℹ ***Bureau d'information touristique :*** *3, pl. du 22-Octobre-1919, 88400* ***Xonrupt-Longemer.*** *☎ 03-29-27-27-27 (office de* *tourisme intercommunal des Hautes-Vosges de Gérardmer). • gerardmer.net • Ouv pdt les vac scol seulement ; horaires variables.*

Où dormir ? Où manger autour des lacs et dans les environs ?

Campings et auberge de jeunesse

⛺ ***Les Jonquilles :*** *2553, route du Lac, 88400* ***Xonrupt-Longemer.*** *☎ 03-29-63-34-01. • info@camping-jonquilles.com • camping-jonquilles.com • ♿ Au bord du lac, à env 2,5 km du village. Ouv fin avr-fin sept. Compter 15,50-20 € pour 2. Réduc de 5 % sur présentation de ce guide.* Au bord du lac de Longemer, bien entretenu, bien équipé, mais ombrage moyen, selon les places. Sanitaires impeccables. Réception et snack (plats à emporter) de l'autre côté de la route.

⛺ ***Camping Verte Vallée :*** *4092, route du Lac, 88400* ***Xonrupt-Longemer.*** *☎ 03-29-63-21-77. • contact@campingvertevallee.com • campingvertevallee.com • ♿ À env 4,5 km du village, tt au bout du lac de Longemer. Ouv de mi-déc à début nov (mobile homes ouv avr-sept). Compter 25 € pour 2 en hte saison. Loc de mobile homes, cabanes éco-pod, tentes lodges, éco-lodge (2-12 pers) 205-987 €/sem. Également loc d'un gîte de groupe (15 pers) 247,50 €/nuit. Réduc de 10 % sur les emplacements sur présentation de ce guide.* En bordure de forêt mais pas très ombragé, le site, très bien entretenu, est traversé par un cours d'eau et se trouve à 300 m du lac de Longemer. Billard, baby-foot, etc. Piscine couverte. Accueil agréable.

🏠 ***Auberge de jeunesse La Roche du Page :*** *1085, route de la Roche-du-Page, 88400* ***Xonrupt-Longemer.*** *☎ 03-29-63-07-17. • larochedupage@orange.fr • auberge-jeunesse.net • ♿ Sur les hauteurs du village, à 1 km (fléché de la route). En bus, sur la ligne Épinal-Colmar : descendre à Xonrupt et marcher 1 km. Congés : de mi-nov à mi-déc. Résa conseillée les w-e et vac scol. Compter 25 €/pers avec le petit déj (draps fournis). ½ pens 34 €/pers. Menu unique 12 €. Apéritif maison offert sur présentation de ce guide.* Jolie AJ privée dans un grand chalet plus que tranquille, sur les hauteurs du lac de Longemer. Intérieur typique : cheminée, poutres et petits carreaux. Au total, 80 places dans des chambres de 1 à 7 personnes bien décorées ; certaines, dites « familiales », équipées de douche et w-c privés. Balcons et vue sur le lac pour certaines chambres. Les gérants de cette affaire de famille (depuis les années 1930 !) sont très sympa. Pas de cuisine, mais on peut manger sur place midi et soir. Le GR 533 passe tout près.

De chic à plus chic

🏠 🍽 ***Auberge du Val Joli :*** *12 bis, Le Village, 88230* ***Le Valtin.*** *☎ 03-29-60-91-37. • reception@levaljoli.com • levaljoli.com • ♿ (1 chambre et le resto). À 8 km de Xonrupt-Longemer (belle petite route de montagne). Resto tlj sauf midi lun et mar (sauf dim soir, lun, mar midi hors saison). Hôtel tlj sauf dim soir et lun hors saison. Congés : début janv et nov. Doubles 90-160 €. Bulles et « moons » 140-248 €/nuit avec repas, selon période et formule. Formule 22 € ; menu 42 €. Apéritif maison offert sur présentation de ce guide.* Dans une superbe vallée et l'un des plus mignons villages de la région. Très chouettes chambres thématiques, d'un sobre design contemporain, mais avec plein d'idées déco rigolotes. Et elles offrent tout – ou presque – ce qu'on est en droit d'attendre du monde moderne, y compris la balnéo pour les 3 suites (les plus chères). Dans le pré d'à côté, bulles et « moons » pour dormir la tête dans les étoiles ! Le jeune chef cuisine les produits locaux et réinvente, sans le trahir, le terroir vosgien... Salle à manger aussi charmante que le reste de la maison et vaste terrasse. Superbe accueil évidemment.

Chalet-hôtel Le Collet : *9937, route de Colmar, 88400* ***Xonrupt-Longemer.*** *☎ 03-29-60-09-57. 06-80-68-48-88. • info@chalethotel-lecollet.com • chalethotel-lecollet.com • À 9 km à l'est de Xonrupt-Longemer et à 2 km du col de la Schlucht-Munster. Doubles 105-129 € ; petit déj 15 €. Menus 18 € (déj sem), puis 28-68 € ; carte 35 €. Café offert sur présentation de ce guide.* Beau et grand chalet posé depuis 1968 à 1 100 m d'altitude, dans la montée au col de la Schlucht. Position stratégique : en plein parc naturel régional des Ballons des Vosges, au départ des pistes de ski de fond l'hiver, à quelques kilomètres, enfin, de la route des Crêtes. Derrière la façade bardée de bois, de douillettes chambres très montagne de toujours revue à la mode d'aujourd'hui, pour les plus agréables, avec balcon. Ambiance un peu musée d'arts et traditions populaires au resto mais cuisine de terroir d'une vraie modernité, joliment présentée et pleine de bonnes idées. Terrasse. Belles références sur la carte des vins. Excellent accueil et service souriant. Très belle adresse, au final.

LES VOSGES

Beaucoup plus chic

Chambres d'hôtes Couleurs Bois & Spa : *103, route du Blanc-Ruxel, 88400* ***Xonrupt-Longemer.*** *☎ 09-63-60-31-92. 06-37-98-64-93. • contact@couleursboisetspa.com • couleursboisetspa.com • À proximité de la D 417, au milieu du village, à gauche. Ouv tlj. Doubles et suites 145-360 €. Dîner sur résa 29 €. Accès spa pour 1 pers offert (si résa depuis Internet) sur présentation de ce guide.* Le vrai « luxe » commence... avec l'impression d'être reçu chez des amis, dans ce superbe chalet écologique posé à flanc de vallée. La déco, l'aménagement personnalisé et harmonieux des 4 chambres ou la remarquable suite (toutes avec balcon) incitent à la sérénité ! Et si ça ne suffisait pas il y a l'espace détente, le sauna et le jacuzzi (massages et soins sur résa). La qualité du petit déj comme du dîner garantit également un séjour hors normes... qui, évidemment, a un coût...

Les Jardins de Sophie : *domaine de la Moineaudière, route du Valtin, 88400* ***Xonrupt-Longemer.*** *☎ 03-29-63-37-11. • jardinsdesophie@compagnie-dhdl.com • hotel-jardins-sophie.fr • À 3 km de Xonrupt-Longemer. Ouv tte l'année ; resto tlj sauf mar et mer hors saison. Doubles 155-209 € ; petit déj 17 €. Menus 35 € (déj sauf dim et j. fériés), puis 54 €. Réduc de 10 % sur le prix de la chambre sur présentation de ce guide.* À plus de 800 m d'altitude, cet hôtel de luxe bénéficie d'un superbe environnement, dans le calme des forêts de sapins. L'intérieur est chic et cosy, chaleureux avec du bois, omniprésent et souvent sculpté. Les chambres offrent calme, volupté et tout le confort d'un 4-étoiles. Piscine, spa, hammam, sauna, fitness, massage et location de VTT. Cuisine inventive d'un chef de grand talent pour ceux qui en ont les moyens. Remarquable terrasse. Accueil très pro mais agréable.

À voir

Le lac de Longemer : *à 5 km à l'est de Gérardmer, après le village de Xonrupt.* Très beau lac entouré de montagnes vertes et alimenté par la Vologne, qui prend sa source non loin d'ici, au pied du Hohneck. De forme oblongue avec ses 2 km de long pour 550 m de large, il porte bien son nom de « longue-mer ». On prononce donc bien « mère », contrairement à Gérardmer (« Gérarmé »). Appelé aussi le Miroir aux mille reflets. On vous conseille de venir tôt le matin pour profiter de la remarquable luminosité. Au bord du lac, la chapelle Saint-Florent, du XIe s mais reconstruite au XVIIIe s, ancien ermitage considéré comme la 1re habitation de la région. Location de barques et d'embarcations à pédales (rive ouest). **Attention, baignade tolérée, mais sous votre responsabilité.** Pêche autorisée avec permis : on peut se le procurer à Gérardmer (voir plus haut) ou sur place, au camping *La Chaumière (2404, route du Lac ; ☎ 03-29-63-13-30).* En hiver, centre de ski de fond sur les hauteurs du village (voir plus loin « Ski et neige »).

Le lac de Retournemer : *à 1 km du lac de Longemer en continuant la petite route.* Il est également traversé par la Vologne mais s'avère beaucoup plus modeste que ses voisins (320 m x 250 m seulement), et beaucoup plus sauvage ! C'est d'ailleurs une propriété privée (baignade et pêche interdites) mais on peut se balader sur ses rives.

Le musée de la Faune lorraine : *627, route de Colmar (D 417), 88400* ***Xonrupt-Longemer.*** *☎ 03-29-63-39-50. • museefaunelorraine.com • À la sortie du village, direction Gérardmer. Tlj sauf dim (et sam hors vac scol) 14h-18h ; vac scol été et hiver 10h-12h également. Fermé dim mat tte l'année et sam hors vac scol. Entrée : 6,50 € ; réduc.* Intéressant, ludique et pédagogique, surtout pour ceux qui ne connaissent pas les habitants de la forêt vosgienne. On y apprend à reconnaître les traces d'animaux, quel âge donner au cerf selon la taille de ses bois, comment naturaliser un animal (petit film), etc. Belles vitrines consacrées aux oiseaux « sauvagines », aux rongeurs, aux chamois, aux blaireaux, aux rapaces, aux papillons, aux taupes (galeries en coupe) et surtout aux renards, dont on a reconstitué le terrier. Espace consacré aux animaux nocturnes et aquarium au sous-sol : écrevisses, brochets, saumons, anguilles, etc. Et enfin, une expo sur les espèces rares et protégées de la région (lynx, loup, grand tétras).

La roche du Diable : *sur la route du col de la Schlucht (D 417).* Difficile de savoir pourquoi on a donné ce nom à cet énorme morceau de grès creusé d'un tout petit tunnel sous Napoléon III. En tout cas, de son sommet (petit sentier sur la droite), le panorama sur les lacs est franchement superbe.

Le défilé de Straiture : *après Xonrupt, prendre la route du Valtin (D 23), puis poursuivre vers Fraize par la D 73 (fléché).* Un défilé long d'une poignée de kilomètres où la route se faufile entre les abrupts flancs d'une petite vallée. Hélas, une tempête, en mai 2015, a défiguré une partie du défilé en couchant nombre d'épicéas centenaires. Une curiosité à voir en chemin : la Glacière (indiqué sur la gauche, peu après l'entrée dans le défilé), amas rocheux où il n'était pas rare autrefois de trouver des blocs de glace en été.

La scierie du Lançoir : *9, route des Secs-Prés, 88230* ***Ban-sur-Meurthe-Clefcy.*** *☎ 03-29-50-45-54. • lelancoir.free.fr • À 9 km au nord de Xonrupt-Longemer. Juil-août, visite mar-sam à 10h30, 14h, 15h30 et 17h, et dim ap-m ; avr-juin et sept-oct, mer-sam à 14h et 15h30. Fermé nov-mars sauf vac scol. Visite guidée (env 1h) : 5 € ; réduc ; gratuit moins de 6 ans. Entrée adulte à 4,50 € et enfant à 2,50 € sur présentation de ce guide.* Dans un très joli site, au creux du défilé de Straiture. Pour découvrir la vie des sagards (ouvriers de ces scieries) du temps passé, le haut-fer hydraulique et le savant mécanisme d'avancement, inspiré des plans de Léonard de Vinci. Le sentier découverte du « Sagard » (4,5 km), aménagé au départ de la scierie avec de nombreux panneaux explicatifs, permet de vraiment apprécier le défilé de Straiture : éboulis, la fameuse glacière et quelques-uns des plus hauts épicéas d'Europe qui ont échappé à la tempête...

Ski et neige

Ski alpin : un petit domaine familial, *le Poli,* aux portes du village de Xonrupt : 4 pistes (2 bleues et 2 rouges) et 2 téléskis.

Ski de fond : joli domaine (l'ancien champion Jean-Paul Pierrat est né à Xonrupt). 20 km de pistes balisées (*skating* et traditionnel).

Randonnées

➢ **De Longemer à Retournemer :** et retour ! 4 à 5 km au départ du *camping Verte Vallée* (Longemer) ; balisage croix rouges. Du lac au tour du lac de

Retournemer et retour... si vous n'êtes pas perdu ! Accès par un petit chemin forestier. Parcours familial (à déconseiller néanmoins aux trop jeunes enfants).

➢ ***VTT :*** 9 parcours, soit 110 km d'itinéraires, dont la plupart partent du col du Surceneux et du lac de Longemer.

LA ROUTE DES CRÊTES

Comme son nom l'indique, elle suit la ligne des crêtes du massif vosgien, du nord au sud, assise sur les départements des Vosges et du Haut-Rhin *(Routard Alsace),* du col des Bagenelles (au-dessus de Sainte-Marie-aux-Mines) jusqu'à Cernay, près de Mulhouse. On est en plein parc naturel régional des Ballons des Vosges. Au total, près de 80 km de paysages époustouflants, d'échappées lointaines sur les forêts de sapins, les dômes arrondis, les pâturages et les lacs secrets.
L'hiver, cette belle route, souvent fermée pour cause de neige, se transforme en piste pour les skieurs (de fond). En été, ce sont les randonneurs sac au dos qui ont la part belle. De nombreux sentiers balisés par le Club Vosgien permettent de découvrir cette barrière naturelle entre l'Alsace et la Lorraine.
Les canons se sont heureusement tus depuis belle lurette, mais plusieurs bornes militaires et le cimetière du champ de bataille du Vieil-Armand rappellent aux visiteurs le fracas tonitruant des guerres passées. D'ailleurs, la route des Crêtes n'existerait pas s'il n'y avait pas eu de Première Guerre mondiale. Cette voie fut, en effet, créée de toutes pièces, parallèlement à la ligne des Crêtes (donc sur le versant ouest par rapport à l'ennemi, à l'est), afin de faciliter les mouvements de troupes (et de munitions) de l'armée française.

LES CHIENS DE GUERRE

L'hiver 1914 fut si rigoureux que l'on fit venir 440 chiens de traîneaux d'Alaska pour apporter ravitaillement et munitions aux troupes françaises, sur le front des Vosges. La moitié des animaux moururent au combat et les autres furent adoptés par des militaires. Ils furent décorés de la Croix de guerre.

Aujourd'hui, les troupeaux ont remplacé les bidasses dans les prés. Et sur la route, dès les premiers beaux jours du printemps et en été, des ribambelles de motos, voitures et autocars se suivent à travers ces beaux paysages, de Munster à Guebwiller et de Soultz à Saint-Amarin en passant par Thann. On conseille donc de la découvrir au printemps ou à l'automne, à pied, le long du sentier des Crêtes (GR 5). Ces espaces remarquables sont fragiles : respectez la nature et restez sur les sentiers balisés, vous profiterez pleinement de toute la beauté des paysages du massif !

Adresses et infos utiles

■ ***Parc naturel régional des Ballons des Vosges :*** *1, cour de l'Abbaye, 68140* ***Munster.*** *☎ 03-89-77-90-20 ou 34. • parc-ballons-vosges.fr •*

■ ***La Navette des Crêtes :*** *☎ 03-89-77-90-34 (Maison du parc, à Munster). • parc-ballons-vosges.fr/navettedescretes • Fonctionne en principe de mi-juil à mi-août. Un bus tlj. Forfait à la journée : 6 €/pers, 15 € pour un groupe jusqu'à 5 pers ; gratuit moins de 12 ans.* On part se promener à pied sur les crêtes sans aucun souci puisque, au retour, on prend la navette ! Une vingtaine de stations entre le col des Bagenelles et le Grand Ballon, ainsi qu'une dizaine de liaisons pour regagner les vallées. Demander le petit plan, très bien fait ; on y voit tout de suite les sites, les panoramas, les fermes-auberges et les arrêts de bus. Possibilité de prendre son vélo selon dispo.

■ ***Association des fermes-auberges du Haut-Rhin :*** *BP 50371, 68007* ***Colmar*** *Cedex. ☎ 03-89-20-10-68. • tourisme68.com •* Nous voici au pays des fermes-auberges, où un arrêt s'impose. Pour cela, le département a émis un document complet (en plus de notre sélection), *Le Guide des fermes-auberges,* qui répertorie l'ensemble d'entre elles (disponible dans les offices de tourisme ; possibilité de se le faire envoyer par courrier ; payant).

■ ***Association des fermes-auberges des Vosges :*** *17, rue André-Vitu, 88026* ***Épinal*** *Cedex. ☎ 03-29-29-23-23.*

PRÈS DU COL DE LA SCHLUCHT

Où dormir ? Où manger ?

🏠 🍽 ***Auberge des Trois Fours :*** *famille Schott, la Schlucht, 68140* ***Stosswihr.*** *☎ 03-89-77-31-14. À 2,5 km env du col de la Schlucht ; de ce dernier, suivre la route des Crêtes vers le Markstein, puis, à 1,5 km env, prendre à gauche un chemin de terre conduisant à cette auberge au milieu des pâturages. Ouv mai-début nov et en fév. Resto tlj sauf lun. ½ pens à partir de 53 €/pers.* 8 chambres simples et propres, avec lavabo ; douche et w-c à l'étage. Belle vue sur les montagnes du massif vosgien depuis la salle comme de la terrasse. Resto convenable, avec son menu marcaire de rigueur. Adresse pratique pour les randonneurs qui désirent avoir plus d'intimité et de confort qu'en dortoir.

🏠 🍽 ⛱ ***Hôtel-restaurant du Chalet :*** *col de la Schlucht, 68140* ***Stosswihr.*** *☎ 03-89-77-04-06. • duchalet@wanadoo.fr • hotel-du-chalet.com • ♿ Au passage du col de la Schlucht, sur la D 417 entre Munster et Gérardmer. Resto tlj sauf mer soir et jeu en juil-août, plus mer midi en basse saison (hors vac scol). Congés : 15 j. en avr et 3 sem en nov. Résa conseillée. Doubles 77-83 €. Menus 17,90-26 €.* Posé au passage d'un des cols les plus fréquentés des Vosges, cet hôtel n'abuse pourtant pas de sa situation. Accueil aimable. Chambres bien entretenues. Grande salle à manger, agréable en hiver. Terrasse aux beaux jours. Simple mais bonne cuisine régionale.

Fermes-auberges

Entre le col de la Schlucht et le Grand Ballon, on compte une concentration record de fermes-auberges pour une si petite distance. Cela s'explique par la tradition de transhumance dans le massif vosgien. Mais sous l'effet du tourisme, certaines d'entre elles ont tendance à s'agrandir, à s'équiper, se métamorphosant petit à petit en réfectoires sans charme pour autocars de passage. Conséquence, elles perdent leur caractère paysan et montagnard au profit d'un soi-disant plus grand confort.

Bref, voici notre petite sélection de quelques (authentiques) irréductibles. On y accède soit par la route des Crêtes, soit par les vallées, en fonction de son itinéraire. Voir aussi les fermes-auberges situées dans les environs de Munster, dans les alentours de Petit Ballon. Pour toutes, réservation obligatoire.

Le repas marcaire

Le munster est toujours fabriqué de façon artisanale par des marcaires. Les marcaires (mot venant de l'allemand *melker,* signifiant « trayeur de vaches ») passent l'été dans leurs fermes des hautes chaumes (pâturages d'altitude, déboisés spécialement par les moines au Moyen Âge, pour permettre aux troupeaux de paître tranquillement). Qu'est-ce que c'est ? Un repas montagnard consistant, composé habituellement d'une tourte à la viande, d'un plat principal à base de porc fumé (le collet ou l'épaule) servi avec des pommes de terre au lard (« roigabrageldi » en Alsace, « tofailles » côté département des Vosges), suivi d'un fromage de Munster ou d'une tarte aux myrtilles (en été). Parfois on vous propose le *siesskäs* : c'est du fromage blanc de Munster du jour, non affiné, arrosé de crème, de kirsch et de sucre. Un régal !

Auberge Schupferen : *lieu-dit Schupferen, 68140* **Stosswihr.** *☎ 03-89-77-31-23. À 17 km env de Munster, par la route du col de la Schlucht, puis à droite direction Le Tanet ; 4 km après avoir quitté la D 417, sur la gauche, un panneau marque le début d'un chemin de terre ; 3 km de chemin de plus en plus mauvais mais praticable en voiture. Cela dit, on vous conseille vivement d'y aller à pied, c'est un vrai régal ! Ouv mer, sam et dim. Résa conseillée. Env 17 € le repas complet. CB refusées.* Le placide et sympathique Christophe Kuhlmann cuisine ici des petits plats comme le *fleischschnecke,* ou prépare des salades avec les produits du jardin. Pichet d'edelzwicker maison. De ce pâturage d'altitude (1 100 m), on domine la forêt et les vallées. Quel panorama !

Ferme-auberge Soultzersmatt : *lieu-dit Soultzersmatt, 68140* **Soultzeren.** *☎ 03-89-77-25-75. (resto). À 4 km de Soultzeren, non loin du lac Vert. Ouv Pâques-11 nov. Auberge fermée jeu (sauf pour les ½ pens), plus mer soir hors saison. Service 12h-20h. Résa conseillée. ½ pens 52 €/pers. Menus 19-24 €. CB refusées.* Vue sur la vallée depuis cette fermette à l'architecture moderne, au confort et à l'accueil de qualité. Propre et bien au calme. Cuisine aux produits de la ferme axée sur la viande et les produits laitiers : munster coiffé, rôti de veau ou de bœuf...

Auberge Le Pied du Hohneck : *1, route des Crêtes, La Bresse, 88400* **Gérardmer.** *☎ 03-29-63-11-50. • auberge@pied-du-hohneck.fr • pied-du-hohneck.fr • À 3 km env du col de la Schlucht. Tlj sauf mar soir et mer. Congés : 15 j. mars et 15 j. nov. Nuitée 23 €/pers ; en ½ pens, 50 €/pers en chambre 2-6 lits. Menu marcaire 20 € ; carte env 25 €. Café offert sur présentation de ce guide.* Cette vieille auberge posée, à 1 250 m d'altitude, est évidemment un peu touristique ! N'empêche que dans la salle toute de bois vêtue, autour du grand poêle « Tulikivi » comme sur la terrasse avec vue, la cuisine de région (inévitable menu marcaire) est de bonne tenue, à base de produits locaux soigneusement choisis. Les chambres sont également très bois, toutes simples (douche et w-c communs) mais pas déplaisantes.

Auberge Kastelberg : *chez Michel Wehrey, route des Crêtes, 68380* **Metzeral.** *☎ 03-89-77-62-25. À env 5,5 km au sud du col de la Schlucht. Prendre la route des Crêtes vers le Hohneck ; plus loin à gauche, suivre un chemin de terre sur 3 km jusqu'à l'auberge. Pâques-Toussaint, tlj sauf lun non fériés. Formules du jour 10-13 € ; menu marcaire 22 € en sem. CB refusées.* Quel merveilleux paysage ! Et quel fromage maison ! Bref, ici, nous sommes bien au cœur des Vosges, à 1 200 m, dans une maison où l'on ne plaisante pas avec le manger. Il faut dire que la tradition y est perpétuée de père en fils depuis 1800. Copieux et excellent repas servi dans le cadre typique de l'ancienne fromagerie où se trouve le four à bois. Dans la brume près du vieux poêle ou sous le ciel bleu, un endroit où l'on se sent heureux, tout simplement.

Auberge La Chaume de Firstmiss : *7, route des Crêtes, 88400* **Gérardmer-La Bresse.** *☎ 03-29-63-26-13. Entre le Hohneck et le Markstein. Tlj sauf ven. Menu 23 €. Café offert sur présentation de ce guide pour tt menu complet (max 2 pers).* Le meilleur repas marcaire du côté vosgien, à déguster dans un cadre gentiment rustique. Petits appétits, s'abstenir : tourte, fumé moelleux à souhait et solide *tofaille.* Munster exceptionnel et fabriqué sur place, cela va sans dire. Vente sur place. Accueil authentique et chaleureux.

Ferme-auberge de Salzbach : *chez Yvan Pierrez, route des Crêtes,*

68380 ***Metzeral.*** *☎ 03-89-77-63-66.* • *salzbach.com* • *À 6 km du col de Herrenberg, prendre à gauche la route du Schnepfenried et de Munster (D 27) ; 2,5 km plus loin, un chemin sur la gauche mène à cette ferme-auberge isolée. Ouv de mai à la Toussaint, tlj sauf jeu et soir lun-mer ; sur résa en hiver. Résa conseillée, surtout le w-e. Formule 18,50 € ; menu marcaire 19,50 €. Baeckeofe sur commande. Possibilité de camper à la ferme.* Yvan vous accueille chaleureusement dans sa jolie ferme rustique et authentique. L'ambiance est bien là, avec les vieilles lampes à pétrole qui éclairent juste comme il faut les convives, et les recettes d'antan (de tante Cath !) avec les produits de la ferme principalement. Très bon repas marcaire et une occasion de goûter le *bargkass,* cet autre fromage des Vosges. Tarte aux fruits de saison. Vente de munster et de beurre.

|●| *Le Kohlschlag :* *chez Véronique et Éloi Gewiss, route du col Amic, 68760* ***Willer-sur-Thur.*** *☎ 03-89-82-31-28. Sur la route des Crêtes, en venant de Thann, exactement en contrebas du col Amic (825 m), au bout d'un chemin (panneau fléché) accessible aux voitures, à flanc de versant. Fermé mer soir et jeu, plus le soir lun-sam hors saison. Sur résa car repas chaud servi seulement 12h-15h. Menus 20-24 € (très complet). CB refusées.* Vue superbe évidemment, surtout en automne. Ambiance chaleureuse à l'intérieur. Plats chauds à base de bons produits fermiers (viandes et produits laitiers) accompagnés de pommes de terre cuites au feu de bois. Vente de munster, fromage de chèvre, beurre et *bargkass.* En outre, l'accueil jeune et convivial donne un petit plus à cette adresse, idéale pour les randonneurs.

À voir. À faire

Notre itinéraire commence au nord, au col des Bagenelles (au-dessus de Sainte-Marie-aux-Mines), et se termine au sud, à Cernay (à une vingtaine de kilomètres à l'ouest de Mulhouse). On peut bien sûr choisir de suivre cette route dans un autre sens, ou la segmenter. Selon nous, la partie la plus belle de la route des Crêtes se situe entre le col de la Schlucht et le Grand Ballon.

★ *Le col des Bagenelles* *(903 m)* **:** l'idéal est d'y monter en venant de Sainte-Marie-aux-Mines, au fond d'une vallée intéressante pour la beauté de sa nature et son histoire (s'y reporter).

★ *Le col du Bonhomme* *(949 m)* **:** point de passage obligé entre l'Alsace et les Vosges. Moins spectaculaire que le col de la Schlucht.

★★ *Le col du Calvaire* *(1 145 m)* **:** un sentier de randonnée mène en 1h au sommet de la Tête des Faux (1 220 m), d'où la vue est vraiment superbe. Il s'agit du GR 5, balisé en blanc et rouge (il existe un topoguide spécial pour ce sentier qui traverse les Vosges du nord au sud).

★★ *Le lac Blanc :* *à 2 km à peine du col du Calvaire, en descendant vers Orbey.* Au fond d'une gorge rocheuse aux parois abruptes, ce petit miroir d'eau douce tire son nom des nombreux grains de quartz arrachés par le ruissellement des eaux d'érosion. Très profond (72 m). C'est du château Hans que l'on a la meilleure vue sur ce lac. Belle balade à pied par un sentier en boucle (voir plus loin le descriptif résumé de l'itinéraire). Pour la station de ski, voir à Orbey : • *lac-blanc.com* •

★ *Le lac Noir :* *plus petit, moins profond que le lac Blanc, situé 100 m plus bas. On y accède en suivant la même route descendant vers Orbey (c'est très bien indiqué).* N'a pas grand intérêt, hormis pour les mordus d'hydroélectricité. En effet, l'usine hydroélectrique profite des heures de faible consommation du courant pour pomper les eaux du lac Noir vers le lac Blanc, plus haut. Pour le remplir, en fait. Puis, aux heures de forte consommation, le lac Blanc, chargé à ras bord, déverse joyeusement ses eaux dans son petit voisin en contrebas. Et ainsi de suite...

Le col de la Schlucht *(1 139 m)* **:** le plus haut col des Vosges. Que l'on y accède de Gérardmer ou de Munster, ou en suivant tout simplement la route des Crêtes, les paysages sont d'une grande beauté, déroulant en alternance forêts de sapins, versants herbeux, parois rocheuses et sommets arrondis à perte de vue. Une petite station de ski fonctionne en hiver. Un télésiège monte du col jusqu'au sommet du Montabey. En été, possibilité de faire de la luge. La D 417 qui franchit le col a été réalisée entre 1842 et 1869. Un an avant la Première Guerre mondiale, elle servit de terrain de manœuvres aux troupes de l'armée impériale allemande menée par Guillaume II en personne !

Le jardin d'altitude du Haut-Chitelet *(1 228 m)* **:** *à 1,5 km au sud du col de la Schlucht. ☎ 03-29-63-31-46. Avr-oct, tlj 9h30-18h ; nov-mars, tlj 9h30-12h, 13h-17h. Entrée : 5,10 € ; réduc ; gratuit moins de 12 ans.* Il permet de découvrir la flore montagnarde, à commencer par celle des Vosges, au moins 2 500 plantes différentes – des myrtilles aux airelles, en passant par le pavot de l'Himalaya ou le chardon bleu des Alpes – prospérant sur les crêtes.

Les hautes chaumes : c'est le nom que l'on donne à ces versants de montagne déboisés pour permettre aux troupeaux de vaches d'errer librement dans les pâturages d'altitude. De temps en temps, on y trouve quelques tourbières. La vue y est très dégagée et les vents y soufflent parfois très fort. Ce secteur des hautes chaumes commence en gros à 900 m d'altitude, au niveau du lac Blanc, et déroule ainsi son paysage quasi chauve (mais beau) jusqu'au Grand Ballon.

Le Hohneck *(1 363 m)* **:** *à env 4 km de la Schlucht.* Une route vertigineuse conduit à ce fameux sommet, point culminant du département des Vosges. Les derniers mètres se font évidemment à pied. Il y règne souvent un vent à décorner les bœufs, parfois glacial, mais la récompense est largement à la hauteur... D'un côté, les Hautes-Vosges, du pays du Donon au Ballon d'Alsace, de l'autre les plaines alsaciennes, encore plus loin l'Allemagne et sa Forêt-Noire. Ah, que ce bas monde peut être beau, vu d'ici ! Si le ciel est bien dégagé, vous aurez également la surprise d'apercevoir les Alpes ! Tables d'orientation évidemment.

Le col du Rothenbachkopf *(1 205 m)* **:** *à 10 km au sud de la Schlucht.* Ce fut naguère un passage (à pied) important entre La Bresse et la vallée de Munster. Quelques kilomètres avant, une petite route, la D 34A, se détache sur la droite, descendant vers La Bresse (Vosges) puis devient la D 13B vers Wildenstein (vallée de la Thur). On l'appelle aujourd'hui encore la route des Américains, car elle fut construite en 1917 (année de l'entrée en guerre des États-Unis) pour faciliter l'approvisionnement du front en matériel et en armes.

Le col du Herrenberg *(1 186 m)* **:** la route des Crêtes traverse un paysage de hautes chaumes, cachant quelques fermes-auberges isolées. Échappées lointaines sur les montagnes encadrant la vallée de la Thur.

Le col du Hahnenbrunnen : à la même altitude que le col du Herrenberg. Superbe vue sur le massif du Hohneck. Les sources de la Fecht ne sont pas très loin d'ici.

Le Markstein : posée sur un plateau d'altitude (1 260 m), la station du Markstein n'a rien de grandiose comparée aux grandes stations de sports d'hiver des Alpes. Tant mieux, tout son charme vient de sa modestie. Le stade de slalom a quand même accueilli des épreuves de la Coupe du monde de ski alpin dans les années 1980.
Étape incontournable pour les randonneurs à pied ou à skis, on y trouve évidemment de quoi se restaurer. On vous conseille l'*hôtel-restaurant Wolf* (*☎ 06-08-06-77-76*), d'un bon rapport qualité-prix. Le patron, M. Wolf, connaît l'histoire de la route des Crêtes par cœur et peut vous en parler.
Pour les amateurs expérimentés de ski de fond, une merveilleuse balade hivernale, sous forme de boucle d'une journée, à faire au départ du Schnepfenried (voir plus

loin « Randonnées à pied et à skis (de fond) »), petite station avec sa dizaine de pistes de ski alpin *(nocturne 18h-22h mar et ven ; forfait adulte 10-15 € ; prévisions météo sur le site : ● leschnepf.com ●).*

Le Grand Ballon *(1 424 m)* **:** voici le point culminant du massif des Vosges. Il faut évidemment prendre le temps de monter au sommet, ce qui peut se faire aisément en 10 mn au départ de la route des Crêtes. Inutile de vous dire que la vue de là-haut est vraiment unique. Un ***point d'accueil*** *(☎ 03-89-77-90-34 – Maison du parc ; de mi-juil à mi-sept, tlj sauf lun 10h-12h, 13h30-17h30 ; le reste de l'année, tlj sauf lun et sam 13h30-17h30 ; fermé janv)* fournit informations et documentations sur le parc des Ballons des Vosges, ses milieux et activités.

Passé le Grand Ballon, la ***route des Crêtes*** amorce sa descente vers la plaine, décrivant de nombreux lacets.

Les ruines du château du Freundstein : *sur la gauche de la route, peu après le col Amic.* Ancien nid d'aigle médiéval.

Le champ de bataille de Hartmannswillerkopf (le Vieil-Armand) : *au col du Silberloch (908 m).* Un nouveau témoignage des dégâts occasionnés par la Grande Guerre. On peut voir un monument commémorant les terribles combats de 1915. À côté, le cimetière national et une crypte abritant les restes de 12 000 soldats inconnus. Tout cela face à une belle vue sur la région. Ne pas se limiter au cimetière, le traverser pour rejoindre les tranchées, encore visibles, et le champ de bataille. Étrange atmosphère.

Randonnées à pied et à skis (de fond)

➢ ***Le circuit des Lacs :*** une randonnée pédestre formant une boucle réalisable en 5h (assez facile). Son intérêt : la vue sur ces lacs d'altitude. Le départ se fait au lac Blanc (voir plus haut et à Orbey), où on laisse son véhicule. Se munir de la carte *IGN/Club Vosgien, Top 25* au 1/25 000, 3718 OT.
Monter d'abord par un sentier alpin jusqu'au *château Hans,* d'où l'on a une superbe vue sur le lac Blanc. Puis rejoindre la grande crête en suivant le sentier GR 5. Le sentier suit l'ancienne frontière entre l'Alsace (annexée à l'Allemagne) et la France. En continuant sur les hautes chaumes, on atteint le parking du lac Vert (en croisant une route). On quitte le GR 5. Descendre jusqu'au lac par un chemin forestier.
L'après-midi : suivre le sentier balisé d'un disque jaune jusqu'au lac du Forlet (1 065 m), appelé aussi le lac des Truites (45 mn de marche). Puis emprunter le sentier marqué d'un disque rouge pour monter au Haufenwannkopf (1 122 m). Continuer tout droit, rejoindre le lac Noir par un autre sentier balisé d'un rectangle blanc barré de rouge. Du lac des Truites au lac Noir, compter 1h15 de marche. On termine cette randonnée par le sentier Cornelius (balisé par un rectangle jaune). En 1h, on rejoint le lac Blanc.

Le site de ski de fond des Trois Fours : *☎ 03-89-77-31-80 ou 03-89-77-26-52. ● stations-munster.fr ● Compter env 6,50 €/j. (plein tarif).* À environ 2,5 km du col de la Schlucht et 1 240 m d'altitude, un des sites les plus enneigés des Vosges et réservé au ski de fond. Très facile d'accès en voiture et très pratique pour les débutants ; 13 km de pistes damées quotidiennement. Les boucles (de 3 à 10 km), agréablement vallonnées, traversent tantôt des forêts, tantôt les pâturages des hautes chaumes ou longent des lacs. En prime, des échappées formidables sur les Alpes suisses et la Forêt-Noire. Un conseil : éviter de sortir par temps de brouillard ou de vent, ça peut être dangereux ; chaque année, des skieurs imprudents se perdent. Un de nos endroits préférés en Alsace pour le ski de fond. Avec la balade qui suit, bien sûr.

➢ ***Randonnée à skis de fond :*** pour skieurs de fond expérimentés sachant tenir leurs skis en chasse-neige. L'intérêt de cette rando réside dans la beauté de ses paysages. On est ici dans un « domaine nordique sauvage ». L'itinéraire est tracé le week-end, ainsi que pendant les vacances scolaires ; néanmoins, il vaut mieux partir à 2. Il s'agit d'une boucle d'une journée, du Schnepfenried au Markstein, et retour au point de départ. Compter 2h de ski entre le point de départ et le Markstein. Au Markstein, possibilité de se restaurer à l'*hôtel-restaurant Wolf* (lire plus haut « À voir. À faire »). Pour le retour, attention, ne pas partir trop tard, car la nuit tombe tôt en hiver. L'idéal est de quitter le Markstein avant 14h30.

LES CASCADES DE TENDON

À une quinzaine de kilomètres à l'ouest de Gérardmer par la D 417, puis, après Le Tholy, par la D 11 ; les petites routes qui conduisent aux 2 cascades sont fléchées sur la gauche de cette même D 11. Chute d'eau la plus connue des environs, la Grande Cascade (32 m) n'éblouira pas ceux qui connaissent Iguaçu ou les chutes du Niagara, bien sûr. Mais la route étroite qui y mène est vraiment sympa, et l'épaisse forêt dans laquelle se déverse l'eau limpide offre de belles promenades. Éviter les week-ends d'été autant que possible si l'on veut profiter du calme. Environ 2 km plus loin, la Petite Cascade, moins spectaculaire mais moins fréquentée, est située dans un sous-bois qui enflammerait l'imagination de tout écrivain romantique. Un petit chemin relie les 2 cascades... à effectuer à pied ou en roulotte à cheval en saison.

Où dormir ? Où manger dans le coin ?

Camping

⛺ ***Camping JP Vacances :*** *15, chemin de l'Étang, Noirrupt, 88530* ***Le Tholy.*** *☎ 03-29-61-81-27. • info@jpvacances.com • jpvacances.com • ♿ À 1 km du Tholy. Ouv mai-sept (loc tte l'année). Compter 24,50 € en hte saison. Chalets (4-8 pers) 290-785 €/sem selon taille et saison. 70 empl.* Un camping d'altitude 4-étoiles, bien équipé et bien ombragé : belle piscine (chauffée), sauna, bowling, etc. Emplacements en terrasses, pour certains avec belle vue sur la vallée. Chalets bien équipés, pour l'hiver aussi.

De prix moyens à plus chic

🏠 |●| ***Domaine du Haut Jardin :*** *43 bis, Le Village, 88640* ***Rehaupal.*** *☎ 03-29-66-37-06. • infos@hautjardin.com • domaine-du-haut-jardin.com • ♿ Fermé mar midi, plus midi lun-jeu hors saison. Doubles 129-139 € ; chalets 269-399 €/nuit pour 2 pers. Menus 32,50-57 € ; carte env 50 €.* Un des plus beaux domaines hôteliers de la région, intelligemment tenu en famille, dans un petit village tranquille. Côté hôtel, des chambres coquettes. De petits univers, tous différents et confortables, harmonieux. Et des chalets intimistes dans le verger qui jouxte l'hôtel, avec chacun sa personnalité, un extrême confort (jacuzzi privé) et une déco chaleureuse : cheminée ou fourneau, baignoire en bois ou ronde en pierre... Dans l'élégante salle à manger, cuisine souvent de terroir (mais avec, l'été, quelques influences de beaucoup plus au sud !), subtilement novatrice, au gré du marché, à base de bons produits. Belle sélection de vins. L'accueil souriant de la famille Masson et les petites attentions en font un coup de cœur.

🏠 |●| ***Chambres d'hôtes La Colline aux Loups :*** *17, route de Hérigoutte, 88640* ***Laveline-du-Houx.*** *☎ 03-29-67-21-49. 📱 06-87-87-31-20. • contact@la-colline-aux-loups.com • la-colline-aux-loups.com • Tte l'année. Doubles 76-106 €. Dîner 29 €. Verre de bienvenue offert sur présentation* *de ce guide.* Là-haut sur la... colline, pas de loups, mais dans une plantureuse ferme ancienne, de confortables chambres à thème (« Charme intemporel », cosy et au chic romantique... ou « Évasion lointaine », mariage Art déco-Afrique) avec vue sur la jolie nature environnante. Cuisine savoureuse et créative pour compléter un ensemble de tout repos... au calme, super au calme ! Spa.

Nids des Vosges : *46, route de Laveline-du-Houx, 88640* **Champdray.** *06-32-93-65-74. • info@nidsdesvosges.fr • nidsdesvosges.fr • Par Rehaupal ; à l'église de Champdray, à gauche entre mairie et cimetière, puis encore à gauche vers Laveline-du-Houx (fléché). Tte l'année. Cabanes 149-299 € pour 2, petit déj, linge de toilette et linge de maison compris. Avec coin cuisine ou possibilité de repas préparés. Gratuit pour les moins de 14 ans mais apporter duvet et linge de maison.* Des hébergements insolites, respectueux de l'environnement, pour les familles, au milieu d'une grande clairière de pins, en pleine nature. Une petite dizaine de chalets cosy... dans les arbres, de très bas (l'un est accessible aux personnes handicapées, avec rampe) à très haut (10 m), du « Repère » qui domine le site à « La Tour » (espace enfants à part), ou à « La Fun » (accès par un pont suspendu)... La « De luxe bien hêtre (sic !) » avec sauna privé et bulle pour observer les étoiles. Sanitaires (excepté w-c) et sauna (payant) dans l'ancienne ferme vosgienne du site.

À voir dans les environs

Tendon : ce village, situé le long de la D 11, commence à revendiquer le titre de « village des brocanteurs ». Ils sont déjà une poignée à s'y être installés. Le dernier dimanche de juillet s'y tient une fête du pain et de l'artisanat.

Le jardin de Berchigranges : *9, route du Tholy, Berchigranges, 88640* **Granges-sur-Vologne.** *03-29-51-47-19. • berchigranges.com • À plus de 10 km au nord-est du Tholy. Tlj : juin-août 10h-19h ; avr-mai et de sept à mi-oct 14h30-19h. Entrée : 11,50 € ; réduc. Visites guidées à certaines périodes (se renseigner).* Ce splendide jardin, situé à 650 m d'altitude, a été élu Jardin de l'année en 2005. On a, nous aussi, été totalement séduits par l'alchimie unique qu'a su créer ce couple de passionnés. Un jardin de fées, mêlant habilement fleurs précieuses et fleurs des champs, qui se réinvente chaque année, sinon chaque saison. Collections botaniques rares : plus de 400 variétés de narcisses, une trentaine de primevères, etc. C'est plein de poésie et de clins d'œil, d'allusions aux autres jardins du monde, mais aussi aux jardins médiévaux avec des labyrinthes, des rocailles, une sarabande de feux follets, une chaussée des géants, des cascades et de petits ponts, des bancs pour se poser... On hume, on se gorge d'odeurs suaves et sucrées, on profite de cette explosion de couleurs, toutes plus délicates les unes que les autres, on s'arrête pour méditer sur un banc, ou l'on écoute le froufroutement de l'herbe sous les pieds, le glougloutement de l'eau, le crissement du gravier... « Le jardin de pluie » révèle des feuillages odoriférants, exhalés par l'eau. Un endroit vraiment magnifique, qui cultive le charme et la liberté dans un heureux fouillis style cottage anglais. Ne pas manquer le festival en avril, avec élection du « Narcisse » (la fleur, oui !) de l'année.

Le champ de Roches : *depuis Granges-sur-Vologne, suivre la D 31 jusqu'à Barbey-Seroux, puis tourner à droite.* En pleine forêt, un site naturel unique au monde : plus qu'un champ, comme une rivière de blocs de granit, longue de 400 m et large de 40. Et, ça ne saute évidemment pas aux yeux, mais ces blocs s'empilent sur au moins 7 m de profondeur. Si un glacier de l'ère quaternaire est sûrement à l'origine de cet amas rocheux, les géologues ont encore pas mal ici de mystères à percer ! Un sentier balisé permet de faire le tour du site.

LA BRESSE (88250) 4 940 hab. *Carte Vosges, D3*

Une des plus grandes communes des Vosges par sa superficie, au pied des montagnes, le long de 2 vallées qui se rejoignent dans le centre-ville, formant ainsi un Y. On retrouve d'ailleurs cette lettre dans le blason de la ville, encadrée d'une truite et d'une roue à aubes, symbole de l'énergie hydraulique produite par les lacs et les ruisseaux de la commune.

La Bresse, aujourd'hui, vit principalement du tourisme et mise sur le double concept « famille – nature ». Elle dispose pour cela de nombreux atouts : entre autres, le plus grand domaine skiable du nord-est de la France. Elle a même organisé plusieurs Coupes du monde de ski de fond et Coupes d'Europe de ski alpin, mais aussi une Coupe du monde de parapente, de trial moto et de VTT. Rançon du succès : un monde fou sur les pistes pendant les vacances scolaires. En été, La Bresse offre plus de 300 km de sentiers balisés et une foultitude d'activités et de loisirs.

LA BRESSE LIBRE

La Bresse a longtemps conservé une mentalité à part, due à son isolement. Cette ancienne commune libre, véritable petite république, vivait en autarcie grâce à ses productions fermières, ses forêts, son industrie textile et son électricité, distribuée par une régie municipale ! Déjà au XVIe s, les habitants rendaient eux-mêmes la justice, sur un banc de pierre de la place publique (qui figure aussi sur le blason de la ville).

LES VOSGES

Adresses et infos utiles

i ***Office de tourisme :*** *2A, rue des Proyes. ☎ 03-29-25-41-29. • tourisme@labresse.fr • labresse.net • Dans le grand complexe Piscine-Loisirs. Vac scol, lun-sam 9h-12h, 14h-18h ; dim et j. fériés 9h30-12h30. Le reste du temps, fermé jeu mat et dim.* Central de réservation. Propose des séjours combinant hébergement et de nombreuses activités sportives et de loisirs. Labellisée « Famille Plus », la station met en place une politique touristique forte en faveur des familles avec enfants. Espace wifi (tablettes et écrans numériques), espace détente et coin enfants.

– ***Point info*** supplémentaire à la *Maison de La Bresse (face aux commerces du quai des Iranées ; juil-août, tlj 10h-13h, 15h-19h ; horaires réduits hors saison).*

■ ***Domaines de ski alpin :*** *domaine* ***La Bresse-Hohneck,*** *☎ 03-29-25-68-78, • labresse.labellemontagne.com • Domaine* ***La Bresse-Brabant,*** *☎ 03-29-24-04-54, • labresse-brabant.com • Domaine* ***La Bresse-Lispach,*** *☎ 03-29-25-42-45, • lispach.com •*

■ ***Ski de fond et raquettes :*** *voir auprès de l'office de tourisme.* Possibilités de randonnées accompagnées à raquettes, avec le bureau *Montagne des Hautes-Vosges (📱 06-85-07-13-06)* ou avec *Pierre Mengin (📱 06-45-00-68-23).*

■ ***École de ski français :*** ***La Bresse-Hohneck,*** *☎ 03-29-25-41-56.* ***La Bresse-Lispach,*** *☎ 03-29-25-55-80.* ***La Bresse-Brabant,*** *☎ 03-29-24-04-54. • esf-labresse.com •*

■ ***Secours en montagne :*** *☎ 03-29-63-02-90 (peloton de gendarmerie de montagne).*

■ ***Location de vélos :***

– ***Sports Passion :*** *1-3, rue du Hohneck. ☎ 03-29-25-68-05. Tlj en période de vac scol, fermé lun hors vac scol.* Pas mal de choix : vélos de route (dont des tandems !), VTT (électrique si ça vous tente). Possibilités de sorties accompagnées et conseils de pros, notamment d'un biathlète « olympique »...

– **Labellemontagne Bikeshop :** *88, route de Vologne. ☎ 03-29-25-60-59. Tlj en saison.* Au pied du bikepark de La Bresse-Hohneck, des VTT, de descente notamment, avec équipement de protection.

Où dormir ? Où manger ?

Camping

Camping du Haut des Bluches : *5, route des Planches. ☎ 03-29-25-64-80. • hautdesbluches@labresse.fr • hautdesbluches.com • ♿ À env 4 km du centre sur la droite ; il faut traverser le cours d'eau la Moselotte. Ouv de mi-déc à mi-nov. Resto tlj en été, le soir seulement. Compter 12,30-16 € pour 2. Loc chalets (4-5 pers) au w-e ou à la sem : 275-651 €/sem. Réduc de 5 % sur le forfait camping offert sur présentation de ce guide.* Vaste complexe d'hébergements multiples. Hôtel, chalets et camping-caravaneige municipal, au bord d'un torrent, dans un cadre vraiment agréable. 140 emplacements sur de petites terrasses soutenues par de grosses pierres. Sanitaires impeccables. Une petite quinzaine de chambres (2-6 personnes), contemporaines et confortables, avec vue sur la montagne pour la plupart. Bar, resto, jeux pour enfants, laverie.

De bon marché à prix moyens

Chambres d'hôtes Les Tannes : *6, chemin des Tannes. ☎ 03-29-25-60-98. 📱 06-82-62-98-59. • info@lestannes.fr • lestannes.fr • Prendre la direction Gérardmer ; à la sortie du bourg, D 34 vers La Croix-des-Moinats et env 1,5 km après, direction Le Droit puis chemin des Huttes (à suivre sur 800 m). Compter 60 € pour 2. Table d'hôtes certains soirs, sur résa, 23 €. Apéritif maison offert sur présentation de ce guide.* À 950 m d'altitude, grande ferme traditionnelle complètement isolée, avec une vue splendide sur les montagnes. 3 chambres, dont 2 doubles ; la 3e (jusqu'à 5 personnes) est constituée de 2 chambres qui communiquent et se partagent la salle de bains (idéal pour les familles). Décoration boisée très chaleureuse, jolis tissus et cadre vraiment charmant. Superbe cuisine ancienne, avec le four à pain, où sont préparés des plats de la région. Le repas est partagé avec les proprios, qui vous accueillent avec chaleur. Belle terrasse donnant sur la vallée.

Auberge des Jonquilles : *4, chemin de la Rételère. ☎ 03-29-23-46-91. • aubergedesjonquilles.net • Sur les hauteurs, prendre direction Gérardmer, c'est fléché sur la gauche. Resto fermé mar, plus lun en basse saison. Chambres en ½ pens seulement : 58 €/pers. Menu 22,50 €.* Dans une ferme (en activité) accrochée à la pente. L'adresse n'a pas le label « ferme-auberge » mais c'est tout comme, question ambiance comme cuisine. La viande vient de l'exploitation et les autres produits généreusement servis de pas loin. Pimpante petite salle toute de bois vêtue et terrasse avec vue. Si le coin vous a plu (ce qui peut se comprendre !), quelques chambres, simplement décorées mais confortables, dont des familiales. Ambiance d'ailleurs très... familiale !

Chambres d'hôtes Jeanmyvonne : *7, chemin des Champis. ☎ 03-29-23-46-91. 📱 06-33-87-92-95. • contact@jeanmyvonne.com • jeanmyvonne.com • ♿ Sur la route de la vallée du Chajoux, fléché sur la droite. Double 86 €. Dîner sur résa 25 €.* Jolies chambres dans un esprit souvent contemporain, parfois montagne. Jolis produits de région à la table d'hôtes (une bonne et une vraie, où tout le monde dîne ensemble et tape la discute avec les proprios). Joli accueil d'ailleurs, d'un jeune couple voyageur jamais avare de bons conseils pour découvrir le coin (à pied notamment). Ah, et oui, il y a un jacuzzi aussi.

Hôtel Les Chatelminés : *41, route de Cornimont. ☎ 03-29-25-40-27. 📱 06-32-01-09-61.*

• leschatelmines@wanadoo.fr • les chatelmines.fr • ♿ À 1,5 km du centre, au bord de la route. Congés : de mi-avr à début mai et fin oct-début nov. Doubles 78-89 €. Chalets 8-10 pers dès 400 €/w-e ou 600 €/sem. Menus 14 € (en sem)-31,50 €. Apéritif maison offert sur présentation de ce guide. Certes un peu au bord de la route mais voilà un sympathique hôtel doublé d'une excellente table. Chambres joyeuses et de bon confort, certaines avec balcon. 3 beaux chalets super équipés et confortables pour compléter l'offre d'hébergement (accès aux services de l'hôtel et au resto). Sauna gratuit pour les pensionnaires. Local à vélos et skis. Chalet spa et massages. Et kota grill (8 à 12 personnes) pour une occasion. Juste à côté, *Chez Gustave,* le resto de l'hôtel, avec une délicieuse cuisine régionale (andouillette vosgienne, truite aux myrtilles, etc.) à base de vrais produits du terroir. Excellent accueil.

Bol d'Air gîte-hôtel : *72-78, rue du Hohneck. ☎ 03-29-25-62-62. • contact@bol-d-air.fr • bol-d-air.fr • ♿ À 2,5 km du centre par la route du col de la Schlucht. Tte l'année. Doubles env 75-95 €. Cabanes insolites (2 pers) 139-274 €/nuit. Voir le site pour le reste !* Un vaste complexe touristique où piocher, selon l'envie, sa formule d'hébergement. Décor rustique type chalet, pour la quinzaine de chambres d'hôtel (doubles ou suites avec mezzanine, kitchenette et TV) et de petits studios tout confort. Juste à côté, *La Ferme de ma Grand'Mère* (gîte de 42 places maxi, à la nuit ou à la semaine) restaurée avec goût, confortable et très bien équipée, avec espace sauna et jacuzzi extérieur. Évoquons encore, en pleine nature, une quinzaine de cabanes vraiment surprenantes, dans les arbres ou « indoor », une maison de hobbit, « la fuste du trappeur »... Pour en finir, un gros chalet avec prestations hôtelières, un gîte pour une bonne vingtaine de personnes... Sur place, les multiples activités de Bol d'Air Aventure (voir la rubrique « Sports et Loisirs»).

Auberge de la Rételère : *11, route de la Courbe. ☎ 03-29-25-52-10. • aubergedelaretelere@gmail.com • aubergedelaretelere.fr • À 5 km au nord de La Bresse. Resto tlj sauf mer ; hors saison, ouv le w-e seulement. Résa recommandée. Nuitée en dortoir 28 €. Menus « terroir » 16,50 €, « vénézuélien » 27 €.* À 950 m d'altitude, avec une vue imprenable depuis la terrasse sur les montagnes environnantes. Dans une salle avec poutres apparentes et cheminée, cuisine de terroir pour les pensionnaires ou les personnes extérieures. Gîte d'étape de 32 lits en 1 dortoir (24 lits) et 3 chambres (de 2 à 6 personnes) avec sanitaires communs. Ambiance sport et nature : l'été, rando à pied ou VTT (location sur place) ; l'hiver, ski de fond.

La Demeure des 2 Trésors : *2, rue de la Résistance. ☎ 03-29-25-61-46. • contact@lademeuredes2tresors.com • lademeuredes2tresors.com • ♿ Au centre de la station. Tte l'année. Doubles 69-99 €, petit déj compris.* Cette imposante maison bourgeoise, au calme dans un agréable parc arboré, cache une adresse un peu atypique, entre la chambre d'hôtes et la résidence hôtelière. Grandes chambres confortables et modernes (récemment rénovées). Idéales pour de longs séjours, avec leur coin cuisine. Sauna, hammam, salle de musculation, billard, ping-pong.

Hôtel de la Poste – La P'tite Brasserie : *5, rue de l'Église. ☎ 03-29-25-43-29. • lapostelabresse@gmail.com • bresse-hoteldelaposte.com • ♿ (resto). Au centre du bourg, vers l'église. Tlj sauf mar soir, mer, sam midi et dim soir. Double 73 €. Carte env 25-30 €. Café offert sur présentation de ce guide.* La brasserie n'est pas si p'tite que ça avec une salle tout en longueur, à la déco au goût d'aujourd'hui. À la carte, du grignotage (croque-monsieur...), de solides omelettes et des plats d'ici ou d'ailleurs, le tout à base de produits frais et bien travaillés. L'hôtel en revanche est lui tout petit avec 5 chambres pas très grandes mais bien tenues et colorées. Super accueil.

Chalet des Roches : *10, rue des Noisettes. ☎ 03-29-25-50-22. • chalet.des.roches@wanadoo.fr • chalet-des-roches.com • Perché mais pas loin du centre (bien indiqué). Congés : 1 sem en avr et 24 oct-24 nov. Double*

80 €. Menu déj sem 18,40 € ; autres menus 20-58 €. L'architecture extérieure n'évoque que très vaguement celle d'un chalet. Mais les chambres, contemporaines, fraîches et lumineuses, offrent un honorable confort et, pour certaines, une jolie vue sur la vallée (certaines ont même un balcon). Sympathique piscine couverte (avec vue !), sauna et hammam. Bonne cuisine de région au resto. Accueil aimable et souriant.

De prix moyens à chic

🏠 🍽 ***Hôtel-résidence Les Vallées – Restaurant Le Diamant :*** *31, rue Paul-Claudel. ☎ 03-29-25-41-39. 📱 06-30-59-10-44. • hotel.lesvallees@labellemontagne.com • lesvallees-labresse.com • ♿ Au centre-ville. Doubles 74-182 €. Apparts (2-8 pers) 280-1 278 €/sem. Formule déj (sauf dim) 17 € ; menus 23-45 € le soir. Apéritif maison offert sur présentation de ce guide.* Grand complexe hôtelier à l'architecture moderne (comme on l'entendait à la fin des années 1970), mais dont les vastes parties communes sont en train de vivre une complète transformation. Chambres contemporaines, plutôt spacieuses, agréables et d'un très bon confort. Côté détente, rien à redire : belle piscine couverte, jacuzzi et sauna gratuits, mais aussi tennis et squash (payants). Pour les séjours plus longs, quelques petits appartements équipés de kitchenette, fonctionnels et rénovés de frais. Sous une imposante charpente, vaste salle de resto, façon véranda avec ses baies vitrées largement ouvertes sur le grand jardin où s'installe la terrasse l'été. Cuisine soignée comme on dit, généreuse et goûteuse.

🍽 ***La Table d'Angèle :*** *30, Grand-Rue. ☎ 03-29-25-41-97. 📱 06-07-10-92-68. • latabledangele@orange.fr • ♿ À 450 m du centre du bourg. Tlj sauf dim soir et lun-mar. Congés : 15 j. fin juin-début juil, 15 j. fin nov-début déc. Résa presque indispensable. Menus 20 € (déj sem), puis 33-66 € ; carte env 33 €. Apéritif offert sur présentation de ce guide.* Décor contemporain, très tendance pour une cuisine qui l'est tout autant : le chef se lâche, expérimente autour de produits très locaux : si vous n'avez jamais goûté de bourgeons de sapin, c'est le moment ! C'est donc parfois un brin osé, mais toujours réussi. Accueil impeccable (d'Angèle, bien sûr). La table la plus enthousiasmante de la Bresse.

Où dormir ? Où manger dans les environs ?

⛺ ***Camping du lac de la Moselotte :*** *336, route des Amias, 88290* ***Saulxures-sur-Moselotte.*** *☎ 03-29-24-56-56. • contact@lac-moselotte.fr • lac-moselotte.fr • ♿ À 13 km de La Bresse. Tte l'année. Compter 12,50-23 € pour 2. Loc chalets, mobile homes et bungalows (2-8 pers) 169-868 €/sem. 60 empl.* Idéalement situé au bord du lac mais aussi à proximité immédiate de la voie verte. Un camping 3 étoiles pas très ombragé mais à taille humaine. Location de VTT. Et la sympathique base de loisirs du lac est juste à côté : baignade surveillée l'été, canoë, pêche à la mouche... Épicerie (en saison), laverie, etc. Resto et snack-bar à proximité. Accueil très sympa.

🍽 ***Les Lilas :*** *12, rue du Général-de-Gaulle, 88120* ***Vagney.*** *☎ 03-29-23-69-47. 📱 06-07-21-60-34. • restaurant.leslilas@orange.fr • À 15 km à l'ouest ; non loin du centre, en direction de Remiremont. ♿ Tlj sauf lun soir, mar soir et mer (ouv j. fériés). Congés : 2 sem en janv, 1 sem début juin et 2 sem fin août. Menus 15-19,50 € déj sem, puis 28,50-52 €. Café offert sur présentation de ce guide.* Installée dans une maison genre pavillon, en bord de route, cette adresse ne paie pas franchement de mine. Et pourtant, c'est un vrai plaisir de s'attabler dans la petite salle coquette ou en terrasse, sur l'arrière. La cuisine allie tradition et modernité, terroir et créativité. Les plats, servis avec le sourire, sont bien présentés, parfumés, savoureux dès le menu du midi.

Sports et loisirs

– **_Le parcours Bol d'Air Aventure :_** _76, rue du Hohneck. ☎ 03-29-25-62-62. • contact@bol-d-air.fr • bol-d-air.fr • À 2,5 km de La Bresse en direction du col de la Schlucht. Juil-août, tlj 9h30-19h ; avr-juin et sept-oct, jours et horaires variables mais toujours ouv le w-e. Entrée : 9-39 € selon âge et activités._ Une grosse centaine d'activités mi-ludiques mi-sportives sur 3 ha de forêt. Sinon pour les amateurs de sensations fortes : d'étonnantes expériences de réalité virtuelle, Fantasticool (une descente assise à 50 km/h), Fantasticable (un câble de 1,3 km de long tendu au-dessus de la vallée que l'on « dévale » à 110 km/h en volant comme un oiseau, attaché à l'horizontale par un harnais), la Bol d'Air Line (une tyrolienne qui zigzague à travers la forêt) ou le Propuls'air, l'élastique à l'envers le plus haut de France. Vous en voulez encore ? Essayez le Big Jump, un saut dans le vide avec harnais et réception en douceur sur un matelas ou le Hélicopt'air. Également un miniparc des aventuriers pour les 3-8 ans, ainsi qu'un parcours Accrobranches parfaitement sécurisé. Un pédagogique sentier pieds nus vous fera découvrir du bout des orteils les richesses naturelles du massif des Vosges (faune, essences d'arbres, etc.).

– **_Schlitte Mountain :_** _88, route de Vologne. ☎ 03-29-25-68-78. Ouv tte l'année mais horaires plus que variables. Tarif : 5,50 € pour le conducteur et 1,20 €/passager ; réduc. À partir de 3 ans._ Sans risque de sortir du rail, une luge « moderne » qui donne l'impression de « schlitter », de glisser comme autrefois les forestiers, sur un parcours de 700 m jalonné de 14 virages relevés, de vagues, de sauts... et de « 340° »... Impressionnant.

➢ **_VTT :_** plus de 100 km d'itinéraires balisés, reliés au domaine de Gérardmer. Petite balade sympathique avec le tour des lacs qui passe notamment par le lac de Lispach. Bikepark à la station de La Bresse-Hohneck avec 17 pistes, un « Pump Treck » et un « Air Bag VTT » accessibles par le télésiège Vologne Express _(☎ 03-29-25-68-78). École Moniteurs cyclistes français_ pour encadrement adultes et enfants _(📱 06-85-07-13-06)._

➢ **_Randonnées :_** l'office de tourisme vend cartes IGN et plusieurs topoguides de circuits concoctés par le Club Vosgien. Accès piéton vers la route des crêtes possible avec le télésiège Vologne Express.

➢ **_Tour des Ballons des Vosges :_** _organisé par_ Séjours Rando Nature – Bureau Montagne Hautes-Vosges. _📱 06-85-07-13-06. • tourdesballonsdesvosges.com • bmhv.com •_ Selon la saison, des séjours (à thème pour certains : chamois, tourbières, traces d'animaux, etc.) avec hébergement et des randonnées à pied ou VTT, raquettes et ski nordique, en toute liberté ou avec un accompagnateur en montagne (séjours modulables : ½ journée, un jour, nocturne et 2-14 jours).

■ **_Vosges en Marche :_** _Presles, 88120_ **_Basse-sur-le-Rupt._** _☎ 03-29-24-89-40. • info@vosgesenmarche.com • vosgesenmarche.com • Adhésion (obligatoire) 9 €/an. Gîte de séjour avec chambres 2-4 pers 53 €/j. par pers pour le w-e en pens complète, sans activités. Nombreuses formules de séjour rando à pied ou à raquettes (2-5 j.), randos itinérantes accompagnées (2-6 j.) avec hébergement en ferme-auberge, refuge, gîte ou chambre d'hôtes, à partir de 91 €/pers._ Les séjours incluent en principe des activités diverses : randonnées pédestres d'une ½ journée, d'une journée ou plus, marche nordique, VTT, raquettes, ski de fond l'hiver et des séjours à thème (chant, cuisine et plantes sauvages, aquarelle, photo...). Possibilité de séjours libres sans activités encadrées. Sourire et bonne humeur garantis.

■ **_Bureau Montagne Hautes-Vosges :_** _📱 06-45-00-68-23. • bmhv.com • ma-hotte.fr • ♿ Basé aussi à Ventron et Cornimont, Bussang et Saulxures-sur-Moselotte. Résa en ligne._ Une équipe de pros diplômés et super sympa qui propose toute l'année des randos à pied, à VTT avec assistance électrique, gyropode, à raquettes, marche nordique, d'une ½ journée à une semaine, avec hébergement, géocaching, tir à l'arc, ou encore astronomie. Équipements pour personnes à mobilité réduite : acheminement par minibus de la gare à la station, balade en Joëlette en été et fauteuil ski en hiver.

- ***Parapente :*** pour les curieux aventureux, une expérience formidable, au départ des sommets des environs.

■ ***Bol d'Air :*** *78, rue du Hohneck.* ☎ *03-29-25-62-62.* • *bol-d-air.fr* • *De fin avr à mi-nov (selon météo, of course). Compter env 100 € pour un vol découverte en biplace et 150 € pour une journée découverte.*

■ ***Couleur Vent :*** *5, route de Lambexaire.* 📱 *06-81-45-81-72.* • *couleur-vent.com* • *Vol découverte, grand vol et grande balade en parapente, sur résa seulement : 90-120 €.*

- **Piscine-Loisirs :** *au centre-ville, dans le même bâtiment que l'office de tourisme.* ☎ *03-29-26-21-20.* • *labresse.net* • *Tlj pdt les vac scol ; horaires complexes, mieux vaut téléphoner avt ou consulter le site. Tarifs raisonnables (et variables selon les activités choisies).* Tout l'équipement moderne pour batifolages aquatiques. Toboggan 70 m. Également un solarium, un sauna, un mur d'escalade, un bowling, des tennis (couverts ou non) et une salle de musculation.

- ***Tir à l'arc :*** *pour s'initier à ce sport accessible à ts, du printemps à l'automne. Rens et inscriptions auprès du* Bureau Montagne Hautes-Vosges *:* 📱 *06-85-07-13-06.*

- **Pêche :** *rens à l'office de tourisme. Carte en vente à l'office de tourisme, à la maison de la presse, en centre-ville, à l'*Auberge des Hauts Viaux *(53, route de Lispach) et au* Camping Belle Hutte. Pêche dans les lacs, barrage, tourbières ou rivières.

LES VOSGES

Ski et neige

Ski alpin : 3 domaines. Une navette relie La Bresse aux stations pendant les vacances scolaires.

- ***La Bresse-Hohneck*** *(910-1 350 m) : forfait journée adulte env 24,20-30,30 €.* 16 remontées mécaniques, 34 km de pistes. Ce domaine skiable est le plus grand de tout le nord-est de la France avec ses 220 ha. Pour l'enneigement, pas d'inquiétude, avec 70 % du domaine couvert par plus de 300 canons à neige ultra-performants ! Les pistes, à environ 8 km du centre-ville (direction le col de la Schlucht), sont familiales ou plus sportives en redescendant du lac de Blanchemer (même si la jolie bleue du même nom permettra aux skieurs moyens de s'offrir 2 km de balade en forêt).

2 espaces ludiques : Opoualand pour les plus jeunes et Waouland, la piste fun 100 % plaisir pour tous. Également une foule d'intéressantes initiatives, témoignant d'une station vraiment dynamique : ski nocturne (c'est carrément le plus grand domaine skiable éclairé d'Europe !), tous les soirs pendant les vacances scolaires sinon le week-end ; ski aux aurores (avec petit déj !) à partir de 6h tous les jours pendant les vacances scolaires, sinon le week-end ; pack « Touchoussss » pour les « sans-ski », et même un pack « Antiglagla » (tout compris, du forfait au caleçon long à glisser sous sa combinaison) pour ceux qui partent skier les mains dans les poches... s'ils en ont ! Soirées luge sur les pistes de ski certains soirs, 18h-20h, avec accès par télésiège.

- ***La Bresse-Lispach*** *(env 950-1 200 m) : à 8 km du centre. Forfait journée adulte 14,60-16,80 € selon période.* 5 remontées mécaniques et 7 pistes. Quelques pistes familiales au-dessus du lac de Lispach.

– ***La Bresse-Brabant*** *(840-1 000 m) : à 5 km du centre par la route du col du Brabant. Forfait journée adulte env 14-16 €.* 3 remontées mécaniques. 8 pistes familiales là encore, sur de rondes montagnes typiques des Vosges.

Ski de fond : *50 km de pistes balisées à La Bresse-Lispach. Forfait journée adulte env 7 €.* Petite balade tranquille (c'est une verte de 2,5 km) : le tour du lac de Lispach. Pour ceux qui en veulent plus : Grouvelin (une rouge de 9 km). Pour les gourmands, 2 points de départ permettent d'accéder au grand domaine nordique de La Bresse relié à Gérardmer et Xonrupt (en tout, plus de 100 km, plus grand domaine nordique du massif des Vosges). Et un *Nordic Parc* ludique avec creux, bosses, tremplins...

– ***Biathlon :*** *Le Montagnard, col de Grosse-Pierre. ☎ 03-29-25-52-93. • le-montagnard-88-vosges.fr •* La Bresse est l'une des rares stations de ski françaises où s'initier à cette discipline (combinant ski de fond et tir à la carabine) habituellement réservée aux spécialistes. Séances avec Christian Poirot, un ancien champion de France, plusieurs fois sélectionné aux J.O. Également un biathlon d'un autre genre... raquette-tartiflette (au dîner) pour ceux qui ont moins de velléités sportives ! En été, sorties VTT et tir.

– ***Raquettes :*** 10 circuits balisés, dont le sympathique tour du lac de Lispach. Topoguide en vente à l'office de tourisme. Également, la piste payante de la Forêt blanche (sentier balisé damé et sécurisé de 3 à 5 km pour raquettes et balade à pied). Circuit ludique sous forme de jeu de piste pour les 4-12 ans.

– ***Patinoire :*** *en centre-ville, à côté de l'office de tourisme. ☎ 03-29-25-37-37. Ouv de mi-déc à mi-mars ; se renseigner pour les horaires.* Patinoire en glace naturelle de 600 m², couverte par une belle ossature en bois des Vosges, comme il se doit.

Fêtes et manifestations

– ***Manifestations sportives et de loisirs :*** nombreuses compétitions de ski (championnats de France, entre autres), « montée impossible » (à moto), enduro des Hautes-Vosges en VTT...
– ***Festival Accords des Montagnes :*** *1 sem en janv.* Autour de l'accordéon : concerts, thés dansants, soirées musicales...
– ***Festival international de Sculpture (Camille-Claudel) :*** *pdt la sem de l'Ascension.* En hommage à Camille Claudel (dont la famille est originaire de la région), une vingtaine de sculpteurs travaillent en public le bois ou la pierre.

DANS LES ENVIRONS DE LA BRESSE

Le lac des Corbeaux : *à env 5 km au sud-est du centre de La Bresse par la D 34 direction Colmar et col de la Schlucht ; prendre ensuite une petite route (fléchée) sur la droite (fermée en hiver).* Noyé dans une forêt profonde, au creux des montagnes, un petit joyau sombre au nom évocateur. On en fait le tour à pied en moins de 1h. De nombreux sentiers mènent également sur les hauteurs, permettant d'admirer ce site plein de romantisme (même s'il y a beaucoup de monde dès les beaux jours).

La tourbière de Machais : *à env 9 km à l'est de La Bresse par la D 34 direction Kruth, puis à gauche la D 34A (ou route des Américains) direction Le Markstein.* Vaste tourbière au cœur d'une forêt de sapins et de hêtres. Avec ses 175 ha, c'est même la plus grande tourbière lacustre du massif vosgien. Site hors du temps, à la végétation d'une incroyable richesse. Rester impérativement sur les sentiers : l'écosystème des tourbières est d'une grande fragilité (le site est d'ailleurs une réserve naturelle), et le sol des tourbières est par définition extrêmement mouvant... La D 34 rejoint ensuite la route des Crêtes.

Le musée Les Mille et une Racines : *23, route de Lansauchamp, 88310* ***Cornimont.*** *☎ 03-29-23-95-74. • musee1001racines@outlook.com • 1001racines.fr • ♿ À 3,5 km au sud-ouest du centre ; sur la droite, à l'entrée de Cornimont. Tlj sauf mar (hors vac scol) et sam (pdt les vac) 10h-12h, 14h-18h. Entrée : 5 € ; réduc ; gratuit moins de 10 ans. Billet groupé avec des balades en forêt l'été : 10 €, réduc.* L'œuvre – complètement inclassable – d'un facteur Cheval des forêts vosgiennes. Ouvrier dans l'industrie textile dès l'adolescence, Michel Maurice (1937-2014) a, pendant plus de 50 ans, arpenté les sous-bois, avec son vieux sac à dos et sa scie (exposés ici) à la recherche de racines donc, de branches, de troncs, de souches... Et à ces bouts de bois, Michel Maurice a offert une nouvelle vie, souvent simplement en les mettant en scène, en se contentant de sculpter un œil par-ci, par-là. Et la branche morte est devenue serpent tentateur, la racine lutin malicieux. Des lutins, il y en a pas mal d'ailleurs dans cet espace qui présente aujourd'hui au mieux (chants d'oiseau et brame du cerf en fond sonore compris) cette extraordinaire collection. On y croisera également quelques fées, une scène de corrida, un Christ en croix... Enfin mille et une surprises (au moins). Un musée surprenant donc, touchant, poétique...

VENTRON

(88310) 930 hab. *Carte Vosges, D3*

Prononcer « veine-tron ». Isolé au milieu des montagnes (dont le Grand Ventron, 1 204 m), un bourg un peu endormi qui se transforme en station touristique sans prétention au moment des vacances. Idéal pour qui voudrait se détendre loin de toute agitation.

Adresses utiles

Office de tourisme : *4, pl. de la Mairie. ☎ 03-29-24-07-02. • ventron-tourisme@hautes-vosges.fr • ot-ventron.fr • Hors vac scol, lun 13h30-17h ; mar-ven 9h-12h30, 13h30-17h ; sam 13h30-17h. Pdt les vac scol (sauf Toussaint et Pâques), mar-ven ap-m, lun et sam tte la journée et dim mat. Borne interactive extérieure.* Central de réservation.

Location de skis :
– **Label Gliss :** *20, route de Remiremont. ☎ 03-29-24-19-07. À 500 m du centre du village.* Loue également VTT et vélos.
– **Ski Shop Leduc :** *à l'Ermitage du Frère-Joseph. ☎ 03-29-24-29-63. Au pied des pistes.*

Où dormir ?

Refuge Les Falères : *28, chemin du Rupt-du-Moulin. ☎ 03-29-24-19-61. 📱 06-43-79-20-85. • reservation.faleres@sfr.fr • ♿ À 1,5 km du centre, sur les hauteurs (c'est fléché). Ouv les w-e et vac scol ainsi que tte l'année sur résa. Nuitée 13 €/pers. CB refusées.* Propose une trentaine de places dans 7 chambres de 2 à 6 personnes. Cuisine, salle à manger. Un gîte d'étape fonctionnel, bien équipé, géré par l'association Les Amis de la nature et installé dans une chaleureuse ferme vosgienne qui domine toute la vallée. Belle terrasse.

Où dormir ? Où manger dans les environs ?

De bon marché à prix moyens

🏠 🍽 ***Auberge de la Chaume du Grand Ventron :*** *1, chaume du Grand Ventron.* ☎ *03-29-25-52-53.* 📱 *07-87-77-94-00.* • *contact@auberge-de-la-chaume-du-grand-ventron.com* • *auberge-de-la-chaume-du-grand-ventron.com* • *À env 10 km de Ventron, par la petite route de montagne qui part à gauche de la D 43, avt le croisement avec la route de l'Ermitage ; peu après cet embranchement, dans un virage, tourner à gauche une fois passé le pont de pierre ; attention, l'hiver la route n'est pas déneigée, chaussez skis ou raquettes ! Tlj sauf lun-mer soir hors saison. Congés : oct et mars. Resto sur résa de préférence. Hébergement en ½ pens (copieux petit déj de randonneur !) : 54 €/pers en chambre double ou 39 €/pers en dortoir 4-10 lits (draps non compris). Menu 19 € ; carte env 25 €. CB refusées. Café offert sur présentation de ce guide.* Grosse ferme d'altitude où l'on trouvait déjà une auberge, dans les années 1950. Superbe panorama sur les environs (on est à 1 200 m), de la terrasse et de certaines chambres, toutes simples comme les dortoirs. Repas marcaire et autres spécialités de région de rigueur dans une salle forcément rustique, avec cheminée ou en terrasse. Excellent accueil du jeune couple désormais aux commandes de cette vieille maison.

🏠 🍽 ***Chambres d'hôtes Le Chalet de Valentine :*** *sous l'Ermitage.* 📱 *06-15-92-01-08.* • *valentine.poirot@orange.fr* • *lechaletdevalentine.fr* • *À 6 km au sud de Ventron sur la route de l'Ermitage ; à gauche, dans un virage. Tte l'année. Double 95 €. Dîner 20 €.* Ce beau grand chalet récent presque accroché à la pente abrite 5 jolies chambres, spacieuses, confortables et décorées de bois. Préférez celles d'en haut, plus charmantes encore. Accueil souriant et agréable.

LES VOSGES

Achats

🧺 ***Domaine Beaucerf :*** *25, route de Remiremont.* 📱 *06-86-97-44-00. À l'entrée de Ventron quand on arrive de Cornimont ; indiqué. En saison, lun-sam 10h-12h, 14h-19h ; sur simple appel le reste de l'année.* Élaboration et vente de boissons fermentées à base de fleurs et de petits fruits (acacia, sureau, rhubarbe, pomme-églantine...) issus de 3 ha de vergers. Typiquement vosgien ! Délicieux « rhubarbe pétillant » à découvrir dans le chalet-dégustation.

🧺 ***La Maison Artisanale :*** *dans le village, derrière la mairie.* ☎ *03-29-24-05-18.* 📱 *06-60-34-89-17.* • *maison-artisanale-de-ventron.jimdo.com* • *Vac scol, tlj 14h30-18h30 ; le reste de l'année, sur rdv. Entrée libre.* Expo-vente d'objets réalisés par des villageois : confitures, sabots, vannerie, jouets en bois, pâte à sel, etc.

🧺 ***Chèvrerie de Peute Goutte :*** *chemin de Peute-Goutte.* 📱 *06-76-85-68-77. À env 2,5 km de Ventron direction Cornimont ; fléché. Eté, tlj, traite à partir de 16h30 (dim 10h-11h30) ; sept-déc, ouv mar, jeu et sam 16h-17h30 (sans traite). Fermé janv-mars. Entrée libre.* Visite de l'exploitation et dégustation de la production laitière et fromagère.

🧺 ***Côté Montagne :*** *20, route de Remiremont (proche du bourg, à côté du magasin Label Gliss).* ☎ *03-29-24-19-07. En saison, tlj 9h-19h (20h ven-sam) ; hors saison, tlj mais horaires restreints.* Côté montagne, ski... et produits régionaux : fromages, saucissons, confitures...

À voir

Le musée du Textile des Vosges : *à 2,5 km de Ventron, en direction de L'Ermitage du Frère-Joseph ; fléché depuis l'église.* ☎ *03-29-24-23-06.* • *musee.*

ventron.fr • Tlj sauf lun 10h-12h, 14h-18h. Congés : de nov à mi-déc. Entrée : 4,50 € ; réduc ; gratuit moins de 10 ans. Compter min 1h de visite, avec des passionnés.
Présentation claire de l'histoire du textile, dans un grand bâtiment typique des toutes 1res usines de la région, où l'on a fabriqué des tissus de 1855 à 1952. Sur 4 niveaux, les différentes étapes permettant de passer d'une simple fibre végétale à un bout de tissu : les forces motrices de l'industrie (ne pas manquer l'impressionnante machine à vapeur, chaufferie et turbine hydraulique en sous-sol), la fabrication du fil (outils traditionnels), la filature (diverses machines) et le tissage (évolution des techniques depuis le XVIIIe s, pour comprendre comment sont fabriqués les tissus à carreaux, le tissu-éponge...). Le tout complété par des expos temporaires en relation avec le sujet.
Plusieurs machines sont toujours en état de marche, notamment des métiers à tisser à fouet, dont le bruit assourdissant donne une idée des conditions de travail de l'époque... À chaque visite, un animateur les remet en route et reproduit les gestes ancestraux. Certains métiers, tellement compliqués, ne sont néanmoins actionnés que par des spécialistes et de façon plus exceptionnelle. C'est le cas du fameux métier Jacquard. En été, des bénévoles (souvent d'anciens ouvriers) viennent de temps à autre animer la visite (une fois par mois). Ateliers de tissage (se renseigner).

Manifestation

– ***Marché artisanal :*** *1er dim d'août.* Des artisans venus de toute la France travaillent en public et vendent produits du terroir, objets en bois, etc.

Ski et neige

Ski alpin : *domaine de L'Ermitage du Frère-Joseph (voir ci-dessus ; 870-1 100 m).* 8 remontées mécaniques, 10 pistes, dont une noire, et un R-Park, espace fun sur les pistes du Riant. *Waterslide* et piste de ski-cross. Piste de luge protégée. Location de matériel et *École du ski français* sur place.

Ski de fond : *☎ 03-29-24-18-18 (mairie) ou rens auprès de l'office de tourisme.* 16 km de pistes à l'Ermitage et plus de 50 km de pistes damées et balisées, accessibles depuis L'Ermitage sur le domaine Ventron-Bussang. 10 tracés (de 1 à 10,5 km, de difficultés différentes). Également 3 circuits de balade à raquettes.

BUSSANG

(88540) 1 460 hab. *Carte Vosges, D3*

C'est le 1er lieu habité de la vallée de la Moselle : le fleuve prend sa source à seulement 3 km d'ici ! Mais ce bourg doit surtout sa renommée à son étonnant *Théâtre du Peuple,* créé par Maurice Pottecher, un enfant du pays, en 1895. La 1re représentation de sa pièce, *Le Diable marchand de goutte* est le 1er triomphe d'une très longue série. Et son initiative est saluée par Louis Jouvet, Anatole France, et même Léon Tolstoï. Des acteurs très en vogue à l'époque, comme Pierre Richard-Willm, apportent également leur soutien à Pottecher en s'installant à Bussang. Loin d'être une simple curiosité, le Théâtre du Peuple a influencé plusieurs générations d'auteurs dramatiques et de compagnies théâtrales. Le bâtiment, classé Monument historique, se visite. Et des représentations théâtrales y sont aujourd'hui encore données, chaque été.

Adresse utile

Office de tourisme de Bussang : *8, av. de la Gare (dans l'ancienne gare, après le casino). ☎ 03-29-61-50-37. • ballons-hautes-vosges.com • Lun-mer et ven-sam 9h-12h, 14h-17h (vac scol, jusqu'à 18h, plus dim 9h-13h).* Borne d'informations à l'extérieur.

Où dormir ? Où manger ?

Camping

Domaine de Champé : *14, rue des Champs-Navés. ☎ 03-29-61-61-51. • info@domaine-de-champe.com • domaine-de-champe.fr • Congés : 1 sem fin mars et 2 sem en nov. Compter 22-34 € pour 2 selon saison. Mobile homes et chalets (2-10 pers) 360-1 140 €/sem. 80 empl.* Très vert et arboré avec quelques emplacements posés tout au bord de la Moselle. Un 5-étoiles très bien aménagé, même si le locatif est parfois un peu serré (mieux espacé vers le bout du camping), et super équipé : 2 piscines chauffées (dont une couverte accessible toute l'année), sauna, spa (formules bien-être) et jacuzzi (toute l'année), location de VTT et de vélos. Nombreuses animations, notamment pour les enfants à la ferme familiale, en saison. Resto avec une jolie réputation et une toute aussi belle terrasse chauffée. Au bar, des concerts, des karaokés, etc. sont organisés en été.

De bon marché à prix moyens

Ferme-auberge Le Drumont : *☎ 03-29-61-50-12. À env 8,5 km du centre ; suivre la direction « source de la Moselle » ; c'est fléché ensuite. Tlj sauf mar (non férié), plus lun soir hors saison. Possibilité de dormir en dortoir (apporter son sac de couchage) : ½ pens env 39 €/pers. Menus 18-29 € ; menu marcaire 22 €.* À 1 150 m d'altitude. Une adresse simple et généreuse proposant une cuisine consistante. La récente salle à manger offre une jolie déco style « chalet », mais, si le temps le permet, les grandes tables en bois offrent elles un joli panorama sur les environs. Pour vous ouvrir l'appétit avant d'avaler un (très) copieux et (très) complet menu marcaire, grimpez auparavant à la table d'orientation (voir plus loin). Fromages et charcuteries maison à emporter également.

LES VOSGES

À voir. À faire

Le Théâtre du Peuple : *40, rue du Théâtre. ☎ 03-29-61-62-47 ou 03-29-61-50-48 (billetterie). • info@theatredupeuple.com • theatredupeuple.com • Places 8-24 € ; réduc. Visite guidée du théâtre : juil-août, mar à 11h ; sept-mai, dim à 10h30. Tarif : 3 €.*

Immense bâtisse (classée Monument historique depuis 1976), entièrement en bois, marquée de la croix de Lorraine où règne une atmosphère vraiment particulière. « Par l'Art pour l'Humanité » est la devise de ce haut lieu du théâtre populaire fondé en 1895 par Maurice Pottecher. La salle peut contenir jusqu'à 850 spectateurs.

Le meilleur moyen de voir la fameuse scène est encore, on s'en doute, d'assister aux représentations. La saison estivale compte 2 créations. La 1re, jouée, selon les vœux de Pottecher, par des amateurs (de talent) mêlés à des comédiens professionnels, est donnée en matinée (de mi-juillet à fin août). C'est là qu'on a la chance de voir la scène s'ouvrir sur la forêt. Mais également en fin de matinée et le soir pendant l'été, se jouent d'autres pièces. Les spectacles sont créés à Bussang

avec des commandes d'écriture ou des textes d'auteurs classiques (Goldoni, Shakespeare, Brecht...). On vous conseille aussi de vous rendre, les 2 derniers week-ends avant la première du spectacle de 15h, aux répétitions publiques (et gratuites). Occasion rare d'assister à la genèse d'une mise en scène, à la naissance d'un personnage... Sinon, de nombreuses formations ouvertes aux amateurs et débutants sont proposées (dont l'« atelier spectacle » pour participer à la création estivale).
Buvette et repas (bon marché) sur place les jours de représentation.

La source Marie : *12, rue des Sources. À 2,5 km du centre (accès fléché).* Ce mignon petit édicule est le dernier souvenir du passé de ville thermale de Bussang. Cette eau minérale gazeuse et ferrugineuse (aujourd'hui gratuite) était recommandée contre l'anémie. Remplissez votre gourde avant de partir en randonnée !

La table d'orientation du Drumont : *pour s'y rendre, voir plus haut « Où dormir ? Où manger ? Ferme-auberge Le Drumont ».* Arrivé à l'auberge, par une petite route qui monte bien, il faut grimper, à pied cette fois (environ 15 mn aller-retour), pour accéder à la table d'orientation, avec ses vues côté vosgien et côté alsacien. Magnifique par temps dégagé, *of course.* En redescendant la route forestière de Drumont, faites une petite halte à l'***étang Jean,*** un lieu bucolique avec sa petite hutte accessible par la passerelle en bois ! Charmant...

LES VOSGES

Sports et loisirs

➢ ***VTT :*** *loc sur place (rens à l'office de tourisme).* Nombreux parcours balisés, labellisés FFC (plus de 80 km au total).

– ***Voie verte :*** piste multiactivités aménagée sur les 60 km des anciennes voies ferrées des vallées Moselle-Moselotte.

– ***Initiation au parapente :*** *avec* ***Ascension'Aile,*** *06-23-15-05-53.*

➢ ***Rando ferrata :*** *accès entre la source Marie et la source de la Moselle.* Voie aménagée le long des rochers sur 300 m de dénivelée vers le Drumont. Accès libre, mais équipement d'escalade obligatoire (à louer, si besoin, au camping *Domaine de Champé* ; voir plus haut « Où dormir ? Où manger ? »). Infos à l'office de tourisme.

Ski et neige

Ski alpin : *domaine de Larcenaire.* 5 téléskis, 10 ha de pistes au nombre de 8, bleues, vertes et rouges. Jardin d'enfants équipé d'un fil de neige, école de ski, canons à neige, tremplin d'initiation de saut à ski.

Ski de fond : *pistes de Rochelotte, près du domaine Larcenaire. Accès libre.* 5 pistes d'une longueur totale de 32 km.

– ***Sentier raquettes :*** sur 10 km environ, près du domaine Larcenaire.

– ***La Bouloie :*** piste de luge sur 1,5 km (accès gratuit).

Manifestation

– ***Marché artisanal :*** *mar soir juil-août.*

SAINT-MAURICE-SUR-MOSELLE

(88560) 1 390 hab. *Carte Vosges, D3*

Adossé au Ballon d'Alsace, un gros bourg vosgien sans supplément d'âme : mais les environs – du Ballon d'Alsace, justement, à la chaume de Rouge-Gazon – sont superbes.

Adresse et infos utiles

i ***Office de tourisme des Ballons des Hautes-Vosges :*** *28 bis, rue de Lorraine. ☎ 03-29-24-53-48. • ballons-hautes-vosges.com • Le long de la N 66. Lun-sam 9h-12h, 14h-17h (vac scol, jusqu'à 18h et dim 9h-12h).*

■ ***École du ski français :*** *☎ 03-29-25-01-57 (au Rouge-Gazon).*

■ ***Bureau des accompagnateurs :*** *06-70-55-73-37 (au Rouge-Gazon).* Pour sorties à raquettes ou randonnées pédestres.

Où dormir ? Où manger dans le coin ?

Camping des Deux Ballons : *17, rue du Stade, à Saint-Maurice. ☎ 03-29-25-17-14. • stan0268@orange.fr • camping-deux-ballons.fr • Ouv avr-fin sept. Compter 26-30 € pour 2 en saison. Chalets (2-5 pers) 390-600 €/sem (2 sem min de mi-juil à mi-août).* Ce 3-étoiles, même s'il n'est pas franchement sauvage (station-service à l'entrée), s'avère très agréable, bien ombragé et traversé par un ruisseau. Et il offre une belle vue sur les montagnes vosgiennes. Grande piscine chauffée avec toboggan. Épicerie et resto tout près et snack en été.

Chambres d'hôtes Bergerie de la Colline : *22, rue de la Chapelle, La Colline, 88160* ***Fresse-sur-Moselle.*** *☎ 03-29-25-83-31. • mgi.gross@wanadoo.fr • bergeriedelacolline.monsite-orange.fr • À 5 km au nord de Saint-Maurice. Congés : 3 sem début sept et de mi-déc à janv. Double 56 €. Dîner 18 €.* Une ferme vraiment mignonne avec sa grange en bois et sa fontaine, perdue dans les collines (évidemment) et au milieu des prés. Ambiance très douillette pour les 4 chambres, pleine de couleurs pour celles du 2e étage, régionales (autrichienne ou alsacienne) au 1er étage. Les repas sont partagés en famille au coin de la cheminée. Au programme, des produits de la ferme, selon l'humeur (agréable) de la bergère : agneau de lait, volaille et produits laitiers.

Les Sapins : *60, Grande-Rue, 88160* ***Le Ménil.*** *☎ 03-29-25-02-46. • lessapins88@gmail.com • hotel-les-sapins.fr • Resto tlj sauf dim soir et lun midi. Doubles 64-89 €. Formule déj sem 14,80 € ; menus 24-49,50 €.* La classique hôtellerie de campagne dans un bâtiment des plus basique prolongé par une belle annexe contemporaine. Chambres confortables et colorées, à la déco contemporaine avec quelques touches exotiques pour les plus chères. Quelques-unes, des plus banales toutefois, dans les petits prix... Côté resto, consciencieuse cuisine dont il n'y a rien à redire. Bar à fromages (et à vins !). Accueil qui met tout de suite à l'aise.

Chambres d'hôtes La Ferme des Granges : *23, route des Granges, 88160* ***Le Ménil.*** *☎ 03-29-25-03-00. 06-01-08-17-55. • contact@lafermedesgranges.fr • lafermedesgranges.fr • À env 15 km au nord-ouest de Saint-Maurice. Ouv tlj. Double 60 €. Dîner 20 €.* Une ferme de montagne en pleine nature, entre forêts et pâturages, et ses nouveaux habitants : Aline, Julien, leurs enfants, les chiens et les chèvres, sans parler de la basse-cour et des ruches. Le portrait n'est complet que si l'on

LES VOSGES

ajoute 4 chambres simples mais pimpantes et la table de la ferme et de la nature. Sans oublier l'accueil des plus cool.

Hôtel-restaurant du Centre : *18, rue Charles-de-Gaulle, 88160* ***Fresse-sur-Moselle.*** *☎ 03-29-25-02-19. • valerie.jitten@laposte.net • hotel-du-centre-fresse.fr • (au resto). À 3,5 km au nord-ouest de Saint-Maurice. Derrière l'église du village. Resto tlj sauf mer soir, dim soir et j. fériés. Congés : entre Noël et j. de l'an. Double 49 €. Menu unique 14 € (limonade ou vin et café compris) le midi lun-sam ; le soir, hors fermeture, sur résa. Taxe de séjour offerte (à l'hôtel) sur présentation de ce guide.* Le genre d'adresse comme on n'en fait (malheureusement...) presque plus : un bar-hôtel-resto-tabac-épicerie qui réjouit de sa bonne cuisine familiale chaque midi tous ceux qui bossent dans le coin. Si l'accueil naturellement sympathique et l'ambiance popu vous ont plu : 4 chambres fraîches et modernes.

Le Rouge Gazon : *88560* ***Saint-Maurice-sur-Moselle.*** *☎ 03-29-25-12-80. • info@rouge-gazon.fr • rouge-gazon.fr • À 11,5 km de Saint-Maurice. Resto tlj sauf mar hors vac scol. Congés : 2 nov-10 déc. Résa conseillée pdt les vac scol. Nuitée en dortoir (8-12 lits) : 19 €/pers. Double 80 € (tarifs dégressifs pour séjour). Formule 18,50 € et menus 22-25,50 €.* Le chaume du Rouge-Gazon doit son nom aux combats sanglants qui s'y sont déroulés en 1675, lors de la conquête de l'Alsace par Turenne. Sur ce lieu chargé d'histoire, la famille Luttenbacher a installé une petite station de ski et, autour de ce qui était au départ une ferme-auberge, un hôtel-restaurant qui traverse les saisons depuis 1932. Bâtiments sans charme particulier, parés de bois pour certains, mais chambres confortables et fonctionnelles (certaines avec kitchenette), au moins dans la nouvelle aile. Essayez d'avoir une chambre avec vue, car le site est splendide. La ferme familiale fournit le resto. Bons produits donc, travaillés simplement mais goûteux, comme le fameux « coiffé » au munster. Grandes salles animées et service dans la bonne humeur. Petit déj fermier vraiment exceptionnel. Point de départ de nombreuses (et superbes) randonnées, ainsi que des pistes de ski.

DANS LES ENVIRONS DE SAINT-MAURICE-SUR-MOSELLE

Les Hautes Mynes : *47, rue de la Gare, 88160* ***Le Thillot.*** *☎ 03-29-25-03-33. • ecrire@hautesmynes.com • hautesmynes.com • À 6 km à l'ouest. Avr-sept, tlj 10h-19h ; oct-mars, mer, w-e et j. fériés (sauf 25 déc et 1er janv) 13h-19h, et tlj 10h-13h, 14h-19h pdt les vac scol ; 12 nov-21 déc, sur résa seulement. Se renseigner pour l'heure du dernier départ, car il diffère selon saison et affluence. Visite guidée du musée : 3,50 €, plus le circuit découverte : 6 € ; visite complète (2h30, comprenant la Rouge-Montagne, le circuit découverte et la Maison des Hautes Mynes) : 11 € ; réduc ; gratuit moins de 5 ans. Casque et éclairage fournis, mais prévoir un pull, une veste imperméable et de bonnes chaussures. Bureau d'informations touristiques sur place.*

La balade commence dans l'ancienne gare du Thillot, où une expo présente le résultat des fouilles (ne manquez pas les incroyables pompes) et retrace l'histoire des mines dans la région et les différentes techniques d'extraction : le marteau et la pointerolle d'abord, puis le feu (la chaleur rendant la pierre plus friable), et enfin, au XVIIe s (une 1re en Europe), l'utilisation d'un explosif d'origine militaire, la poudre noire. La visite se poursuit, à 2 km de là (le transfert se fait en minibus), sur l'ancien site minier où l'on découvre stolles (galeries), puits ou vestiges d'ingénieux aménagements hydrauliques.

Ne cherchez ici ni terrils ni corons. Nous sommes en Lorraine, et surtout, il s'agit d'anciennes mines de cuivre et non de charbon. Mais votre œil initié

aura bien vite fait de repérer ces haldes lorraines, bien qu'elles soient plus discrètes que les terrils du Nord et bien que la forêt ait naturellement et depuis longtemps intégré ces monticules de pierres.
Le site, exploité du XVIe jusqu'au milieu du XVIIIe s, appartenait aux ducs de Lorraine. Il fait toujours l'objet de fouilles et n'en finit pas de révéler ses secrets. C'est tout un monde, méconnu sinon oublié, qui se dévoile : le travail harassant des mineurs (au marteau et à la pointerolle, il fallait parfois un an pour avancer de quelques mètres !), mais aussi les privilèges dont jouissaient ces hommes venus du Tyrol et de Bohême (ils avaient, par exemple, priorité pour s'approvisionner sur le marché hebdomadaire du Thillot).
2 parcours au choix : le 1er, « tout public », avec 2 galeries de 60 m. L'autre, un peu plus sportif, donne accès au cœur du réseau minier, à la mine de la Rouge-Montagne : on parcourt, parfois droit, souvent courbé, 160 m d'un étroit boyau de pierre, lampe sur le front. Passionnant et palpitant mais pas trop impressionnant, on vous rassure. Le fer et le cuivre révèlent leurs oxydes colorés, et on est fasciné, oubliant toute sensation de claustrophobie.

Ski et neige

Ski alpin : *domaine du Rouge-Gazon.* ☎ *03-29-25-12-80 (hôtel-restaurant* Le Rouge Gazon*).* 11 pistes, 5 téléskis. *École du ski français* sur place *(☎ 03-29-25-01-57 ; • esf-rouge-gazon.net •).*

Ski de fond : 21 km de pistes balisées et tracées. Accès gratuit.

– ***Circuits raquettes :*** 3 circuits (2,5 km, 6,5 km et 8 km) en accès libre.

Manifestations

– ***Les Feux Folies :*** *1er sam d'août à **Rupt-sur-Moselle,** ts les 2 ans.* Le plus grand show laser et pyrotechnique de l'Est. Rien de moins ! On en prend plein les yeux.
– ***Montée historique du Ballon d'Alsace :*** *le w-e du 15 août, au départ de **Saint-Maurice-sur-Moselle.** • monteeballond'alsace.com •*

LE BALLON D'ALSACE

Carte Vosges, D3

C'est de Saint-Maurice-sur-Moselle que part la route qui conduit en à peine 10 km au Ballon d'Alsace, dernier sommet, au sud-ouest, de la chaîne vosgienne. Il faut laisser son véhicule au parking ; puis petite grimpette de 5 mn à pied ; ça y est, vous êtes à 1 247 m d'altitude. Au point de jonction de 4 frontières départementales : Haut-Rhin, Haute-Saône, Vosges et Territoire de Belfort. Et vous êtes sûrement – pas toujours, mais souvent ! – balayé par le vent. Comme les hêtraies d'altitude, à la croissance contrariée par le climat des lieux. À vos pieds, la plaine d'Alsace et la Forêt-Noire. Encore plus loin... une tache blanche : le mont Blanc. Bref, un panorama à couper le souffle. Au XVIIIe s, un élégant routard en visite ici, le marquis de Pezay, écrivait à ce propos : « L'œil du voyageur se perd avant que l'horizon se termine. »
Bien sûr, l'endroit était propice au mysticisme : les Celtes, paraît-il, escaladaient le Ballon pour se rapprocher du soleil (même si le sommet détient le record français de pluviosité, avec en moyenne près de 2,50 m d'eau par

an...). Leur dieu adoré s'appelait Bel : serait-ce l'origine du mot Ballon, qui se dit également *Belchen* en allemand ? Au XIXe s, un fermier rescapé d'une tempête de neige fit ériger une statue au sommet pour remercier la très Sainte Vierge. L'omniprésente (en Lorraine) Jeanne d'Arc a aussi droit à sa statue au sommet, inaugurée en 1909. On lui préférera peut-être le moment des feux de la Saint-Jean (24 juin), fabuleux quand les flammes illuminent le Ballon.

Adresses utiles

Point d'informations : *au SMIBA, au col du Ballon d'Alsace, juste à côté du monument des Démineurs. ☎ 03-29-25-20-38 (w-e et vac scol) ou 03-84-28-12-01 (tte l'année). • tourisme-ballon-alsace.fr •*

■ **École du ski français :** *☎ 03-84-29-06-65. • esf-ballon-dalsace.com •*

À voir

L'exposition permanente des Démineurs : *dans le point d'informations.* Sont exposés quelques-uns des engins de mort abandonnés après la Seconde Guerre mondiale dans cette zone frontière : obus, explosifs, mines cailloux et mines bondissantes. Un monument aux démineurs, lourd de symbolique, a été érigé juste à côté, en 1952.

Les cascades du Rummel et le saut de la Truite : *en redescendant vers Belfort.* Le sentier longe la Savoureuse, qui chute de 220 m en cascades de toutes tailles dans un lit de granit. On en parle (sans vouloir vous pousser à la consommation) plus largement dans le *Routard Franche-Comté*.

DÉMINEURS AU SOMMET

Dès le début de 1945, 3 200 volontaires (et 50 000 prisonniers de guerre allemands...) sont sollicités pour déminer le territoire français. Un travail long de 3 ans, au cours duquel 592 démineurs français laissent leur vie. Comme les Vosges étaient le département le plus miné, c'est, symboliquement, sur le Ballon d'Alsace qu'est inauguré, en 1952, un monument qui rappelle ce sacrifice.

Sports et loisirs

➢ ***Randonnées :*** le sentier d'interprétation et de découverte du Ballon d'Alsace propose une balade autour du sommet d'une petite heure (la rando dominicale par excellence !). Nombreuses autres possibilités sur les 3 versants.

Ski et neige

Ski alpin : *forfait journée adulte env 20 €.* 11 remontées mécaniques et 10 pistes. Snowpark. Fil-neige pour débutants et enfants.

Ski de fond : *accès env 5 €.* 6 pistes damées sur environ 40 km.

– ***Raquettes :*** 3 itinéraires balisés et damés, à partager avec les chiens de traîneau.

– ***Luge :*** 2 pistes gratuites et sécurisées au col des Démineurs et au Langenberg.

– ***Chiens de traîneaux :*** *avec* ***Scoobeedo,*** *📱 06-08-17-56-85. • scoobeedo.net •* Une activité fort prisée et donc résa impérative !

LES VOSGES MÉRIDIONALES

REMIREMONT (88200) 8 120 hab. *Carte Vosges, C3*

Agréable petite ville, commerçante, et pleine de charme, Remiremont a gardé beaucoup de son cachet de jadis et mérite qu'on s'y attarde. Fondée au IXe s, la cité a abrité l'un des 4 chapitres féminins de Lorraine et sans doute le plus sélect : seules les jeunes filles pouvant apporter la preuve de 16 quartiers de noblesse y étaient admises ! Ces Bénédictines ne prononçaient toutefois pas de vœux, et leurs seuls devoirs religieux étaient l'assistance à l'office. Dirigé par une abbesse élevée au rang de princesse d'empire, ce chapitre ne relevait à ce titre que de l'empereur pour les affaires temporelles, et du pape pour les affaires spirituelles. Le chapitre avait droit de perception de la dîme, droit de justice, et possédait une cinquantaine de seigneuries. Une telle richesse et une telle puissance devaient forcément susciter des jalousies.
Dès le XIe s, les ducs de Lorraine, censés protéger l'abbaye, tentent d'en usurper les droits. Et ce n'est qu'au milieu du XVIe s que le chapitre de Remiremont accepte la tutelle du duché de Lorraine.

L'INVENTION DU CAMOUFLAGE

À Remiremont, en 1914, l'artiste peintre Louis Guingot est choqué par le pardessus bleu et le pantalon rouge de nos soldats, bien trop voyants. Il imagine alors des couleurs évoquant les champs et la forêt. L'état-major refuse son idée car l'uniforme devait correspondre aux couleurs républicaines. Cette stupidité provoque des millions de morts ! Son idée sera toutefois, reprise pour... le matériel.

Adresses utiles

Office de tourisme : *4 bis, pl. de l'Abbaye. ☎ 03-29-62-23-70. • remiremont@otrp.fr • tourisme-remiremont-plombieres.com • Lun-sam 9h-12h, 14h-18h ; plus dim 9h30-12h30 de mi-juil à mi-août et le jour du carnaval vénitien. Borne interactive 24h/24 accessible à l'extérieur.* Visites guidées (payantes) de la ville selon diverses thématiques du centre historique de la ville en saison *(mar mat en juil-août).*

Gare SNCF : *pl. des Martyrs de la Résistance. ☎ 36-35 (0,40 €/mn).* Terminus de la ligne du TGV Est-Européen. 2 A/R quotidiens pour Paris. Sinon, train pour Nancy et bus pour La Bresse et Bussang.

Où dormir ? Où manger ?

De bon marché à prix moyens

Chambres d'hôtes Ferme du Grand Bienfaisy : *Le Grand-Bienfaisy. ☎ 03-29-23-28-20. 📱 06-85-59-59-76. • patrick.kieffer10@wanadoo.fr • legrandbienfaisy.fr • À 2 km du centre-ville (suivre la direction « Centre de congrès ») ; 1 km après le centre équestre (fléché). Doubles 60-62 € (dégressif à partir de 3 nuits). Café offert sur présentation de ce guide.* Ferme typique du XVIIIe s à l'orée de la forêt. L'écurie accueille encore des chevaux. Juste au-dessus, 6 agréables chambres remises doucement au goût du jour (dont une suite pour 4-5 personnes). Copieux petit déj. Pas de table d'hôtes, mais une kitchenette à disposition pour les séjours à partir de 3 nuits.

Hôtel du Cheval de Bronze : *59, rue Charles-de-Gaulle. ☎ 03-29-62-52-24. • chevalbronze@wanadoo.fr • hotelchevalbronze.com • L'entrée se situe sous les arcades du centre-ville. Doubles 52-75 €. Parking privé payant.* Un ancien relais de poste, un peu suranné avec ses meubles rétro, ses couvertures sur les lits et plein d'escaliers partout. Chambres plus ou moins spacieuses, simples mais bien tenues. Celles qui donnent sur la cour sont plus lumineuses et calmes que les autres. Côté insonorisation, c'est quitte ou double : correcte côté rue ou cour mais un peu limite côté voisin de chambre ! Mais l'accueil des plus sympa emporte l'adhésion.

Poule ou Coq ? : *56, rue Charles-de-Gaulle. ☎ 03-29-26-54-76. Dans la rue principale. Tlj sauf dim soir (hors été) plus lun. Menus 16 € (déj sem) puis 29-39 €.* Très chouette déco contemporaine à base de matériaux bruts (et avec plein d'idées : rien que la manière de présenter les serviettes...), mais aussi, et surtout, une belle cuisine, inventive juste ce qu'il faut, volontiers voyageuse mais au plus près de goûteux produits souvent locaux. Le service est encore un brin amateur mais charmant. Et le menu du déjeuner une vraie affaire.

La Quarterelle : *3, rue de la Carterelle. ☎ 03-29-23-98-69. 06-72-45-80-84. • pethe.christian@wanadoo.fr • Au centre, près de l'église et du commissariat. Tlj sauf mer et soir dim-mar. Congés : fin mars-début avr, fin juin-début juil, fin sept-début oct et fin déc-début janv. Formule déj sem 23 € ; menus 27,90-39 € ; carte env 40 €.* En entrant dans la petite salle coquette et intimiste, vous serez accueilli par madame, très prévenante, qui assure le service. Monsieur, passionné d'épices, est en cuisine et apporte sa touche personnelle et originale aux produits du terroir, avec quelques saveurs exotiques bien senties et bien dosées. La carte courte sait surprendre les papilles au fil des saisons. Un classique réputé.

LES VOSGES

Où dormir ? Où manger dans les environs ?

Chambres d'hôtes Les Mitreuches : *986, rue des Mitreuches, 88200* ***Dommartin-lès-Remiremont.*** *☎ 03-29-23-34-27. 06-44-81-22-49. • contact@lesmitreuches.com • lesmitreuches.com • À env 4 km au sud-est de Remiremont. Compter 54 € pour 2. Pot d'accueil offert sur présentation de ce guide.* Au milieu des champs, cette ferme abrite 4 chambres simples et coquettes à la fois, propres et lumineuses, d'un bon rapport qualité-prix. Cuisine, terrasse et barbecue sont mis à disposition des hôtes, qui peuvent aussi profiter du jardin, bordé par la rivière. Pour ne rien gâcher, l'accueil de Bernadette et Jean-Marc est convivial et spontané.

Le Saint-Romary : *Saint-Romary, 88200* ***Saint-Étienne-lès-Remiremont.*** *☎ 03-29-22-55-59. 06-32-10-86-35. • saint-romary@orange.fr • À 4 km de Remiremont ; fléché depuis le centre du village de Saint-Étienne (« Domaine Saint-Romary »). Tlj sauf soir dim-lun. Formules 16,50 € (déj sem) et 23,50 € ; menus 28,50-36 € ; carte env 40 €. Café offert sur présentation de ce guide.* Un joli cadre de bistrot d'aujourd'hui et une terrasse ouverte sur la vallée de la Moselle et Remiremont. Et un chef qui exprime son talent en revisitant avec brio des plats dans la grande tradition. Courte carte, qui évolue au fil des saisons (tout en fraîcheur donc) et qui privilégie les producteurs locaux. Service impeccable et souriant.

Achats dans les environs

La Madelon (brasserie artisanale des Vosges) : *21, rue du Vélodrome, 88200* ***Saint-Étienne-lès-Remiremont*** *(ZAC Vélodrome).*

☎ *03-29-22-11-36.* • *brasserie.madelon@orange.fr* • ♿ *À 2 km de Remiremont. Ouv tte l'année tlj 9h-12h, 14h-19h (18h sam).* Brasserie qui produit (et vend sur place) des bières artisanales de chaque couleur : blonde, ambrée, blanche et... noire (aromatisée, La Madelon noire). Une bière d'abbaye (d'Autrey) également, de la limonade et le MadCola. Boutique et bar de dégustation.

Distillerie Lecomte-Blaise : *10, rue de la Gare, 88120* ***Nol.*** ☎ *03-29-24-71-04.* • *lecomte-blaise.com* • ♿ *À 12 km au nord-est de Remiremont. Tte l'année, lun-sam 9h-12h, 14h-18h. Visite et dégustation gratuites.* Fabricant artisanal d'eaux-de-vie réputées depuis 1820. La distillation se fait comme autrefois, dans des alambics en cuivre, et le vieillissement dans des bonbonnes de verre protégées par des paniers en osier. Eaux-de-vie et liqueurs, à la mirabelle, à la quetsche et à la myrtille bien sûr, mais aussi des parfums surprenants : gentiane, baies de houx, céleri sauvage, alisier, sorbier des oiseaux, bourgeon de sapin ou églantier gratte-cul (mais pas la gorge).

À voir

La rue Charles-de-Gaulle : les arcades du XVIIIe s de l'ancienne Grand-Rue constituent l'un des aspects les plus pittoresques de la ville. Les formes et les proportions sont variées, conservant à l'ensemble une vocation de galerie marchande. En face du no 67, une des nombreuses fontaines de la ville, ornée d'un cygne et datant du XIXe s. Une autre, un peu plus bas, à hauteur du no 113, dite « fontaine de l'Empereur ». En haut de la rue se dresse la statue du Volontaire (1899), qui rappelle que les habitants de Remiremont ont été parmi les 1ers à s'engager pour défendre « la patrie en danger » en 1792. À deux pas, la très belle fontaine des Dauphins (1828) trône sur la place de Lattre-de-Tassigny.

Le musée Charles-de-Bruyères : *1, rue Paul-Doumer.* ☎ *03-29-62-59-14. Mai-sept, tlj sauf mar 10h-12h, 14h-18h ; nov-déc et janv-avr, tlj sauf mar (et dim janv-mars) 14h-18h. Fermé 1er janv, 1er mai, jeu de l'Ascension, 1er nov et 25 déc, ainsi qu'en oct. Entrée : 4 € ; réduc ; gratuit moins de 18 ans et pour ts le dim. Billet groupé avec le musée Charles-Friry : env 6 €. Visite guidée à la demande.* En 1905, Charles de Bruyères, avocat, légua à sa ville natale sa maison et sa collection de tableaux pour créer un musée. Au hasard des salles, de pittoresques peintures du XVIIe au XIXe s, notamment de très belles œuvres des écoles hollandaise (au caractère profond et humain qui annonce Rembrandt) et française (essentiellement du XIXe s, avec quelques grandes signatures comme Ziem). On y trouve également des sculptures de pierre et de bois provenant des églises et des chapelles de Remiremont démolies à la Révolution. Imposante collection de monnaies, des gauloises du Ier s av. J.-C. jusqu'aux deniers du XVIIIe s. Quelques beaux exemples de verrerie d'art provenant de l'école de Nancy. Expo d'arts et traditions populaires (reconstitution d'une chambre et d'une cuisine des Hautes-Vosges).

L'église abbatiale : du 1er édifice construit au IXe s, rien ne nous est parvenu. De la seconde église consacrée au XIe s, il reste la crypte, passant pour la plus ancienne construction religieuse vosgienne. Ses 15 travées reposent sur 2 rangées de colonnes monolithiques. On a adjoint à ces 3 nefs 2 chapelles latérales donnant à l'ensemble un aspect des plus pur (sinon émouvant...). L'église actuelle date de la fin du XIIIe s mais la grosse tour à 4 étages coiffée d'un bulbe octogonal est du début du XIXe s.

Intérieur vaste et clair à 3 nefs et 4 travées, avec peintures du XVe s sur les clefs de voûte. On est frappé par la finesse et la pureté des lignes, largement accentuées par la nudité des murs. Le grand retable de l'autel Saint-Romary égaie quelque peu l'ensemble. Tout comme la statue de saint Nicolas, du XVe s, dont on ne peut que remarquer l'admirable drapé. Joyau essentiel de cette église : la statue de Notre-Dame du Trésor, buste de la Vierge avec l'Enfant, de type presque byzantin, datant du milieu du XIIe s. Elle était, avant la Révolution, recouverte de plaques d'or et de vermeil. Elle est toujours vénérée dans la ville, dont elle est la protectrice millénaire.

Le palais abbatial : *ne se visite pas.* Attenant à l'église, il a été construit autour de 1753 alors que la petite-nièce de Louis XIV était patronne du chapitre. Charmant édifice à l'allure aristocratique, disposé en équerre : un des côtés sert de façade à l'hôtel de ville. Aux alentours du palais s'érigeaient les hôtels des chanoinesses. On peut encore en voir une douzaine avec leur portail monumental et leur jardin à fontaine dans le style du Grand Siècle.

Le musée Charles-Friry : *12, rue du Général-Humbert. ☎ 03-29-62-59-13. • remiremont.fr • Près du commissariat. Mêmes horaires et mêmes conditions d'accès que le musée Charles-de-Bruyères.* Installé dans une belle demeure du XVIIIe s ayant appartenu au chapitre des chanoinesses de Remiremont. Autant dire que l'intérieur respire le luxe ! On doit ce musée à un magistrat (milieu du XIXe s) qui collectionna, durant plus de 50 ans, tableaux – la plus importante collection est celle des peintres flamands –, sculptures, faïences, étains et mobilier. Un ensemble hétéroclite qui ne manque pas de charme, dont la pièce maîtresse est *Le Veilleur à la sacoche* de Georges de La Tour. Reconstitution de pièces Empire, Louis XVI et XVIIe s.

Sports et loisirs

➢ ***La voie verte des Hautes-Vosges :*** *☎ 03-83-83-12-38. • lorraine.voie.verte.free.fr •* Au départ de Remiremont, 2 anciennes voies ferrées (d'une longueur de 33 et 37 km) qui ont été goudronnées et sécurisées pour permettre la pratique du vélo, du roller, du ski à roulettes ou, tout simplement, de la marche à pied. L'une suit la vallée de la Moselotte, de Remiremont à Cornimont, l'autre, la vallée de la Moselle, de Remiremont à Bussang en passant aux environs du Thillot.

Fêtes et manifestations

– ***Carnaval vénitien :*** *3e w-e de mars (en 2020, le 1er w-e d'avr, cause élections).* Grands défilés costumés et féerie vénitienne, spectacles les soirs du week-end. Animations 10 jours avant les défilés.
– ***Fête des Champs-Golot :*** *sem avt Pâques. Devant l'hôtel de ville.* Comme à Épinal, on fête pendant cette semaine la fonte des neiges. Les enfants de la ville construisent des petits bateaux à partir d'emballages de récupération de produits laitiers. On met à leur disposition des bassins. Défilés et remise de prix en soirée.
– ***Fête de la Saint-Nicolas :*** *sam précédant la Saint-Nicolas (6 déc).* Défilés, chars, etc.
– ***Marché de Noël :*** *en déc, en principe le w-e de la Saint-Nicolas et pdt 7 j. avt Noël (rens en mairie : ☎ 03-29-62-42-17).*

DANS LES ENVIRONS DE REMIREMONT

Terrae Genesis : *28, rue de la Gare-Peccavillers, 88120* ***Le Syndicat.*** *☎ 03-29-26-58-10. • lemusee@terraegenesis.org • terraegenesis.org • À 7,5 km à l'est de Remiremont ; suivre le fléchage « centre de géologie ». Avr-oct, tlj sauf lun et sam 14h-18h ; hors saison, mêmes horaires mais pdt les vac scol seulement.*

Entrée : 6 €, audioguide compris ; réduc ; gratuit moins de 10 ans. Un centre de géologie passionnant dès sa 1re salle consacrée à la pétrologie, qui n'est pas l'étude du pétrole mais la science des roches ! Il y en a ici plus de 900 issues du massif vosgien et présentées sur de très didactiques panneaux. Une des plus vieilles roches connues au monde (4,388 milliards d'années quand même !) est, elle, précieusement conservée dans un coffre-fort qui ne s'ouvre que pour les visites. Petite section de paléontologie ensuite avec fougères fossiles, ammonites et empreinte de dinosaure. Remarquable collection (c'est la 3e en importance de France) de minéralogie de la Moineaudière, avec, là encore, une pièce exceptionnelle : un quartz fantôme, lourd de plus de 600 kg dont il n'existe que 2 exemplaires dans le monde.
On termine avec une salle où la lumière noire fait ressortir la fluorescence naturelle de certains minéraux. En sortant, on peut se balader sur le site de cette ancienne gare d'où partait autrefois le granit des Vosges, pour notamment paver les rues de Paris.

PLOMBIÈRES-LES-BAINS

(88370) 1 740 hab. *Carte Vosges, C3*

Ville d'eaux depuis l'Antiquité romaine, détruite par les Huns et reconstruite au XIIIe s seulement, Plombières a eu les faveurs de Montaigne, Richelieu, Voltaire, Musset, Lamartine, Berlioz ou Napoléon III. Le 21 juillet 1858, ce dernier eut avec Cavour une entrevue de portée internationale qui décida du sort de l'Italie, de Nice et de la Savoie. L'empereur remit également la station au goût du jour (colonnes en marbre et architecture haussmannienne). Plombières est encore courue aujourd'hui par les curistes soucieux de soigner leurs intestins ou leurs rhumatismes.

LA GLACE PLOMBIÈRES

L'origine de ce dessert remonterait à 1798 : le pâtissier Tortoni faisait les délices du Tout-Paris avec la « plombière » (sans « s », donc), entremets glacé aux œufs et aux fruits confits qui tirait son nom du moule en plomb lui donnant forme...
Un dessert que Napoléon III a vraisemblablement « importé » à Plombières. D'où est originaire la recette définitive de la glace... Plombières (avec un « s » cette fois) ! Et il se raconte qu'elle est le fruit (confit !) d'un pur hasard : en 1882, un pâtissier local a versé une bonne rasade de kirsch (produit chez le voisin de Fougerolles) pour rattraper une crème en train de tourner. Kirsch qui donne son goût incomparable à cette recette que défend désormais la très sérieuse Confrérie impériale de la glace plombières.

Adresses utiles

Office de tourisme : *pl. Maurice-Janot. ☎ 03-29-66-01-30. • plombieres@otrp.fr • tourisme-remiremont-plombieres.com • Lun-sam 9h-12h, 14h-18h, plus dim 10h-13h en juil-août. Borne interactive externe 24h/24.* Il existe depuis 1902 ! Installé dans le joli bâtiment de l'ancien casino. Organise, sur résa, des visites guidées thématiques de Plombières-les-Bains. Service de réservation d'hébergements et de séjours. Vitrine de produits régionaux.

■ ***L'Épinette des Vosges :*** *2680, route de Remiremont. • epinette.des.vosges.free.fr •* Association de défense de l'épinette des Vosges. Tradition, historique, fabrication, interprétation... Vous trouverez auprès d'eux toutes les réponses aux questions que vous vous posez sur cet instrument à cordes, vieux de plus de 250 ans. Ils organisent aussi régulièrement conférences et concerts.

Où dormir ? Où manger ?

Camping

L'Hermitage : 54, rue du Boulot. ☎ 03-29-30-01-87. • hermitage-camping.com • ♿ À 1,5 km à l'ouest du centre (c'est bien fléché). Ouv de mi-avr à mi-oct (locatif tte l'année). Compter 14,50 € pour 2 en saison. Cabane 79 €/nuit pour 2, petit déj compris. Mobile home et chalets 260-420 €/sem. 55 empl. Plutôt nature et très tranquille pour un camping pratiquement aux portes de la ville. Ambiance très familiale et super accueil des propriétaires. Emplacements verdoyants et bien délimités. Petite piscine. Bar avec petite restauration (pizzas).

De bon marché à prix moyens

***Hôtel-restaurant d'Alsace :** 34, rue Liétard. ☎ 03-29-30-02-22. • hotel-dalsace@wanadoo.fr • hotelrestaurantdalsace.com • Tlj. Congés : oct-fin mars. Doubles 38-50 €. Menu 18 €. Apéritif maison offert sur présentation de ce guide.* Une adresse à l'ambiance franchement familiale installée dans une bâtisse début XXe s qui en impose un peu. Belle hauteur sous plafond, moulures et miroirs : l'immense salle à manger a de l'allure. Bonne cuisine toute simple, de tradition et de région. Service à l'ancienne, très prévenant. Un bel escalier grimpe vers des chambres toutes simples elles aussi (les moins chères n'ont qu'un lavabo) à la déco un peu datée mais confortables, lumineuses (avec balcon pour certaines).

***Ferme et auberge La Chenevière :** 645, route de Bains. ☎ 03-29-30-03-25. • cornu.cheneviere@hotmail.com • À 3 km du centre de Plombières. Ouv tte l'année (sauf 25 déc), ts les midis, sur résa de préférence. Plat du jour (déj sem) 13-15,60 € ; carte 25-30 €.* 3 petites salles dans une grande ferme au milieu des prés. Déco rustique et boisée, avec la cheminée qui donne une ambiance chaleureuse. Chaque jour, un petit choix différent d'entrées, de plats et de desserts élaborés avec les produits de la ferme. Charcuteries, tourtes, volailles ou tartes maison. Accueil familial.

À voir

N.B. : les installations thermales (thermes Napoléon et centre balnéo-romain *Calodaé*) ne peuvent se découvrir que dans le cadre d'une cure ou d'une journée de remise en forme. Sortant à 84 °C, cette eau est la plus chaude d'Europe. Seule la buvette thermale (de style Art déco) est en libre accès.

La rue Stanislas : axe central de la ville, avec la rue Liétard qui la prolonge. Un petit air méditerranéen (pour peu que le soleil soit de la partie...) avec ses placettes et ses maisons aux façades ornées d'une multitude de balcons ouvragés (ce qui a valu à Plombières le surnom de « ville aux mille balcons »). Plusieurs bâtiments la jalonnent, tel le bain Stanislas (ou bain des Dames, puisqu'il était la résidence des chanoinesses de Remiremont). En face, au n° 4, l'ancien hôtel *Résal* où séjourna Joséphine de Beauharnais et d'où elle chuta d'un balcon en juin 1798. Au n° 17, l'ancienne *Hostellerie de l'Ange* où descendait Montaigne. Presque en face, la belle maison XVIIIe s dite « des Arcades » (ou encore dénommée « Palais royal »), construite à la demande de Stanislas ; elle abrite la source du Crucifix (grille et rampe en fer forgé classées, œuvre d'André Gillot ferronnier d'art et élève de Lamour, l'auteur des grilles de la place Stanislas à Nancy). Sous la rue Stanislas se cache une étuve romaine, encore utilisée dans le cadre de la balnéo.

La buvette thermale : *au début de la rue Liétard.* Le bain national a été édifié de 1811 à 1819, sur l'emplacement de l'ancien couvent des Capucins, dans un style monumental accentué par le fronton et les colonnes. L'architecte Danis a réalisé la déco intérieure en 1935. Impossible de rater la buvette Art déco, encore en service aujourd'hui, avec sa fontaine qui rappelle quelque peu les derricks des plateformes pétrolières. Étrange forme qui sert aujourd'hui de logo à la ville de Plombières-les-Bains.

Le pavillon des Princes : *passage des Capucins.* Une volée de marches conduit à ce petit pavillon bien modeste, vu son appellation. Il a pourtant hébergé les membres de la famille royale : la duchesse d'Angoulême, fille de Louis XVI, la duchesse d'Orléans, belle-fille de Louis-Philippe... C'était, jusqu'au Second Empire, la résidence d'été des préfets des Vosges. L'un d'eux y reçut Alfred de Musset en 1845 pendant quelques jours. Et c'est dans ce même pavillon que Napoléon III a, lors d'une entrevue secrète avec le comte Benso di Cavour, obtenu le rattachement à la France du comté de Nice et de la Savoie, en échange de sa contribution à l'unification de l'Italie. Le célèbre corps des tirailleurs sénégalais a également été créé ici par Napoléon III (encore lui !).

Les thermes Napoléon : *av. des États-Unis.* Construit en 1857, le hall intérieur rappelle les thermes de Caracalla. À cette époque, les stations thermales commencent à être à la mode, et l'empereur draine autour de lui une cour de hauts bourgeois qui se démarquent du bourg ancien en construisant leurs villas sur les versants. Juste en face des thermes, le *parc Tivoli,* riche de quelques belles essences. À quelques centaines de mètres, petite promenade à faire dans le *parc impérial* (il a été partiellement dessiné par Napoléon III), situé face au casino installé dans l'ancienne gare, construite en 1878, dans le plus pur style Second Empire. Vous y trouverez un arboretum, un parcours de santé, un étang, un minigolf, un parc de miniatures (lire plus loin) et des départs de rando.

LA CASTIGLIONE

« La plus belle femme du monde », disait-on. À 18 ans, en 1858, elle fut envoyée par Victor-Emmanuel II, roi de Sardaigne, pour séduire Napoléon III afin qu'il soutienne l'unification italienne. Elle deviendra la maîtresse de l'empereur. Sa mission sera un succès total. Elle mourut recluse chez elle, place Vendôme, en ayant retiré tous les miroirs pour ne pas affronter l'outrage des ans.

Le parc des miniatures : *dans le parc impérial. 06-14-67-21-15. • contact@parcminiatures.com • parcminiatures.com • 1er dim d'avr à début nov, tlj 10h-12h, 14h-18h (en continu juil-août). Entrée : 6,50 € ; réduc ; gratuit moins de 4 ans. Tarif combiné avec le minigolf : 8,50 € ; réduc.* Installées en pleine nature, et fabriquées (avec une foule de détails) par une famille de passionnés, les maquettes de plus d'une vingtaine de monuments majeurs d'Alsace, de Lorraine et de Franche-Comté : rue de Colmar, châteaux du Haut-Koenigsbourg ou de Lunéville, cathédrale de Strasbourg...

La fontaine Stanislas : *à pied, grimpette d'une bonne ½ heure depuis le haut du parc impérial. Pour les moins courageux, en voiture, à env 4 km du centre par la route d'Épinal, puis fléché sur la gauche.* Cette fontaine est en fait une source naturelle qui jaillit d'un gros rocher. Elle a pris le nom (à sa demande !) de Stanislas, roi de Pologne et duc de Lorraine, qui appréciait particulièrement l'endroit. Et on le comprend : le site est des plus romantique, sinon inspirant. Un bas-relief rappelle d'ailleurs que Berlioz a écrit à Plombières une bonne partie de son opéra *Les Troyens.* Les autres inscriptions sont évidemment à la gloire de Stanislas.

Les Jardins en terrasses : *8, rue Grillot. ☎ 03-29-37-68-81. • jardinsenterrasses.fr • Sur les hauteurs, sur la droite après l'église quand on va vers Remiremont, c'est fléché. GRATUIT. Nombreuses manifestations musicales et champêtres en été.* Un peu accroché à la pente, un drôle de jardin associatif où les plantes poussent sur un vieux matelas ou s'enroulent autour de roues de vélos, où fruits et légumes font bon ménage avec les œuvres d'artistes. Jolie vue sur la ville.
Juste au-dessus, *Accro'Terrasses* propose 3 parcours ludico-sportifs (tyrolienne, ponts de singe...) dans les arbres *(avr-oct, mer, w-e et j. fériés et tlj pdt les vac scol, 13h-19h ; entrée : 12 € ; 7 € enfant).*
Vente de produits des jardins dans le « chalot » traditionnel, où l'on peut également boire un verre *(avr-sept, 9h-19h en sem, 13h30-19h w-e et j. fériés).*

À faire

– ***Calodaé, centre spa balnéo-romain :*** *7, pl. du Bain-Romain. ☎ 03-29-30-07-30. • plombieres-les-bains.com • Ouv au grand public lun-ven 13h30-19h, w-e 10h-20h (18h dim). Résa conseillée (voire obligatoire le w-e et pdt les vac scol). Entrée : 16 €. « Bouquets » remise en forme, détente, beauté : 34-90 €.* L'entrée donne accès aux espaces balnéo (étuve romaine, jacuzzi, etc.). Toutes sortes de soins, esthétiques ou bien-être, en option.

Fêtes et manifestations

– ***Marchés :*** *ven mat, pl. Beaumarchais ; marchés nocturnes du terroir en été dans le village de* ***Ruaux.***
– ***Puces et brocante :*** *le 2e dim du mois, avr-oct, à l'extérieur dans les rues du cœur historique.* Sinon, les chineurs en cure et curistes chineurs peuvent découvrir les antiquaires-brocanteurs (une dizaine dans le centre-ville) et artisans d'art au clos des Deux Augustins.
– ***Fête de l'eau :*** *w-e de l'Ascension, avec bénédiction des bains l'ap-m. Concert autour de l'orgue classé de l'église.*
– ***Foire aux petits cochons :*** *3e dim de juin, à* ***Ruaux.*** *À 4 km de Plombières par la D 20, puis à gauche.* Vide-greniers.
– ***Fête des Jardins en terrasses :*** *le 1er dim d'août.*
– ***Marché de Noël d'autrefois :*** *les 4 w-e de l'Avent.* L'un des plus animés de Lorraine, pour sa déco et ses illuminations fabriquées et installées par une association.

DANS LES ENVIRONS DE PLOMBIÈRES-LES-BAINS

➢ ***La route Thermale :*** il s'agit de la route touristique qui relie Plombières à Contrexéville, en passant par La Vôge-les-Bains et Vittel, en 70 km. Suivre la D 63, puis la D 20 et la D 434. Si le cœur vous en dit, vous pouvez même poursuivre jusqu'à Fontenoy-le-Château. On quitte la route Thermale, mais le trajet est splendide. Tout en traversant la forêt verdoyante, on admire en chemin les impressionnants vestiges d'une économie autrefois florissante, dans la vallée des Forges. Anciennes scieries, manufactures, verreries... La plupart en ruine, d'autres réhabilitées (voir, par exemple, à La Chaudeau). La plus belle manufacture, la mieux préservée aussi, se situe sur le territoire de La Vôge-les-Bains... et l'on peut même y dormir ! (Voir plus loin.)

LES VOSGES

LE VAL-D'AJOL

(88340) 3 880 hab. *Carte Vosges, C3*

À l'extrême sud du département, capitale de l'andouille et du *gandoyau,* labellisé « Site remarquable du Goût », Le Val-d'Ajol est la plus vaste commune de Lorraine avec 7 500 ha, un bourg-centre et 80 lieux-dits et autres hameaux dispersés dans une vallée qui a longtemps été un monde à part : les habitants avaient obtenu pas mal de libertés (dont celle de se passer de seigneur) des abbesses de Remiremont, autrefois propriétaires des lieux.
Une vallée franchement superbe, couverte de forêts, d'étangs et de calvaires de pierres. Le Val-d'Ajol, c'est donc le paradis pour les amoureux de verdure et de calme absolu.

Adresses utiles

Office de tourisme : *17, rue de Plombières. ☎ 03-29-30-61-55. • documentation@otrp.fr • tourisme-remiremont-plombieres.com • Juil-août, lun-sam 9h30-12h, 14h-17h ; dim et j. fériés 10h-12h. Borne interactive 24h/24 à l'extérieur.* Fiches randos (plus de 180 km de sentiers balisés).

Point Info : *à* ***Girmont-Val-d'Ajol.*** Au centre du village, doc à disposition dans un authentique chalot.

LES VOSGES

Où dormir ? Où manger ?

La Résidence : *5, rue des Mousses. ☎ 03-29-30-68-52. • contact@la-residence.com • la-residence.com • (resto et 2 chambres). Congés : 1er-14 mars et 1er-27 déc. Résa conseillée en saison. Doubles 75-107 € ; chalet 98 € pour 2. Formule déj sem 18,50 € ; menus 31-68 €.* Belle maison de maître du XIXe s, au cœur d'un agréable parc de 2 ha. Chambres plutôt cossues, dans le ton de la maison. Quelques-unes à la déco plus contemporaine (et moins chères) sont réparties dans 2 annexes. Et à peine à l'écart, autour d'un étang de poche, se planquent les *Chello de Marie,* 3 hébergements qui se partagent douche (et bain finlandais) dans de petites maisons de bois inspirées des chalots locaux. Piscine (couverte et chauffée) et tennis. Accueil familial de la 3e génération aux commandes de cette institution depuis plus de 50 ans. Belle salle à manger qui se fond presque dans le parc. Et belle cuisine, dans le genre terroir dynamique. Remarquable carte des vins.

Restaurant du Sô : *3, pl. du Sô. ☎ 03-29-30-57-30. • contact@restaurantduso.fr • Ouv ts les midis sauf lun, et le soir jeu-dim. Menus 20-25 € ; carte 15-20 €.* Une terrasse sur la place de l'église, et une salle toute simple mais plaisante. Côté cuisine, c'est du même tonneau : simple mais bon et généreux, avec de savoureux plats de terroir (jambonneau du val d'Ajol, poulet au Riesling) déclinés dans les menus, des burgers maisons (avec frites fraîches !) et des pizzas au feu de bois. Service dévoué mais sans chichis.

Où dormir ? Où manger dans les environs ?

Auberge de la ferme Saint-Vallier : *30, route de Clairegoutte, 88340* ***Girmont-Val-d'Ajol.*** *☎ 03-29-30-62-77. • auberge-saintvallier@wanadoo.fr • aubergesaintvallier.fr • (resto). À 600 m du centre du village, par une route qui monte au niveau de l'église (panneau). Resto* *tlj sauf lun en juil-août ; le reste de l'année, ouv seulement le w-e. Résa conseillée. Gîte (4-6 pers) 85 €/w-e ou 250-320 €/sem selon saison. Formule 16 € ; menus compter 19-22 €.* Cette ferme de 1630 domine la vallée et abrite, au-dessus du resto, un gîte très bien équipé et à la jolie déco boisée. Resto au cadre rustique et un peu kitsch. Vaste terrasse avec vue imprenable. Solide cuisine vosgienne à base de bons produits du terroir. Accueil sincère et sans façon.

Chambres d'hôtes Le Sauceley : *33, Le Sauceley, 88340 Girmont-Val-d'Ajol. ☎ 03-29-30-59-06. 06-83-05-02-58. • isabellechevron@aol.com • À 5 km au nord-ouest du Val-d'Ajol par la D 23, puis la D 83, direction Le Girmont ; juste avt le village, dans un virage, chemin à droite (suivre le fléchage ensuite). Double 55 €. Dîner sur résa 20 €. Apéritif maison ou café offert sur présentation de ce guide.* 3 chambres aménagées dans l'ancienne grange d'une vieille ferme vosgienne. Déco basique, mais intérieur propre et lumineux. Accueil dynamique, environnement sympathique et prix gentils. Cuisine et salle à manger communes.

Achats

Boucherie-charcuterie Laval : *2, pl. des Écoles. ☎ 03-29-30-66-32. Au centre du bourg. Tlj sauf dim ap-m plus jeu ap-m (hors été), 6h30-19h (coupure 12h-14h lun et jeu).* L'endroit idéal pour acheter une andouille ou un gandoyau du Val-d'Ajol entre autres bons produits locaux : pâté lorrain, saucisson aux mirabelles...

Magasin de Buyer : *Faymont, Val-d'Ajol. ☎ 03-29-30-56-12. • debuyer.com • À 4 km du Val-d'Ajol, sur la D 23 vers Remiremont. Tlj sauf dim 9h-12h, 14h-19h.* Le magasin du célèbre fabricant de matériel de cuisine et pâtisserie (électroménager et déco aussi) installé ici depuis le XIXe s. Lieu de perdition pour les cartes bleues (ce n'est franchement pas donné) des amateurs de cuisine confrontés au dilemme des choix de moules de toutes formes et autres ustensiles de qualité professionnelle.

Brasserie La Val Heureuse : *24, av. de Méreille, Val-d'Ajol. ☎ 03-29-65-18-17. • val-heureuse.com • Fléché dans le bourg. Tlj sauf dim 14h-18h (dégustation et vente).* Bières de haute fermentation, refermentées en bouteilles. Une excellente petite production déclinée en blonde (à la très fine amertume en fin de bouche), ambrée, brune, blanche ! Mais aussi la Bleue des Vosges (au bleuet cultivé dans la vallée) et la Bière des Neiges. À découvrir et déguster avec Christophe, le brasseur « sympasionné ».

Randonnées

➢ ***La balade des Feuillées :*** au XIXe s, une « feuillée » était une excursion récréative à bord d'un char à bœufs recouvert de feuillage vert pour garder la fraîcheur. Fort appréciées des curistes de Plombières, de Napoléon III et de sa cour, ces balades à travers la campagne étaient l'occasion de bals en plein air au son grêle de l'épinette. Aujourd'hui, plus de bals mais un beau circuit balisé de moins de 7 km (environ) au départ du centre bourg.

➢ ***Le chemin des croix :*** avec 145 croix de pierre, rien que sur la commune du Val-d'Ajol, pas mal de villages de Bretagne peuvent s'avouer battus ! Un itinéraire (long de 8 km) emmène à la découverte d'une vingtaine de ces croix dressées entre les XVIe et XVIIIe s.

➢ Nombreuses autres balades balisées vers le point de vue de Rapaumont ou vers le village du Girmont-Val-d'Ajol (renseignements à l'office de tourisme).

DANS LES ENVIRONS DU VAL-D'AJOL

➢ ***La route des Chalots :*** *• routedeschalots.fr • Rens dans les offices de tourisme du Val-d'Ajol, de Plombières-les-Bains et Remiremont.* Tout d'abord, prononcez « chèllo » pour faire accent local. Mais un chalot, qu'est-ce donc ? Un petit chalet de bois couvert de plaques de grès qui, construit à l'écart des fermes, faisait office de coffre-fort destiné à protéger récoltes et documents importants, en cas d'incendie du bâtiment principal. On en dénombre plus de 300 dans la région. Un itinéraire routier de 120 km, entre Lorraine et Franche-Comté, permet de découvrir ces chalots entre autres sites du patrimoine.

➢ Le Val-d'Ajol peut être le point de départ pour une excursion hors des frontières vosgiennes. L'occasion de découvrir ***Fougerolles,*** autre « Site remarquable du Goût » et petite capitale du kirsch (et des griottes à l'eau-de-vie !), son écomusée du Pays de la Cerise et ses nombreuses distilleries, ainsi que l'étonnant ***plateau des Mille-Étangs*** (voir le *Routard Franche-Comté*).

Manifestations

– ***Foire aux andouilles :*** *3e lun de fév, précédé d'animations le w-e. Rens auprès de la Confrérie des taste-andouilles (☎ 03-29-30-66-69).* Une tradition qui se perpétue depuis des siècles. Il y a une bonne centaine de sortes d'andouilles, mais celle du Val-d'Ajol est particulière. On s'en doutait ! Ici, on la produit uniquement à base de viande maigre et de chaudin (estomac, gros intestins) de porc légèrement épicé et fumé, puis cuite dans un court-bouillon. Chaude ou froide, un vrai régal ! Le *gandoyau* est à l'andouille ce que le bras est au doigt ! Il mesure de 20 à 30 cm de long. Quant à la manière dont on fabrique andouille et *gandoyau,* seuls les cochons du coin pourraient vous donner le secret. Mais ils n'aiment pas en parler !
– ***Marché nocturne du terroir :*** *à **Girmont-Val-d'Ajol,** en juil-août, le ven 18h-21h.* Animations diverses (expos, démonstration d'artisanat, concerts, etc.) et produits locaux.
– ***Salon du Site remarquable du Goût de l'andouille du Val-d'Ajol :*** *10-15 août.* Démonstrations et dégustations culinaires, produits gastronomiques locaux et de diverses régions.

LA VÔGE

Deux « s » en moins et un accent circonflexe en plus pour passer des montagnes à cet ample plateau, baigné par la Saône, qui étend ses vastes forêts au sud-ouest du département. Avec plus de 14 000 ha, la Vôge représente un des plus beaux massifs forestiers de France.

BAINS-LES-BAINS (88240) 1 220 hab. *Carte Vosges, B3*

Gros bourg placide blotti dans la verdure. Pas vraiment le relatif spectaculaire de ses voisins de Contrexéville, Vittel, voire Plombières. À part quelques hôtels à l'ancienne et les bâtiments des bains, on en devine à peine le statut de ville thermale (c'est pourtant, en fréquentation, la plus

importante des Vosges !). Air pur, climat tonique et sources réputées pour soigner l'hypertension artérielle et les rhumatismes.

UN PEU D'HISTOIRE

L'origine de la ville remonte à la découverte des sources d'eaux chaudes à l'époque gallo-romaine. On imagine les soldats romains batifolant dans les mares avant de construire les 1ers établissements thermaux. L'endroit s'appelait tout simplement *Balneum.* Administré au XIIIe s par les chanoinesses de Remiremont, Bains devint une sorte de ville privée tout entière consacrée au thermalisme. Le développement fut toutefois continu jusqu'au début de la Première Guerre mondiale. Aujourd'hui, la station connaît un certain renouveau grâce à la *Chaîne thermale du Soleil* qui la gère.

Adresse et infos utiles

Office de tourisme du Val de Vôge : *3, av. André-Demazure. ☎ 03-29-36-31-75. • tourisme-epinal.fr • Près du bain romain. De mi-avr à mi-nov, lun-sam 9h-12h30, 14h30-17h30 (plus dim et j. fériés 10h-12h en juil-août) ; nov-mars, lun-ven jusqu'à 16h30 et sam mat.* Brochures sur des circuits pédestres ou à vélo (VTC et VTT, avec location sur place) dans les environs. Visites guidées de la manufacture royale et du moulin Gentrey (Harsault).

Bus Livo : *☎ 0800-088-010 (nº Vert).* Liaison avec Épinal tlj sauf dim.

Taxis : *☎ 03-29-36-25-13 (gare ferroviaire à 3 km du centre-ville).*

Où dormir dans le coin ?

La Ferme Aventure : *15, côte de Hardémont, 88240* ***La Chapelle-aux-Bois.*** *☎ 03-29-30-11-79. • lfaventure@free.fr • nuitsinsolites.com • À env 5 km à l'est de Bains-les-Bains ; bien indiqué depuis La Chapelle-aux-Bois. Résa indispensable. Congés : nov-mars. Pour 2 pers, 65-110 € avec petit déj, selon type d'hébergement. Prévoir ses draps, savon et l'indispensable lampe de poche.* Dispersés dans un petit parc d'attractions à tendance écolo (voir plus loin), des hébergements vraiment insolites, pour 2 à 6 personnes (sanitaires, en principe, communs) : pyramide de verre, « tétramide » et autres *unidômes* pour passer la nuit à la belle étoile (ou presque !), une superbe cabane en bois perchée dans un arbre, une autre cabane, flottante, pour se laisser bercer, une caravelle de *Corse Air* aménagée façon loft, le « Cube » (incliné, mais le lit en forme de cœur est horizontal, on a vérifié !), une yourte mongole, un chariot western.... Et des tipis en cercle autour du feu, des « tentes » en canopée, et des lits dans le foin aménagés au grenier. Sûr que d'autres idées originales viendront compléter cette étonnante panoplie au gré de l'imagination du sympathique propriétaire et de son fils !

Chambres d'hôtes La Manufacture Royale : *au centre de Bains-les-Bains, à côté du lycée technique. ☎ 03-29-31-32-87. • manufacture-royale@orange.fr • bainsmanufactureroyale.fr • Fermé déc-fév. Double 99 € ; suite (2-4 pers) 96 €. Gîtes 2-4 pers 160-180 €/w-e et 460-490 €/sem d'autres gîtes de plus grande capacité ; forfaits avec cure à la station thermale de Bains-les-Bains possible.* Ce n'est d'abord pas tous les jours qu'on peut dormir dans un vaste domaine industriel du XVIIIe s (lire la rubrique « À voir »), dont le plus qu'accueillant proprio, ancien champion de moto, offre volontiers une passionnante visite guidée à ses hôtes. Ensuite, on s'offre la vie de château dans celui du domaine avec 3 adorables chambres, dont 2 font suite, avec cuisine. Beaux volumes donc et jolie déco, un peu bohème, avec une foule de meubles et d'objets chinés. Plusieurs gîtes (remarquablement agencés) sont également répartis dans les différents bâtiments du site. Piscine et vélos à disposition.

À voir. À faire

La Ferme Aventure : *15, côte de Hardémont, 88240* ***La Chapelle-aux-Bois.*** *☎ 03-29-30-11-79. • la-ferme-aventure.fr • Bien indiqué depuis La Chapelle-aux-Bois. Juil-août, tlj 10h-19h ; juin et sept, seulement dim. Entrée : 10 € ; réduc ; gratuit moins de 1 m.* La propriété agricole de 8 ha a été transformée en un mini parc d'attractions un peu décalé. Des activités pour toute la famille, et surtout les enfants (petit rallye sur les traces du Lapin blanc), sont proposées aux beaux jours, dont plusieurs labyrinthes thématiques : en pierre (avec empreintes d'animaux à reconnaître), dans les maïs, dans le blé, etc. Et aussi un amusant sentier de 2 km (le plus long de France) dans la nature, à parcourir pieds nus (lave-pieds et serviettes à disposition) ! *Escape game* dans un vieux grenier, toboggan aquatique... Il faut une bonne ½ journée pour faire le tour des animations. Et surtout commencer par le petit film pour débuter l'histoire... On peut aussi se restaurer sur place (aires de pique-nique, grande aire sous abri et snack-buvette) et y loger (voir la rubrique « Où dormir ? Où manger dans le coin ? »).

La manufacture royale : *à env 2 km de Bains-les-Bains, en direction de Fontenoy (suivre le fléchage). ☎ 03-29-31-32-87. • bainsmanufactureroyale.eu • GRATUIT. Visite guidée payante (6 €) tte l'année les 2e et 4e ven du mois à 14h30 (rens : pour les individuels, office de tourisme de Bains-les-Bains, ☎ 03-29-36-31-75). On peut également y dormir (voir « Où dormir dans le coin ? » plus haut).* Cet ensemble datant du XVIIIe s est l'un des mieux préservés de France. Ancienne ferblanterie (le fer blanc est une fine tôle d'acier recouverte d'étain), la plus grande du royaume à l'époque, devenue fabrique de clous puis de sabots, avant de cesser toute activité en 1951. Mais château, communs, chapelle, maisons des ouvriers, des contremaîtres, du chasseur, du boulanger... sont toujours là, impeccablement restaurés. Même s'il reste encore un peu de travail (vu l'immensité de certains bâtiments...) à Martine et François Cornevaux, l'accueillant couple tombé amoureux du site. On peut se balader en consultant les panneaux explicatifs, ou suivre la visite guidée des installations industrielles, du parc aux essences rares, de la chapelle, de la glacière, etc. Et se faire ainsi une excellente idée de ce qu'était la vie dans ces manufactures, organisées comme des petites villes et où cohabitaient, toutes classes confondues, jusqu'à 500 personnes à la grande époque. Des expos et concerts sont organisés régulièrement certains week-ends, d'avril à septembre.

Pour la petite histoire, toute l'équipe du film *Indigènes* (2006) de Rachid Bouchareb logeait sur le domaine, où plusieurs scènes ont été tournées. Et pour la grande histoire, c'est dans cette manufacture royale qu'est née, en 1824, une figure du féminisme de la première heure, Julie-Victoire Daubié. 1re bachelière de France en 1861, devenue journaliste économique, elle a toujours défendu la condition féminine dans ses écrits, comme *La Femme pauvre au XIXe siècle.* Une pièce est consacrée à son histoire.

PRÉLUDE DE BAC AU FÉMININ

Julie-Victoire Daubié, la bien prénommée, s'est battue pour avoir le droit de passer son baccalauréat et fut ainsi la 1re femme à l'avoir obtenu, en 1861 ! Mais sur son diplôme était inscrit « Monsieur » Daubié ! L'impératrice Eugénie insista auprès de Napoléon III pour que la lauréate soit officiellement reconnue. Mais elle fut quand même excommuniée ! Et pourquoi pas le bûcher ?!

DANS LES ENVIRONS DE BAINS-LES-BAINS

FONTENOY-LE-CHÂTEAU (88240)

À environ 7 km au sud-ouest de Bains-Les-Bains, un bourg pittoresque au passé glorieux qui rivalisait de puissance avec Épinal au XVIIe s. Carrières, scieries, clouteries, les industries étaient nombreuses.
Mais ce sont surtout les femmes qui, au XIXe s et avec la broderie, ont contribué au développement du bourg, le transformant en un centre mondialement réputé. Certaines de ces brodeuses ont réalisé de nombreux motifs pour les grands de ce monde : couronnes sur les caleçons du shah d'Iran et sur les dessous de la reine d'Angleterre !
Il se dégage aujourd'hui du bourg quelque chose d'assez indéfinissable, émouvant et suranné. Impression qui se renforce lorsqu'on traverse Fontenoy en fin de journée. Les rues sont désertes, et on découvre les anciennes devantures commerçantes, la rue principale et ses pavés, l'absence de trottoirs. Un peu comme si le temps s'était arrêté un soir dans les années 1960...

À voir

Le musée de la Broderie, de la Métallurgie et du Patrimoine : *au centre, près de l'hôtel de ville. ☎ 03-29-30-40-48. 15 avr-15 oct, tlj sauf mar 14h30-18h. Entrée : 3 € ; réduc.* La broderie apparaît à Fontenoy dans les années 1840 où l'on va recenser jusqu'à 500 brodeuses. Ce modeste musée rend hommage à ces dames aux doigts d'or et de fée qui ont fait la réputation mondiale de la cité à travers quelques superbes pièces. Une plongée dans le passé de la broderie qui n'est pas sans intérêt, même pour les néophytes. Également une section consacrée à la métallurgie (couverts, clous, etc.) et au patrimoine local.

L'église Saint-Mansuy : *près du musée.* Bel édifice gothique flamboyant du XVe s. Superbe portail Renaissance. À l'intérieur, intéressants fonts baptismaux.

La tour des Lombards : *au bord du Coney, près du musée ; petit sentier entre parking et maison, au no 2.* Trônant sur la ville, cette tour, dernier vestige des fortifications qui entouraient la ville au XIVe s, doit son nom aux commerçants juifs venus d'Italie. Elle a longtemps servi de prison au château attenant, dont il ne reste aujourd'hui que quelques ruines.

À faire

➢ ***Balades en bateau :*** *pour les individuels, avr-nov, le dim seulement (tlj en juil-août). S'adresser au port à la société* Navig-Est, *☎ 03-29-36-27-46. Compter env 10 € pour 2h env, sans résa.* Le canal de l'Est s'offre aux routards qui ont le pied marin : passage d'écluses, explications sur la batellerie et présentation du patrimoine industriel local.

XERTIGNY (88220)

À 12,5 km au nord-est de Bains-les-Bains, gros bourg fleuri pas peu fier de son château des Brasseurs (actuel hôtel de ville), bel édifice classique du XIXe s, célèbre pour ses boiseries, son escalier, sa salle des mariages, sa cheminée et son arboretum.

LES VOSGES

Adresse utile

Office de tourisme : *2, rue du Canton-de-Firminy.* ☎ *03-29-37-72-53.* • *tourisme.xertigny@epinal.fr* • *Dans l'ancienne conciergerie du château des Brasseurs. Mai-sept, tlj sauf dim.* Organise des visites du château des Brasseurs *(à 10h ou 15h ; env 3 € adulte, gratuit moins de 12 ans).* Fiches de circuits balisés marche et VTT. Expos temporaires d'artistes locaux.

Achats

Établissements Moine : *1090 A, La Manche-Rasey, 88220* ***Xertigny.*** ☎ *03-29-30-83-78.* • *crillon-moine.fr* • *À 9 km de Xertigny par la D 3 (très bien fléché). Tlj sauf dim et j. fériés 9h-12h, 14h-19h.* Un des spécialistes des petits crus (vins de fruits) vosgiens à boire, bien frais, à l'apéro. Pour ses blancs, la maison Moine ne travaille que la rhubarbe ! Plusieurs références (vendues jusque dans les épiceries fines de Tokyo ou de Moscou !) : des pétillants, un blanc sec des Vosges parfait, par exemple, avec des huîtres, et le crillon, un moelleux bon compagnon du foie gras.

DARNEY (88260) 1 130 hab. *Carte Vosges, B2*

Sur un éperon rocheux, dominant la Saône, Darney vit au rythme nonchalant des petits bourgs de la Vôge. Charme désuet de quelques belles maisons du XVIIIe s. Le syndicat d'initiative occupe l'emplacement de l'ancien château fort, détruit au XVIIe s. La ville a donné son nom à une magnifique forêt domaniale de plus de 8 000 ha.

Adresse utile

Office de tourisme Les Vosges Côté Sud-Ouest : *43, rue de la République.* ☎ *03-29-09-43-16.* • *tourisme@vosgescotesudouest.fr* • *tourisme-vosgescotesudouest.fr* • *Ouv tte l'année, lun-ven.*

À voir

L'église : *visite sur rdv au* ☎ *03-29-09-33-22.* Collégiale, d'architecture hors norme et construite au XVIIIe s, elle a été consacrée en 1789. Mais si cette église arbore fièrement sur son fronton la devise de la République « Liberté, Égalité, Fraternité », c'est à l'initiative, en 1908, d'un maire farouchement anticlérical, jamais à court d'idées pour contrarier le curé. À l'intérieur, remarquables boiseries du chœur, stalles, chaire et lutrin,

GUERRE DE CLOCHER

Au début du XXe s, la municipalité de Darney était radical-socialiste et particulièrement anticléricale. Le Jeudi saint, jour de jeûne chez les catholiques, elle avait coutume d'organiser un repas républicain. Et comme il était toujours bien arrosé, à la fin, ses élus prenaient un malin plaisir à faire sonner les cloches pour provoquer les fidèles et leur prêtre.

œuvre de la famille Gerdolle, éminents ébénistes lorrains du XVIIIe s. À découvrir également, son horloge mécanique du XXe s, qui fonctionne toujours, et la chapelle de la Pitié.

Le Musée historique et militaire sur la naissance de la Tchécoslovaquie : *à l'étage du château, pl. André-Barbier. Sur résa auprès de la mairie : ☎ 03-29-09-33-45. GRATUIT.* Petit musée qui rappelle les liens unissant Darney et l'ex-Tchécoslovaquie, dans un ancien château médiéval (datant de la guerre de Trente Ans) reconstruit par un ancien soldat de Napoléon (et ancien maire de Darney) qui a combattu à Austerlitz. Depuis 1987, le village est jumelé avec Austerlitz-Slavkov... 3 salles présentant l'historique, des peintures et le patrimoine commun. Par un hasard de l'histoire, plusieurs milliers de Tchèques et de Slovaques se sont rassemblés à Darney pendant la Première Guerre mondiale pour combattre aux côtés de la France et de ses alliés. Le 30 juin 1918, c'est à Darney, en hommage à ces combattants, que le président Poincaré proclamera la naissance de la République tchécoslovaque et de son armée. C'est aussi à Darney que, quelques mois plus tard, le 1er président tchécoslovaque, Tomáš Masaryk, honorera la France de sa 1re visite officielle.

DARNEY TCHÈQUE

Darney est un peu la marraine de l'ex-Tchécoslovaquie puisque c'est ici que l'État français, par la voix de Raymond Poincaré, a reconnu le droit à l'indépendance des peuples tchèque et slovaque le 30 juin 1918. À la sortie de la ville, une grande flèche de fer évoque l'événement.

Le centre d'animation de la Préhistoire : *14, rue Stanislas. ☎ 03-29-09-80-66. • centreprehistoiredarney.fr • Ouv le w-e en juin et tlj en juil-août ; visites guidées à 14h30, 15h30 et 16h30. Entrée : 7,80 € ; réduc ; gratuit moins de 3 ans ; forfait famille.* Reconstitution d'habitats préhistoriques : une cuisine, une grotte peinte, une maison de roseaux du Néolithique, outils d'époque replacés dans leur contexte, et, dans le cadre de la visite guidée (compter 2h), plusieurs activités très pédagogiques : technique du feu, initiation à l'art pariétal...

Le domaine Guillevic : *à 1 km du centre sur la route de La Vôge-les-Bains, après la parqueterie Lemoine, dans une ancienne carrière de grès. Un petit sentier conduit au site depuis la piste forestière qui prend à gauche juste après. GRATUIT.* Un atelier-musée en plein air. Une ancienne carrière où la végétation reprend doucement ses droits, plantée d'énigmatiques statues contemporaines en grès, œuvres d'Yves Humblot. Le site porte le nom du célèbre poète breton Eugène Guillevic, ami proche du sculpteur.

DANS LES ENVIRONS DE DARNEY

Le musée du Verre, du Bois et du Fer : *11, rue du Moulin-Robert, 88260* ***Hennezel.*** *☎ 03-29-07-00-80. À 9 km au sud-est de Darney par la D 164, puis la D 5d. Pâques-fin oct, tlj 14h30-18h. Entrée : 3 €.* Musée offrant une belle évocation du passé industriel de la Vôge. 2 salles consacrées à l'histoire du verre, à sa production et à l'outillage. L'une est consacrée à François-Théodore Legras, qui fonda les cristalleries de Saint-Denis : contemporain d'Émile Gallé, il a produit des vases actuellement très recherchés dans le monde entier. C'est lui aussi qui inonda l'Europe de « bouteilles à sujets » (bustes de Thiers, Gambetta, etc.) et de verres à liqueur. Belles collections de « bousillage », objets soufflés et gravés par d'habiles artistes lors de leurs temps creux. Une grande partie du grenier contient nombre de souvenirs touchant au fer. Coup de projecteur sur les Tyroliens et les Suisses venus travailler dans la Vôge dès le XVIIIe s. Enfin, large évocation des sabotiers, charbonniers, scieurs de long et bûcherons qui vinrent s'installer au cœur de la forêt pour travailler le bois. En marge, une salle rappelle le passé résistant de ce coin des Vosges où de nombreux maquis prirent racine. On n'a pas oublié les femmes : une salle est consacrée à leurs travaux de broderie. Également des expositions temporaires thématiques.

Droiteval : *sur la commune de* ***Claudon,*** *à env 8 km au sud de Darney par la D 164 puis une petite route qui suit la vallée de l'Ourche.* Un cadre réellement enchanteur. Les vestiges d'une abbaye cistercienne, une ancienne forge, des maisons ouvrières, un étang, la belle demeure du maître qui s'y reflète... L'ancien prieuré accueille désormais un centre d'art. Toute la vallée de l'Ourche, bordée sur son parcours d'anciennes forges, d'étangs et de cascades, réserve de bien belles promenades.

LA SAÔNE LORRAINE

Les routards curieux pourront s'attarder le long de quelques jolies routes aux paysages bucoliques. Mais point besoin d'être poète pour apprécier l'endroit. Les villages sont nombreux et recèlent tous une histoire, une église ou un petit morceau de patrimoine à découvrir.

MONTHUREUX-SUR-SAÔNE (88410)

Petite bourgade bâtie sur un éperon rocheux, sur un méandre de la Saône. Son riche patrimoine ne se laisse malheureusement pas entrevoir facilement. Comme dans beaucoup de villages, la modernité a recouvert les murs de crépi et caché les détails architecturaux qui lui donnaient son cachet.

Mais ce petit bourg mérite assurément un détour pour son ***église Saint-Michel.*** Son extérieur, fortement remanié, ne laisse pas présager grand-chose, à part ces arcatures romanes remontant au XIe s. Et pourtant, à l'intérieur, l'on trouve 2 trésors. À commencer, dans la dernière chapelle à droite, par une Mise au tombeau en bois polychrome (fin XVe-début XVIe s) d'une grande finesse. Remarquez le travail sur les longs cheveux dénoués de Marie-Madeleine et les larmes qui coulent sur le visage de la Vierge. Elle n'est pas sans rappeler les Vénus de Botticelli. Juste en face, un saint Michel, plus discret mais splendide lui aussi...

Monthureux possède également un petit *musée des Arts et Traditions populaires (dans l'ancien presbytère du XVIIIe s ; ouv en saison seulement).*

Adresse utile

Bureau d'informations touristiques : *61, rue du Pervis. ☎ 03-29-07-57-84. • tourisme-vosgescotesudouest.fr • Ouv lun-ven plus sam mat.*

Où dormir ? Où manger ?

Le Relais des Vosges : *54, rue du Général-Leclerc. ☎ 03-29-07-11-67. • relaisdesvosges@orange.fr • relaisdesvosges.com • Resto tlj sauf lun et soir des dim et j. fériés. Congés : 3 sem en août. Double 50 €. Menus 13 € (déj sem), puis 17-27 €. Apéritif maison offert sur présentation de ce guide.* En plein centre, un petit hôtel tout simple pour les touristes de passage. Et autant vous dire que le choix est très limité dans le coin. Qu'importe, vous trouverez ici un confort tout à fait convenable dans les 6 chambres fraîches, une table des plus correcte et une cuisine éclectique qui suit le marché. Accueil charmant.

SAINT-JULIEN *(88410)*

Joli village, riche de quelques belles demeures Renaissance, comme la *maison de Justice* avec des fenêtres à meneaux, des pilastres sculptés et des grilles en fer forgé du XVᵉ s. Et d'une ***église*** construite en un bel appareil de grès bigarré. Nef unique à unique travée, éclairée par des fenêtres à arc trilobé. Tout cela est joli, mais l'intérêt essentiel de l'endroit réside dans les *vitraux,* des XVᵉ et XVIᵉ s, remarquablement bien conservés. Ils évoquent, dans des couleurs toujours flamboyantes, la passion du Christ.

LES THONS *(88410)*

L'histoire des Thons commence au XIIᵉ s, lorsqu'une bulle du pape attribue la possession de l'église des Deux-Thons à l'abbaye de Luxeuil. La bourgade a l'originalité de posséder 2 hameaux, séparés de 1 km : Petit-Thon et Grand-Thon. Et à eux deux, ils possèdent 3 églises et un patrimoine du XVᵉ s impressionnant, doucement restaurés par les membres passionnés de l'association Saône lorraine. Merci à eux !

Où manger ?

|●| ***Restaurant de l'ancien couvent des Cordeliers :*** *260, rue de Lorraine, à l'entrée de Petit-Thon. ☎ 03-29-07-90-84. • couventlescordeliers@wanadoo.fr • ♿ En hte saison, tlj sauf lun, mar soir et jeu soir. Congés : de mi-nov à mi-mars. Résa souhaitée. 10 menus 15,80-29,30 €. Apéritif offert sur présentation de ce guide.* Une adresse franchement (mais alors franchement !) sans chichis installée dans l'ancien couvent. Une des salles (forcément rustiques, avec bancs de bois et grandes tablées) a conservé une belle cheminée Louis XIII dans laquelle le maître des lieux fait cuire des jambons entiers ou de solides entrecôtes (la ferme élève des charolais). Du robuste, de l'authentique !

À voir

Le couvent des Cordeliers : *à Petit-Thon. 15 mars-15 nov, tlj, un peu ouvert quand c'est ouvert ! GRATUIT.* De l'extérieur, on est frappé par l'architecture sobre et régulière de ce qui constitue l'un des seuls ensembles franciscains du nord-est de la France à être parvenus complets jusqu'à nous. L'ampleur des bâtiments de ce couvent rural s'explique par le fait qu'il a connu une période faste comme séminaire pour l'ordre. Au XVIIᵉ s, il n'abritait plus que 6 religieux et 1 ou 2 prisonniers royaux (on découvre d'ailleurs une ancienne cellule au cours de la visite). L'intérieur de la partie centrale peut surprendre également puisqu'il abrite un resto, une boutique de souvenirs et un « musée » aux « collections » des plus variées, poupées anciennes comme miniatures récentes de matériel agricole ! Ouvrez donc bien les yeux, dans ce joyeux fouillis, pour remarquer une grosse poutre moulurée du XVᵉ s ou l'escalier avec rampe et balustre du XVIIᵉ s qui accède à l'étage. Il donne sur une remarquable porte à claire-voie du XVIᵉ s, qui s'ouvre sur un couloir desservant les cellules des moines. L'une d'entre elles a été reconstituée. On termine avec le petit cloître, dont les arcades gothiques sont malheureusement bouchées par des panneaux de bois ou de plastique loin (très loin même...) d'être du plus bel effet.

L'église Notre-Dame-des-Neiges : *à Petit-Thon. 15 juin-15 sept, w-e 10h-18h.* Notre-Dame-des-Anges en réalité, c'est l'église historique du couvent. Long de 35 m, cet édifice du XVᵉ s (propriété de l'association Saône lorraine) élancé comme une cathédrale est toujours en cours de restauration.

LES VOSGES

L'église Saint-Pancrace : *à Petit-Thon, à deux pas du couvent des Cordeliers.* Reconstruite en 1494. Intérieur modeste mais émouvant. Dans chaque travée, statuaires d'un grand intérêt. Au-dessus des fonts baptismaux, un « arbre de vie » très rare. Superbe statue de Notre-Dame-des-Anges, Vierge triomphante entourée d'une mandorle angélique. Datant de la fin du XVe s, elle est due à un sculpteur largement influencé par l'art flamand. L'union de la douceur à travers cet humble visage et de la terreur (sur le socle) touche à la perfection. La sacristie occupe l'ancienne chapelle seigneuriale où est inhumé le dernier seigneur des Thons : Jean Baptiste Marc Toustain de Viray. C'est un nom !
De l'autre côté de la rue, l'ancienne cure est installée dans une maison forte du XVe s avec murs épais et tourelle centrale.

Le château : si l'on s'enfonce sur le chemin de terre qui part non loin de l'église, on accède à l'ancienne cour d'honneur du château. Il ne reste que quelques assises et vestiges du château de Guillaume de Saint-Loup. Le démontage systématique du bâtiment eut lieu entre 1925 et 1928. Les pierres traversèrent l'Atlantique et on assembla le puzzle du côté de Long Island. À côté du château, pigeonnier féodal qui échappa au déménagement et dont l'intérieur vaut le coup d'œil.

Petit-Thon comme Grand-Thon possèdent encore chacun une fontaine avec ***égayoir,*** ces bassins où l'on rafraîchissait autrefois les chevaux.

Dans la forêt communale se dresse le ***chêne de la Vierge.*** Magnifique arbre de plus de 5 siècles.

CHÂTILLON-SUR-SAÔNE *(88410)*

Situé sur une langue de terre entourée de 2 rivières, le village tire son nom du petit château qui se trouve à son extrémité. La 1re mention de Châtillon remonte au XIIIe s, lorsque l'évêque et le vicomte de Besançon reconnurent la vente du château au vicomte de Bar. La cité est fortifiée en 1348 et en 1431, comme l'ensemble du comté du Barrois intégrée à la Lorraine. Déjà bien abîmée par Charles le Téméraire, la petite cité est complètement détruite en 1484, par le baron de Bauffremont qui voulait intimider le duc de Lorraine lors d'un problème de succession. La Renaissance allait heureusement relever Châtillon de ses ruines en créant le village que le visiteur découvre aujourd'hui, puisque la guerre de Trente Ans (ainsi que toutes celles qui ont malheureusement suivi...) a miraculeusement laissé intact le patrimoine local (hormis l'église...). Châtillon est resté longtemps inhabité, retrouvant un semblant de tissu social à la fin du XVIIe s avant de se dépeupler une seconde fois après la Révolution, quand un nouveau noyau s'est créé un peu à l'écart.
Depuis plus de 30 ans, une association, après avoir sauvé le village de la démolition, se bat pour la sauvegarde de ce rare patrimoine, en grande partie classé Monument historique. S'il leur reste encore du travail, le village en grande partie intelligemment restauré a conservé une âme. Un de nos coups de cœur dans les Vosges.

Adresse utile

■ ***Association Saône lorraine :*** *6, rue du Presbytère (au Grenier à Sel). ☎ 03-29-07-91-78. 07-81-88-93-08. Visite guidée du village ts les ap-m en juil-août ; avr-juin et sept-oct, les w-e et j. fériés ; sur résa. Tarif : 3 € ; réduc.* Outre la sauvegarde du village, l'association s'attache à faire connaître l'histoire du site, de la région... à travers différents espaces muséographiques (lire plus loin) et diverses animations (voir leur site ● *chatillon-sur-saone.com* ●). Une fois par mois, organisation d'un « musée vivant » avec des bénévoles en costumes qui animent l'ensemble du site.

Où dormir ?

Gîte d'étape et chambres d'hôtes Le Grenier à Sel : *☎ 03-29-07-91-78. • jean-f.michel@wanadoo.fr • Sur résa seulement. Capacité totale de 18 pers. Double 25 € ; draps non compris. Pour l'ensemble, 290 €/j. et 1 300 €/sem. Menu (sur résa seulement) 18 €. Forfait randonneur en ½ pens 39 €/pers. CB refusées. 10 % de remise sur le prix de la chambre sur présentation de ce guide.* C'est l'occasion de dormir dans une authentique maison Renaissance ! Si c'est un gîte, finalement assez confortable, 3 chambres s'apparentent à des chambres d'hôtel (2 avec sanitaires privatifs, w-c et bains) et une petite mansardée est mignonne. Sinon, chambres de 3 ou 6 lits, simples, fonctionnelles et pimpantes avec sanitaires en commun. Déco relookée, style rustique, dans la salle à manger. Cuisine du terroir, simple et familiale. Excellent accueil.

À voir

Balade dans le vieux village : on commence devant la *maison du Tanneur,* construite en dehors des remparts, au-dessus de l'Apance, où les peaux étaient lavées. Impossible de la rater : une peau de bête est sculptée au-dessus de la porte. On remonte ensuite la rue de la Tour. Sur la gauche, au nº 2, l'*hôtel de Sandrecourt,* magnifique demeure Renaissance avec une tourelle d'escalier pour moitié incluse dans l'édifice. Plus loin, toujours sur la gauche, s'arrêter devant le superbe portail (1506) de l'*hôtel du Faune. L'église* s'élève ensuite sur la droite. Détruite et pillée en 1635, elle n'a été reconstruite qu'en 1849 et ne restent des œuvres qui l'ornaient que 2 volets peints sur bois au début du XVIIe s. Très beau christ en ivoire ciselé. Autel surmonté d'un grand retable en bois du XVIIIe s, qui encadre une toile figurant la nativité de la Vierge. Après l'église, prendre à gauche pour découvrir, rue du Château, l'*hôtel de Ligneville* qui porte la date de 1554 sur sa porte à fronton triangulaire, mais la façade a largement été modifiée depuis. L'intérieur (qui abrite un resto) garde un aspect très seigneurial. Impossible à louper ensuite la *grosse tour,* construite au XIVe s. C'était le principal ouvrage défensif de Châtillon face aux méchants Francs-Comtois. Ne pas manquer de monter au sommet pour apercevoir les 2 provinces voisines : Bourgogne-Franche-Comté et Champagne.

Le Grenier à Sel : *ouv Pâques-Toussaint, 14h-18h ; juil-août, tlj ; mai-juin et sept-oct, le w-e. GRATUIT.* Un des plus beaux bâtiments de Châtillon, mais il ne faut pas s'y tromper, la façade d'apparence gothique est le produit de remaniements successifs. Les ouvertures du rez-de-chaussée ne remontent pas à plus d'un siècle. L'intérieur (qui abrite un salon de thé et une galerie d'art) est tout aussi complexe et composite : poutraison à la française et cheminée du XVIe s, boiseries et fours à pain du XIXe s. À l'étage, superbe cheminée gothique qui prouve que tout n'a pas été détruit en 1484 et 1635.

La maison-musée du Cordonnier et du Berger : *mêmes horaires que le Grenier à Sel. Entrée : 2 € ; réduc.* Reconstitution d'un atelier de cordonnier contemporain de l'époque de construction de la maison (XVIe s). On y découvre également une bonne vingtaine de reconstitutions de scènes anciennes : veillée lorraine, officine d'un médecin quand la peste et la guerre de Trente Ans ravageaient la région, école de campagne du XVIIIe s, cuisine du berger, atelier de tissage, chambre du prévôt, les prêtres réfractaires... Diaporama sur Châtillon et maquette de la ville (en 1635). Également une salle consacrée à l'héraldique (dans la tour) et une au peintre Jan Monchablon (1854-1904), réputé aux États-Unis (ses toiles y ont pris une valeur incroyable) ; il a peint les paysages de la région. Accueil par des passionnés de leur histoire et de leurs pierres.

L'OUEST DES VOSGES

CONTREXÉVILLE (88140) 3 460 hab. *Carte Vosges, B2*

C'est le docteur Bagard, 1er médecin ordinaire du roi de Pologne, Stanislas, duc de Lorraine, qui a fait connaître l'efficacité des eaux minérales de Contrexéville, vers 1750. Depuis, pas de répit. La station (350 m d'altitude) s'est hissée au rang d'institution de la minceur et de la remise en forme, livrant une concurrence acharnée à sa proche voisine, Vittel. Désormais, les 2 établissements thermaux travaillent main dans la main : ils appartiennent au même groupe industriel.

UN PEU D'HISTOIRE

Après la publication en 1760 par le fameux Dr Bagard d'un *Mémoire sur les eaux minérales de Contrexéville,* un 1er bassin est construit. Les résultats spectaculaires obtenus sur les malades contribuent à la renommée de la station naissante. Louis XVI dépêche même son médecin personnel pour s'enquérir des bienfaits de cette eau médicinale. L'avis est favorable, et la construction du 1er établissement hydrothérapique commence. Contrex devient la station à la mode, fréquentée par le comte d'Artois, le prince de Hénin ou la princesse de Noailles. Au XIXe s, on y croise la reine Isabelle d'Espagne et le roi de Serbie. À la Belle Époque, le shah de Perse (un habitué des Vosges), Maria Pavlovna, l'épouse du prince Vladimir de Russie et bien d'autres encore viennent faire (beaucoup) la fête et prendre (un peu) les eaux.

Ayant bien résisté aux 2 conflagrations mondiales, la station s'est engagée dans la voie du néothermalisme. Un peu de marketing bien envoyé, quelques slogans percutants, beaucoup de pub pour persuader les gens que la forme et les formes sont les 2 mamelles du bien-être. La recette de la réussite !

SOURCE ... D'INSPIRATION

« Partir c'est mourir un peu. » La formule est passée à la postérité mais pas nécessairement son auteur. Il s'agit en fait du 1er vers du Rondel de l'Adieu, *un poème composé par Edmond Haraucourt en 1890, en souvenir d'un amour connu lors d'une cure à Contrexéville. Il devait s'en passer des choses dans les bains !*

Adresse et info utiles

Office de tourisme : *cour d'honneur, au cœur de la station thermale. ☎ 03-29-08-08-68. • vittel-contrex.com • Lun-sam 9h-12h, 14h-18h ; plus dim 12h30-13h30, 15h-17h en saison.* Location de vélos. Forfaits minceur clé en main et de nombreuses activités...

■ ***Thermes de Contrexéville :*** *☎ 03-29-08-03-24.*

Où dormir ? Où manger ?

Les hôtels-restaurants de la ville ont tous signé une charte, la « certification gastronomie saveur minceur ». Ils garantissent ainsi une cuisine

diététique contrôlée régulièrement. Ici, on ne rigole pas avec les kilos en trop ! Bien évidemment, cette diète n'a rien d'obligatoire... Mais les autres restos sont rares, voire inexistants, chaque curiste ou résident menant son régime « d'ascète » (parfois bien garni pourtant...) dans son hôtel !
L'hôtellerie ne se renouvelle guère non plus, au contraire. Des adresses continuent de fermer. Un peu comme chez le voisin vittelois ! Grandeur et décadence dans certains cas, même si de grands groupes, notamment de casinos, contribuent à relancer des hôtels historiques qui ont fait la splendeur du thermalisme.

De bon marché à prix moyens

Hôtel de Lorraine : *122, av. du Roi-Stanislas. ☎ 03-29-08-04-24. • hotel-de-lorraine@wanadoo.fr • (resto) Juste à côté de la gare, mais pas de train la nuit, ouf ! Congés : déc-fév. Doubles 44-49 €. Menus 15-30 €. Café offert sur présentation de ce guide.* Grande maison ancienne, avec un certain cachet et la Croix de... Lorraine sur la façade. Notre adresse préférée malgré sa modeste étoile. Chambres toutes simples, plutôt petites (le bâtiment n'étant guère « épais ») mais bien entretenues. Accueil franchement réjouissant. Bonne cuisine de tradition dans une belle salle à manger classique. Et, ville de cure oblige, une authentique atmosphère de pension de famille.

Les Commis : *113, rue de la Grande-Duchesse-Wladimir. ☎ 03-29-08-52-74. • les_commis@orange.fr • Au centre, face à l'établissement thermal. Tlj sauf lun-mar. Menu déj sem 15 € ; carte env 35 €.* Petite salle façon bistrot contemporain, avec une cuisine ouverte où travaillent les 2 jeunes chefs (elle et lui) qui ont fait le pari d'un endroit un peu différent à Contrex. Produits choisis pour des plats au goût d'aujourd'hui.

Chic

Hôtel Cosmos : *13, rue de Metz. ☎ 03-29-07-61-61. • hotelcosmos@partouche.com • hotelcontrexeville.com • Resto tlj, midi et soir. Congés (pour l'hôtel) : de nov à mi-mars. Doubles 89-120 € ; suite. Menus 29-36 € ; carte env 40 €.* L'hôtel *Cosmopolitain* a connu les fastes d'hier à Contrexéville. Le *Cosmos* continue dans la lignée de ce prestigieux passé, avec des chambres calmes et spacieuses qui s'ouvrent toutes sur le parc et la piscine chauffée. La déco mêle agréablement couleurs contemporaines et mobilier de style ancien. Spa avec formules bien-être. Vélos à disposition. Tennis couvert. Minipractice de golf. Le resto a, lui, conservé le nom de *Cosmopolitain.* Gastronomie diététique et gourmande, bien balancée et au gré du marché. Service aux petits soins.

LES VOSGES

Où dormir dans les environs ?

Chambres d'hôtes chez Benoît Breton : *74, rue des Récollets, 88140* **Bulgnéville.** *☎ 03-29-09-21-72. • benoitbreton.chambresdhotes@wanadoo.fr • benoitbreton.fr • À 8 km à l'ouest de Contrexéville. Double 85 €.* Dans une longue et vieille maison du début du XVIIe s joliment rénovée, avec un grand jardin. 4 chambres (de 2 à 6 personnes pour certaines) pleines de charme, harmonieuses et très cosy, avec un mélange très réussi de meubles anciens et de tendances actuelles. Le proprio est antiquaire, ceci explique cela.

À voir. À faire

➢ Circuit en ville en 15 étapes (« Balade souveraine » ; compter 1h) disponible à l'office de tourisme. Un sentier culturel à la recherche des heures glorieuses du thermalisme contrexévillois. Et d'autres parcours balisés à découvrir en famille.

La place des 24-Fontaines : fontaines en marbre de Carrare et lave émaillée, aux formes novatrices et aux couleurs éclatantes. Elles ne passent pas inaperçues et continuent, depuis leur construction à la fin des années 1980 à ne pas vraiment faire l'unanimité à Contrexéville...

Le parc thermal : si ces fontaines vous horripilent, restent les mosaïques néo-byzantines de la galerie des Thermes, le pavillon des Verseuses où boire un verre d'eau (c'est... gratuit !) sous une superbe coupole de cuivre, les allées tranquilles et verdoyantes du parc avec la chapelle orthodoxe où repose la grande-duchesse Marie-Wladimir de Russie, et le casino dont la façade percée de baies et surmontée de 2 campaniles épatait tant le shah de Perse qu'il eut envie de faire construire le même chez lui.

Les lacs de la Folie : *à 1,5 km au nord-ouest de la ville (accès fléché ; piste cyclable depuis le parc thermal).* 2 lacs, creusés à la fin du XIXe s et entourés de verdure. La baignade y est interdite. On peut en revanche faire trempette dans une piscine gratuite qui flotte carrément sur l'un des lacs (on n'arrête pas le progrès !). De nombreux sentiers de randonnée balisés autour du lac et un parcours de santé, ainsi qu'un solarium gazonné, une aire de jeux et des aires de pique-nique.

➢ ***Randos*** pédestres et à vélo depuis et autour de Contrex, dont le *Sentier des lacs au parc* qui relie Contrex à Vittel : 12 km aller-retour à travers champs et bois, notamment aux environs des lacs.

Manifestation

– ***Rendez-vous chez Stan :*** *juin-sept, ts les ven soir.* Concerts, animations, spectacles... gratuits !

DANS LES ENVIRONS DE CONTREXÉVILLE

Martigny-les-Bains *(88320) : à env 12 km au sud-ouest de Contrexéville.* Réputée pour son climat continental des plus tonique, Martigny-les-Bains est une station thermale connue depuis 1860. À la fin du XIXe s, la station devient très à la mode dans la haute société et jusqu'en 1930, s'enrichit de bains d'hydrothérapie, de galeries marchandes et d'un casino (on la surnommait le « Versailles thermal » !). Mais son activité n'a fait que décroître à partir de la Seconde Guerre mondiale. Et aujourd'hui hormis quelques villas anciennes et l'étonnant *pavillon des Sources,* il ne reste rien des splendeurs passées, lorsque l'*hôtel des Bains* accueillait en grande pompe le shah de Perse. Martigny vit désormais au ralenti dans la nonchalance d'un bourg tranquille. On pourra pousser la porte de l'*église Saint-Rémy,* construite au XIIIe s. Beaux chapiteaux aux angles ornés de feuilles d'eau recourbées en volutes. Chœur avec piscine, armoire eucharistique du XVIe s et vitraux Art nouveau.

L'église Notre-Dame : *à* ***Lamarche*** *(88320). À env 19 km au sud-ouest de Contrexéville.* Du XIIIe s mais la voûte de la nef unique est, elle, du XVIe s : l'alternance de colonnes et de piliers carrés est une tardive survivance romane. Décoration à feuillage des chapiteaux à la fois riche et pittoresque. Dans la 1re travée, les sculpteurs se sont amusés à tailler des personnages grotesques qui figurent les travaux de leur corporation.

La chapelle Notre-Dame : *à* ***Aureil-Maison*** *(88320). À env 20 km au sud-ouest de Contrexéville, 1,5 km après Lamarche.* Chapelle de la fin du XIIe s, romane donc. Porche surmonté d'une statue de la Vierge du XVIe s. Aux angles des murs extérieurs, 2 consoles représentent une tête de loup à gauche et une tête de bélier à droite, en référence aux anciens cultes païens célébrés ici. Somptueuse abside primitivement aveugle, voûtée en cul-de-four et entourée de 5 arcatures, surmontée d'une corniche de billettes. Le chœur est voûté d'ogives qui retombent sur de puissants doubleaux. Belle Vierge de pitié en calcaire du XVe s.

VITTEL (88800) 5 170 hab. *Carte Vosges, B2*

Les Romains donneront à la cité – d'origine celtique – ses 1res lettres de noblesse en construisant un important établissement thermal. Détruit par les invasions barbares, il faudra attendre le milieu du XIXe s pour que l'on redécouvre les eaux à Vittel.
En 1852, Louis Bouloumié, un Rodézien exilé en Espagne à la suite de son attitude protestataire contre le coup d'État de Louis Napoléon Bonaparte, est autorisé à séjourner dans les Vosges. Il vient à Vittel, boit l'eau de la fontaine de Gérémoy et décide d'abandonner la politique en achetant la source en 1854. Le père Riffard, propriétaire de la source, n'en serait pas revenu s'il avait su ce qu'il allait advenir de son eau. Un an plus tard et après quelques acquisitions, Louis Bouloumié possède 13 sources. La station thermale peut entamer son essor, tout étant à construire et à inventer. Autorisations d'exploitation des sources, construction du 1er hôtel, l'année 1862 inaugure la 1re vraie saison d'exploitation. En 1869, Louis s'éteint, passant la main à ses 2 fils, Ambroise et Pierre. Avocat et médecin, ils ont néanmoins le sens des affaires. Ils investissent, prennent des risques, mais les profits sont au rendez-vous et l'exploitation des eaux de Vittel devient une affaire plus que juteuse. À partir de là, la famille Bouloumié se pose en bienfaitrice de la ville. La population leur est d'ailleurs reconnaissante du développement qu'ils apportent puisque, durant 75 ans, les Bouloumié se succéderont à la mairie de père en fils.
À Vittel, on a très vite compris la notion de produit à vendre. L'approche du marché est continue, et les réalisations des grands architectes vont donner à la ville son rang de station internationale. Charles Garnier, maître d'œuvre de l'Opéra de Paris, est l'un des 1ers à mettre son talent au service de Vittel : ses créations de style mauresque, comme l'établissement thermal, les galeries, le casino, les villas Nino et Saint-Pierre marquent la fin du XIXe s. Au début du XXe s, Vittel devient une station très british, luxueuse et verdoyante. Dans les années 1920, elle adopte un style résolument moderne. Bluysen reconstruit le casino, ne conservant de l'époque Garnier que le foyer et la scène de théâtre. Juste avant la Seconde Guerre mondiale, Fernand César met en harmonie les galeries avec la Grande Source. Le tout s'ouvre sur un jardin géométrique qui donne à la ville son visage actuel de « cité-jardin ».
La guerre de 1939-1945 met la ville en hibernation. D'abord réquisitionnés par l'armée française en 1939 pour servir d'hôpitaux, les hôtels sont transformés en camps d'internement pour les ressortissants de pays étrangers en guerre avec l'Allemagne vivant sur le sol français. L'usine d'embouteillage, tournant au ralenti pendant ces longues années, retrouve toute sa vitalité à la Libération.
Vittel a su mieux qu'une autre prévoir les changements de mentalité. La cure purement médicale ne fait plus recette, alors on invente des passeports pour la forme. Le *Club Med* s'installe en 1973 dans un hôtel somptueux à proximité d'un des plus vastes terrains de golf de France.

LES VOSGES

Adresses et infos utiles

Office de tourisme : *pl. de la Marne (dans le bâtiment de la gare ; accès direct par le hall). ☎ 03-29-08-08-88. • vittel-contrex.com • Tte l'année, lun-sam 9h-13h (12h oct-avr), 14h-18h. Annexe au centre du parc thermal : ☎ 03-29-08-18-68 ; avr-oct, tlj 10h-12h, 14h-18h.* La ville propose un nombre incroyable d'activités, sportives pour la plupart : *Le Guide du visiteur* les recense toutes.

Thermes et Vittel Spa : *☎ 03-29-08-76-54. • thermes-vittel.com • spa-vittel.com •*

Location de vélos et VTT : Les Locations du Parc, *av. Bouloumié ; annexe au parc thermal. ☎ 03-29-08-38-29. Ouv avr-Toussaint.* Forfait à l'heure, à la ½ journée, à la journée, à la semaine, à la cure...

Où dormir ? Où manger ?

Camping

Camping de Vittel : *270, rue Claude-Bassot. ☎ 03-29-08-02-71 ou 03-86-37-95-83 (central de résa, hors saison). • camping.vittel@aquadis-loisirs.com • aquadis-loisirs.com/camping-de-vittel/ • ♿ À 1 km du centre. Ouv début avr-fin oct. Compter 16,20 € pour 2 en saison. Mobile homes et résidences mobiles (2-6 pers) 269-529 €/sem selon capacité et saison. 117 empl. Réduc de 5 % à partir de 2 nuits (non cumulable ; hors juil-août) sur présentation de ce guide.* Camping très bien entretenu dans un quartier résidentiel calme à la limite de la ville. Emplacements bien délimités par des haies. Bien ombragé.

De prix moyens à chic

Le Chalet Vitellius : *70, av. Georges-Clemenceau. ☎ 03-29-08-07-21. 📱 06-78-02-06-70. • vitellius@wanadoo.fr • chalet-vitelius-hotel.com • Resto tlj sauf dim soir et lun. Double 70 €. Un petit déj/chambre et par nuit et café ou digestif au resto offerts sur présentation de ce guide.* Chambres confortables et propres, à la déco un rien désuète, tout comme la façade. Ce qui nous a surtout plu dans cette maison qui n'a de chalet que le nom (outre l'accueil souriant et décontracté), c'est ce que réalise le chef en cuisine, avec de bons produits et du savoir-faire. Une bonne table traditionnelle, avec juste une pointe de modernisme.

L'Orée du Bois : *1, lieu-dit L'Orée-du-Bois. ☎ 03-29-08-88-88. • info@loreeduboisvittel.fr • loreeduboisvittel.fr • ♿ À 4 km, au nord, face à l'hippodrome. Doubles 110-135 €. Formule déj sem 15 € ; menus 23-35 €.* Un peu en bord de route, un hôtel moderne qui mise sur la remise en forme : piscine couverte et chauffée, spa (payant) avec hammam, sauna et, sur résa, massages et soins. Chambres réparties entre le bâtiment principal et une annexe de l'autre côté du jardin. Les plus récentes (les plus chères évidemment) sont carrément design et ont été aménagées avec des matériaux garantis bio. Les autres sont plus conventionnelles. Cuisine sans fausses notes.

L'Appart : *227, rue de Verdun. ☎ 03-29-08-42-91. 📱 06-63-21-39-80. • nicollefranck@hotmail.com • Dans la rue principale. Tlj sauf mar soir, mer, et sam midi. Congés : fin déc. Résa très conseillée. Formule déj sem 26 € ; menu 44 €. CB refusées. Café offert sur présentation de ce guide.* Des airs d'appartement effectivement pour cette toute petite salle avec tableaux et bouquins à disposition dans la bibliothèque. Accueil très attentionné (on prend la peine de vous expliquer plats et produits) et ambiance décontractée pour une bonne cuisine de terroir (lorraine, alsacienne, normande... enfin, d'un peu tous les terroirs !).

Où dormir ? Où manger dans les environs ?

Chez Claudine : 136, rue de la Petite They, 88800 ***They-Sous-Montfort.*** *☎ 03-29-08-17-56. • fanch.gourves@wanadoo.fr • À env 4,5 km au nord-est de Vittel. Tlj sauf lun, le soir mar-mer et sam midi (plus soir jeu et dim, de mi-sept à avr). Congés 3 sem en jan. Menus 13,50 € (déj sem) et 23 € (soir et dim). Café offert sur présentation de ce guide.* Sur l'enseigne, on lit aussi « chez Marie et Jeff », des prénoms de la 4e génération à se succéder à la tête de cette institution ouverte depuis un bon siècle ! Les salles, prolongées d'une véranda et d'une agréable terrasse, se sont modernisées mais c'est toujours la bonne auberge de campagne à l'accueil bienveillant et à la goûteuse cuisine de tradition, généreuse et à prix d'ami.

À voir. À faire

Le parc thermal : on ne peut résister à une balade le long des allées de cet immense espace verdoyant qui n'a guère changé depuis sa création à la fin du XIXe s (si l'on oublie le bloc de béton années 1970 du palais des Congrès). À droite de l'entrée, la *chapelle Saint-Louis,* construite entre 1913 et 1924. Elle est dédiée à Saint Louis en souvenir de... Louis Bouloumié, dont la famille est représentée sur les vitraux. Et pour faire couleur locale, est installée, dans la dernière chapelle sur la droite, une statue de la Vierge avec un verre d'eau à la main ! Moins anecdotique : 2 belles statues en bois du XVIIe s, provenant de Florence.
À deux pas de cette chapelle, un ample et superbe escalier Art déco grimpe vers l'ancien *casino.* Détruit en partie par un incendie en 1920 et remanié en 1930, l'intérieur (qui abrite bar et boîte de l'hôtel voisin) conserve lui aussi encore quelques éléments Art déco. Jouxtant cet ancien casino, monumentale façade du *Grand Hôtel,* dont la construction s'est achevée après la guerre de 1914-1918, désormais propriété du *Club Med.* Au pied de l'hôtel, immanquable galerie thermale longue de 150 m et dont le plafond culmine à 10,50 m.
À l'entrée de la galerie, on peut encore admirer la source Hépar aménagée par Charles Garnier en 1884 : très beau style mauresque. Si les succursales des grandes maisons parisiennes et niçoises de fourrures ou de bijoux ont disparu, cette grande galerie a, peu ou prou, conservé son aspect des années 1930. On dénichera ensuite, en se baladant au hasard des allées du parc, de nombreux petits pavillons aux architectures des plus dépaysantes (le japonisant pavillon des Enfants, l'orientalisant pavillon Émeraude), un kiosque à musique en béton très *modern style,* etc.
Les abords du parc recèlent également quelques intéressantes réalisations signées des grands noms de l'architecture du XIXe s : *avenue de Gérémoy,* plusieurs villas dessinées par Garnier en 1886 et 1887, l'*hôtel des Thermes,* avenue des Tilleuls, édifié par Fernand César en 1925 et aujourd'hui toujours dans l'attente d'un projet de rénovation...

La Vigie de l'Eau : *centre de culture scientifique et technique de l'eau, dans la galerie thermale. ☎ 03-29-08-18-68. • lavigiedeleau.eu • Horaires très variables, consulter le site. GRATUIT pour l'expo permanente. Animations payantes.* Expos et animations ludiques et interactives autour du thème de l'eau. Bénéficiant d'un équipement ultramoderne, vous animerez du bout du doigt images et vidéos, ou plongerez en 3D dans un cube immersif. Jeu vidéo pédagogique, avec les « Expl'eau'rateurs ». Ateliers et conférences.

Le musée du Patrimoine et du Thermalisme : *166, rue Charles-Garnier. ☎ 03-29-08-27-91. Avr-sept, tlj sauf lun 14h30-18h (hors saison se renseigner à l'office de tourisme). Entrée : 4 € (3 € avec le Pass'Lorraine) ; gratuit moins de*

12 ans. Petit musée qui retrace l'histoire de Vittel à commencer par celle de l'eau et du thermalisme : reconstitution de la source de Gérémoy à son origine, publicités anciennes, collection complète de bouteilles (dont celles de la « cuvée de la colère » des grèves de 1993 et 1995 !), vaisselle des anciens palaces et de drôles de machines utilisées au début du XXe s dans les thermes comme ce « bain de chaleur » ou un appareil de mécanothérapie, destiné à la rééducation. Intéressantes expos temporaires.

La Plaine des Jardins : *accès par l'hippodrome ; parking à l'entrée. 06-73-43-63-42. Juil-août, jeu-dim 14h-18h (visite guidée dim à 15h) ; juin et sept, certains w-e 14h-18h. Entrée : 5 € ; gratuit moins de 12 ans.* Jardin cultivé en harmonie avec la nature et l'environnement. Aménagé au cœur du golf : roseraie, vergers, jardin de sorcière, jardin sans eau, potagers gérés en association de plantes, etc. Nombreuses animations et conférences pour comprendre et appliquer les enjeux du jardinage au naturel. *Fête des jardins gourmands* le dernier week-end d'août. Concerts et conférences.

L'église Saint-Rémy : construite au XIIe s, elle a été restaurée aux XVe et XVIe s. 2 chapelles latérales forment le transept : la chapelle Saint-Blaise, contenant une pietà du XVIe s, et la chapelle des Fonts. Beau diptyque de Claude Bassot, peint en 1600, malheureusement (la peur des voleurs sûrement) plus que perché au-dessus de la porte d'entrée...

➢ ***Randonnées pédestres et VTT :*** 132 km de circuits balisés pédestres et 90 km de parcours balisés VTT (fiches téléchargeables gratuitement sur • *vittel-contrex.com* •).

LES VOSGES

Manifestations

– ***Carnaval :*** *mars.* L'un des plus beaux des Vosges par le nombre de chars et de formations musicales.
– ***Foire aux grenouilles :*** *en principe, le 4e w-e d'avr.* Depuis 1972. Tout le monde s'en réjouit... sauf les grenouilles !

NEUFCHÂTEAU (88300) 6 570 hab. *Carte Vosges, A1-2*

Les Vosges, certes, mais plus tout à fait quand même. Les paysages changent, s'aplanissent. Les résineux cèdent leur place aux feuillus sur les plateaux découpés de manière pittoresque par les lits de la Meuse, du Mouzon et de leurs affluents. La ville, construite sur un monticule contourné par la rivière, offre au voyageur un beau panorama sur cette région, point de jonction de la Haye au nord-est, du Xaintois à l'est, du Bassigny au sud et du rebord oriental du Bassin parisien à l'ouest. Neufchâteau est aujourd'hui, avec sa proche voisine, Liffol-le-Grand, une des capitales du meuble (de style !) lorrain.

UN PEU D'HISTOIRE

Toujours partagée entre le comté de Champagne, le duché de Lorraine et la Bourgogne, au XVe s la ville subit durement les innombrables maux de la guerre de Cent Ans. Neufchâteau sera longtemps occupée par une garnison bourguignonne, avant d'être récupérée par le duc de Lorraine.

À cette époque, la cité était un centre commercial très prisé. Les marchands trouvaient là un point stratégique entre les fameuses foires de Champagne et la route (ancienne voie romaine) reliant Lyon à Trèves.
La ville paie à nouveau un lourd tribut lors de la guerre de Trente Ans. Richelieu décide de détruire le château et les remparts avant que la ville ne soit à nouveau rattachée au duché de Lorraine en 1661. Ce n'est qu'à la mort de Stanislas, un siècle plus tard, que la ville, comme tout le duché, devient française. Sous la Convention, la ville s'appela Mouzon-Meuse. Neufchâteau, ça faisait royaliste !

Adresse et info utiles

Office de tourisme : *1, pl. des Cordeliers. ☎ 03-29-94-10-95. • contact@tourisme-ouest-vosges.fr • tourisme-ouest-vosges.fr • Dans la cour de l'hôtel de ville. En saison, lun-sam 9h30-12h30, 14h-18h (17h sam hors saison).* C'est ici qu'il faut s'adresser pour visiter (gratuitement) le superbe escalier Renaissance et les caves de cet ancien hôtel particulier. Visites guidées de la ville sur résa en saison avec accès à des monuments habituellement fermés au public. Et toute l'année, visite libre de la ville avec audioguide (2 €). Vitrine de produits régionaux.

Liaisons avec ***Mirecourt, Vittel, Grand, etc.,*** en bus avec la compagnie *Livo (☎ 0800-088-010 ; n° Vert).*

Où dormir ? Où manger ?

Le Rialto : *67, rue de France. ☎ 03-29-06-09-40. • contact@rialto-vosges.com • rialto-vosges.com • Tlj sauf dim (tlj juil-août). Congés : fin déc à début janv. Double 61 €. Menu 19,90 €. Apéritif maison offert sur présentation de ce guide.* Dans une ancienne maison à l'orée du centre ancien, régulièrement rénovée. Accueil sans façon mais souriant, chambres plutôt agréables pour les plus récentes, et cuisine qui se contente de nourrir le visiteur de passage.

À voir. À faire

L'église Saint-Christophe : *ouv seulement juil-août, mer-ven 14h-17h ; sinon lors des visites guidées de l'office de tourisme.* On trouve dans cet édifice gothique quelques survivances romanes de l'ancien bâtiment. Au-dessus de la porte latérale, délicate Vierge à l'Enfant du XVIe s scellée au trumeau. Décoration intérieure particulièrement soignée. Chapiteaux figurant des chimères, un ange aux grandes ailes ou des feuillages. Nef couverte de croisées d'ogives barlongues, éclairée par d'étroites baies géminées à lancettes du XIIIe s. Superbe chapelle baptismale du XVIe s possédant une double voûte : la voûte supérieure en coiffe, une autre ajourée comportant liernes et tiercerons, et 12 clefs pendantes décorées de motifs floraux. Une vraie dentelle !

L'hôtel de ville : *28, rue Saint-Jean. Pour la visite s'adresser à l'office de tourisme installé dans la cour. GRATUIT.* Ancien hôtel d'Houderville, bel édifice Renaissance de la 2de moitié du XVIe s. Son histoire se mêle à celle de la famille Mengin. Jean hérite d'une maison en ruine, il décide de la reconstruire. Initiative qui n'est pas du goût de ses voisins, les Cordeliers. Procès. Jean obtient gain de cause et c'est son fils, devenu receveur de la ville, qui achève la reconstruction de la maison familiale. Façade élégante et sobre, avec une porte en plein cintre encadrée de 2 colonnes cannelées surmontées de chapiteaux corinthiens supportant un entablement décoré de feuilles et de fruits. L'aile latérale sur la rue des

Cordeliers ne vise, elle, pas à impressionner. Seule la porte en plein cintre donnant sur la rue a reçu une décoration soignée. Dans le bâtiment, superbe escalier italien, remarquable spécimen de l'art de la Renaissance en Lorraine. Ne pas manquer de visiter les caves, qui servent de cadre à des expositions temporaires.

La place Jeanne-d'Arc : ancienne place du Marché, place Royale, puis place de la Liberté, une statue de la Pucelle, de 1859, lui a donné son nom actuel. Quelques beaux hôtels particuliers du XVIIIe s dont au nº 2, la « maison des Goncourt », qui fut la propriété de Pierre-Antoine de Goncourt, oncle d'Edmond et Jules, les célèbres écrivains. Au nº 26 (c'est, en fait, le début de la rue Poincaré), ancien couvent des Augustines, transformé sur l'arrière en un charmant petit théâtre à l'italienne (visites avec l'office de tourisme).

➢ ***Petite balade urbaine dans la vieille ville :*** les rues du joli secteur sauvegardé de Neufchâteau partent toutes (ou presque) de la place Jeanne d'Arc. Comme la *rue Saint-Nicolas* (belle porte cochère de *l'hôtel Collenel* au nº 3) ou la *rue Neuve,* pour les amateurs d'architecture des XVIIe et XVIIIe s (jolies façades aux nos 17, 19 et 20). Certains hôtels particuliers se visitent en été, se renseigner à l'office de tourisme.

L'église Saint-Nicolas : *juil-août, lun-ven 11h-13h, 14h-17h, ainsi que sam et dim ap-m ; mai-juin, w-e 14h-17h (plus mer 1er-15 sept).* Posée sur une butte tout en haut de la ville. Consacrée en 1097, elle a été agrandie au XIIe s. Elle a la particularité d'être composée de 2 églises superposées, une romane et une gothique. Vitrail très patriotique... Dans la 3e chapelle du bas-côté droit de la partie supérieure, intéressant ensemble de 9 statues polychromes du XVe s reproduisant l'onction du Christ. Dans l'église basse, une crèche en bois polychrome du XVIIIe s, un exemple rarissime en Lorraine.

LES VOSGES

DANS LES ENVIRONS DE NEUFCHÂTEAU

Le fort de Bourlémont : *88300* ***Mont-lès-Neufchâteau.*** *☎ 03-29-94-35-69. • contact@fortauxenigmes.com • fortauxenigmes.com • Sur la route de Domrémy, juste avt Coussey. 1er mai-30 sept, tlj 10h-18h (dernier billet à 17h). Entrée : 9 € ; 5-18 ans 6 € ; gratuit moins de 5 ans ; réduc.* Un des forts du « système Séré de Rivière », construits à la suite de la guerre de 1870, pour protéger la zone frontière de l'est. Bourlémont est un parfait exemple de l'architecture militaire du XIXe s puisqu'il n'a jamais été modifié ou modernisé, protégé par ses murs de terre de 3 à 7 m d'épaisseur. Un site assez étonnant dont la visite s'adresse aujourd'hui principalement aux enfants, avec plein d'énigmes et autres jeux.

Le château d'Autigny-la-Tour : *à 10 km au nord-est de Neufchâteau. ☎ 03-29-06-95-76. • contact@chateau-autigny.com • chateau-autigny.com • ♿ 8 mai-21 sept, dim et j. fériés 15h-18h (15 juil-31 août, tlj sauf mar). Entrée : 5 € ; réduc ; gratuit moins de 12 ans.* Derrière son portail d'entrée type Renaissance et ses 2 tours d'angle du XVIe s, un édifice classique du XVIIIe s dans un cirque creusé par le Vair. Le duc de Clermont-Tonnerre y a passé sa jeunesse. Vendu comme bien national après la Révolution, le château a connu pas mal de propriétaires successifs. Les derniers en date s'emploient à redonner de sa superbe à l'édifice : la cuisine avec sa grosse cheminée a retrouvé son aspect du XVIe s, de la vaisselle XVIIIe s est à nouveau empilée dans l'office Directoire et le papier peint panoramique du début du XIXe s du salon de réception a permis à celui-ci d'être classé Monument historique. Expos temporaires dans l'ancienne orangerie. Et petite balade agréable dans le parc que domine une grande terrasse : ébauche de jardin à la française, prolongé par un jardin romantique du XIXe s. Possibilité d'y séjourner en chambre d'hôtes ou en gîte à la semaine.

LE SITE ARCHÉOLOGIQUE DE GRAND

(88350) *Carte Vosges, A1*

Monumental. Voilà le maître mot qui caractérise les découvertes faites à Grand, notamment depuis les années 1960 après que des enfants, en jouant, eurent découvert un mur de pierres. Les vestiges grandioses, la richesse de la décoration et le nombre des objets de la vie quotidienne n'ont pas encore fini d'étonner les visiteurs. Avec un amphithéâtre de près de 17 000 places, classé au 8e rang des édifices de spectacle du monde romain, et une mosaïque de 232 m², Grand peut s'enorgueillir de posséder un patrimoine unique qui mérite le voyage.

LE SITE

Aujourd'hui situé aux confins du département, à l'écart des grandes routes, Grand se trouvait à l'époque romaine, à proximité de l'axe Lyon-Trèves via Langres, une importante voie de communication empruntée depuis l'époque de la Tène. Le rempart qui ceinturait la ville ne correspond à aucun autre exemple dans le monde romain puisque c'est le seul et unique édifié en temps de paix. L'habitat ne répond pas non plus au schéma urbain traditionnel avec des habitations réparties extra-muros.

Les monuments publics constituent les vestiges les plus remarquables. Les similitudes architecturales des différents bâtiments prouvent qu'ils ont tous été construits en même temps, dans le cadre d'un projet global de création d'un sanctuaire.

On connaît, depuis la découverte du site, le nom de la divinité honorée ici. Elle transparaît d'ailleurs dans le nom du village : *Grand* vient de *Grannos* (ou Grannus, dans sa version latine), un dieu gaulois, cousin de l'Apollon de la mythologie grecque et qui, comme lui, ne se contentait pas d'être beau gosse mais avait le pouvoir de guérison. Il paraît qu'en 310, l'empereur Constantin aurait fait le détour pour rendre visite « au plus beau temple du monde ». L'empereur Caracalla aurait également fait le déplacement. Les historiens d'aujourd'hui en doutent un peu, mais quoi qu'il en soit Grand était un lieu de culte des plus fréquenté.

Où dormir ?

Chambres d'hôtes chez Monique et Raymond Roth : *4, rue du Cagnot. ☎ 03-29-06-68-34. Tte l'année. Résa conseillée en saison. Compter 42-46 € pour 2. Petit cadeau maison offert sur présentation de ce guide.* Une petite maison de village blottie derrière sa façade verte, avec 3 belles chambres, dont 2 sont carrément très spacieuses (avec 2 grands lits). Sanitaires impeccables (sur le palier pour l'une d'elles), TV, quelques beaux meubles anciens et une entrée indépendante. Accueil charmant.

À voir. À faire

Le sanctuaire gallo-romain

☎ 03-29-06-77-37. Avr-sept, 10h-12h30, 13h30-18h30 ; oct-mars, 14h-17h. Fermé lun sauf juil-août et congés de mi-nov à fin fév. Entrée : 4 € ; réduc. Billet couplé avec Domrémy : 5 €.

La mosaïque : un inestimable témoignage ! D'une surface de 232 m², la mosaïque de Grand est considérée comme la plus... grande œuvre du genre connue en Europe. Cette mosaïque pavait la partie centrale d'une basilique construite à la fin du Ier s. Et elle est – pratiquement – restée en l'état et à son emplacement original : le pavement central et celui de l'abside datent du IIIe s. Aux 4 angles du tableau central, 4 animaux (panthère, tigre, ours et sanglier) qui pourraient figurer des scènes de chasse. La partie centrale, très abîmée, représente apparemment une scène de comédie latine. Le petit musée attenant propose un film bien fait sur l'ensemble du site de Grand et abrite de nombreuses statues entre autres découvertes des fouilles de la cité romaine.

L'amphithéâtre : long de 149 m (un des plus grands de l'Empire romain, qui pouvait accueillir 17 000 spectateurs), il semble avoir été définitivement abandonné à la fin du IVe s. Le site, recouvert de tonnes de gravats, a donc pu traverser les siècles pratiquement sans encombre. L'ensemble n'est entièrement dégagé qu'à partir de 1964. Dans les années 1990, l'ensemble des gradins a été recouvert d'une structure de bois exotique pour les protéger des intempéries et dans l'idée de restituer à l'amphithéâtre sa vocation 1re : organiser des spectacles (mais on attend toujours...). Du coup, cet amphithéâtre a un peu perdu de son caractère antique mais reste franchement spectaculaire.

➢ ***Circuits pédestres « Andesina » et « Voie close » :*** 2 circuits balisés dans et autour du village. *Voie close*, le plus court (45 mn à 1h) pour un tour des remparts et du village, au départ de l'amphithéâtre. *Andesina* (1h30 à 1h45 pour le parcours), avec option, est plus intéressant : il permet de découvrir l'ensemble (ou quasiment) des monuments ouverts à la visite, y compris la chapelle Sainte-Libaire (option de trajet). Demander la plaquette à l'accueil des sites.
– Grand est aussi le point de départ d'un grand sentier de près de 70 km, « Les 8 vies d'Acturus » avec étapes à Chermisey et Liffol-le-Grand (musée archéologique)... sur les voies romaines !

DOMRÉMY-LA-PUCELLE

(88630) 125 hab. *Carte Vosges, A1*

Tranquille petite commune où, franchement, personne ne s'arrêterait s'il n'était le village natal de Jeanne d'Arc (pour ceux qui l'ignoreraient...). Quoi que l'on en pense, Domrémy est l'un des berceaux de l'histoire de France. Connu dans le monde entier, le village accueille chaque année des dizaines de milliers de visiteurs. Et pourtant, rien de démesuré à Domrémy, une certaine quiétude continue à planer sur les quelques âmes qui peuplent l'endroit et il y a toujours, sur les bords de la Meuse, un troupeau de moutons comme celui que gardait la jeune bergère. Le centre johannique ne dépare pas l'harmonie du lieu. On pourrait juste regretter le concept architectural de la basilique du Bois-Chenu, devant laquelle on est obligé de penser à Lourdes et à tous ses excès.

DUR D'ÊTRE SAINTE !

Le Vatican n'a jamais vraiment aimé notre Jeanne nationale. D'abord, on ne contredit pas l'évêque Cauchon qui l'a condamnée au bûcher. Ensuite, elle pensa au suicide, un péché mortel. Il fallut attendre le célèbre historien Michelet pour lui donner toute sa notoriété. Il la déclara « sainte... laïque ». C'en était trop pour le clergé qui se résolut alors à la béatifier, en 1920, soit 500 ans après sa mort !

PLUSIEURS JEANNE

D'abord, un conseil pour les non-érudits, les non-agrégés d'histoire, les non-khâgneux, bref, les gens normaux : avant de visiter Domrémy, replongez-vous dans la guerre de Cent Ans, histoire de vous remémorer les grands noms, les grands événements et de mieux apprécier la visite. Oubliez vos vieux manuels d'histoire de France, truffés d'erreurs, et préférez des parutions plus récentes comme le remarquable *J'ai nom Jeanne la Pucelle* de Régine Pernoud *(Gallimard Découvertes, 1994)*, à la riche iconographie. Outre le fait qu'à l'école, la guerre de Cent Ans est survolée en quelques lignes, les pires clichés continuent à circuler qui ont tant imprégné l'imaginaire collectif qu'il est difficile de ne pas déformer la réalité historique.
Jeanne d'Arc est très vite devenue tout autant qu'une icône, un outil de propagande. Même Charles VII l'avait compris en son temps. Depuis, elle a été tour à tour modèle de vertu, sainte catholique, égérie républicaine, héroïne guerrière, incarnation de la Patrie, symbole de la Résistance, objet de fantasmes... Récupérée tour à tour par les religieux, les laïcs, les féministes, les extrémistes de droite, il existe depuis plusieurs Jeanne. Sans doute faut-il y voir tout simplement l'incarnation d'une femme courageuse, animée d'une foi et d'une force intérieure indéniables.

À voir

La maison natale de Jeanne d'Arc et le centre d'interprétation « Visages de Jehanne » : *☎ 03-29-06-95-86. ♿ Avr-sept, tlj (sauf mar hors juil-août et sept) 10h-13h, 14h-18h30 ; oct-déc et fév-mars, 10h-13h, 14h-17h. Fermé 16 déc-31 janv. Entrée : 4 € ; réduc. Possibilité de billet couplé avec le musée Jeanne-d'Arc de Vaucouleurs ou le site gallo-romain de Grand (5 € ; réduc). Compter largement 2h de visite si vous décidez de voir les films jusqu'au bout.*

La maison natale

La porte est surmontée d'un tympan flamboyant où figurent 3 blasons : au milieu les armes de France, à droite celles de Jeanne, à gauche les 3 socs de charrue des Thiesselin. Ils n'existaient évidemment pas quand la famille D'Arc habitait ici, comme la niche avec une statue de Jeanne agenouillée (1839). Si la maison a également été modifiée notamment au XVIIIe s, les 4 petites pièces qu'on visite au rez-de-chaussée ont peu ou prou conservé leur aspect du XVe s. La 1re, plutôt spacieuse, avec cheminée est celle où Jeanne travaillait et accueillait les pauvres en leur faisant l'aumône. Rien de franchement étonnant dans cette solide maison (pratiquement vide...), si ce n'est qu'elle montre le bon niveau de vie, pour l'époque, de la famille : Jeanne n'avait rien d'une pauvre bergère. C'est dans le jardin qui sépare la maison de l'église que Jeanne aurait, pour la 1re fois, entendu « ses voix ».

PATRIOTE À TOUT PRIX !

La maison natale de Jeanne d'Arc fut achetée en 1818 par le département des Vosges. Son propriétaire, un vieux grenadier, Nicolas Gérardin, refusa de la vendre à un comte prussien qui lui en offrait pourtant le triple. Il n'y a pas à dire, à Domrémy, le patriotisme est sacrément vif !

Le centre d'interprétation : les audiovisuels

On insiste sur l'importance de démarrer la visite (au sous-sol) par les audiovisuels qui permettent de se remémorer (ou de découvrir pour les plus jeunes) l'histoire de Jeanne d'Arc et de son siècle.

Le 1er s'adresse plutôt aux enfants. Relativement court (15 mn), il conte simplement la vie de Jeanne. Le 2d, sous forme de triptyque (45 mn au total), présente le personnage en l'incluant dans le contexte géographique, historique, politique et religieux. Les paysages lorrains y sont joliment filmés, et on se passionne pour l'histoire, on y revit le procès, les doutes, les tractations et les remords de Charles VII...

La visite

On suit d'abord *la rue des portraits* qui, comme son nom l'indique, affiche sur la droite les portraits des grands du siècle durant lequel Jeanne vécut. Sur la gauche, des petites alcôves, chacune consacrée à un thème précis : le mythe de la chevalerie, la foi et les croyances, la représentation de la mort, le royaume et le roi. Elles sont recouvertes de reproductions d'enluminures, accompagnées de courts textes signés de grands historiens, de poètes ou d'écrivains de l'époque (*La Chanson de Roland*, François Villon, etc.). Efficace manière d'expliquer en peu de mots la société médiévale d'alors, à la fois simple et complexe.
On s'installe ensuite, sur les bancs de la *chambre des rois,* une sorte de théâtre immobile, où jeux de lumière et mannequins en somptueux costumes d'époque retracent les grands moments de l'histoire médiévale : Montereau, Azincourt... Après le spectacle (compter environ 25 mn), on suit la *rue de la chevauchée*. Sur un mur, un vaste planisphère évoque l'histoire de la chevauchée de Jeanne et les principales villes où elle a séjourné, de Domrémy à Rouen. La fin du parcours est ponctuée de photos d'actrices ayant interprété Jeanne au cinéma (c'est le personnage historique qui, après Napoléon, a donné lieu au plus grand nombre de films) ; 2 cabinets enluminés, reprenant la même présentation que les précédents, évoquent l'un les fléaux de l'époque, l'autre la réalité de la chevalerie au temps de Jeanne. Dernière pièce à visiter, la *cour de justice :* les 2 procès à 20 ans de distance sont ici évoqués ; on écoute, par exemple, avec émotion la supplique de la mère de Jeanne, Isabelle Romée, pour demander la réhabilitation de sa fille, lors de l'ouverture du deuxième procès.

L'église Saint-Rémy : détruite par les Bourguignons en 1428, l'église a été reconstruite par la population de Domrémy et a complètement changé d'orientation en 1824 : le chœur actuel se trouve à l'emplacement de l'ancien portail. Ne subsiste de l'époque de Jeanne d'Arc qu'une partie de la voûte, un bénitier du XIIIe s, poli par les mains des fidèles et dans le transept, les fonts baptismaux qui ont servi pour le baptême de la sainte locale. Quelques belles statues aussi de saint Rémy, saint Élophe et sainte Marguerite (XIVe s). Intéressants vitraux de 1955 retraçant la vie de Jeanne.

Manifestation

– ***L'enquête Jeanne d'Arc :*** *une dizaine de représentations fin juin-début juil, sur le parvis de la basilique.* • *avhstudio.com* • Grand spectacle multimédia avec projections de vidéos en 3D, plus de 200 figurants, des chevaux, des cascades...

DANS LES ENVIRONS DE DOMRÉMY-LA-PUCELLE

La basilique du Bois-Chenu : *à 2 km de Domrémy par la D 53.* Impossible de la rater ! Un impressionnant clocher, dont la pointe est soutenue par des statues. Son architecture, à mi-chemin entre l'ossuaire de Douaumont et la basilique de Lourdes, ne passe pas vraiment inaperçue. On doit cette merveille de bon goût à l'initiative du curé de Domrémy et de Mgr Dupanloup, évêque d'Orléans. Commencée en 1881, elle ne fut achevée et consacrée qu'en 1926. Nef supérieure couverte de charpente à caissons peints de fleurs de lys. Sur les murs, énormes fresques retraçant l'épopée de Jeanne. Dans la petite chapelle, une très belle statue polychrome de la Vierge... et en sortant (ou en entrant), on ne voit que cela : la statue (redorée) de Jeanne.

MIRECOURT (88500) 5 460 hab. *Carte Vosges, B2*

La ville est citée dans les textes dès 960 apr. J.-C. Si le culte de Mercure, duquel Mirecourt tirerait son nom, n'a jamais été prouvé, on sait que le propriétaire gallo-romain de la ville se nommait Muricus. Occupant les 2 rives du Madon, affluent de la Moselle, Mirecourt s'est formée à partir d'une enceinte fortifiée. Achetée au XIIIe s par le duc de Lorraine Ferry III, elle reçoit des lettres de franchise qui permettent l'épanouissement d'artisanats multiples. Après la guerre de Trente Ans puis la destruction de ses remparts en 1670, elle connaît une nouvelle période de développement au XVIIIe s avec les ducs de Lorraine et l'apparition de la lutherie, de l'archèterie...

LA LUTHERIE

La ville peut s'enorgueillir aujourd'hui d'être le berceau de la lutherie et de l'archèterie françaises, sans que l'on sache vraiment pourquoi. Est-ce l'influence des soirées musicales que donnait le duc de Lorraine ? La présence de Mirecourt sur la route du commerce des Flandres ?
Inventé en Italie à l'aube du XVIe s, le violon est tout d'abord joué par des musiciens ambulants. À Mirecourt, la présence des 1ers « façonneurs » de violons est attestée pour la 1re fois en 1619. Le XIXe s permet à la ville d'atteindre son âge d'or : centre d'apprentissage de nombreux luthiers français, elle bénéficie également d'une renommée mondiale pour la qualité de sa production de violons, mais aussi de guitares et de mandolines. Mirecourt produit ainsi près de 40 000 violons par an entre les 2 guerres.
Aujourd'hui, l'activité renaît avec de nombreux petits ateliers de luthiers et d'archetiers en ville, et Mirecourt symbolise plus que jamais le savoir-faire français en matière de lutherie et d'archèterie.

Adresse et info utiles

Office de tourisme : *22, rue Chanzy. ☎ 03-29-37-01-01. • officetourisme.mirecourt@wanadoo.fr • ot-mirecourt.fr • Ouv lun-sam et l'ap-m des dim et j. fériés (sauf oct-mars).* Visites guidées organisées en été.

➢ **Liaison bus :** *avec Livo.* Bus de la ligne Nancy-Contrexéville.

Où dormir ? Où manger ?

Le Luth : *164, av. de Chamiec. ☎ 03-29-37-12-12. • hotelleluth@le-luth.fr • le-luth.fr • À la sortie de la ville, direction Neufchâteau. Resto tlj sauf ven soir, sam, et dim soir. Congés : août et quelques jours à Noël. Doubles 67-80 €. Formule 15 € ; menus 20-45 €. Café offert sur présentation de ce guide.* C'est le seul hôtel de Mirecourt, installé un peu à l'écart du centre, dans un bâtiment plutôt récent, genre motel. Chambres confortables, modernes, qui manquent peut-être un peu de chaleur. Accueil cordial. Côté resto, cuisine classique, sans fausses notes, et service des plus souriant.

Le Chaudron : *9, av. Gambetta. ☎ 03-29-37-43-98. • lechaudron88@orange.fr • Tlj le midi sauf lun (mais il est plus que prudent de téléphoner avt...). Congés : 1 sem en avr, 3 sem en août et entre Noël et Jour de l'an. Formule et menu déj sem 14 € ; menu lorrain env 25,50 €.* La carte et le 2d menu proposent une cuisine lorraine convaincante. Décor on ne peut plus banal et accueil discret au possible dans cette adresse proche du pont sur le Madon.

Où boire un verre ? Où écouter de la musique ?

L'Utopic : *21, rue Chantaire. 06-80-12-64-27. • cafeutopic@gmail.com • Facebook • Dans le bas de la ville, pas loin de la rivière. Ouv en principe mer-sam et selon programmation ; voir leur page Facebook (« café l'Utopic »). Bar associatif donc cotisation obligatoire (prix modique) la 1re fois. CB refusées. Café offert sur présentation de ce guide.* Un sympathique endroit où, en terrasse, au comptoir ou posé sur un canapé, on peut boire thés bio, vins naturels ou bières artisanales. Et il s'y passe souvent sinon toujours quelque chose : *café trottinette* pour les enfants, expos, débats, concerts...

Où dormir ? Où manger dans les environs ?

LES VOSGES

Hôtel Burnel et La Clé des Champs : *22, rue Jeanne-d'Arc, 88500* ***Rouvres-en-Xaintois.*** *☎ 03-29-65-64-10. • hotelburnel@burnel.fr • burnel.fr • À 9 km à l'ouest de Mirecourt. Tlj sauf lun midi, sam midi et dim soir. Congés : 2de quinzaine de déc. Doubles 75-105 €. Menus 16,50-55 €.* La bonne auberge de village tenue par la même famille depuis 4 générations. Chambres vraiment confortables, dans le bâtiment historique comme dans l'annexe *(La Clé des Champs)* juste en face. Elles sont simplement contemporaines (avec terrasse pour certaines) ou mixent imprimés zèbre ou panthère et meubles anciens. Sauna, salle de fitness. Au resto, agréable terrasse dans le jardin ou plaisante petite salle pour une très bonne cuisine, au gré du marché. Et l'accueil comme l'ambiance générale donne vraiment envie de prolonger le séjour.

Le Commerce : *59, pl. du Général-Leclerc, 88270* ***Dompaire.*** *☎ 03-29-36-50-28. • le-commerce190@orange.fr • À 15 km au sud-est de Mirecourt. Tlj sauf dim soir et lun. Congés : vac de Noël. Doubles 41-49 €. Menus 14 € (en sem), puis 32 €.* Le typique hôtel de bourg de campagne. À l'arrière, les fenêtres des chambres, classiques et confortables, ouvrent sur un paysage doucement vallonné. Côté resto, cuisine qui suit les saisons.

À voir

Flânerie intéressante dans les rues du centre à la recherche des maisons, des portes et des statues du XVe au XVIIIe s. Procurez-vous à l'office de tourisme l'intéressante petite brochure *Balade historique au pays de la lutherie, de la dentelle et de la musique mécanique.*

L'église : composite ; le clocher et les 2 premières travées de la nef sont du XIVe s, le chœur du XVe s et le transept et les bas-côtés du XVIIe s comme le très beau retable portant une toile de Claude Deruet, *L'Assomption de la Vierge.* Dans la chapelle de la Vierge, à droite, *Vierge à l'Oiseau* de pierre du XIVe s. Jolie piscine gothique trilobée aménagée en tabernacle. Sur le côté gauche, statue de Pierre Fourier, le saint du coin. Les fans d'architecture néogothique du XIXe s pourront aller voir en plus du musée Pierre Fourier, l'église qui lui est consacrée à Mattaincourt (à 1 km au sud de Mirecourt par la D 266).

Les halles : leur construction s'est achevée en 1617 ; ce sont les plus anciennes du département. Rectangulaires, surmontées de 2 tourelles, belles fenêtres à meneaux au 1er étage. Les salles intérieures étaient louées aux confréries des drapiers et des cordonniers.

Le musée de la Lutherie et de l'Archèterie françaises : *cours Stanislas. ☎ 03-29-37-81-59. • musee-lutherie-mirecourt.fr • Tlj sauf dim mat (plus lun de fév à juin et sept-oct) 10h-12h, 14h-18h ; nov-déc, mer et sam ap-m. Fermé janv. Entrée : env 4,50 € (ou Pass'Musées) ; réduc ; gratuit moins de 12 ans.* Aménagée dans un ancien séchoir à bois, exposition d'instruments en bois et à cordes, du classique violon à la guitare électroacoustique, en passant par la mandoline. Des bornes sonores permettent d'écouter le son de chaque instrument (les mélomanes devront donc prévoir un peu plus de temps !). Et des panneaux très clairs expliquent leur histoire, leur fabrication, et comment chacun, à son heure, révolutionna le monde de la musique. Pour le reste, on apprend qu'il faut laisser sécher de 7 à 10 ans le bois que l'on veut utiliser pour fabriquer un instrument. L'épicéa et, mieux encore, l'érable sycomore (si toutefois l'arbre a poussé lentement) sont les 2 essences les plus utilisées pour les violons. À l'atelier du musée, de l'autre côté du Madon, un luthier travaille sur place et répond à toutes les questions que l'on peut se poser, et de nombreuses animations sont proposées : initiation jeune public, concerts. Au beau milieu du musée trône le plus grand violoncelle du monde, au gabarit impressionnant de 7,50 m de haut.

La Maison de la musique mécanique et l'Espace dentelle : *24, rue Chanzy. ☎ 03-29-37-51-13. • musique-mecanique-mirecourt.fr • Ouv 10h-12h, 14h-18h : fév-juin et sept-oct, mar-sam ; juil-août, lun-sam ; nov-déc, mer et sam ; et tte l'année, dim et j. fériés mais seulement l'ap-m. Entrée : env 4,50 € (ou Pass'Musées) ; réduc. Visite avec audioguide ou – très bien – guidée par des passionnés tte l'année, tlj à 14h et 17h (compter 1h). Nombreuses animations en juil-août.*

– **Le musée de la Musique mécanique :** non content d'être au violon, Mirecourt est aussi entré dans les orgues ! Au XVIIIe s déjà, on fabriquait en ville des orgues mécaniques destinées à apprendre à chanter aux oiseaux ! Des « serinettes », par exemple, pour les serins nouvellement importés des îles Canaries. Les 2 siècles suivants inspireront les facteurs d'orgues de la ville à l'origine de superbes orgues de salon, de barbarie ou de foire. Un musée forcément nostalgique, où l'on remarquera la jolie collection de phonographes ou l'orgue de danse Decap (fabriqué en 1939 à Anvers), qui mettait une ambiance à tout casser dans les estaminets du Nord dans les années 1940. Mirecourt organise en outre tous les ans une *bourse des instruments mécaniques* (se renseigner pour les dates).

– **L'Espace dentelle :** de moindre renommée que la dentelle d'Alençon ou du Puy, la dentelle aux fuseaux de Mirecourt, dont les origines (comme celles de la lutherie) remontent au XVIe s, a pourtant connu une certaine prospérité. Au milieu du XIXe s, 10 000 à 15 000 dentellières travaillaient dans les environs, et Mirecourt damait le pion aux dentelles belges. Mais il ne restait que 4 dentellières à la fin des années 1970. Depuis, une association de passionnées perpétue la tradition : une démarche dans laquelle s'inscrit l'animation (les vendredi d'été uniquement) dans cet espace d'exposition : nappes, napperons, pièces d'habillement (aube de curé, mantille, robe...) confectionnés depuis le début du XXe s. Et lors de ces animations, des dentellières vous dévoileront toutes les subtilités de leur travail : mouche de Poussay, points d'esprits, larmes de la vierge... Une vidéo vous expliquera le reste.

La chapelle de la Oultre : *sur la rive gauche (c'est fléché).* Modeste chapelle blottie au milieu des arbres. Porte surmontée d'un tympan flamboyant orné d'une petite figure humaine, symbole de l'âme. À l'intérieur, toile de l'*Immaculée Conception* de Dominique Prot (1664). Pietà en pierre polychrome du XVIe s. Dans le chœur, 2 toiles de Nicolas Dubois, peintre, organiste et géomètre de la ville : *Saint Amable* et *Saint Pierre d'Alcantara* (XVIIe s).

Manifestations

- ***Marché dentelier :*** *un w-e début mai, les années paires, à l'espace Flambeau.* Coup de projecteur sur la dentelle. Une organisation des dentellières de l'association Renouveau et promotion de la dentelle de Mirecourt.
- ***Symposium de sculptures :*** *fin juil, années paires.* Sculptures monumentales sur bois ou pierre, cours Stanislas.
- ***Rencontres internationales de violon :*** *nov, années impaires.*
- ***Concours international de violon :*** *nov, années paires.*

DANS LES ENVIRONS DE MIRECOURT

L'écomusée vosgien de la Brasserie : *route de Mirecourt, 88270* ***Ville-sur-Illon.*** *☎ 03-29-36-53-18 ou 63-11. • musee-vosgien-brasserie.asso.fr • ♿ À 17 km au sud-est de Mirecourt par la D 166 ou la D 4. Juil-août, tlj sauf lun 14h30-18h ; mai-juin et sept-oct, tlj sauf lun-mer 15h-18h (mêmes horaires, mais seulement le w-e hors saison). Visites guidées et commentées (durée : 1h30) à 15h et 16h30. Entrée : 5 € ; réduc ; gratuit moins de 14 ans. Prévoir un vêtement chaud.* Installé dans l'ancienne brasserie *Lobstein* où la vie s'articulait autour de la salle de brassage aux boiseries et aux vitraux Art déco, témoins des richesses passées. Les caves, le laboratoire, un matériel rarissime, le moulin à malt font revivre 4 siècles de traditions brassicoles dans les Vosges. Un des objectifs de l'écomusée est de proposer un apprentissage de la « culture bière » en enseignant sa fabrication tout en initiant le goût dans l'ambiance chaleureuse des dégustations (démonstrations de brassage certains jours). Boutique de... bières artisanales, notamment !

Poussay *(88500) : à 1 km au nord de Mirecourt.* Joli village perché. Sur la place haute, vers la mairie, un grand puits du XIIe s, profond de 33 m.

L'église de Vomécourt-sur-Madon *(88500) : à 8 km au nord-est de Mirecourt par la D 55.* Au centre d'un hameau mignon comme tout posé au sommet d'une colline, une des rares églises romanes (celle-là est de la fin du XIIe s) des Vosges, récemment joliment restaurée. La porte est disposée derrière une archivolte à 3 voussures (vigne, torsade et cintre brisé). Très beau tympan naïf représentant les Saintes Femmes au tombeau et, plus à gauche, les symboles de la Résurrection (le lion de Judas et 3 cercles trinitaires, dont un entourant un phénix). À l'intérieur, quelques chapiteaux historiés. Dans le croisillon sud, statue en pierre de saint Sébastien, du XVIIe s. Dans le chœur, Vierge à l'Enfant en bois peint, du XVIe s.

CHARMES (88130) 4 600 hab. *Carte Vosges, B1*

Industrielle et commerçante, la patrie de Maurice Barrès connaît un calme certain depuis que la route à 4 voies entre Épinal et Nancy a été inaugurée. Plus de camions à tout instant et une douceur de vivre retrouvée, au grand soulagement des autochtones. Une cité qui a donc gagné en calme à défaut de posséder beaucoup de... charme (elle a pas mal souffert des 2 guerres mondiales). C'est aussi le lieu de naissance de la célèbre bière *Kanterbräu,* dont il ne reste aujourd'hui que quelques bâtiments d'exploitation, rue du Pâtis. Tout près de la chapelle Notre-Dame-de-Grâce (XVe s), on peut admirer une statue polychrome de Lambert Rucky représentant le miracle de saint Arnould, le patron des brasseurs.

Adresse utile

Office de tourisme : *2, rue de la Porte-de-Mozelle. ☎ 03-29-66-01-86. • tourisme.charmes@epinal.fr • tourisme-charmes.fr • Mar-sam 9h-12h30, 14h30-18h.* Circuits randos et VTT (fiches gratuites). Location de vélos à assistance électrique, boutique de produits régionaux et vente de cartes de pêche.

Où dormir ?

Camping

Camping municipal Les Îles : *20, rue de l'Écluse. ☎ 03-29-38-15-34. • camping.charmes88@gmail.com • camping-charmes88.fr • Ouv d'avr à mi-oct. Compter 13-15 € pour 2. 67 empl.* Petit camping aux aménagements récents, joliment situé, dans un cadre de verdure, au bord du canal de l'Est et de la Moselle sauvage, paradis des pêcheurs. Beaux emplacements, certains bien arborés (préférer le côté rivière). Également 2 tipis à louer. Location de vélos (une voie verte passe à côté), snack, petite épicerie et dépôt de pain. Accueil souriant.

Où dormir ? Où manger dans les environs ?

Le Relais de Vincey : *33, rue de Lorraine, 88450* ***Vincey.*** *☎ 03-29-67-40-11. • contact@relaisdevincey.fr • relaisdevincey.fr • À 4 km au sud de Charmes par la D 157 ; ou sortie Vincey sur la N 57-E 23. Tlj sauf sam midi et dim soir. Doubles 78-144 €. Formule déj sem 22,90 € ; menus 28,50-40,50 €. Apéritif maison ou réduc de 10 % sur le prix de la chambre offert sur présentation de ce guide.* Un établissement (de famille depuis 1961), avec des bâtiments contemporains en bord de route, mais qui se prennent pour un paquebot avec des fenêtres façon hublot et du bois ciré un peu partout. Chambres modernes sinon design, fonctionnelles et vraiment confortables. Au restaurant, à la déco dans le même esprit, on sert une cuisine des plus classique, dans le respect des saveurs avec juste ce qu'il faut d'originalité. 2 piscines (intérieure et extérieure), sauna, tennis et salle de musculation. Vélos à disposition pour des balades sur la voie verte toute proche. Accueil chaleureux.

À voir. À faire

L'église Saint-Nicolas : *pl. de l'Espée.* Sa façade (résultat des ravages de la guerre) évoque une église des années 1950, mais elle est du XVe s, avec des petites chapelles latérales du XVIe s. À l'intérieur, colossale statue de saint Christophe du XVIIe s. Rare *Mise au tombeau* à 6 personnages, du XVIe s. Superbe chapelle des Savigny richement décorée et aux vitraux de 1493.

La maison de Maurice Barrès : *2, rue Claude-Barrès (sur la route d'Épinal).* L'écrivain a placé dans cette maison de magnifiques boiseries de Gerdolle provenant du couvent des Trinitaires de Lamarche. Pas la peine de fantasmer, on ne visite pas la bâtisse. Maurice Barrès repose au cimetière de Charmes.

L'écomusée du Battant : *☎ 03-29-66-01-86 (office de tourisme). Ouv seulement dim ap-m de mi-juin à mi-sept. Entrée : 3 €.* Situé sur le canal, il s'agit d'une scierie-atelier mécanique-centrale d'électricité. Ce fut le 1er générateur de la ville. C'est le plus ancien site industriel encore visible à Charmes et les outils du battant fonctionnent toujours.

L'Île-sous-Essegney : *brochure et rens à l'office de tourisme.* Un site protégé en bordure de Moselle, à l'écosystème spécifique. Bornes explicatives. Prenez des jumelles, ça peut servir, ne serait-ce que pour observer les oiseaux, mais aussi les castors.

➢ **Randos pédestres :** *rens à l'office de tourisme (fiches techniques à disposition).* Parmi les nombreuses randos que propose le coin : *le circuit des Verriers* (verrerie de Portieux) *et du massif forestier de Moriville* (environ 11 km ; facile). Ou le *circuit « Entre vignes et clochers »* (environ 16 km, avec 2 extensions possibles), promenade qui ouvre des perspectives panoramiques superbes sur la Moselle, le canal de l'Est, la région.

➢ **Voie verte :** entre Charmes et Épinal (25 km), au long du chemin de halage (goudronné) du canal des Vosges. Arboretum le long de la voie verte entre les 2 écluses de Charmes.

DANS LES ENVIRONS DE CHARMES

CHAMAGNE (88130)

À 4 km au nord de Charmes (par la D 9). Petit village tranquille qui a vu naître Claude Gellée, le plus connu des peintres lorrains avec Georges de La Tour. Chamagne est également le village d'origine des « chamagnons », ces colporteurs dont on pense qu'ils ont largement contribué à la diffusion des images d'Épinal.

Où manger ?

Le Chamagnon : *236, rue du Pâtis. ☎ 03-29-38-14-74. • charles.vincent88@sfr.fr • Tlj sauf lun et le soir mar-jeu et dim. Congés : 15 j. en été et vac de la Toussaint. Formule déj sem 12,90 € ; menus 25-65 € ; carte env 40 €.* À l'orée du village, une belle maison en pierre aux salles chaleureuses. Le chef, autodidacte passionné, travaille fort joliment les produits du terroir et de saison... La fraîcheur du marché, une juste association de saveurs, une touche d'originalité. Le tout accompagné d'une très belle carte des vins. Accueil souriant.

À voir

La maison natale de Claude Gellée, dit « le Lorrain » : *18, rue Claude-Gellée. ☎ 03-29-38-86-07. Fermé au public.* Une vieille maison vosgienne, à la fois modeste et superbe, épargnée par la guerre de Trente Ans et qui a gardé son plan original (dans tous les sens du terme). Le peintre y est né en 1600. Il est mort à Rome 82 ans plus tard, après une vie bien remplie par la peinture. Claude Gellée, dit « le Lorrain », est reconnu aujourd'hui avec Nicolas Poussin comme le plus grand peintre de paysages et de scènes mythologiques du XVIIe s. Son œuvre a fortement influencé Turner et Monet.

L'église : avec son clocher à bulbe. À gauche en entrant, une pietà du XVIe s.

XARONVAL (88130)

À 9 km à l'ouest de Charmes par la D 55, puis la D 33. Un tout petit village qui tous les dimanches de juillet à fin septembre, à partir de 11h, se met à vivre, habitants et vêtements compris, comme si l'on était encore en 1900. Ambiance décalée mais étonnante. Pas moins de 20 étapes, de l'école à d'anciennes boutiques, à travers le village. Animations différentes chaque dimanche. *Rens : ☎ 03-29-38-06-27. ● xaronvalvillage1900.fr ● Entrée : 5 €.*

VINCEY (88130)

Le musée d'Art militaire : *11, rue d'Alsace. ☎ 03-29-67-45-07 (mairie). À 5 km au sud-est de Charmes. Ouv 8 mai-11 nov, w-e 14h30-18h30. Entrée : 4 € ; réduc.* Vaste espace (1 500 m^2) qui évoque tous les conflits de 1870 à 1962. Reconstitution d'une tranchée de Verdun, de l'arrivée d'une barge du débarquement... et une foule d'objets (du godillot au paquet de cigarettes), des projections de films, etc.

HOMMES, CULTURE, ENVIRONNEMENT

ARCHITECTURE

L'architecture de la Lorraine est des plus variée : nul point de comparaison entre la néo-romane gare de Metz et l'éblouissant classicisme de la place Stanislas, entre les cités ouvrières des bassins industriels et les marcairies des ballons vosgiens. Seul point commun aux départements de la région : le village lorrain, typique d'un urbanisme rural apparu dès le début du XVIe s, avec sa grande rue unique bordée de maisons-fermes.

Les cités ouvrières

Le même principe (économique, pratique, égalitaire, paternaliste) dirige l'implantation des cités ouvrières dans l'ensemble du bassin industriel et minier lorrain dès le XIXe s. De la vallée de la Fensch à Baccarat, de Pont-à-Mousson à Longwy, les rangées de maisons identiques avec un jardinet sur l'arrière s'étirent avec une certaine monotonie autour du centre commercial et associatif, souvent pas loin d'un environnement moins austère d'eaux claires et de belles forêts. Notamment dans les Vosges, où cités comme bâtiments à l'anglaise des usines textiles s'ouvrent sur les pentes. La Lorraine a poussé la logique de la cité ouvrière jusqu'au bout avec la création à partir des années 1930, ex nihilo, en pleine forêt, de Bataville, un bourg tout entier concentré autour d'une usine de chaussures.
Si certaines de ces cités voient aujourd'hui se lézarder leurs façades salies depuis longtemps par les fumées des usines, d'autres, joliment rénovées, méritent qu'on s'y balade pour saisir un peu de l'esprit de cette région.

Du roman au gothique flamboyant

Dans les villes comme dans les campagnes, les églises, cathédrales ou abbayes témoignent des 1res pierres du passé plus durablement que les quelques maisons rescapées. Saint-Pierre-aux-Nonnains de Metz est le plus ancien monument ecclésiastique de Lorraine. Oratoire au IVe s, église de l'abbaye au VIIIe, poudrière au Moyen Âge, l'édifice appartient aujourd'hui à l'ensemble culturel de l'Arsenal. Avec la mise en place des évêchés commence la construction des cathédrales, érigées en plusieurs siècles et reflétant les influences du moment. Saint-Maurice d'Épinal date du IXe s et se distingue par son beffroi et son portail. Au XIe s paraît Notre-Dame de Verdun, romane et gothique, complétée par le cloître. En 1359, à Metz, on réunit pour la cathédrale Saint-Étienne une église romane du Xe s et une plus récente. La tour de la Mutte s'élève à 88 m. Les grandes arcades de la nef gothique facilitent l'éclairage des vitraux anciens de Valentin Bousch et les créations modernes de Marc Chagall. De la même époque datent les églises Saint-Nicolas et Saint-Christophe de Neufchâteau, enrichie de la chapelle funéraire pour cette dernière, puis la cathédrale et la collégiale de Saint-Dié, meurtries par les guerres. Toul offre la façade de style gothique flamboyant de Saint-Étienne, avec ses chapelles Renaissance, et la collégiale Saint-Gengoult avec ses vitraux gothiques. Dans les Vosges, l'église abbatiale (XVIIIe s) de l'ancienne abbaye de Moyenmoutier est le seul édifice baroque de Lorraine.

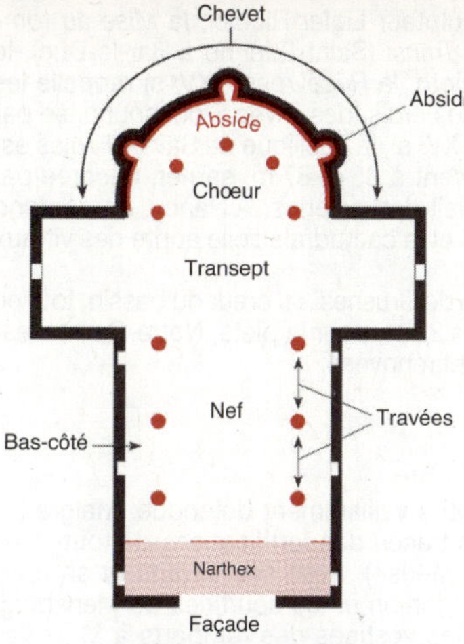

PLAN D'UNE ÉGLISE ROMANE

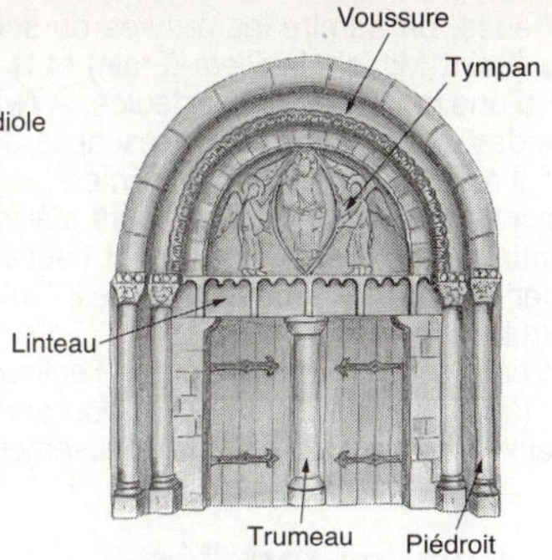

PORTAIL D'ÉGLISE ROMANE

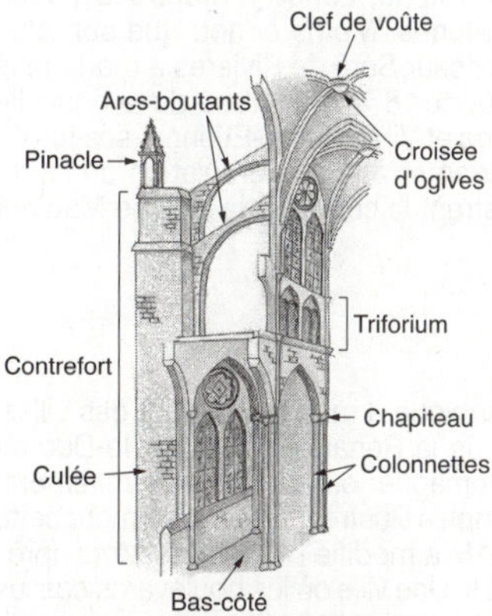

COUPE TRANSVERSALE D'UNE ÉGLISE GOTHIQUE

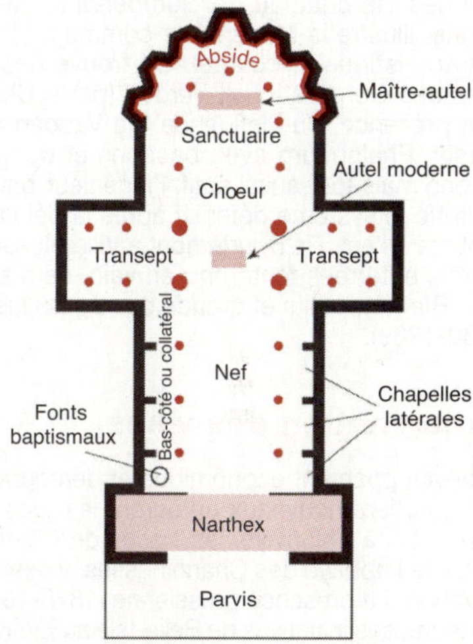

PLAN D'UNE ÉGLISE GOTHIQUE

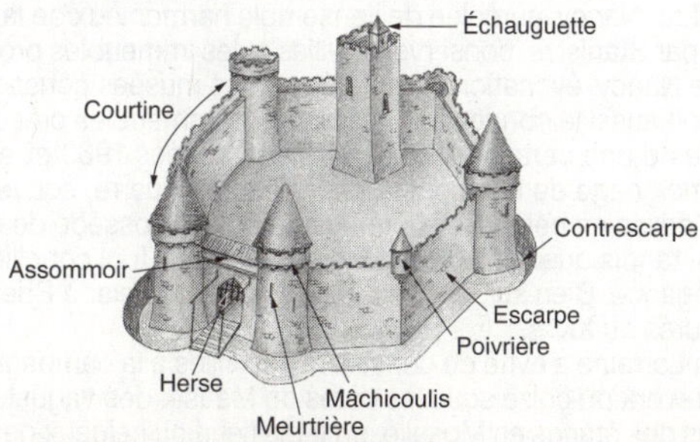

CHÂTEAU FORT

En Meuse, on admire les œuvres du sculpteur Ligier Richier, la *Mise au tombeau* (Saint-Mihiel), la *Pietà* (Étain) et le *Transi* (Saint-Étienne à Bar-le-Duc), le long d'une route qui lui est dédiée. À Avioth, la *Recevresse* (XVe s) rappelle les offrandes des pèlerins et des rescapés des croisades. Avec Sion, souhaitée par René II après sa victoire sur le Téméraire (XVe s), la basilique de Saint-Nicolas est un symbole permanent : ses tours s'élèvent à 85 et 87 m, sa nef, décorée par Valentin Bousch, est élargie pour l'accueil des pèlerins. À Nancy, on confond souvent Saint-Épvre (une flèche de 87 m) et la cathédrale : elle abrite des vitraux de Gruber.
Dans cette terre d'industrie, citons l'église de Crusnes, au cœur du bassin, tout en acier (aperçue dans *Les Rivières pourpres 2*), et, pour la piété, Notre-Dame-des-Lorrains à Rome, toutes 2 courageusement rénovées.

Les espaces fortifiés

Terre d'invasions, la Lorraine s'est toujours vaillamment défendue. Malgré les destructions des occupants, il reste des traces des fortifications de toutes les époques : le château de Gombervaux (Meuse), avec ses 4 tours et sa tour-porche, illustre le Moyen Âge comme le donjon et les courtines de Mensberg, pôle touristique et culturel. On trouve des vestiges des remparts à Metz (les tours des Corporations), Verdun (porte Chaussée), Nancy (porte de la Craffe) et la présence, ou l'influence, de Vauban à Bitche, Longwy, Montmédy, Toul, Marsal, Phalsbourg avec bastions et demi-lunes. Moins connu que son aîné Vauban mais tout aussi actif, l'ingénieur-bâtisseur Séré de Rivières a modernisé et étoffé le système défensif après la défaite de 1871 et le tracé de la nouvelle frontière à l'est. De Bourlémont à Villey-le-Sec et Villey-Saint-Étienne, ses fortifications enterrées tenteront, en vain, de s'adapter à la modernisation de l'artillerie. Bientôt, petits et grands ouvrages illustrent le concept de la ligne Maginot (1930-1939).

L'imagination des villes

Le développement économique et démographique a modifié l'aspect des villes. Des quartiers nouveaux entourent les rues de la Renaissance à Bar-le-Duc ou Épinal, ou, à Thionville, les traces de Charlemagne, ou encore, à Remiremont, celles de l'abbaye des Chanoinesses. 2 exemples illustrent particulièrement cette évolution. La présence prussienne (1870-1918) a modifié l'aspect de Metz après les heureuses initiatives de Belle-Isle au XVIIIe s. Une ville où les boulevards cossus gardent leur froide majesté, la gare sa force rayonnante, et où une sage politique a créé, entre les multiples bras de la Moselle, une ville verte qui, fidèle au patrimoine, accueille la modernité – en témoigne l'architecture contemporaine du centre Pompidou. Nancy, auréolée de l'ensemble harmonieux de la place souhaitée et inspirée par Stanislas, conserve les villas et les immeubles prolongeant le style de l'école de Nancy, évocation complétée par les musées consacrés à cette époque. On y revoit aussi la conception des barres d'immeubles créées au Haut-du-Lièvre, typiques d'une certaine architecture des années 1960 et en cours de réhabilitation. Témoignage de la reconstruction d'après-guerre, souvent décriée, parfois inspirée, l'église en béton Saint-Rémy à Baccarat possède de merveilleux vitraux modernes, tandis que la place des Trois-Evêchés à Toul concilie efficacité, proportions et élégance. Bien sûr, la Cité radieuse du Corbusier à Briey fait partie des œuvres majeures du XXe s.
Heureusement, la Lorraine a évité de construire des villes à la campagne. On profite donc du patchwork du colza sous les côtes de Meuse, des vaguelettes et des salicornes du pays des étangs en Moselle, du tapis fleuri ou neigeux des Vosges et des mirabelles de la Meurthe-et-Moselle.

ARTS DU FEU

Ils ont beaucoup compté par le passé en Lorraine, mais leur situation actuelle est mitigée. Soit on voit le verre à moitié vide, et l'on sort son mouchoir pour pleurer l'arrêt de toute production à Sarreguemines et Lunéville voire Rambervillers, noms vénérés par les collectionneurs de faïences. Soit on considère qu'il est à moitié plein, car somme toute, céramique et cristal, qui ont donné du travail à des milliers de Lorrains bien avant qu'on ne s'intéresse au minerai de fer et à la houille, continuent d'en faire vivre des centaines alors même que la parenthèse minière s'est refermée.

Pourquoi ces industries se sont-elles enracinées ici ? Parce qu'elles y ont trouvé les matières premières qui leur étaient nécessaires : sable (pour le verre), argile (pour la faïence), fougères dont les cendres riches en potasse facilitent la fusion du verre, bois des forêts pour faire ronfler les fours.

La faïence : une longue histoire

Vieille histoire lorraine, la céramique ! Apparue dans la région avant les Gallo-Romains. Mais c'est au XVIIIe s que les manufactures ont poussé comme des champignons. D'abord en Argonne, dès 1708. La manufacture la plus connue est celle des Islettes, qui a utilisé la faïence comme support d'une imagerie populaire en accord avec les goûts des XVIIIe et XIXe s : scènes galantes ou patriotiques, épopée napoléonienne, départs pour la chasse... Mais de cette activité, il ne reste rien en Meuse, sinon des musées.

LES PETITS PLATS DANS LES GRANDS

Si, en 1672, afin de financer ses guerres, Louis XIV n'avait pas créé un impôt sur la vaisselle en argent ou en vermeil, la Lorraine n'aurait peut-être pas tant développé l'art de la faïence. Eh oui, il fallait bien trouver un moyen d'éviter cette taxe royale. Aujourd'hui, un bijou de la région...

Le Nord lorrain bouillonnait aussi au XVIIIe s. Dans ce creuset sont nées 2 faïenceries qui auront de l'avenir : la famille Boch crée une faïencerie à Audun-le-Tiche (Moselle) puis s'installe à Septfontaines (Luxembourg) en 1767, et enfin à Mettlach (Sarre) vers 1810. En 1785, la famille Villeroy est cofondatrice d'une faïencerie à Frauenberg (près de Sarreguemines, Moselle), qu'ils déplacent ensuite à Vaudrevange (Wallerfangen, Sarre) en 1791. En 1836, les 2 manufactures sarroises s'associent pour créer la société Villeroy et Boch, aujourd'hui un puissant groupe industriel.

Que reste-t-il aujourd'hui ?

Côté français sont restées Sarreguemines et Lunéville, entreprises auxquelles les restructurations ont porté de rudes coups. Dans les dernières années du XXe s, le site sarregueminois, qui avait employé plus de 3 000 ouvriers, vivotait encore en fabriquant des carrelages, mais il a fini par mettre la clé sous la porte. Idem pour Lunéville : la production s'est rabattue sur la manufacture sœur située à une dizaine de kilomètres, Saint-Clément, qui fait encore des services de table fleuris. Celles qui s'en sortent le mieux sont Niderviller et Longwy. La faïencerie de Niderviller, au pays de Sarrebourg, fut avec Lunéville et Saint-Clément une des 1res à adopter la technique du petit feu, qui autorise des décors plus fins et une plus large palette de couleurs. Elles sont aujourd'hui réunies au sein du groupe « Les Jolies Céramiques sans Kaolin » avec les cristalleries de Portieux et Vallérystahl. Mais Niderviller n'emploie plus qu'un ouvrier faïencier et Saint-Clément une douzaine. À Longwy, la Manufacture des Émaux de Longwy, ouverte en 1798, maintient la tradition tout en y soufflant un style moderne qui plaît à la clientèle internationale. D'autres faïenceries se sont aussi créées récemment comme celle des Émaux Saint-Jean l'Aigle... La technique locale est très typée : décors cernés d'un trait noir, couleurs aussi reconnaissables que le fameux bleu « ciel d'Égypte », le blanc craquelé, le rose soutenu. On peut trouver ça kitsch, mais il y a des amateurs qui en raffolent.

La route du verre

La route du verre est parallèle à celle de la faïence. Là aussi, une tradition ancienne, celle des gentilshommes verriers qui seuls détenaient le privilège de souffler. Et là encore, le XVIIIe s a donné l'élan décisif avec l'introduction de nouvelles techniques de fabrication. La cristallerie royale de Saint-Louis-lès-Bitche fut en 1781 la 1re verrerie française à se mettre au cristal, cette invention anglaise consistant à ajouter de l'oxyde de plomb à la pâte de verre pour en améliorer la limpidité.
Malheureusement, le XXe s a conduit vers des révisions déchirantes. La trajectoire la plus douloureuse a été celle d'Hartzviller, coopérative ouvrière créée en 1932, liquidée en 2004. Sa voisine de Vallerysthal n'abrite plus qu'un magasin d'usine et des démonstrations de verriers ; il en va de même à Portieux (Vosges). D'autres sites ont réduit les feux, mais se sont reconvertis dans la formation et la résidence d'artistes : le Centre international d'art verrier couplé avec le musée du Verre et du Cristal à Meisenthal, le Centre européen de recherches et de formation aux arts verriers à Vannes-le-Châtel. Demeurent tout de même ces poids lourds de l'industrie du luxe que sont Baccarat, Daum et Saint-Louis, ainsi que Portieux (Vosges) et quelques cristalleries artisanales au pays de Bitche.
L'âge d'or des arts du feu lorrains a été sans conteste la fin du XIXe s. Qu'on imagine cette époque où 3 000 personnes travaillaient aux faïenceries de Sarreguemines, alors en territoire annexé à l'Allemagne, et 1 100 dans celles de Lunéville ; où le notaire Jean Daum quittait Bitche pour émigrer vers des terres françaises et reprenait la manufacture Sainte-Catherine à Nancy ; où Émile Gallé faisait ses premières armes à la verrerie d'art de Meisenthal, avant d'initier un nouveau style à la faïencerie de Saint-Clément, puis d'ouvrir son propre atelier à Nancy et de devenir l'un des chefs de file de l'Art nouveau ; où les frères Muller, virtuoses du verre multicouche gravé à l'acide, s'installaient à Lunéville... La région a de beaux restes. De la cristallerie de Baccarat, où le tsar faisait faire ses verres, le négus ses vases monumentaux, le shah d'Iran ses candélabres, sortent encore d'impressionnants lustres pour les émirs et de plus intimes bijoux et bibelots. Saint-Louis propose désormais une gamme très design d'objets déco de cristal taillé, gravé, doré à l'or ou intensément coloré. La verrerie Daum, résolument tournée vers l'art, a bénéficié de la collaboration de Salvador Dalí, César, Arman, Hilton McConnico, Zoritchak... Grâce à ces entreprises prestigieuses, mais aussi au centre de formation, le CERFAV, à Vannes-le-Châtel, la flamme lorraine brille toujours.
Plus d'infos sur les arts du feu sur • *loraf.fr* •

BOISSONS

Une bière en reconquête

La bière n'a pas toujours eu la belle vie ces dernières années en Lorraine. À grands coups de fermetures d'usines et de délocalisations, la région a perdu de sa superbe dans un domaine où elle figurait pourtant, il n'y a pas si longtemps encore, parmi les meilleurs élèves français. En 2007, c'est Kronenbourg qui a mis la clé sous la porte du côté de Nancy. Mais la passion ne peut se contenter d'entrer dans les musées (à Stenay et Saint-Nicolas-de-Port) et, désormais, le houblon vibre par le mérite de chimistes de talent.

À Ville-sur-Illon, dans la plaine vosgienne, à Mont-Saint-Martin, plus au nord, à Verdun, à Mouzay, aux portes de Remiremont comme sur les pentes des Vosges, au cœur de Metz ou à Pont-à-Mousson, elles sont aujourd'hui plusieurs dizaines de brasseries artisanales à proposer des bières uniques. Loin, très loin des 650 sites brassicoles que comptait la région à la fin du XIXe s. Qu'importe, finalement, car la qualité de ces produits laisse augurer un futur chatoyant.
Si leur renommée ne dépasse pas encore les frontières de la région, les bières lorraines offrent des alliances de goût méritant le coup de palais. Le musée européen de la Bière, à Stenay, les consacre à l'instar de brassins belges et étrangers. À l'abbaye des Prémontrés de Pont-à-Mousson, les Brasseurs de Lorraine proposent une carte riche de promesses. Leur fierté ? La Duchesse de Lorraine. Une bière raffinée laissant apparaître une pointe de fleurs blanches plutôt surprenante. À découvrir les yeux fermés.
Les amateurs pourront suivre la route lorraine de la bière : • *routelorrainedelabiere.com* •

Lorraine, source de vie

L'eau en Lorraine, c'est surtout une affaire vosgienne. Vittel, Contrex, tout le monde connaît. À l'heure de la hausse de la consommation d'eau minérale, on sait moins qu'à Saint-Dié, Saulcy-sur-Meurthe et Lonjeaux, des amateurs ont monté des projets d'embouteillage d'eau de source. Le sol lorrain ? Un bienfaiteur.
Les Vosges, montagnes fatiguées, usées et pourtant si riches, d'où jaillit une eau minérale devenue récemment ressource précieuse. Vittel et Contrex : les pages de pub vantant les bienfaits de ces eaux pures inondent chaque jour notre quotidien. Vittel et Contrex : le cœur des Vosges. Un cœur économique notamment. Le géant Nestlé, propriétaire des 2 sites, est la plus grande entreprise vosgienne. Les 2 milliards de bouteilles descendant de la montagne chaque année font aujourd'hui vivre plus de 2 000 personnes.
Les autres ? Ils se battent pour faire aboutir leurs projets. Ils pataugent pour certains, à l'image de Jean Marcillat, du côté de Saulcy-sur-Meurthe. L'homme a découvert 4 sources sur des terrains familiaux. Il veut les faire vivre. Passionné par l'environnement (« l'eau source de vie », comme il aime à le répéter), il est déterminé à mettre en bouteille cette « eau de bonne qualité ».

La mirabelle, l'or de Lorraine

Alignés le long des côtes de Meuse ou des collines du Saintois, les mirabelliers boivent l'eau dégringolant généreusement du ciel. Un petit rayon de soleil perce alors pour laisser scintiller les fruits dorés. L'or de Lorraine s'est paré de ses plus beaux habits. Les vergers meusiens regorgent de cette richesse enviée. Une richesse aux multiples facettes.
Travaillée en tarte, la mirabelle lorraine prend ses célèbres saveurs sucrées. En eaux-de-vie, on passe à autre chose. À l'essence même de ce fruit ayant fait, depuis des lustres, la renommée de la Lorraine. Pourquoi ? Par la qualité d'un produit où le fruit prend le dessus sur l'alcool.
Depuis des années, la Mirabelle de Lorraine, appellation d'origine contrôlée, gagne du terrain, par la seule subtilité de son arôme. Même les États-Unis deviennent un

AVIS AUX AMATEURS

En Lorraine, à l'heure du café, on ne fait pas sans la mirabelle. Décidément, elle est partout. Tandis que les Charentais flambent le café au cognac, les Lorrains le flambent à l'eau-de-vie de mirabelle. En ajoutant au brûlot un soupçon de crème fouettée, on obtient le fameux café lorrain. Un breuvage qui rappelle étrangement l'Irish coffee !

sérieux débouché pour une production, paradoxalement, en pleine crise. À l'image des viticulteurs, les producteurs lorrains se sentent seuls face aux campagnes de sécurité routière.
Pour s'en sortir, les distillateurs ne comptent donc que sur eux-mêmes, et sur la qualité de leur nectar pour remporter les plus prestigieux concours, comme celui de Metz. Les Belges, Allemands ou Luxembourgeois arrivent loin derrière. La Mirabelle de Lorraine a de beaux jours devant elle ! Sa déclinaison « séchée et moelleuse » lui ouvre de nouvelles portes gastronomiques sur les tables... et les palais envieux de sensations gustatives.
Pour les ***vins,*** voir plus loin le chapitre qui leur est consacré.

CLIMAT

Pas la peine d'acheter des vêtements de « demi-saison », ce serait du gaspillage. La Lorraine est soumise à un climat continental, c'est dire que la plupart du temps on y grelotte ou on y transpire. La température fait le yo-yo tout au long du printemps : on peut d'un jour à l'autre perdre ou prendre 20 °C, et même en juin, passer allégrement du pull en laine au tee-shirt, ou vice versa.
La Lorraine est aussi nettement plus arrosée que sa voisine l'Alsace. Pourquoi cette différence de traitement ? Leçon de géographie au tableau noir, par l'instituteur des *Aventures de Silas Belamour* (Éd. Pierron) : « Dans notre région, les vents dominants soufflent du Nord-Ouest. Ils apportent avec eux des nuages qui se sont chargés d'eau au-dessus de la Manche. Or, ils pourraient très bien passer leur chemin, ces nuages, aller voir ailleurs, vers l'Allemagne par exemple, si on n'a pas besoin d'eux. Hélas non, ce n'est pas leur dessein ! Car les Vosges sont là, à monter la garde, telle la ligne Maginot, mais celle-ci est incontournable, et harponnent nos gros balourds et leur coupent la voie. À force, il arrive ce qui doit arriver : les nuages s'amoncellent en une épaisse couverture et finissent par se soulager sur nous. » Ce n'est pas un hasard si les Vosges, et le plateau de Langres qui les prolonge au sud constituent un des « châteaux d'eau » de la France !
Les rumeurs de réchauffement ont provoqué des sueurs froides dans les stations de sports d'hiver vosgiennes. En réalité, la tendance ne fait qu'accentuer les mauvais penchants climatiques de la Lorraine : hivers qui durent 5 mois, étés de plus en plus étouffants. La seule période vraiment agréable et stable est l'arrière-saison. Il arrive que le soleil attiédisse l'automne jusqu'à la mi-novembre (mais là, en vertu des principes énoncés plus haut, les 1res neiges ne sont pas loin). C'est une consolation...

CUISINE

La quiche qui cache la forêt

C'est elle, avec sa face lunaire, ronde et dorée, qui fait parler de la Lorraine aux quatre coins du monde : la quiche a conquis la planète entière... sans pour autant que sa patrie d'origine y trouve son compte en notoriété. Car, c'est cruel, la Lorraine a longtemps pâti d'une image aussi peu reluisante du côté de son climat que de sa gastronomie. C'est seulement depuis le XXIe s, grâce à la reconnaissance des enquêteurs des guides gastronomiques, que chacun réalise que l'assiette lorraine est bien moins triste qu'on le prétend. Il faut tordre le cou aux clichés. Non, en Lorraine, on ne mange pas que du lard, de la crème et des pommes de terre ! Si un resto propose une pizza, celle-ci doit être aussi épaisse et garnie qu'une quiche. Une sorte de « pizza-quiche », qui n'existe nulle part ailleurs (heureusement, d'ailleurs !).
Longtemps paralysée par ces « images d'Épinal » peu flatteuses, n'aimant pas, par discrétion, se mettre en avant, la Lorraine se pousse du col en ce début du

IIe millénaire, montrant mieux son réel savoir-faire et ses richesses culinaires. Et ce sans complexe, elle qui est coincée entre les 2 monuments de la gastronomie que sont la Champagne et l'Alsace.
Ainsi donc, du plus haut au bas de l'échelle, le choix existe en Lorraine et on trouve des dizaines de bons restaurants, auxquels il faut ajouter les dizaines d'autres maisons, auberges et bistrots où l'on se plaît à s'attabler et à goûter plats traditionnels, menus terroir et gourmandises locales.

Les lumières de la gastronomie

En faisant la part des choses et en occultant les tables où la cuisine est d'abord gastronomique, quels sont les plats et menus marqués par l'Histoire et la tradition ?
Si l'on se rappelle que la cuisine lorraine que l'on pratique aujourd'hui a pris source au siècle des Lumières, c'est justement durant cette période que sont nées 3 de ses plus savoureuses spécialités, la ***quiche,*** la ***bouchée à la reine*** et le... ***baba au rhum.***
Concernant la quiche, à l'origine, il s'agissait d'une pâte plate, beurrée, sur laquelle on répandait un appareil constitué d'œufs et de crème fraîche. De La Chapelle, inventif cuisinier au château de Lunéville, impose le lard dans la recette mais soulève un sacré lièvre. Faut-il mettre plus de crème ou moins de lait ? 12 générations n'ont pas résolu l'équation idéale, ce qui n'a pas empêché la quiche de conquérir le monde.
Retour au château de Lunéville et à la cour du roi – polonais – Stanislas avec Marie, sa fille. Sur les pas de La Chapelle, la future épouse de Louis XV donne son avis. Ainsi, tentée par le rapprochement du croustillant d'un feuilletage et du moelleux d'une crème à la volaille, elle suggère une bouchée. La cuisine affine l'idée. La cour goûte et s'incline devant ce mets qui deviendra « la bouchée à la reine Marie Leszczyńska ». Ces spécialités, comme d'autres (meringues « Marie Leszczyńska », madeleines de Commercy), témoignent de l'ouverture d'esprit de la cour de Stanislas.

RECETTE APHRODISIAQUE

Les « bouchées à la reine » furent imaginées par la reine Marie Leszczyńska pour garder son mari Louis XV trop volage. La recette contenait surtout des produits aphrodisiaques (croyait-on !) : ris de veau, truffes, cervelle, amourette, quenelles et muscade.

Mais la Lorraine a bien évidemment d'autres spécialités. Comment ignorer la ***potée lorraine*** (choux, lard et saucisses fumées) – à ne pas confondre avec la soupe lorraine, purée d'oignons et de lard, crème et fromage – ou encore les ***tourtes*** (lorraines) garnies de porc et de veau liés d'œufs battus avec de la crème, et les ***pâtés*** (lorrains), viandes de porc et de veau bien marinées, mais aussi la tourte vosgienne, les crêpes farcies de fromage blanc et de jambon, les pâtés aux escargots, aux grenouilles, au gibier, aux champignons... ou encore le pâté de truite des Vosges. Sans oublier la ***tarte*** aux oignons ou au fromage blanc ! ***Petit salé, choucroute lorraine, brochet en matelote à la messine, perche à la Savigny, ragoût d'anguilles à la meusienne, échine de porc à la lorraine*** (avec du chou rouge), ***fuseau lorrain*** (saucisson de porc fumé à la sciure de hêtre), ***gras-double lorrain, pankoufles*** (crêpes de pomme de terre et de viande hachée), ***kneppes*** (boulettes à base de farine cuites à l'eau) ou encore ***mouds, brioche tordée*** sont également de la partie.
Ici ou là, des productions plus ciblées font la part belle aux produits de la riche nature lorraine : gibier des forêts, champignons (truffes des côtes de Meuse, girolles, cèpes, morilles), élevage local de porcs, de veaux, de bœufs, fromages (comme le géromé, voisin du munster), fruits de pays.

Cette richesse est particulièrement mise à profit par les professionnels dans le domaine des mets sucrés et autres gourmandises. Certaines sont typiquement locales comme la ***loriquette*** à Remiremont (biscuit sec, aux origines sûrement celtiques), la ***tarte aux pavots du Toulois,*** l'***oriquette*** de la région de Lunéville (sorte de brioche), le ***pain Gallu*** de Saint-Dié (qui contient noix et fruits secs), mais d'autres sont plus connues. C'est le cas de la ***confiture de groseilles blanches ou rouges*** – épépinées à la plume d'oie ! – de Bar-le-Duc, des ***madeleines de Commercy*** et de Liverdun, ***dragées*** de Verdun, ***macarons*** de Boulay, ***bergamotes, craquelines, visitandines*** et ***macarons*** de Nancy, glaces Plombières, petits pains à l'anis des prés de Gérardmer, ***nonnettes de pain d'épice fourré*** de Remiremont, ***chocolats*** de Metz, Nancy, Longwy et Verdun, ***bonbons des Vosges*** au miel, ***tartes*** aux myrtilles, aux quetsches, à la rhubarbe, ***vautes*** aux cerises et, bien sûr, tartes aux « fruits d'or de la Lorraine », la ***mirabelle,*** qui fait encore des sirops, confitures, charlottes, soufflés, flans, tôt-faits, gratins, eaux-de-vie !

UNE GOURMANDISE QUI LAISSE BABA

C'est parce qu'il trouvait le kouglof trop dur à manger (il n'avait plus de dents !) que Stanislas a suggéré à Gilliers, son pâtissier, de l'arroser de sirop. Après un savant mélange de sirop, de tokay puis de rhum, le kouglof ainsi apprêté a été appelé « Ali Baba » avant de devenir le délicieux « baba » que l'on connaît aujourd'hui. L'origine du nom ? Ali Baba et les quarante voleurs *était le livre préféré de ce bon Stanislas.*

LA TRADITION A DU BON !

Traditionnellement en Lorraine, à chaque naissance, une bouteille de mirabelle était mise de côté en prévision du futur mariage du nouveau-né, date à laquelle une autre bouteille était réservée pour être consommée lors du repas d'enterrement. On y noyait son chagrin à la mémoire du défunt. À y regarder de plus près, le destinataire de la bouteille n'en buvait pas souvent !

ÉCONOMIE

Longtemps vouée à l'industrie, l'ancienne région Lorraine (Moselle, Meuse, Meurthe-et-Moselle, Vosges), aujourd'hui intégrée à la région Grand Est, a depuis tiré profit de ses paysages et de son potentiel pour développer le tourisme qui se place aujourd'hui devant l'agriculture ou le secteur de l'information et de la communication. Côté industries traditionnelles, bien implantées, les verreries et cristalleries, faïenceries, papeteries, le bois et ses dérivés, laiteries, salines, vigne, élevage et culture ont continué à se développer malgré la crise de l'industrie.

Aujourd'hui, 5 secteurs dominent l'industrie lorraine. De la ***sidérurgie*** (ArcelorMittal, Severstal) à la ***fonderie*** (Saint-Gobain PAM), la ***filière automobile,*** une des 1res en France, regroupe plus de 250 entreprises, soit environ 30 000 personnes (PSA, Sovab, Smart France). La ***filière bois,*** localisée principalement dans les Vosges, est la 2e dominante de l'industrie lorraine. Elle emploie environ 23 000 personnes et se caractérise par une maîtrise complète de la chaîne. La ***chimie,*** quant à elle, rassemble plus de 12 000 salariés si l'on inclut les plastiques et le caoutchouc. Les sites de la carbochimie se reconvertissent vers l'actuelle industrie de la pétroléochimie (Carling) et la chimie organique. Dans la chimie minérale, Solvay et Novarcab assurent la totalité de la production française de carbonate de soude avec 1,2 million de tonnes par an. Le ***textile*** constitue la 4e dominante lorraine. Les Vosges restent le 1er pôle de filature et de tissage du coton en France, mais rient jaune face à la concurrence du textile asiatique. La ***filière agricole*** et l'***agroalimentaire*** mobilisent près de 25 000 emplois en Lorraine autour d'une identité marquée par le système de polyculture-élevage (notamment les produits laitiers). La Lorraine bénéficie également de la richesse de son terroir en matière d'eaux minérales. Vittel et Contrexéville, sources de « vittelité » et de minceur, distribuent leurs bouteilles à la plastique parfaite dans le monde entier depuis les années 1970. Une eau pure dotée de vertus curatives puisque, avec Amnéville-les-Thermes, Plombières-les-Bains et La Vôge-les-Bains, elles sont érigées en temples du thermalisme.

Malgré tout, le plus bel atout économique de la Lorraine reste sa situation de carrefour. Au centre de la dorsale européenne, elle connaît un taux de chômage dans la moyenne nationale. La croissance des emplois frontaliers se conjugue à celle plus modérée de l'emploi régional. Sur les 60 000 Français travaillant au Grand-Duché de Luxembourg, la plupart vivent en Lorraine. Un chiffre qui s'explique par des salaires en moyenne 30 % supérieurs à ceux de la France... Seul bémol, les buralistes voient leur chiffre d'affaires partir en fumée à la suite de la hausse du prix du tabac, et ils doivent parfois changer leur fusil d'épaule face aux cartouches luxembourgeoises. Même constat pour les stations-service, puisque les Français font le plein de leur véhicule au Luxembourg, le carburant y étant aussi moins cher. Vous trouverez donc peu de pompes à essence du côté français de la frontière.

ENVIRONNEMENT

Les Lorrains, longtemps voués à l'industrie, ont quelque peu négligé leur environnement, mais les choses s'arrangent. Depuis une dizaine d'années, la région se tourne vers le tourisme et découvre l'intérêt qu'il y a à soigner son apparence. La Lorraine compte 3 parcs naturels régionaux, dont celui des Vosges du Nord qui est en partie classé réserve mondiale de la Biosphère par l'Unesco. Les Vosges sont d'ailleurs le 2e département le plus boisé de France.

Depuis 1984, le Conservatoire des sites lorrains s'attache à sauvegarder les espaces naturels remarquables : mare salée de Marsal, marais et autres zones humides, pelouses calcaires où refleurissent des orchidées, ainsi que les 15 km, au sud de Bayon, où la Moselle est restée sauvage. Cette structure associative gère 140 sites représentant quelque 4 000 ha protégés. De son côté, le parc naturel régional de Lorraine créé en 1974 couvre 220 000 ha et 188 communes, les unes à l'ouest de Pont-à-Mousson (entre les rivières Moselle et Meuse), les autres dans le Saulnois, entre Château-Salins et Sarrebourg. Dans ces 2 secteurs, tout un programme d'activités met en valeur les paysages, les traditions et les espèces naturelles à préserver. Puis en 1989, c'est au tour du parc naturel régional des Ballons des Vosges, à cheval entre l'Alsace et la Lorraine, d'être créé.

Depuis le milieu des années 1990, les mentalités marquent plus d'intérêt pour les beautés de la nature et le charme des jardins. Les collectivités territoriales s'efforcent de suivre cette évolution. Le conseil régional de Lorraine par exemple, dans le cadre de ses actions visant à faire découvrir le patrimoine lorrain et au travers du « *Pass Lorraine* » édité par le CRT et du soutien de l'association « La Lorraine des Jardins » *(● lorrainedesjardins.com ●)*, propose à la visite une cinquantaine de jardins patrimoniaux ou contemporains. Il apporte également un soutien direct à la création et à la restauration de parcs et jardins, dans le cadre d'un appel à projets encourageant le développement qualitatif de l'offre de parcs et jardins en Lorraine. Le conseil général de la Moselle, lui, s'est associé au Land de Sarre et au Grand-Duché de Luxembourg pour constituer « Jardins sans limites » *(● jardins-sans-limites.com ●)* : 8 des 23 sites ainsi labellisés sont en Moselle et ce réseau transfrontalier continue de s'étendre. Par ailleurs, 15 jardins lorrains font partie du label Jardins remarquables.

FORÊT LORRAINE

Il ne faut pas juger du bois par l'écorce : après la grisaille des guerres, la fumée de l'industrialisation et les effets dévastateurs de la tempête de 1999, c'est une redécouverte. Pimpante et radieuse, la Lorraine n'est pas de bois quand il s'agit de mettre en avant ses charmes naturels. Chaque parcelle de cette belle province se révèle propice à de longues promenades. Les vallons et les crêtes dessinent des horizons harmonieux au-dessus des campagnes fleuries et des vastes forêts. Sillonnée par des sentiers de grande randonnée, elle offre partout des chemins et des petites balades à choisir à la carte au long de la Meuse champêtre, près des boucles de la Moselle, dans le vignoble des Côtes de Toul ou celui de Contz-les-Bains, ou encore sur les hauteurs de la colline de Sion. Un climat très favorable et des sols souvent très riches donnent à la région un exceptionnel potentiel forestier (un tiers du territoire régional). Ses 870 000 ha la placent d'ailleurs à la cime des régions françaises les plus boisées. La région possède 2 types de forêts : feuillus en plaine, résineux et feuillus en montagne. Les Vosges sentent certes le sapin, mais le hêtre et le chêne demeurent les essences reines de la région.
Parmi la faune qui peuple les forêts lorraines, cerfs, chevreuils, sangliers et lynx cohabitent avec le très médiatique loup des Vosges.
Les forêts domaniales sont une des grandes richesses de la région (210 000 m^3) : l'Argonne en pays de Meuse, la forêt de Haye où chassa Charlemagne, les clairières et les chênaies de Bitche, les grands espaces touffus de Pierre-Percée et de Saint-Quirin, riches réserves de l'importante filière bois vosgienne.

Métiers du bois

Les Vosges atteignent un taux de boisement de 48 %, se plaçant ainsi à la 3e place des départements les plus verts après les Landes et le Var. La forêt est depuis toujours au cœur de l'économie locale. La filière bois regroupe des activités allant de la sylviculture, l'exploitation forestière, jusqu'à la fabrication de panneaux agglomérés. Les scieries débitent « les grumes », c'est-à-dire les troncs, pour qu'ils deviennent charpentes, meubles ou parquets. Les morceaux de chêne les plus nobles deviennent tonneaux. Les plus petits bois inutilisables deviennent pâte à papier (à Épinal), panneaux (à Rambervillers), bois de chauffage et, désormais, granulés de bois.Un bois qui est aussi à l'origine de la fabrication de violons. D'ailleurs, les plus grands maîtres luthiers français sont issus de l'école de lutherie de Mirecourt. La célébrité des violons de Mirecourt n'a pas fléchi depuis le XVIe s. Les Vosges sont ainsi le seul département français présentant tous les métiers de cette filière capitale de l'économie.
Cet océan vert lorrain progresse chaque année davantage. Son accroissement courant annuel est de l'ordre de 6,6 millions de mètres cubes. Le bois a le vent en poupe et représente une reconversion économique importante pour la région. A fortiori, quand les architectes remettent au goût du jour les « matériaux bois » dans les constructions... Une découverte ? Non, une évidence : le bois a de l'avenir.

GÉOGRAPHIE

L'évolution des socles terrestres a laissé en Lorraine une grande variété de sols et de sous-sols profitables à l'agriculture et aux ressources industrielles, complétés par un vaste réseau hydrographique. Se succèdent ainsi des plateaux calcaires, des régions argileuses (dans la Woëvre) ou cristallines (dans les Vosges).
Les ducs de Lorraine, aux XVe et XVIe s, faisaient exploiter des mines d'argent près de Sainte-Marie-aux-Mines sans grand profit. Le minerai de fer et la houille, au service de la sidérurgie de lointaine tradition, ont bâti la réputation industrielle de la région du milieu du XIXe s à la fin du XXe s, avec les crises connues. Le

sous-sol recèle aussi du sel, aux alentours de Château-Salins, hier, à Dombasle et à La Madeleine désormais, un peu d'hydrocarbures, sans plus, du gypse, des traces de cuivre près de Saint-Avold.

Le Lorrain, travailleur et tenace, a exploité ses ressources et celles de la nature. Avec plus de 850 000 ha, la forêt (37 % de la surface totale), qui aligne hêtres, chênes, frênes, charmes, pins sylvestres, fournit des bois d'œuvre, d'industrie et de feu. Neufchâteau et Liffol-le-Grand sont des centres importants de fabrication de meubles. Le bois et les rivières ont facilité l'implantation de papeteries (à Laval-sur-Vologne ou Étival-Clairefontaine), de verreries-cristalleries (Saint-Louis-lès-Bitche, Nancy, Baccarat, Portieux), de faïenceries (Saint-Clément, Lunéville, Sarreguemines, Les Islettes, Longwy).

La campagne n'est pas en reste : le colza se développe, le blé abonde (Metz est le 1er port céréalier de France, talonné par Frouard). Les Vosges produisent du lait et du fromage à égalité avec la Meuse. Les fruits et conserveries, prospères au XXe s, rétrogradent, mais il reste les fraises de Woippy et les mirabelles. Les brasseries aux noms mémorables, Saint-Nicolas, Yutz, Maxéville, Amos, ont disparu, mais Champigneulles fait front (sous un autre nom...) et des artisans en nombre commercialisent leurs mousses.

Malgré l'insistance négative des bulletins météorologiques, le climat n'a rien de sibérien avec une moyenne de 18 °C en juillet et de 13 °C en hiver, sauf exceptions en hausse et en baisse. La végétation et la floraison en profitent, comme l'exprime le jardin botanique Jean-Marie Pelt, près de Nancy, le plus grand de France avec 18 ha. On pêche aussi beaucoup en Lorraine, riche de la Moselle, de la Meurthe et de la Meuse, maîtrisées au mieux pour écarter les inondations des années 1919, 1925 ou 1947. Partout les Sânon, Nied, Seille, Vair, Orne, Chiers, Ornain agrémentent la nature. Le tourisme fluvial, avec ses bases de Thionville, Nancy, Toul, Metz, Stenay, Verdun et Pont-à-Mousson, attire des navigateurs curieux qui ne doivent pas regretter le voyage.

HISTOIRE

On trouve sur la colline de Sion (« l'inspirée » de Maurice Barrès) des fossiles et des coquillages, vestiges des temps paléolithiques où la mer recouvrait la Lorraine et ce qui l'entourait. Au retrait des eaux, la Moselle était un affluent de la Tamise, 1re entente cordiale sans lendemain. Dans cette période commencée 2 millions d'années av. J.-C., l'***Homo lotharingis*** apparaît, selon des traces d'outils, vers 500000 av. J.-C., l'habitat organisé vers 150000 av. J.-C. Vers 10000 av. J.-C., on trouve à Vassincourt, et autour de la Moselle, éléphants, ours bruns, aurochs et rhinocéros, lointains ancêtres de la « bête des Vosges » signalée vers 1970, aussi mystérieuse que le monstre du Loch Ness.

Les Celtes et les Romains

Les Celtes, ici comme ailleurs, sont les pionniers. Ils laissent des traces : maisons en bois ou torchis, élevage de bovins, porcs, chèvres, moutons, ateliers de céramique, nécropoles avec des chars funéraires (Marainville et Diarville), fibules, bracelets, monnaies (Boviolles) ou stèles funéraires (au camp de la Bure, du côté de Saint-Dié-des-Vosges). Déjà (en 80 av. J.-C.), la population se partage entre Médiomatriques (au nord, vers Metz) et Leuques (autour de Toul). ***La conquête romaine*** commence en 58 av. J.-C. en suivant des voies qui conduisent vers Trèves ou la Belgique, en venant de Lugdunum (Lyon). L'amphithéâtre de Grand (17 000 places), dédié à Apollon, est la 1re grande étape avant Metz qui prend une ampleur de capitale gallo-romaine. Cette *Divodurum* qui compte plus de 20 000 habitants offre ses thermes, son amphithéâtre, un des plus grands de l'empire de César, une eau abondante fournie par un aqueduc de 22 km depuis les sources de Gorze, les liaisons fluviales des *nautae mosellae* qui transportent les marchandises vers Pont-à-Mousson et Scarponne ou vers Thionville et Trèves.

Les fouilles archéologiques jalonnent la Lorraine de précieuses traces : Grand, avec sa mosaïque de 232 m², Bliesbruck qui offre les témoignages d'un camp militaire et d'une cité artisanale, Yutz et Mittelbronn avec des ateliers de poteries, le culte d'Épona, protectrice des chevaux à Naix-aux-Forges. Autorisée à partir du IIe s, la vigne, connue depuis l'âge du fer, se développe sur les rives de la Moselle (Sierck-les-Bains), le Toulois, les côtes de Meuse et dans tous les villages ensoleillés.

Les barbares écartés par Clovis

Avant la décadence de l'Empire romain commencent ***les invasions barbares*** avec les Alamans en 230 qui occupent en 2 siècles un territoire étendu de Munich à l'Alsace et de Stuttgart à Berne. Suivent les Wisigoths, les Vandales et, enfin, Attila qui brûle Metz avant sa défaite aux champs Catalauniques en 451. Face à ces occupations étrangères se développent ***les communautés chrétiennes*** autour des évêchés de Toul, Verdun et Metz où la légende dit que le 1er titulaire, saint Clément, fut envoyé par saint Pierre. Il est plus certain qu'il terrassa le Graoully, monstre caché dans les ruines des arènes romaines et cité plus tard par Rabelais, médecin de la ville.
Clovis, victorieux en 486 à Soissons – souvenez-vous du vase –, met fin aux perturbations extérieures en créant ***le royaume franc.*** Les querelles de ses héritiers engendrent de sanglants règlements de compte : Brunehaut, épouse de Sigebert, qui sera saint patron de la Lorraine, est la plus fameuse victime après son supplice, traînée par un cheval au galop. Après Dagobert, mort en 639, commence ***le siècle des maires du palais*** qui finissent par supplanter les Mérovingiens. Ceux-ci seront affaiblis par Charles Martel et supprimés par Pépin le Bref qui fonde ***la dynastie carolingienne*** en 751. Charles, le fils de Pépin, voit grand et réussit à se faire couronner empereur à Rome, en 800, sous le nom de Charlemagne. Il habite à Metz où sa femme Hildegarde est enterrée, à Thionville et surtout à Aix-la-Chapelle.
Sur le territoire de la future Lorraine prospèrent les abbayes, dont la 1re a été fondée sur le Saint-Mont près de Remiremont par un disciple du célèbre (à l'époque !) saint Colomban, Étival, Moyenmoutier, Senones (le tout dans les Vosges) suivront, Verdun, Saint-Mihiel, Sturzelbronn également. L'abbaye de Gorze prend une importance européenne, Metz est le centre créatif du chant grégorien. Partout dans ces communautés se développent des centres de copistes qui fournissent des livres religieux et des parchemins d'une qualité rare d'écriture et d'illustrations.
Au seuil de la féodalité se multiplient les châteaux, longtemps liés à l'histoire régionale, Bitche, Phalsbourg, Châtel-sur-Moselle, Fontenoy, Neufchâteau, Prény, Verdun et Bar-le-Duc, Vaudémont et Haroué.
Les querelles entre les fils de Charlemagne, avant et après le traité de Verdun en 843 et les invasions hongroises (906-935), engendrent une ***Lotharingie,*** qui s'étend en un vaste couloir entre la mer du Nord et la Méditerranée, coincée entre l'Empire et le royaume capétien, qui la gouvernent tour à tour. Au début du XIe s, qui connaît une ***Haute-Lotharingie*** (la Lorraine) et une Basse-Lotharingie (le Brabant), les pièces du puzzle précisent leurs contours avec les territoires des évêchés (pas encore réunis), le duché de Bar et celui de Lorraine avec le 1er duc Gérard d'Alsace (1048-1431).

Les débuts du duché de Lorraine

Nancy, dans sa large cuvette près de la Meurthe, n'est alors qu'un bourg modeste qui ne tarde pas à s'imposer à plus fort que lui, sauf à Metz. Les héritiers de la maison d'Alsace règnent sur le duché de 1047 à 1431. Alors que Metz, avec une certaine indépendance, relève du pouvoir temporel et religieux de l'Empire, les ducs servent les rois de France contre les Albigeois, à Bouvines, Crécy, Azincourt et dans les Croisades. Duc de Verdun, Godefroy de Bouillon, à l'issue de la 1re croisade, est élu roi de Jérusalem (1044) mais laisse la couronne à son frère. Son exploit cynégétique, 3 aigles abattus d'une seule flèche, a fourni les alérions présents sur les armes de Lorraine.

Si Nancy se développe dans l'enceinte de ses remparts, forts réputés, Verdun, Toul, Épinal, Bar-le-Duc, Neufchâteau prennent de l'expansion. Jalouse de son indépendance en face d'évêques, riches en terre, installés à Vic-sur-Seille, Metz constitue peu à peu une République bourgeoise en un système de pairages, par quartiers, qui intègre des représentants de la communauté juive, fort religieuse et cultivée. L'équilibre profite aux citadins et aux ruraux du Pays messin dans une économie florissante convoitée par le duché voisin, lui-même envié par Philippe le Bel.
Sur le royaume pèse une autre menace avec les Anglais qui briguent le trône pour un de leurs héritiers. Jeanne d'Arc, née à Domrémy en 1412, prend le parti de Charles VII qu'elle fait couronner à Reims avant de connaître le bûcher de Rouen (1431).

L'apport de la maison d'Anjou

Le duché, à cette date, a changé de dynastie au profit de ***la maison d'Anjou*** associée aux Vaudémont. Charles II, qui n'a pas de fils, laisse pour héritier le cardinal Louis de Bar qui, poussé par sa sœur Yolande d'Aragon, adopte son neveu René d'Anjou. Marié à Isabelle de Lorraine, le jeune prince devient duc en 1431. Cet amateur de tournois préfère la Provence ou l'Italie à la Lorraine bénéficiaire de l'arrivée de familles de qualité (les Beauvau-Craon) et d'un mouvement artistique imposé durablement. Plus que le « bon roi René », on vénère son petit-fils René II, duc de 1473 à 1508, vainqueur de Charles le Téméraire tué à Nancy sur l'étang Saint-Jean, couvert de glace, le 5 janvier 1477.
Le vainqueur, âgé de 26 ans, règne, par héritage, sur l'Anjou, le duché de Bar, le Maine, la Provence, la Sicile et l'Aragon, un peu trop pour lui. Il mène une politique créatrice avec l'aménagement du palais ducal, la publication à Longeville-devant-Bar du « Missel » de Toul, celle à Saint-Dié de la *Cosmographiae introductio* du Gymnase vosgien qui désigne pour la 1re fois le continent « America ». Il affirme ***l'indépendance du duché de Bar*** face aux ambitions de François Ier. Son fils Antoine se rapproche de la France, combat en Italie avec le chevalier Bayard, subit une blessure à Marignan. Il mène une des 1res attaques contre les huguenots, en écrasant les Rustauds de Saverne, en 1525 (12 000 morts). Confirmant son indépendance entre le roi de France et Charles Quint, il bénéficie d'un intermède pacifique pour développer l'économie du duché : agriculture, vignes, exploitations forestières, moulins à papier dans les Vosges, salines autour de Château-Salins et Rosières, verrerie dans la plaine vosgienne.

Charles Quint vaincu à Metz

Henri II, successeur de François Ier, occupe (1552) Metz, Toul et Verdun, créant ***l'espace des Trois-Évêchés*** sans l'annexer officiellement. Charles Quint réagit aussitôt. Il assiège Metz défendue par François de Guise. Les fortifications améliorées, les vivres mis en réserve, la population mobilisée brisent les élans impériaux. Charles Quint, malade et dépité, lève le siège sans gloire.
La cité messine perd un peu de sa démocratique indépendance avec un gouverneur choisi par le roi de France et le pouvoir reconquis par les évêques. Le commerce périclite. L'harmonie interne subit la division entre communautés catholiques, méfiantes, et protestantes, en développement. Cette ***querelle de religions,*** véritable guerre, préoccupe aussi le duché qui interdit de séjour les partisans de Luther et de Calvin, expulsent ceux de son territoire, et non des moindres. Charles III, marié à Claude la fille du roi de France Henri II, duc de 1545 à 1608, prend la tête de la Ligue, aidée par les finances espagnoles et dirigée militairement par la famille de Guise. François de Guise, le vainqueur de Charles Quint à Metz, dirige le massacre des protestants à Wassy, près de Saint-Dizier, et provoque la Saint-Barthélemy à Paris. Ce conflit civil se complique de la querelle de succession au trône de France. Henri III n'a pas d'héritier. Le duc de Navarre, le huguenot, brigue le trône. Charles III est également sur les rangs, les Guise prêts à le suppléer par l'un des leurs : Henri, fils de François, et son frère Louis, le cardinal de Lorraine, sont assassinés à Blois (1588).

Hésitations au pays d'entre-deux

Ancien adversaire, Charles III se rapproche d'Henri IV, sous l'influence du grand-duc de Toscane marié à sa fille Christine de Lorraine. Il marie son fils aîné à la sœur du Navarrais, Catherine de Bourbon, union vouée à l'échec. Le duché compte alors 800 000 habitants, mais sur le territoire lorrain, Metz, avec 20 000 âmes, reste la ville la plus importante. Les autres villes – Épinal, Toul, Verdun, Bar-le-Duc, Thionville, des moindres comme Charmes, Saint-Mihiel, Saint-Dié, Remiremont – se développent grâce à une vie économique en progrès.

LA CHASSE AUX SORCIÈRES

Au XVIe s, tandis que sorciers et sorcières courent la Lorraine, un certain Nicolas Rémy se voit confier la charge de procureur général du duché par Charles III. Auteur, en 1596, d'un traité sur la sorcellerie, il en fait son combat n° 1. Tableau de chasse : près de 3 000 personnes condamnées au bûcher ou à la pendaison !

L'apaisement apporté par l'attitude d'Henri IV et de Sully profite à la communauté protestante de Metz. Autour d'un pasteur comme Paul Ferry se constitue une élite que la rupture de l'édit de Nantes, plus tard, contraindra à l'exil vers l'Allemagne ou les Pays-Bas. Pays d'entre-deux sur le plan politique comme sur le plan religieux, la Lorraine des évêchés et celle du duché, réunies dans le malheur, subissent les effets des convoitises de l'Empire et de la France et des mauvais choix de Charles IV, petit-neveu de Charles III. La rivalité avec la branche des Vaudémont complique la succession, laborieusement confiée à ce fier-à-bras, courageux, impulsif, sans parole. Charles IV, dans le contexte des luttes européennes, choisit l'Empire pour l'extérieur et le parti de Gaston d'Orléans, frère et rival du roi, pour le côté français. Louis XIII, encouragé par Richelieu, soupçonne un complot d'État quand son frère épouse la sœur de Charles IV. Il occupe le Barrois et fait le siège de Nancy attribuée à la France par le traité de Saint-Germain (1642) signé par un duc excommunié.

La guerre de Trente Ans

La Lorraine est rendue exsangue, plus par les troupes déchaînées de la ***guerre de Trente Ans*** (1631-1661), Suédois, Croates, Hongrois, mercenaires divers, que par l'occupation française. 150 000 hommes ratissent le territoire. Avec le ***massacre de Gorze,*** l'influente cité religieuse (60 habitants tués, 60 maisons brûlées), celui de Saint-Nicolas-de-Port (1635) est le symbole de la haineuse cruauté : basilique des Lorrains détruite, en grande partie, et 260 morts. Les chiffres de la dépopulation sont éloquents : 72 % d'habitants en moins à Épinal, 56 % à Saint-Dié, 63 % à Metz, 78 % à Charmes, 45 % à Boulay. Nancy, symboliquement convoitée comme siège du duché, est moins meurtrie. Jacques Callot (1592-1635), graveur peu éloigné du talent de Dürer, évoque ces heures sombres dans ses gravures des *Misères de la guerre.* Les ***épidémies de peste*** ajoutent au martyre des Lorrains. La situation militaire ne s'améliore pas. Mazarin, qui a succédé à Richelieu, rase les citadelles lorraines à Prény, Châtel-sur-Moselle, et surtout La Mothe, place symbolique anéantie après un 3e siège. Libéré après 5 ans d'emprisonnement à Tolède par le traité des Pyrénées, Charles IV retrouve son duché, préservé quelque temps par son neveu Charles V, puis occupé et restitué en 1698 par le traité de Ryswick.

Pendant ces 100 années tourmentées, la Lorraine a engendré, dans divers domaines, quelques personnalités d'envergure. Grand serviteur du duché, Louis des Masures, pasteur réfugié à Metz, écrit des drames annonciateurs du théâtre classique. Abraham Fabert, maréchal de France né à Metz, présent au siège de La Rochelle, est l'égal de Vauban dans la fortification (Sedan). Curé de Mattaincourt, Pierre Fourier, qui sera canonisé, crée une congrégation pour l'éducation des garçons et des filles. Il laisse une correspondance édifiante, riche en informations. Les arts, outre Callot, s'enrichissent avec Georges de La Tour (1593-1652), Claude Gellée, dit le Lorrain (1600-1682). La littérature laisse, sur les mérites de René II, une *Nancéide* du père Blarru, édition recherchée.

Création de 3 évêchés

N'acceptant un retour dans son duché qu'après le départ des occupants français, Léopold, élevé à la cour d'Autriche, ne revient à Nancy qu'en 1698. Il a désormais pour voisins les 3 évêchés, Metz, Toul et Verdun, définitivement rattachés au royaume de France depuis 1648. Marié à Élisabeth-Charlotte d'Orléans, nièce de Louis XIV et fille de la princesse Palatine, Léopold préfère Lunéville au palais ducal vieillissant. L'architecte Germain Boffrand lui construit un château inspiré modestement du style de Versailles et près de sa capitale, La Malgrange, une vaste résidence champêtre.
Les 20 années de ***règne de Léopold*** profitent à la Lorraine, repeuplée, après les drames, par des citoyens de diverses provinces. Le travail ne manque pas : mines, faïenceries et verreries, papeteries, salines. Les liaisons s'améliorent avec de nouvelles routes et des ponts. L'université de Pont-à-Mousson, créée en 1562, élargit le nombre de ses disciplines. Les abbayes vosgiennes bénéficient de bâtiments nouveaux : Don Calmet à Senones est en correspondance avec toute l'Europe pour sa traduction de la Bible, ses travaux sur l'histoire et la cosmographie. Les populations des 17 bailliages sont protégées par le tolérant ***« Code Léopold »,*** qui supprime la torture. À la cour de Lunéville, qui reçoit une 1re fois Voltaire, 500 personnes entourent le duc qui privilégie notamment le prince de Beauvau-Craon et son épouse, qu'il chérit particulièrement : ils lui doivent le château d'Haroué construit par Boffrand.
À sa mort, en 1729, son fils François III lui succède, sans enthousiasme. Après 2 ans de règne sans éclat, le jeune duc part en Autriche, laissant la régence à sa mère Élisabeth-Charlotte. Une issue semble inéluctable malgré le traité de neutralité signé avec le Saint Empire, la France et l'Angleterre. Malgré cela, Louis XV occupe le territoire et il nomme à Metz, le maréchal de Belle-Isle (1684-1761), gouverneur militaire pour les évêchés et le duché. La question de la Lorraine est posée dans les préliminaires du traité de Vienne, subtil jeu diplomatique (1738). François III de Lorraine épouse Marie-Thérèse d'Autriche, future impératrice, et on lui attribue le duché de Toscane. Pour le remplacer, on désigne ***Stanislas Leszczyński*** (1677-1766), beau-père de Louis XV, élu roi de Pologne mais chassé par l'influence russe. À sa mort, le duché sera rattaché à la France en une Lorraine unie avec les évêchés.

L'autre règne du roi de Pologne

La régente Élisabeth-Charlotte quitte Lunéville en 1737 pour une résidence, indépendante, à Commercy. Stanislas trouve un château vidé, au profit de François, devenu empereur d'Autriche, de ses tapisseries, peintures, meubles, vaisselle, etc. Le lustre revient peu à peu dans l'ameublement, la décoration, et les courtisans affluent à nouveau. Descendant d'une grande famille de Pologne, résidant à Chambord après le mariage de Marie Leszczyńska avec Louis, catholique réceptif aux idées nouvelles des Lumières, Stanislas ne gouverne pas. Nommé par la France, le chevalier de la Galaizière gère les affaires avec le souci hâtif d'une assimilation d'un État indépendant à la nation, source d'ennui avec les avocats et le parlement de Lorraine. Stanislas entend briller à la façon de Frédéric II. Dans le château amélioré par Emmanuel Héré et complété de résidences à Commercy ou autour de Lunéville, il reçoit beaucoup : Voltaire et Émilie du Châtelet, Montesquieu, des princes, des artistes, des grands de Pologne. Son épouse, Catherine Opalinska, vit pieusement en dehors des éclats des fêtes. La marquise de Boufflers, fille de Marc de Beauvau-Craon,

maîtresse en titre, est la brillante et intelligente égérie du lieu, contribuant à la qualité des réceptions et des spectacles.
La construction de ***la place Royale de Nancy*** (1755) est la réussite de ce règne avec les initiatives sociales qui justifient le nom de ***Stanislas le Bienfaisant,*** tout comme ses écrits expliquent la réputation de philosophe. À la mort du roi de Pologne, victime de brûlures près d'une cheminée (1766), Louis XV, pas très familier et méprisant, éradique, avec la plupart des immeubles et des jardins, toute trace de régionalisme, considéré comme secondaire aux moments des ***états généraux,*** de ***la Révolution*** et de ***l'Empire.***

Révolution et annexion

La Lorraine fournit alors les Volontaires des Vosges, des généraux et des maréchaux, de Ney à Oudinot, de Mouton à Lasalle. Dans les assemblées et ministères brillent l'abbé Grégoire, l'avocat de Metz Roederer et son maire Barbé-Marbois, Merlin de Thionville, François de Neufchâteau. Metz tient son rôle de grande ville de garnison fortifiée par Belle-Isle. Verdun, le moulin de Valmy et Thionville jouent leur rôle de 1792 à 1815. Riche d'anciens grognards et de demi-solde, la province modestement agitée sous ***la Restauration, républicaine*** en 1848, ralliée très massivement à Napoléon III, entre, avec ***le Second Empire,*** dans son avenir industriel, éclairé par une campagne riche et par le calme des stations thermales en développement après le succès de Plombières, à Vittel, Contrexéville, Bains-les-Bains.
La ***défaite de 1870*** entraîne l'annexion de la Moselle et d'une partie du département de la Meurthe, avec la création de celui de ***Meurthe-et-Moselle.*** Les Prussiens imposent la langue allemande, avec une vigilance extrême. Ils renforcent les fortifications de Metz. Nancy, du bon côté de la nouvelle frontière, bénéficie de l'exode des « optants », les familles ayant choisi de rester françaises, quitte à déménager. L'industrie profite également de cette relocalisation forcée ; elle accueille dans la sidérurgie, la verrerie, l'imprimerie des sociétés hostiles à la germanisation. Avec Strasbourg, Metz est un des symboles de la revanche, payée cher au Grand-Couronné (1914), à Verdun (1914-1916), sur la Meuse (1918). Raymond Poincaré, de Bar-le-Duc, président de la République, précède Albert Lebrun, de Mercy-le-Haut, autre président, dans la notoriété politique. Les mines de fer et de charbon, les grandes usines de la sidérurgie imposent leurs noms mémorables et respectés : Mont-Saint-Martin Giraumont, Briey, Petite-Rosselle, Merlebach, Saint-Avold, Saizerais, Pompey, Neuves-Maisons. Relancés après ***l'armistice de 1918,*** ces centres font croire à un Texas lorrain après 1950.

RENDEZ-NOUS L'ALSACE-LORRAINE !

Pas exact : après la défaite de 1870, les Allemands ne prirent en fait que les zones de langue germanique, c'est-à-dire l'Alsace et, en Lorraine, seulement la Moselle. Donc au total, 3 départements sur 6. C'était déjà beaucoup puisque les populations se considéraient, avant tout, comme françaises.

LA GRIPPE ESPAGNOLE

Ce virus de souche H1N1 venait, en fait, de Chine. On appela cette grippe « espagnole » car elle toucha la famille royale d'Espagne. Commencée en 1918, elle fera au moins 50 millions de morts, c'est-à-dire plus que la Première Guerre mondiale. Les antibiotiques étaient déjà découverts mais personne ne pensa à les utiliser. Cette pandémie sera la plus meurtrière de l'humanité, bien devant la peste.

Histoire à suivre

L'histoire de la Lorraine, qui garde ses particularités, se confond ainsi avec celle de la France puis de l'Europe. Des noms s'imposent : Barrès, Gallé, Tisserand, Schuman, Platini, Koltès. Des événements attristent les destins : les malgré-nous, les rafles des juifs de Nancy, la Résistance, les incendies vosgiens de la déroute allemande, la crise industrielle dans le fer, le charbon, le textile. Des manifestations témoignent de l'esprit d'entreprendre : le festival mondial du théâtre, la célébration des sites historiques à Grand, Bliesbruck, l'Arsenal de Metz, Verdun, Saint-Dié, et le tourisme en général.
Souvent touchée par les événements, la Lorraine garde son souffle et sa détermination. Elle ne fait pas son âge en ces 1res années du XXIe s. Histoire à suivre...

Chronologie

– ***500000 av. J.-C. :*** *Homo erectus* en Lorraine.
– ***20000 av. J.-C. :*** habitations en bordure de la Moselle.
– ***2500 av. J.-C. :*** arrivée de Celtes du Caucase.
Leuques (au sud).
– ***58 av. J.-C. :*** début de la conquête romaine. Lieu de culte à Grand et Deneuvre pour Apollon, développement de *Divodurum* (Metz) avec arènes, thermes, aqueducs. Implantation de vignes en bordure de la Moselle. Organisation du réseau routier d'Agrippa vers Trèves et la Belgique. Centres de poterie et céramique.
– ***230 :*** 1res incursions des Alamans.
– ***451 :*** destruction de Metz par les Huns d'Attila.
– ***511 :*** partage du royaume de Clovis et naissance de l'Austrasie.
– ***561 :*** Sigebert Ier fait de Metz sa capitale.
– ***622 :*** Dagobert, roi d'Austrasie.
– ***628 :*** 1re abbaye lorraine à Remiremont.
– ***771 :*** Charlemagne roi des Francs. Il s'installe à Metz, Thionville puis Aix-la-Chapelle après son couronnement en 800.
– ***806 :*** partage du royaume à Thionville entre les fils de Charlemagne.
– ***923 :*** la Lotharingie rattachée à l'Empire.
– ***959 :*** la Haute-Lotharingie préfigure la Lorraine.
– ***1048-1054 :*** Brunon de Dabo, évêque de Toul, pape sous le nom de Léon IX.
– ***1085 :*** Godefroy de Bouillon, duc de Bar, élu roi de Jérusalem à la Ire croisade, cède son titre à son frère.
– ***1147 :*** forte participation lorraine à la IIe croisade (les évêques de Metz et de Toul).
– ***1214 :*** à la bataille de Bouvines, le comte de Bar combat avec les Français, le duc de Lorraine avec les Impériaux.
– ***1420 :*** mariage de René d'Anjou et Isabelle de Lorraine.
– ***1428-1430 :*** épopée de Jeanne d'Arc.
– ***1477 :*** bataille de Nancy, René II élimine Charles le Téméraire.
– ***1552 :*** occupation de Metz, Toul et Verdun par le roi de France. Siège de Metz par Charles Quint.
– ***1572 :*** ordonnance ducale contre les protestants.
– ***1580 :*** assemblée de la Ligue de Nancy.
– ***1622 :*** débuts de la guerre de Trente Ans.
– ***1632 :*** Louis XIII occupe le duché et Nancy.
– ***1633 :*** création du parlement de Metz.
– ***1685 :*** de nombreux protestants quittent Metz après la révocation de l'édit de Nantes.
– ***1736 :*** mariage du duc François III de Lorraine avec Marie-Thérèse d'Autriche. Installation à Lunéville de Stanislas, ancien roi de Pologne, beau-père de Louis XV.
– ***1766 :*** à la mort de Stanislas, rattachement du duché à la France.
– ***1792 :*** invasion de la Lorraine. Bataille de Valmy.

– ***1800 :*** traité de Lunéville.
– ***1822 :*** 1er haut fourneau à Hayange.
– ***1850 :*** ligne de chemin de fer Metz-Nancy (Paris-Nancy 1851, Metz-Thionville 1854).
– ***1853 :*** canal de la Marne au Rhin.
– ***1864 :*** comité des Forges.
– ***1871 :*** les Prussiens annexent la Moselle et une partie de la Meurthe en même temps que l'Alsace.
– ***1900 :*** Émile Gallé et l'école de Nancy.
– ***1914 :*** bataille du Grand-Couronné, Verdun (1916), les troupes françaises à Metz (19 novembre 1918).
– ***1930 :*** vote en faveur de la ligne Maginot.
– ***1934 :*** mort d'Hubert Lyautey.
– ***1940 :*** la Moselle est rattachée au IIIe Reich. 1ers actes de la Résistance. Fusillés à Nancy (1941), rafles dans les familles juives (1942-1943), réquisition des malgré-nous (1942-1944), combats FFI dans la Meuse et les Vosges, destructions à Saint-Dié, Gérardmer, La Bresse (1944).
– ***1948-1950 :*** actions de Robert Schuman pour l'Europe.
– ***1970 :*** début de la crise sidérurgique et des fermetures dans le textile.
– ***2004 :*** fermeture en Lorraine de la dernière mine de charbon en France.
– ***2007 :*** le TGV Est européen arrive en Lorraine.
– ***2010 :*** l'annexe du centre Georges-Pompidou ouvre au public à Metz.
– ***2012 :*** ouverture du musée Les Mineurs Wendel à Petite-Roselle, sur le site de l'ancienne mine de charbon.
– ***2016 :*** la Lorraine fait désormais partie de la nouvelle région administrative Grand Est, qui réunit Alsace, Lorraine et Champagne-Ardenne.

MORT EN PAIX

La France ne parviendra pas à faire extrader Guillaume II pour qu'il soit jugé. Celui-ci, réfugié à Doorn aux Pays-Bas et protégé par la monarchie néerlandaise, y mourra en juin 1941. Il aura eu le bonheur d'observer les victoires de son successeur, Adolf Hitler, sans assister à sa défaite !

IMMIGRATION

2 chiffres sont significatifs : en 1926, à Audun-le-Tiche, on comptait 5 000 étrangers sur 6 100 habitants ; à Auboué, en 1930, sur 50 cafés, 45 étaient italiens.
Bien avant l'ère industrielle, la Lorraine accueillit des populations extérieures. Après la guerre de Trente Ans, au XVIIe s, des Suisses, au nord, des Picards et des Francs-Comtois, au sud, repeuplèrent la région dévastée. Au temps de Stanislas, des familles polonaises s'implantèrent à Lunéville avant de s'éparpiller alentour. La véritable immigration date des lendemains de la guerre de 1870, de l'essor des mines de fer et de charbon, et de la sidérurgie.

La filière de monseigneur Bonomelli

L'intégration commence à la fin du XIXe s : 25 000 étrangers et, curieusement, 27 000 Allemands, en famille, se retrouvent dans l'arrondissement de Thionville annexée. Dans le secteur de Briey, les Italiens des régions de Turin et de Milan arrivent en grand nombre, engagés pour le patronat par une chaîne de curés chapeautés par l'évêque de Crémone, Mgr Bonomelli, qui vient sur place constater les conditions de vie. On lit dans son rapport : « douleur », « état quasi sauvage », « bêtes de somme ».
Ces Transalpins, le plus souvent célibataires, qui espèrent de meilleurs salaires que dans leur pays vivent, comme à Homécourt, dans des cantines d'une vingtaine de pensionnaires : dans les lits, l'équipe de nuit remplace l'équipe de

jour. Les jeux du dimanche, cartes ou cochonnet avec les boules, et la boisson entraînent de nombreuses bagarres, couteaux à la main. Du fait de cette violence et des plaintes de la population, le tribunal de Briey est submergé de dossiers. Les Italiens ne sont pas seuls au dur labeur : on compte des Belges, des Luxembourgeois, des Allemands, parmi les 45 000 travailleurs étrangers qui représentent 9 % de la population lorraine.

De Piantoni à Cisowski

Après des rapatriements difficiles en 1914, la colonie italienne revient, après la guerre, dans des conditions moins désolantes. Les ouvriers arrivent en famille du Piémont, de Lombardie et du Tyrol autrichien avec un contrat protecteur. L'implantation, encore laborieuse, s'effectue dans les cantines, pour les célibataires, en corons pour les arrivants ou les itinérants, en cités pour la plupart. Sur 10 000 engagés, 8 000 choisissent de rester en Lorraine définitivement. Ils intègrent leurs traditions à la vie locale : à Auboué, en 1930, on ne compte plus que 2 épiceries françaises. Les associations facilitent les contacts. Le football consacre l'heureux mélange (Piantoni, Platini). La littérature aussi avec Anne-Marie Blanc *(Marie Romaine)* et Primo Basso *(Avec l'ange Serafino).*
Ce processus réussi s'applique aux Polonais, attirés en forts contingents, en 1926, de leur pays et de Westphalie. La population se méfie d'eux parce qu'ils parlent souvent allemand. Les hommes, affectés aux emplois les plus rudes, subissent des brimades. Leur contrat collectif déroute les autorités qui imposent des expulsions abusives avant de les annuler. Les curés eux-mêmes contestent l'autorité des aumôniers polonais. Comme la sociabilité des Italiens, la ténacité des familles d'Ukraine et de Silésie facilite l'adoption, encore symbolisée par le sport : Cisowski, venu du fer lorrain, joue entre Piantoni et Just Fontaine.

Les passagers du Solstice

Le 1er recrutement d'Algériens, vers 1911, fut un échec à Auboué et à Pont-à-Mousson avec une faible participation de 50 ouvriers. L'encadrement d'anciens combattants et sous-officiers du Maghreb intégra mieux les 4 000 hommes engagés en 1936 et 1937 dans les mines et les usines, particulièrement autour de Rombas. On comptait alors une trentaine de nations représentées dans la main-d'œuvre lorraine. Ceux qu'on a joliment appelés « les passagers du Solstice » contribuèrent à l'élan productif de l'après-guerre : 14 000 Nord-Africains en 1954 en Moselle, avec les oppositions entre les adhérents du FLN et ceux du MNA fortement représentés à Neuves-Maisons. La crise économique brisa de nombreux projets d'installation définitive, mais une communauté solidaire facilita l'enrichissant positionnement qui contribue à la nouvelle culture de la région, que souligne une statistique de 1970 à Moyeuvre : 2 637 étrangers pour 5 051 habitants ; 1 716 d'origine italienne, 447 Algériens, 266 Espagnols, plus quelques nationalités isolées.
Un autre bilan actuel est significatif : à Vandœuvre près de Nancy, 2e ville de Meurthe-et-Moselle, on compte une soixantaine de nationalités différentes, autant que dans les amphithéâtres des universités de Nancy et de Metz. Mais ce sont les Chinois, non plus les Transalpins, qui sont les plus nombreux.

LANGUES RÉGIONALES

Un *platt* en voie d'extinction ?

Le *platt,* langue morte ou langue vivante ? Longtemps en voie d'extinction, le francique rhénan retrouve de la vigueur mais pas forcément vie depuis une bonne décennie, notamment dans l'Est mosellan. *Redde* (parler), *lache* (rire), *schaffe* (travailler), *wurchtégal* (ça ne me fait ni chaud ni froid). Ces mots parmi tant d'autres reviennent souvent dans les conversations en dialecte. Pour qu'ils y restent et ne tombent pas aux oubliettes, plusieurs linguistes ont lancé une opération de sauvetage, ou plutôt de sauvegarde du *platt.* Cela s'est traduit par la publication de lexiques et de dictionnaires dialectaux, le lancement d'un festival culturel *Mir redde platt* à Sarreguemines, la création de classes bilingues paritaires dès la maternelle dans la même ville pour encourager le bilinguisme, la création de l'Institut des langues et cultures régionales de Lorraine...

Y a-t-il autant de *platt* en Lorraine que de fromages en France ? Peut-être pas, mais les versions sont nombreuses, reflets des différents territoires, des différents apports et histoires. Linguiste, professeur à l'université de Mulhouse, Albert Hudlett a même mis au point une charte de la graphie harmonisée des différents parlers franciques en Lorraine et en Alsace. Peut-être le début d'une renaissance.

En usage depuis le VIe s, ce parler est d'origine germanique et ses racines remontent aux grandes invasions. Avant l'avènement de l'Empire romain, la Moselle était habitée depuis 5 siècles par les Celtes, mais lorsque les Germains s'installent en Alsace et les Francs en Moselle, ces 2 peuples parlent des langues différentes. L'alémanique donnera le dialecte alsacien et le francique le dialecte mosellan. Le francique se fixera définitivement à partir de l'an 1000. La frontière linguistique devient alors définitive pour ne plus bouger jusqu'à nos jours.

LE BRÉSIL EN FAIT TOUT UN « *PLATT* »

2e langue la plus parlée au Brésil ? Le platt *! Plus de 3 millions d'habitants utilisent au quotidien le francique rhénan (et quelque 10 millions le comprennent). Une loi autorise même l'enseignement du* platt *à l'école. Le résultat d'une immigration massive de Mosellans dans le sud du Brésil, à l'invitation, au XIXe s, de Marie-Léopoldine de Habsbourg-Lorraine, devenue par mariage, impératrice du Brésil.*

Cette aire linguistique représente en Moselle la plus grande surface, un territoire où la frontière linguistique marque la limite entre la zone dialectophone au nord et la zone francophone au sud. Linguistiquement parlant, le *platt* est devenu un dialecte du francique rhénan. Parlé encore par près de 350 000 personnes en Moselle et tout particulièrement dans le Nord-Est, mais aussi en Alsace dans le Nord et l'Ouest, le francique est considéré comme une des langues régionales de France. Par extension de sens, il désigne en linguistique toutes les variétés des dialectes germaniques issus de la langue des Francs.

D'ouest en est, 3 formes de francique sont parlées en Lorraine : le francique luxembourgeois qu'on retrouve dans le pays thionvillois, le francique mosellan *(Moselfränkisch),* parlé dans le pays de Nied vers Boulay et le long de la Moselle en Allemagne, et le francique rhénan qui est un dialecte germanique pratiqué dans le bassin houiller, la vallée de la Sarre (Sarreguemines) et le pays de Bitche, le pays de Sarrebourg, se prolongeant aussi en Alsace du Nord (Wiessembourg) et de l'Ouest (Sarre-Union). En Lorraine, le francique est désigné en langage courant par les termes de *platt, plattdeitsch, Lothringer platt, Lothringer plattdeitsch*...

Plusieurs événements ont contribué au recul du francique en Moselle : la guerre de Trente Ans, une ordonnance de Louis XIV n'autorisant que le français dans les actes officiels, la Révolution française et, bien sûr, à partir des années 1970, la non-transmission du *platt.* Comme le constate Hélène Nicklaus, présidente des ateliers du *platt,* dans son dictionnaire *platt-allemand-français :* « entre 1970 et 2000, toute une génération intermédiaire, celle de nos propres enfants, avait peut-être honte, après la guerre, d'enseigner une langue germanophone à ses enfants ? » Un refus souvent accentué par le fait du mariage avec un partenaire francophone ou le déménagement dans une région francophone. Marianne Haas, autre linguiste de Sarreguemines, constate : « Le sort de notre dialecte est sur nos lèvres. » Autrement dit, cette langue donnée en héritage aux Lorrains par leurs parents et leurs grands-parents, il appartient désormais aux générations actuelles de la transmettre aux plus jeunes. Un avis que partage Hubert Zapp, docteur en linguistique allemande et professeur agrégé d'allemand : *« Besser platt geredd, wie dumm gefootzt »* (« mieux vaut parler le dialecte que raconter des sornettes »). Une de ces délicieuses expressions qui font partie de la richesse du *platt* et du patrimoine linguistique, et que le visiteur entendra au détour des rues et des cafés.

LIGNE MAGINOT

Alors qu'il est ministre de la Guerre, Maginot (né à Paris en 1877 de parents lorrains) défend en 1929, devant le Parlement, le projet de fortification des frontières. Les ouvrages qui sont réalisés entre les 2 guerres mondiales, sur la frontière de l'Est, sont alors de conception révolutionnaire. L'enseignement tiré de 1914-1918 est mis à profit, ainsi que l'étude de la « ceinture de fer » édifiée par les Allemands autour de Metz. Dans les faits et dans les plans, on renonce à construire des ouvrages dans la tradition de Vauban au bénéfice de blocs disséminés sur le terrain et reliés par de profondes galeries souterraines.

LA « ROSE MAGINOT »

En 1938, nos soldats s'ennuyaient ferme sur la ligne Maginot, attendant les Allemands qui ne venaient pas. 2 généraux parrainèrent une souscription pour fleurir les casemates. En quelques mois, on planta 10 000 rosiers. Les Allemands, eux, continuaient à fabriquer des canons... Leurs tanks ne respecteront même pas les plates-bandes.

C'est en Lorraine que l'on trouve la plus forte densité d'ouvrages de la ligne Maginot, des fortifications de guerre peu connues du public jusqu'à la sortie, en 1973, du fameux livre *Faites sauter la ligne Maginot* de Roger Bruge. Tout a changé depuis cette date. Demeurée dans le domaine du « secret-défense » jusqu'à la fin des années 1960, la dernière des positions fortifiées de la France est devenue à la fois un sujet inépuisable pour les historiens et chercheurs et une attraction touristique de 1er ordre.

Pas prise mais mal aimée

Pour l'essentiel, la ligne Maginot est réalisée dans les années 1929-1934, puis, de 1935 à 1938, on crée encore le secteur fortifié de Montmédy. De Montmédy dans la Meuse jusqu'à Wissembourg en Alsace, la ligne compte 22 gros ouvrages entre lesquels sont édifiés 31 petits ouvrages ainsi que de très nombreuses casemates.

Tout se joue ensuite lors du début de la Seconde Guerre mondiale. En 1940, aucun des gros ouvrages n'est pris et, partout où ils sont attaqués, ils infligent des pertes à l'ennemi. Leurs équipages ne se rendent d'ailleurs qu'après l'Armistice.

UNE ALLIÉE POUR L'ENNEMI

Lors de la Seconde Guerre mondiale, la construction des blocs de défense de la ligne Maginot a coûté environ 5 milliards de francs. Vous avez dit « défense » ? Contre les Français, finalement, puisque les Allemands ont fini par installer leurs propres usines de guerre dans les galeries souterraines...

Malgré ces « bons » états de service, le concept de la ligne Maginot est bien entendu rendu responsable de la défaite de 1940, accusé non seulement d'avoir coûté trop cher, mais surtout de « n'avoir servi à rien ». Il est évident que les « têtes d'œuf » bien de chez nous étaient en retard d'une guerre et n'avaient à l'époque aucune connaissance de la guerre de mouvement ; sans compter que personne n'avait envisagé que les troupes allemandes passeraient par les Ardennes, évitant ainsi les ouvrages fortifiés de la ligne Maginot. Pour être efficaces, les fortifications auraient dû continuer jusqu'à la mer du Nord. Mais nos amis belges l'auraient peut-être mal pris ! Donc on renonça... Cependant, il faut bien reconnaître que du point de vue architectural et technique, c'est assez unique. Ce sont de véritables villes souterraines permettant de vivre en totale autarcie pendant au moins 2 mois. Ne pas manquer de visiter un ou 2 ouvrages *(Hackenberg, Simserhof)*. Assez impressionnant.

LES MALGRÉ-NOUS

Peu de gens connaissent la tragique histoire des malgré-nous, ces 130 000 Alsaciens et Mosellans incorporés de force dans l'armée allemande durant la Seconde Guerre mondiale. Leur malheur ? Être originaires d'un secteur annexé au grand Reich de Hitler en juin 1940 et dans lequel le service militaire allemand a été rendu obligatoire 2 ans plus tard. On a du mal à imaginer le calvaire vécu par ces jeunes gens partis faire une guerre dont ils ne voulaient pas, sous un uniforme qu'ils détestaient plus que tout et dont la couleur vert-de-gris était pour eux celle du désespoir. Ils marchaient au pas de l'oie et étaient forcés de crier « *Heil Hitler !* », mais en silence, ils chantaient *La Marseillaise.* Ces hommes, dont certains étaient des gamins à peine sortis de l'adolescence, ont risqué leur vie pour une cause qu'ils auraient voulu aider à vaincre. Ils ont laissé derrière eux femmes et enfants, pour combattre la plupart du temps sur le front de l'Est, aux côtés de soldats qui les considéraient comme de sales Français et face à des « ennemis » – alliés de la France libre – qui les prenaient pour ce qu'ils étaient : des membres de la Wehrmacht !
Le prix payé par cette génération sacrifiée a été effroyable : 20 000 jeunes ont servi de chair à canon et sont morts, la plupart sur le front russe ; 20 000 autres ont été portés disparus et 30 000 ont été blessés, dont 10 000 très grièvement. Ceux qui ont eu un tout petit peu plus de chance... ont vécu la captivité dans les camps soviétiques, notamment celui de Tambov. Sur ces 40 000 prisonniers, certains ne sont revenus qu'en 1955.
Leur cauchemar a débuté en 1942, lorsque le service militaire allemand obligatoire a été instauré dans les 3 départements : la Moselle, le Bas-Rhin et le Haut-Rhin. Les 1ers Français qui ont essayé d'échapper à cette incorporation de force ont vite compris que la partie était perdue d'avance. Leurs familles ont été déportées en Allemagne et leurs biens confisqués. Fuir signifiait donc mettre tous les siens en danger. 10 000 s'évaderont quand même. Ceux qui ont été repris ont été fusillés pour l'exemple ou envoyés dans le camp de redressement de Schirmeck – pour les casser à coups de privations et de tortures –, avant d'être finalement incorporés dans la pire des divisions : la Waffen SS (la branche militaire de la sinistre SS).
Mais leur calvaire ne s'est pas arrêté à l'issue de la guerre. Le retour en France a aussi été vécu comme une épreuve pour les malgré-nous. Ils se sont heurtés à l'incompréhension, à la suspicion et aux accusations. Après des années de silence, des rescapés ont commencé à lever le voile sur ces épisodes douloureux, pour exorciser leurs souvenirs. Comment en effet ne pas se sentir coupable d'avoir combattu du mauvais côté, même si cela était contraint et forcé ? Sans compter que les quelques malgré-nous qui critiquèrent au retour les épouvantables conditions d'existence dans les camps soviétiques se firent violemment attaquer par le Parti communiste français, à l'époque très stalinien et prosoviétique.

MÉDIAS

À quoi ressemblent les médias lorrains ? À une sorte de grande famille, avec 2 aînés prestigieux et plein de petits cousins agités. Dans la région, 2 ***journaux*** s'imposent par leur histoire et leur poids. Le plus gros est ***L'Est républicain.***

Il couvre en rhizome une dizaine de départements de la grande région de Commercy à Besançon. On le lit en Meuse donc, en Meurthe-et-Moselle, où il a son siège à Nancy, et dans les Vosges. Mais il a aussi fusionné en 2009 avec la *Liberté de l'Est* pour créer *Vosges Matin,* départemental vosgien. *L'Est* offre de beaux magazines et parie sur les économies d'échelle (il a racheté avec une banque *Le Progrès* de Lyon et *Le Dauphiné libéré* de Grenoble), et le groupe de presse EBRA (Est Bourgogne Rhône-Alpes) ainsi formé constitue le 1er groupe de presse régionale français, devant Ouest-France.
Le 2d est ***Le Républicain lorrain*** (qui fait désormais partie du groupe de presse de L'Est républicain...). Il s'est identifié à la Moselle et la Moselle s'est identifiée à lui, au point de lui fournir le gros bataillon de lecteurs. *Le Républicain* est également implanté au Grand-Duché de Luxembourg par le biais d'un tabloïd, baptisé *Le Quotidien.* Des petits frères, comme *La Semaine,* hebdo né en 2005 à Metz, ou son avatar sarregueminois, tentent de bousculer les positions établies.
Côté ***radio,*** l'offre est à peu près standard, avec peu de radios locales et les ondes allemandes, belges et luxembourgeoises en prime.
Côté ***télé,*** en revanche, c'est l'effervescence. D'Épinal au bassin houiller, de Lunéville à Bar-le-Duc, les mairies jouent depuis longtemps la carte des chaînes locales sur le câble.

MINEURS ET SIDÉRURGISTES

La fermeture, en avril 2004, de la dernière mine de charbon de France, La Houve à Creutzwald, n'aura échappé à personne. Une couverture médiatique exceptionnelle fut déployée pour dire adieu à la corporation des « gueules noires » qui, pendant un siècle et demi, a modelé la société et le paysage de la région. Moins de 10 ans avant, à Audun-le-Tiche, les dernières « gueules jaunes » (les mineurs de fer) avaient déjà raccroché le casque. Les sidérurgistes restent donc les derniers témoins (mais pour combien de temps ?) de cette aventure industrielle.

Des ressources souterraines

Si l'aventure minière a eu un tel retentissement en Lorraine (elle a employé au total plus de 260 000 hommes et femmes), c'est que la région s'est découvert 2 atouts majeurs en pleine révolution industrielle : des gisements de fer et de charbon, séparés d'une centaine de kilomètres seulement ! Le fer se trouve principalement entre les côtes de la Moselle à l'est et les frontières de la Meuse à l'ouest. Assez peu profond (son exploitation ne dépasse pas les - 260 m), le gisement jouxte le Luxembourg et se prolonge au sud jusqu'à la région de Nancy. De son côté, le gisement de charbon lorrain se situe à l'est du département de la Moselle, dans le prolongement de celui de la Sarre. Son inclinaison, qui va en s'enfonçant vers l'ouest, impose d'aller le chercher assez profond, jusqu'à - 1 200 m. Aussi le charbon n'a-t-il jamais été exploité plus à l'ouest que Faulquemont.

Prospections et innovations

Dans l'aventure industrielle en Lorraine, la famille De Wendel occupe une place de choix. Elle obtient dès 1834 la concession des mines de fer dans son fief de Hayange. Mais les maîtres de forges ont besoin de charbon pour faire fonctionner leurs usines. Aussi investissent-ils de manière conséquente pour faire démarrer l'exploitation du charbon en Moselle-Est. Leur implication se retrouve dans les noms de rues, de cités et même de ville, comme Stiring-Wendel. Reste que les sidérurgistes sont confrontés à un problème majeur : celui de la faible teneur en fer du minerai lorrain (30 à 35 %), qui lui vaut le surnom de « minette », et ne permet de produire que de la fonte de moindre qualité. Ce sont les innovations technologiques de la fin du XIXe s, comme le procédé de déphosphorisation Thomas-Gilchrist en 1877, qui vont enfin permettre de produire de l'acier de manière industrielle.

Solidarité

Si la différence a toujours existé entre les mineurs du jour (travaillant en surface) et ceux du fond, avec des métiers qui étaient presque autant de clans (about, laveur, ripeur piles, contrôleur aérage, sauveteur, haveur, lampiste, ou encore boutefeu pour ne citer qu'eux), les modes de vie des travailleurs du fer et du charbon étaient relativement similaires. Les amitiés forgées au travail s'entretenaient dans les nombreux bistrots et par l'entraide dans les cités. Une solidarité jamais démentie, jusque dans les catastrophes comme celle du puits Vuillemin en 1907 (84 morts) ou celle du puits Simon en 1985 (22 morts), dues à des coups de grisou.

Les luttes et la fin

Entre le très avantageux statut du mineur, concédé à la fin de la Seconde Guerre mondiale en pleine « bataille du charbon », et la confrontation aux réalités économiques, le quotidien des mineurs et sidérurgistes lorrains aura été nourri de nombreuses luttes sociales, parfois très violentes. Les manches de pioche ont souvent battu le pavé, et d'aucuns se souviennent encore de l'occupation au fond, 79 jours durant en 1963, de la mine de Trieux. La faute à cette course à la productivité et à la récession, annoncée dès les années 1960, en raison notamment de la découverte de gisements étrangers beaucoup moins chers à exploiter. Dans le fer, licenciements puis reconversions et préretraites accompagnent le déclin, tandis que pour les « gueules noires », un Pacte charbonnier formalise en 1994 la fin programmée de l'activité, avec des mesures de départ.

Dans le même temps, la sidérurgie a elle aussi réduit la voilure. Elle se trouve aujourd'hui dans des logiques de regroupement, qui ont conduit à la création d'Arcelor avec le Luxembourg, la France et l'Espagne, puis à son rachat par Mittal Steel. Que reste-t-il de cette épopée ? L'eau suintant dans les galeries n'étant plus pompée, des affaissements de surface se produisent parfois avec de lourdes conséquences pour l'habitat, à Moutiers ou à Rosbruck notamment.

Mais la Lorraine a aussi pris le parti de cultiver la mémoire de son industrie. Si l'on peut encore voir des chevalements et des installations à l'abandon, on peut surtout visiter plusieurs musées consacrés à la mine : pour le fer, à Neufchef et Aumetz par exemple, et, pour le charbon, à Petite-Rosselle (parc Explor Wendel), où, entre autres, une impressionnante reconstitution du fond est proposée aux visiteurs.

PERSONNAGES

– ***Jeanne d'Arc** (1412-1431) :* née à Domrémy, aux confins des Vosges, dans la nuit de l'Épiphanie. Jeannette de son vrai prénom. Mais le chargé de com' de Charles VII a trouvé que Jeanne sonnait mieux pour sauver le pays. Vous connaissez l'histoire : les voix, l'Anglais bouté hors de France et la fin de la pucelle sur un bûcher, un 30 mai ensoleillé.

– ***Maurice Barrès** (1862-1923) :* né à Charmes. Le plus connu des écrivains lorrains, antiparlementaire et boulangiste, et des plus réactionnaire. Culte de la personnalité, nationalisme exacerbé,

JEANNE D'ARC, SAINTE TARDIVE

Tous les enfants de France ont appris les prouesses de Jeanne la Pucelle qui résista aux Anglais... un assez court instant. L'Église ne la béatifia que 478 ans après sa mort (1909). On l'avait un peu oubliée. Pétain la montrait souvent en exemple. Quant à la famille Le Pen, elle ne cesse de vouloir la récupérer. Pauvre Jeanne d'Arc !

catholicisme profond, militarisme : ses thèmes de prédilection ont largement nourri l'extrême droite de l'entre-deux-guerres. Pour Gide, « il n'y eut pas de plus néfaste éducateur ». Et vlan !

– ***François Boch*** *(1700-1754)* **:** quand il ouvre un modeste atelier de poterie à Audun-le-Tiche en 1748, François Boch n'a sûrement pas prévu de se faire un nom. Quelques siècles plus tard, Villeroy et Boch est pourtant une référence dans les arts de la table.

– ***Sébastien Bottin*** *(1764-1853)* **:** né à Grimonvillers, petit village du Saintois. D'abord prêtre, Bottin devient ensuite secrétaire général de la préfecture de Strasbourg où il se découvre une passion pour les statistiques. En 1857, il fusionne l'*almanach du commerce de Paris* et l'*annuaire général du commerce de Didot*. Le 1er... bottin.

– ***Jean-Marie Cavada*** **:** né à Épinal en 1940. Homme de médias (*La Marche du siècle* à la télé, la présidence de Radio France) passé à la politique.

– ***Jean-Pierre Coffe*** *(1938-2016)* **:** né à Lunéville. On connaissait bien le pourfendeur médiatique de la malbouffe. Moins ses multiples expériences antérieures avec, entre autres, la création (avec Max Gallo) d'un journal clairement antimilitariste en pleine guerre d'Algérie ou son rôle dans *What a Flash,* film expérimental et underground de 1972.

– ***Émile Coué*** *(1857-1926)* **:** c'est à Nancy que ce pharmacien a, à partir de 1902, jeté les bases de la méthode d'autosuggestion qui porte son nom (la méthode Coué, bien sûr !).

– ***Charlélie Couture*** **:** né à Nancy en 1956. Diplômé de l'École des beaux-arts. Un « multiste », comme il aime à se définir : auteur, photographe, designer, sculpteur... même si ce sont ses chansons qui l'ont fait connaître. Un avion (sans ailes ?) l'a emmené en 2004 à New York où Bertrand Charles Élie (c'est son vrai prénom) a privilégié une carrière de peintre. Avant le retour, en chansons, en France en 2017. Chez les Couture, le talent semble être de famille puisque son frère n'est autre que Jean-Thomas Couture, plus connu comme chanteur et comédien sous le nom de ***Tom Novembre.***

– ***Hubert Curien*** *(1924-2005)* **:** originaire de Cornimont, un petit village des Vosges, 1er président de l'Agence spatiale européenne, c'est un peu le papa de la fusée Ariane. Hubert Curien a également été ministre de la Recherche.

– ***Julie-Victoire Daubié*** *(1824-1874)* **:** la 1re femme ayant (et en insistant lourdement...) obtenu le droit de se présenter au baccalauréat, le 16 août 1861. Il lui faudra encore 1 an de pénibles démarches pour faire valider son diplôme. Militante féministe avant l'heure, Julie-Victoire s'est battue pour le droit de vote des femmes, l'égalité salariale... dans l'indifférence quasi générale, après avoir été excommuniée ! Elle mourra d'ailleurs d'épuisement...

– ***Antonin*** *(1864-1930)* ***et Auguste*** *(1853-1909)* ***Daum*** **:** 2 éminents maîtres verriers réfugiés à Nancy après l'annexion de la Moselle. Le seul nom issu de l'Art nouveau à être devenu une marque aujourd'hui mondialement connue.

– ***Émile Durkheim*** *(1858-1917)* **:** né à Épinal. Considéré comme le père de la sociologie moderne (il l'imposa comme discipline universitaire à la Sorbonne). Membre fondateur de la Ligue des Droits de l'homme.

– ***Jules Ferry*** *(1832-1893)* **:** né à Saint-Dié, il a accumulé presque toutes les responsabilités politiques : député républicain puis maire de Paris (pendant la guerre de 1870), ambassadeur à Athènes, ministre de l'Instruction publique, président du Conseil par 4 fois... Sa politique coloniale (conquête du Tonkin, mainmise sur le Congo...) fut contestée, mais ses actions en faveur de la liberté de la presse, du droit de réunion ou des syndicats en ont fait l'un des pionniers de la démocratie. Son nom est resté dans l'histoire pour son instauration de l'école obligatoire, gratuite, laïque et ouverte à tous.

– ***Émile Gallé*** *(1846-1904)* **:** un des chefs de file de l'école de Nancy. Un homme de tous les talents : d'abord ébéniste, il deviendra un maître verrier et un céramiste d'exception. Œuvre largement inspirée par la nature, comme le voulait un des grands principes du mouvement.

– ***Claude Gellée, dit le Lorrain*** *(1600-1682)* **:** c'est à Rome, où son 1er métier de pâtissier (certains lui attribuent la création de la pâte feuilletée !) l'a amené, que ce jeune garçon né à Charmes va avoir la révélation de son talent de peintre. Il étudie en autodidacte les chefs-d'œuvre de Michel-Ange et de Raphaël, puis se forme au paysage dans un atelier de Naples. Formation apparemment profitable puisqu'il s'affirme vite comme un maître du paysage et des marines, avec un exceptionnel rendu des effets de lumière. Ses œuvres sont toujours exposées dans les plus grands musées.
– ***Baptiste Grégoire, dit l'Abbé*** *(1750-1831)* **:** curé du village d'Emberménil (à quelques lieues de Vého où il est né), il siège, côté clergé, aux états généraux. Député sous la Convention, ce curé progressiste est notamment à l'origine de l'abolition de l'esclavage et de l'octroi des droits civiques aux juifs. Autant dire qu'il n'était pas vraiment en odeur de sainteté au Vatican... La République, reconnaissante, transféra ses cendres au Panthéon en 1989.
– ***Edmond Huot de Goncourt*** *(1822-1896)* **:** de l'œuvre de ce Nancéien, écrite avec son frère cadet Jules, on ne se souvient guère (traînés devant les tribunaux pour pornographie, ils ont pourtant fait scandale à l'époque !). Mais le prix créé par l'académie fondée par Edmond affole encore chaque rentrée littéraire.
– ***Ipoustéguy*** *(1920-2006)* **:** Meusien de souche. De son vrai nom Jean Robert, il a pris comme nom d'artiste le patronyme basque de sa mère, coiffeuse à Dun. Avec César, Ipoustéguy fait partie des très grands sculpteurs du XXe s. Défini comme « le maître d'un expressionnisme angoissé, figuratif, par des voies personnelles », Ipoustéguy travaillait dans son atelier de Choisy-le-Roi près de Paris, voyageait beaucoup, séjournait de longs mois dans les carrières de marbre de Carrare pour réaliser ses sculptures. A utilisé le marbre, mais aussi le bronze. Il avait une maison à Dun-sur-Meuse, son village natal auquel il a fait don de quelques œuvres rares (on peut les voir au centre Ipoustéguy de ce gros bourg).
– ***Patricia Kaas* :** née en 1966 à Forbach d'une mère allemande et d'un père lorrain, mineur de fond. Une vraie voix, exercée dans les cabarets d'outre-Rhin depuis l'âge de 8 ans. Le succès attendra 1988, avec *Mademoiselle chante le blues,* une Victoire de la musique et le prix de l'académie Charles-Cros. Depuis, Patricia Kaas a vendu plus de 15 millions d'albums et continue à remplir les salles en Russie ou au Japon (même si, en France, sa carrière ne connaît plus les sommets des débuts...).
– ***Jack Lang* :** né en 1939 à Mirecourt. Inoubliable ministre de la Culture pendant 10 ans sous Mitterrand (il en est resté le fidèle d'entre les fidèles), puis ministre de l'Éducation. Une vraie réussite : le prix imposé du livre a sauvé des milliers de libraires.
– ***Georges de La Tour*** *(1593-1652)* **:** né à Vic-sur-Seille, ce maître du clair-obscur, resté, malgré le succès, fidèle à Lunéville, avait un peu sombré dans l'oubli. Son œuvre, redécouverte au XIXe s, est aujourd'hui exposée dans le monde entier.
– ***Albert Lebrun*** *(1871-1950)* **:** ce fils d'un agriculteur de Meurthe-et-Moselle a gravi tous les échelons du pouvoir politique – de maire de son petit village de Mercy-le-Haut à la présidence de la République en 1932 et 1939. C'est, bien sûr, de ce dernier mandat dont l'histoire se souvient, d'autant qu'Albert Lebrun, qui refusait l'armistice, sera écarté du pouvoir par Pétain en 1940.
– ***Le maréchal Lyautey*** *(1854-1934)* **:** Louis Hubert Gonzalve, les 3 prénoms donnés à sa naissance à Nancy. Ce saint-cyrien est d'abord de moult conflits coloniaux (Algérie, Indochine et Madagascar) avant de se voir confier le 1er poste de résident général du protectorat français du Maroc en 1912. Une fonction qu'il exerce avec un grand humanisme et un vrai respect de la culture marocaine. Il a d'ailleurs été inhumé à Rabat avant que ses cendres ne soient transférées aux Invalides en 1961.
– ***Louis Majorelle*** *(1859-1926)* **:** un des maîtres de l'école de Nancy qui a hissé l'ébénisterie au rang d'art. Sa maison de Nancy est un parfait exemple des premiers pas de l'Art nouveau. Les routards connaissent sûrement une

autre maison de la famille Majorelle, celle de Marrakech, construite par et pour son fils Jacques, grand peintre orientaliste.

– ***Pierre Michaux*** *(1813-1883)* **:** inspiré par son fils Ernest, cet artisan né à Bar-le-Duc a eu, en 1861, la fulgurante idée d'installer une manivelle sur la roue avant d'une draisienne, inventant ainsi la pédale (et du coup la bicyclette !). La guerre de 1870 stoppera net le succès populaire de ces vélocipèdes à pédales (les Michaudines).

– ***Michel Ney*** *(1769-1815)* **:** maréchal d'Empire, surnommé le Lion rouge à cause de ses boucles rousses, et duc d'Elchingen, il dirigea ses divisions sur des champs de bataille restés connus (Ulm, Iéna, Eylau), sonnant la gloire de Napoléon et... de la France. Mais l'épopée du héros se teinte de tragédie : s'il avait arrêté son général de retour de l'île d'Elbe, comme il en avait la mission, il n'y aurait eu ni Cent-Jours ni perte de Sarrelouis, sa patrie !

– ***François Nourissier*** *(1927-2011)* **:** Flamand-Lorrain par le sang, l'écrivain, rédacteur en chef de revue, critique littéraire et conseiller littéraire chez Grasset, fut membre de l'académie Goncourt avant d'en devenir son président.

– ***Michel Platini*** **:** « Platoche » pour ceux qui collectionnaient les images autocollantes à l'effigie du mythique joueur des non moins mythiques Verts de Saint-Étienne. Né à Jœuf en 1955, il a commencé sa carrière pro à l'AS Nancy-Lorraine. Grand buteur devant l'éternel au sein de l'équipe de France où il portait le n° 10, il a été président de l'UEFA de 2007 à 2015.

– ***Raymond Poincaré*** *(1860-1934)* **:** à ne pas confondre avec son cousin Henri Poincaré, mathématicien génial originaire de Nancy (1854-1912). La ressemblance physique entre les 2 hommes est frappante ; cependant, la comparaison s'arrête là, car Raymond Poincaré n'est pas un savant mais un avocat et un homme politique de 1er rang sous la IIIe République. Né à Bar-le-Duc, il devient député de la Meuse à 27 ans, ministre à 33 ans, puis président de la République de 1913 à 1920. Il dirige la France pendant la Grande Guerre, et se rend plusieurs fois sur le front meusien gravement menacé. On se souvient aussi de lui pour sa réforme du franc en 1928. Sa résidence d'été, le Clos à Sampigny (Meuse), est aujourd'hui devenue un musée qui lui est dédié, et sa tombe peut se voir au cimetière de Nubécourt.

– ***Victor*** *(1858-1943)* ***et Jean*** *(1901-1984)* ***Prouvé*** **:** Victor, le père, est un artiste multiforme (peintre, relieur, graveur, sculpteur...) de génie, indéfectible pilier de l'école de Nancy. Le fils, Jean, ne démérite pas : c'est, avec une prédilection pour les structures métalliques, l'un des plus novateurs architectes de son époque. Un brillant designer également dont les collectionneurs s'arrachent les meubles.

– ***Reiser*** *(1941-1983)* **:** né à Réhon, au pied de Longwy, au sein de ce « peuple lorrain, dur, travailleur et exploité jusqu'au trognon ». Cet « artiste dégagé » (pour reprendre un mot de Desproges) a, après *Ici Paris* (eh oui...), trimbalé un trait de crayon très particulier (et un humour qui ne l'était pas moins) d'*Hara-Kiri* – dont il fut un des fondateurs – à *Charlie Hebdo.* Son personnage du « Gros dégueulasse » est resté dans les annales (sic).

– ***René II*** *(1451-1508)* **:** le plus célèbre des ducs de Lorraine est né à Angers. Il portait la croix de Lorraine sur son plastron quand il a réglé son compte à Charles le Téméraire devant Nancy en 1477.

– ***Emmanuelle Riva*** *(1927-2017)* **:** née à Cheniménil. De son vrai prénom Paulette Germaine (c'est moins sexy), elle devient célèbre en 1959 grâce à un rôle tout en sensualité dans *Hiroshima, mon amour* d'Alain Resnais. Elle fut aussi remarquable dans *Loin du Brésil.* César de la meilleure actrice en 2013 pour son rôle dans *Amour* (Palme d'Or 2012 à Cannes), de Michael Haneke, aux côtés de Jean-Louis Trintignant, nominé aux Oscars.

– ***Robert Schuman*** *(1866-1963)* **:** le « père de l'Europe », selon l'expression consacrée. Mosellan d'origine mais pas revanchard, à la différence de certains. Bien au contraire, pacifiste convaincu, il travaillera comme ministre des Affaires étrangères de 1948 à 1952 à la réconciliation franco-allemande.

– ***Philippe Seguin*** *(1943-2010)* **:** une naissance à Tunis, une adolescence en Provence et une arrivée un peu parachutée dans les Vosges n'ont pas empêché ce « gaulliste social » de devenir député de ce département de 1978 à 2002, puis vice-président du conseil régional de Lorraine et enfin maire d'Épinal (en 1983), ville qu'il dirigera jusqu'à fin 1997. La classe politique dans son ensemble a salué, lors de son décès subit, « le grand serviteur de l'État », alors qu'il était président de la Cour des comptes.

– ***Yves Simon*** *(né en 1944)* **:** c'est au casino de Contrexéville, où son père était cheminot, qu'Yves Simon donne ses 1ers concerts, reprenant Elvis ou les Beatles. Il a lu Kerouac aussi et part, après des études de lettres à la Sorbonne, découvrir le monde, en stop comme il se doit. Dès le début des années 1970, il peaufine sa double image – rebelle à guitare, blouson de cuir et beau gosse dandy rive gauche – et alterne tubes *(Au pays des merveilles de Juliet, J'ai rêvé New York, Les Gauloises bleues...)* et romans *(Transit-Express, Océans, Le Voyageur magnifique...).* Si le chanteur se fait aujourd'hui plus discret, l'écrivain (prix Médicis en 1991 pour sa *Dérive des sentiments*) est toujours présent chez les libraires.

– ***Paul Verlaine*** *(1844-1896)* **:** les fils de militaires naissent au gré des affectations. Pour Verlaine, dont le père était (comme celui de Rimbaud) capitaine, ce fut Metz. Ville où il vécut largement moins qu'à Paris mais à laquelle il consacra une « Ode ». Son exil pour avoir pris fait et cause pour la Commune, sa liaison tapageuse avec Rimbaud, sa mort, célèbre mais dans une misère noire : la vie de Verlaine occuperait une bonne moitié de ce guide. Et on consacrerait facilement l'autre à l'exégèse de son œuvre, de *Romances sans paroles* à *Absinthe.*

RANDONNÉE

La Lorraine est une région propice à toutes les évasions. La présence sur le territoire de 3 parcs naturels régionaux (Lorraine, Ballon des Vosges et Vosges du Nord) témoigne de l'engagement de la région dans la protection et la gestion du patrimoine naturel et culturel.

À l'intérieur des parcs et dans toute la région, les possibilités de randonnées sont nombreuses et de toute nature : pédestres, à vélo, à cheval, ou même à dos de lama... Les routes et sentiers balisés offrent quantité de balades inédites, pour découvrir une nature préservée et variée. Dans la série des topoguides, *La Lorraine à pied* suggère 40 promenades et randos à thème. • *ffrandonnee.fr* •

Pour plus d'infos sur les circuits dans les Vosges, voir la rubrique « Randonnées » dans l'introduction du département.

RELIGION

Quand, au IIIe s apr. J.-C., les 1ers apôtres du catholicisme arrivent en Lorraine, ils trouvent une population gallo-romaine attachée à des dévotions, à des déesses, issues des Celtes, et aux dieux de l'Empire : Rosemerta, Épona, Apollon, Mercure. La légende attribue les 1res conversions à saint Clément, qu'on prétend, malgré les dates, envoyé par saint Pierre lui-même. Vainqueur du dragon des arènes romaines, il est le 1er évêque de Metz (IIIe s), prédécesseur de Saintin à Verdun (IVe s) et de Mansuy à Toul (Ve s). La communauté chrétienne naissante compte plusieurs martyrs céphalophores, Eucaire, Élophe et Libaire, qui seraient morts à Grand, à Soulousse et à Pompey.

La naissance de l'Église lorraine

L'implantation d'une Église lorraine ne tarde pas. Saint-Pierre-aux-Nonnains, à Metz, est la 1re basilique de France. Des monastères s'implantent en Argonne (Saint-Rouin), Meuse (Saint-Mihiel), dans les Vosges (Étival, Senones,

Moyenmoutier, sur le Saint-Mont à Saint-Amé), en Moselle, à Gorze, qui rayonnera sur l'Europe. L'élan de ces pionniers bénéficie de celui des croisades. Un pèlerin rapporte de Bari une phalange de saint Nicolas dans sa commune de Port, en bordure de la Meurthe. La basilique construite attire à Saint-Nicolas-de-Port des milliers de pèlerins. D'autres lieux comptent : à Neufchâteau, à Dabo sur le Donon, à Marville, au prieuré de Froville dont les pierres forment, désormais, une partie des Cloisters de New York sur l'Hudson, et à Notre-Dame de Sion.
À la fin du Moyen Âge, après les ravages de la sorcellerie et les massacres de la guerre de Trente Ans, l'église lorraine s'efforce de relever les ruines physiques et morales. Tournant le dos aux sinécures et aux abus de la hiérarchie, elle réforme le clergé dans le sens de la diffusion de la doctrine et de la pratique. Les séminaires forment les prêtres, les écoles éduquent les jeunes, les confréries, dédiées à Notre-Dame, saint Joseph, le saint sacrement, saint Nicolas réunissent les familles.

Le centre protestant de Metz

Pourtant condamné par la Ligue dans le duché de Lorraine, qui multiplie les interdictions et les expulsions, le protestantisme de Luther et Calvin s'implante à Metz qui réunit une des plus fortes communautés de France, 6 329 fidèles en 1635. Paul Ferry (1591-1668) est un pasteur exemplaire qui affronte, dans des débats sur la foi, Bossuet, archidiacre à Metz. La révocation de l'édit de Nantes (1685) entraîne des dragonnades, des déportations à la Martinique et de massifs exils aux Pays-Bas et en Prusse. L'Église réformée n'est réimplantée dans la ville qu'en 1803. Le jansénisme limite ses effets autour de la congrégation de Saint-Vanne à Verdun et Saint-Mihiel, déclinant jusqu'à la fin du XVIIIe s.

Les jésuites, de bons gardiens

Les jésuites sont une des clefs de voûte de la forteresse monastique qui protège la Lorraine des influences extérieures. Titulaires de l'université de Pont-à-Mousson, ils côtoient sur l'ensemble du territoire du duché et des Trois-Évêchés 90 communautés d'hommes et de femmes entre 1580 et 1630 : cordeliers, capucins, tiercelins, oratoriens, dominicains, visitandines. À Verdun, ville de 5 000 habitants, on compte 16 abbayes et couvents. Au seuil des Lumières, le duc Léopold avec son Code s'émancipe du Vatican en détachant son clergé de la tutelle des évêques, décision appréciée dans les grandes abbayes de Senones, Étival, Saint-Dié. Le débat aboutit, tardivement, à la création des évêchés de Saint-Dié (1777) et Nancy (1778). À Metz se distinguent des prélats entreprenants : Coislin, qui crée son palais de Frescaty, Montmorency-Laval, Rocroy de Saint-Simon, frère du mémorialiste. À Nancy et Lunéville, Stanislas modère l'influence de son confesseur jésuite, le père Menoux, par l'attitude de quelques courtisans à l'esprit voltairien.

Grégoire et Berr Isaac Berr

Le clergé lorrain participe aux débats, et aux actions, du début de la Révolution avec l'abbé Henri Grégoire, curé d'Emberménil, élu aux états généraux face à son évêque monseigneur de la Fare, chargé du discours d'ouverture. Grégoire, partisan de la suppression de l'esclavage, aide les juifs pour leur reconnaissance comme citoyens français avec l'éminent Isaac Berr. Les juifs, présents à Metz lors de la conquête romaine, constituaient un groupe important au Xe s. Au XVIe s, la communauté, regroupée autour de la Jeurue, participait à la vie municipale. À la fin du XVIIIe s, les 480 familles messines bénéficiaient d'une école talmudique. La communauté juive de Phalsbourg en Moselle fut l'un des moteurs du dynamisme économique de la ville. L'un de ses membres, émigré aux États-Unis, fut l'un des fondateurs de la célèbre banque Lazard. L'annexion, l'affaire Dreyfus, brutale en Lorraine, la guerre, l'exode européen renforcèrent la communauté nancéienne, victime de rafles et de déportations entre 1942 et 1944.

Le Concordat en Moselle

Longtemps après la Révolution et le renouveau clérical de la Restauration, l'Église de Lorraine fut aux avant-postes des débats sur la séparation de l'Église et de l'État avec l'évêque de Nancy, et évêque des frontières, appelé monseigneur Tambourinaz pour ses interventions tonitruantes. La Moselle annexée, comme l'Alsace, préserva le statut du Concordat maintenu pendant la présence prussienne, avec traitement des prêtres, pasteurs et rabbins par l'État, enseignement de la religion à l'école. Au projet de suppression par le Cartel des gauches (1924), les nombreux manifestants opposèrent la promesse de Joffre du « respect des traditions ». La formule persiste.

POURQUOI LE 26 DÉCEMBRE EST-IL FÉRIÉ EN MOSELLE ?

Autrefois, la Saint-Étienne (1er martyr chrétien) était fériée partout. La France renonça à ce jour férié en 1905, lors de la loi de séparation des Églises et de l'État. Mais à cette époque, l'Alsace et la Moselle étaient allemandes. Quand, en 1918, ces territoires redevinrent français, ils décidèrent de garder leur jour chômé.

Et Jean-Paul II de se retrouver en terre connue...

Après le souvenir de tant de missionnaires lorrains engagés du Canada à la Chine, et ailleurs, celui des militants des cercles, des écoles, des syndicats, l'Église lorraine du XXe s, fidèle à ses points d'ancrage comme la colline de Sion, Avioth, Benoite-Vaux, Bonne-Fontaine, a fourni des écrivains édifiants, Barrès, Daniel Rops, des prêtres ouvriers aux côtés des mineurs de fer et de charbon (le père Serge Bonnet), puis l'abbé Pierre, député de Nancy de 1945 à 1951, Robert Schuman (1886-1963), père de l'Europe et fils d'Église.
Ces siècles et ces hommes furent salués à Metz et à Nancy, en octobre 1988, par le pape Jean-Paul II, pas surpris d'être acclamé, aussi, en polonais et en italien.

SITES INSCRITS AU PATRIMOINE MONDIAL DE L'UNESCO

UNESCO — Organisation des Nations Unies pour l'éducation, la science et la culture · En coopération avec le Centre du patrimoine mondial

Pour figurer sur la liste du Patrimoine mondial, les sites doivent avoir une valeur universelle exceptionnelle et satisfaire à au moins un des 10 critères de sélection. La protection, la gestion, l'authenticité et l'intégrité des biens sont également des considérations importantes.
Le patrimoine est l'héritage du passé dont nous profitons aujourd'hui et que nous transmettons aux générations à venir. Nos patrimoines culturel et naturel sont 2 sources irremplaçables de vie et d'inspiration. Ces sites appartiennent à tous les peuples du monde, sans tenir compte du territoire sur lequel ils sont situés. Pour plus d'informations : ● *whc.unesco.org* ●
En Lorraine sont concernées les ***places Stanislas, de la Carrière et d'Alliance à Nancy,*** ainsi que les ***fortifications de Vauban à Longwy.***

THERMALISME ET LOISIRS

Quand Lorraine rime avec bien-être. Tout est parti d'une drôle de découverte. Les Romains, les 1ers, ont décelé l'importance, et l'intérêt, des sources thermales de

la région. Amnéville, Sarrebourg, les Vosges, Longwy : le sol lorrain prend soin, depuis des siècles maintenant, d'une population désireuse de thermalisme et de cures de régénération.
Amnéville-les-Thermes a investi sérieusement dans la source de Saint-Éloy. Chaude, argileuse et largement rougeâtre, cette eau bienfaisante soigne les rhumatismes en tout genre depuis des années au sein d'un établissement thermal de renom. Pour les gens de passage ou pour les épicuriens du bien-être, le complexe amnévillois propose également 2 centres ouverts au grand public : *Thermapolis* et la *Villa Pompéi.* 2 espaces où l'eau vous berce de ses charmes grâce à des hammams, des jacuzzis, des saunas, des bains glacés et autres espaces de détente. La *Villa Pompéi,* inspirée des bains romains, comblera aussi les adeptes des massages...
Les Vosges sont également connues depuis des siècles au travers de grands noms du thermalisme : ***La Vôge-les-Bains, Contrexéville, Vittel*** et ***Plombières-les-Bains.*** Toutes possèdent également aujourd'hui des centres dédiés à l'accueil du grand public, pour quelques heures ou plus.
Dans la bande, il y a aussi le centre de bien-être de ***Langatte,*** près de Sarrebourg : un endroit luxuriant juché au bord de l'étang du Stock.
Enfin, ***Nancy*** se lance aussi dans la course au bien-être. Le vieux rêve de Louis Lanternier, architecte du mouvement de l'école de Nancy, est bientôt prêt à se concrétiser avec l'ouverture, en 2023, d'un grand pôle aquatique en plein centre-ville, à deux pas du parc Sainte-Marie.

VIN

Les vins de Lorraine, une note d'histoire

Se balader dans le vignoble lorrain, c'est effectuer un retour aux sources. Une excursion dans un passé dont on peine aujourd'hui à croire qu'il a existé. Et pourtant... Des hommes de passion travaillent dur pour remettre au goût du jour une vieille tradition. Imaginez qu'à la fin du XIXe s, les vignes lorraines étaient plus étendues que celles d'Alsace, avec 6 000 ha exploités depuis l'époque romaine. La Lorraine possédait même alors le statut envié de plus vaste vignoble français... Le phylloxéra est passé par là et, désormais, le vin lorrain vit sur moins de 200 ha. Du Toulois aux vins de Meuse, en passant par les Côtes de Moselle, la Lorraine fourmille de nectars fins et fleuris. Pour les amateurs désireux de découvrir ces secrets, le plus beau des voyages débutera à Combres-sous-les-Côtes, en Meuse, où les cépages auxerrois et pinot noir proposent des vins charpentés, une belle note de terroir mise en valeur par un domaine dont la réputation s'étend désormais au-delà du département pour s'attabler chez des restaurateurs renommés. Place ensuite au village suspendu d'Hattonchâtel : un miracle d'architecture niché au sommet d'une colline et qui surplombe des vignes gorgées de soleil. Blanc, rosé, rouge : tout le monde trouvera son bonheur chez les exploitants du coin.
Dans le Toulois, les curieux découvriront l'originalité de vignes pressurées immédiatement après la vendange. Il en découle des vins légèrement rosés aux arômes de baies rouges. Depuis 1998, les côtes-de-toul bénéficient d'une AOC, de plus en plus remarquée lors des grandes foires aux vins. Les propriétaires mosellans vous ouvriront ensuite leurs portes pour un dernier plaisir. À Vaux, Ancy, Marieulles, Marange-Silvange ou Contz-les-Bains, la fraîcheur du pinot et la rondeur du gamay seront au rendez-vous de dégustations surprenantes.

Une AOC pour les vins de Moselle

Les producteurs l'attendaient depuis longtemps, l'Institut national de l'origine et de la qualité leur a donné raison : une AOC a été décernée en 2011 aux vins de

Moselle, répartis en 3 secteurs géographiques en Lorraine. Au nord, les vignobles du val de Sierck, jouxtant les frontières luxembourgeoise et allemande ; au centre, le Pays messin – en particulier le sud de Metz et ses coteaux bien exposés le long de la Moselle – ; au sud-est de Metz, les domaines autour de Vic-sur-Seille.
Au total, ce sont une vingtaine de viticulteurs mosellans qui se sont vu attribuer la précieuse appellation. L'AOC récompense ainsi des années d'effort des professionnels, engagés dans la réhabilitation de ce vignoble depuis sa destruction par le phylloxéra.
En pleine renaissance, la production représente aujourd'hui 2 000 hectolitres par an (soit environ 300 000 bouteilles), pour 54 ha de vignes exploitées. Les cépages typiques de la Moselle reconnus par l'AOC sont l'auxerrois (30 % de la production), le pinot noir, le pinot gris et le müller-thurgau. La Lorraine compte donc désormais 2 vignobles bénéficiant d'une AOC : les côtes-de-toul et les vins de Moselle. Et l'on peut désormais y suivre une route des vins.

PETITS TRUCS ET ASTUCES POUR ÉVITER LES ABUS ET MAUVAISES SURPRISES

Un routard informé en vaut 2 ! Pour éviter les désagréments en tous genres, il est bon de les connaître. Voici un petit vade-mecum destiné à parer aux coûts et aux coups de bambous.

Bien sûr, nos enquêteurs veillent au grain, et les établissements qui ne répondent plus à nos critères ou abusent sont vite supprimés de nos guides. La réciproque est aussi valable. N'oublions pas que les hôteliers et restaurateurs font un métier difficile. S'ils se doivent de toujours garder le sourire, nous nous devons de les respecter en n'arrivant pas chez eux en terrain conquis.

À L'HÔTEL

1 – Arrhes ou acompte ? : au moment de réserver votre chambre par téléphone – par précaution, toujours confirmer par écrit (ou mail) – il n'est pas rare que l'hôtelier vous demande de verser à l'avance une certaine somme, celle-ci faisant office de garantie. Il est d'usage de parler d'arrhes (et non d'acompte). Légalement, aucune règle n'en précise le montant. Toutefois, ne versez que des arrhes raisonnables : 25 à 30 % du prix total, sachant qu'***il s'agit d'un engagement définitif sur la réservation*** de la chambre. Cette somme ne pourra donc pas être remboursée en cas d'annulation de la réservation, sauf cas de force majeure qu'il vous faudra justifier (maladie ou accident) ou en accord avec l'hôtelier si l'annulation est faite dans des délais jugés raisonnables. Si, au contraire, l'annulation est le fait de l'hôtelier, il doit vous rembourser le double des arrhes versées. Si vous avez réservé une chambre (sans avoir rien versé) et que vous avez un empêchement, ***passez un coup de téléphone pour annuler,*** c'est la moindre des politesses.

2 – Subordination de vente : les hôteliers ont interdiction de pratiquer la subordination de vente. C'est-à-dire qu'***ils ne peuvent pas vous obliger à réserver plusieurs nuits d'hôtel si vous n'en souhaitez qu'une.*** Dans le même ordre d'idées, on ne peut vous obliger à prendre votre petit déjeuner ou vos repas dans l'hôtel ; ce principe, illégal, est cependant toléré en pratique, surtout en haute saison, dans les zones touristiques, où la demande est bien plus importante que l'offre !

3 – Les réservations en ligne : elles se sont généralisées. Mais voilà, si les centrales de réservation en ligne sont devenues incontournables, elles ne garantissent pas systématiquement de meilleurs prix qu'en direct. En outre, les promesses ne sont pas toujours tenues et l'on constate parfois des dérives, telles que promos bidons, descriptifs exagérés, avis d'internautes truqués... Les hôteliers s'estiment souvent étranglés par les commissions abusives prélevées au passage. ***N'hésitez pas à réserver directement auprès de l'hôtel.*** Aujourd'hui, la plupart alignent leurs prix sur ceux des sites commerciaux. Autre avantage, vous pouvez préciser le type de chambre souhaité (sur rue, sur jardin) et obtenir des renseignements fiables sur l'établissement.

4 – Responsabilité en cas de vol : un hôtelier ne peut en aucun cas dégager sa responsabilité pour des objets volés dans la chambre d'un de ses clients, même si ces objets n'ont pas été mis au coffre. En d'autres termes, les éventuels panonceaux dégageant la responsabilité de l'hôtelier n'ont aucun fondement juridique.

AU RESTO

1 – Les prix : ils sont libres, mais ***l'affichage est obligatoire*** à l'extérieur de l'établissement, de manière visible. Tous les menus doivent être affichés, même le moins cher. Ils doivent être identiques à ceux que l'on vous présente à l'intérieur.

2 – Formule ou menu ? Généralement, la formule est une proposition écourtée comprenant entrée + plat ou plat + dessert. Avec parfois un verre de vin et/ou le café. De fait, elle est moins chère que le menu, en principe complet (entrée + plat + dessert). Très souvent, les formules et les 1ers menus (les moins chers) ne sont ***servis qu'en semaine et/ou seulement au déjeuner,*** et plus rarement avant certaines heures (12h30 et 20h environ). C'est parfaitement légal, à condition toujours que ce soit clairement indiqué sur le panneau extérieur et sur le menu que l'on vous présente une fois installé. Il arrive qu'il disparaisse comme par enchantement (humm, mauvais signe…). Demandez-les, ça ne mange pas de pain.

3 – Attention aux suppléments. Certains menus imposent 3 suppléments pour 5 plats proposés. Cherchez l'erreur !

4 – Le « fait maison » : depuis que la législation existe, pour parer au sous-vide et tout congelé, et parallèlement valoriser le travail de restaurateurs scrupuleux, le « fait maison » (logo d'une casserole surmontée d'un toit de maison avec cheminée) apparaît comme un faire-valoir évident et rassurant. Même s'il ne garantit pas le 100 % maison (la loi est un peu tordue, et il n'y a pas de contrôle), ni la qualité du chef ! Cela dit, ***c'est un bon début.***

5 – La carte en dit long ! Voici, foi d'enquêteur, quelques trucs très simples pour analyser un menu : tout d'abord la ***brièveté de la carte*** est un bon gage de fraîcheur ; quand les produits sont locaux et de saison, c'est encore mieux ! On peut aussi questionner le serveur. Sa franchise (ou son embarras) vous en dira long. Autre indice : si la carte n'est composée que de plats passe-partout dont certains peuvent nécessiter des cuissons très longues (parmentier de canard, suprêmes de volaille en sauce, souris d'agneau, bourguignon...), ce n'est pas forcément bon signe, surtout s'ils sont servis trop rapidement. Même topo avec les desserts bistrotiers type tarte Tatin, mi-cuit ou mousse au chocolat, crème brûlée, panna cotta, tiramisù qui sortent soit du congélateur, soit d'une brique ! Tout comme les mignardises qui accompagnent le café gourmand souvent surfacturé, insipide… et certainement pas « maison ». Un bon chef n'est pas forcément un bon pâtissier. Et il a rarement le temps de préparer 36 desserts ! Enfin, en dehors des zones côtières, on évite les poissons et fruits de mer le lundi… les livraisons ayant rarement lieu le week-end !

6 – Commande jugée insuffisante : sachez qu'il est illégal de pousser le client à la consommation.

7 – Doggy Bag : la lutte anti-gaspi a du bon ! Si la pratique du « Doggy Bag » est déjà bien répandue dans certains pays, en France on a longtemps traîné la patte. À partir de juillet 2021, les restaurateurs seront dans l'obligation de proposer à leurs clients ce qu'ils auront laissé dans leur assiette. Dans les faits, certains le pratiquent déjà. Alors, n'hésitez pas à le demander, même si cela n'est pas (encore) dans nos habitudes culturelles.

8 – Eau : une carafe d'***eau du robinet*** est ***gratuite*** à condition qu'elle accompagne un repas. On ne peut pas vous la refuser, sauf si elle est jugée impropre à la consommation par décret. Dans certains restos, on vous l'apporte d'office en guise de bienvenue. Un vrai bon point ! La bouteille d'***eau minérale*** doit, quant à elle, comme le vin, être ouverte devant vous. L'arnaque consiste parfois à proposer d'emblée une eau minérale, facturée au prix fort. À la question du serveur : « … et pour l'eau, plate ou gazeuse ? », vous pouvez répondre : « une carafe, s'il vous plaît ».

9 – Vins (et autres alcools) : la marge la plus importante des restaurateurs ! Et certains en abusent… Au-delà de 2 verres (gare aux prix exorbitants), il peut être plus intéressant de commander une bouteille, quitte à l'emporter en fin de repas, si elle n'est pas terminée. Sinon, ne pas hésiter à demander un ***petit vin de pays en pichet,*** l'occasion de découvrir ainsi des petites cuvées locales et bon marché.

les ROUTARDS sur la FRANCE 2020-2021

(dates de parution sur • **routard.com** •)

Découpage de la FRANCE par le ROUTARD

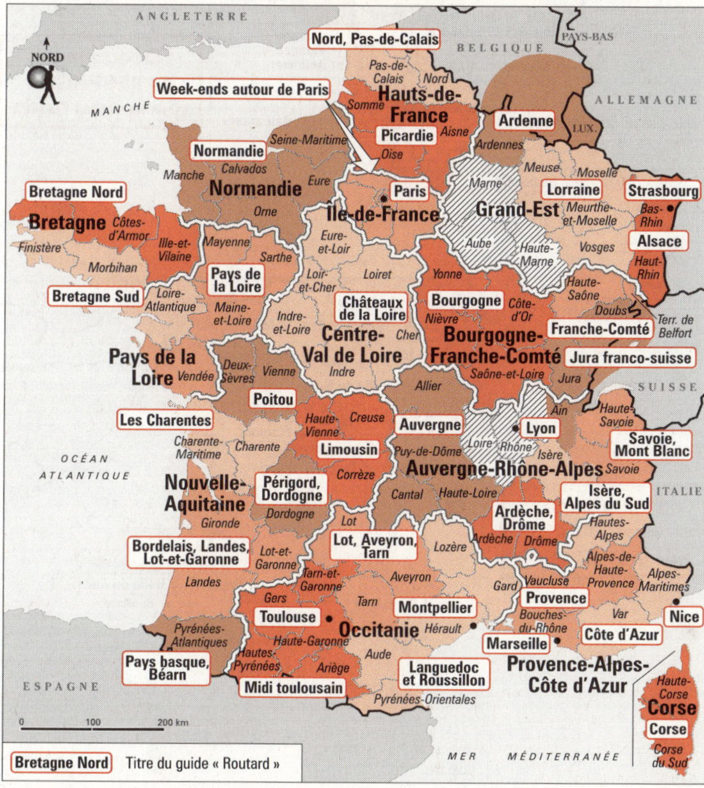

Autres guides sur la France

- Hébergements insolites en France
- Nos meilleurs campings en France
- Nos meilleures chambres d'hôtes en France

Autres guides sur Paris

- Paris
- Paris balades
- Paris exotique
- Restos et bistrots de Paris
- Le Routard des amoureux à Paris
- Week-ends autour de Paris

Le Routard à vélo

- EuroVelo6
- La Bourgogne du Sud à vélo
- La Loire à Vélo
- La Vélodyssée (Roscoff-Hendaye)
- Le Canal des 2 mers à vélo
- Paris Île-de-France à vélo
- ViaRhôna

les ROUTARDS sur l'ÉTRANGER 2020-2021

(dates de parution sur • **routard.com** •)

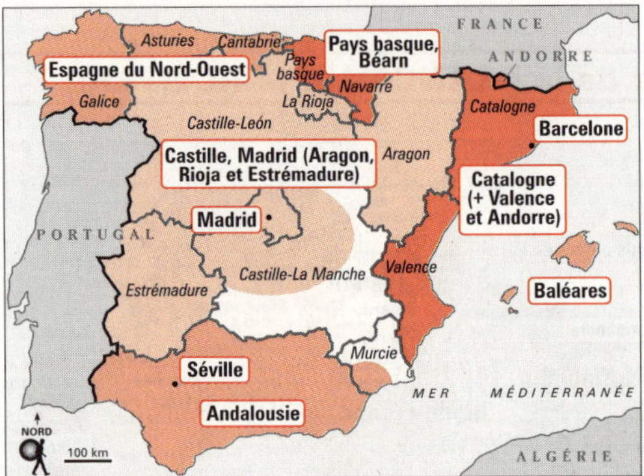

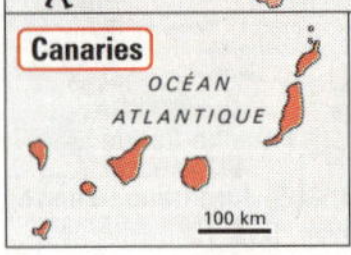

Découpage de l'ESPAGNE par le ROUTARD

Découpage de l'ITALIE par le ROUTARD

Autres pays européens

- Allemagne
- Angleterre, Pays de Galles
- Autriche
- Belgique
- Bulgarie
- Crète
- Croatie
- Danemark, Suède
- Écosse
- Finlande
- Grèce continentale
- Hongrie
- Îles grecques et Athènes
- Irlande
- Islande
- Madère
- Malte
- Norvège
- Pays baltes : Tallinn, Riga, Vilnius
- Pologne
- Portugal
- République tchèque, Slovaquie
- Roumanie
- Suisse

Villes européennes

- Amsterdam
- Berlin
- Bruxelles
- Budapest
- Copenhague
- Dublin
- Lisbonne
- Londres
- Moscou
- Naples
- Porto
- Prague
- Saint-Pétersbourg
- Stockholm
- Vienne

les ROUTARDS sur l'ÉTRANGER 2020-2021

(dates de parution sur • routard.com •)

Découpage des ÉTATS-UNIS par le ROUTARD

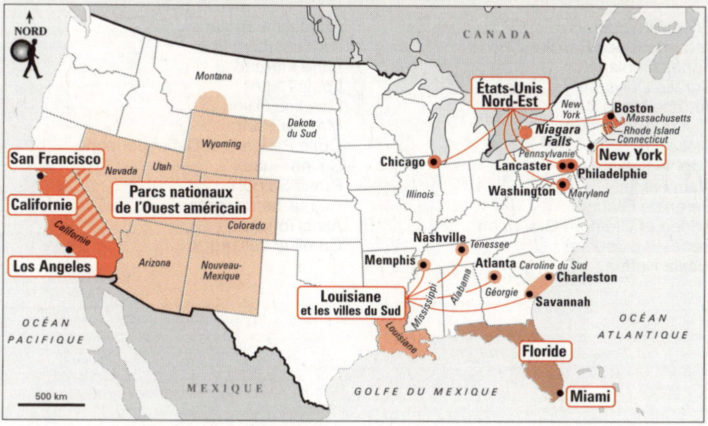

Autres pays d'Amérique

- Argentine
- Brésil
- Canada Ouest
- Chili et île de Pâques
- Colombie
- Costa Rica
- Équateur et les îles Galápagos
- Guatemala, Belize
- Mexique
- Montréal
- Pérou, Bolivie
- Québec et Ontario

Asie et Océanie

- Australie côte est + Red Centre
- Bali, Lombok
- Bangkok
- Birmanie (Myanmar)
- Cambodge, Laos
- Chine
- Hong Kong, Macao, Canton
- Inde du Nord
- Inde du Sud
- Israël et Palestine
- Istanbul
- Jordanie
- Malaisie, Singapour
- Népal
- Shanghai
- Sri Lanka (Ceylan)
- Thaïlande
- Tokyo, Kyoto et environs
- Turquie
- Vietnam

Afrique

- Afrique du Sud
- Égypte
- Kenya, Tanzanie et Zanzibar
- Maroc
- Marrakech
- Sénégal
- Tunisie

Îles Caraïbes et océan Indien

- Cuba
- Guadeloupe, Saint-Martin, Saint-Barth
- Île Maurice, Rodrigues
- Madagascar
- Martinique
- République dominicaine (Saint-Domingue)
- Réunion

Guides de conversation

- Allemand
- Anglais
- Arabe du Maghreb
- Arabe du Proche-Orient
- Chinois
- Croate
- Espagnol
- Grec
- Italien
- Japonais
- Portugais
- Russe
- G'palémo (conversation par l'image)

Livres-photos/Livres-cadeaux

- Voyages
- Voyages : États-Unis (nouveauté)
- Voyages : France (nouveauté)
- Voyages : Italie
- Road Trips (40 itinéraires sur les plus belles routes du monde)
- Nos 120 coins secrets en Europe
- Les 50 voyages à faire dans sa vie
- 1 200 coups de cœur dans le monde
- 1 200 coups de cœur en France
- Nos 52 week-ends dans les plus belles villes d'Europe
- Nos 52 week-ends coups de cœur en France
- Cahier de vacances du Routard

Nous tenons à remercier tout particulièrement Loup-Maëlle Besançon, Thierry Bessou, Gérard Bouchu, François Chauvin, Grégory Dalex, Fabrice Doumergue, Cédric Fischer, Carole Fouque, Nicolas George, Michelle Georget, David Giason, Claude Hervé-Bazin, Emmanuel Juste, Dimitri Lefèvre, Fabrice de Lestang, Romain Meynier, Éric Milet, Pierre Mitrano, Jean-Sébastien Petitdemange, Thomas Rivallain et Jean Tiffon pour leur collaboration régulière.

Brice Andlauer
Jean-Jacques Bordier-Chêne
Agnès Debiage
Coralie Delvigne
Jérôme Denoix
Tovi et Ahmet Diler
Clélie Dudon
Sophie Duval
Alain Fisch
Bérénice Glanger
Adrien et Clément Gloaguen
Sébastien Jauffret
Alexia Kaffès
Augustin Langlade
Jacques Lemoine
Aline Morand
Louis Nagot
Caroline Ollion
Martine Partrat
Odile Paugam et Didier Jehanno
Céline Ruaux
Prakit Saiporn
Nejma Tahri Hassani
Alice Tonasso
Caroline Vallano

Direction : Nathalie Bloch-Pujo
Direction éditoriale : Élise Ernest
Édition : Matthieu Devaux, Olga Krokhina, Gia-Quy Tran, Julie Dupré, Emmanuelle Michon, Pauline Janssens, Amélie Ramond, Margaux Lefebvre, Aurore Grandière, Astrid Richard, Lisa Pujol, Camille Lenglet et Anne Le Marois
Ont également collaboré : Catherine Hidé, Alba Bastida, Moca Popovska et Jeanne Labourel
Cartographie : Frédéric Clémençon et Aurélie Huot
Contrôle de gestion : Jérôme Boulingre et Yannis Villeneuve
Secrétariat : Catherine Maîtrepierre
Fabrication : Nathalie Lautout et Audrey Detournay
Relations presse : COM'PROD, Fred Papet. ☎ 01-70-69-04-69.
● *info@comprod.fr* ●, Martine Levens (Belgique) et Maureen Browne (Suisse)
Illustration : Anne-Sophie de Précourt
Direction marketing : Stéphanie Parisot, Élodie Darty et Charlotte Brou
Couverture : le-bureau-des-affaires-graphiques.com
Silhouette du Routard : Clément Gloaguen (d'après Solé)
Maquette intérieure : le-bureau-des-affaires-graphiques.com, Thibault Reumaux et npeg.fr
Direction partenariats : Jérôme Denoix
Contact Partenariats et régie publicitaire : Florence Brunel-Jars
● *fbrunel@hachette-livre.fr* ●

INDEX GÉNÉRAL

INDEX GÉNÉRAL

INDEX GÉNÉRAL

LISTE DES CARTES ET PLANS

NOUVEAU ET IMPORTANT : DERNIÈRE MINUTE

Sauf rare exception, le *Routard* bénéficie d'une parution annuelle à date fixe. Entre deux dates, des événements fortuits (formalités, taux de change, catastrophes naturelles, conditions d'accès aux sites, fermetures inopinées, etc.) peuvent modifier vos projets de voyage. Pour éviter les déconvenues, nous vous recommandons de consulter la rubrique « Guide » par pays de notre site • ***routard.com*** • et plus particulièrement les dernières ***Actus voyageurs.***

Remarque importante aux hôteliers et restaurateurs

Les enquêteurs du *Routard* travaillent dans le plus strict anonymat. Aucune réduction, aucun avantage quelconque, aucune rétribution n'est jamais demandé en contrepartie. Face aux aigrefins, la loi autorise les hôteliers et restaurateurs à porter plainte.

Avis aux lecteurs

Le Routard, ce n'est pas comme le bon vin, il vieillit mal. On ne veut pas pousser à la consommation, mais évitez de partir avec une édition ancienne. Les modifications sont souvent importantes.

Les réductions accordées à nos lecteurs ne sont jamais demandées par nos rédacteurs afin de préserver leur indépendance. Les hôteliers et restaurateurs sont sollicités par une société de mailing, totalement indépendante de la rédaction, qui reste donc libre de ses choix. De même pour les autocollants et plaques émaillées.

Avec routard.com, choisissez, organisez, réservez et partagez vos voyages !

✓ Rejoignez la plus grande communauté francophone de voyageurs : **plusieurs millions d'internautes.**

✓ Échangez avec les routarnautes: forums, photos, avis d'hôtels.

✓ Retrouvez aussi toutes les informations actualisées pour choisir et préparer vos voyages: plus de 300 guides destinations, une centaine de dossiers pratiques et un magazine en ligne pour découvrir tous les secrets de votre destination.

✓ Enfin, comparez les offres pour organiser et réserver votre voyage au meilleur prix.

Les Routards *parlent aux* Routards

Faites-nous part de vos expériences, de vos découvertes, de vos tuyaux et de vos coups de cœur. Aidez-nous à remettre l'ouvrage à jour. Indiquez-nous les renseignements périmés. Faites profiter les autres de vos adresses nouvelles, combines géniales... On adresse un exemplaire gratuit de la prochaine édition à ceux qui nous envoient les meilleurs courriers, pour la qualité et la pertinence des informations.

Quelques conseils cependant:

– Envoyez-nous votre courrier le plus tôt possible afin que l'on puisse insérer vos tuyaux sur la prochaine édition.

– N'oubliez pas de préciser l'ouvrage que vous désirez recevoir, ainsi que votre adresse postale.

– Vérifiez que vos remarques concernent l'édition en cours et notez les pages du guide concernées par vos observations.

– Quand vous indiquez des hôtels ou des restaurants, pensez à signaler leur adresse précise et, pour les grandes villes, les moyens de transport pour y aller. Si vous le pouvez, joignez la carte de visite de l'hôtel ou du resto décrit.

En tout état de cause, merci pour vos nombreux mails.

122, rue du Moulin-des-Prés, 75013 Paris

• *guide@routard.com* • *routard.com* •

Routard Assurance *2020*

Enrichie au fil des années par les retours des lecteurs, *Routard Assurance* est devenue une assurance voyage référence des globes-trotters. Tout est inclus : frais médicaux, assistance rapatriement, bagages, responsabilité civile... Avant votre départ, appelez *AVI* pour un conseil personnalisé. Besoin d'un médecin, d'un avis médical, d'une prise en charge dans un hôpital ? Téléchargez l'appli mobile *AVI international* pour garder le contact avec *AVI Assistance* et disposez de l'un des meilleurs réseaux médicaux à travers le monde. *AVI Assistance* est disponible 24h/24 pour une réponse en temps réel. De simples frais de santé en voyage ? Envoyez les factures à votre retour, *AVI* vous rembourse sous une semaine. *40, rue Washington, 75008 Paris.* ☎ *01-44-63-51-00.* • *avi-international.com* • Ⓜ *George-V.*

Édité par Hachette Livre (58, rue Jean-Bleuzen, CS 70007, 92178 Vanves Cedex, France)
Photocomposé par Jouve (rue de Monbary, 45140 Ormes, France)
Imprimé par Jouve 2 (Quai n° 2, 733, rue Saint-Léonard, BP 3, 53101 Mayenne Cedex, France)
Achevé d'imprimer le 6 décembre 2019
Collection n° 15 - Édition n° 01
54/6950/3
I.S.B.N. 978-2-01-706849-5
Dépôt légal : décembre 2019

PAPIER À BASE DE FIBRES CERTIFIÉES